U0360628

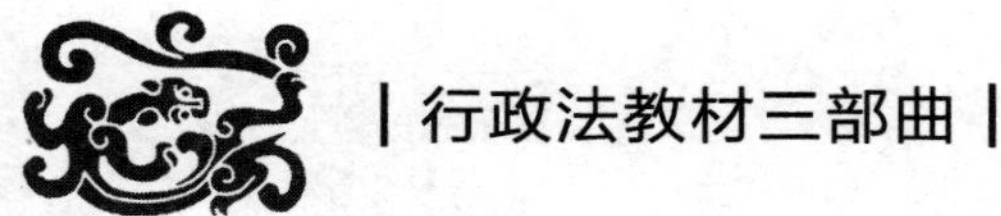

Administrative Law

行政法讲义

（第四版）

余凌云　著

清華大學出版社
北　京

图书在版编目(CIP)数据

行政法讲义/余凌云著.—4版.—北京：清华大学出版社，2024.4
(行政法教材三部曲)
ISBN 978-7-302-65927-3

Ⅰ.①行… Ⅱ.①余… Ⅲ.①行政法—中国—教材 Ⅳ.①D922.1

中国国家版本馆CIP数据核字(2024)第060084号

责任编辑：朱玉霞
封面设计：徐 超
责任校对：王荣静
责任印制：杨 艳

出版发行：清华大学出版社
网 址：https://www.tup.com.cn，https://www.wqxuetang.com
地 址：北京清华大学学研大厦A座 邮 编：100084
社 总 机：010-83470000 邮 购：010-62786544
投稿与读者服务：010-62776969，c-service@tup.tsinghua.edu.cn
质量反馈：010-62772015，zhiliang@tup.tsinghua.edu.cn
印 装 者：三河市东方印刷有限公司
经 销：全国新华书店
开 本：170mm×240mm 印 张：42.5 字 数：715千字
版 次：2010年8月第1版 2024年4月第4版 印 次：2024年4月第1次印刷
定 价：179.00元

产品编号：102276-01

作者简介

余凌云 清华大学法学院教授、博士生导师，公法研究中心主任。研究领域为行政法学、行政诉讼法学、警察法学、数字法治政府。兼任中国法学会行政法学研究会副会长。个人著有《行政法讲义》《行政法案例分析和研究方法》《警察法讲义》《行政契约论》《行政自由裁量论》《行政法上合法预期之保护》《行政法入门》等13部著作，在《中国社会科学》《法学研究》《中国法学》等刊物发表论文百余篇。主持教育部哲学社会科学研究重大课题攻关项目、国家社科基金重大项目、教育部人文社会科学重点研究基地重大项目等多项课题。获得第六届高等学校科学研究优秀成果奖（人文社会科学）二等奖、第五届"钱端升法学研究成果奖"一等奖、首届"中国青年法律学术奖（法鼎奖）"银鼎奖等奖项。

四版序

本书经历了三次再版，其间也多次印刷。本次再版做了较大改动。首先，在近期发表论文的基础上，对行政自由裁量、行政复议、合法预期做了较大的改动，删去了很多对英国相关内容的引介，更加注重对我国立法、理论与实践的分疏。其次，又因为《行政处罚法》《行政复议法》新近修订，对相关章节也做了跟进修改。再次，增加了两章“数字时代下的行政许可”“数字政府的法治建构”。最后，近期，因为接受中国人民大学出版社约稿，撰写《行政法入门》，也在阅读有关文献之时，就手在一些地方做了微调、增补，包括行政诉讼、行政法体系结构、行政主体、行政行为、行政指导、行政强制、行政赔偿和行政补偿等。经过此番努力，本书又向行政法理论的本土化、现代化迈进了扎实一步。郑晓军帮助整理参考文献，在此致谢。

余凌云

2023 年夏于禧园

三版序

21 世纪之初，一些行政法学者便呼唤“新行政法”，但似乎没有掀起太大的理论争鸣。十年之后，近来又大有卷土重来之势。这次能产生多大冲击，取得怎样进展，还有待观察。但我始终认为，行政法的发展方向应当是更加本土化。

从清末民初的“取法东瀛”，到改革开放以来的行政法复兴，我们经历了上百年的“西法东渐”洗礼。我们曾经如饥似渴地学习、移植西方发达国家的法治经验，不问西东。在学术上，似乎不谈谈韦伯、施密特，就觉得没底气。在理论上，混杂着德日、英美的术语与学说，交流起来也各说各话。

但是，与我国台湾地区行政法相比，大陆近年来最大的进步，就是我们开始从盲目的崇拜中觉醒，也越来越关注中国自己的本土化问题。不轻信，也不轻易采用西方理论对中国问题进行解构。我们更加关注中国实践，更多地去研究法院判案，不断摸索本土化的实现法治的路径，走上了自我更新、自我造血的路途。当然，这绝不是“闭关锁国”、闭门造车，而是以更加开放的自信心态，潜心解决自己的问题。

在修葺本书时，这也是我孜孜以求的目标。

余凌云

2019 年初春于明理

二版序

每天往来于香港金钟和水街，漂浮在熙熙攘攘的人流中，躲开了北京的雾霾，没有了行政的繁杂。但每次从有轨电车的金钟站下车，路旁两株桂花树散发着浓郁的花香，让我的思绪飘回了家里，惦念着新添的那盆四季桂，思念起我的妻儿。半百的人，愈发不愿远行。

上课之余，品味着新购进的董桥随笔，抚摸着雅致的装帧，撩拨得人心里痒痒的。二版的改动，原本想再多增加几个专题，再推迟两年面世，但我真有点等不及了，思虑再三，还是先出吧。

本书新收入了四个专题，行政问责、政府信息公开、行政复议法和行政诉讼法的修改，都是我主持的课题成果，另外将公共行政与行政法、行政法上实效性确保手段、行政调查也都修葺一番，有的是因为新法出来了，有的是有新的论文，还有的是因为完成课题的缘故。

余凌云

2014 年初春于香港

一版序

靠教科书确立学术地位的时代似乎已经过去。但是，为了学术的传承，花一些时间做这样的工作还是值得的。这当然也是为了教学的便利。我也曾主编过或者参加撰写过一些行政法教科书，但总感到受到很多有形或无形的羁绊，无法畅快地倾诉自己对行政法的理解与情感，文字之中也似乎缺少着一种飘逸的、灵动的气韵。因此，写一本略有创新意味的我自己的教科书，是我多年追逐的一个学术梦想。

我在一种近似闭关修行的状态中熬过了整整一年，也想就此机会整理自己研习行政法的心得，并苦读最新的一些文献，力争能够在每个专题中引介最前沿的一些研究成果与动态，又不能变成絮絮叨叨的综述。我想打破教科书以介绍通说为主的风格，力图彰显自己的个性。所以，在创作本书的过程中，我也时常拷问自己：是否做到有所创新？有着怎样的创新？但要在卷帙浩瀚、百家争鸣、实践迅猛之中，作出一些能入"法眼"的东西，实在不易。在制作每一个专题时，我时时为此焦灼，几易其稿，生怕有所疏漏，却又实在难免。

老实说，迄今我还无法真正完成我的学术计划。现在呈现在读者面前的只是一个半成品，好在也符合出版社的设计意图——采取点的方式，叙述最前沿的一些研究心得。稍微让我有些心安的，这些都是我平时授课时津津乐道的话题，已勉强够我应付教学之需。如有缺漏，好在姜明安教授和我共同主编的一个过百万字的行政法创新教材也将问世，[①]学生可以一并参看。

当然，我也不会就此停歇，我还会蜗行，叩问那些我还不曾深入的领域，比如行政规范制定与公众参与、类型化的行政行为、政府信息公开与个人数据保护、执法考评与责任制、多种解决纠纷的机制、面向国际的行政法等等，将这些已列入学术计划之中的专题陆续补充进来，争取出二版、三版……。

---

① 由科学出版社 2010 年出版。

高鸿钧教授曾说,他如果要写教材,一定要做到每个部分都有论文作为底子。这也是我的理想。本书已收入的每个专题都有我的论文影子,或者是我曾写过的教材章节。我也会坚持这样的路数。我想把这本讲义作为我的求学笔记,伴我一生。

为了书名,我也颇费了一些功夫。我曾想过"行政法导论",却不甚满意。还和张卫平教授探讨过,他给我一个颇有吸引力的书名——《行政法九讲》,但是考虑到本书以后增补需要,最后还是决定采用现在这个很拙朴的书名,自觉惭愧,没想到竟得到了李文彬先生的赞和——"日本很多的教科书也是叫'讲义'"。感谢我的助手梁莹帮助我整理参考文献,也感谢我的学生徐守京为我专门刻制的"凌云工作室",这是我最喜欢的一枚印章。

余凌云
2010 年初春于明理

目录

第一章　公共行政与行政法

第一节　概述

一、界定公共行政范畴的意义

随手翻开国内的任何一本行政法教科书,我们都会发现,开篇多先从弄清行政的意义与范围入手。表面是法解释学使然,实则大有深意。第一,行政的“领地”到底有多大,也就划定了行政法的疆域有多大;第二,弄清了行政的内涵与外延,也就圈定了行政法和民法等其他部门法各自规范与调整的边际;第三,行政上出现的纠纷,在实行公法和私法二元论的大陆法国家中,一般要寻求行政救济的途径来解决。即便是在不太区分公法和私法的普通法国家,也很可能适用与解决私人之间纠纷所不同的特别规则。

行政一词,英文为 Administration,德文为 Verwaltung,均源自拉丁文 administrare,意思是执行或管理。这个意义上的行政可以说是自古有之、无处不在。行政是集体生活的核心(the administration is now situated at the centre of collective life)。[①]从政府组织到私人团体乃至家庭,都有着类似的管理活动。但是,行政法学上所说的行政,只限于公共行政,简称“公行政”

① Cf. René Dussault & Louis Borgeat, *Administrative Law: A Treatise*, Carswell, 1985, p. 1.

(public administration)。而存在于私人团体或家庭中的"私行政"(private administration),却是私法上研究的内容,与行政法无关。以下,如果没有特别的提示,我们都是在公共行政意义上探讨行政的。

那么,应该怎么给公共行政下定义?判断其实质内涵与外延边际的标准是什么?诸如此类的问题,行政法一般无须探幽索隐,这不是行政法的任务,而更应该是行政学所要解决的问题,行政法只需全盘继受行政学的研究成果与结论。

然而,弄清楚这些问题的意义十分重大,它们为行政法提供了判断规范调整范围和识别行政争议的基本标准(criteria)。在这一功能上,其与行政法学者关注的另外两个重要理论——公法与私法之划分以及行政法律关系理论具有同构化之效用。也仅就此意义上讲,我们或许可以对后者在行政法教科书中不彰显甚至淡出的缘故获得一些理解。

二、什么是公共行政?

自美国学者威尔逊(W. Wilson)于1887年发表《行政的研究》(*The Study of Administration*)一文以后,行政学(Public Administration),这门以政府的运作与管理为研究主体的学问得到了蓬勃的发展,各种学说也纷至沓来,彼此争鸣。

那么,什么是公共行政?或者说,怎么给"公共行政"下定义呢?学者的通常做法有两种:

一种方法是反面定义(Substraktionsdefinition, Negativdefinition),比如,在奉三权分立为圭臬的国家,认为立法和司法之外的国家活动就是行政。这个经典理论,自Otta Mayer以来,为很多学者采用,也为我国台湾地区行政法教科书所青睐。[①]但其弊端也很明显。首先,这种逃避式的鸵鸟姿态无法让人真正了解行政为何,也很难说就是妥当的。其次,在现代社会

---

① 吴庚:《行政法之理论与实用》,4页,北京,中国人民大学出版社,2005。

中,根本不存在泾渭分明的三权分立,而是彼此渗透与交融。[①]最后,由于公共治理与公共权力的盛行,在"国家·社会·市场"结构之中,上述方法愈发是"雾里看花"。

另外一种方法是正面阐释,但由于行政的复杂性、语言的有限性,的确很难周延描述,很多情形下需要依赖个案的分析,所以,也就难免观点纷纭,却又莫衷一是,大致经历了最初的"政治",尔后的"管理""公共政策",到近来颇占风头的"公共性"观点。[②]但是,它们仍失之抽象。或许,过于单一的标准,过分简洁的话语,很难描绘错综复杂的公共行政现象,"是精神麻痹远胜过启蒙和激励"。[③]

我国台湾学者张润书在综合上述观点的基础上,把行政的涵义归纳为以下几点,[④]颇值得注意:(1)与公众有关的事务,须由政府或公共团体来处理者;(2)涉及政府部门的组织与人员(Bureaucracy);(3)政策的形成、执行与评估;(4)运用管理的方法(计划、组织、领导、沟通、协调、控制等)以完成政府机关(构)的任务与使命;(5)以公法为基础的管理艺术;(6)以达成公共福祉与公共利益为目的。

可以说,上述介绍都是以政府为中心,都可归为是一种传统的观念。然而,经历了从传统公共行政、到新公共行政、再到新公共管理三次范式转换,行政学关注的范畴、价值、方法、技术、原理与范式也不断发生着变化。上述

---

① J. E. Garner 在冷静观察英国的实践之后,坦承:"现在,在这个国家里,并未采纳孟德斯鸠(Montesquieu)所理解的分权。或许,如此存在是不理想的,也不易在权力之间划出彼此界线,从某种意义上说,划分过程本身也未必能取得成效。"(At the present time, therefore, the separation of powers, as understood by Montesquies, does not obtain in this country. Probably it is not desirable that it should exist; it is not easy to draw the line between one power and another, and the process of drawing that line is itself somewhat fruitless of any profitable results.)。Rene Dussault 和 Louis Borgeat 认为这个结论也同样可用于加拿大,并指出,加拿大的宪政体制能够因应当代之迫切需求,具有足够的灵活度,允许将若干功能都汇集于行政一身。(our constitutional system has been able to adjust with sufficient flexibility to the exigencies of the modern era and to allow the transfer of several functions to the Administration.)。Cf. Rene Dussault & Louis Borgeat, *Administrative Law: A Treatise*, Carswell, 1985, p. 7.

② 张润书:《行政学》,3~11 页,台北,三民书局,1998。

③ [美]菲利克斯·A. 尼格罗:《公共行政学简明教程》,郭晓平等译,1 页,北京,中共中央党校出版社,1997。

④ 张润书:《行政学》,10 页,台北,三民书局,1998。

以政府为中心的方法已无法描绘公共行政的全貌。对公共行政的理解也开始呈现"语义丛林"之状。

在行政学界比较流行的一种观点是区分公共行政和公共管理，公共行政特指以政府为主体的管理活动，而另外将由国家、政府和社会公共组织等多种主体参与的对社会事务的管理活动称为公共管理。但也有学者，如Syracuse大学Maxwell学院的梅戈特女士，不认为上述两者之间有本质区别。[①]还有学者，如金太军，认为新公共管理是一种新的公共行政理论与模式，[②]属于后者的一个下位概念。

在我国，第一、第二代教科书均采用传统行政学观点。只是到了第三代教材，尤其是近期出版的一些教科书当中，行政法学者才多认同梅戈特女士的观点，认为公共行政的主体应当是多元的，至少是二元的，即传统的政府和新兴的从事公共治理的第三部门，分别对应的是以政府、行政权为中心的国家行政，和以第三部门、公共治理、公共权力为核心的社会行政。比如姜明安教授就指出，"国家行政属于公共行政，但公共行政并不等于国家行政。公共行政除了国家行政以外，还包括其他非国家的公共组织的行政，如公共社团（律师协会、医生协会等）的行政、公共企事业单位（国有企业、公立学校、研究院所等）的行政以及社区（村民委员会、居民委员会等）的行政。"[③]行政法所关心的公共行政已经突破传统的主体范畴，而更多的是以是否涉及公共利益、是否为公共治理活动、是否需要公法规范等为识别标准。

石佑启教授将"公共行政"初步界定为，是指那些不以营利为目的，旨在有效地增进与公平地分配社会公共利益而进行的组织、管理与调控活动。其特征是：第一，公共行政以公共权力为基石；第二，公共行政所指向的是公共事务；第三，公共行政的目的是实现公共利益；第四，公共行政具有公开性与程序性；第五，公共行政具有服务性与非营利性。[④]这种描述比较接近我们心目中的公共行政图像，其特征也与公法与私法的划分标准趋同，采用"综合说"，涉及公共权力、公共利益、公共事务等核心指标。但第五个特征似乎

---

① 王乐夫：《论公共行政与公共管理的区别与互动》，载《管理世界》，2002(12)。

② 金太军：《新公共管理：当代西方公共行政的新趋势》，载《国外社会科学》，1997(5)。

③ 姜明安主编：《行政法与行政诉讼法》，2页，北京，北京大学出版社、高等教育出版社，1999。

④ 石佑启：《论公共行政与行政法学范式转换》，18～22页，北京，北京大学出版社，2003。

是不必要的,否则我们将无法解释外包(contract-out)、公私合作(public-private partnership)等公法活动。

三、什么是行政法?

关于行政法概念的界定,深受法理学关于"部门法必有其独立调整对象"之论断的影响,多从行政法调整的特殊关系入手,以示与其他部门法的区别。从最初的"行政法是调整行政关系的法律规范的总称",[①]到平衡论者主张的"行政法是调整行政关系及基于此而产生的监督关系的原则和法律规则的体系",[②]都是紧紧抓住这根主线。即便是随着行政法基础理论的诸多学说的滥觞,对行政法概念的界定,也只是在这个核心之上变换表述与添加内容而已,比如行政法的目的与结构。

相形之下,对于英国学者来说,没有这种羁绊,却赋予了行政法定义的另一种功能,就是驳斥戴西对行政法的否定论调。他们多认为行政法关涉行政机关的权力运作与控制,应强调其功能而非结构。但也有学者,如威尔森(G. P. Wilson)认为,如果对行政体系结构一无所知,将很难理解行政裁决的运作方式。[③]美国学者则注意了功能与结构的结合,不知晓结构,就无法理解功能如何生成。比如,布鲁尔(Stephen G. Breyer)和斯图尔特(Richard B. Stewart)认为行政法是"规定行政机关的职权和组织、运作的程序模式、对行政决定有效性的判断,以及规定法院及与行政机关有关的政府机构的作用的法律规范和原则的总称"。[④]戴维斯(K. C. Davis)认为行政法是关于"行政机关的权力和程序,特别是关于对行政行为司法审查的法"。[⑤]沃伦

① 如,我国出版的第一本部颁教材——王珉灿主编的《行政法概要》(北京,法律出版社,1983)就如此界定。

② 罗豪才主编:《现代行政法的平衡理论》,北京,北京大学出版社,1997。特别是其中王锡锌、陈端洪撰写的《行政法性质的反思与概念重构——访中国法学会行政法学研究会总干事罗豪才教授》一文。

③ Cf. Zaim M. Nedjati & J. E. Trice, *English and Continental Systems of Administrative Law*, North-Holland Publishing Company, 1978, p. 1.

④ Cf. Stephen G. Breyer & Richard B. Stewart, *Administrative Law and Regulatory Policy*, Boston: Little, Brown, 1985, p. 12.

⑤ Cf. K. C. Davis, *Administrative Law Treatise*. Cited from Kenneth F. Warren, *Administrative Law in the Political System*, New Jersey: Prentice-Hall, Inc., 1996, p. 9.

(Kenneth F. Warren)说得更加清楚,“行政法是用来解决:(1)立法机关将权力移交给行政机关的方式;(2)行政机关是怎么行使权力的;(3)法院对行政机关的行为怎么进行审查。”[①]

但是,行政法现象的错综复杂、多样变换,决定了不管从何种角度、基于何种理论而给出的定义都大致是描述性的。要想全面勾勒出行政法的全貌,几乎不可能。所以,在本书中,我也不愿过多纠缠,只选择了较为常见的、也较为重要的两种表述。

首先,行政法是关于公共行政的法(the law relating to the public administration)。“行政的特性、内容和范围等决定了行政法的特性、内容和范围等对应物。”[②]在这一点上,行政法与行政学的关系十分密切。但是,行政法的体系与结构却是由行政法的任务决定的,侧重对公共政策的制定程序的规范、执行过程的规范,特别是专门设置了法律救济的制度。

其次,行政法是控制行政权的法。这是流淌在行政法之中的永恒旋律。行政服从法,有着自由主义和宪政主义的基础。只有政府严格依法行政,并为自己的所有违法行为承担责任,成为责任政府,人类社会才算进入了真正民主、法治的社会。

这项目标的实现,首先有赖于在宪法上明确划定政府权力与公民权利的各自界线,最重要的是必须确立政府权力以及组织机构的建立,其根本目的还在于实现公民的权利和自由。然后,再将宪法上的价值观与抽象的制度设计很大程度上、但不是完全地交给了行政法去具体落实。也正是在这个意义上,我们才能理解宪法与行政法的密切关系,为什么我们一再强调行政法“是动态的宪法”,是“小宪法”,是“宪法的一个分支”(a branch of constitutional law),是“宪法范畴之外的公法的实质化身”(essential incarnation of public law outside of the constitutional sphere),是“与公民有关的公共权力的法”(the law of the public power in its relations with ordinary citizens),是“日常公法”(day-to-day public law)。[③]这就决定了行政法的主要任务是、也只能是将政府的权力控制在法定限度之内,防止其被滥

---

① Cf. Kenneth F. Warren, *op. Cit.*, p. 10.

② 胡建淼:《行政法学》(第二版),1页,北京,法律出版社,2003。

③ Cf. Rene Dussault & Louis Borgeat, *op. Cit.*, p. 12.

用,以保障公民的权利。[①]

控权已渗入行政法的每一个细胞,从观念到规范、从程序到审查,无处不有、无处不在。控权的思想也不是一成不变的,而是随时代而动,从传统的“机械”到现代的“能动”,渐与“良好行政”之要求互为表里、相得益彰。近年来,随着公共治理和社会自治的蓬勃发展,行政法原则也随之延伸到这些领域,发挥着保障基本人权的作用。所以,我们也可以再扩大一点说,行政法是控制公共权力的法。

四、行政法的特征

我国学者对行政法特征的认识高度一致。我归纳为以下三点:

第一,由于现代政府职能急遽扩张,行政法调整的范围极其广泛,涉及市场监管、税务、海关、警察、金融规制、环境保护等行政领域。有公共行政的地方,就有行政法。行政法规范在整个法律体系中数量最多,没有哪一个部门法能够与之比肩。不同行政领域既个性鲜明,又体现出共性。于是,行政法便有了总论、分论(各论)之说。

第二,由于在现代社会中行政关系不断处于迅速发展与变动之中,所以,行政法规范内容相应地具有易变动性的特点。在行政法规范形成的金字塔之中,越是下层的规范,越不稳定。对行政法规范的及时评估、改废、公布也变得异常重要。这也决定了行政法教科书很难呈现出像刑法与民法教科书那样精致细腻的解释范式。行政法与其他部门法共享着发达的法解释技术,却难有发达的行政法解释学。

第三,行政法很难制定成一部统一的法典。行政法不像刑法或民法那样,有一部叫作“行政法”的法典。尽管行政法的统一法典化运动正在酝酿之中,或者已经在尝试过程中,但是,难度极大,因为行政法规范内容广泛、众多,具体规范又随着行政管理的发展和需求而不断变动,而且专业性、技术性强,不同领域要求不同,要想制定一部既包罗万象,又相对稳定不变的法典,其难度就可想而知了。从海外实践看,统一行政法的工作往往是从行政程序入手。制定一部统一的行政程序法(或者行政手续法)却是可行的。

---

① Cf. H. W. R. Wade & C. F. Forsyth, *Administrative Law*, Oxford: Clarendon Press, 1994, p. 5.

更进一步说，制定一部以行政程序为脉络、杂糅一些成熟稳定的实体规范的总则性行政基本法典也是可能的。

第二节　公共行政变迁之下的行政法

一、不断变迁的公共行政

1. 变迁的公共行政

公共行政的范畴处于不断变迁之中，时缓时遽。我很赞同姜明安教授的一个基本判断，他说："不同的时代，政府有不同的管理职能。行政的范围是变化着的和发展着的。不同的国度，不同的地区，政府主管事务的多寡和干预领域的广窄会有很大的不同。"[①]

在西方，从亚当·斯密(Adam Smith)的"自由放任"到凯恩斯(John Maynard Keynes)的国家直接干预经济，从秩序行政到给付行政，随着政府职能的不断扩大，行政的疆域也在不断伸展，实现行政任务的方式、手段乃至理念都在不断发生着变化。

特别是 20 世纪七八十年代发端于英国，并波及澳大利亚、新西兰，乃至欧洲大陆的新公共管理运动(New public management)，以及 90 年代的"政府再造"(Government reengineering) 或重塑政府(Reinventing government) 运动，"政府公共管理事务民营化(privatization) 、社区主义(communitarianism) 和社会中介组织或非营利性组织(nonprofit organization) 是几乎每一个西方国家致力实现的目标"，[②]"建立起一套以政府管理为核心的，以多元互动为特征的，以公民社会为背景和基础的管理体系"。[③]"新公共管理"成为一系列创造性改革的通用标签，这意味着：(1)在僵化的缺乏回应的官僚体制中引入竞争，提高效率；(2)在政治和行政关系中引入经济学的市场分析模式：公共选择、协议契约、交易成本以及委托－代理理论；(3)引入并广泛运用竞

---

① 姜明安：《行政的"疆域"与行政法的功能》，载《求是学刊》，2002(2)。

② 陈振明：《从公共行政学、新公共行政学到公共管理学——西方政府管理研究领域的"范式"变化》，载《政治学研究》，1999(1)。

③ 王乐夫：《论公共行政与公共管理的区别与互动活动》，载《管理世界》，2002(12)。

争、基于绩效的合同承包、公共服务供给、顾客满意、市场激励和放松规制等概念。①无论在理论上还是实践上，新公共管理被誉为“是公共治理的范式革命”。②

在外包(contracting-out)、私有化、公共职能从政府向社会转移的过程中，为保证公共服务的品质，公法始终关心着责任问题，公法原则也随之延伸这些领域。诚如金自宁博士在她的一本译作中所言，(法学家)“的疑问不是解除管制、私有化等做法是否有充分的理由——那被留给经济学家和政治学家们去研究，站在法学家的立场，他们问的是：在那些解除管制的领域，是否要保留(至少是部分地保留)原有的行政法规范要求？在那些新近被私有化的领域，原来政府承担的责任是否也应(或许是部分)移交给私人？看上去，它们全都属于行政法的适用范围这一传统的行政法学问题”，他们的态度也惊人的一致——“决不允许由减缩政府规模引入私人机构而产生的‘新领域’脱离公法的控制”。③

我国在计划经济下，行政无所不在，泛行政现象十分突出。1988 年 3 月第七届全国人大第一次会议通过决议，决定对政府机构进行新的全面性的改革，推进党政分开、政企分开。此后，政府与社会、政府与市场、政府与企业逐渐分离，行政有着相应缩小的趋势。政府改革中的一个基本策略就是，将政府“不该管、管不好、管不了的事”剥离出去。但另一方面，社会保障、社会自治与公共治理的发展，以及第三部门(the third sector)的勃兴，又使得公法适用的范围有所扩张，公法关注的公权力范畴、公法行为发生根本性变化。总体格局变得伸缩有度、错落有致，公共行政内涵也变得异常复杂，呈现出一种不断发展的趋势。

2. 对行政法的挑战

对于公共行政的变迁，已有太多的研究，我也不想过分渲染，那只能拾人牙慧。我只想归纳出其中的几个重要变化及其对行政法的挑战。

---

① [美]E. S. 萨瓦斯：《民营化与公私部门的伙伴关系》，周志忍等译，341 页，北京，中国人民大学出版社，2002。

② 张志斌：《新公共管理与公共行政》，载《武汉大学学报(哲学社会科学版)》，2004(1)。

③ [新西兰]迈克尔·塔格特(Michael Taggart)：《行政法的范围》，金自宁译，译者的话，2～3 页，北京，中国人民大学出版社，2006。

(1)公共行政的范畴已经突破了传统以政府为中心的理念,将第三部门的公共治理现象也包容进来,呈现出国家行政与社会行政二元结构。快速变化的社会正进行着一场静悄悄的革命。这让行政法无法依然故我。社会行政的快速发展,必然会折射到行政法之上,引发主体、手段、救济与责任机制等一系列制度与范畴的变化。

(2)实现行政任务的理念、手段、方式发生了根本性变革。我们可以大致归纳为三点:

第一,"民营化""公私伙伴关系"的勃兴,提供公共服务的手段变化,急需新的公法机制与原理来调整。诚如英国政府于 1988 年发布的《改进政府管理:下一步》(*Improving Management in Government*: *the Next Steps*)中所指出的,当前行政机关存在着责任不清、权责不统一、对公共服务的产出关注不够、缺乏上进压力等弊病。[①]于是,通过外包、承包、合作、补贴、凭单制等方式,在教育、住房保障、医疗卫生等很多领域,"政府回到掌舵者的位置上,依靠私营部门划桨"。[②]这意味着传统"科层制"的控制与责任模式(traditional hierarchical model of control and accountability)已经破产。

第二,公共行政的变迁,也激发出更多的非正式行政活动(也有学者称之为非正式行政行为)。或许,公共行政衍生出的目标,与这样的手段具有更多的契合。如果我们固执地坚持行政行为的单一视野,会使我们忽视、看低这些在行政法上大量存在的、对相对人有足够意义的行政活动。

第三,对行政的控制采取了多种路径,比如,对公共支出的财政控制(financial control)与审计,不只是为了节约,更是要求获得最大效益,符合效率、经济和有效的标准(criteria of efficiency, economy and effectiveness)。[③]

所有这些必将颠覆传统以行政行为为支点的行政法结构,需要我们以更广阔的视野和更宽广的胸怀去审视行政法的运作原理,整理实现行政任

---

① Cf. Colin Scott, "*the 'New Public Law'*", in Christ Willet(ed.), *Public Sector Reform and the Citizen's Charter*, Blackstone Press Limited, 1996, p. 48.

② [美]E. S. 萨瓦斯:《民营化与公私部门的伙伴关系》,周志忍等译,7 页,北京,中国人民大学出版社,2002。

③ Cf. Colin Scott, "*the 'New Public Law'*", in Christ Willet(ed.), *Public Sector Reform and the Citizen's Charter*, Blackstone Press Limited, 1996, p. 52.

务的诸多手段与方法,重构有关的责任机制。

(3)新公共管理的兴起与政府管理的其他四大趋势是息息相关的。在胡德(Hood)看来,这四大趋势是:一是对政府规模扩张的遏制,特别是对公共开支和冗员的控制;二是私有化浪潮;三是信息技术的发展;四是全球化。[①]它们也同样会对行政法提出严峻的挑战。比如,信息技术的迅速发展与运用,让立法机关开启了通过网络征求与反馈意见的途径,电子执法的出现颠覆了传统的行政行为模式,对行政程序、证据认定、一事不再罚、信息公开等都提出了崭新的问题,需要我们去认真解答。

3. 一个永恒的问题

改革开放之后,中国社会发生了急遽变化。政企分开、事业单位分类改革、改善民生、发展经济等政府任务之中,无不意味着公共行政范畴的变化与发展。上述改革也很难说是,或完全是在行政法的预设、规范和拘束下展开的。公共行政的发展变化或许会不经意间逃逸出行政法学者的视野。这是因为:

首先,严格地说,公共行政更多的应属于行政学研究的范畴。行政学与行政法学分属不同的学术共同体,虽不至于"鸡犬相闻、老死不相往来",也多少会有某种隔阂、陌生。行政学者津津乐道的某些范畴、问题和技术,未必能够引起行政法学者的足够兴趣,也未必尽是应该引发行政法共鸣的领域。

其次,公共行政的操作者,包括各类行政机关官员,更多的是行政专家,而非行政法专家。在实际操作中,他们更关心的是效率和绩效,是如何更好地完成行政任务。他们对待问题的态度一般是先研究如何高效地解决问题,然后再论证拟选择方案的合法性。而且,他们还是推进公共行政改革的急先锋。这种思维与角色,决定了某些改革措施或许会超出法律与理论,但又不意味着必然违背了实质法治。

最后,SARS、禽流感、新冠等已知和未知的巨大风险威胁,使公众对政府的积极作为变得更加宽容;给付行政与福利国家的理念,让公众对政府的积极作为寄予了几多期许。古老的"无法律、无行政"的格言,在现代社会与

① 张志斌:《新公共管理与公共行政》,载《武汉大学学报(哲学社会科学版)》,2004(1)。

政府实践中已然松动。这也为公共行政与行政法的相对分离创造了法律空间。

因此,在我看来,在行政法上必定有着一个永恒的问题,需要我们不时地拷问自己:行政法是否还能跟上快速变化的社会？还能把不断变化的公共行政纳入规范的视野吗?我们可以从行政法教科书的体例结构去发觉行政学的影响以及行政法的回应程度。

二、行政学对教科书的影响

众所周知,行政法学和行政学都是以公共行政为研究对象、却具有不同理论关怀的两种学问。在整个行政法学体系之中,也闪动着行政学的身影,若隐若现,断断续续。从某种意义上讲,行政法对公共行政变迁的捕捉、跟踪与回应,与对行政学动态的关注与知识引用量有密切关系。

其实,在行政法教科书的众多作品中,也不乏从行政学角度解读行政法的佳作,比如,Carol Harlow 和 Richard Rawlings 的《法律与行政》(第三版)(*Law and Administration*,Cambridge University Press,2009),以及肯尼思·F. 沃伦的《政治体制中的行政法》(王丛虎等译,中国人民大学出版社2005年版)。Carol Harlow 和 Richard Rawlings 在序言中坦承:"《法律与行政》不能简单地看作是一本行政法教科书。正如其书名所示,我们创作它的初衷是要在公共行政和政治的情境下进一步研究法律,也就是采取'情境之中的法'的研究方法。"(Law and Administration has never been simply a textbook of administrative law. As its title signifies, our primary objective in writing it was to further the study of law in the context of public administration and politics: the 'law in context' approach.)。[①]上述作品的结构与内容都大大突破了英美行政法教科书的范式,让人耳目一新。霍夫曼教授甚至在更高的角度上指出,将行政学的知识引入正在进行专业化分工的行政法学的改革工作,乃是可称为行政法学"百年大计"的重要工作

---

① Cf. Carol Harlow & Richard Rawlings, *Law and Administration*, Cambridge University Press, 2009, preface.

(eine Jahrhundertaufgabe)。[①]

纵观我国20世纪80年代行政法复兴以来出现的三部统编教材,行政学与行政法有明显交织关联之处主要有三个,但行政法的态度却有暧昧,游移不定,也没有与行政法其他相关部分发生应有的勾连,仅呈现出局部特征。总体状况不令人满意。

(1)在行政法概念之前对行政的介绍。

在行政法上对公共行政变迁的追踪也有不同的趣味与方法。德国行政法,以及秉承德国法传统的国家与地区的行政法教科书中,非常乐意从行政的各种分类上去阐释公共行政的多样化,通过不同的标准解构、剖析行政的各种形态,比如公权力行政与私经济行政、干预行政与给付行政、计划行政,等等,进而跟进和展示行政的变迁。这是一种典型的类型化研究方法。而在英美国家,学者们更喜欢直截了当地揭示出公法原则渗透的新领域,特别是解除管制、私有化,国家职能向社会转移之后,又有哪些新的领域与问题值得公法关注。

在我国,可以肯定地说,现在行政法所关心的已不完全是国家行政,还包括社会行政。在我看来,社会行政完全可以张扬成与国家行政并重的一条主要脉络,与后者一道构成搭建行政法体系结构的两条主线与支柱。但可惜的是,迄今为止,社会行政在行政法教科书中却似乎"神龙见首不见尾"。行政主体理论中虽有"法律、法规、规章授权的组织"之议论,却因偏执于行政权为公共治理正当性之不二法门,迷失了社会行政的自治本质,而面目全非。在行政手段与救济上,社会行政基本不见踪迹。

(2)行政机关理论,尤其是行政组织法更是与行政学交织难辨,在行政机关的组织建构、编制、公务员等方面不断呈现出与行政学共享的研究范畴。

在20世纪80年代,我国行政法复兴之初,在第一部统编教材中对行政组织法的介绍与行政学基本趋同。罗豪才教授等指出,从1979年至1989年之间,行政法学在行政组织法和公务员法研究方面取得了若干明显的成果,为

① [日]大桥洋一:《行政法学的结构性变革》,吕艳滨译,286页,北京,中国人民大学出版社,2008。

80年代的政府机构改革和公务员条例的制定提供了理论依据和实践方案。[①]

但自20世纪90年代始，行政组织法、编制和公务员制度逐渐淡出了行政法。之所以如此，在我看来，并不完全归咎于行政主体理论的研究取向。首先，这是因为在20世纪90年代转型时期，许多行政法学者误以为这部分内容属于行政学、组织学而不属于法学的研究范畴。[②]马克斯·韦伯(Max Weber)的官僚科层制理论对行政学的巨大影响也很容易给人如此印象。除皮纯协、张焕光等少数行政法学者对公务员制度着力较多之外，行政法教科书一般只对这部分素描勾勒。其次，这实际上与整个行政法发展的总体趣味是一致的，缺失也是相同的。我们初步统计了三代统编教材，发现内部行政在行政法学上所占比例是递减的，意味着其受到关注的程度也逐渐下降(见表1-1、表1-2)。

表1-1　内部行政在三代统编教材中的比例

	内部行政(页数)	全书正文(页数)	所占比例
1983年王珉灿主编的《行政法概要》(北京，法律出版社)	139	298	46.64%
1989年罗豪才主编的《行政法学》(北京，中国政法大学出版社)	120	356	33.71%
2007年姜明安主编的《行政法与行政诉讼法》(修订三版)(北京，北京大学出版社，高等教育出版社)	150	737	20.35%

(3)对于国家完成行政任务而出现的多样化手段、方式之变化，只有在行政契约中有不多的涉及，以及近期出现了对“公物、公物法与公营造物”的关注，[③]但并没有引起行政法教科书体例的根本变化。从最近出版的两部教科书看，[④]仍然坚持着“行政行为中心论”，只是对行政行为的类型化研究更

① 罗豪才等：《行政法学研究现状与行政趋势》，载《中国法学》，1996(1)。转自沈岿：《重构行政主体范式的尝试》，载《法律科学》，2000(6)。

② 李昕：《中外行政主体理论之比较分析》，载《行政法学研究》，1999(1)。

③ 比如，应松年教授主编的《当代中国行政法》(北京，中国方正出版社，2005)，姜明安、余凌云主编的《行政法》(北京，科学出版社，2010)。

④ 应松年主编：《当代中国行政法》，北京，中国方正出版社，2005；姜明安主编：《行政法与行政诉讼法》，北京，北京大学出版社、高等教育出版社，2007。

丰富了,增加了行政给付、行政征收、行政奖励等类型。

表 1-2　三代教材中的行政行为

<table>
<tr><th></th><th>王珉灿主编:《行政法概要》,北京,法律出版社,1983</th><th>罗豪才主编:《行政法学》,北京,中国政法大学出版社,1989</th><th>姜明安主编:《行政法与行政诉讼法》,北京,北京大学出版社、高等教育出版社,2007</th></tr>
<tr><td rowspan="2">抽象行政行为</td><td>制定行政管理法规的行为(第七章第二节)</td><td>行政立法(第四章)</td><td>行政立法行为(第十二章第二节)</td></tr>
<tr><td>无</td><td>无</td><td>制定其他行政规范性文件行为(第十二章第三节)</td></tr>
<tr><td rowspan="9">具体行政行为</td><td rowspan="3">采取行政措施的行为(第七章第三节)</td><td>行政决定(第五章第二节)</td><td>无</td></tr>
<tr><td>许可(第五章第四节)</td><td>行政许可(第十四章第二节)</td></tr>
<tr><td>确认(第五章第四节)</td><td>行政确认(第十四章第五节)</td></tr>
<tr><td>强制执行(第七章第四节)</td><td>行政强制执行(第五章第三节)</td><td>行政强制(第十五章第六节)</td></tr>
<tr><td>行政处罚(第七章第四节)</td><td>行政处罚(第五章第三节)</td><td>行政处罚(第十五章第五节)</td></tr>
<tr><td>无</td><td>无</td><td>行政给付(第十四章第三节)</td></tr>
<tr><td>无</td><td>无</td><td>行政奖励(第十四章第四节)</td></tr>
<tr><td>无</td><td>无</td><td>行政规划(第十五章第二节)</td></tr>
<tr><td>无</td><td>无</td><td>行政命令(第十五章第三节)</td></tr>
</table>

续表

	王珉灿主编:《行政法概要》,北京,法律出版社,1983	罗豪才主编:《行政法学》,北京,中国政法大学出版社,1989	姜明安主编:《行政法与行政诉讼法》,北京,北京大学出版社、高等教育出版社,2007
具体行政行为	无	无	行政征收(第十五章第四节)
	无	行政合同(第八章)	行政合同(第十六章第二节)
	无	无	行政指导(第十六章第一节)
	无	无	行政事实行为(第十六章第三节)
	调解(第八章第三节)	行政机关裁决行政争议的制度(第六章第二节)、行政机关裁决民事争议的制度(第六章第三节)	无
	仲裁(第八章第三节)	行政机关裁决民事争议的制度(第六章第三节)	无
	无	专门行政裁判制度(第六章第四节)	行政裁决(第十四章第六节)
	无	行政机关裁决行政争议的制度(第六章第二节)	行政复议(第四编)
	法院判决(第八章第三节)	行政诉讼(第十二章)	行政诉讼(第五编)
	无	行政监督检查(第五章第二节)	无
	国家行政管理法律监督(第八章第二节、第四节)	行政监督(第七章)、监督行政行为(第十一章)	行政法制监督(第十章)

三、初步的结论

通过上述简单的梳理,我们不难得出以下初步结论:

第一,我们必须承认,随着现代政府的职能收缩,行政法的发展并没有呈现出相应的收缩趋势。相反,行政法的原则、精神与控制技术却在努力地不断向接手传统公共行政的私法领域扩张、渗透。当然,公众也不期望随着政府的退却、企业与自治组织的填补,在公平、公正、公开等基本价值上发生变化,也不希望公共服务的品质下降。

第二,不可否认的是,当前行政法的研究重心仍然沉溺在以政府和行政权为中心的领域,对社会行政及其活动、救济,以及多样化的完成公共行政任务的方式、手段只是附带性的关注。或许,这与我国当前依法行政、建设法治国家的目标相一致,亟待规范的确实是与政府的行为有关。但是,直到有一天,“长春亚泰足球俱乐部诉中国足协行政诉讼案”“东营村村民委员会选举纠纷案”“足协腐败案”等案件相继发生,我们才猛然发觉,在社会发生转型,并逐渐形成“国家·社会·市场”三元结构的格局中,行政法遗漏了大量的本该规范的领域;许多公共治理活动逃逸出公法的规制;对频发的争议,正式的行政法制度在很多场合却束手旁观,致使社会矛盾加剧。

因此,总体来讲,面对着不断变迁的公共行政,行政法的回应却不理想。现在的行政法只露出半边脸,另外一半却若隐若现。面对现实的挑战,行政法理论也就不免步履踉跄,被讥讽为“黑板行政法”。为解决行政法的“失语”,回应公共行政的变迁,行政法的结构性变革也开始起步。不少学者提出的“新行政法”概念,就是这样的一种思潮、一种情绪和一种宣言。

第三节 行政法渊源

一、什么是行政法渊源?

法源(sources of law, Rechtsquelle),按字面意思,就是法的渊源,可从多角度去解释,其中最具意义的有:[①]

① 陈敏:《行政法总论》,53页,台北,三民书局,1998。

(1)法的产生渊源(Rechtserzeugungsquellen)。也称法原因说。指产生法的原因,是道德的、宗教的还是风俗习惯的原因支持着法的形成。这更多的是法理学、法社会学考察的课题。

(2)法的价值渊源(Rechtswertungsquellen)。指构成法秩序的价值标准,例如,正义、公平、法律安定、理性等。尽管在部门法的研究中也不时涉及这方面的研究,但更主要的还是在法哲学上探讨和解决这个问题。

(3)法的认识渊源(Rechtserkenntnisquellen)。也称法存在形式说。指法的外在表达形式,是直接获取现行法的基础,比如,法律、法规、规章等。这是任何部门法都回避不了的,因而也是极其重要的问题。

在行政法的研究中,我们所说的法律渊源一般都是指第三种涵义。法律渊源不等同于法律,也不是法律规范,它只是一种载体,告诉我们"到哪儿去找法?"(find the law)。它是我们规范行政机关行使权力、解决行政争议所依据的法律规范的出处,是有关行政的所有种类的、各个层级的法规范所依托的集合体。因此,研究和了解行政法渊源,其价值在于,这是我们行政执法时获得法依据的出处,也是行政审判时寻找判案的法规范的基础,更是规范相对人行为、维持社会秩序的准则之所在。

在我国,对行政法渊源的认识有一个变迁过程,呈不断扩大趋势。应松年、何海波两位教授把历史沿革大致分为两个标志性时段:

一是20世纪80年代中后期,主流观点一般将法律渊源等同于制定法,也就是由国家制定的、具有法律效力、能够强制实施的法律、法规、规章和法律解释等,不认可规范性文件为法的渊源,不承认自然法,将判例法、习惯法、权威学说等不成文法渊源亦排除在外。其中的缘由,应松年、何海波两位教授分析道:这"与其说是由于法学传统断裂而导致的遗忘,或者出于防止行政专制、保护公民自由的考虑,不如说是出于特定时期国家治理需要的一种选择。50年代以来,乃至80年代以来中国法治的成长时期,正是社会变革时期。制定法和各种政策性文件因其能最明快地体现政府的意志,最迅速地统一各方认识,成为政府推行变革的有效工具。而各种不成文渊源,要么还没有生成,要么对秩序统一有害无益"。[①]

① 应松年、何海波:《我国行政法的渊源:反思与重述》,收入浙江大学公法与比较法研究所编:《公法研究》第2辑,北京,商务印书馆,2003。

二是20世纪90年代中期之后,行政法学界开始对上述观点提出轻微的质疑和局部修正。在一些学者的作品中,规范性文件受到重视,行政法一般原则、政策、法理和判例等不成文渊源被广泛讨论,甚至,权威法学家的著作也具有"准法源"的作用。[①]这些修正只是以西方行政法教科书为参照物,使得我们的认识与西方更加接近了。

在我看来,上述认识变迁之中始终纠缠着一个核心问题:怎么认识法源,以及法源的作用?我觉得,法源不应该是阐释学意义上的论理,它首先应该蕴含着某种规范,也就是能够调整人们活动的行为规范。其次才是这些规范能否作为法律来直接适用。论理的力量来自规范。这一点决定了各类法源在社会生活中的地位与角色。

因此,如果我们采取"在行政管理或者公共治理中能否起到规范作用"的标准来判断,无论是成文法源、不成文法源,还是硬法、软法,它们所包含的规范、规则都无疑能起到规范作用,彼此形成互动、互补,甚至博弈的格局,只不过是在规范的领域、范围、对象、效力、程度和后果等方面有所差别而已。但是,假如我们采用"作出行政决定或者行政判决时能否直接依据"的标准来判断,显然应把法源主要锁定在成文法源、硬法,隐藏在不成文法源、软法之中的一些规则,只可能在特定例外情况下被行政机关或法院认可和引用。

二、成文法源与不成文法源

通说把行政法渊源划分为成文法源和不成文法源。

1. 成文法源

成文法源是指由国家正式制定的、具有法律效力和强制力的法律规范的载体,所包含的规范在法律适用上意义明确,具有权威性。

关于成文法源的具体形态,学者意见分歧不大。一般包括宪法、法律、行政法规、部门规章、地方性法规、地方政府规章、自治条例和单行条例、规范性文件和法律解释、公约、条约与协定等。唯一有争议的是规范性文件是否为一种渊源。但我主张列入,理由很简单,它是一种行政机关制定的正式

---

① 应松年、何海波:《我国行政法的渊源:反思与重述》,收入浙江大学公法与比较法研究所编:《公法研究》第2辑,北京,商务印书馆,2003。

法律文件，是行政政策的重要载体，也是上级行政机关指导下级行政机关如何统一规范行使裁量权的重要工具，也可以是行政机关自我规范裁量行为的重要手段，对行政活动发挥着规范作用。

2. 不成文法源

不成文法源包括法律原则、先例与判例、习惯法等，在法律适用上的意义不甚清晰，权威性较弱。"不成文"的表述或许并不确切，上述各类法源并非没有文字记载，只是没有组织化或法典化，多为约定俗成。[①]不同学者对不成文法源可能认识不一，概括角度不同。我只介绍被普遍认同的行政法基本原则、判例和习惯法。

(1)行政法基本原则

在很多海外教科书中，行政法基本原则都被认可是一种法律渊源。我国学者也逐渐受到影响，尤其是出现了法院直接援引正当程序等法律原则判案的实践，更是事实上表明我们已经默认了这种观念。但是，行政法学者对法律原则的讨论，交错着不同的视角和话语，对法律原则具体含义的论述异彩纷呈。[②]

行政法基本原则可能由宪法和制定法加以确立，形诸法条。这种情况下，它实际上是高度概括性和伸缩性的制定法条款，它的有效性来自立法机关的权威。行政法基本原则也可能没有宪法和制定法依据，只存在于一些著述、判决，乃至社会公众的意识之中，常常由法学家根据社会生活情势和感受到的需要予以阐发，并获得法律共同体相当程度的认可。[③]

(2)判例

从司法的角度讲，实行判例法的国家无疑是将判例作为一种正式而重要的法律渊源，判例法既是法院阐释法律之方式，也是行使其特权之所致。[④]即使是不承认判例法的国家，也不会轻易否定判例可以成为一种非成文法源，只不过是表现形式与作用的不同。从行政的角度讲，在平等对待、反对

---

① 吴庚：《行政法之理论与实用》，34页，北京，中国人民大学出版社，2005。

② 应松年、何海波：《我国行政法的渊源：反思与重述》，收入浙江大学公法与比较法研究所编：《公法研究》第2辑，北京，商务印书馆，2003。

③ 同上注。

④ Cf. Zaim M. Nedjati & J. E. Trice, *op. Cit.*, p. 7.

任意专横、禁止反言等要求下,遵循先例依然有着相当的重要性。

在我国,虽然没有判例之说,但蕴含在最高人民法院公报案例、指导性案例、典型案例之中的一些创新性规则,在法院系统内的类行政化运作以及上诉制度的存在等因素影响下,对各级法院的行政审判工作起着相当的指导作用。在案件相同或者近似的情况下,如果下级法院不遵循最高人民法院公报案例、指导性案例、典型案例上的裁判,甚至有可能产生解释义务。[①]有的学者干脆把它视为一种特殊形式的司法解释,[②]以进一步强化其拘束效力。

(3)习惯法

习惯法作为行政法的一个不成文法源,在很多国家与地区是一个通说。法理学一般认为,习惯法是民间长期自发形成的,以乡规民约、"民俗"、风俗习惯等形式体现出来的一种行为规范。在少数民族地区还会与民族政策、民族特性紧密相连而形成必须、也应该尊重的少数民族习惯法。在行政法上,长期的(行政)实践(practice)也会发展成为惯例(convention),对行政机关及其行使权力的方式产生拘束效应。[③]习惯法实际上还存在于国际惯例。对于习惯法,在立法上会或多或少地予以体现,[④]在行政执法与审判中也不可能不适当地予以考虑。

---

① 这是梁慧星提出的"解释义务说"的基本内涵。曹士兵:《最高人民法院裁判、司法解释的法律地位》,载《中国法学》,2006(3)。

② 董暤:《司法解释论》,342 页,北京,中国政法大学出版社,1999。

③ Cf. Zaim M. Nedjati & J. E. Trice, *op. Cit.*, p. 7.

④ 比如,《人民警察法》(2012 年)第 20 条第(四)项要求"人民警察必须尊重人民群众的风俗习惯"。朱苏力教授批判道:"在当代中国,无论是立法者还是法学家都普遍看轻习惯,因此,习惯在制定法中受到了贬抑。"并进一步指出,在当代的社会经济的巨大转型的历史条件下,往日的许多习惯已经被人们自觉废除了,而一些新的、适应现代市场经济和现代国家的习惯或行业习惯已经或正在形成。由于这种习惯流变往往是约定俗成的,无须国家的强制就会发生,保证了人们在社会生活中的预期,因此,在制定法上注意研究并及时采纳习惯,不仅可以弥补制定法必定会存在的种种不足和疏忽,以及由于社会变化而带来的过于严密细致的法律而可能带来的僵化;更重要的是,吸纳习惯也是保持制定法律富有生命力,使之与社会保持"地气",尊重人民的首创精神的一种不可缺少的渠道。朱苏力:《当代中国法律中的习惯——一个制定法的透视》,载《法学评论》,2001(3)。朱苏力教授还发现,尽管当代中国制定法对于习惯采取了某种贬抑、有时甚至是明确予以拒绝的态度,但在司法实践中,习惯还是会顽强地在法律中体现出来,对司法的结果产生重大影响,实际上置换了或改写了制定法。朱苏力:《穿行于制定法和习惯之间》,http://article.chinalawinfo.com/Article_Detail.asp?ArticleID=26083&Type=mod,2010 年 5 月 1 日最后访问。

三、软法

近年来兴起的“软法”(soft law),[①]概念源自国际法,后被行政法借用,用来观察公法领域的公共治理现象,总结存在于其中的一种柔性规则。软法倡导者从弥补封闭性、单向度的国家管理模式失灵的角度切入,提出重视与利用公共治理中的柔性规则,实行开放协商的软法之治等一系列主张。

那么,软法是什么?法国学者 Francis Snyder 说:“软法是原则上没有法律约束力但有实际效力的行为规则。”[②]这个定义尽管不完美,却非常简洁明确。罗豪才教授根据其共同特征把软法界定为,它是“作为一种事实上存在的可以有效约束人们行动的行为规则,而这些行为规则的实施总体上不直接依赖于国家强制力的保障”,[③]是“指不能运用国家强制力保障实施的法规范体系”,[④]以此来区别于那些需要依赖国家强制力保障实施的法律规范,也就是硬法(hard law)。

软法的范围有多大?姜明安教授归纳为六点:(1)行业协会、高等院校等社会自治组织规范其本身的组织和活动及组织成员行为的章程、规则、原则;(2)基层群众自治组织(如村委会、居民委员会)规范其本身的组织和活动及组织成员行为的章程、规则、原则,如村规民约等;(3)人民政协、社会团体规范其本身的组织和活动及组织成员行为的章程、规则、原则以及人民政协在代行人民代表大会职权时制定的有外部效力的纲领、规则;(4)国际组织规范其本身的组织和活动及组织成员行为的章程、规则、原则,如联合国、WTO、绿色和平组织等,国家作为主体的国际组织规范国与国之间关系以及成员国行为的规则;(5)法律、法规、规章中没有明确法律责任的条款(硬法中的软法);(6)执政党和参政党规范本党组织和活动及党员行为的章程、

---

① 在我国,从行政法角度研究软法的主要成果集中在以下三本著作之中:罗豪才等著:《软法与公共治理》,北京,北京大学出版社,2006。罗豪才等著:《软法与协商民主》,北京,北京大学出版社,2007。沈岿、彭林、丁鼎主编:《传统礼治与当代软法》,北京,北京大学出版社,2018。

② Cf. Francis Snyder, “*Soft Law and Institutional Practice in the European Community*”, Collected in Setve Martin ed., *The Construction of Europe: Essays in Honour of Emile Noel*, Kluwer Academic Publishers。转自罗豪才等著:《软法与公共治理》,6 页,88 页,北京,北京大学出版社,2006。

③ 罗豪才等著:《软法与公共治理》,6 页,北京,北京大学出版社,2006。

④ 罗豪才:《公共治理的崛起呼唤软法之治》,载《法制日报》,2008-12-14。

规则、原则(习惯上称之为“党规”“党法”)。[1]

就一种规范而言,软法无疑是一种客观存在。这是任何人都无法否认的。我想对现有文献与研究做以下初步评价:

首先,软法范畴的现有界定似乎过于宽泛。法律、法规、规章中的确存在着大量的指导性规范、鼓励性规范、倡导性规范。[2]但在这个层面论证“软法亦法”没有意义,因为谁都不会否认这些指导性、鼓励性、倡导性规范的法的品格,这些规范仍然属于国家治理范畴。在我看来,软法应当是以行业自治、基层群众自治、社会自治、大学自治等为基础生发出来的一套社会规范或行为规范。这些自治才构成了我们所说的公共治理。上述自治在我国正处于不断发展之中,其具有或将会形成的品格,将直接决定着软法在中国的特色与韵味。

其次,从某种意义上说,软法的研究正是为上述自治寻求正当性,或者为了保证上述自治的正当性。何为好的“软法”,如何保证“软法”是好的?应是软法研究重点,并嫁接公法观念、标准与技术。

最后,软法是一种规范。如果按照本书对法源的理解,在处理有关上述自治中产生的纠纷时,我们也可以从规范的角度把软法理解为,它实际上是用另一种标准或视角对不成文法源的重新梳理与整合,但它又不完全等同于不成文法源,它是存在于政法惯例、公共政策、自律规范、专业标准、弹性法条等形态载体之中的一类柔性规范,[3]所以,它只是与不成文法源有某种重合交叉的另外一个话语体系。但它也有助于我们进一步理解和拓展不成文法源的具体形态。

四、法源位阶与适用顺序

在法律适用上,一般是成文法源优于不成文法源。只有在无法从成文法源中找到明确恰当的法律规范,或者法律规范含糊、冲突或被诟病时,人

① 罗豪才等著:《软法与公共治理》,88～89页,北京,北京大学出版社,2006。

② 据统计,在市场监管、财政、税务和金融、教科文体、城乡建设、司法行政、公安、医药卫生、农业等8个重要公法领域,在84部法律、135部行政法规、92部地方性法规和189部规章中,共有20482个条款,其中“软法”条款为4328条,占21.13%。罗豪才:《直面软法》,载《人民日报》,2009-07-08。

③ 罗豪才等著:《软法与公共治理》,48页,北京,北京大学出版社,2006。

们才会将眼光投向不成文法源，作为涤荡、疏浚、弥补的工具。这种法律思维方式是法律实践经验的总结，也是法律教育的结果。它显示了对民主制度的尊重，对形式法治的虔诚，以及对实质法治的追求。它也是法律条文的独具功能。一般而言，条文比原则、政策、惯例、道德等更有明确性。明确性有助于减少纠纷。所以，这种思维方式具有相当的合理性。①

成文法源中的法源位阶、适用顺序，特别是对法律规范冲突的解决规则，主要由《立法法》、最高人民法院对法律适用问题的司法解释等规定。大致包括：

(1)上位法优于下位法。这是按照法律制定机关的权力等级序列确定优位次序。也就是，宪法具有最高的法律效力，法律高于行政法规，行政法规高于地方性法规、规章，地方性法规高于本级和下级政府规章，上级政府制定的规章高于下级政府制定的规章。

(2)新法优于旧法，特别条款优于一般条款。这是针对同一机关制定的同一等级的法律规范而言的。

(3)变通规定仅适用于变通地区。自治条例和单行条例依法对法律、行政法规、地方性法规作变通规定的，在本自治地方内适用。经济特区法规根据授权对法律、行政法规、地方性法规作变通规定的，在本经济特区内适用。

(4)部门规章之间、部门规章与地方政府规章之间具有同等效力，在各自的权限范围内施行。

(5)通过裁决解决地方性法规、规章之间不一致。①同一机关制定的新的一般规定与旧的特别规定不一致时，由制定机关裁决；②地方性法规与部门规章之间对同一事项的规定不一致，不能确定如何适用时，由国务院提出意见，国务院认为应当适用地方性法规的，应当决定在该地方适用地方性法规的规定；认为应当适用部门规章的，应当提请全国人民代表大会常务委员会裁决；③部门规章之间、部门规章与地方政府规章之间对同一事项的规定不一致时，由国务院裁决；④根据授权制定的法规与法律规定不一致，不能确定如何适用时，由全国人民代表大会常务委员会裁决。

为了实现“法制统一”，下位法不得与上位法相抵触。何为“抵触”？判

① 应松年、何海波：《我国行政法的渊源：反思与重述》，收入浙江大学公法与比较法研究所编：《公法研究》第2辑，北京，商务印书馆，2003。

断起来比较复杂。一般不是仅看条文表述是否一致,更多的是看规定内容、目的是否实质不一样。以地方性法规与上位法之关系为例,以下情形都不应视为“抵触”。

第一,在能够实现上位法的规制目的的前提下,允许地方性法规放松规制,更充分地实现公民权利与自由。比如,《道路交通安全法实施条例》(2017年)第72条第(一)项规定,“在道路上驾驶自行车”,“必须年满12周岁”。地方立法可以规定,“在父母陪同下,未满12周岁的儿童可以在边道上驾驶自行车”,这有利于从小培养交通安全规则与意识。也允许地方立法为有效实现上位法的目的而加强规制。比如,地方立法可以规定,“成年人驾驶自行车可以在固定座椅内载一名儿童”,“儿童必须戴安全头盔”。这完全符合并能促进实现《道路交通安全法》(2021年)第1条规定的“保护人身安全”目的。

第二,对于上位法作出禁止性规定,却未设定法律责任的,地方性法规认为有必要,可以规定相应的法律责任。对于上位法规定了管理制度,却未设定违法行为及处罚的,地方性法规也可以依法补充规定。

第三,在上位法规定的基本制度之外,地方性法规可以根据实际需要,补充规定必要的,且有助于实现上位法目的的相关具体制度和要求,包括规定相应的违法行为及处理。比如,《衢州市市区电动自行车管理规定》(2016年)第23条突破了道交法的规定,要求“电动自行车驾驶人和乘坐人员应当佩戴安全头盔”,这是为了更好地保护骑行者的安全。[①]

第四,对于给付行政、授益行政以及服务行政,上位法规定的只是最低标准,是各地必须严格执行的下限或底线,允许地方性法规根据实际可以上调标准,并为公众提供更便捷、经济的获取方式。其正当性在于,这些领域是趋向授益性、辅助性、促进性的,很大程度取决于地方财政状况,比如,义务教育年限是否由九年提高到十二年,应当允许地方有更大的决定权。对于秩序行政或者侵害行政,也可以考虑针对环保、食品等领域的监管适时地

---

① 一项关于苏州张家港市道路交通伤害情况的研究表明,在所有因电动自行车引起的事故伤害住院病例中,受到伤害频次最高的身体部位是脑部,其比例高达46.4%;超过三分之一(35.9%)的伤害病例受到了外伤性脑损伤(包括颅骨骨折、脑震荡等)。Cf. Wei Du, Jie Yang, Brent Powis, et al., *Epidemiological Profile of Hospitalised Injuries among Electric Bicycle Riders Admitted to a Rural Hospital in Suzhou: A Cross-sectional Study*, Injury Prevention, Vol. 20, 2014, p. 130.

采纳类似的原则。①

上述第一、第四属于放松或加强规制，结果有利于公众，多由地方财政支付，不会对法秩序造成多大破坏。第二、第三是为了更有效地执法上位法，一方面，地方负责上位法的实施，中央对执行好坏与治理成效的问责也趋于严厉，地方必然会要求更多的立法空间；另一方面，地方具有信息优势，能够更精准地补强有关制度、措施。当然，制度增设必须符合比例原则、正当程序等要求，并且有助于上位法有关立法目的在地方的充分实现。因此，地方立法机关必须广泛征求公众意见，组织专家论证，加强备案审查。

五、民法原理在行政法上的援用

1. 援用民法原理的理论基础

有时，在解决行政法上一些问题时，却从行政法上找不到有关规范，那么，能不能到民法之中去找寻呢？这是我们讨论民法原理援用的基本前提。行政法确立的基础是(社会)公共利益，这与建立在个人利益基础上的民法迥异。但是，这一事实并不意味着公共行政活动必然绝对地排斥民法原理的适用。那么，民法原理为什么能够援用到行政法领域？追问这个问题，实际上是对行政法与民法相互关系，或者从更大的范围上讲，公法与私法之间的关系，特别是“公法与私法的共通性”(借用美浓部的话)这一基本理论问题的思考。我们可以从行政法与民法发展历程中的历史渊源以及法律调整社会关系的类似性等方面来寻求答案。

(1)普通法国家中，行政法之所以可以适用普通法规则，是其法治观念导致的结果，是历史形成的产物

英国学者戴西(A. V. Dicey)在 1885 年以其在牛津任英国法教授时所作

---

① 在日本已经出现了这种趋势，体现在“上乘条例”原理，合法性在于，“基于公害对居民之生存环境之侵害，从而企业自由便应受到制约，基于公害现象之地域性，积极行政之要求，国家法令所规范者系为全国地域，全民之规范，应为管制的‘最低基准’，地方公共团体为各地域之公害特性，自可制定较国家法令更高之基准，以维护地方居民之权益”。孙波：《地方立法“不抵触”原则探析——兼论日本“法律先占”理论》，载《政治与法律》，2013(6)。在我国，也有同志主张，“为了保护公民的人身健康和生命财产安全，地方有关食品卫生方面的地方性法规，在食品卫生管理、食品卫生监督等方面，作出严于国家食品卫生法的禁止性规定的；地方有关药品管理方面的地方性法规，在药品生产企业管理、医疗机构的药剂管理和药品管理等方面，作出严于国家药品管理法的禁止性规定的；可以视为不抵触”。姚明伟：《结合地方立法实际对不抵触问题的思考》，载《人大研究》，2007(2)。

的讲座为基础发表的《宪法研究导论》(*Introduction to the Study of the Law of the Constitution*)一书中,用大段篇幅阐述了其法治观念,他出于维护个人自由、反对政府干预的政治偏好,以及对法国行政法的误解,主张任何人无论其地位或条件如何,都必须遵守普通法,受普通法院管辖。

另一位英国学者霍格(P. Hogg)作了进一步注脚,“由普通法院(ordinary court)将普通法律(ordinary law)适用到政府行为上去,符合我们普遍认同的政治理念,也使我们免于卷进很多的实际问题当中。而且,我对法律所持的认识,使我得出这样的结论,大部分的普通法律的确能够圆满地解决政府与公民之间出现的冲突。其实,在我看来,最不令人满意的那部分法律,恰好是那些法院拒绝将普通法律适用到政府身上而造就出来的法律。概而言之,我的结论是,戴西的平等观念为一个合理的、可行的并可接受的政府责任理论提供了基础。”①

这种拔擢的“法律面前平等”原则(the principle of equality before the law),让公法私法浑然一体。戴西的宪法价值观,对英国的法律构造及法律分析结构影响至深,对行政法在英国的发展产生了深刻的阻遏作用。公法私法不分,延续了相当长的时日。

之后,戴西的理论却受到了猛烈的批判,其中很重要的一点,就是因为在戴西的观念中,拒绝接受国家权力与职能已经发生根本变化的现实,十分厌恶国家与公民之间的不平等。这种观念却导致不能对国家机器进行有效的法律控制。与此同时,随着法国行政法的“庐山真面目”逐渐揭然,人们也渐渐认识到,行政法的实质是对行政机关和其官员的公务行为适用不同的规则,就是在法国,行政法也是视为对个人权益的保障,而非政府官员的特权。

因此,自里德(Reid)法官在 1964 年 Ridge v. Baldwin 案中首次在司法上提及“行政法”的概念后,对行政法的研究及制度建设也渐勃兴,迪普罗克(Diplock)法官在总结包括 Ridge v. Baldwin 和 Conway v. Rimmer 等案件司法判决的最近发展结果后,得出“在这个国家(指英国)出现的行政法制度

---

① Cf. P. Hogg, *Liability of the Crown*, Toronto: Carswell, 1989, pp. 2～3. Cited from Carol Harlow & Richard Rawlings, *op. Cit.*, p. 214.

实质上与法国行政法范围相似”的结论。[①]

行政法之所以在普通法国家中得到承认与发展，其根本原因是因为普通私法的分析结构（the analytical framework of ordinary private law）存在着与公共政策和行政管理的需求（the needs of public policy and administration）以及抗制政府强大的经济权能的需求（the demands for protection from the overarching economic power of government）之间的冲突。[②]因此，必须发展出特别的规则。但是，这一现实需要并未根本湮没在解决具体公共行政活动中依然可以援用普通规则的事实。因此，在普通法国家中，可以在公共行政活动中适用普通法的规则，是其法治观念导致的结果，是历史形成的产物。

（2）大陆法对这个问题的探讨

现今区分公法与私法为特色的大陆法系国家，早先也是对公法与私法不加区别的。据基尔克（Gierke）的考察，在德意志的法的历史上，在整个中世纪都没有认识公法与私法的观念上的区别，一切人与人之间的关系，自邻近者间的交易关系以至王与国民间的忠诚关系，都被视为可包括于一个相同的单一种类的法里。[③]美浓部也举出日本王朝时代最完备的成文法典大宝令和武家法的贞永式目为实例，说明在日本历史上也是如此。[④]作为历史比日本更加悠久的我国，历史上更是刑民不分，这在几乎所有介绍中国法制史的书籍中都已成为定论。

上述历史早期表现出来的法规范的浑然一体而不加区分的现象，其实是很耐人寻味的，特别是着重从法规范解决问题的效果这一角度去思考，对于我们理解公法与私法的共通性，也是颇有意义的。

随着社会分工的日益复杂和国家职能的不断扩大，原先一体化的法规范也开始出现了“公”的和“私”的分化。而公法与私法的观念是源自古老的罗马法，其之所以在后来又被大陆法国家重新拾起，作为“法的秩序之基础”（借用基尔克的话），根据美浓部的研究，主要是因为作为国家法的实在法的

---

① Cf. O. Hood Phillips & Paul Jackson, *Constitutional and Administrative Law*, Sweet & Maxwell, 1987, pp. 33, 40.

② Cf. Carol Harlow & Richard Rawlings, *op. Cit.*, p. 215.

③ Cf. Gierke, Deutsches Privatrecht, I. S. 28. 转引自，[日]美浓部达吉：《公法与私法》，黄冯明译，1～2 页，台北，商务印书馆，1963。

④ 同上注。

发达，是为了“究明现实的国法的内容”所必要的，也是由于“究明国法之应用的实际上的必要。”[①]

既然在实在法上存在着公法与私法的结构，当然也就存在着它们彼此间的相互关系问题，这也是长期以来聚讼不休的地方。在这个问题上，德国行政法学者作了开拓性的、也较深入的研究，形成了否定、肯定与折中三种不同的见解。[②]

一是否定说。奥托·迈耶(Otto Mayer)根本否定在行政法上有适用民法规定之可能。他认为，行政法上虽亦有“财产、地役权、雇佣合同、赔偿及偿还请求等名称”，但是，是“根植于不同土壤之上的”，“所有的细节都是在公权力参与、法律主体不平等基础上形成的”。“不应以类推方式援引民事法律规定来改善和补充行政法”。[③]

二是肯定说。佛烈得尼士(Friedrich)和革赫(Gehe)的见解则与奥托·迈耶相佐，均肯定行政法可以援用民法规定。佛烈得尼士认为，公法和私法有着共同适用的法理，因此，可以援用私法规定。革赫在肯定公法与私法有共同原理的前提下，认为私法是以个人利益为重，而公法以社会利益为重，因此，在法律规定上，公法有其特别规定，但除此特别规定外，私法规定可以类推适用于公法。

三是折中说。俄滋(Goez)比佛烈得尼士更注重行政法的特殊性，其观点介于前两种见解之间，可以说是一种折中的观点。他认为，私法规定，类推适用于公法关系者，非无限制，除关于财产请求权者，可类推适用，或公法上直接间接设有可类推适用之规定外，限于合于公法之目的者，始可类推适用。毛雷尔也说，“‘借用’的前提是法律关系具有相同特征，私法已有相应规定，而公法仍存在明显漏洞”。[④]

目前在德国、日本，较为学界所普遍接受的观点是，行政法与民法各有

---

① [日]美浓部达吉：《公法与私法》，黄冯明译，3～6、17～22页，台北，商务印书馆，1963。关于公法与私法区别在法学上的价值，还可参见蔡志方：《公法与私法之区别——理论上之探讨》，载其著《行政救济与行政法学(二)》，台北，三民书局，1993。

② 林纪东：《行政法》，29～30页，台北，三民书局，1984。涂怀莹：《行政法原理》，184页，台北，五南图书出版公司，1990。

③ [德]奥托·迈耶：《德国行政法》，刘飞译，123～125页，北京，商务印书馆，2013。

④ [德]哈特穆特·毛雷尔：《行政法学总论》，高家伟译，50页，北京，法律出版社，2000。

其特殊性，不能任意援用民法规定，但民法中表现为一般法理的，且行政法对该问题未作特殊规定的，则可以援用。

(3)初步的结论

其实，在我看来，对公法能否适用私法规律的问题，如果从历史的观点来考察，更容易获得理解。从历史沿革看，公法与私法，以及分属于公法与私法中的部门法的发展情况却各自是非常不相同的。行政法属于公法范畴，但因其与政治联系紧密，向来被法学家视为应审慎规避的君主的保留领域。直到近代之前，行政法一直是相对不发达的。自罗马法以来整个大陆法传统几乎都集中在私法方面。①到 19 世纪，行政法才开始兴盛，其研究与规范的领域也逐渐扩展，并向原本属于私法的领域渗透。为完成行政职能，政府还经常借助私法上的手段。在这种背景下，对于已被私法荫掩的法的一般原理，行政法自然可以予以援用。

正是出于对这种历史发展的深刻认识，有的学者指出，私法与公法有着共同适用的一般法理，只是因私法发达较早，遂被认为是私法所独有的法理，这种法理其实亦可直接适用于公法。②这种见解颇有见地。

美浓部也认为，尽管公法与私法有着各自的特殊性，应遵循各自不同的规律，但这个事实并不否定公法与私法之间有着共通性。在此共通性的限度内，当然可以适用共同的规律。但由于公法关系中“还没有像民法那样的总则规定”，因而“本来以专求适用于私法关系为目的而规定的民法总则，便在许多地方非解释为类推适用于公法关系不可。”接着，美浓部更进一步更正说，“正确地说来，那并不是私法的规律适用于公法关系，而系公法关系遵守与私法关系共通的规律。”③

其实，民法原理之所以能够援用到行政法领域（或行政契约）中的根本原因，除了上述历史渊源外，更主要的是在于行政法所调整的特定社会关系或者在个案中所遇到的特定问题与民法有着相似性，比如，在行政赔偿与民事赔偿、行政契约与民事合同等领域，在对这些类似问题的处理方式上援用

---

① [美]格伦顿、戈登和奥萨魁：《比较法律传统》，米健、贺卫方、高鸿钧译，66 页，北京，中国政法大学出版社，1993。

② 林纪东：《行政法》，30 页，台北，三民书局，1984。

③ [日]美浓部达吉：《公法与私法》，黄冯明译，205、206、220 页，台北，商务印书馆，1963。

民法所表现出来的共同法理,能够使这些问题得到较圆满的处理,并达到较为满意的效果。

2. 援用民法原理的范围与程度

在我看来,判断援用民法规定的范围与程度的两个标准是:第一,行政法未作特别规定,且与行政性相容;第二,处理行政法关系所依据的法理与民法原理有着共同性。只有同时满足这两个标准,才能适用民法规定。

行政法运行中所形成的法律关系为行政法律关系,这种法律关系的属性决定了适用法律的专属性,且在依法行政理念的支配下,排斥适用其他类别法律的可能。由此结论可反推出,只有行政法未作特别规定者,且更进一步,即使行政法未作特别规定,适用民法规定也不致产生与行政性不相容结果者,方有适用民法规定之可能。否则,如果发生与行政性不尽相容的情况,则必须考虑对民法规定作若干修正,以消弭不相容性。这是一方面。另一方面,行政法运行中所表现出的法律关系只有与民法关系有着相似性,且处理这些关系所依据的法理具有共同性时,才有援用民法规定的可能。

援用的性质,理论上有"类推适用"和"直接适用"两种解释。在我看来,不折不扣的适用,是直接适用。比如,行政诉讼是从民事诉讼脱胎而来,对于像期间、送达、财产保全、开庭审理等共性问题,《行政诉讼法》没有必要重复规定,可以直接"适用《中华人民共和国民事诉讼法》的相关规定"。适用过程中有一定修正,属于类推适用。这是因为,"由于行政权的担当者(行政主体)成为法律关系的一方当事人,使得支配行政法关系的法理和法原则与适用于私人间的私法(民商法)之间,或多或少,总是有所区别的"。[①]

第四节 行政法的体系结构

一、基本结构与三条主线

一般行政法的知识看似零散、琐碎,一地鸡毛,实则理论体系清晰、紧凑,有着内在规律,便于理解、记忆。

① [日]南博方:《行政法》,杨建顺译,1~2页,北京,中国人民大学出版社,2009。

行政法就是致力于控制行政权。在坊间可寻的行政法教科书上，多是围绕行政权展开布局。因为行政权与立法权、司法权之间的分权不可能绝对、纯粹，黑白分明，行政权与立法权交集之处，形成了行政立法，与司法权之间的交织成就了行政司法。但随着学术进化，摒弃了行政司法，改用行政救济。因此，行政法教科书一般按照行政权的时空发展次序编排，依次是行政立法、行政行为、监督行政、行政救济。同样以行政权为主线，还有一种更简约、也更传统的“组织、行为、监督”构成论，(1)行政权的行使主体(包括行政组织、行政主体、公务员等)，相应的规范构成行政组织法；(2)行政权的运行(包括各类行政行为及其程序)，适用行政行为法规范；(3)对行政权的监督和救济，适用行政监督救济法规范。①这些板块构成了行政法基本结构。

具体而言，行政立法就是行政机关行使有限的立法职能，包括行政法规、规章。规范性文件是抽象命令、行政规则，对行政机关具有拘束力，一定会附带重点论述。行政行为由行政主体、行政行为一般理论、类型化行政行为、行政程序(包括信息公开)组成。监督行政是对行政权的监督，分为行政内部监督和行政外部监督，前者如审计、执法考评、行政问责，后者是来自人大政协、监察委员会、社会舆论等监督。林林总总，不宜详介。行政救济主要包括行政复议、行政诉讼、行政赔偿和补偿。对于上述丰富多彩的内容，教科书体例如何具体设计、重点引介，因学者关注不同、学术观点差异而有所取舍、重组，比如，行政行为是否包含行政立法，采用行政组织法与公务员而非行政主体，类型化行政行为的多少，丰俭由人、多寡随意。

不论教科书采用何种体例组合，一般都通过“一明两暗”的三条主线，将散落一地的知识串成一个内在精致有序的知识体系。一条明显的主线是以行政行为为核心的传统支架性结构，在行政法与行政诉讼法之间形成对应关系。②两条若隐若现的主线分别是国家行政与社会行政的双线性结构，以及内部行政法与外部行政法的内外部结构。通过上述主线的追踪，寻觅相

① 湛中乐：《首次行政法学体系与基本内容研讨会综述》，载《中国法学》，1991(5)。杨伟东：《基本行政法典的确立、定位与架构》，载《法学研究》，2021(6)。马怀德：《十三届全国人大常委会专题讲座第十七讲 我国的行政法律制度》，http://www.npc.gov.cn/npc/c30834/202006/2377d96e89964d9aa23caf1012803920.shtml?from=singlemessage，2021年12月19日最后访问。

② 余凌云：《行政诉讼法是行政法发展的一个分水岭吗？——透视行政法的支架性结构》，载《清华法学》，2009(1)。

关知识的关联性,进行体系性思考,前后呼应,能够更加深刻地理解行政法,洞察行政法的发展趋势。

二、以行政行为为核心的支架性结构

1. 行政法与行政诉讼法之间的对应关系

在传统行政法学体系之中,行政行为(Verwaltungsakt, administrative act)是像"阿基米德支点"一样的核心性概念,行政诉讼就是围绕着这个基本的概念构筑起来的。两者之间表现出一种非常工整的,甚至是一一对应的关系。行政行为的公权力性、单方性与法律效果,是法院据以审查是否应当纳入行政诉讼的审查对象的考量标准。行政行为合法要件,构成了行政诉讼合法性审查的基本标准与进路,也是维持判决、驳回诉讼请求判决必须符合的基本条件。行政行为的无效、撤销与废止决定了法院对被诉行政行为的处理态度与方式。行政行为的公定力决定了行政诉讼上的原告恒定。行政行为的公定力和执行力共同支撑着行政诉讼上的行政救济不停止执行原则。

这仅是一个楔子。从宽泛的意义上讲,行政法的理论发展源自判例法(case law),都是以行政诉讼为行政法理论发展的原点与动力。行政法学会不断受到法院审判实践的激励、推动与催化作用。[①]行政法与行政诉讼之间将相互激荡、彼此互动、共同发展。它们之间也必定隐藏着某种内在的关联。行政诉讼上的特有制度,无法通过类比民事诉讼获得理解,必须从行政法上寻找解释。

当我们有意识地将目光流连往返于行政法(狭义)与行政诉讼之间时,不难发现其中存在着千丝万缕的内在联系,存在着结构上较为密集的对称

① 这种现象似乎具有普遍性,不断地被一些国家的行政法发展史所印证。比如,在典型的具有深厚成文法传统的法国,行政法却源自判例。法国的行政法学是学者对行政法院判决进行注释、解说、归纳、抽象而成。在行政法研究的过程中,行政法学与行政法院形成了互动关系:一方面,行政法院的判决成为行政法学研究的主要素材,成为行政法学的研究对象,从而被注释、被评论,甚至是被批判、被否定。另一方面,行政法学对于行政法院判决的理论评价与分析,对判例规律的总结,对行政法原则的提取,促成了法国行政法实践的良性循环。赵世奎:《法国行政法学初探》, http://www.chinalawedu.com/news/2005/4/ma99352638541814500210944.html,2018 年 12 月 2 日最后访问。同样,在日本,行政法学说与行政判例也形成了相辅相成的关系。行政判例依赖于学说,又对学说的不完备予以补充;学说则从判例中汲取刺激和营养,从而促成日本行政法高度发达以及行政法学体系不断完备。杨建顺:《日本行政法通论》,67 页,北京,中国法制出版社,1998。

性。这种对应关系决非一一对应性的，更多的是发散型的、粗略的对称，是两个模块之间的大致对称。这种对应关系形成了比较漂亮的“支架性结构”。我们可以粗线条地勾勒在表1-3之中。

表1-3　行政法与行政诉讼之间的对应关系

行　政　法	行　政　诉　讼	改　革　趋　向
公共行政、行政法律关系、公法与私法区分	行政纠纷类型，行政救济范围	公共治理与公共行政
行政法的渊源，行政立法，规范性文件	行政诉讼法律适用，规范性文件附带审查，抽象行政行为不可诉	
行政法律关系（行政机关与相对人不对等）	通过不对等的程序权利义务配置实现双方当事人诉讼地位平等	提级管辖，交叉管辖，集中管辖，行政法院
行政法的功能与作用	行政诉讼目的，起诉资格	
行政法基本原则	审查标准	增加与合法预期和比例原则相对应的审查标准
依法行政	行政诉讼调解原则，合法性审查	
行政程序，正当程序	审查标准（违反法定程序），确认违法判决，判决撤销并责令重做	多样化的司法对应，包括治愈、撤销等
行政自由裁量	实质合法性审查（合理性审查），审查标准（滥用职权、明显不当）	
行政调查中的行政证据、证明责任	诉讼证据，被告举证	
行政主体	被告	特别权利关系中的基本权利关系纳入行政诉讼
行政相对人	原告	
第三部门	法律、法规、规章授权组织，被告，受案范围	公共治理及其纠纷解决
行政行为	行政诉讼审查对象，受案范围	不以概念为标准，而以人权保障为标准

续表

行　政　法	行政诉讼	改革趋向
行政行为分类(抽象行政行为、不作为)	对规范性文件附带审查,责令履行判决,给付判决	
行政行为合法要件	审查标准,维持判决,驳回诉讼请求判决	取消维持判决
行政行为公定力	原告恒定,不需要反诉,行政机关负举证责任	
行政行为执行力,行政复议不停止执行	行政诉讼不停止执行原则	行政诉讼停止执行原则
无效与可撤销行政行为	撤销判决,变更判决,确认判决	
类型化行政行为(行政处罚、行政许可、行政强制等)	受案范围,审查依据	
行政处罚简易程序	简易诉讼程序,独审制,证据规则	
行政强制执行	非诉执行	
行政协议	对行政协议的审查、判决	
行政指导	不属于行政诉讼受案范围	违反合法预期的可诉
政府信息公开	要求被告提交作出具体行政行为的依据,简易诉讼程序	政府信息充分公开之后,没有必要要求行政机关提供依据,且提供依据也容易误导法院审判
行政复议	复议前置,双被告	复议机关不能作被告
行政赔偿违法归责、举证责任	行政诉讼合法性审查、举证责任	适用与民事侵权一样的归责原则

我们也大可不必将这种对称绝对化。否则,过于矫情牵强。比如,近年来被逐渐唤醒的对行政组织法与公务员制度的关注,其中很多内容或许不会与行政诉讼发生勾连。但是,如果我们转换视角,仍然可以发现潜在的对称。比如,对行政组织法的研究,能够帮助我们梳理行政机关的意思形成与

实施机制，对识别被告大有裨益；对内部行政的研究也在阐发着法院不审查内部行政中纯粹管理关系的道理。

同样，那些在很多人看来与行政法没有什么勾连，纯属行政诉讼本身的东西，完全由法院本身的运行机制决定的，比如，法院的行政审判组织、管辖与其他一些纯粹的审判程序规则，在近来的研究中似乎也在不断与行政法发生勾连。有关提高管辖级别的呼吁，就是考虑到行政法律关系中主体地位的不平等，行政机关所处的优越地位可能会对法院产生的不正当干预，而想出的一种对抗性回应。关于简易诉讼程序与独审制的建议，也是基于行政执法中的简易程序与案件不复杂而提出的对策。

2. 功能上的双向流动

在这种对称性的结构之中，又很可能发生功能上的双向流动。相对应的部分之间很大程度上可以、也能够相互替代。本属于行政诉讼关注的问题有可能"潜入"行政法之中，由行政法来研究，并反过来为行政诉讼所援用。反之，亦然。

这可以从两大风格的行政法模式上得到验证。但凡学习行政法的人都知道，德国、法国、日本行政法注重并擅长行政行为(administrative act)类型化，行政行为成为行政法的核心；而英国、澳大利亚、新西兰等国家的行政法却强调并倚重法院对行政法治的推动作用，将行政法构建在司法审查(judicial review)之上。①

对行政行为的不断类型化、抽象化与规范化，强调行政行为的适法性特

① Roger Warren Evans 就说过："英国行政法是围绕着对公共机构行为造成的侵害给予正式救济为核心建立起来的，这也赋予了它与众不同的英国品味。"(English administrative law is centred on the formal redress of grievances caused by the conduct of public authorities, and that gives it a distinctive English flavour.) Cf. Roger Warren Evans, "*French and German Administrative Law: with Some English Comparisons*"(1965) 14 *International and Comparative Law Quarterly* 1104. 英国有一个相当不错的行政法教材——Carl Emery 的《行政法：对行政行为的法律挑战》(*Administrative Law: Legal Challenges to Official Action*, London. Sweet & Maxwell, 1999)，它基本上就是按照司法审查来布局的。澳大利亚 Peter Cane 的《行政法导论》(*An Introduction to Administrative Law*, Oxford, Clarendon Press, 1996)，是澳大利亚极其重要的一本行政法教科书，在英文文献中引用率相当高。从其体例结构看，实际上就是一本司法审查的教科书。新西兰 G. D. S. Taylor 的著作也很重要，有一版和一版增补两本，书名就叫做《司法审查：新西兰的视角》(*Judicial Review: A New Zealand Perspective*, Butterworths, 1991; and *Judicial Review: A New Zealand Perspective* (Supplement to the First Edition), Butterworths, 1997)。

征,实际上是在“从实定法的角度划定该行为之容许性与界限”。[①]这种学术努力在促进行政法总论繁荣发达的同时,也足以满足行政诉讼上对司法审查标准的“消费需求”,也必然会导致在行政诉讼上的“生产需求”下降、理论研究热情衰减。所以,我们可以说,行政诉讼需求向行政法的外化与转移,构成了德国、法国、日本行政法的一个显著特点。

由于长期以来,我们深受德国法的研究方法和法律传统的熏陶,[②]热衷于对实体问题的理论建构,热衷于对行政法基本理论的抽象思考,这就使得理论研究的重心发生了合乎情理的偏移,由行政诉讼领域转入了行政法领域,形成了一种学术习惯和研究定式。因此,这也造就我国行政法总体上偏向德日的风格。

然而,我们却很难从英国、澳大利亚和新西兰的行政法教科书中找到对行政行为的专门介绍。[③]对行政行为的合法性边际(包括违法的内涵、程序要求等等)的界定,都是在司法审查之中完成的。司法审查上的理论需求,得靠“自己动手、丰衣足食”。这种自给自足,也同样会大幅度降低对行政法前端的生产需求。所以,在普通法国家的行政法中,前端就只剩下了行政组织、委任立法等寥寥无几的内容。行政法问题集中在行政诉讼上解决,成为了普通法国家行政法最突出的特征。

3. 有何意义?

尽管时代变迁,福利国家与行政给付的盛行,国家职责的迅速扩张,对传统经典的行政法学结构产生了颠覆性的冲击,但是,注重行政法内在的牵连关系,特别是与行政救济制度之间的链接的重要性依然被沉淀下来。这是构建行政法制度和研习行政法理论中必须十分注意的方法论。

---

① 高秦伟:《行政法学方法论的回顾与反思》,载《浙江学刊》,2005(6)。

② 费勒(A. H. Feller)就说过:“抽象化与体系化的研究是德国学者的挚爱”(The first love of German scholars is systematization and generalization)。德国学者投入了大量的热情与精力去研究与行政组织有关的各个方面问题。Cf. A. H. Feller, “*Tendencies in Recent German Administrative Law Writing*”(1932—1933)18 *Iowa Law Review* 148 - 149.

③ 应松年教授在他主编的《四国行政法》(北京,中国政法大学出版社,2005)中做过一个尝试,就是“用中国人的眼光、思维模式和语言习惯,根据中国人的需要,综合众多资料和专著来撰写、介绍,由中国人写给中国人看”,所以,在对英国、美国行政法的介绍中,我们看到了专章(节)的“行政行为(法)”。

德国学者胡芬曾说："事实上，有关实体性公法（宪法和行政法）的高度专业化知识将毫无用处的，如果它们不涉及行政诉讼法，并籍以获得相应解释和实现的话。"[①]对行政法实体问题的研究，必定要从诉讼角度做有意识的探寻与追问。从某种意义上说，行政法理论是为诉讼服务的，对行政法的每一环节、每一部分，我们都必须考察其诉讼上的意义和价值。反之亦然。行政诉讼上的问题，以及行政诉讼的变革，很大程度上必须从行政法本身来获得理解，来寻找制度渊源和理论依据。采取这样的研究方法，我们将对"法院是最后说理的地方""没有救济的权利，就不是权利""司法救济最终原则"等等之类的说法获得一种全新的理解。

在我看来，现代行政法面临的挑战，实际上是在行政法对称性结构之上发生"双向变动"的结果。我们在行政法研究和革新上遇到的巨大困难，也是"双向变动"造成的。一方面，是传统行政法建立起来的行政行为理论已经完全无法涵盖现代政府的所有活动，进而无法为法官提供判断涉案行为是否应当纳入行政诉讼解决以及如何审查的标准、依据与进路；另一方面，是建立在行政行为理论基础之上的传统行政诉讼制度也随之受到激烈的冲击、批判与挑战。行政诉讼结构的张力也明显不足，无法有效呼应行政法前端的迅猛变化。因此，未来行政法结构的变革依然会在这样的对称结构之中去完成，这构成了行政法的一个永恒主题。

正是透过这种模糊意义上的对称性与关联性，我们对行政法结构与体系获得了一个新的认识。更重要的是，我们变得更加觉悟，将会更加有意识地强化原本已存在着的这种对称性与关联性，对现状做批判性思考，努力推进行政立法、司法与实践，最终构建一个和谐、系统和互动的行政法体系。

三、"双线性"与"内外部"两种结构

国家行政与社会行政在行政法结构上呈现出若隐若现的双线性结构。传统行政法是以行政机关和行政权为关注对象，构建在国家行政之上。这是一条明线。但是，随着社会行政的发展，映射到行政法结构上，出现了第三部门、社会治理、公共治理、自治行为等内容。这是一条副线，没有贯穿行

① ［德］佛里德赫尔穆·胡芬：《行政诉讼法》，莫光华译，4 页，北京，法律出版社，2003。

政法整个链条,而是断断续续地出现在软法、行政主体、公私合作、公众参与、行政诉讼等理论之中。

“在权力社会化背景下,国家组织正在从越来越多的管理领域中退出,这就为社会组织的成长和发挥作用腾出了空间。”社会行政不断扩大,对公民权益影响越来越大,有关公共治理与公共权力应当受到有效规范。这条虚线在行政法结构中应当变为实线。“需要依靠公法来确定一种善治目标”,“依靠公法建构一个由治理范围、治理主体、治理方式和监督救济机制共同构成的公共治理行动结构。”①

传统上,行政法关注外部关系,规范行政机关与相对人之间的互动,构成行政法教科书的枝干筋骨,“是行政法探寻的‘真正主题’。”(“real subject” of administrative law inquiry)。内部行政涉及行政机关上下级之间、不同部门之间、行政机关与公务员之间的关系,通过自律来防止滥用权力(self-discipline against abuses of power),②智能、高效、廉洁、诚信地组织实施行政。首先,外部行政法与内部行政法遵循着不同法理,“完全可以在不同的理论中论述其不同的规范需要”。③其次,内部行政法“是与规定国民权利义务的规范无关的行政规则”。④在行政法教科书上仅出现在行政组织法、监督行政等板块,不太受重视。这样的编排布局实际上是受到德日行政法教科书体例的影响。

然而,在我国,内部行政法格外重要,与外部行政法的互联互动,清晰可见。首先,我国法治政府建设是内在驱动模式,行政系统内自上而下、由里而外地发力,建立执法责任制,定岗、定责、定执法要求,明确任务指标,通过执法考评、行政问责,督促各级政府、行政部门恪尽职守、依法行政。其次,“如果内部法与外部法不相适应,外部法的意图是无法实现的。”⑤通过内部约束、内外合力,规范行政权行使,具有外溢效果的内部行政措施可能会上

---

① 罗豪才、宋功德:《公域之治的转型——对公共治理与公法互动关系的一种透视》,载《中国法学》,2005(5)。

② Cf. Christopher J. Walker & Rebecca Turnbull, “*Operationalizing Internal Administrative Law*”(2020) 71 *Hastings Law Journal* 1225, 1230.

③ [德] 施密特·阿斯曼:《行政法体系及其构建》,刘飞译,载《环球法律评论》,2009(5)。

④ [日]稹重博:《行政法中的内部法及其法理》,朱可安译,载《公法研究》,2020(第20卷)。

⑤ 同上注。

升为立法，也可能会成为行政诉讼的审查对象，前者如国务院“三项制度”、[①] 裁量基准，后者如会议纪要。

可以说，社会行政、内部行政法是行政法研究亟待补齐的短板。随着社会行政与国家行政“双线性”结构，以及内部行政法与外部行政法的“内外部”结构渐趋完善，行政法体系结构必将发生根本性改变。

第五节　行政法的基础理论

一、理论兴起的背景

20 世纪 80 年代前后，在我国行政法学界掀起了一场关于行政法基础理论的大讨论，这场讨论持续了近十年，余音缭绕，以致现今出版的教科书都无法不为之留有一定的笔墨。据初步统计，围绕着这个主题，十余年间，我国学者公开发表的研究论文有近二百篇之多，专著也有近二十部。[②]

中国行政法学者之所以会对这么宏大，甚至有点空泛的问题产生浓厚的学术兴趣，一个重要的背景就是当时在起草制定《行政诉讼法》时围绕着究竟是“控权”还是“保权”发生了激烈的争论，这也促使学者们必须深入研究行政法的理论基础问题，回应立法实践的追问；另外，是因为当时中国现代行政法的理论与实践开始起步，在迫切而又有些囫囵吞枣地批量“移植”日本和我国台湾地区的有关概念、原则甚至理论框架之后，雄心勃勃的中国（大陆）学者们开始迈向本土化，希望能够准确把握国内外行政法的发展趋势，寻找行政法理论构造与行政法制度建设的基本支点，规划行政法发展的宏伟蓝图，力求做到有意识地、有计划地积极推动中国行政法理论与实践的发展。[③]

这场在中国行政法学史上空前的争鸣中，出现了众多的学术流派与学

---

① 2018 年 12 月 5 日，国务院办公厅印发《关于全面推行行政执法公示制度 执法全过程记录制度 重大执法决定法制审核制度的指导意见》（国办发〔2018〕118 号）。《行政处罚法》（2021 年）第 39 条、第 47 条、第 58 条第 1 款采纳了上述规定。

② 数据引自，杨海坤、章志远：《中国特色政府法治论研究》，64 页注释 1，北京，法律出版社，2008。

③ 罗豪才：《行政法的核心与理论模式》，载《法学》，2002(8)。

术观点,包括为人民服务论、人民政府论、平衡论、公共权力论、服务论、政府法治论、公共利益本位论等较有影响、较为系统的流派,其中尤其以罗豪才教授为代表提出的"平衡论"最引人注目。在不同学派的相互冲撞之下,还催生出更多的边缘性学说,比如"控权—平衡论""法律导控论""控权—服务论""职责本位论""新服务论""协调论"等等,但这些学说多由于缺少跟进的系统阐述而昙花一现,没有留下太多印迹。

二、为人民服务论、人民政府论、服务论

早在1983年,应松年、方彦和朱维究三位教授就指出,在行政法学研究中,行政法学的理论基础问题是很重要的课题之一。它不仅反映了不同类型行政法学的阶级本质和形成过程的具体历史特点,而且直接影响行政法学的体系结构、主要观点以及整个行政法学的研究和发展方向。他们把这种理论基础总结为"为人民服务",并做了专门论述。[①]但之后,他们再也没有做进一步的跟进研究与系统构建。倒是有些学者提出的"人民政府论""服务论"拾起了这条线索,沿着大致相同的脉络踏步而来。

杨海坤教授于1989年提出,从深层次看,行政法理论基础是要解决一个行政与人民、政府与人民之间基础关系的问题,认为,政府由人民产生,政府由人民控制,政府为人民服务,政府对人民负责,政府与公民之间的关系逐步实现平等化,这五个方面构成了一个完整的有机联系的整体,成为我国行政法学的理论基础。[②]人们把这种论说称为"人民政府论"。但这种论说显然具有浓厚的政治学色彩,不易观察到其与行政法学有什么关联,所以,到了1996年,杨海坤教授进一步修正了上述观点,认为上述认识可以引申到政府与法的关系上,将他所主张的行政法学基础理论重新阐述为,"政府由法律产生、政府依法律管理、政府由法律控制(支配)、政府行为负法律责任、政府与人民(公民)的法律关系逐步实现平等化",并正式把这种主张定名为"政府法治论",认为它与依法行政原理、行政法治主义同构化。[③]到了2008年,他将这种学术见解系统全面地总结在他与章志远教授合著的《中国特色政

① 应松年、朱维究、方彦:《行政法学理论基础问题初探》,载《政法论坛》,1983(4)。

② 杨海坤:《论我国行政法学的理论基础》,载《北京社会科学》,1989(1)。

③ 罗豪才主编:《现代行政法的平衡理论》,383~384页,北京,北京大学出版社,1997。

府法治论研究》(北京,法律出版社,2008)一书中。

陈泉生、崔卓兰等教授提出的“服务论”,实际上是对传统政治意识形态上的“为人民服务”观念的现代情境解释。因为“国家的一切权力属于人民”,“政府受人民的委托,负起兴国利民的重责,因此政府应扮演‘服务者’的角色”,“并接受人民的监督和控制”。陈泉生教授把“服务论”阐释为,“为了使政府能够更有效地为全体人民和整个社会提供最好的服务和最大的福利,法律授予其各种必要的职权,使其能够凭借该职权积极处理行政事务;但是行政职权的行使不得超越法律授权的范围,更不得对人民的自由和权利造成侵害”。①但是,该学说的缺陷正像杨解君教授批评的那样,“不能以服务概括现代行政的全部功能”。②

上述学说出现在我国行政法学刚刚起步之时,当时还深受宪法学、政治学强烈影响,仍然沉溺在阶级分析方法之中,出现上述学说是非常正常的。历史局限性决定了上述学说的理论局限性,被学者批评为“未完全从法律阶级论中跳跃出来”,③“观点正统、空泛有余,对行政法面临的问题针对性不足,给人以隔靴搔痒、不着边际之感”。④政府法治论在后来的发展中也努力去政治化,与法治行政紧相融合,演化为另一套表述体系。

三、公共利益本位论

该学说的代表人物是叶必丰教授。这种观点大约形成于1995年,叶必丰教授在一篇文章中从历史唯物主义出发,认为法的基础是社会关系,而社会关系实质上是一种利益关系,所以,利益关系是法的基础。利益在质上可分为公共利益和个人利益两种,利益关系在质上也就可以分为公共利益与公共利益、个人利益与个人利益、公共利益与个人利益三种利益关系。同时,利益又有量上的区别,利益关系在量上又可分为三个层次。不同质、量利益关系的分解和组合,决定了部门法的划分。其中,一定层次的公共利益与个人利益关系,构成了行政法的基础。而行政法的理论基础必须建立在

---

① 陈泉生:《论现代行政法学的理论基础》,载《法制与社会发展》,1995(5)。

② 杨解君:《关于行政法理论基础若干观点的评析》,载《中国法学》,1996(3)。

③ 沈岿:《行政法理论基础回眸——一个整体观的变迁》,载《中国政法大学学报》,2008(6)。

④ 皮纯协、冯军:《关于“平衡论”疏漏问题的几点思想——兼议“平衡论”的完善方向》,载《中国法学》,1997(2)。

行政法的基础之上。行政法在本质上是以公共利益为本位的法。[①]

在集其大成的专著《行政法的人文精神》中,他把"公共利益本位论"凝练为:"法决定于利益关系,权利来源于法,是实现利益的手段;公共利益和个人利益是一组对立统一的矛盾,而公共利益是该矛盾的主要方面,决定着该矛盾的性质、内容和发展方向;行政法所体现和调整的正是以公共利益为本位的利益关系","公共利益本位论是行政法的理论基础"。[②]

四、新控权论

龚祥瑞教授在其著作《比较宪法与行政法》(北京,法律出版社,1989)中比较早地向国人介绍了流行于英美的控权论思想。后来一些行政法学者,如张树义、王连昌教授又进一步引申和阐述了控权理论。[③]而在行政法理论基础讨论中被引述较多的是孙笑侠教授在其著作《法律对行政的控制——现代行政法的法理阐释》(济南,山东人民出版社,1999)中的控权观点,强调控权的多种路径、多种方法和多种机制,也称"综合控权论"。

可以说,控权论是我国行政法起步之后一直影响至深的主流学说,这与"西学东渐"有关,也是由行政法的基本功能决定的。任何一本行政法教科书都不敢轻易否定或者绕过这个观点。在我国行政法理论中,把控权论按照历史发展的脉络分为传统控权理论和新控权理论。传统的控权理论一般是以"二战"之前的英美国家为样本提炼出来的理论模型,其核心思想是保障个人自由,控制行政机关权力,这与当时自由放任的经济制度、自由主义思潮、英美普通法传统以及法律实证主义等各种情境因素密切相关。[④]而新控权论则更多的是掺入了我国学者的期许,是以西方为参照的中国情境解构,以满足改革开放之后中国社会与行政实践的诉求。

五、平衡论

平衡论是20世纪90年代初发展起来的一种对行政法理论基础的再认

---

① 叶必丰:《论行政法的基础——对行政法的法哲学思考》,收入罗豪才主编:《现代行政法的平衡理论》,292~303页,北京,北京大学出版社,1997。

② 叶必丰:《行政法的人文精神》,256~257页,北京,北京大学出版社,2005。

③ 张树义主编:《行政法学新论》,8~10页,北京,时事出版社,1991;王连昌主编:《行政法学》,19~20页,北京,中国政法大学出版社,1994。

④ 沈岿、王锡锌、李娟:《传统行政法控权理念及其现代意义》,载《中外法学》,1999(1)。

识运动，[①]是对我国行政法实践需求的一种理论回应。其基本学术主张最早见于1993年罗豪才、袁曙宏、李文栋等教授合著的一篇论文，后随研究深入，有关成果汇集在罗豪才主编的《现代行政法的平衡理论》（共3辑，由北京大学出版社分别于1997年、2003年、2008年出版）。

平衡论者描绘了“平衡论”产生的社会背景，“一则，改革开放之前的中国行政管理基本奉行‘命令——服从’模式，妨碍了企业效率的提高；另则，‘权力下放、放权让利’的控权行政改革又导致了‘一收就死、一放就乱’窘局的出现。有鉴于此，平衡论应运而生，并得到了较快的发展”。[②]由于众多学者的积极参与和持续推动，该学说发展成为一个非常系统、精致的理论体系。早期平衡论者主要致力于规范性构建，着重阐述为什么现代行政法是一种平衡法。自1999年起，平衡论者开始了实证性研究，力图解决在现代行政法中如何实现平衡。

那么，什么是平衡呢？平衡论者是紧紧围绕现代行政法的基本矛盾——行政机关与相对人之间的法律关系展开论说的，认为，平衡是指“行政机关与相对人之间的权力（利）义务关系”的平衡，也就是说，“行政权既要受到控制，又要受到保障；公民权既要受到保护，又要受到约束；行政权与公民权之间也应既相互制约，又相互平衡。”“在行政机关与相对一方权利义务的关系中，权利义务在总体上应该是平衡的。”[③]这是最为核心的观念，在此基础上进一步衍生出其他的内涵，包括平衡是指“行政机关和相对方以各自拥有的权利与对方相抗衡的状态”，[④]是一种“结构性均衡”，其实质是“行政法内公益与私益的最大化与公平分配”，实现了“行政主体与相对方的法律地位总体平等”“行政法的权利（力）供给与社会的权利（力）需求之间的供求均衡”。[⑤]

平衡论的立论，是以两个理论类型作为批判性参照的，一个是控权论，另一个是管理论。这两个理论类型是运用韦伯式理想类型（weberian ideal

---

① 冯军、刘翠霄：《行政法学研究述评》，载《法学研究》，2001(1)。

② 罗豪才、宋功德：《行政法的失衡与平衡》，载《中国法学》，2001(2)。

③ 罗豪才、袁曙宏、李文栋：《现代行政法的理论基础——论行政机关与相对一方的权利义务平衡》，载《中国法学》，1993(1)。

④ 罗豪才、甘雯：《行政法的“平衡”及“平衡论”范畴》，载《中国法学》，1996(4)。

⑤ 罗豪才、宋功德：《行政法的失衡与平衡》，载《中国法学》，2001(2)。

type)的方法,在"弥漫的、无联系的,或多或少存在、偶尔又不存在的具体的个别的现象"基础上,进行高度抽象综合后形成具有内在逻辑一致性的概念模型。[①]也就是说,它们是从历史的与西方的经验中高度抽象、概括出来的一般意义上的、极端意义上的基本形态。

深藏在这两种理论模型的分析主线仍然是"行政机关与相对人之间的权利义务关系"。在平衡论者看来,"管理论"是以规定行政机关的权利和相对一方的义务为重心,强调行政机关管理,强调维护行政特权,不重视相对一方权利。多见于古代行政法、苏联等实行计划经济体制国家的行政法。[②]"控权论"是以保护公民权利为重心,以防止行政专横为目的,将行政机关置于立法机关、司法机关的严密控制之下,以监督其依法行政。多见于近代英美等西方国家的行政法。[③]无论上述哪种模式,无论以权力为本位还是以权利为本位来构筑理论体系,在平衡论者看来都是偏颇的,都有片面性。因此,要采取一种中庸态度,在上述两种观念与模式之间取得平衡。现代行政法应是实现和促进"行政机关——相对方权利义务"平衡的法,并主张行政法理论体系应当以此为基础,从而具备作为一种理论所应有的批判性功能、解释性功能和建设性功能。[④]比如,重新定义了行政法上的一些基本概念,包括行政法、行政法关系和行政法治原则,等等。

平衡理论还努力发展出一种实证基础,积极探索实现平衡的手段与路径,尝试利用制约、激励机制理论、博弈理论、公共选择理论等方法,具体实现行政权与公民权之间的平衡。具体而言,它尝试利用制约、激励机制理论,使平衡论所主张的行政主体——相对方权利义务达到结构性平衡;尝试利用博弈理论,表明"行政法均衡化,乃是以统一的理性人假定为前提,借助行政法博弈这种实现、实践行政法结构性均衡的行政法方法在整个行

---

① 沈岿:《行政法理论基础回眸——一个整体观的变迁》,载《中国政法大学学报》,2008(6)。

② 刘春萍教授分析了苏维埃"管理法"的产生原因有三:高度集中的计划经济是其经济动因,中央集权的政治领导体制是其政治基础,以及重国家主义、轻公民权利是其思想基础。刘春萍:《俄罗斯联邦行政法理论基础的变迁》,19页以下,北京,法律出版社,2006;刘春萍:《转型期的俄罗斯联邦行政法》,66页,北京,法律出版社,2005。

③ 罗豪才、袁曙宏、李文栋:《现代行政法的理论基础——论行政机关与相对一方的权利义务平衡》,载《中国法学》,1993(1)。

④ 王锡锌、沈岿:《行政法理论基础再探讨——与杨解君同志商榷》,载《中国法学》,1996(4)。

政法运作过程的普遍适用来实现的”，提出以博弈理论分析行政法的各种过程（包括行政过程、行政复议过程、司法审查过程等），方能找到正当博弈及其均衡的主张；甚至，在更为广阔的意义上，尝试引入公共选择理论，构建统一的行政法学实证理论，从而为平衡论在实证理论维度上的发展提供依据。[①]

平衡论也受到了一些学者的批判，要点主要有：(1)平衡及其方法不是行政法所特有，而是所有部门法均存在的现象，而且也是宗教、道德和习惯等一般社会规范的功能。[②](2)在一个由行政权、司法权、公民权、立法权、媒体与社会监督等诸多权力(利)相互作用的系统之中，单独寻求行政权与公民权之间的平衡是片面的，容易产生失真的虚幻景象。皮纯协、冯军教授指出，在程序上表现出的公民权与行政权的“抗衡”，实际上也必须依赖其他国家机关对行政的监督关系作为中介力量，并以这种关系的平衡为基础。[③](3)平衡论者描绘的行政机关与相对一方权力(利)义务的平衡结构与实现路径也遭到了一些学者的质疑。在平衡论者看来，行政机关与相对一方权力(利)义务的总体平衡，是以行政机关地位占优的行政实体法律关系的不平衡以及相对方地位占优的行政程序关系和行政诉讼关系的不平衡为前提，并通过第一种不平衡与后两种“倒置”的不平衡关系的相互作用而实现的。[④]但是，这个结构图却受到了皮纯协、冯军、杨解君等教授的批评，他们批评的理由却完全不同。在皮纯协、冯军两位教授看来，无论在实体环节还是程序环节，行政机关与相对人之间的权力义务关系应该是“不对等”，而不是“不平衡”，它们其实都应当是平衡的。[⑤]而杨解君教授却认为，无论是在权利义务的立法分配上（静态上），还是在行政权力的行使过程中（动态上）它们都没有平衡，在司法救济阶段有二者间权利义务的平衡，但却没有因此而构成二者间总体上的平衡。[⑥]

---

① 沈岿：《行政法理论基础回眸——一个整体观的变迁》，载《中国政法大学学报》，2008(6)。

② 叶必丰：《行政法的人文精神》，230页，北京，北京大学出版社，2005。

③ 皮纯协、冯军：《关于“平衡论”疏漏问题的几点思想——兼议“平衡论”的完善方向》，载《中国法学》，1997(2)。

④ 同上注。

⑤ 同上注。

⑥ 杨解君：《关于行政法理论基础若干观点的评析》，载《中国法学》，1996(3)。

其实,西方学者也讲行政法的平衡功能,只不过是在宽泛的意义上讲。被引用最多的是 Wade 的话,他说:“整个行政法其实可以看作是宪法的分枝。因为它直接产生于法治、议会主权、司法独立等宪法原则,它对决定国家与公民之间的权力平衡贡献殊多。”(The whole of administrative law, indeed, may be treated as a branch of constitutional law, since it flows directly from the constitutional principles of the rule of law, the sovereignty of parliament and the independence of the judiciary; and it does much to determine the balance of power between the state and the citizen)。[①] Zaim M. Nedjati 和 J. E. Trice 也说,“有效公共行政的一个前提是,必须在国家利益和个人利益之间寻求公允的平衡(fair balance),这是因为行政法的主要目的就是保护公众和公民不受行政权力滥用的侵害。这种公允的平衡观念(the notion of fair balance),是作为公法一部分的行政法,或者法国的 *droit administratif* 得以存在的理由(justification)。”[②]像这样宽泛表述不易产生争议。但我国学者却迈进了一步,做了更微观的制度解构,就难免不引发争论。

在我看来,上述批判(1)并不切中要害,因为平衡的实现路径与方法,在不同的领域、在不同的部门法(学)中可能会显现出不同的表征与特点,而这种个性特征又恰好证明了平衡在行政法上的独特价值。但我很难接受平衡论对“管理论”与“控权论”失衡的指责。类型化研究方法容易把每一种类型绝对化、高度抽象化,而与其提炼的历史生态或者社会形态存在着一定的失真。我以为,无论哪种社会形态与历史阶段都或多或少地并存着管理与控权这两种元素,只不过是比重不同。而在特定的社会形态或历史阶段上,比重不同,恰好是一种平衡。就像一杆秤上滑动的秤砣,在不同的砝码下总能找到平衡点。同样道理,在不同社会形态、统治理念、社会需求等要素影响下,我们也总能在管理与控权之间找到一个平衡点,但又因时而异。

上述(2)是对平衡论最有力度的批评,也是平衡论在立论时存在的最大盲区与缺失。假如我们承认存在着某种平衡,也应当是在这样相互作用的系统

① Cf. H. W. R. Wade & C. F. Forsyth, *Administrative Law*, Clarendon Press, 1994, p. 6.

② Cf. Zaim M. Nedjati & J. E. Trice, *English and Continental Systems of Administrative Law*, North-Holland Publishing Company, 1978, p. 7.

之中的平衡。但是,要对多种因素作用下的行政法做细微结构的解剖与构建,是很难做到精确化的。因为这种平衡更多的是动态的、随个案而异的。

至于上述(3),产生争议的核心是如何理解"平衡"。这也是很多学者在品鉴平衡论时质疑最多之处。把行政法各环节之间存在的制度牵连、应和关系认作是一种平衡关系,实在有些牵强。平衡论者对各个环节之中的行政机关与相对人权利义务结构的描述仍然过于简单、疏漏。①

平衡论作为一个学术术语已经广为人知,作为一种研究与解决问题的方法也时常被人们所运用。它让公共领域逐渐地接受了控权观念,避免了激进的变革,迎合了我国法治发展的一个特定时代的需求。在很多核心性内涵上,平衡论与现代西方国家融合控权和良好行政观念的新控权思想实际上是趋同的,只是变换了术语与说法。平衡论要想成为一种共识性的行政法理论基础,它要走的路依然很长。

第六节　中国行政法学的发展史

有些法制史学者曾专注于我国历史上某个朝代或某个专题的行政法,出版了一些著作,如蒲坚的《中国古代行政立法》(北京,北京大学出版社,2007)、陈国平的《明代行政法研究》(北京,法律出版社,1998)、钱大群和艾永明的《唐代行政法律研究》(南京,江苏人民出版社,1996)等。学者之间也曾就这是否为行政法争得面红耳赤。

但在我看来,中国古代的官制和行政组织无疑十分发达,也不乏吏治的典籍,但这只能算是行政组织与活动意义上的行政法。假如我们以行政法的控权观念作为衡量标准,谁都无法否认它只可能出现在近代,是西学东渐的产物,与宪政民主的理念和实践紧密相连。我丝毫不想贬低古代行政法的价值,但我更关注现代行政法学。近现代以来,行政法在我国的流变,我们大致可以总结为:起步于清末,初定于民国,变迁于新中国成立之后。

---

① 事实上,后来平衡论者也修正了这种论述,而是强调"平衡理论揭示了行政法特有的不对等关系",这是行政法关系的本质特征。在行政法关系中,一定的不对等关系的存在是必要的,但不等于不同性质的不对等关系必然形成平衡的行政法关系。罗豪才:《行政法的核心与理论模式》,载《法学》,2002(8)。

一、起步于清末

在我国,现代意义的行政法起步于清末的"赴日研习法政运动"。当时的行政法作品几乎全部出自留日中国学生之手。迄今发现的最早的中文行政法译著是,1902 年东京译书社出版的由美国葛德奈原著、白作霖汉译的《比较行政法》(浮田和民日译),以及在日本的译书汇编社出版的由董鸿祎辑译的《日本行政法纲领》。次年,商务印书馆出版了日本学者清水澄《行政法泛论》的中文版。至 1908 年,用中文出版的行政法学著作已达 20 余种。[①]"这些书籍的内容大多来自经过简单加工的课堂笔记、日本教师的著作或讲义、日文教科书的编译文本",[②]侧重译介日本、普鲁士行政法或者比较行政法,对本土问题普遍关注不多,反而是日本学者织田万主持编写了《清国行政法》这一六卷本的巨著,对中国清末之前以及当时中国的行政管理体制作了系统梳理与研究。[③]在最初创办的大学中,也开始由日本学者讲授行政法课程。比如,1906 年创办的京师法律学堂,由日本法学专家冈田朝太郎主讲行政法。

之所以会出现这样的学术冲动,与当时山雨欲来的社会变革、"变法图强"的社会意愿有着密切关系。[④]尽管当时的负笈东渡、取经东瀛对行政法制度的变革没有取得立竿见影的效果,更无法挽救飘摇的大清王朝,但却奠定了未来中国行政法学的走向,形成了基本发展格局与色调。

二、初定于民国

进入民国之后,行政法学被列入大学必修课,我国学者开始登台执教,比如,钟庚言、白鹏飞分别在朝阳大学、北京大学等校讲授行政法。也开始使用自己的教材,比如,钟庚言在朝阳大学法律科的讲义包括《行政法总论》

---

① 何海波:《中国行政法学的外国法渊源》,载《比较法研究》,2007(6)。

② 王健:《晚清法学新词的创制及其与日本的关系》,日本法在线 http://www.japanlawinfo.com/news.asp?id=391。转自何海波:《中国行政法学的外国法渊源》,载《比较法研究》,2007(6)。

③ 何勤华:《中国近代行政法学的诞生与成长》,载《政治与法律》,2004(2)。

④ 沈岿:《1949 年以前行政法学研究梗概》,http://vip.chinalawinfo.com/newlaw2002/SLC/slc.asp?gid=335572215&db=art,2010 年 5 月 1 日最后访问。

(1921 年)和《行政法各论》(1923 年),白鹏飞在商务印书馆出版了《行政法总论》(1927 年)和《行政法各论》(1930 年)。

当时流行的教科书从体例结构到学术概念基本承继日本法,可谓是“日本行政法学的摹本”。究其原因,主要是因为当时执鞭大学的主流学者清一色留学日本,自然会借用日本的知识话语思考中国的本土化问题。当然,在舶来的学术框架之内,中国学者也结合中国的具体国情作了一些思考与改革,力图使近代西方的行政法学日益本土化、中国化。如当时的学术界就曾将孙中山先生的三民主义、五权宪法以及建国大纲等内容溶入行政立法的改革和行政法学研究之中。[①]

“由于中国传统法律文化没有形成完整的行政法理论,更缺乏自我更新和转型所需的知识系统和理论资源,因此,行政法学的基本范畴、基本原理以及学科的基本结构都是在域外行政法理论的影响下逐步确立的。”[②]我国行政法发展至 20 世纪 40 年代终于基本定型。[③]据何勤华、沈岿和何海波等教授的研究,当代行政法学的理论范畴,例如总论和分论,行政法关系和行政法原则,行政组织法、行政行为法和行政救济法,在 20 世纪三四十年代的著作中即已定型。我们今天使用的大部分行政法学概念,如行政法、行政权、行政法关系、行政行为、行政行为的效力、(行政)自由裁量、法定程序、行政诉讼、行政救济等,在民国时期即已确立。而所有这些都是对日本法学的继受。[④]迄今,我们依然延续着传统,整个行政法的结构没有根本改变。甚至还有“复古”的情节,比如,近年来我们开始关注对公产、公物的研究,其实,对于公物、公共营造物和公产的研究早在民国时期的行政法教科书中就已涉猎。[⑤]

---

① 何勤华:《中国近代行政法学的诞生与成长》,载《政治与法律》,2004(2)。

② 黄涛涛:《中国近代比较行政法研究考》,载《云南行政学院学报》,2013(3)。

③ 何勤华:《中国近代行政法学的诞生与成长》,载《政治与法律》,2004(2)。

④ 何海波:《中国行政法学的外国法渊源》,载《比较法研究》,2007(6)。何勤华:《中国近代行政法学的诞生与成长》,载《政治与法律》,2004(2)。沈岿:《1949 年以前行政法学研究梗概》,http://vip.chinalawinfo.com/newlaw2002/SLC/slc.asp? gid=335572215&db=art,2010 年 5 月 1 日最后访问。

⑤ 比如,范扬:《行政法总论》,第三章第五节“营造物及公物”,北京,商务印书馆,1937。

表 1-4 行政法学概念体系的继受(从美浓部、白鹏飞、范扬的著作到当代行政法学)①

	美浓部	白鹏飞《行政法大纲》	范扬《行政法总论》	当代中国行政法
行政法基本概念	行政 行政权 行政权 行政法 行政法之法源 制定法 习惯法 理法 行政法学	行政 实质意义之行政 形式意义之行政 行政权 行政权之作用 警察 保育 行政法 行政法之法源 制定法 惯习法 条理法	行政 实质上之行政 形式上之行政 行政之种类 警察行政 保育行政 行政法 行政法之法源 成文法 习惯法 理法 行政法学 行政学	行政 实质意义之行政 形式意义之行政 公行政/私行政 国家行政/公共行政 行政国家 行政权 行政之种类 规制行政 给付行政 行政法 行政法的渊源 成文法 不成文法 行政法学 行政学 行政法的历史
行政法律关系	公法关系 私法关系 特别权力关系 公权	公法关系 私法关系 特别权力关系 公权	行政上之法律关系 公法关系 私法关系 特别权力关系 公权 反射利益	行政法律关系 公法关系 私法关系 特别权力关系 公权 反射利益

① 表格引自,何海波:《中国行政法学的外国法渊源》,载《比较法研究》,2007(6)。当代中国行政法,主要参考姜明安主编:《行政法与行政诉讼法》,北京,北京大学出版社、高等教育出版社,2005;应松年主编:《当代中国行政法》,北京,中国方正出版社,2005。

续表

	美浓部	白鹏飞《行政法大纲》	范扬《行政法总论》	当代中国行政法
行政法原则	行政法之基础原则		行政法之基本法则	行政法的基本原则
	法治主义		法治行政主义	行政法治
			依法行政	依法行政
				行政合法性
				行政合理性
			行政权之界限	行政法的具体原则
				正当程序原则
				比例原则
				信赖保护原则
			羁束裁量	
			自由裁量	自由裁量
			裁量行政	
行政组织	行政组织	行政组织	行政组织	行政组织
	行政机关	行政机关	行政机关	行政机关
		单一制	单独制	首长负责制
		合议制	合议制	委员会制
			独裁制	
		行政官署	行政官署	行政主体
	行政官厅			法律授权的组织
	行政官厅之代理			
	委任行政	委任行政	委任行政	行政委托
			行政监督	行政监督
	官制	官制	官制	公务员制度
		官职		公务员职位
	官吏	官吏	官吏	公务员
	官吏之权利	官吏之义务	官吏之义务	公务员的义务
	官吏之义务	官吏之责任	官吏之权利	公务员的权利
	官吏法律上之责任	官吏之权利	官吏之责任	公务员的责任
	公共组合			
	地方自治	公共团体	自治团体	
	营造物法人	自治行政	自治行政	
			营造物	公营造物
			公物	公物

续表

	美浓部	白鹏飞 《行政法大纲》	范扬 《行政法总论》	当代中国行政法
行政行为			行政作用	行政活动
	行政行为	行政行为	行政行为	行政行为
	行政行为之分类	行政行为之种类	行政行为之种类	行政行为的种类
	依职权为之与依申请为之		依职权为之与依申请为之	依职权行为与依申请行为
	羁束行为与裁量行为		羁束行为与裁量行为	羁束行为与裁量行为
	法律行为的～与准法律行为的～	法律行为之～与准法律行为之～		
			抽象的行政行为	抽象行政行为
				行政立法
			行政规章	行政规章
			行政规程	行政规定
			具体的行政行为	具体行政行为
	行政处分	行政处分	行政处分	
	公法上之契约	行政契约	行政契约	行政契约
			行政合同行为	
			准行政行为	准行政行为
	行政罚		行政罚	行政处罚
				行政许可
				行政指导
	行政行为之附款	行政行为之附款	行政处分之附款	附条件的行政行为
			行政处分之成立	行政行为的成立
	行政行为之效力	行政行为之效力	行政处分之效力	行政行为的效力
		拘束力	拘束力	拘束力
		确定力	确定力	确定力
		执行力	执行力	执行力
	行政行为之无效	行政行为之无效	行政处分之无效	行政行为的无效
	行政行为之撤销	行政行为之取消	行政处分之撤销	行政行为的撤销
				行政强制措施
				即时强制
	行政上之强制执行	行政上之强制执行	行政上之强制执行	行政强制执行
	代执行	代执行	代执行	代执行
	执行罚	执行罚	执行罚	执行罚
	直接强制	直接强制	直接强制	直接强制
	强制征收	强制征收		

续表

	美浓部	白鹏飞 《行政法大纲》	范扬 《行政法总论》	当代中国行政法
行政救济	行政上之争讼 诉愿 行政诉讼 行政上之损害赔偿 行政上之损失补偿	行政争讼 诉愿 行政诉讼 行政上之损害赔偿 行政上之损失补偿	行政救济 诉愿 行政诉讼 行政上之损害赔偿	行政争议 行政救济 行政复议 行政诉讼 信访 国家赔偿 行政赔偿 损失补偿

三、变迁于新中国成立之后

新中国成立后，尤其是在20世纪五六十年代，随着废除六法全书，师法苏联，我国行政法的发展轨迹也开始转向苏联模式。在中国人民大学、北京政法学院等院校，邀请苏联专家讲授“苏维埃行政法”，清一色采用苏联的行政法教科书。中国人民大学国家法教研室组织翻译了4本苏联的行政法著作。[①]对苏联法研究与移植达到了鼎盛时期。

苏联行政法形成于冷战时期，是一种类似战时的行政法，是用行政去规制社会。行政法附庸于政治，是为政治服务的工具。从当时出版的零星译介看，同为社会主义阵营的南斯拉夫、波兰、保加利亚等东欧社会主义国家，其行政法也受到了苏联影响。出于相同的政治意识形态，我国行政法的发展也很自然地融入了这股洪流之中。

然而，短暂的中苏蜜月很快结束。苏联的影响也骤然散去。但是，以管理为灵魂的苏联行政法核心观念却给中国行政法学烙下深刻印记。因为这种管理模式以行政命令(指令)为基本手段、以命令——控制为基本特征，采取完全行政化的运作方式，非常贴切计划经济、计划行政的根本要求，“相当

① 何海波:《中国行政法学的外国法渊源》,载《比较法研究》,2007(6)。沈岿:《1949年以前行政法学研究梗概》,http://vip.chinalawinfo.com/newlaw2002/SLC/slc.asp?gid=335572215&db=art,2010年5月1日最后访问。

符合我国当时的社会状况和意识形态”,[①]所以并没有因“斗资批修”、批判苏联修正主义而彻底摒弃,依然被留存了下来。可以说,直至20世纪80年代后期,上述行政法观念和模式并没有受到真正的挑战、质疑和批判。

十年浩劫之后,我国行政法开始复苏。当时身边能够获得的行政法资料仅限于苏联行政法、我国民国时期和我国台湾地区的行政法教科书,我们又重新拾起了民国时期就已定型的学术概念与理论结构,苏联行政法也继续发挥了一定作用,但时间非常短暂。龚祥瑞先生的《比较宪法与行政法》(北京,法律出版社,1985)、王名扬先生的三部曲《英国行政法》(北京,中国政法大学出版社,1987)、《法国行政法》(北京,中国政法大学出版社,1997)和《美国行政法》(北京,中国法制出版社,1995)等作品的问世,让我们与西方行政法“第一次亲密接触”,开始接受西方行政法的洗礼。

自1981年起,北京大学、中国人民大学、中国政法大学、西南政法学院、西北政法学院、安徽大学等陆续开设了行政法课程,1983年出版了第一本部颁教材《行政法概要》。安徽大学于1982年开始招收行政法研究生,北京大学、中国人民大学、中国政法大学于1990年开始在宪法或诉讼法专业招收行政法(行政诉讼法)方向博士研究生。

1989年颁布《行政诉讼法》,标志着行政法进入快速发展的“分水岭”,行政法著述成几何基数增长。我们做了一个统计,以1989年《行政诉讼法》颁布为基点,前推5年、后延6年,在12年的跨度内,对行政法学(包括行政诉讼法)的著述做了一个基本的分类统计。统计的依据是刘莘主编的《行政法图书和论文索引总汇(1978—2004)》(收入《行政法治文苑》,北京,中国政法大学出版社,2005)。这是中国法学会行政法学研究会为纪念该学会成立二十周年而专门组织编写的一套丛书——《中国行政法二十年(1978—2004)》中的一本。该书收集、整理、汇编的行政法研究文献应该比较完整、系统、全面、权威。根据统计之后得出的各类数据,绘制出以下两个图——图1-1“1984—1995年著作类统计”和图1-2“1984—1995年论文类统计”。

---

① 何海波:《中国行政法学的外国法渊源》,载《比较法研究》,2007(6)。孙光妍和于逸生两位教授也有类似评论,他们指出:“苏联法制的强调集中性、强调阶级意志而不重视个人权利;强调用行政法制手段管理经济生活、不重视民法的作用等诸多特性,恰恰符合了中国人当时发展计划经济的需要”。孙光妍、于逸生:《苏联法影响中国法制发展进程之回顾》,载《法学研究》,2003(1)。

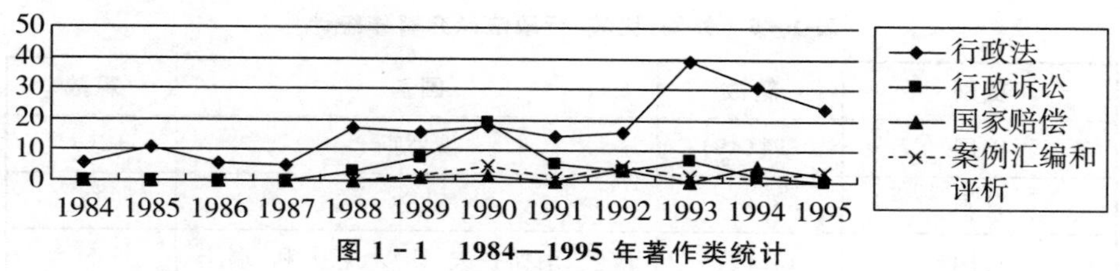

图 1-1　1984—1995 年著作类统计

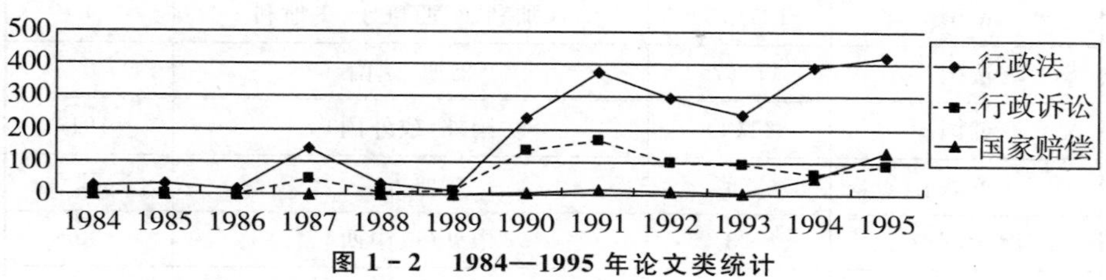

图 1-2　1984—1995 年论文类统计

总体上看，行政法学的发展呈现出三个特点：

(1)行政法的观念、方法与模式发生转变，开始注重对本土化问题的研究，以适用发展社会主义市场经济的需要。比如，法治与依法行政被确定为一个重要的行政法基本原则，罗豪才教授主编的全国第二本高校统编教材《行政法学》甚至把行政法的基本原则就概括为行政法治原则。又比如，在行政法的转型之中始终贯穿着一条主线，就是努力洗涤管理至上理念、挣脱苏式管理定式，行政法更趋于在控权与管理之间的平衡。

(2)英美行政法的影响逐渐加大，表现为在理论建构和立法实践中不断汲取英美法的元素，控权思想和正当程序逐渐被认同和接受。普通法元素的摄入虽然没有根本颠覆传统行政法的理论结构，但出现了某些混合的特征。比如，行政程序被高度重视，在行政法教科书中已占有一席之地。

(3)行政法学者从一开始就是以改革者而不是以保守主义者和法典注释者的面貌出现的，行政法学从一开始就是以立法论而不是以解释论的形式出现的。我国行政法学中的注释理论或规范分析发展和流行于《行政诉讼法》颁行以后。①尤其是之后的《国家赔偿法》(1994 年)、《行政处罚法》(1996 年)、《行政复议法》(1999 年)、《立法法》(2000 年)、《行政许可法》(2003 年)等一系列法律的出台，更是刺激了注释理论的发展，形成一套概念

① 叶必丰：《行政法的人文精神》，4 页，北京，北京大学出版社，2005。

表 1-5　外国(比较)行政法译介著作统计[①]

国别	篇数	国别	篇数
美国	391(49)	俄罗斯	12(3)
日本	388(17)	荷兰	12
英国	132(27)	波兰、南斯拉夫、印度、意大利、瑞士	5
德国	131(15)	保加利亚、西班牙、奥地利	4
法国	111(7)	巴西、越南	0
韩国	41(4)	国外(或外国)	191
苏联	35	西方	57
澳大利亚	23	中外(或中西)	30
加拿大、瑞典	17		

体系和规则体系,形成认识和解决问题的特定语境。[②]但总体上说,由于行政法规范的广泛性、不稳定性,以及建构工作尚未完成(比如缺少统一的行政程序法、个人数据保护法等),决定了注释学在行政法上始终是不很发达的。

综观中国学术史,我国行政法学演绎至今,已经形成了一个基本格局——以大陆法传统为骨架、注入英美法元素,并不断走向本土化。清末民初带入的行政法体系结构虽然迄今没有发生颠覆性变革,但就行政法观念与内容而言,却已发生了翻天覆地的变化。同样的术语、概念与理论早已随着时代的发展而发生了流变。行政法学被注入了全新的理念、原则与内容。

---

① 本表格是何海波博士根据宋华琳、苏苗罕《外国行政法和比较行政法译文篇目年表(1977—2005年)》统计而成。年表共收列著作1546篇。表格所列篇数,包括篇名显示某一国家的文章,从作者国别和文章标题推断讨论该国行政法的文章,以及涉及该国的多国比较文章(篇数在括号中标明)。"外国(国外)""西方""中外(中西)"等标题过于笼统,不计入具体国家,但检索结果附后。引自,何海波:《中国行政法学的外国法渊源》,载《比较法研究》,2007(6)。

② 何海波:《中国行政法学的外国法渊源》,载《比较法研究》,2007(6)。

第二章　行政法学的总论与分论

第一节 概述

一、概念

行政法总论是研究各个行政领域(比如警察、市场监管、税务、海关等)的共性问题,是对存在于各个行政领域的一般现象的高度抽象与概括,为分析行政法现象提供了基本技术与规范路径,为各个行政法领域建构了具有普适性的原理、原则、理念与价值。行政法总论的任务不在于第一线解决行政法的个别问题,而是提供一个秩序的理念与架构,其任务未必能够精确回答个别行政领域的个别问题,[①]它只是对各个行政领域重复率极高的共同问题给出了答案。而所有个别问题必须有待于部门行政法来回答。

部门行政法是特定行政领域的法规范总和,注重研究个性问题,是在总论的框架与指导下展开研究,并进一步衍生,它不是总论的简单翻版,而是更加关注特定行政领域的个性问题,并且不断验证、校正和发展总论的一般性认识。但不管分论的个性如何张扬,也不能逃逸总论的基本精神、价值框架。

部门行政法也称行政法各论、分论(则)或者特别行政法(particular administrative law),这个概念似乎只存在于大陆法国家的行政法之中,这很可能跟德国的公法发展历程有着密切关系。"二战"之前的日本,行政法以

① 高秦伟:《行政法学教学的现状与课题》,载《行政法学研究》,2008(4)。

德国为摹本,必谈总论与分论。而清末民初从日本负笈归来的我国学者也带进了类似的行政法结构。

普通法国家的行政法由于是以实用主义为基点,完全建立在法院的判例基础之上,用法院判例确定的规则(比如正当程序要求)来调整各个部门行政领域的具体法律问题,所以在行政法的教科书中一般没有类似大陆法的部门行政法概念,比如,在一些很权威的行政法教科书中,像英国大学流行的两本教材——H. W. R. Wade & C. F. Forsyth 的 *Administrative Law* (Oxford University Press, 2004)和 P. P. Craig 的 *Administrative Law* (Sweet & Maxwell,2003),还有另一本堪称上乘、却未引起我们注意的教材——Carl Emery 的 *Administrative Law: Legal Challenges to Official Action*(London. Sweet & Maxwell, 1999),以及澳大利亚 Peter Cane 的 *An Introduction to Administrative Law* (Oxford. Clarendon Press, 1996),都没有出现类似的概念。

但这不意味着普通法学者不关心这类问题。如果我们细心观察,会发现,有些行政法著述中实际上在组织机构、行政法范围等角度上涉猎了这方面问题,[①]尽管众多部门行政法知识掺杂其中,让我们在阅读时总有一种零碎、散漫、参悟不透的感觉。此外,还不乏集中研究某个特定行政领域法律问题的著作,比如环保法、警察法、经济与金融规制、电信管制等。最为权威的《行政法学评论》(*Administrative Law Review*)季刊发表的论文中,部门行政法论文的比例已高达近 30%。[②]不少著名的行政法学者不仅精修总论,也擅长某些特定领域的行政法,比如,布雷耶大法官专长风险和能源规制,皮尔斯教授专长电力和天然气市场规制,夏皮罗教授以职业安全和卫生规制见长。[③]

---

① 比如,韦德和福赛在《行政法》第二部分"行政机关与职能"(authorities and functions)中设一章谈了警察问题,但也是从组织机构意义上的介绍。Cf. H. W. R. Wade & C. F. Forsyth, op. Cit., pp. 148-160;斯特劳斯在《美国行政法导论》中是在行政法的范围(the scope of administrative law)上介绍了部门法律问题,包括经济规制(economic regulation)、健康与安全规制(health and safety regulation)、土地(lands)、移民、驱逐(immigration, deportation)、税收(taxes and excises)等。Cf. Peter L. Strauss, *An Introduction to Administrative Justice in the United States*, Carolina Academic Press, 1989, pp. 103～133.

② 宋华琳、邵蓉:《部门行政法研究初探》,载《浙江省政法干部管理学院学报》,2000(2)。

③ 朱新力 宋华琳:《现代行政法学的建构与政府规制研究的兴起》,载《法律科学》,2005(5)。

二、分论的划分

普通行政法(general administrative law,也称一般行政法)与部门行政法的划分部分出于历史因素,部分出于偶然因素。[①]部门行政法应该如何划分?也会因不同学者对部门行政法的认识和"取景"角度而有所不同。

1. 德法的经验

据我国台湾地区学者黄少游的考察,德国与法国对行政法各论的划分趣味不一:[②]

(1)在德国,很多学者,比如 Gerogemeger, Laband, Seydel 等,都偏好"就国家之行政事务,不问其法律关系之性质若何,专依行政作用之目的为标准而分为较多部分,然后就关于各部分之法规分别汇集,以资编列之基础"。按照这种方法,可以将行政法各论划分为五种,即内务行政、外务行政、财物行政、军事行政以及司法行政,然后再做分叉,比如,Gerogemeger 在其著《德意志行政法》中将内务行政进一步分为绪论、人事关系之法、保安警察、卫生行政、教育行政、风俗警察和经济行政。其中,又将经济行政分为土地制度、水利、原始产业、农业、工业、徒弟制度、度量衡及货币、信用、交通、保险等。这种划分方法对日本也产生了一定影响。

(2)在法国,行政法各论的划分,"系就国家之行政事务,不问其目的若何,专以'法律关系之性质'为标准而资编列之基础"。法国多数学者采取这种方法。比如,Berthlemy 将行政作用分为国家之必要事务、国家之随意事务以及财政。其中,国家之必要事务又分为警察、军政、公产;国家之随意事务分为交通、矿业、商业、农业、教育、美术、保险和救恤。

2. 我国学者的认识

早在民国时期,赵琛教授就曾触及过这个问题。他总结道,在行政法各论研究中,学术界采用了两种方法:一是不问法律关系之性质如何,惟视国家事务之目的及实质而分类研究之。二是按照国家事务的法律关系别其性

---

① [德]汉斯·J. 沃尔夫、奥托·巴霍夫、罗尔夫·施托贝尔:《行政法》,高家伟译,195 页,北京,商务印书馆,2002。

② 黄少游:《行政法各论研究发凡》,收入刁荣华主编:《现代行政法基本论》,47~49 页,台北,汉林出版社,1985。

质之异同，而分类研究之。依此种方法一般将行政法各论分类为法人法、公法上之物权法、公法上之对人权等加以解释。这种总结实际上就是以上述德法经验为依据，或许是转述“取法东瀛”的心得。

对上述两种划分方法，赵琛教授和黄少游教授的评价惊人的一致。黄少游教授说：“以上两种方法中，学问上之研究，自以第二之方法（即法国的划分——作者注）为适当，盖法律学之研究，其足以为编列之基础者，要不可不以法律上之性质为依据。惟不问何国之行政法规，类多不免繁杂，未有统一之系统，以具有同一性质之法律关系而散见于各类之法规者，其例甚多，于此所欲为秩序研究，颇非易事，故吾人于此从多数学者之研究方法，以行政作用之目的或权力为标准。”[①] 赵琛教授也认为，初看似乎第二种方法比较合理，但现行法规庞杂无系统，法律关系相同者颇多，断片散见于各种法规之中，将其抽象、提炼、综合困难甚多。而现行制度中央行政机关多采分职制职务权限各有规定，故依第一种方法虽在法理上有缺陷，但比较容易解析各种行政机关的性质和功能。[②]管欧教授则旗帜鲜明地反对“以法律关系的性质为标准”，认为“惟行政法规多庞杂，一种法规而注及各种事务之性质者有之，同一事务之性质，而散见于各种法规者亦有之，故此研究方法，未见适当”，他对“以行政作用的目的为标准”的方法倍加赞赏，“系统井然，是其特点”。[③]

其实，之所以放弃以法律关系性质为标准的划分方法，还有经验依据。德国行政法学发展的经验显示，F. F. Mayer、V. Sarwey、G. Meyer 之所以能够在行政法总论上取得突破，恰好是“放弃以各种行政目的为标准，说明其领域内法规之方法，而以法律关系之异同性质为标准”。[④]这种走向总论的经验，能否引导我们充分发掘分论的个性，不无疑问。正如铃木义男教授指出的，“行政法学各论为个别的行政法规之说明，倘与总论采用同样的解释

① 黄少游：《行政法各论研究发凡》，收入刁荣华主编：《现代行政法基本论》，49 页，台北，汉林出版社，1985。

② 何勤华：《中国近代行政法学的诞生与成长》，载《政治与法律》，2004(2)。

③ 管欧：《行政法各论》，5～6 页，上海，商务印书馆，1939。

④ [日]铃木义男等：《行政法学方法论之变迁》，陈汝德等译，14～15 页，北京，中国政法大学出版社，2004。

之立场,是否能适应实际(Praxis)之需要,确属疑问”。[①]这恐怕是学者多放弃该标准的真实原因。

所以,多数学者采用第一种方法。比如,赵琛教授在其著作《行政法各论》中从之,参照五权制度分为纯粹行政、立法行政、司法行政、考试行政、监察行政五部,将纯粹行政又分内政、外交、实业、财政、教育、军事、交通等七编。[②]管欧教授在《行政法各论》中亦从之,略加变化,分为内务、财务、外交、军事四种,其中,内务又分为警察、保育,保育又细分为国籍、国势调查、交通、农业、公水、林垦、渔牧、矿业、工业、商业、度量衡、文化等。[③]可以说,此种风尚流传至今,甚至成为唯一法门。

在1983年第一部统编教材《行政法概要》(王珉灿主编,北京,法律出版社)中,分论划分为军事、外交、民政、公安、司法行政、国民经济、教科文卫的管理等章节。其实质仍然是按照行政作用的目的来划分,多以国务院管辖的行政部门为划分依据。这种划分方法为我国多数学者所认同,成为主流学说。比如,应松年、朱维究教授在1985年出版的《行政法学总论》(北京,工人出版社)在论及分论时也基本延续了上述划分。皮纯协教授主编的《中国行政法教程》(北京,中国政法大学出版社,1988)也采取了大致的路数。

到了21世纪初,我国学者试图有所突破与创新。张正钊教授和李元起副教授在其主编的著作中深感学者过分沉溺于上述传统模式,主张另辟蹊径,“把部门行政法作为一个整体进行综合性、概括性研究,探讨部门行政法的共同特点和主要制度”,把我国部门行政法总结为组织与人员管理、宏观调控法、专业经济管理法、政务管理法和公共事务管理法五大类。[④]杨解君和孟红两位教授在其主编的著作中引入法理学上的一般法与特别法的划分理论,认为“我们可以根据行政法的效力范围(空间效力、对人的效力、对事的效力),将全部行政法规范体系划分为一般行政法和特别行政法。凡是效

---

① [日]铃木义男等:《行政法学方法论之变迁》,陈汝德等译,41页,北京,中国政法大学出版社,2004。

② 何勤华:《中国近代行政法学的诞生与成长》,载《政治与法律》,2004(2)。

③ 管欧:《行政法各论》,6页,上海,商务印书馆,1939。

④ 张正钊、李元起主编:《部门行政法》,前言,北京,中国人民大学出版社,2000。

力范围较大者为一般行政法，效力范围较小者为特别行政法”，因此，特别行政法就具有实质和形式两种层面上的意义。“若不论行政法的具体表现形式，仅仅依据某一标准将全部行政法规范体系分为若干部分，那么，每一部分相对全体而言都是实质意义的特别行政法，如秩序行政法、服务行政法、计划行政法等都是实质意义的特别行政法；若以行政法的具体表现形式为基础，将两个以上主要由行政法规范构成的法律、行政法规、规章等法律文件进行比较，那么，效力范围较广泛者为一般行政法，效力范围较狭窄者为特别行政法，如《中华人民共和国行政处罚法》和《中华人民共和国治安管理处罚条例》相比，前者为一般行政法，后者为特别行政法。”[①]

但是，在我看来，张正钊和李元起教授力倡的划分，实际上只不过是法国划分方法的另一种摹本，是将各行政领域中具有共同性质的法律关系统筹起来，集中观察。而杨解君和孟红教授所阐释的一般行政法与特别行政法，游走而非固着在特定行政领域之中（间），在增加总论和分论的结构不确定性同时，也让总论与其组成部分之间、总论与分论之间的界限更加模糊不清。因此，我的总体评价是，上述学者的创新努力，形式意义大于实质意义。这样的编排无助于张扬部门行政法的个性研究、解决部门行政法关注的特殊问题。相反，却在横跨各个行政领域之间，不断提炼共性过程之中，逐渐丧失了部门行政法应有的个性品格。随着跨度的递增，个性的流失也越多。

以行政作用的目的为参照，具体做法也会出现流变。比如，当前学者偏好以职能权限而非职能部门作为划分依据，[②]这在一定程度上可以增加部门行政法的结构稳定性。因为我国行政机构体系中的职能行政部门处在经常的变化之中，自新中国成立以来国务院的行政机构改革有过三十余次，而且每次改革以后行政机构体系的组合方式都要发生很大变化。

但是，在我看来，即便因上述职能部门调整而给部门行政法的体系结构带来连锁反应，这也是可以接受和忍受的。无论如何，部门行政法都必须始终以

① 杨解君、孟红主编：《特别行政法问题研究》，22页，北京，北京大学出版社，2005。

② 孟鸿志教授提出依行政权范畴来构架部门行政法。孟鸿志：《论部门行政法的规范和调整对象》，载《中国法学》，2001(5)。在我看来，这无非是行政作用的目的标准的一种变形。

职能部门为界,以部门行政管理为依托,而不是行政权流程中的一个或几个环节,[①]更不能是政府某一宏观职能下分解的若干行政管理部门的统合,比如,把公安、司法、安全等部门统统放到"治安行政法"之中,把科技、教育放到"科教行政法"中,否则就会泛化,抹杀个性,变成与总论一样的范式。所以,我主张以特定具体行政部门为划分标准,比如警察行政法、医药卫生行政法,好处是,能够更加关注特定行政领域的行政机关职能、作用方式与规制政策,彰显个性,更有针对性地回应实践需求。

当然,我也不想全盘否定上述学者的努力。不管上述学者认识与选择方法有怎样的差异,这都不影响部门行政法本身的成立,以及研究价值,反而说明了多层面、多视角研究的重要性和必要性。或许,从这个意义上讲,给部门行政法下一个普适的定义,做固定的划分,是没有多少意义的。因为每个学者关注的行政领域以及对这些领域的划定很可能是不同的。可是,至少有一点是非常明确的,部门行政法与行政法之间是种属的关系,是一般与特殊的关系,是各论(或特论 Besondes Teil)与总论(Allgemeines Teil)、分则与总则的关系,[②]从某种程度上讲,也是抽象与具体的关系。

三、分论在我国的发展概况

清末民初,我国行政法学起步之时,就不乏行政法各论的著作,有译著,也有一般各论,还有特定领域的行政法。至 1936 年,一般各论的作品居然有 11 本之多。(见表 2-1)因为年代较远,我们已很难查阅到这些著作,何海波博士也多是在其他一些文献中间接发现了这些作品。这些作品的结构深受日本影响,"多存在接近与相似的地方"。[③]

---

① 孟鸿志:《论部门行政法的规范和调整对象》,载《中国法学》,2001(5)。在我看来,按照行政权的运行流程或者行政法教科书各个组成部分梳理出来的诸如行政组织法、行政编制法、公务员法、行政监察法、行政复议法等,不能算是部门行政法。行政法专题的研究不等于部门行政法,行政法教学课程的设置也不能成为部门行政法的划分依据。至少在本书中我不把它们当成部门行政法。

② 吴庚:《行政法之理论与实用》,26～27 页,台北,三民书局,2004。

③ 沈岿:《1949 年以前行政法学研究梗概》,http://vip.chinalawinfo.com/newlaw2002/SLC/slc.asp?gid=335572215&db=art,2009 年 3 月 9 日最后访问。

表 2-1　早期的行政法各论作品(—1936)[①]

年份	作者	书名	出版社	备注 (版本和资料来源)
1906	[日]祷苗代,徐志绎等译	日本教育行政法		田涛
1906	[日]大道良太等,周仲曾译	最近警察法教科书	(上海)文明书局	田涛
1907	[日]广中佐兵卫,胡敏译	卫生行政法	(东京)秀光社	国图
1907	[日]美浓部达吉,陈崇基编译	行政法各论	(天津)丙午社	"法政讲义"。1912年3版,清华
1908	[日]清水澄,商务印书馆编译所译	行政法各论	商务印书馆	1912年4版,1913年5版,1917年7版,1919年。国图,上图,人大
1912	黄炳言(述)	行政法各论	中央政法专门学校	国图
1913	上海科学书局编辑所	行政法各论表解	(上海)科学书局	上图
1923	钟庚言	行政法各论	朝阳大学法律科讲义	姜明安
1924	汪文玑	违警罚法释义		人大
1927	李祖荫	行政法各论	朝阳大学法律科讲义	人大

① 本表格是在何海波博士有关收集整理工作的基础上(《中国行政法的外国法渊源》,载《比较法研究》,2007(6))进一步扩充而成,并删去了与各论无关的论著。与何文一样,"国图""上图""人大",分别为国家图书馆、上海图书馆、人大图书馆经电子检索显示的藏书。"姜明安",指姜明安主编《行政法与行政诉讼法》(第二版),738页,北京,高等教育出版社、北京大学出版社,2005;其他人名,相应指引篇后的参考文献。

续表

年份	作者	书名	出版社	备注(版本和资料来源)
1930	白鹏飞	行政法各论	商务印书馆	前书自序
1932	赵琛	《行政法各论》	上海法学编译社版	沈岿文
1934	白鹏飞	《行政法大纲》(下卷)(即各论)	好望书局	沈岿文
1935	徐仲白	《行政法各论讲义》	北平中国大学讲义	沈岿文
1936	管欧	《行政法各论》	商务印书馆	沈岿文,1939 二版

20 世纪 80 年代,我国行政法重新起步之际,也有不少行政法学教科书与部门行政法又一次"亲密接触"。比如,第一部统编教材《行政法概要》(王珉灿主编,北京,法律出版社,1983)由绪论、总论、分论三个部分组成,分论占了全书篇幅的三分之一。[①]由皮纯协教授主编的《中国行政法教程》(北京,中国政法大学出版社,1988)也专门设有"部门行政法综论"一编。司法部教材编辑部还曾于 90 年代审定、组织编写过一个"中国部门行政法系列教材",至 1994 年 8 月已有七册出版。[②]按照计划,分三批出版,共计 16 册。这是新中国成立 40 多年来首次成规模的行政法各论的系列著作。这种"跑马圈地"或许是受到我国清朝末年以来的行政法结构,特别是民国时期和台湾地区

① 宋华琳、邵蓉:《部门行政法研究初探》,载《浙江省政法干部管理学院学报》,2000(2)。

② 已出版的七册包括:胡保林、湛中乐主编的《环境行政法》(北京,中国人事出版社,1993);江波、湛中乐主编的《公安行政法》(北京,中国人事出版社,1993);王学政、袁曙宏主编的《工商行政法》(北京,中国人事出版社,1993);袁建国主编的《海关行政法》(北京,中国人事出版社,1993);张晓华主编的《土地行政法》(北京,中国人事出版社,1994);魏礼江主编的《审计行政法》(北京,中国人事出版社,1994);胡建淼主编的《民政行政法》(北京,中国人事出版社,1994)。参见湛中乐:《新中国行政法学的历史与现状概要》,特别是其中注释 12、13。http://article.chinalawinfo.com/article/user/article_display.asp? ArticleID=27217,2009 年 3 月 12 日最后访问。

的行政法著作以及当时苏联行政法的影响(?)。[①]

但是到了20世纪90年代后期,对部门行政法的研究却逐渐式微,“以致现在一提到行政法学,大家自然想到的是行政法学总论部分的内容,部门行政法无论在教学还是在研究上都被严重地忽视了。”[②]

对于分论为什么会淡出行政法教科书,销声匿迹,姜明安教授做了如下解释,“之所以不设分论,首先是因为分论内容过多,行政法学作为一门课程,学生学习的课时有限,其容量不宜太大;其次,除原苏联、东欧国家外,世界大多数国家的行政法学教科书均只含总论,而不设分论,如设分论,也是另外单设课程,分别编写教材;最后,作为一般法律院校的大学生,学习行政法学,掌握总论即可,至于作为分论的公安行政法、工商行政法、民政行政法、军事行政法、经济行政法等可在各专业院系分别开设。”[③]当然,纯粹从课程容量的角度,上述解释是可以接受的,但它没有从学科角度告诉我们,分论研究为何式微。

另有学者分析,主要是“部门行政法不适当地将重点放在对具体行政制度的描述上,……部门行政管理规则受特定时期的行政任务、政策和具体情势的制约,不仅内容繁复而且多变,这就使得部门行政法的研究成果很难确定下来,常常是成果发表不久就因具体规则的改变而过时,甚至成果尚未发表就已经过时了”。[④]的确,从当时的部门行政法体例和内容看,这样的评论还算是比较中肯的。但这只是问题的一个方面。

在我看来,部门行政法不发达乃至中断的原因,更可能是因为在当时行政法总论部分的研究本身尚处于百废俱兴、荒芜待垦的状态,而我国行政法治又发展迅猛,有诸多的实践与立法“急场”亟待行政法理论研究“落子”。

---

① 据沈岿考证,早期的行政法学者赵琛和范扬就十分重视部门行政法。沈岿:《1949年以前行政法学研究梗概》,http://vip.chinalawinfo.com/newlaw2002/SLC/slc.asp?gid=335572215&db=art,2010年5月1日最后访问。在1985年由姜明安、武树臣翻译的一本不算厚的苏联行政法总论中,也谈到行政法有总则与分则之说。[苏]П. Т. 瓦西林科夫主编:《苏维埃行政法总论》,姜明安、武树臣译,8～10页,北京,北京大学出版社,1985。联想到我国行政法起步之初,总体上都受到苏联、我国早期和台湾地区行政法的影响,所以,我有上述直觉。

② 张正钊、李元起主编:《部门行政法研究》,33页,北京,中国人民大学出版社,2000。

③ 姜明安主编:《行政法与行政诉讼法》(第三版),34页,北京,北京大学出版社、高等教育出版社,2007。

④ 张正钊、李元起主编:《部门行政法研究》,33～34页,北京,中国人民大学出版社,2000。

围绕着总则方面的立法活动(比如行政复议法、行政诉讼法、国家赔偿法、行政处罚法、行政许可法等等)牵扯了行政法学者相当大的精力。另一方面,受到当时的历史局限,我们对部门行政法本质特征的认识也不够充分,特别是难以与部门行政管理学做有效的、有建设性的划分,在实际发展与演进过程中,容易纠葛难辨,甚至"遁入部门行政管理学"。我们甚至可以大胆地说,我们当时的分论研究,正在重复着法、德、奥三国"由19世纪中叶至末叶所经历的行政学与行政法学尚在未分化时代"的故事。①

只是到了近些年来,对部门行政法的研究兴趣才又被重新拾起。这种再次勃兴或许与我们对行政法总论的研究已经取得较为宏观、全面的成果有着密切的关系。行政法理论的进一步深化,必然要触及部门行政法领域,惟有如此,行政法才有可能在更广阔的行政领域中驰骋,在更深的层面上发挥作用。而且,随着学术的积累和行政法总体板块逐一被学者攻克,学术拓荒者也必然会把目光进一步延伸到尚未开发的、充满学术诱惑的特定行政领域。可以预计,部门行政法的研究肯定会成为今后行政法理论研究关注的热点和新的理论增长点。

尽管现在已经有不少的学者都认识到这一点,②"破冰之旅"也已启程并取得了一定的成果,比如,一些法学院确立了部门行政法的学科发展规划、③

---

① [日]铃木义男等:《行政法学方法论之变迁》,陈汝德等译,10页,北京,中国政法大学出版社,2004。

② 在中国政法大学法学院召开的"中国政法大学宪法行政法学科建设研讨会"上,学者达成共识:"传统宪法学与行政法学的视野较为狭窄,行政法学要想发展,必须实现从仅仅研究行政法总论(或称为一般理论)到行政法总论与部门行政法相结合的转变,经济行政法、环境法、财税法、体育法、教育法、卫生法、科技法等领域应当纳入行政法的研究范畴。"http://news.cupl.edu.cn/news/2852_20050113153853.htm?homepage,2009年3月12日最后访问。

③ 不少高等院校法学院(法律系)在学科建设上都认识和突出了部门行政法建设的重要性,并加强了这方面的建设。比如,南京大学在宪法与行政法专业硕士点开设三个研究方向,即"01宪法、行政法;02部门行政法;03环境行政法"。又如,苏州大学在行政法学学科建设的教学科研计划中写道:"到本世纪末,拟在经济、公共、军事行政法三大门类的体系研究方面有突破性进展,并完成经济、司法、涉外、人事、教育等部门行政法重点课题研究,完成《经济行政法研究》《司法行政法研究》《涉外行政法研究》《人事行政法研究》《教育行政法研究》《新闻行出版政法研究》《监察行政法研究》等专著,力争改变目前我国部门行政法学研究的空白状况,为中国行政法学的发展作出显著贡献。"http://www.hongen.com.cn/proedu/flxy/flss/fxyxl/xl090418.htm,2009年3月12日最后访问。

开设了《部门行政法》课程。[①]尤其是隶属于特定行政领域的教学科研单位(或者管理部门)的学者(学者型领导)也变得异常活跃,但是,不无遗憾的是,迄今为止,对部门行政法进行总体研究的著述只有三部。[②]面对如此现状,追思早期学者"关于行政法之著述坊间经售者颇少,而行政法各论尤不多观"的感叹,[③]相比早期的各论成果数量,实在让我们汗颜。我们还没有见到过一本比较成熟的、为方方面面所公认和接受的成熟样本。我们不得不去思考为何如此?总论与分论的关系究竟是怎样的?成熟的部门行政法著述应当具备什么样的标准和条件?

另一方面,部门领域的行政实践却没有因为理论的滞后而驻足不前,相反,却是以一种前所未有的高速度向前推进着,实践部门为解决具体问题而推出的各种改革举措,层出不穷、姿态万千,部门行政法的立法活动也极其频繁,且成果丰硕。当然,缺少与理论相得益彰的实践,其中也必然会存在不少的问题。[④]这种理论现状与实践预期的极度反差(落差),更加加剧了理论研究快速跟进的迫切性。

第二节　总论与分论的关系

人们通常认为,总论是研究共性问题,分论是研究个性问题。它们之间是种属的关系,或者一般与特殊的关系。这样的论断大体不错,但是,如果仅仅停留在这样的认识上,显然不够细腻,不够精细,也不够准确。

在我看来,普通行政法与部门行政法之间的关系应该是多层次的、多元

① 比如,宋华琳博士在南开大学法学院开出《部门行政法研究专题》,讲授范围包括部门行政法研究与行政法总论改革、政府规制与行政法新发展、政府规制的形式选择、技术标准行政法研究、风险行政法原理、药品行政法研究、给付行政法研究、公用事业行政法研究。清华大学法学院也在2010年春季学期为宪法与行政法专业博士和硕士研究生开出了《部门行政法》课程。

② 张正钊、李元起主编:《部门行政法研究》,北京,中国人民大学出版社,2000;杨解君、孟红主编:《特别行政法问题研究》,北京,北京大学出版社,2005;章志远:《部门行政法专论》,北京,法律出版社,2017。

③ 管欧:《行政法各论》,自序部分,上海,商务印书馆,1939。

④ 比如,《道路交通安全法》第73条对事故认定的立法变革是否妥当,能否就此摆脱法院的司法审查,是很值得怀疑的。其中的问题及其批判,参见余凌云:《对〈道路交通安全法〉第73条的评论与落实》,载《道路交通管理》,2004(6)。

化的,比如,以警察法学与行政法的关系作为一个个案分析,我们就不难发现,单从历史分析的观点看,它们之间的关系也决不是简单的细致化、专门化的单向作用问题,而是双向交流、彼此影响、相互激荡。而且,部门行政法在很多特殊领域、很多特定问题上都具有原创性,[①]并且渐渐形成了自给自足的法规范体系,与各自的管理学联系日趋紧密,但研究的视角和关心的范畴又有所不同。更值得关注的是,部门行政法(如警察法学),很可能、或许也很有必要在研究之中进行多学科的融合与整合,进而很有可能发展成为一个边缘性的、崭新的学科。

一、从单向到双向

从历史发展观看,行政法的发展很大程度上是源自部门行政法,(尤其是警察法),是从部门行政法的发展之中汲取了养分。陈新民教授在研究德国公法的发展时也指出:"正如同任何法学学科发展的轨迹一样,行政法也是先由分散零落的个别行政法律,也就是所谓的各论发展,尔后,才形成总论的体系,而竟其功。"[②]范扬教授也说:"行政法之研究,初期只依各种行政作用,分别各种法规,而论述各该范围之法理。其分类既非出于法律上之方法,而归类尤嫌困难,其法至不完善。学者乃觉有另设总论(Allgemeine Teil)之必要。于是将行政法学分为二大部分,以研究行政法全体共通之法理者,为行政法总论,研究行政法各特殊区域之法理者,为行政法各论(Besondere Teil)。"[③]

在德国,公法(public law)滥觞于警察法(police law)。从17世纪开始,德国出版了许多关于警察法的书籍,可以说,警察法的研究就代表了当时的

---

① 辛格(Mahendra P. Singh)指出:"特别行政法已多少法典化了,而且是由那些与每个个别的行为相联的法律来调整。从某种程度上说,如果这些法律没有特别的、相反的规定,那么普通行政法也同样能够适用于这些行为。"(Particular administrative law, on the other hand, is more or less codified and is governed by the statutes relating to each individual activity. To the extent these statutes do not provide to the contrary the general administrative law applies to these activities also.) Cf. Mahendra P. Singh, *German Administrative Law: in Common Law Perspective*, Springer-Verlag Berlin Heidelberg, 1985, p. 2. 这句话换一个角度去理解,可以认为,有特别、相反规定的,就是特别行政法的原创性之所在。

② 陈新民:《德国公法学基础理论》(上册),123页,济南,山东人民出版社,2001。

③ 范扬:《行政法总论》,21页,上海,商务印书馆,1937。

公法成就，警察法与公法为同义词。只是后来，警察权进一步分解，行政学渐渐兴起，行政法学亦逐步形成。在这个过程中，才出现了行政学与行政法学之间的学科划分，以及行政法学中的总论与分论之说。[①]这也很容易理解。因为国家职能最初主要限于维护社会秩序，主要体现在警察权，所以很自然地会对警察权的行使与控制予以特别的关注，警察法的发展也就比较早些，其中很多的原理、原则也就很可能先在警察法中萌发、生成，然后顺理成章地沿用到行政法当中。

奥托·迈耶的杰出贡献，就在于他自觉远离了以行政法各论为对象来撰写行政法教科书的时尚，引入概念法学，仿效民法研究，从纷繁复杂的行政现象中归纳出了行政法的一般原理、原则和概念群，并组合成一个逻辑一致、相对自洽的行政法总论体系。[②]行政法学此后逐渐将视野限定在法律解释、法律的技术分析、法律体系和合法性上，建立起用以统合各种终极价值、法原理原则、基本法律命题、法律制度、法律概念，乃至一般法律秩序的判定标准。[③]

由各论到总论，是行政法的一个粗略的历史发展进路，也是行政法研究方法的一个质的飞跃。正是由于理论结构的自我完结性进一步提高，以及研究范畴与方法的进一步明确，尽管与刑法、民法相比缺少了一部实在法意义上的法典，仍然催生了作为独立学科的行政法学。

在随后的发展演进过程中，随着行政法自身理论的完善和自足，也对部门行政法施加了越来越大的影响力，两者的关系逐渐变为相互作用、相互影响、相互激荡。

一方面，部门行政法对实践的变化与需求感觉最为敏锐，很多推陈出新的改革举措都是在这些领域起步与腾飞的。从行政实践中提炼出来的实证性研究成果，会为行政法学总论的存在方式进行检查、反思和重构提供难得的契机。[④]其对总论的贡献将会是惊人的，宋华琳教授详细描绘道："通过部门行政法研究，可以对行政法上的利益分布加以重新考量，可以抽象出某些

---

① 陈新民：《德国公法学基础理论》（上册），118页以下，济南，山东人民出版社，2001。

② 高秦伟：《反思行政法学的教义立场与方法论学说——阅读〈德国公法史（1800－1914）：国家法学说和行政学〉之后》，载《政法论坛》，2008（2）。

③ 赖恒盈：《行政法律关系论之研究》，50页，台北，元照出版有限公司，2003。

④ 宋华琳、邵蓉：《部门行政法研究初探》，载《浙江省政法干部管理学院学报》，2000（2）。

'中度抽象水准'的结论作为行政法总论和部门行政法之间的桥梁,可以在行政任务变迁的背景下,对中国行政组织法的类型化研究有所贡献,可以反思和发展行政行为法律形式理论,拓宽行政法学的疆域,去探讨确保义务履行的诸种实效性手段。"[①]

另一方面,受部门利益驱动,以及视野狭隘,部门行政法在发展之中或许会发生这样或那样的偏差,需要行政法从宏观政策上的导引与制约。宋华琳教授指出,总论具有"储存器"功能,能够向部门行政法提供法解释技术、批发人权保障理念,"有助于形成更为明澈、更切中事物本质的法律思维,有助于把握个别中的一般,它不为个别领域中的个别问题给出答案,却给出通向答案的方向","作为沟通宪法和部门行政法的桥梁,所提供的秩序理念和架构,构成了对部门行政法的体系建构、政策选择、实体内容设计的约束"。[②]

必须解释的是,上述从单向到双向的发展脉络,是对学科历史发展的高度理论抽象与提炼,是从宏观角度对主流运动趋势的简约概括。我决不否认,在每一个历史演进的过程中、具体环节上,都可能会存在微观的双向交流式的互动、互进。但这并不影响上述认识的基本"真实性"与基本价值。

二、微观层面的自成体系

但是,部门行政法的研究决不是行政法原理和原则的简单翻版与再现,不仅仅是具体应用,更多的是创造性的工作。正如德国学者平特纳所指出的,"普通行政法如同民法典的总则部分是从行政法各个领域中抽象出的一般学说。特别行政法中某些领域与普通行政法联系甚微,而自成一体。"[③]换句话说,就是在部门行政法的特殊领域、具体层面上,很可能会出现若干个

---

① 宋华琳:《部门行政法与行政法总论的改革——以药品领域为例证》,载《当代法学》,2010(2)。

② 同上注。

③ [德]平特纳:《德国普通行政法》,朱林译,3~4页,北京,中国政法大学出版社,1999。我国台湾地区学者陈敏也认为:"通常各种特别行政法之领域,皆有为数颇多之成文法典作周密之规范。在法学讨论上,亦成为独立之学科。"陈敏:《行政法总论》,28页,台北,三民书局,1998。但是,在我看来,后一种表述似乎过于粗糙,到底是指微观层面的,还是指一个部门行政法?似乎不很清晰。

颇具独立品格、自我完结的微观体系，与部门行政法之间又构成上下阶位、种属关系。

我更想说的是，在部门行政法的研究过程中，很可能会发生某种意想不到的、却又概然性很大的学科移动。也就是说，部门行政法的深入研究，很可能会突破行政法研究的本身范畴，变成为对特殊行政法领域法律现象的多个法学学科视角的整合性、立体性研究。因此，部门行政法更进一步的发展，甚至很可能会出现一种多角度、多学科的融合，进而产生出一个独立的边缘性学科。比如，用警察法取代警察行政法，而成为一个多学科交叉的边缘性学科，从更加宏观的角度研究警察领域的法律问题。

首先，部门行政法的研究多以问题为导向，更贴近实践中的具体问题，而要想参透和解决一个法律现象或问题，就可能会调动多学科，比如，交通肇始问题，其中事故认定以及对机动车管理等涉及行政法问题，如果构成交通肇始罪，则变为刑法问题，而有关赔偿问题又属于民法调整的范围，立体地、多学科、多视角地去研究、分析，更加有助于问题的全方位解决。如果仅从单一学科的角度去研究，可能会显得过分单薄。因此，微观层面上的实践发展，或许内在地就需求多学科、多视角的整合性研究。当然，是与要解决的具体问题有着内在关联的学科之间的合作。

其次，因为特定行政领域的法现象已经非常微观、具体，进行整合性的研究，这在单一领域内、在具体问题上做起来也相对容易一些。事实上，当前很多部门行政法的研究早已"遁入"交叉、边缘性学科的研究之中，典范性地在做着立体研究，比如，警察法、环境法、卫生法、军事法。尤其是环境与资源保护法、军事法已列为法学二级学科。

最后，部门行政法的研究更侧重综合研究方法。"行政法学各论，在科学处理之限度内，得单独成为一种学科。今日市上出版之单行法之单纯的技术解说乃至注释，虽得为官公吏之处务提要，然不足当科学之名。现时之行政法学各论，虽以官公吏执务上之典据而出现，然关于法规及其社会背景之关联，则于精神科学的社会学的基础上以解明之。此对于行政法各论学者之世界观人世观以及法规之解释适用者，实足贡献相当之见解。关于此种意义，从来甚不重视；殊不知行政法学各论实为无限之沃野；而使其日臻丰饶者,殆即综合的研究方法。"①

第三节　努力张扬个性的部门行政法

一、当前部门行政法研究中容易出现的两个偏向

从浏览现有文献中,我们发现,存在着以下两种研究倾向与趣味:

一是对行政法的简单翻版。无论在研究体例与结构上,还是研究内容上基本上与行政法学雷同,比如,只是将"行政机关"更改为"公安机关",或者在很多普通行政法制度之前增加"公安"两字,比如"公安行政诉讼""公安行政复议"。在局部领域增加了一些警察法特有的一些制度。但是,这样的研究实际上使部门行政法的价值大打折扣,使后者似乎可有可无。

二是与行政管理学趋于雷同,多少有混淆不清的感觉。德国学者Scholler和schloer曾写下一段很耐人寻味的文字:"警察法与警察学属特别行政法学,其在学术研究上,与地方法(Konmmunalrecht)同为行政法理论与实务之核心。"②阅后很可能让人起疑的是:"警察学"能算是特别行政法学的研究范畴吗?在我看来,这恐怕不是笔误,也不是信手拈来、随手之笔,的的确确是因为部门行政法与部门管理学之间的关系实在太密切了。但是,我们仍然要努力区分两个学科不同的研究对象、范畴与角度,进而在研究结构与内容上有所侧重、有所区别。在学科发展的初期,彼此交织不清,实属难免,也反衬了两个学科同样的不成熟。

出现上述问题(尤其是在学科发展的起步阶段)其实不奇怪。部门行政法本来就是游离在部门行政管理学与行政法学之间的学问,其中把握、拿捏的分寸,以及研究范畴和角度的选定实际上也反映了这门学科发展的成熟度。

---

① [日]铃木义男等:《行政法学方法论之变迁》,陈汝德等译,55~56页,北京,中国政法大学出版社,2004。

② [德]Scholler/schloer:《德国警察与秩序法原理》,李震山译,21页,高雄,C. F. Muller、台北,登文书局,1995。

二、部门行政法缘何难以研究

可以说，迄今为止，对部门行政法的研究都是不够深入、不够成功的。如前所述，迄今我们还没有见到一本相对成熟、实而不空且较为别致的有关具体行政领域的部门行政法学著作。那么，何以如此？

第一，对部门行政法的研究，必须要有部门行政管理的背景知识，必须对部门行政管理中存在的主要问题、现实对策以及发展改革趋势，还有西方国家相应的法律制度和管理模式，了然于胸。比如，要是不了解警务改革的现状和发展趋势，就不能很好地理解和把握警察权、警察任务和目的；不了解安全技术防范的基本管理模式、技术进路、技术标准以及法制建设等，就不可能对安全技术防范法有一个完整的把握。在民国时期唯一写出比较有影响的《行政法各论》的管欧教授，曾任行政院法规委员会委员、司法院大法官、大学及研究所法学教授，他在自序中也提及“治斯学多年，复以所任职务，涉及法制事项颇多……”。[①]

第二，部门行政法研究之难，首先在于必须实现一种质的转变，由纯粹法学研究范畴向管理学、法学等多种学科有机交融之中突出法律问题的处理路径的转变。“殊不知行政法学各论实为无限之沃野；而使其日臻风饶者，殆即综合的研究方法。”[②]而这对于只注重，或者过分关注行政法一般原理和问题、缺少特定行政领域管理知识的学者来说，是比较困难的。

第三，在具体研究之中，可能会遇到部门行政法与部门行政管理学之间如何划定各自的研究范畴与角度的问题。因为在法治社会中，如何行政管理无疑都必须依法进行。而且从现有的研究状况看，也的确混淆不清、盘根错节。[③]这也是部门行政法与部门行政管理之间普遍存在的一个棘手问题。在这方面，很有力的学科示范是现今的行政法与行政管理学，两者无论在学科结构还是研究内容和方法上都非常不同，显现了不同学科研究与关注的范畴与问题的不同，以及学科之间的别样魅力。我们大体上可以这么说，行

① 管欧：《行政法各论》，自序，上海，商务印书馆，1936。

② [日]铃木义男：《行政法学方法论之变迁》，陈汝德译，45～56页，北京，中国政法大学出版社，2004。

③ 比如，李健和主编的《新编治安行政管理学总论》（北京，中国人民公安大学出版社，1998）中专门设立第七章“治安行政法”。

政管理学关注的是行政效率、成本与效益之间的关系,行政法学关注的是对行政权力的控制与规范问题。

第四,对结构体例的摸索,是颇具开创性的挑战。很有意思的是,在普通法国家的文献之中,专门以警察法(police law)为书名的研究著作是很少的,我只检索到一本,即 *Butterworth Police Law*。德国和日本的文献中,有一些这方面的著作,[①]但是,因为语言的问题,借鉴的程度非常有限,因此,直接借助国外(海外)研究资源的可能性就不是很大。况且我们更加关注的是中国(大陆地区)警察法所面临的实际问题。开拓性,必然意味着艰巨性。

第五,行政法的不稳定性根源于其调整的行政关系的增繁多涉、变化万千,随着由共性问题向个性问题、抽象问题到具体问题的延展,这种现象也必然会越发明显。尤其是我们还正处在社会转型期,经济体制和行政管理模式都在不断发展与变动之中,在很多行政领域、行政关系和行政方法上还没有基本定型,所有这些都决定了部门行政法研究肯定具有很大的难度。

第六,由于目前行政资讯还不够公开、透明,研究者一般不太容易获得这些行政领域的有关案例、数据以及实践问题,甚至是关于改革措施和实施经验等材料,这也会制约对部门行政法的研究参与程度。尽管这种现象在整个行政法的研究中都或多或少地存在,但是,在总则问题的研究上,研究者可以做到"东方不亮、西方亮",采取多种途径去收集实证材料。而在特定行政领域的研究中,这种选择自由相对就极其狭窄。"巧妇尚且难为无米之炊",缺乏材料的研究更是难以为继!

第七,如前所述,在部门行政法之下还可能形成若干个自我完结的小群体,与部门行政法之间又构成了类似于总论和分论、一般与特殊的关系,那么,怎么在体例结构、研究范畴和具体内容上处理这些关系呢?这就像"法律上的箭猪"(legal porcupine),十分棘手。

三、努力体现特性的研究进路

部门行政法是否成熟,很大程度上取决于其结构体例与研究内容是否具有强烈的特色,个性是否鲜明突出,是否足以"自立门户"。当然,这可能

---

① 我只是在 Scholler/schloer 合著的《德国警察与秩序法原理》中发现这方面的著作名,但是是德文的,没有翻译过来,也无法接触到著作的具体内容。参见该书,10~11 页。

只是形式判断标准，实质标准无疑应当是能够贴切地、能动地反映部门行政领域的发展，能够与时俱进。

对部门行政法的研究过程，实际上就是对其特性的探索、挖掘和拓展的学术努力，是努力勾画、表现与张扬其个性的过程。唯有如此，部门行政法才能够尽力与普通行政法拉开距离，在若即若离之中实现自我的价值。这样的进路必然将从特殊的行政作用入手，研究部门行政法的法律体系，特定行政任务与职责，特殊手段、机理与程序，其惩处的违法行为的特征、构成，等等。

第三章　行政法基本原则

第一节 概述

一、行政法基本原则的涵义

行政法的基本原则是行政法学者、法官和立法者高度概括出的，并广泛认同的调整行政关系的普遍性规范，[①]一般适用于广泛的行政法律秩序领域，而非仅局限于特别领域的原则。它是行政法的灵魂，是行政法制度构建与运行的基本原理，是行政法实践的基本准则，体现了行政法的基本价值观念。行政法基本原则通常是依附于学说、判例等基础上发展而来，因而常与判例法或习惯法呈现相互交错的现象，有些原则也可能会直接规定在法律之中。

行政法基本原则的功能主要体现在两个方面：一是统领与繁衍行政法的具体规范，体现其中的法律价值和基本理念；二是补充法律、法规、规章之欠缺，或改善法律适用的僵化不合理状况。因此，行政法基本原则构成行政法治的基本内容与指导性纲要，也渐渐成为法院审查的依据来源。为了适应行政审判的要求，增加行政法基本原则的实用性，我们在阐述与构造行政法基本原则上，应该尽量避免空泛，要做更加精致细微的构建。

“基本原则”之前既然冠以“行政法”，必定有其特殊属性，作为遴选标

① 姜明安主编：《行政法与行政诉讼法》，38页，北京，北京大学出版社、高等教育出版社，1999。

准。周佑勇教授把行政法基本原则的属性概括为"三性":首先,必须具有法律性,也就是必须是一种法律准则,而不是一种纯粹的理论或原理,以此区分其与政治学、行政管理学的原则;其次,必须具有基本性,是行政法领域中最高层次的、比较抽象的行为准则,而不是具体的行为准则,以此区别于行政法各阶段或环节中的具体原则;最后,必须具有特殊性,是为行政法所特有的基本原则,而不是与其他法律领域共有的一般原则,以此厘清与其他法律原则的界限。[①]

二、行政法基本原则的构成

英美行政法教科书中,都非常注意介绍宪法与行政法之间的内在关联性,从落实宪法的角度来解构行政法上的制度、原则或原理。比如,韦德(H. W. R. Wade)和福赛(C. Forsyth)教授从法院权力的宪政基础角度出发,关注法治(the rule of law)、议会主权(the sovereignty of parliament)、政府服从法(government subject to law)和越权原则(the doctrine of ultra vires)。[②]所有这些构成了其论述行政法的基点,成为行政法的魂魄。而这些原则很难说是行政法原则,可能更多的要算作宪法原则,但又的确起着类似行政法基本原则的作用。因为他们笃信,行政法只是在宪法搭建起来的有机结构(constitution)当中的法律再生产。

但在体例处理上,英美学者一般不单独列一章介绍行政法的基本原则,而多是在司法审查部分进行相应的阐述。其原因很可能是因为英国行政法是以司法审查(judicial review)为核心构建起来的,这些原则主要由法院的判例确认;同时,也说明这些原则在司法审查上的实用价值,决不是空泛之谈、理念上的东西。在我国的行政法教科书中一般都有专门的章节来介绍行政法的基本原则。这样的体例结构是我国学术习惯与传统的影响所致,几乎所有部门法的教科书都会设立基本原则一章。

我国行政法学者对行政法基本原则的认识有着一个发展和逐渐深入的过程,可以说,对其结构的认识从来就没有真正统一过,但是,对其内涵的认

---

① 周佑勇:《行政法基本原则研究》,123~128页,武汉,武汉大学出版社,2005。

② Cf. Sir William Wade & Christopher Forsyth, *Administrative Law*, Clarendon Press. Oxford, 1994, pp. 12~53.

识却渐趋一致,我们可以把这种认识大致可以分为三个阶段,尽管每个阶段之间的界限不是十分清晰的。

第一阶段是在20世纪80年代前后,行政法学刚刚起步,对自身特性认识不足,与宪法学、政治学和行政管理学之间的边际混淆不清,同时也受到苏联行政法的影响,在行政法基本原则中大量充斥着宪法原则、行政管理学原则。这在早期出版的行政法教材中体现比较明显,比如王珉灿主编的《行政法概要》(北京,法律出版社,1983)、张尚族的《行政法教程》(北京,中国广播电视大学出版社,1988)、皮纯协主编的《中国行政法学教程》(北京,中国政法大学出版社,1988)、应松年、朱维究合著的《行政法学总论》(北京,工人出版社,1985)等。

第二阶段是20世纪90年代前后,在欧美行政法的影响下,认为行政法的基本原则就是行政法治原则,最具代表性的观点是罗豪才教授主编的全国第二部统编教材《行政法学》中直接把行政法的基本原则概括为行政法治原则,并将其具体分解为行政合法性原则和行政合理性原则。[①]据周佑勇教授的观察与总结,此后我国行政法学著作几乎都采用此说。[②]

第三阶段是20世纪90年代后期至今,在行政法基本原则的结构中出现了比例原则、政府信赖保护原则、正当程序原则等新面孔,不同的学者归纳出的基本原则也不尽相同,呈现出百花齐放、百家争鸣的格局。比如,姜明安教授等学者将行政法基本原则归纳为四项:行政法治原则;行政公正原则;行政公开原则;行政效率原则。[③]周佑勇教授认为行政法基本原则包括行政法定原则、行政均衡原则和行政正当原则。[④]国务院《全面推进依法行政实施纲要》中把依法行政原则作为一个总原则,具体解构为合法行政、合理行政、程序正当、高效便民、诚实守信和权责统一。

可以说,经过多年的磨砺,我们已将政治学的、行政管理的原则彻底涤

---

① 罗豪才主编:《行政法学》,34～35页,北京,中国政法大学出版社,1989。

② 比如,王连昌主编的《行政法学》(北京,中国政法大学出版社,1994)、叶必丰著《行政法学》(武汉,武汉大学出版社,1996)、胡建淼著《行政法学》(北京,法律出版社,1998)均是。参见周佑勇《行政法基本原则研究》,116页,武汉大学出版社,2005。

③ 姜明安主编:《行政法与行政诉讼法》,44～54页,北京,北京大学出版社、高等教育出版社,1999。

④ 周佑勇:《行政法基本原则研究》,158～171页,武汉,武汉大学出版社,2005。

荡出去,形成了具有特殊品位的行政法基本原则,而且有别于法理学上阐释的法的一般原则。但是,在具体结构上学者还存在着分歧。这种分歧,其实在我看来,更多的是形式上的,而非实质意义上的。我觉得,如何归纳行政法基本原则并不是问题的实质,关键在于如此归纳能否涵盖所有有关行政权运行及其控制的基本准则,能否充分揭示出行政法领域的基本规律。我主张行政法的基本原则应该包括依法行政原则、比例原则、合法预期保护原则以及正当程序原则。从西方学者的研究看,这几个原则也多是分别独立,相对固定和成熟,各自有着特殊的价值和不完全交叉的内涵。或许,我们可以把依法行政视为形式法治的基本载体,而引入依法行政原则之外的其他几个原则,对于突破形式法治的桎梏,追求实质法治的目标,更具意义。依法行政原则是基石,其他原则是补充,并从属于依法行政原则。

第二节 依法行政原则

一、依法行政原则的涵义

法治国(the state governed by law)的基本要素就是行政合法性原则(the principle of the legality of administration),也就是依法行政原则。这种思想的源流,来自西方的法治主义。之所以如此,一方面是与封建专制斗争的结果,是对人治的否定;另一方面是市场经济发展的内在要求。[①]该原则得到了很多国家的普遍遵守,成为行政法的核心与基石。因此,就有了英国的法治理念(the rule of law)、法国的行政法治原则、日本的法治主义、德国的法治国(Rechtsstaat)与行政合法性要求,以及我国的法治国家和依法行政。

当然,不同国家由于历史传统、社会诉求等不同,对该原则的理解也不完全相同,表述也不完全一致。而且,依法行政这一概念的形成和内容的变

① Cf. Jurgen Schwarze, *European Administrative Law*, Sweet & Maxwell, 1992, p. 207 and below.

化，与行政法的发展和变化呈并进之态势，[①]出现了由形式法治向实质法治的发展与并行的格局。但是，一个共同的要求，就是行政权的行使必须严格遵循法律的规定，不得滥用权力。在公法领域也相应形成了一个重要格言与行为模式——“无法律，无行政”。尽管随着时代发展、社会变迁，该要求受到挑战，并有松动迹象，但依然维系着依法行政的核心价值。

从宪法意义上讲，行政法上的依法行政原则，是宪法上的法治原则向行政法领域的渗透，彰显了人民主权、议行合一原则的要求。依法行政的基本内涵就是为了保障公民的权益和公共利益，要求一切国家作用应具合法性，应当服从法。由于法律是通过民主程序制定的，只要行政机关活动符合法律，立法的政治正当性便可以“传送”到行政权力的行使过程和结果中。[②]也就是说，在一个民主宪政国家中，行政机关不得随意干涉公民自由，除非它有明确的授权，而且，这种权限必须经过民主程序而获得合法性（the power must be legitimized through democratic process）。[③]

在我国，1840 年鸦片战争后到新中国成立前，为了改变国家和民族的苦难命运，一些仁人志士试图将近代西方国家的法治模式移植到中国，以实现变法图强的梦想。但由于各种历史原因，他们的努力最终归于失败。20 世纪 70 年代末，经历了“文化大革命”十年动乱之后，中国共产党总结历史经验，特别是汲取“文化大革命”的惨痛教训，作出把国家工作中心转移到社会主义现代化建设上来的重大决策，实行改革开放政策，[④]党的十五大确立了依法治国、建设社会主义法治国家的基本方略。1999 年九届全国人大二次会议将其载入宪法。作为依法治国的重要组成部分，依法行政也取得了明显进展。

《行政诉讼法》实施不久，“1991 年最高人民法院工作报告最早正式提出了‘依法行政’一词”，[⑤] 之后，1993 年《中共中央关于社会主义市场经济体制若干问题的决定》，以及同年的国务院政府工作报告也都陆续采用了“依

---

① 应松年主编：《依法行政读本》，38 页，北京，人民出版社，2001。

② 王锡锌：《依法行政的合法化逻辑及其现实情境》，载《中国法学》，2008(5)。

③ Cf. J. G. Brouwer & A. E. Schilder, *A survey of Dutch administrative law*, Ars Aequi Libri, Nijmegen, 1998, p. 15.

④ 国务院新闻办公室于 2008 年 2 月 28 日发表的《中国的法治建设》白皮书，http://www.chinanews.com.cn/gn/news/2008/02-28/1177314.shtml，2009 年 9 月 2 日最后访问。

⑤ 周佑勇：《中国行政法学学术体系的构造》，载《中国社会科学》，2022(5)。

法行政”。国务院于1999年11月发布了《关于全面推进依法行政的决定》,又于2004年3月22日发布了《全面推进依法行政实施纲要》。由于“市县两级政府在我国政权体系中具有十分重要的地位,处在政府工作的第一线,是国家法律法规和政策的重要执行者。实际工作中,直接涉及人民群众具体利益的行政行为大多数由市县政府作出,各种社会矛盾和纠纷大多数发生在基层并需要市县政府处理和化解。市县政府能否切实做到依法行政,很大程度上决定着政府依法行政的整体水平和法治政府建设的整体进程”,[①]国务院于2008年5月12日发布了《关于加强市县政府依法行政的决定》。2010年10月10日又印发《关于加强法治政府建设的意见》。2015年12月、2021年8月中共中央、国务院又先后发布《法治政府建设实施纲要(2015—2020年)》和《法治政府建设实施纲要(2021—2025)》,标志着法治政府建设进入了规划时代。可以说,为了建设法治政府,中共中央、国务院先后发布了六个专门文件,这也实属罕见。

二、形式法治与实质法治

形式法治与实质法治是近年来开始流行起来的反思中国法治的一种话语。美国学者皮伦布姆(Randall Peerenboom)在观察中国当代的法治实践时认为,在形式法治的意义上,中国已经基本上具备了法治的要件。[②]我觉得,这个观察并不完全准确。在我国依法行政实践的发展中,从形式法治向实质法治的转变,已悄然发生,学者、法官和行政执法人员对实质法治也表

① “法制办主任就《国务院关于加强市县政府依法行政的决定》答问”,http://news.sina.com.cn/o/2008-06-20/080814047563s.shtml。2009年9月2日最后访问。

② Randall Peerenboom认为,“形式法治”(formal theories of rule of law)是任何法律体系要有效实施都必须具备的,它是一种浅度的法治(thin rule of law);“实质法治”(substantive theories of rule of law)则是包含了特定的经济安排、政府形式、人权观念等政治道德的法治,它是一种深度的法治(thick rule of law)。Randall Peerenboom,“*Ruling the Country in Accordance With Law: Reflection on the Rule and Role of Law in Contemporary China*”, 11 (3) *Cultural Dynamics* 315 (1999);“*Let One Hundred Flowers Bloom, One Hundred Schools Contend: Debating Rule of Law in China*”, 23 *Michigan J. of Int'l L.* 471 (2002);“*Competing Perceptions of Rule of Law in China*”, in Randall Peerenboom (ed.), *Asian Discourses on Rule of Law* (RoutledgeCurzon, 2004). 他对中国法治的详细讨论,参见Randall Peerenboom, *China's Long March toward Rule of Law*, Cambridge University Press, 2002。上述均转自,何海波:《实质法治——寻求行政判决的合法性》,10页,北京,法律出版社,2009。

现出越来越强烈的关注。

众所周知，我国历史上缺乏法治传统和习惯，在改革开放的四十多年里，我国法治建设的首要任务就是致力于形式法治的实现，侧重于法律制度的建构和保证现行法律规范得到确实有效的贯彻实施，强调判断合法性的唯一标准就是，是否不折不扣地执行了法律的明文规定。“有法可依、有法必依、执法必严、违法必究”是纲领性总结。

但是，随着法治建设的不断深入，依法行政观念的逐渐加强，仅停留于形式法治是远远不够的，还应向法治的更高层次即实质法治发展。行政法实践也屡屡表现出这样的迹象，在适用法律明文规定效果不佳、会激发矛盾时，实践者会在法律规定中注入新的精神，或者突破，甚至背弃法律明文规定，去彻底消弭矛盾，而不让“案了犹未了”。[①]这是因为相对于迅猛发展的社会需求，法律永远是滞后的，而且有时立法质量也不高，一味强调形式法治不能有效满足社会需求，不能充分实现公平正义。尤其是在社会转型时期，适度地提倡实质法治有利于社会稳定。

关于形式法治(formal theories of rule of law)与实质法治(substantive theories of rule of law)的区别与联系，[②]学者有不同看法。高鸿钧教授认为，形式法治只寻求形式合法性，以符合实在法为限；实质法治则追问实质合法性，追问法律背后的道义原则。实质法治仍然蕴含在形式法治内部，只是试图通过输入某种新的精神或价值，纠正形式法治的固有缺陷。[③]何海波教授则认为形式法治和实质法治是两个截然对立的模式，它们不是一种相互补充的关系。在他看来，实质法治是对形式法治的“补偏救弊”，或者“形式法治是原则，实质法治为补充”之类的说法都是不成立的。实质法治应当是对形式法治的一种完全替代。因此，形式法治和实质法治是非此即彼的关系。他从法治的思维方式、价值偏好和制度安排三个方面把两者的区别

---

① 何海波教授似乎对此颇有微词。他认为，实质法治在强调法律的实质合理性的同时，也必须注意法律的形式合理性，不能为了纯粹的“个案正义”而完全无视既有立法，一事一议，根本舍弃法律规则的确定性、一致性和普遍性的要求。何海波：《实质法治——寻求行政判决的合法性》，12页，北京，法律出版社，2009。

② 也有学者表述为“严格法治主义”和“机动法治主义”。

③ 高鸿钧：《现代西方法治的冲突和整合》，载高鸿钧主编：《清华法治论衡》(第1辑)，北京，清华大学出版社，2000。

概括为:第一,在法律思维方式上,形式法治秉承法律实证主义传统,相信法律能够通过解释得到正确地适用;实质法治则关注法律推理的不确定性,在承认法律不确定性的前提下努力寻求合法性。第二,在法治的价值偏好上,形式法治注重法律的形式正义,实质法治强调法律的实质正义。第三,在法治运作的制度安排上,形式法治强调国家对于法律规则制定和适用的垄断,而实质法治则关注整个法律共同体的行为。[①]

相对而言,我比较认同高鸿钧教授的定义。就法治理念之下的各种社会形态而言,在民主政治普遍展开的情境之下,就每个国家推进法治的进程来看,形式法治与实质法治互为表里,很难截然分开,更不能彼此对立。就公共秩序而言,形式法治是基础,实质法治是例外;就公平正义而言,实质法治是对形式法治的延展、校正与补充。在我看来,在现代法治国家中,形式法治与实质法治交织的情形主要有三种:

一是"完全无法可依"。"有法可依"是迷信立法者的虚幻神话。在现实生活中我们还是会遇到诸多问题,无法从国家正式制定的规则之中找到答案,而政府职能与积极行政的要求又迫使政府不能不回应。所以,我们必须求助于实质法治,从基本原则、第三部门的自治规则、软法、习惯、惯例和先例等渊源中去寻觅规则。

二是"无具体明确的法可依"。我们必须凭借高超的解释技术,才能让抽象、原则的规定妥帖地适用于纷繁复杂、姿态万千的社会现象。在此过程中无疑会注入公共政策与价值选择。这介乎形式法治与实质法治之间,仍旧可算作形式法治范畴。

三是"有法却不能依"。我们尽管手头上捏着某一个内涵清晰、指向明确的具体规则,却不能或不宜适用到某个具体情境之中,否则将极其不公正、激化社会矛盾或者社会效益极差。我们只能跳出形式法治的桎梏,去追寻实质法治的理想。这种处理问题的正当性,不是来源于实在法,而是根源于重大公共利益的需要,根源于社会公众的认同。为此,我们需要采用利益考量、民意调查、决策民主等方法,需要求助于法治的内在价值与基本原则,以及法院判决的支持。

---

① 何海波:《实质法治——寻求行政判决的合法性》,11～15页,北京,法律出版社,2009。

三、依法行政原则的基本结构

1. 德国的合法行政原则

德国的合法行政原则(或者依法律行政原理)对其他大陆法国家的影响至深,对我国行政法理论、立法与实践也影响不小。我们在阐述很多行政法规范与现象时,都或多或少地借助了德国法中有关概念术语、分析结构。德国合法行政观念中主要有两个子原则:法律优位(the primacy of statute)和法律保留(the requirement of a statute)。

(1)法律优位

法律优位(也译为"法律之最强力")是指"法律在行政的活动中具有优越地位,行政的一切活动均不得违反现行的法律"。[①] 这是因为,基于人民主权之原理,议会代表全国人民所表示的国家意愿集中地体现在法律之中。法律即便不是像卢梭(Jean-Jacques Rousseau)讲的那样是全体人民之公意,[②]也至少如 Otto Mayer 所说的那样"以法律形式出现的国家意志依法优先于所有以其他形式表达的国家意志;法律只能以法律形式才能废止,而法律却能废止所有与之相冲突的意志表达,或使之根本不起作用"。[③]因此,立法机关制定的法律,原则上具有优越地位。在议会至上的国家中更是如此。

但是,作为依法行政的"法"的规范有种种不同来源,对同一事件,法律秩序内可能同时存在不同的决定,因此,必须建立法源之位阶。依据法源位阶理论,在不同法源之间,"上位法优于下位法",通过确认法律至上,形成内在统一和谐的法律规范体系。据此,代表人民之立法机关制定的法律,自应优于行政机关之行政作用和行政行为。[④]

法律优位是"权力分立与民主原则的产物","强调议会对行政的控制"。基本要求有三点:首先,"一切行政活动不得违反现行的法律"。其次,"法律只能由法律变更废止"。[⑤]最后,存在有无违反法律优位的审查、纠正与惩戒

① 王贵松:《论行政法上的法律优位》,载《法学评论》,2019(1)。

② 张成福、余凌云主编:《行政法学》,25~26 页,北京,中共中央党校出版社,2003。

③ [德]奥托·迈耶:《德国行政法》,刘飞译,70 页,北京,商务印书馆,2002。

④ 张成福、余凌云主编:《行政法学》,25~26 页,北京,中共中央党校出版社,2003。

⑤ 王贵松:《论行政法上的法律优位》,载《法学评论》,2019(1)。

机制。

(2)法律保留

法律保留是指只有在法律明确授权的情况下才可以实施某种行政行为。法律保留原则之于行政法,如同罪刑法定主义之于刑法。[①]该原则产生的社会背景是,18 世纪末的自由主义宪政运动(liberal constitutional movement)意在通过分权来限制主权的垄断权力,以保障公民的个人权利。因此,要求只有在议会,也就是公民代表组成的议事机关在其立法中明确同意的情况下,行政机关才可以对个人权利领域进行限制。[②]

随之而来,该原则必须解决在什么问题上留给立法机关来决定,也就是"法律能在多大的范围以及在何等程度上对行政进行统制"。对该问题随时代变迁而有不同看法,形成了侵害保留、全部保留、重要事项等不同的学说,适用范围从侵害行政扩大到内部行政、给付行政,[③]其中,以"重要事项说"与当代最为合拍。张成福教授依次做了阐述。[④]

①侵害保留说。法律保留仅适用于干预行政,仅在行政权侵害国民之权利、自由或对公民谋以义务负担等不利益的情况下,始有法律保留。至于其他行政作用,均可在不违反法律优位之范围内,自由为之。

②全部保留说。既然一切国家权力源于人民,故代表人民之国会为最高权力机关,一切行政行为,包括给付行政,都应受立法者的意志支配。

③重要事项说。认为基于法治原则和民主原则,不仅干涉人民自由权利之行政领域,应有法律保留的适用,而且给付行政"原则上"也应有法律保留的适用,也就是说,在给付行政中,凡涉及人民的基本权利之实现与行使,以及涉及公共利益尤其是影响公共生活的重要的基本决定,应由法律规定之,而不许委诸于行政行为。又在特别权力关系中,也应让立法者对特别法律关系中的基本决定加以规定,而不得让渡于行政裁量。

(3)特别权力关系

在德国,还有一个重要的理论对我国影响至深,不能不提,就是特别权

---

① 吴庚:《行政法之理论与实用》,80 页,台北,三民书局,1996。

② Cf. Jurgen Schwarze, op. Cit., p. 215.

③ 黄学贤:《行政法中的法律保留原则研究》,载《中国法学》,2004(5)。

④ 张成福、余凌云主编:《行政法学》,31 页,北京,中共中央党校出版社,2003。

力关系。根据德国学者 Paul Laband 与 Otto Mayer 所创立的传统理论，这是一种特别公权力的发动，不适用依法行政原则，行政主体发动此特殊公权力时，不必有个别法规依据，就可限制相对人的自由，干涉其权利，对特别权力关系内部的权力行为，不得成为争讼对象。[①]

"二战"以后，由于依法行政理念的深入人心，理论界开始检讨传统理论，出现了完全与部分否定论调。完全否定说认为，基于特别权力关系实施的行为，也必须遵守依法行政原则，违反此原则造成公务员损害的，公务员有权诉请法院救济。此观点的支持者如德国学者 Kruger Durig。[②]而部分否定说的代表人物，德国学者 Ule 则强调，应根据保障公民基本权利的要求，对特别权力关系划分为基本关系（Grundverhaltnis）与经营关系（Betriebsverhaltnis）。基本关系指能够发生、变更或终了特别权力关系之效果者，如有关公务员之任命、免职、命令退休、转任、派遣、禁止处理职务等，由于基本关系与人权保障密切相关，对此类关系的争议，可诉请法院解决；而经营关系则指发生经营或管理之关系，以达成其本身之目的者，如长官职务上之命令，职务所作之指派等，对此类关系有异议，不得提起行政诉讼。[③]目前，"部分否定说"在德日居主流，也为德国实务所采用。[④]

2. 英国的法治

谈到英国的法治（the rule of law），就绕不开英国学者戴西（也译成戴雪，A. V. Dicey）。他根据英国的宪政实践，把法治总结为三项原则：(1)法律最高，禁止任何专断的权力，行政机关不得享有广泛的自由裁量权；(2)任何人（阶层）都必须在同样的法院，受同样的法律调整，这是法律平等原则的要求；(3)公民权利不是来自宪法，而是来自法院的判例，受到司法的保护。[⑤]

戴西因为对仅一海之隔的法国行政法的误读，以及基于对广泛的行政

---

① 翁岳生：《行政法与现代法治国家》，136～137 页，台北，台湾大学法学丛书编辑委员会编辑，1979。

② 曹竞辉：《国家赔偿法之理论与实务》，50 页，台北，新文丰出版公司，1981。

③ 翁岳生：《行政法与现代法治国家》，143～147 页，台北，台湾大学法学丛书编辑委员会编辑，1979。

④ 曹竞辉：《国家赔偿法之理论与实务》，50 页，台北，新文丰出版公司，1981。

⑤ Cf. A. V. Dicey: *An Introduction to the Study of the Law of the Constitution*, London, Macmillan Education Ltd., 1885, pp. 187～196.

裁量持全盘否定的态度,他对行政法抱有十分的警惕、反感和不屑。戴西本人就说过,"英国人不知道什么是行政法,我们也希望对此一无所知"(the English know nothing of administrative law, and we wish to know nothing),"在英国的法律措词中找不到恰当的对应物。"(English legal phraseology supplies no proper equivalent.)[①]戴西的法治观念在英国产生了巨大而持久的影响,至少在其后的近百年里,行政法在英国发展得十分缓慢。到"二战"期间及之后,行政法的发展落到了最低谷。一个人的学说能够左右一个部门法的发展,这在历史上也罕见。

戴西的学说也遭到了詹宁斯(Sir W. Ivor Jennings)、弗利德曼(Friedmann)等学者猛烈批判,[②]批判的要点大致为:(1)戴西是从个人主义出发的法治观,忽略了国家的新政治哲学观念(福利国家理念、计划经济等新思潮)已赋予政府更大的公共任务;(2)因对行政裁量的误解,把广泛裁量权与专制等量齐观;(3)对法国行政法的误会,导致英国行政法发展的迟缓。

在英国法治的进程中,法治观念也不断得到修正。现在比较有代表性的归纳是韦德(W. Wade)和福赛(C. F. Forsyth)的观点,法治主要包括:(1)依法办事;(2)禁止滥用自由裁量权;(3)由独立于行政机关的法官来裁决涉及行政行为合法性的争议;(4)法律对政府和公民的平等对待。[③]

3. 我国的结构

我国学者对依法行政原则的理解有广狭两种,广义的理解是把行政法基本原则就归结为或者等同于依法行政原则,然后再把依法行政原则解构为若干个子原则。狭义的解释是认为依法行政的基本要求主要包括两个方面:一是合法行政,二是合理行政。合法性与合理性的界分,最早出自龚祥瑞教授的著作,因为"合法性""合理性"的概念契合了传统思维中的"法"与"理",很快被学界接受,成为一种主导性观点,[④]尤其是自罗豪才教授在1989

---

① Cited from Carol Harlow, "*Export, Import: the Ebb and Flow of English Public Law*" (2000) *Public Law* 243.

② 陈新民:《德国公法学基础理论》,37页以下,济南,山东人民出版社,2001。Cf. Carol Harlow & Richard Rawlings, *op. Cit.*, p. 17.

③ Cf. H. W. R. Wade & C. F. Forsyth, *op. Cit.*, pp. 20~24.

④ 何海波:《实质法治——寻求行政判决的合法性》,176页,北京,法律出版社,2009。

年主编的第二本部颁教材《行政法学》问世之后,基本确定了这种注释格调。本书亦从之。

(1)合法行政

合法行政,就是要求行政权的存在和运行都必须依据法律、符合法律要求,而不能与法律发生抵触和冲突。对此理解,可深可浅。但为区别于合理行政,一般仅指形式合法。具体要求是:①行政机关职权法定,或者依法授予,不得超越职权。②行政机关实施行政管理,应当依照法律、法规、规章的规定进行;没有法律、法规的规定,行政机关不得作出影响公民、法人和其他组织合法权益或者增加公民、法人和其他组织义务的决定。③行政机关制定的行政法规、部门规章和地方政府规章以及其他规范性文件不得与上位法相抵触。④行政机关必须严格遵守行政程序。

(2)合理行政

合理行政是裁量时代的重要理论。对于合理行政,有两种理解:一是从实质合法角度把握,侧重关注行政裁量的过程是否合法,裁量结果是否公平、公正。一般理论结构是:①目的适当,不得违反授权目的。②相关考虑,必须考虑相关因素,不得考虑不相关因素。③不得明显不当。二是从一般知识角度把握,要求行政裁量必须符合社会公众对合理的认同标准,合乎公平正义、道德伦理以及一般理性的要求。这已超越了合法性评价,是对行政的更高层次的要求。不合理,不见得就违法;不违法,也不见得就合理。

其实,对合理性的后一种理解,注入了中国传统文化的情愫,却是对英国合理性原则的误读。“法”“理”的分裂与统合,在行政执法和行政复议环节尚可容忍。我们还能泛泛而谈,“合法,但不合理”。合理似乎游离在合法之外,是一种生活常识、人之常情。但是,到了行政诉讼环节,却不能容忍。法院对合理性的审查必须在合法性层面上来把握,这是宪政结构之下法院的角色与职能决定的。合法性原则和合理性原则在行政诉讼上应该是在同一个界面上运作的,而不应该是分离的,它们分别对应着形式合法与实质合法,“不合理”只有达到了实质违法的程度,才可以进入法官的视野。那种“合法性审查是原则、合理性审查是例外”的说法是完全不能接受的。

第三节 比例原则

一、比例原则的涵义

现代行政法面临的一个核心问题是如何将国家权力的行使保持在适度、必要的限度之内,特别是在法律不得不给执法者留有相当的自由空间之时,如何才能保证裁量是适度的,不会为目的而不择手段,不会采取总成本(overall cost)高于总利益(overall benefit)的行为。这项任务就是通过比例原则来实现的。所谓比例原则,就是对行政手段与行政目的之间关系进行衡量,甚至是对两者各自所代表的、相互冲突的利益之间进行权衡,来保证行政行为是合乎比例的、是恰当的。

据考证,这种权力必须合比例的思想,最早可以上溯至 1215 年英国的"自由大宪章"(Magna Charta Libertatum)中关于犯罪与处罚应具有衡平性之规定,即人民不得因为轻罪而受到重罚。[①]其后,在国家的契约理论,特别是宪政国家(constitutional state)、法治(the rule of law)以及宪法基本权保障等理念的支持之下,逐渐提炼出具有客观规范性质的行政法上的比例原则,并进而扩展到宪法层面,成为具有宪法阶位的规范性要求。

之所以会这样,是因为宪法赋予公民基本权利,其本身就已蕴涵着对抗国家权力对于自由领域的不当侵害与限制的意味,也就是预设了国家权力行使的例外和权力有限的内在思想,当国家行使公权力而与基本权利发生冲突时,就必须凭借某种审查标准来判断上述公权力的行使是否为宪法所允许,国家权力对公民权利侵害是否适度、合比例,在其间便要有比例原则来发挥决定性作用,作为保护基本权利而"加诸国家之上的分寸要求"。因此,比例原则不仅具有规范执法的重要意义,更是司法上据以审判的重要工具,其在行政法上的重要性也就不言而喻了。

在我国,比例原则尽管还没有成为法定的一项基本原则,但是,已经进

① 蔡宗珍:《公法上之比例原则初论——以德国法的发展为中心》,载《政大法学评论》,第 62 期(1999 年 12 月)。陈新民:《宪法基本权利之基本理论》,256 页,《论宪法人民基本权利之限制》一文,台北,三民书局,1996。

入了学者、法院的视野。不少学者对比例原则进行了研究与阐述。[①]在“哈尔滨汇丰公司诉哈尔滨市规划局案”中，审理该案的两级法院在其判决理由中首次明确地表达了在行政法上占有重要地位的“比例原则”之精神内容。[②]一些立法也体现了比例原则的要求，比如《行政处罚法》(1996 年)第 4 条、《人民警察使用警械和武器条例》(1996 年)第 4 条、第 7 条第 2 款。在国务院 2004 年 3 月 22 日发布的《全面推进依法行政实施纲要》中也明确要求“所采取的措施和手段应当必要、适当；行政机关实施行政管理可以采用多种方式实现行政目的的，应当避免采用损害当事人权益的方式。”

二、比例原则的构造

德国对比例原则的法释义学(Rechtsdogmatik)贡献最大，使该原则不再是抽象的法律原则，而是具有了规范性质，并可能进入司法层面进行操作。对该原则的最著名的、也是最通常的阐述为“三阶理论”(Drei-Stufentheorie)，也称三项“构成原则”(Teilgrundsatze)，即手段的妥当性(Geeignetheit)，必要性(Erforderlichkeit)和法益相称性原则。[③]

1. 妥当性

妥当性(principle of suitability，Geeignetheit)，也称适当性，就是国家措施必须适合于增进或实现所追求的目标之目的。[④]在行政法上，目的是由法律设定的，行政机关可以通过目的取向来选择能够达到预期效果的手段，(当然，如果手段也是法定的、唯一的，那么也就无从选择，这时就不是对行政行为是否合比例的评价，而是转变为对立法上有否遵守比例原则的评价了)。在这个过程中，必须结合当时所处的自然或社会环境，运用经验或学

---

① 比如，范剑红：《欧盟与德国的比例原则——内涵、渊源、适用与在中国的借鉴》，载《浙江大学学报》(人文社会科学版)，2000(5)；黄学贤：《行政法中的比例原则简论》，载《苏州大学学报》(哲学社会科学版)，2001(1)；姜明安主编：《行政法与行政诉讼法》，41～42 页，北京，北京大学出版社、高等教育出版社，1999，等等。

② 余凌云：《行政法案例分析和研究方法》，131～149 页，北京，中国人民大学出版社，2008。

③ 在大多数我国台湾地区学者的著述中，都是指称“比例性原则”(principle of proportionality)，或“狭义比例原则”，“比率原则”，是从德文直译过来的。但是，根据蔡宗珍博士的见解，译成“法益相称性”，更能体现德文“狭义比例原则”的特征，“收顾名思义之效”。蔡宗珍：《公法上之比例原则初论——以德国法的发展为中心》，载台北，《政大法学评论》，第 62 期(1999 年 12 月)。

④ Cf. Jurgen Schwarze, *op. Cit.*, p. 687.

识,对手段运用的效果,甚至是否与相关法律目的相冲突等因素进行判断。[①]比如,警察选择使用枪械,必须考虑当时的场所复杂情况、光线强弱、使用枪械警员的训练教育程度及对枪械使用的技巧能力等因素,判断此种手段是不是实现预期目的的最佳手段。[②]这就使得对妥当性的判断具有了相当的客观性,而决不纯粹是警察自己的主观判断。

从现有的研究来看,手段对于目的来说是不妥当,因而是不允许的情形大致有以下几种:

第一,手段对目的来讲,显然不能实现目的,或者与目的背道而驰。

第二,手段所追求的目的超出了法定的目的,比如,将违法嫌疑人铐在暖气片上,让其既站不起来,也蹲不下去,该手段则超出了手铐用于限制人身自由的目的,带有惩罚性或刑讯逼供的性质。

第三,对相对人施加的手段,是法律上不可能(legally impossible, rechtliche Unmoglichkeit)或事实上不可能(factually impossible, tatsachliche Unmoglichkeit)实现的,前者如,命令租住在违章建筑内的某人,拆除该违章建筑。后者如,命令不会开车的某人,将其父违章停留的车开走。[③]

第四,违反法律规定,比如,德国有一个案子,警察为减少噪声,命令户主将狗关在一间禁闭的屋子里,这违反了动物保护法。[④]

第五,目的达到后,或者发觉目的无法达到时,就应该立即停止行政行为。否则就是不妥当。

2. 必要性

但是,光有上述妥当性,还不足以阻止对公民的不必要损害,因此,就有了必要性的要求。必要性(principle of necessity, Erforderlichkeit)是从"经验的因果律"来考虑诸种手段之间的选择问题,也就是要靠以往的经验与学识的累积,对所追求的目的和所采取的手段之间的相当比例进行判断,保证所要采取的手段在诸种可供选择的手段中是最温和的(mildest mean, das

---

① 蔡震荣:《论比例原则与基本人权之保障》,载《警政学报》,第17期(1990年6月)。蔡宗珍:《公法上之比例原则初论——以德国法的发展为中心》,载《政大法学评论》,第62期(1999年12月)。

② 吕阿福:《警察使用枪械之正当性研究》,载《法学论丛》,第22卷第2期。

③ 李震山:《西德警察法之比例原则与裁量原则》,载《警政学报》,第9期(1986年6月)。

④ Cf. Mahendra P. Singh, *op. Cit.*, p. 90.

mildeste Mittel)、侵害最小的。

这有点像美国法当中的“最小限制选择”原则(theprinicple of the “least restrictive alternative”)。所谓“最温和的”,是指该行政措施对当事人的法律地位的负面影响最小。哈福克特(G. Haverkate)进一步阐释道,这不是指必需使用的措施,而是指在手段的选择上过度限制了自由。[①]也就是说,必要性更加关注的是由法定目的所界定的国家对公民自由干预的程度。

对此,詹林雷克(W. Jellinek)说了一句非常形象的比喻:“警察不能拿大炮打燕子”(the police ought not to shoot a swallow with a cannon)。迪泼罗克法官(Lord Diplock)也打比方说:“如果能用坚果钳的话,就决不能用蒸汽锤砸坚果”(You must not use a steam hammer to crack a nut, if a nutcracker would do)。我们俗话说的“杀鸡不用宰牛刀”,讲的也是这个道理。比如,对酒吧营业可能会引起的骚动(disturbance),如果能通过规制其营业时间来解决,就不用处罚或者增加赋税的方法。[②]

但是,如果手段是唯一的,不存在选择的可能的话,对于执法来讲,也就不存在必要性问题。例如,德国1952年《道路交通法》规定,对于那些不适合持有驾照的人,警察应吊销其驾照。行政法院对该条款的解释是,保护公众免遭上述人员危险驾车带来的威胁,只能通过完全的吊销驾照(total withdrawal)来达到,因此,部分吊销驾照(partial withdrawal)是违法的。[③]也就是说,在这里没有选择的余地。

3. 法益相称性

目的与手段之间仅符合妥当性、必要性的要求还是不够的,因为行政行为的实施不可避免地会引起双方,甚至多方利益的冲突,比如,警察在街头使用枪支时,就涉及公共利益(排除违法犯罪行为对公共秩序与安全的危害)、警察个人利益(警察人身安全的保障)、第三人利益(行人、住家等的安全)、受违法犯罪侵害的人的利益以及枪械施加对象的利益(生命、健康权)之间的冲突问题,因此,必须在价值层面进行考量和权衡,就需要有第三个

---

① Cited from Jurgen Schwarze, *op. Cit.*, p. 687.

② Cf. Mahendra P. Singh, *op. Cit.*, p. 90.

③ Cf. Nicholas Emiliou, *The Principle of Proportionality in European Law: A Comparative Study*, London. Kluwer Law International, 1996, p. 29.

亚(次)原则。

法益相称性,也叫衡量性原则、严格意义或狭义的比例原则(the principle of proportionality *stricto sensu*),就是要求干预的严厉程度与理由的充分程度之间要非常成比例,[①]要求以公权力对人权的"干涉份量"来断定该行为合法与否,要求在宪法的价值秩序(Wertordnung)内,对上述行为的实际利益与人民付出的相应损害之间进行"利益衡量"(Guterabwagung),使人民因此受到的损害,或者说作出的特别牺牲(Opfer)比起公权力由此获得的利益来讲,要小得多,要合算得多,是人民可以合理忍受的程度(Zumutbarkeit),否则,公权力的行使就有违法、违宪之虞。比如,在熙熙攘攘的大街上向逃跑的犯罪嫌疑人开枪,而不顾忌行人的安危,可能对周围商家、住家造成的损害,不考虑对方有没有持枪或对警察射击等,这就违反了法益相称性。

这种思想的出现,要比妥当性、必要性来得晚,大约是在"二战"之后。但是,在人权保障日渐重要的今天,从上述价值层面要求手段与目的之间的合乎比例,越发显得重要。不遵守法益相称性,将导致行政行为无效,还可能导致国家赔偿。

从德国行政法院的判例看,干预的性质及其涉及的基本权利保障领域的不同,法益相称性的要求也不太一样。比如,在经济规制领域要求就低些,只有在立法机关基于明显的错误前提,或者干预措施是不合理的、无益于公共利益,才存在违反法益相称性的问题。但像在贸易、职业选择自由等基本权利领域,行政法院认为,单靠"合理的"(reasonable)、"客观正确的"(objectively justified)、"重要的"(important)公共利益之理由,尚不足以限制基本权利,除非出于保护"极其重要的"社会利益(outstanding important community interests)之需要。

那么,怎么判断利益的大小轻重呢?德国人曾试图构建一个宪法的"客观价值秩序"(objective order of values),将包括政府基本原则和基本人权在内的有关价值排成一个高低序列(a hierarchical order),其中最重要的是"自由民主基本秩序"(free democratic basic order)和"人的尊严"(human

① Cf. Nicholas Emiliou, op. Cit., p. 32.

dignity)。然后,像尺子一样放到每个个案中去测量。但是,这样的客观价值方法立即遭到严厉的批判,被指责为"价值专制"(tyranny of values),是一种把法官个人的价值观输入宪法的天真的方法。[①]的确,单纯从审判的技术角度看,要想真正做到把案件中涉及的所有权益或者利益按照各自的重要性进行排队、权衡,本身就极困难,更不要说事先就抽象地排序。因为缺少很客观的衡量尺度,在有些情况下你很难说这个利益就一定比那个利益重要。说不定在这个案件中利益 A 比 B 重要,但在另一个案件中 B 却比 A 更具有法律优先保护的价值。

荷兹(K. Hesse)的见解更胜一筹。他建议,采取可行性协调原则(the principle of practical reconciliation, *praktischer Konkordanz*)来解决两权冲突问题,把宪法保护的权利调和到"彼此都获得某种实现"的程度(each gains a degree of reality)。[②]也就是说,当宪法保护的两种权利彼此发生冲突时,既不能用缺乏考虑的"利益权衡",甚至也不能用抽象的"价值衡量"来让一种权利优先于另一种权利的方法解决。相反,宪法的整体性原则要求去寻找双方都满意的解决方法,两种权利都必须受到某种限制,以最大限度地实现各自效率(optimise their effectiveness)。其中的界限怎么去划,在个案中必须成比例,不能超出协调两种权利所必需的程度。[③]但这种观点也因为没有把对个人基本权利的保护放到更加突出的位置而受到批判。[④]

三、比例原则与合理性原则

我们对合理行政的理解,显然受到英国合理性原则的侵染,近年来又融合德国的比例原则,丰富其内涵。合理性原则与比例原则,都是控制裁量的重要理论,着力不同,风格迥异,它们能够调和在一起吗?

在德国法中,比例原则与合理性观念(the notion of reasonableness, *Zumutbarkeit*)是并存不悖的,彼此有着密切联系。比如,贝特曼(Bettermann)就把比例原则描述为对不合理负担的限制(a restriction of

① Cf. Nicholas Emiliou, *op. Cit.*, pp. 32～33. especially footnote 63.

② Cited from Jurgen Schwarze, *op. Cit.*, p. 690.

③ Cf. Jurgen Schwarze, *op. Cit.*, p. 690.

④ Cf. Nicholas Emiliou, *op. Cit.*, p. 36.

unreasonable burdens)。行政法院在适用和阐述比例原则的时候也经常将其与合理性观念相联系,比如,在审查一项有关禁止种植新品种的葡萄树的规定是否违宪时,德国行政法院认为,财产权可以受到限制,但是,不能达到不可容忍的程度,必须符合比例原则的要求。当限制措施是合理的时候,就符合了上述要求。成比例,就是要求为实现目的而采取的手段是合理的。①

上述学者论说与行政法院判例中都在同一意义上交替使用比例与合理的术语,其实这并不奇怪,因为在德国的理论当中,这两个概念都是平等思想(the idea of equity)的表现,平等思想就要求对每个人都要公正,而这种思想又构成了法治必不可少的组成部分。但实际上在德国,合理性与比例这两个概念是有质的区别的。简单地说就是,比例原则是为评价手段与目的之间关系提供客观的标准,相反,合理性观念构成了评价个案总体情况的主观的、单方的标准。正是有着这样的不同,所以,不能说合理性观念源于比例原则,而只能说它是构成了德国法律秩序中的一项独立的一般法律原则。②

近年来,英国在公法发展中也面临着传统的合理性原则和流行于欧陆的比例原则之间的融合问题,存在着两种截然相反的观点:一种观点是认为彼此对立,难以调和,另一种观点是认为彼此可以兼容。

艾里奥特(M. Elliott)认为,比例原则与*Wednesbury*(合理性)原则之间尽管不同,但只是在平衡行政自治与司法控制之间关系上的程度不同,而不是类型的不同。也就是说,*Wednesbury* 原则给了行政机关自由的实质边际(a substantial margin of freedom),只是当过分缺少这种平衡,以至于明显不合理时,法院才去干预。相形之下,比例原则要求更加深入地去审查这种平衡,只要稍微有点不平衡就会引发司法干预。因此,它们只是反映了在行政自治与司法控制之间应当怎样获得平衡的两个不同观念,除了在给予行政机关的自由程度不同之外,两者之间有很多的共同之处,但决不是对立的。

他又接着指出,关于合理性,近年来在适用上有"亚 *Wednesbury*"(sub-*Wednesbury*)与"超 *Wednesbury*"(super-*Wednesbury*)之说。前者就是上面说的,还达不到比例原则审查的水平。后者是根据事实状况所引发的相关

① 更多有关这方面的学者论述以及行政法院判例,Cf. Nicholas Emiliou, op. Cit., pp. 37～38.

② Cf. Nicholas Emiliou, op. Cit., p. 39. 有的学者认为,德国的合理性原则是将民法典第242条援用于公法的结果。

制度能力问题来决定实质性审查的适当水平（the appropriate level of substantive review can be determined only in light of issues of relative institutional competence which are raised by the factual matrix in question），或者说，审查标准的宽严是由审查的具体内容来决定的。同样，在适用比例原则进行审查时，也存在着根据审查内容而调整适用标准的宽严的情况。了解这一点很有意义，这就意味着两个原则之间可以相互转换（they may also shade into one another）。[①]也就是说，审查的标准构成了一定的幅度，在这个幅度之内，法院可以在考虑司法机关和行政机关的相关制度能力，以及受到侵害的价值的宪法意义等因素的基础上，来决定是采用像比例原则那样的较严的标准，还是采用像 *Wednesbury* 那样较宽的标准。

艾里奥特上述观点在英国很有代表性。福赛（C. Forsyth）也对我这么说，*Wednesbury* 不合理很有可能代表死亡的过去，比例原则会成为希望的未来。但他并不认为 *Wednesbury* 标准要完全抛弃，因为至少从理论上讲，*Wednesbury* 不合理和比例原则应该是交叉关系。而且，现在在英国法院还没有出现完全放弃 *Wednesbury* 标准的迹象。

在我国，第一次在司法判决中明确地表达比例原则的思想的案件是"汇丰实业公司诉哈尔滨市规划局案"。审理该案的两级法院，特别是作为终审法院的最高人民法院在最后作出的判决书中，明确完整地表达了比例原则的内涵，作为补充、丰富和发展显失公正或者滥用职权的内容。[②]可见，我们也是采取兼容并蓄的态度，不认为比例原则和合理性审查之间是彼此相斥的。

但是，我不赞同引进比例原则只是增加、丰富不合理之内涵。它们两者之间有着本质不同，首先，在审查视角上存在差异，合理性原则是对裁量过程（process of discretion）是否发生偏差的体察，而比例原则考察的却是手段与目的之间的关系。其次，合理性审查仍然属于客观审查，而比例原则却可能会判断行政行为的优劣（merits），变成主观审查。因此，"汇丰实业公司诉哈尔滨市规划局案"不会、也不应成为典范，因为它看低了合比例思想，降低

① Cf. Mark Elliott, "*The Human Rights Act* 1998 *and the Standard of Substantive Review*" (2001) 2 *Cambridge Law Journal* 60.

② 余凌云：《行政法案例分析和研究方法》，131～149 页，北京，中国人民大学出版社，2008。

了比例原则应有的普适性。比例原则应当具有与合理性原则比肩的独立品格。

第四节 合法预期保护原则

一、三条交织的主线

在我国,对诚信政府的研究一直交织着三条主线:一是把私法上的诚实信用原则适用到公法上来;[①]二是主要从台湾地区学者的著述中了解、研究与引进德国、日本的信赖保护原则,目前这个术语与被误读的理论略占上风;[②]三是援引流行于普通法国家和欧共体的合法预期原则。[③]这三者功能目标相近,学者根据各自偏好而分别鼓吹;它们在法典化与实践援用上,彼此竞争,让立法者、法院和行政机关踌躇难择。

在我看来,从私法上去直接援用诚信原则到公法上来,或者说这是公法与私法共享的一项原则,这种研究方法与进路本身就成问题。

第一,不管我们怎么界定"诚实信用"这个概念,仅从字面上就透出一种道德意味。一旦我们涉及这个层面,不仅不利于维护公众对行政过程的善意之信心(maintaining public confidence in the bona fides of the administrative process),而且也可能增加救济难度,要行政机关工作人员承认其道德层面存在着问题,肯定需要有充分确凿的证据。况且,仅停留在道德、理念层面关于善意、真诚、忠诚无欺、合理公平的说教,没有详尽明确的行为规则指引,

---

① 主要文献,参见阎尔宝:《行政法诚实信用原则研究》(博士学位论文,中国政法大学 2005 年答辩);王静:《诚实信用原则在行政法上的具体适用——以公务员职业操守、法不溯及既往、非强制行政行为等为例》(硕士学位论文,中国政法大学 2003 年答辩);刘丹:《论行政法上的诚实信用原则》,载《中国法学》,2004(1),等等。

② 主要文献,参见王贵松:《行政信赖保护论》,济南,山东人民出版社,2007;李洪雷:《论行政法上的信赖保护原则》,载《公法研究》,2005(2);刘莘主编:《诚信政府研究》,北京,北京大学出版社,2007;莫于川、林鸿超:《论当代行政法上的信赖保护原则》,载《法商研究》,2004(5);黄学贤:《行政法中的信赖保护原则研究》,载于《法学》,2002(5),等等。

③ 主要文献,参见余凌云:《行政法上合法预期之保护》,载《中国社会科学》,2003(3);张兴祥:《行政法合法预期保护原则研究》,北京,北京大学出版社,2006;陈海萍:《论对行政相对人合法预期利益损害的救济》,载《政治与法律》,2009(6),等等。

也不足以规范行政权力的行使，实现控权目的。

第二，公权力运行的特质决定了公法上需要有特殊的规则，不能轻易地、无鉴别地引入私法的原理和原则。Lord Hoffman 在 *R.* (*Reprotech Ltd.*) v. *East Sussex County Council* 一案的审判意见中早就提醒我们，不能把私法上的禁止反言原理(the private law doctrine of estoppel)援用到行政机关身上，公法应该适用自己的规则，有针对性的考虑如何调整行政机关这类行为。他说："当然，私法的禁止反言和公法上由行政机关导致的合法预期观念之间有着某种类似，否认这些都同样会导致滥用权力(利)。……在我看来，在这个领域，公法已经从支撑私法禁止反言观念的道德价值中汲取了有益的成分，该是其自立的时候了。"①

第三，退一步说，即使可以打通私法与公法之间界限，这种努力也会把很多问题复杂化。因为，诚实信用原则在长期的私法实践上已经形成了复杂、精巧的理论结构，与民法原理形成了天衣无缝的对接。一旦要将其运行到基本原理不甚相同的行政法界面上，就必须思考应该如何剔除、剪裁与修正，这将把适用问题变得异常复杂。相形之下，倒不如另外建立一个公法原则，然后有选择地汲取私法诚信的元素。这后一条路径显得更加灵活、简捷、明快、清晰。公法并不总是重复私法"昨天的故事"。我们需要直面行政法上的问题，直截了当地去解决它。

第四，伦理道德意义上的诚实信用，既不为行政法所独有，又凌驾于依法行政原则之上，也不宜胪列为行政法基本原则。否则，会冲乱层次分明、和谐有序的行政法基本原则体系。

当然，我也并不全然否认诚实信用在公法上的价值。首先，在法院的判决中可以有选择地汲取其中的若干价值与因素。其次，在规范相对人的协作与配合行为时，我们可以要求相对人必须诚信，必须像参与民事活动那样讲诚实守信用。因为，无论合法预期还是信赖保护都是指向或者主要指向行政机关，以行政机关为规范核心与拘束对象，这是行政法基本使命之所在。而我们知道，一个行政法活动要得以完成，同时也必须有相对人的参与和协作。相对人的诚信就显得十分重要，而诚实信用原则在私法上原本就

---

① Cf. Daphne Barak-Erez, "*The Doctrine of Legitimate Expectations and the Distinction between the Reliance and Expectation Interests*" (2005) 11 *European Public Law* 585.

是指向两方,因此,可以在这个层面适当借用。

在信赖保护与合法预期之间的取舍上,我更青睐合法预期。理由是,第一,合法预期虽源自英国,却扩及澳大利亚、新西兰等英联邦国家,风靡欧陆,为欧共体所采纳。该术语已获得普遍认同。经过长期司法实践,合法预期制度也较为成熟和细腻,可供我国直接参考借鉴。第二,德国传统上不如英国法重视程序,折射在信赖保护上就是一直缺少着正当程序的保护意识。第三,在适用范围上,合法预期广于信赖保护,尤其是在政策、计划、指导、惯例、长期固定实践上形成了精细的保护合法预期规则。第四,更为重要的是,在处理合法性与信赖利益保护之间的次序和方法上,信赖保护和合法预期却有着根本不同。

其实,我们所理解的信赖保护,并没有真正承续德国法。在德国法上,信赖保护主要适用于授益行政行为,其独特价值是,在依法行政和相对人信赖保护的对立中,除非行政机关通过撤销所欲实现的公共利益明显优于受益人所获得的利益,否则违法授益行政行为的受益人因信赖国家公权力活动有效性所得的利益,可以阻却行政机关为纠正违法状态所实施的撤销行为。[①]在授益行政行为上,之所以信赖保护可以胜出,是因为给予相对人待遇优厚,只关乎国库支出多寡。“对于公权力机关而言基本上仅意味着经济负担而非职责范围内应予履行的任务。”[②]采取存续保护,不去纠正违法,对法秩序的破坏也是秋毫之末。

但是,我们从来未曾意识、更遑论考虑德国式的存续保护,而是以文害辞,以辞害意,集体性误读而形成中国式理解。在合法性与信赖保护冲突上,我们始终坚持依法行政优先,这与行政诉讼合法性审查相契合,与合法预期同工异曲,与信赖保护方枘圆凿。我们是借用了信赖保护,实质上在讲述合法预期。我们想象的信赖保护,是指行政决定应当可信、可靠、可以依赖,言必行,行必果,果必信。在行政行为的撤销、撤回和变更上无不弥散着

---

① 展鹏贺:《德国公法上信赖保护规范基础的变迁——基于法教义学的视角》,载《法学评论》,2018(3)。

② 刘飞:《信赖保护原则的行政法意义——以授益行为的撤销与废止为基点的考察》,载《法学研究》,2010(6)。

信赖保护。《行政许可法》(2003年)第8条对合法行政许可的撤回或变更、[①]第69条第4款对违法行政许可的撤销且被许可人无过失的，都是先让依法行政原则胜出，然后通过补偿、赔偿来保护被许可人的信赖利益。这些条款“既未涉及对‘违法’许可提供的信赖保护，亦未对‘信赖表现’作出规定”，“所形成的规范并不同于德国《行政程序法》中有关适用信赖保护原则的相关条款”，“与信赖保护原则无关”，“体现的仍为一般意义上依法行政原则的适用”。[②]国务院《全面推进依法行政实施纲要》(2004年)也从诚信意义上扩大解读，将上述条款进一步推及所有行政决定。这才是我国学者、法官、立法参与者津津乐道的信赖保护，[③]并左右了司法裁判的态度，以及有关立法、文件规定的内容取向。

因此，从表面上看，越来越多的学者认识到合法预期优于信赖保护，也认同合法预期观念，但是，信赖保护在学术上的地位似乎依然没有动摇，合法预期在司法上也“不为法院倚重”。其实不然。信赖保护的中国化，实质性化解了合法预期对行政法理论的应有冲击。合法预期也“在中国司法审判中基本附着于‘信赖保护’的话语体系”。[④]它们实际上已经不断趋向合二为一。但是，相较于诚实信用、信赖保护，合法预期依然有独特的汲取价值，能够进一步完善诚信政府的理论构造。

---

① 对于《行政许可法》(2003年)第8条中的“依法取得”，有的学者认为，“‘依法取得’也应当仅包含公民、法人或者其他组织的行为，即只要上述主体的行为是合法的，其取得的许可就应当受到保护，即使行政行为违法也不影响信赖基础的成立。”陈星儒：《信赖保护原则的司法适用研究——评郴州饭垄堆矿业有限公司诉国土资源部案》，载《法律适用》，2018(14)。在我看来，这显然是对上述法律规定的误读。在“辽宁凯嘉五金塑料有限公司诉辽阳市太子河区人民政府行政补偿二审行政判决书”中，法官认为，《行政许可法》第8条规定的行政补偿，“并非以行政机关行为违法为前提”。因此，“太子河区政府辩称由于其行为未违法，因此不承担补偿责任，于法无据。”参见辽宁省高级人民法院(2018)辽行终1538号行政判决书。

② 刘飞：《行政法中信赖保护原则的适用要件——以授益行为的撤销与废止为基点的考察》，载《比较法研究》，2022(4)。

③ 在“喻国亮、张富明等与溆浦县工伤保险管理中心行政给付二审行政判决书”中，法院指出，“《中华人民共和国行政许可法》第六十九条，行政机关应当遵守信赖保护原则，即行政相对人对授益性行政行为形成值得保护的信赖时，行政主体不得随意撤销或废止该行为，否则必须合理补偿行政相对人信赖该行政行为有效存续而获得的利益。”参见湖南省怀化市中级人民法院(2016)湘12行终127号行政判决书。

④ 胡若溟：《合法预期在中国法中的命途与反思——以最高人民法院公布的典型案件为例的检讨》，载《上海交通大学学报(哲学社会科学版)》，2021(2)。

二、合法预期的概念

从概念术语的起源看,合法预期是分别在英国和大陆法国家生成的。从英国甚至所有普通法国家来讲,合法预期的概念最早是丹宁法官(Lord Denning)在 *Schmidt v. Secretary of State for Home Affairs*(1969)案中使用的[①]。在与英国仅一海之隔的欧洲大陆国家,特别是德国,也有一个类似的制度,称为政府信赖保护。但欧共体法院以及欧共体法所引用的却均为合法预期(legitimate expectation),将其确认为欧共体基本原则之一,成为"保护公民的欧共体法律秩序的诸多上位法之一"。[②]何以如此? 是否受英伦影响? 无法考证。

在德国行政法上,信赖保护观念是与行政行为的效力理论紧密相联的,在有关授益行政行为的撤回、撤销、废止理论之中,细致入微地体现出对信赖的关怀与保护。澳大利亚和新西兰行政法主要是从自然正义和程序公正意义上去研究和保护合法预期。英国法则是从更加宏观的视野上研究合法预期问题,合法预期跨越了可保护利益,深入行政机关咨询职能与制定政策的领域,而后者是德国和法国法很少涉足的。英国法对合法预期的保护主要侧重在程序方面,实体性保护只是近些年的事,并且举步维艰。欧共体法因为有着德国法和法国法比例原则的底子,在接受实体性保护上丝毫没有障碍。法国在判例上正式承认合法预期保护尽管较晚[③],但是,类似的问题却一直受到了较为妥善的赔偿性保护,在这一点上却是英国法所不及[④]。

从英文文献看,合法预期有着广、狭之分。狭义上的合法预期是指相对人因行政机关的先前行为(如曾制定过政策,发过通知,作出过指导或承诺

---

① Cf. Patrick Elias, "*Legitimate Expectation and Judicial Review*", Collected in J. L. Jowell (ed.), *New Directions in Judicial Review: Current Legal Problems*, London: Stevens & Son, 1988, p. 37.

② Cf. Jurgen Schwarze, *op. Cit.*, p. 872.

③ 在法国,合法预期保护是在 1994 年的 *ENTREPRISE TRANSPORTS FREYMUTH* 案中正式得到承认的。Cf. L. Neville Brown & John S. Bell, *French Administrative Law*, Clarendon Press, 1998, p. 235.

④ 这是因为法国法院宁愿给予受害人赔偿,也不愿过多地干预行政过程。Cf. Soren J. Schonberg, *Legitimate Expectations in Administrative Law*, Oxford University Press, 2000, pp. 42～48, 64～104, p. 233, 237.

等），尽管可能没有获得某种权利或者可保护利益，但却合理地产生了对行政机关将来活动的某种预期（如行政机关将会履行某种程序或者给予某种实质性利益），并且可以要求行政机关将来满足其上述预期。行政机关除非有充分的公共利益理由，原则上不得拒绝。所以，狭义上的合法预期是在司法审查传统上所保护的权利（right）和利益之外建立起来的第三维度。它要保护的不是权利，也不是利益，仅仅只是相对人因行政机关的行为而产生的对预期的信赖。广义的合法预期是个包括可保护利益（protectable interest），甚至权利在内的并与之纠缠不清的综合维度。除了包含狭义的意思之外，还指行政机关的行政行为，如果生成了相对人的权利或可保护利益（如颁发了执照，允许营业），也会形成继续保持已然状态的合法预期（只要不违法，就能一直营业下去）。如果发生非理性的改变（如任意撤销执照），使相对人已经享有的权利或利益终止或者被实质性改变，也会出现合法预期之保护问题。

三、保护合法预期的必要性

原则上讲，行政机关对于立法授予的裁量权，可以根据时势的发展与行政的需要灵活地运用，不受成例、过去的决定以及实践模式的约束。这就是行政法上所说的行政裁量不受拘束原则（the principle of non-fetter）。如果行政机关现在说过的话、作出的决定都将限制其将来的一举一动，那么，实际上就变成了行政机关自己来规定自己的权限范围，这显然与“行政权的范围由立法决定”之宪政思想不符，也与行政裁量的授权目的不符。单纯地从这一点上看，就构成了一个绝好的反对合法预期的理由。

但是，问题绝对没有这么简单。行政法的任务本来就是要同时推进与实现一系列价值，其中甚至是很多可能会彼此发生冲突的价值，并且追求双赢的效果。比如，合法预期与禁止束缚裁量权就是一对相互矛盾但又需要同时保护的关系。那么，为什么要保护合法预期呢？对此问题的解答，能够为合法预期概念得以最终成立打下坚实的理论基础。这方面的理论根据主要有如下几个方面。

1. 信赖保护

信赖保护观念无论在公法还是私法上都极其重要，是维护社会秩序的重要基础。在现代社会中,人们要想有效地进行经济交易、安排生活,就必须对行政机关要有起码的信赖感,行政机关也应该给他们这样的信赖感。如果行政机关已经对相对人发布政策或作出意思表示,并且使后者对此产生了信赖,就显然有义务兑现上述承诺,不能因为辜负这个信赖而使相对人蒙受不必要的损失①。

理论家们之所以要在司法保护的意义上造出合法预期概念,主要目的之一就是要减轻由此带来的不公平②,要求行政机关是值得信赖的。所以,英国和欧共体行政法中都存在着信赖保护观念,以及与此密切相关的合法预期保护原则,尽管适用的范围和内涵不完全一样,但都是为了限制行政机关任意撤销、撤回、废止其已经生效并且已经公之于众的承诺、决定或政策。但这绝对不是说行政机关不可以改变自己的承诺、决定或政策,而是说,除非有充分的公共利益理由,行政机关一般应继续执行原先的承诺、决定或政策。

2. *法治*

引用法治来论证合法预期保护的必要性,主要从两个角度进行,一是法的确定性和可预测性,另一个是平等对待。首先,法治要求政府权力必须以一种可知的、可预测的方式行使。只有这样,才能给相对人行为提供规范和指导,相对人也才有可能对自己将来的行为进行筹划、安排和控制,整个社会才能有条不紊地维系在良好的秩序当中。这就要求行政机关原则上要遵守自己发布的政策、信守自己的诺言③。换句话说,就是由于预期是个人生活自治和安排的核心,因而需要得到法律的妥善保护。

这一点在行政裁量问题上尤其显得重要。由于自由裁量的授权条款在语言上是不确定的,还有那些相对人通常不清楚的、非正式的操作规则以及其他限制因素影响着裁量权的实际行使,所以相对人很难预知裁量权将会怎样行使④。在这种情况下,要想使得上述法治的理念能够最大程度地实

---

① Cf. Soren J. Schonberg, *op. Cit.*, pp. 9～11.

② Cf. Mark Aronson & Bruce Dyer, *Judicial Review of Administrative Action*, LBC Information Services, 1996, pp. 414～415.

③ Cf. Yoav Dotan, "*Why Administrators Should be Bound by their Policies*" (1997) 17 *Oxford Journal of Legal Studies* 28.

④ Cf. Soren J. Schonberg, *op. Cit.*, p. 13.

现，增加行政裁量行使的可预测性，要求行政机关遵守诺言、执行已告知相对人的政策，保护相对人的合法预期，就显得更加必要，而且意义重大了。

其次，就是从形式平等、平等对待的角度上讲，也有着上述必要。政策观念本身能够在行政裁量领域保护平等对待原则，政策存在的本身就是一个强有力的平衡砝码，保证行政机关不滥用裁量权，不对相同的案件采取不正当的歧视。所以，我们要求行政机关原则上要受到自己颁布的政策的约束①。

3. 良好行政(good administration)

正如佛拉瑟法官(Lord Fraser)指出的，基于良好行政的考虑，行政机关也要尊重其行为所产生的合法预期②。为什么呢？

第一，如果行政机关经常地出尔反尔，那么就不值得信赖，其代价就是会增加行政的成本。但是，如果合法预期得到了很好的保护，就能够“取信于民”，增加相对人对行政机关的信任和信心，反过来，又会促进相对人积极参与行政、协助行政、服从行政，形成良好的互动关系。

第二，承认合法预期，会促使行政机关更加谨慎从事，提供高质量的信息。如果相对人能够不断得到高质量、可信赖的信息，那么也将有助于其接受和遵守行政政策。因为人们之所以抵触某些行政政策或措施，实际上与行政机关不能向公众提供这方面的充分信息，进而取得公众的理解有一定关系。

第三，保护合法预期要求行政政策不能朝令夕改，即便是在必须改变的时候，也要周全妥善地考虑和对待相对人已经产生的预期，要履行正当的程序，如事先通知相对人，听证或者采取过渡性措施。这样可以让相对人逐渐熟悉和适应新的政策，取得他们的合作与遵守。

第四，最为关键的是，从下面的论述中我们也会进一步看到，保护合法预期并不会实质性妨碍我们获得良好的行政，不会实质性地约束行政裁量权的行使。因此，从根本上讲不会影响到行政效率，相反，会因为上述的种种情形促进行政效率。

---

① Cf. Yoav Dotan, "*Why Administrator Should be Bound by their Policies*" (1997) 17 *Oxford Journal of Legal Studies* 28.

② Cf. Soren J. Schonberg, *op. Cit.*, p. 25.

4. 经济效率

从经济的角度看,正如韦伯(M. Weber)指出的,法的稳定性是资本主义经济的理性交易的前提。经济行为只有在行为人可以依赖什么东西的时候才能得以实施。而在这个变幻不拘的世界之中,法律是人们应该能够、而且是最大程度上能够依赖的东西[①]。假如法律能够保护合法预期,那么将会对交易的成本与效益产生有益的影响。这是因为经济人能够安全地依赖行政机关的意思表示,并且知道由此产生的预期是会受到法律保护的,那么,就能够降低收集信息的成本,更加有效地分配资源[②]。

四、司法判断的标准

在合法预期的保护上,一直交织着两种相互矛盾的情趣,一个是维护法的确定性与持续性(certainty and constancy),另一个是适应飞速变化的社会。那么,我们凭什么来断定预期是合法成立的、并值得法律保护呢?对这个问题的回答,直接关系到对合法预期保护的范围。一般来讲,要想产生合法预期,并获得法律上的保护,必须符合以下标准:

第一,行政机关在有关行为、意见或政策中所表达出的意思必须是清晰的、不会产生歧义且没有有关限定的条件[③]。通过这些明明白白的意思表示,能够使相对人有理由相信,最重要的是能够让法院也认为,将来行政机关一定会按照它所承诺的那样去做。如果行政机关在相当长的时间内对同样的问题总是这么处理,这种相对固定的实践或行为,即便没有清晰的意思表示,也能够产生相对人的预期,因为他相信"到我这儿,(行政机关)也会这么处理"[④]。在审判中,判断究竟是不是合理地产生预期,要结合意思表示作出的具体方式、内容和情境,以及凭当事人的知识与经历会不会产生误解等因素来综合地分析。

第二,上述行政机关的意思表示应该是由行政机关中实际上或者表面上有这方面职权的人做出。司法上判断这一点十分简洁,只要某人具有一

---

① Cf. Soren J. Schonberg, *op. Cit.*, pp. 12~13.

② Cf. Soren J. Schonberg, *op. Cit.*, pp. 28~29.

③ Cf. Soren J. Schonberg, *op. Cit.*, p. 51.

④ Cf. P. P. Craig, *Administrative Law*, Sweet & Maxwell, 1999, pp. 618~619.

定的行政职位、与公众接触、并被认为可能有权做出上述意思表示，就已经足够了。但是，如果行政机关已经明确规定了只有某工作人员有权做出上述意思表示，而且相对人也知道或者应当知道，那么，就不产生合法预期问题[①]。

第三，相对人的预期利益或潜在利益应该是明明白白地存在着，因为行政机关的改变行为，相对人上述利益受到了损害，或者遇到了困难。比如，相对人是因为行政机关的许诺、保证或建议而对自己的行为做出了安排和筹划，并期望获得某种利益，但现在却因为行政机关改变初衷，原先的计划落空了，先期的投资收不到应有的效益，财产上蒙受损失，等等。如果行政机关的改变行为根本就不会对相对人产生什么影响的话，那么也就不存在什么合法预期问题。

但是，如果存在以下情形，那么，将不会产生合法预期：(1)如果相对人能够预见到行政机关的上述意思表示在将来是很可能会改变的。比如，行政机关制定政策时就已经说清楚这是临时性的，或者媒体已经披露政府正在讨论修改某项政策，那么，相对人的预期就有可能不是合理的、合法的。至于个案中的预期是否合理、合法，就需要考虑政策实施的时间长短、政策赖以存在的环境条件是否发生变化、相对人是否也已得知政策即将改变等因素来综合地判断。强调这一点很重要，它可以制约预期无限制地扩大、膨胀。(2)相对人预期的内容必须是合法的，违法的预期是不可能得到司法保护的。(3)如果相对人明知或应当知道行政机关的行为是越权的，或者行政机关行为是在相对人贿赂、提供不齐备的资料或伪造、隐瞒等情况下作出的，那么也不会产生预期保护问题。

五、保护的方式

有关文献显示，对行政相对人合法预期的保护一直存在着多种做法：程序性、实体性和赔偿性的保护。各种保护体现了不同的理念，并有着各自的优劣。

---

① Cf. Rabinder Singh, "*Making Legitimate Use of Legitimate Expectation*" (1994) *New Law Journal* 1216.

1. 程序性保护

对合法预期的程序性保护,就是法院要求行政机关在改变先前的行为、承诺或政策的时候,至少应当给已经产生合法预期的相对人提供最起码的程序保障,比如,事前的通知或者听证。这种程序性救济是最基本、最没有争议的保护方式。

从历史分析的角度看,合法预期一开始就是在自然正义理念下发展起来的,通过它,能够产生符合自然正义和公正行事义务(the duty to act fairly)的程序要求。比如,在 *CCSU* 案中,迪普洛克法官(Lord Diplock)就认为合法预期是一种听证或其他什么样的东西。罗斯齐尔法官(Lord Roskill)也说:"合法预期和听证权密切相关。"①

合法预期的保护之所以首先也最主要表现在程序方面,而且在英国、澳大利亚、新西兰等国得到普遍认同,很可能是因为这比较符合普通法上对法官作用与角色的归属,即把法官的主要职责定位在判断行政决定是否公正之上。行政机关尽管有权改变政策,但是,在这过程中有没有给可能受到影响的相对人一个听证的机会?有没有对具有合法预期的相对人予以特别的考虑?如果没有达到最起码的公正程序的要求,法院当然有权干预。另一方面是因为对相对人提供程序性保护,并不会约束行政机关裁量权的行使。即使法院判决要求行政机关重新作出决定,行政机关也有可能在履行了所要求的程序之后,仍然作出与引起争议的决定相同的决定。因此,不会产生司法权不当干预行政权的担忧。

2. 实体性保护

法院能够提供的另一种救济是实体性保护,也就是直接支持原告获得其预期利益,要求行政机关不得改变,必须继续执行原先的承诺、决定或政策。

之所以要考虑实体性保护,一方面是由于程序性保护有时会因为成本高昂和耗时而变得不可行。因为要听证,要拿出必须保护预期的充分理由,就需要信息、专家、时间和金钱,然而,我们又不可能保证能够充分地获得这

① Cited from C. F. Forsyth, "*The Provenance and Protection of Legitimate Expectations*" (1988) *Cambridge Law Journal* 246.

些资源。而且，程序本身并不能够百分百地保证结果的正当性[①]。另一方面，更为关键的是，如果相对人的合法预期是某种优惠（boon）或利益（benefit）的话，单单从程序上提供保护是否就是充分的呢？恐怕未必见得。比如说，像在 *R. v. Secretary of State for the Home Department, ex parte Kahn* 案中给原告一个听证实际上没有什么价值，原告要的是行政机关履行其在通知中做出的承诺[②]。

然而，这种救济却招致了激烈的反对，批判的要点有二：其一，如果承认实体性保护，将会不适当地束缚行政机关，让其无法根据公共利益的要求以及自己的职责改变政策。其二，将使法官不得不去判断个案中公共利益是否足以否定个人预期，这实际上是让法官去审查行政机关的行为优劣问题，是非法干预行政决定[③]。

但支持这种救济的人对上述批判的回应是：首先，上述反对者的第一个理由实际上只考虑了合法性原则的要求，即如果行政机关自我约束了将来裁量权的行使，就违反了合法性要求。但是，这样单视角地考虑问题是有缺陷的，因为它忘了另外一个同样重要的法的原则，即法的确定性原则（the principle of legal certainty）。如果从两方面都进行考虑的话，得出的结论应该是，不适当地约束行政机关改变政策的权力是不对的。但是，与此同时，也应该承认存在着法的确定性价值。对于那些因行政机关的政策而产生合法预期的相对人，当政策发生改变时，应当给他们一定的保护。因而，两方面权衡的结果，就应该有实体性保护的考虑余地[④]。其次，法官只是在行政机关的改变决定极其不合理，或者改变决定并不是公共利益所必需时才去

---

① Cf. Soren J. Schonberg, *op. Cit.*, pp. 62～63.

② 该案中原告和他的妻子都定居在英国，想收养一个巴基斯坦的孩子。他去有关部门咨询时，对方给了他一个内政部通知，里面很清楚地规定：对于将被收养、但又无权进入英国的孩子，在例外情况下，如果满足某些条件，内政大臣也可以行使裁量权，作出有利于该孩子的决定。原告就按照上述条件办了，满以为内政大臣会像所预期的那样作出决定，但后者却以别的理由拒绝批准该儿童入境。

③ Cf. Robert Thomas, *Legitimate Expectations and Proportionality in Administrative Law*, Hart Publishing, 2000, p. 59. Cf. P. P. Craig, "*Substantive Legitimate Expectations in Domestic and Community Law*"(1996) *Cambridge Law Journal* 292.

④ Cf. P. P. Craig, "*Substantive Legitimate Expectations in Domestic and Community Law*" (1996) *Cambridge Law Journal* 299.

干预,因而司法的干预是适度的。再次,在这种情况下,虽然也可以考虑用赔偿或补偿的方法,来换取改变政策的自由,但是,由于赔偿资源是十分稀缺的,而且金钱性赔偿也不总是行之有效的解决办法,所以,也应该考虑实体性保护[①]。

从实证和判例的角度看,合法预期的实体性保护实际上已经得到了英国和欧共体法院的确认。比如,英国上诉法院对 *R. v. North and East Devon Health Authority, ex p. Coughlan* 案的判决[②],欧共体法院对 *Mulder v. Council and Commission* 案的判决[③]。

3. 赔偿(补偿)性保护

如果行政机关先前作出的行政行为、承诺或政策是违法的,或者虽然是合法的,但是实际上没有执行,对于那些因合理信赖上述意思表示,并且已经作出和实施自己行为计划的无辜相对人来说,很可能会造成已投入的财产没有效益,不能得到预期的财产利益。对于上述损害,法院就应该考虑要求行政机关承担相应的赔偿(补偿)责任,也就是提供赔偿(补偿)性保护。

(1)撤销违法意思表示造成损害的赔偿

行政机关对行政行为、政策或承诺的撤销很可能是因为这个行政行为、政策或承诺本身是违法的。它包括三种可能:一是行政机关是在其权限范围之外作出上述意思表示;二是虽然是在行政机关的权限之内,但却是由没有这方面权限的公务员作出的;三是意思表示是违反法律规定的。

对于上述违法的意思表示,由于行政权及其法律规定的复杂性,当事人

---

① Cf. Paul Craig and Soren Schonberg, "*Substantive Legitimate Expectations after Coughlan*" (2000) *Public Law* 696.

② 原告 Coughlan 在 1971 年一次交通事故中受了重伤,长期住在 Newcourt 医院。1993 年卫生部门将她和其他几位病人转送到新建的 Mardon House,并向她们保证这儿将是她们终身的家。但是,到了 1998 年卫生部门却作出决定,关闭 Mardon House。法院认为,卫生部门的关闭理由不充分,判决撤销关闭决定。

③ 原告 Mulder 是个农民,当时行政机关为控制牛奶产量鼓励牛奶生产者暂停生产牛奶,原告同意停止生产五年,并受得奖励。五年后他想恢复生产时,却遭到拒绝。因为这时欧盟规定,只有在上年度生产牛奶的生产者才能获得牛奶配额。原告主张有继续生产的合法预期。欧共体法院认为,在修订的牛奶配额规定中所体现的公共利益,不足以否定原告继续生产的合法预期。判决下达之后,欧盟理事会又通过了一个新的规定,允许像 Mulder 同样情况的农民生产,但生产配额只能是其停止生产那年的产量的 60%。原告不服,又起诉。法院判决 60%的配额太低,该规定违法。所以,后来又通过了一个更高配额的规定。

当时无法得知它们是违法的，而且对于相对人来讲，行政机关无疑是行政上的专家，容易获得信赖。在这种情况下，相对人对自己的行为作出了安排。现在行政机关如果又以违法为由不按照上述意思表示办事，那么就很可能会对当事人造成损失。

一种办法就是像美国和加拿大法院采用的，在具体个案中由法院来权衡两方面的利害轻重：一个是，如果不按上述意思表示办，可能会对当事人造成的损害；另一个是，如果行政机关遵守上述意思表示，可能会对公共利益造成的损害。如果前者大于后者，那么，法院可以判决，背离上述意思表示属于滥用裁量，要求行政机关遵守原先的意思表示。[①]在这里，我们仍然可以看到实体性保护的可能。

另一种可以考虑的有效救济手段就是赔偿。理由是，首先，如果我们选择了允许行政机关改变自己先前的意思表示，那么实际上是优先考虑公共利益的实现，这肯定是无可厚非的。但是，从公共负担平等的角度讲，在其他绝大多数社会成员享受因改变意思表示带来的好处的同时，却让特定人单独承担非正常的损失(abnormal loss)，或者说特别的牺牲，显然是不适宜的，因此应当考虑赔偿。其次，对于行政机关先前的违法行为造成的损害，以赔偿的方式来承担责任，也比较符合国家赔偿的基本原理。再次，从某种意义上我们可以这么认为，是充分地利用赔偿的功效来换取行政机关改变意思表示的可能性，从而达到双赢的效果。最后，由于权限之外的违法意思表示本身就越权无效，对行政机关不产生约束力，所以不可能采取实体性保护，也无所谓程序性保护。

这方面的实践尤其以法国为典范。在法国，只要是行政官员对事实、法律或意愿作出不正确的意思表示，相对人照此行事却遭受了损失，并且没有可归咎于相对人的过错，那么行政机关就要对这种公务过错承担责任。当然，承担责任的前提是要有直接的因果关系、特定的损害和可归咎的过错。[②]

(2)撤销合法意思表示造成损害的补偿

如果行政机关先前作出的行政行为、制定的政策或者提供的意见没有

---

① Cf. P. P. Craig, "*Legitimate Expectations: A Conceptual Analysis*"(1992) 108 *The Law Quarterly Review* 89.

② Cf. Soren J. Schonberg, *op. Cit.*, pp. 220～232.

问题,是正确的,但后来在执行时却背离了上述意思表示,给相对人造成了实际的损害,那么,行政机关是否承担补偿责任呢?

在英国法上,原则上不会,除非存在着裁量过失(negligence in discretionary decision-making。)。但是,要想证明后一点实际上是很困难的,因为条件很苛刻。[①] 其结果是英国法在这方面的赔偿门槛很高,当事人很难跳过去,所以,迄今为止都没出现成功的索赔案件。欧共体法对上述情况是采用违反合法预期过错责任(fault liability for breach of legitimate expectations)来解决的。但是,欧共体法院在衡量合理预期与公共政策上力度显然比英国法强。法国行政法院认为,如果行政机关已经(正确地)宣布了要采取某项政策或者某种行为,但后来却没有这么做,那么,就要承担违反非契约承诺之过错责任(fault liability for breach of non-contractual promise, *promesse non-contractuelle*)。

我认为,原则上应该补偿,但为了不造成补偿的泛化,过分加重国库的负担,也要严格补偿的条件:第一,行政机关对特定的相对人作出过个别的、清晰的、不附带任何条件的、肯定无疑的意思表示,使后者产生合理的预期。第二,上述行政机关的意思表示是合法的。第三,造成了相对人的财产损失。第四,因预期落空造成的损害与行政机关的意思表示有着直接的、内在的、必然的因果关系。第五,在改变上述意思表示之前,没有采取足够的保护性措施,比如,没有事先通知受影响的当事人,给后者留有一段适应的时间,或者没有采取某些过渡性政策。第六,上述情况下的改变不属于国家行为。如果改变行为是一种国家行为,比如,外交政策的变化导致原先的意思表示不能执行,在目前的行政法理论上,这只能算是相对人在社会生活中应当承担的忍受义务,不能要求补偿。第七,具有充分的公共利益理由[②]。

---

① 首先,对于信赖行政机关意思表示的相对人,行政机关负有注意义务(duty of care);其次,使预期落空的决定存在着 *Wednesbury* 不合理;再次,行政机关的意思表示必须非常清晰、不附加条件,能够产生合理预期;最后,行政机关在预期与政策之间的权衡上存在严重的不均衡。Cf. Soren J. Schonberg, op. Cit., p. 223.

② 但是,在欧共体法和法国法中却认为,如果行政机关让相对人预期落空的决定具有充足的理由,那么就不存在责任问题,或者损害赔偿也会明显地减少。Cf. Soren J. Schonberg, op. Cit., p. 225。对此我不太赞同。我认为,正是因为具有充分的公共利益理由,我们才允许行政机关改变原先的承诺或政策,也才产生对预期落空造成相对人的损失的补偿问题。如果行政机关没有充分的公共利益理由,那么就可能会选择前面的实体性保护方式。

六、我国的实践

在我国,《行政许可法》(2003 年)第 8 条被很多学者誉为历史性突破,因为它首次引入了合法预期或信赖保护,对撤回与变更行政许可规定了实体性保护和补偿性保护。第 8 条因开启,可圈可点;也因初次,有得有失。有得之处在于对实质性保护的规定,通过具体界定行使撤回或者变更权的条件来控制行政权力,使得对合法预期的实质性保护变得更为实在,具有更加客观的可衡量性,充分体现了中国立法者的聪明睿智,显现了中国式的保护路径更加务实、客观。有失之处在于程序性保护杳无踪迹、补偿性保护失之抽象。[①]

法院在行政审判中也开始引入该原则的精神来阐释判决理由,比如,在"益民公司诉河南省周口市政府等行政行为违法案"的判决中,至少有 4 处提到"信赖利益",有 1 处提到"政府诚信原则",有 2 处提到"基于信赖"(或基于对被诉行政行为的信赖)。在"裁判摘要"中还特别指出"被诉具体行政行为违反了法律规定,且损害了相对人的信赖利益"。[②]总体上看,第一,在不少法官看来,合法预期与信赖保护是一回事,可以相提并论。它们的适用条件毫无二致。"行政法保护的行政相对人的信赖利益以及合法预期是以行政行为合法为前提的,如果行政行为本身违法,行政相对人不能基于违法的行为获得预期利益。"[③]"在一些案件中,法官虽然仍在使用'信赖保护'的话语体系,但是在具体内容上却几乎完全引入了合法预期的概念内核。"是按照合

---

① 余凌云:《对行政许可法第八条的批判性思考——以九江市丽景湾项目纠纷案为素材》,载《清华法学》,2007(6)。

② 载《最高人民法院公报》,2005(8)。

③ "吴月明、珠海市自然资源局城乡建设行政管理:房屋拆迁管理(拆迁)二审行政判决书",参见广东省珠海市中级人民法院(2019)粤 04 行终 47 号行政判决书。在"珠海市社会保险基金管理中心与珠海太阳鸟游艇制造有限公司行政纠纷再审案"中,周文华冒名入职,"是明显的欺诈,与诚信原则明显相悖。"但是,"用人单位根据职工提供的虚假身份信息,错误地以他人名义为该职工缴纳工伤保险费的,其真实意思表示的投保对象仍为该职工,而非被冒用身份的人。"社保中心已经承保,它就与用人单位、周文华之间成立了工伤保险法律关系。周文华冒名入职行为,不波及工伤保险关系的合法有效,不构成社会保险欺诈。"在周文华因工亡故后十日许和获工伤认定之前,太阳鸟公司即先行向其家属垫付的工伤保险待遇款逾 70 万元,该公司及时的人道关怀和实在的诚信友善,的确值得弘扬。基于此,太阳鸟公司已获申请工伤保险待遇的授权。""社保中心应兑现太阳鸟公司的合法预期。"参见广东省珠海市中级人民法院(2019)粤 04 行再 1 号行政判决书。

法性先于信赖利益保护的次序处理它们彼此之间的冲突。是“借信赖保护之名行合法预期之实。”[①]第二,在保护方式上除了实体性保护和赔偿性保护,还出现了近似英国法上的程序性保护,这实在难得。比如,即便法律不要求听证,因行政决定影响当事人合法预期,也应当给予当事人一次听证机会。[②]又比如,应当将行政决定的改变意向及时通知当事人,以便其行使相关权利。[③]第三,迄今为止,法院在判决中引用合法预期或者信赖保护仅仅只是为了阐释理由,还没有作为判决的直接依据。

通过分疏有关立法、规范性文件,探寻法官所持态度,可以发现,我国诚信政府建设有着借用私法的明显轨迹,与公法结合之后,在具体构造上却发生翻天覆地的变化,实现了由伦理规范向法律规范的转化,已经初步形成了二元结构,一是将“恪守信用”适用于行政协议、行政承诺、行政允诺,要求政府履约践诺。二是通过《行政许可法》(2003 年)第 8 条的媒介勾连,将信赖保护扩及所有行政决定。非因法定事由并经法定程序,行政机关不得撤销、变更已经生效的行政决定;因国家利益、公共利益或者其他法定事由需要撤回或者变更行政决定的,应当依照法定权限和程序进行,并对行政管理相对人因此而受到的财产损失依法予以补偿。

但是,我们所理解的信赖保护,仅限于行政决定的撤销、变更与废止,与合法预期相比,又显然过窄,欠缺周全。因此,关于诚信政府的理论构造,应当考虑建立三元结构,在上述二元结构之上,增加行政政策、行政计划、行政

---

① 胡若溟:《合法预期在中国法中的命途与反思——以最高人民法院公布的典型案件为例的检讨》,载《上海交通大学学报(哲学社会科学版)》,2021(2)。

② 在“张善法与舟山市国土资源局行政登记二审行政判决书”中,二审法院指出,“被上诉人作出被诉具体行政行为不属于法定应当听证的事项,故其在行政程序中未举行听证,并不违反法定行政程序。但是被上诉人作出被诉《不予土地登记决定书》,直接影响到相对人申请涉案土地登记的合法期待,而被上诉人实则可以通过听证程序给予相对人一个陈述其观点、说明事实情况的机会,以更符合行政正当程序的要求。”参见浙江省舟山市中级人民法院(2014)浙舟行终字第 3 号行政判决书。但是,基于正当程序要求,对当事人作出的不利益处分,也应当给予听证机会。

③ 在“湘潭市雨湖区新月砂石场、湘潭市人民政府水利行政管理(水利)二审行政判决书”中,法院指出,“原告基于对该先行行为的信赖而产生合理期待,尽管这种先行行为还是一种意向和规划,还没有形成对双方具有约束力的最终结果,但两被告也应就是否继续改建予以明示,在改建无法进行的情况下及时采取措施进行妥善处理,以使原告知晓最终结果并行使相关权利。原告多次出具报告请求处理,两被告对其报告未作回应,不符合及时行政的要求。”参见湖南省高级人民法院(2020)湘行终 203 号行政判决书。

惯例、长期固定实践在改变时对相对人信赖、合法预期的保护。

第五节　正当程序原则

一、正当程序的涵义

季卫东教授把现代程序的功能总结为四点，即对于恣意的限制、理性选择的保证、“作茧自缚”的效应以及反思性整合。[①]他带给我们一种对程序的颠覆性认识。我们之所以关注正当程序(due process)问题，是因为：

首先，程序的正当性与最终结果的实质正义有着内在的关联。程序权利能够促进形式正义和法治的实现。自然正义原则有助于确保客观和公正。在这个意义上，程序权利与正当程序实际上起着工具性作用，也就是有助于对案件的实体问题作出正确的决定，是实现正义的路径。

其次，程序本身具有独立的价值。它体现了处事待人的理性，“确立某种价值基础，使得行政程序具有支撑其自身存在的‘精神内核’，具有充分的正义含量和高度的合理性，体现出对人主体性的尊重和关怀，以及人们对行政过程、行政结果的认可和信任”。[②]比如，通过要求行政机关在作出对相对人不利益处分时必须告知其理由，同时要允许当事人参与到决定形成的过程中来，这能够使人的尊严得到极大的保护和尊重。[③]

最后，随着“传送带模式”的破产，对行政权力的控制从“专家知识模式”过渡到“利益代表模式”，意味着行政权获得了全新的正当性基础。正当程序变成了实现实质法治的主要路径，使得政府的统治更贴近了社会契约思想。行政程序“通过公众参与弥补了许多法律中法律标准的缺失，进而为行政行为注入了更大的民主正当性”。[④]随着法规范的逐渐弱化、协商机制的逐渐加强，在公法领域有可能实现通过(或者主要通过)协商形成秩序。

正当程序和程序公正的观念在英国普通法上有着悠久的历史，自 1215

① 季卫东：《程序比较论》，载《比较法研究》，1993(1)。

② 江必新：《行政程序正当性的司法审查》，载《中国社会科学》，2012(7)。

③ Cf. P. P. Craig, *Administrative Law*, Sweet & Maxwell, 2003, p. 408.

④ Cf. Javier Barnes, *Transforming Administrative Procedure*, Global Law Press Editorial Derecho Global, 2015, p. 17.

年大宪章(Magna Carta)之后,这些术语就开始不断地出现在成文法和法院的判决之中。[①]它原本仅适用于司法判决,适用范围极其狭窄。但到了20世纪初,逐渐被适用于行政机关,成为一项极其重要的法律基本原则。[②]

在我国法律传统中缺少正当程序的观念,重实质正义、轻程序正义。《行政诉讼法》(1989年)具有划时代意义,该法第54条明确规定,对于"违反法定程序"的,可以撤销或部分撤销具体行政行为。法律程序开始受到了行政机关和法院的高度重视。1996年起我国法治建设的重心转移到程序立法上来,尤其是《行政处罚法》(1996年)将普通法上的正当程序观念,特别是听证制度正式引入我国,颠覆了偏好实质正义的传统,正当程序理念渐被行政机关、公众和社会所接受。2008年湖南省率先制定了《湖南省行政程序规定》,标志着行政程序法典化在局部地方试水。

一些富有创新精神的法院在行政审判中也开始把对"违反法定程序"的理解从法律明确规定的程序要求进一步延伸到了正当程序理念的要求。根据最高人民法院公报刊载的行政法案例,截至2007年,至少有三起案件直接依据正当程序的理念,确认了原告应当享有告知、听取辩解和陈述等程序权利,以弥补实体法在程序规定上的缺失,占最高人民法院公报总案例(69个)的4.3%,占具有创新意味的案例(12个)的25%。[③]但迄今为止,法院判决多是从理由的阐释上援用正当程序,或者是在其他判决依据之中夹杂着正当程序的依据,极少仅凭正当程序直接作出判决。直接判决的案例似乎只有"刘燕文诉北京大学学位评定委员会案"(2000年)中海淀区法院不够张扬的判决,以及"张成银诉徐州市人民政府房屋登记行政复议决定案"(2004年)中法院明确无疑的判决。[④]

那么,何谓程序正义(Procedural justice)或程序公正(procedural

---

① Cf. D. J. Galligan, *Due Process and Fair Procedures: A Study of Administrative Procedures*, Clarendon Press. Oxford, 1996, p. 167.

② 城仲模主编:《行政法之一般法律原则》(一),38页,台北,三民书局,1999。

③ 余凌云:《行政法案例分析和研究方法》,32页,43页,北京,中国人民大学出版社,2008。

④ 据何海波教授的梳理,在刘燕文案中,正当程序是唯一一个可以争辩的理由,法官在一审判决中虽然回应和采纳了原告代理人的正当程序辩解意见,但却刻意回避了正当程序的字眼。在张成银案中,主审法官坦言判决的主要依据是正当程序,而且也写入了判决书中。何海波:《司法审判中的正当程序》,载《法学研究》,2009(1)。

fairness)呢？罗尔斯(John Rawls)在其名著《正义论》中把程序正义分为三类：[①]

一是“纯粹的程序正义”，指的是“不存在对正当结果的独立标准，而是存在一种正确的或公平的程序，这种程序若被人们恰当地遵守，其结果也会是正确的或公平的，无论它们可能会是一些什么样的结果”。典型的如赌博程序。

二是“完善的程序正义”，指的是“对什么是公平的分配有一个独立的标准，一个脱离随后要进行的程序来确定并先于它的标准”，而且，“设计一种保证达到预期结果的程序是有可能的”。比如，在程序的参与者均为理性人的前提下，让持刀均分蛋糕的人最后一个领取，就能够保证均分结果。

三是“不完善的程序正义”，指的是“当有一种判断正确结果的独立标准时，却没有可以保证达到它的程序”。比如刑事审判，“即便法律被仔细地遵守，过程被公正恰当地引导，还是有可能达到错误的结果”。

罗尔斯关于程序正义的分类可以说比较恰当地反映了程序正义的性质。总之，程序正义是这样一种理念，即通过某种正当的程序从而达到或实现实质正义，也就是说，程序的正义必须反映在现实采取的程序之中。为了追求程序的正义而设计及构成的种种制度上的方式、方法等可称之为程序保障(Procedrural safeguard)。

那么，如何判断程序保障的充分性呢？怎么判断行政机关履行的程序足够正当呢？人们一般认为，程序越缜密，越能保证公正。但是，程序意味着成本。增加程序，成本必然上升。而公共资源永远是稀缺的。因此，不是说程序越多越好。为消弭纷争，立法机关应当将正当程序理念诉诸具体的程序构造，比如《行政处罚法》(1996 年)、《行政许可法》(2003 年)和《行政强制法》(2011 年)中对程序的规定。行政机关遵守了有关程序，就意味着提供了充分的程序保障。但遗憾的是，迄今，统一的行政程序法还付之阙如。在其他行政领域，如何判断行政机关是否遵守了正当程序，在理论上便有“最

① [美]约翰·罗尔斯：《正义论》，何怀宏、何包钢、廖申白译，85～86 页，北京，中国社会科学出版社，1988。

低限度的程序公正"①"一个理性人可以接受的标准""利益衡量"等标准。②当然,判断权最终掌握在法院手里。因为法官就是操作程序的行家里手,也谙熟程序技巧,洞悉其中奥秘。

当然,从纯理论的分析,我们有理由担心,由于我国尚缺乏一部统一的《行政程序法(行政手续法)》,很多行政领域的程序都不很健全,法院如果诉诸正当程序理念,会"引起正当法律程序适用范围爆炸性的扩张"(借用王名扬的话),很可能给行政机关带来比较大的震动和麻烦。立法通常又不能及时跟进解决上述问题,将使得行政机关执法人员茫然而不知所措、无所适从。但很有意思的是,尽管在最高人民法院公报中已经不乏这方面的案例,但是,在实践中似乎并没有出现我们所想象的那样混乱、嘈杂。在我看来,这至少说明了法院的判决对行政机关的实际影响并没有我们想象的那么大,似乎很难真正出现对行政、对立法的整体的制度性效应。

那么,为什么呢?我以为,首先,程序性审查不会实质性约束行政权的行使。法院以程序违法为由判决撤销行政行为,不妨碍行政机关在履行有关程序之后仍然得出相同的决定。所以,从我国目前的实际情况看,相对人单纯以程序违法为由而提起行政诉讼,的确存在着起诉无实益的可能。所以,也会克减相对人起诉的热情,这方面的诉讼案件数量会大幅度下降。其结果是,不太容易引起立法机关的密切关注,以及形成对行政机关的现实压力。其次,如果败诉的原因可以归咎于立法的不完善,行政机关就不会受到内部的执法考评等追究,因此,也就能够处之泰然,不会有太大的压力,不会因为上述判决而迫切要求迅速立法或者督促有关机关立法。只要在个案中服从法院的判决,稍事纠正就行了。所以,直接引用正当程序理念进行审判,尽管有实质性"造法"功能,但却不会有太大的风险,不会引起行政机关的过分抗拒。

---

① 在程序法领域,程序法律制度尽管不能保证程序正义理想得到彻底实现,但应当尽量减少或者克服明显非正义的情况,应该满足一些起码的价值标准。应松年:《中国行政程序法立法展望》,载《中国法学》,2010(2)。王锡锌:《正当法律程序与"最低限度的公正"——基于行政程序角度的考察》,载《法学评论》,2002(2)。

② 利益衡量标准就是"衡量私人利益和政府利益,衡量行政机关所使用的程序和增加程序保障或者采取其他替代程序可能带来的效益和所花费的费用是否相当"。刘东亮:《什么是正当法律程序》,载《中国法学》,2010(4)。

二、正当程序的基本结构

1. 英国的自然正义

自然正义(natural justice)为英国法治(rule of law)的核心概念,乃英国法官据以控制公共行为(public behavior)及行政行为(administrative action)之方法。自然正义有两个最基本的要素:(1)任何人不能做自己案件的法官(nemo judex in sua causa),(2)必须给当事人一个公平的听取其意见的机会(audi alteram partem)。

任何人不做自己案件的法官,也叫反偏见原则(the rule against bias)。根据这个原则要求,执法人员与行政决定有金钱或个人的利益关系,或者即使没有这些关系,但却存在制度性缺失,比如,案件的起诉人同时是法官,都是不允许的,都被认为会影响行政决定公正地作出。偏见会导致行政决定无效(void)或者可撤销(voidable)。后一种结果得到了澳大利亚和爱尔兰的实证支持。①但是,有以下例外:(1)被指控可能不公正的人是唯一有权实施某行为的人,则不适用反偏见原则;(2)法律有例外规定;(3)当事人自动放弃。

一般而言,在作出对相对人不利益处分之前,应该给他/她一个听证或者辩解的机会(*audi alteram partem*),让其参加到行政程序之中来。这是整个行政程序的核心,为此,还会衍生出其他的程序权利或义务,比如要说明理由、告知等。韦德(H. W. R. Wade)和福赛(C. Forsyth)甚至认为,听取双方意见(听证)最能够体现自然正义原则,因为它几乎包揽了所有的正当程序问题,甚至可以把无偏见也包容进来,因为公正的听证本身就必须是无偏见的听证。现在之所以两者是分开的,是对传统二元论遵从的结果。②

那么,违反听证的要求,会对行政行为产生什么样的法律后果呢?普通法的传统理论认为,违反自然正义规则的行为,就像越权行为一样,将导致行政决定无效。因为公正行事的义务,就像合理行事的义务一样,被当作默

---

① Cf. G. L. Peiris, "*Natural Justice and Degrees of Invalidity of Administrative Action*" (1983) *Public Law* 635.

② Cf. H. W. R. Wade & C. F. Forsyth, *op. Cit.*, p. 494.

示的法律要求来执行。不遵守之,就意味着行政行为是在法定权限之外做出的,是不合法的,进而是越权、无效的。[①]因此,违反听证的行政行为,会实质性地损害正当程序理念和要求,自然也就是越权、无效的。[②]

从近年来普通法的法院判例和理论发展来看,也不排除特殊情况下,[③]可以不执行听证程序,只要没有违反“无偏见”之程序要求,仍然符合自然正义之要求。[④]在英国,哪些是无须听证的决定(deciding without hearing)? 一般取决于三个因素:一是授权法的规定;二是行政职能的种类(the type of function being performed);三是决定者的性质(the nature of decision-maker)。[⑤]

2. 美国的法律正当程序

不像英国那样从普通法中剥离出正当程序的理念,美国的正当程序理念直接规定在宪法之中。美国第五和第十四修正案都规定,非经法律正当程序,任何人的生命、自由与财产不受剥夺。该原则在程序和实体上都有适用的价值,无论立法、行政还是司法都受该原则的限制,甚至各种管制领域,也都能一体适用,只是在具体适用时,在内容与取向上,或有差异。[⑥]

美国的法律正当程序(due process of law)分为实质性的正当程序(substantive due process)和程序性的正当程序(procedural due process),这种界分取自英国的宪政史,只不过是英国后来将实质性的正当程序融入了法治、议会主权和管辖权等学说之中。

程序性的正当程序是指当行政机关对当事人作出决定,影响到后者的生命、自由或财产时,就应该遵循一定的程序,其核心是应当进行公正且无

① Cf. H. W. R. Wade & C. F. Forsyth, op. Cit., p. 516.

② Cf. P. P. Craig, *Administrative Law*, Sweet & Maxwell, 1999, pp. 671 - 672. Cf. H. W. R. Wade, "*Unlawful Administrative Action: Void or Voidable?*" (Part II) (1968) 84 *The Law Quarterly Review* 101 - 103.

③ 在英国,基于公共健康或安全而采取的紧急行动,比如,将正在销售之中的变质猪肉收缴、销毁,或者命令将传染病人转院,一般是不需要经过听证的。另外,在有些非紧急情况下采取的行动,也不需要听证。比如,贸易部门派人对某公司的某些可疑问题进行调查,尽管这可能会对公司的名誉造成损害,但是,事先的听证将不利于调查目的的实现。

④ Cf. Peter Cane, *op. Cit.*, p. 161.

⑤ Cf. P. P. Craig, *op. Cit.*, p. 438.

⑥ 城仲模主编:《行政法之一般法律原则》(一),65~66 页,台北,三民书局,1999。

私的听证(hearing),给当事人陈述意见的机会。从历史发展看,这个意义上的正当程序被不断扩大适用,在社会福利方面有着从传统权利(rights)扩展到特权(privileges,又译为特惠)的过程。[①]

实质性的正当程序是指对政府剥夺相对人的生命、自由或财产的权力的限制,是对政府权力的实质性限制,不直接涉及程序。这可以从两个层面或意义上来解释。第一个层面上的意思是,假如行政机关作出的决定侵犯了宪法保护的言论自由权,就会因其不具有这样的权限而违反正当程序。第二个层面上的意思是,正当程序条款中隐含着某种宪法要保护的价值,尽管这些价值在宪法上没有明确表达出来,但却取得了宪法地位,对立法机关和其他机关的权力构成了限制。[②]

3. 我国的结构

我国学者对行政程序的关注主要聚焦于外部,其实,内部行政程序也异常重要,"中国的法律传统和现实则更重视内部程序的监控"。[③]首先,从我国实践看,通过重大案件的集体讨论、执法公示、全过程记录、法制部门的审核、征求意见、行政机关负责人的批准等程序要求,[④]内部程序对于校正行政决定的偏差、保障相对人合法权益也起着十分重要的作用。其次,面对着规范性文件对相对人权益影响力剧增的现实,如何通过程序有效控制和规范规范性文件的制定,是我们必须解决的重大课题。但是,实践中过分烦琐的程序要求和文书格式牵扯了执法人员的大量精力,妨碍了行政效率。[⑤]因此,内部程序的合理性与合法性问题也实在应当引起我们的关注。

就外部行政程序而言,英美上述理论,对于当代的中国学者来说,都是耳熟能详,甚至可以说是被"照单全收"了。在国务院颁布的《全面推进依法行政实施纲要》(2004年)中把程序正当的要求阐释为,"行政机关实施行政管理,除涉及国家秘密和依法受到保护的商业秘密、个人隐私的外,应当公

---

① 城仲模主编:《行政法之一般法律原则》(一),61～63页,台北,三民书局,1999。

② Cf. D. J. Galligan, *op. Cit.*, pp. 187～192.

③ 何海波:《内部行政程序的法律规制(上)》,载《交大法学》,2012(1)。

④ 比如,《行政处罚法》(1996年)第38条第2款规定:"对情节复杂或者重大违法行为给予较重的行政处罚,行政机关的负责人应当集体讨论决定。"

⑤ 余凌云:《公安机关办理行政案件程序规定若干问题研究》(第二版),13～15页,北京,中国人民公安大学出版社,2007。

开,注意听取公民、法人和其他组织的意见;要严格遵循法定程序,依法保障行政管理相对人、利害关系人的知情权、参与权和救济权。行政机关工作人员履行职责,与行政管理相对人存在利害关系时,应当回避。”应松年教授认为,行政程序的基本构造应当是,“程序公正原则通过回避制度,程序公开原则通过政府信息公开制度、阅览卷宗制度和说明理由制度,参与原则通过听取意见制度、听证制度,效率原则通过期间制度、默示批准和默示驳回制度等”,体现最低限度公正的程序要求。[①]

尽管正当程序和程序建设在我国的发展是让人振奋的,但是,由于缺乏发达的第三部门,缺少一个成熟的、能够真正与行政权力对峙的外部机制,能够有效影响并能施加作用于行政机关的社会结构,[②]因此,相对人难以在正当程序中形成与行政机关有效的博弈,在实践中不免表现出程序保障“时灵时不灵”,程序性救济“口惠而实不至”。所以,我们必须进一步关注在中国情境下影响程序运行的因素。

在我看来,首先,正当程序的进一步发展还必须借助于明确详细的实体与程序规则,包括法律、行政立法以及规范性文件构筑的递进细化的规则。其次,行政机关通过程序解决问题的诚意至关重要,可以通过加强对行政机关的内外部监督来保证其确有诚意。再次,程序主持机构应该独立,彻底贯彻无偏见原则。比如,主持听证的机构或人员、从事复议的机构以及作出裁决的机构应该逐渐实现完全的或者相对的独立。最后,必须关注影响我们接受听证的因子,并作出相应的有效应对。比如,流动人口已经成为影响听证程序运行的重要因素,应当思考有针对性的解决办法。[③]

三、行政程序的效力

违反行政程序,究竟会产生什么样的法律后果?存在着争议,大致有两种见解:

一种观点认为,只要是违反行政程序,哪怕是微小的瑕疵,也一律撤销,

---

① 应松年:《中国行政程序法立法展望》,载《中国法学》,2010(2)。

② 这方面的分析,可以参见,陈端洪:《对峙——从行政诉讼看中国的宪政出路载》,载《中外法学》,1995(4)。

③ 余凌云:《听证理论的本土化实践》,载《清华法学》,2010(1)。

要求行政机关重做。比如,“平山县劳动就业管理局不服税务行政处理决定案”(《最高人民法院公报》1997 年第 2 期)中,法院甚至断然指出,“程序上违法便可撤销,无须继续对实体性争议进行审理”。这种观点在我国法官当中还颇有市场,是对《行政诉讼法》(1989 年)第 54 条第(二)项第 3 目“违反法定程序”的最严格解释。我却以为是对有关法律的误读。王天华教授也提出质疑,“以程序违法为由的撤销判决并没有提示实体方面的司法判断,也就不能保证这种争议不会再次发展为行政诉讼”。①

普通法国家,如英国,在早期也是对违背遵守自然正义之义务(breach of a duty to observe natural justice)持强硬的态度,要么是无效(void),要么是可撤销(voidable)。对于曾出现过“如果遵不遵守听证规则对最终的决定不产生影响的话,法院也不会提供救济”之观点,②也多有批评,视之为“旁门左道”(heresy)。然而,近年来,法院的态度已有所松动。在荷兰行政法上,却始终持这种严格观点。这的确能够督促行政机关严格遵守程序,也符合(机械?)法治主义的要求。但是不是将问题过于简单化?荷兰学者之中也不乏异议。③

另一种观点认为,违反行政程序,不见得一律导致行政行为被撤销。而应视瑕疵大小,分别采取撤销、治愈或者其他制度性补救。只有程序违法对行政行为产生实质影响,才撤销该行政行为。细读我国行政诉讼法实施之后的有关理论与实践,这幅景象才真正反映了全貌。不仅在理论上关于违反法定程序的法律效果存在着不同的“区别说”,而且,最高人民法院也认为,“如果行政行为在程序上有轻微瑕疵,但在没有达到侵害行政相对人合法权益的程度时,不能认定为违反法定程序”,可以不撤销。“因为这种独立的价值有时是可以在利益权量中被权衡掉的”。但是,这“可能导致行政机

① 王天华:《程序违法与实体审查——行政诉讼中行政程序违法的法律效果问题的一个侧面》,载罗豪才主编:《行政法论丛》第 9 卷,230 页,北京,法律出版社,2006。

② Cf. Mark Aronson & Bruce Dyer, *Judicial Review of Administrative Action* [M]. IBC Information Service, 1996, pp. 486～487. Cf. Peter Cane, *An Introduction to Administrative Law* [M]. Oxford. Clarendon Press, 1996, p. 191.

③ 荷兰 Utrecht University 的 Tom Zwart 教授在与我的交谈之中,表示不赞成上述做法。另外,他还向我提供了很多、很有价值的有关荷兰行政法的资料,在此致谢。

关更加轻视行政程序的功能"。①

因此,《行政诉讼法》(2017 年)第 74 条和第 70 条做了更加全面的回应,以"对原告权利不产生实际影响"为标准,将程序违法分为程序轻微违法和程序违法两种,分别确立了确认违法和撤销两种判决方式。最高人民法院在《关于适用〈中华人民共和国行政诉讼法〉的解释》(2018 年) 第 96 条中对上述标准进一步解释为,是指"对原告依法享有的听证、陈述、申辩等重要程序性权利不产生实质损害的"。在我看来,上述司法解释显然过窄。"原告权利"应当包括程序权利和实体权利。《行政处罚法》(2021 年)第 38 条又进一步规定,"违反法定程序构成重大且明显违法的,行政处罚无效。"

最高人民法院在《关于适用〈中华人民共和国行政诉讼法〉的解释》(2018 年) 第 90 条第 2 款还重申了以往的认识,对于那些由于违反程序而被撤销的,如果原先行政行为没有问题,行政机关在重做时,在正确履行有关行政程序之后,依然可以"以同一事实和理由重新作出与原行政行为基本相同的行政行为"。章剑生教授曾评价道,"这种'重作'对于原告来说并没有多大的意义,更多的则是对原告的不利",由此怀疑,"将法律程序的价值纳入考虑违反法定程序的行政行为是否撤销的因素,除了强化法律程序观念之功能外,对行政相对人而言,它的意义又是什么呢?"②

英国、澳大利亚、新西兰,近年来,也开始不把所有的程序违反,不管巨(大)细(微)与否,一律撤销。甚至违反自然正义原则的程序违法,也不见得一定会导致行政行为无效。目前这种观点占主流。③在新西兰的 1948 年《治安法院规则》(*the Magistrates' Courts Rules* 1948)R. 8,1969 年《最高法院(行政庭)规则》(*the Supreme Court* (*Administrative Division*) *Rules*

① 章剑生:《对违反法定程序的司法审查——以最高人民法院公布的典型案件(1985—2008)为例》,载《法学研究》,2009(2)。

② 章剑生:《对违反法定程序的司法审查——以最高人民法院公布的典型案件(1985—2008)为例》,载《法学研究》,2009(2)。

③ Cf. Michael Supperstone QC & James Goudie QC, *Judicial Review*, Butterworths, 1997, p. 7. 2. Cf. Philip John Bartlett, "*The Consequences of Non-Compliance With Procedural and Formal Rules*"(1975—1977) *Victoria University of Wellington Law Review* 64. 凯斯法官(Lord Keith)甚至在 *London and Clydesdal Estates Ltd. v. Aberdeen District Council* 中认为,即使违反强制性(程序)规定,也不见得一定撤销。

1969)R. 6,以及 1955 年《上诉法院规则》(*the Court of Appeal Rules* 1955) R. 69,也有类似的规定,即,不遵守(程序)规则,除非有明确规定,一般不会导致行政行为无效;但是,法院也可以以不适当为由,撤销或部分撤销行政行为,或者按照成本和法院认为适当的方式来修改、处理行政行为。[1]

---

① Cf. K. J. Keith, *A Code of Procedure for Administrative Tribunals*, Legal Research Foundation School of Law Auckland, New Zealand, 1974, p. 40.

第四章　行政主体理论变革与第三部门的勃兴

第一节　行政主体理论变革

一、学术史回眸

行政组织与主体的研究发轫于行政机关。自 1983 年第一本统编教材《行政法概要》开始，相当长的一段时间里，教科书多限于对中央与地方政府机构的直白描述，介绍其组织结构、职能、权限以及公务员制度，等等。当我们翻阅英美国家的一些教科书时，也会发现类似现象。他们也侧重描述中央与地方政府的宪法与法律框架，包括组织机构、权能和内部控制机制，等等。

或许，这对于"宪法与行政背景"(the constitutional and administrative background)知识的铺陈，对于理解行政运行的操作主体，说明行政权力的授予和行使之机制，大有裨益。[①]但这种沉溺与行政学、宪法学同样趣味的复述，显然无法提升行政法理论的知识增量。[②]张树义教授用近似刻薄的口吻

---

① Cf. L. Neville Brown & John Bell, *op. Cit.*, contents, especially pp. 26 – 40. Cf. David Gwynn Morgan & Gerard Hogan, *Administrative Law*, London. Sweet & Maxwell, 1986, p. 35. 韦德(H. W. R. Wade)和福赛(C. F. Forsyth)甚至直截了当地说道："对政府结构与职能的详尽描述应当属于宪法而非行政法的任务。在本书中我们只是勾勒出这种制度的一些主要特征。" Cf. H. W. R. Wade & C. F. Forsyth, *op. Cit.*, p. 45.

② 如果这部分内容的功能仅限于此，我们大可注明一些政府门户网站或者官方网站，让学生浏览，就足以让他们了解政府组织结构、职能与权限。

说,这“基本上是‘白描式’的,甚至连研究都谈不上”。[①]我以为,这种对组织结构的描述胜于专业性思考、对法条的注释多于研究的状况,只是行政法学起步之初与宪法学、行政学交织不清的一个缩影,其对理论的贡献远不及行政学。

到20世纪80年代中后期,在第二代统编教材中稍微做了调整,引入行政法律关系理论,一并讨论行政机关、公务员和个人、组织。这种“双线性”讨论,显然是受到法理学的影响,平衡论的出现强化了这种体例。但总体上仍然没有逃逸出对行政机关的组织学意义上的描述。

20世纪80年代后期是个“分水岭”,行政法学进入了快速发展时期。人们愈发关注行政法学自身的专业化程度,更加注重本学科的术语、理论与原理的积累。对“行政机关”范式的批判也随之而来:一是不能穷尽,无法揽括其他具有同样管理地位的主体;二是造成误解,“行政机关”概念本身不能区别作为民事主体的行政机关和作为行政主体的行政机关,造成民事关系与行政关系的混淆;三是过分关注行政组织的组织意义而失于行政组织的法律人格意义。[②]行政法学需要继续寻找一个更为专业化的、“特定化”的概念,其视角与功能必须契合行政法学之特征。随后,行政组织法、行政人、行政法人[③]和行政主体等各说纷至沓来,几经争鸣,以后者胜出告终,[④]其轮廓也逐渐清晰起来。

行政主体理论的出现,大约是《行政诉讼法》颁布前后的事,很大程度是为了解答行政诉讼中被告如何确认,以及谁具有独立对外执法资格等问题。从这样的问题感出发,决定了该理论一开始就只关注外部行政关系与责任。当我们的目光流连在这个界面时,不难发现,有权执法和管理的主体并不仅限于行政机关,还包括法律、法规授权的组织,之后最高人民法院司法解释又认可了规章授权的组织。行政主体概念的提出,正是要描述这样的外部

---

① 张树义:《行政主体研究》,载《中国法学》,2000(2)。

② 张焕光、胡建淼:《行政法学原理》,115~116页,北京,劳动人事出版社,1989。沈岿:《重构行政主体范式的尝试》,载《法律科学》,2000(6)。

③ 陈自忠:《行政机关的法律地位与行政法人制度》,载《法学》,1988(4)。杨海坤:《当前关于行政法人问题的理论探讨》,载《河北法学》,1991(3)。但是,熊文钊教授采取了更为宽泛的概念,把行政法关系的当事人都称为行政法人。熊文钊:《行政法人论》,载《法学》,1988(4)。

④ 张尚鷟主编:《走出低谷的中国行政法学》,78~80页,北京,中国政法大学出版社,1991。

行政关系与责任。

该学说从法律地位视角出发，将行政主体的界定、种类、权限、责任以及资格的取得等作为理论建构的核心，并与执法资格、行政行为效力、行政诉讼被告、法律责任归属等发生内在的勾连，成为识别与确认上述内容的一个重要法律技术与标准。它又是使行政活动具有统一性和连续性的一种法律技术，是行政组织的法律理论基础。[①]从更为宏观的角度看，它还会与政府职能定位、中央与地方关系、分权与自治等发生某种联系。

行政主体理论是行政法学者自觉远离行政学、民法学，追寻行政法专业化的一种学术努力。它一经问世，很快就被行政法学人广泛接受。到 20 世纪 90 年代中期，该理论已经成为行政法学研究行政组织的主流。[②]

二、学者的批判与建议

行政主体理论一经提出，未经“冷静思索”，就被“投入轰轰烈烈的推动行政法学发展的热潮中”。[③]其间虽有微弱的反对声，终被喧嚣的热情吞没。然而，十年之后，该理论受到了强劲挑战。批判的要点是：

(1)行政主体有看低行政相对人的恶果，“隐藏着把管理相对人视为行政客体”，“这与行政法治的内在要求和时代精神不相适应”。[④]

(2)行政主体理论对以下现象缺乏解释力，首先，如果行政诉讼被告只能由行政主体充当，对于一些非行政主体的组织(党组织、企事业单位) 非法行使一定行政职权，如何处理？行政机关的内设机构、派出机构或工作机构无权行为、越权行为，以及受委托组织超越职权时，就不应视为行政主体的行为，那么谁来当被告呢？其次，行政主体宣称是责任的归属主体，然而，国家赔偿责任却一律归于国家，且公务员也有可能承担行政或者刑事责任，如何解释这一矛盾呢？[⑤]

---

① 王名扬:《法国行政法》,40～41 页,北京,中国政法大学出版社,1988。

② 薛刚凌:《我国行政主体理论之检讨——兼论全面研究行政组织法的必要性》,载《政法论坛》,1998(6)。

③ 王丛虎:《行政主体问题研究》,44 页,北京,北京大学出版社,2007。

④ 薛刚凌:《我国行政主体理论之检讨——兼论全面研究行政组织法的必要性》,载《政法论坛》,1998(6)。

⑤ 杨解君:《行政主体及其类型的理论界定与探索》,载《法学评论》,1999(5)。

(3)行政主体理论“违背了管理的规律，也不利于有限政府、责任政府的发展，最终不利于行政组织的法治化进程”。因为它过于强调各个行政机关自己的责任，无疑会弱化各级人民政府的责任。[①]政府难以协调下属各行政机关的人、财、物，行政系统内部行政一体化难以组成。原本作为行政主体理论重要内容的公务员制度、内设机构的合理性等问题，未获得应有的地位而受到轻视。[②]

(4)行政主体理论只关注国家行政，冷落社会行政；只注重国家授权的组织形态，而忽视了基于社会自治而形成的多元化主体，比如行业自治、公务自治和村民自治等。[③]

(5)党政机构合署合设改革，也给“诉讼主体模式”带来巨大冲击。[④]它们“以非行政机关的名义对外行使职权”，“使用了党、政两家共同名义，或者只使用‘党’的名义，或者实施的是没有具名的事实行为”，“如果我们按照实质标准将其纳入‘行政’范畴，其形式上的主体与行政主体概念显然不相容。但如果否认其行政主体地位，这些行为是否需要接受行政法的调整？不服这些行为能否寻求行政救济？”这些行为就有“可能逃脱法院的司法监督”。[⑤]

激烈的批判也激起了有力的反驳，让我们有可能从中剥离一些不恰当的发难，沉淀下真正值得我们认真对待的问题。上述批判中，首先，上述(1)因其批判的前提是假象，应剔除出去。因为它显然出自对日本行政法上类似批判的摹写。在日本，行政主体相对的是行政客体，两者建立在支配与服从关系之上，行政主体概念蕴含着行政意思优越之意义，所以，该理论招致批判，并有刻意用“行政体”取而代之的做法。但是，在我国却缺少类似的理论与情境。上述批判就显得无的放矢。正如沈岿教授所说，“若把日本学者遭遇的问题等同于我们必须解决的问题，并以此为由主张我们的行政主体

---

① 薛刚凌：《行政主体之再思考》，载《中国法学》，2001(1)。薛刚凌：《我国行政主体理论之检讨——兼论全面研究行政组织法的必要性》，载《政法论坛》，1998(6)。

② 章剑生：《反思与超越：中国行政主体理论批判》，载《北方法学》，2008(6)。

③ 薛刚凌：《多元化背景下行政主体之建构》，载《浙江学刊》，2007(2)。

④ 喻少如、刘文凯：《党政机构合署合设与行政主体理论的发展》，载《南京社会科学》，2019(4)。

⑤ 刘权：《党政机关合署办公的反思与完善》，载《行政法学研究》，2018(5)。林鸿潮：《党政机构融合与行政法的回应》，载《当代法学》，2019(4)。

概念不符合法律精神，就是对这种语境差异的忽视。”[①]其次，上述(5)党政合并设立或者合署办公，包括“党政合一型”“党政合署型”“机构并入型”“归口领导型”，[②]无论行政机关的机构是否实质存在，[③]都“应当按照职责随机构转移的原则”，确认由行政机关转入的权力仍为行政职权，履行的职能依旧是行政性的，“仍然应当按照行政机关身份接受社会和司法监督”。引发行政复议、诉讼的，依然要以行政机关的名义应诉。[④]因此，只有(2)、(3)、(4)有进一步考证的价值。

无疑，大家都看到了行政主体理论对现实的失语，但在如何改进上却有缓和与激进之主张，可分别称为“修补说”与“变革说”。

(1)“修补说”只做形式上的修补。具体而言，就是以解决行政诉讼被告不周延为关怀，为回应行政权向公共权力之变迁，以及为更好地解决非政府公共组织行使公权力所产生的法律问题，进一步扩大对行政主体的解释，行政主体的范围不仅包括作为国家行政主体的行政机关和法律、法规、规章授权的组织，而且包括作为社会行政主体的非政府公共组织。[⑤]

(2)“变革说”是将行政主体作为推进地方分权与行政分权的符号与工具，期望由此引发实质性变革。具体做法是彻底摹写法德行政主体理论，既要反映行政多元化趋势，又要体现地方分权与行政分权。认为行政主体不应再强调行政权力，而应体现行政利益，不仅要着眼于外部行政关系，更要重视行政主体自身的制度建构。因此，行政主体应指在行政法上具有独立利益，享有权利(力)、承担义务，并负担其行为责任的组织体或者该类组织

---

① 沈岿:《重构行政主体范式的尝试》，载《法律科学》，2000(6)。

② 林鸿潮:《党政机构融合与行政法的回应》，载《当代法学》，2019(4)。

③ 在党政合署办公的情形下，行政机构仍是实体上存在的。如国家监察体制改革以前，行政监察机关与纪委合署办公，但行政监察机关作为行政机关，依照《行政监察法》规定的职责权限按法定程序行使行政监察权，作出行政监察决定。在党政合并设立机构的情况下，作为行政机关的机构实质上是不存在的，如将国家宗教事务局并入中央统战部，中央统战部统一管理宗教工作。对宗教事务的管理是中央统战部的职责，而不是以宗教事务管理局的名义进行的，只是对外保留国家宗教事务局牌子，不再属于国务院行政机关系列。金国坤:《党政机构统筹改革与行政法理论的发展》，载《行政法学研究》，2018(5)。

④ 马怀德:《运用法治方式推进党和国家机构改革》，载《中国党政干部论坛》，2018(5)。

⑤ 石佑启:《论公共行政之发展与行政主体多元化》，载《法学评论》，2003(4)。姜明安主编:《行政法与行政诉讼法》(第三版)，143～144页，北京，高等教育出版社，2007。

体的代理主体。[①]

在赞成“变革说”的基础上,葛云松博士进一步提出,应引入“公法人”概念以及理论框架,打通民事与行政责任归属主体之关节,弥补我国的行政法学上关于行政主体的学说存在着的逻辑断裂和盲点。主张应当将国家视为一个公法人。[②]各级各类国家机关,都是国家的“机关”,本身不具有法人资格。但是,不同的国家机关可以在自己的权限内代表国家,其行为视为国家的行为,不论是公法行为还是私法行为,其法律效果一律归属于国家。[③]

三、类比的思考

对于上述行政主体理论的历史流变,章剑生教授有一段否定性评价称:“误读的路径始于民法中的‘民事主体’与‘法人’理论,终结于行政诉讼被告资格的确认”。学者们“没有充分注意到‘法人’理论产生的制度性因素,也没有区别民事主体与行政主体并不是可以互相对应的,……于是出现了中国行政法史上一个令人慎思的误读史料”。[④]我却认为真正误读的是民事主体与法人制度。

在我看来,行政主体理论在形成过程中,形式上借用了法日概念的外壳,实质上却有将民事主体理论、法人学说迁入行政法的痕迹,即便是不彻底的,学者至少也会不经意地将目光流连往返于两者之间。不经意间,形成了具有民法底色的“机关主体模式”。但在将该理论投入行政实践过程中,却又游离出民事主体、法人学说的基本原理,成为引发诸多争议的“诉讼主体模式”。

下面,我将针对上述行政主体理论遇到的问题,以民法上的法人制度作为构建行政主体的坐标和评价现实的参照系,通过类比的思考,得出上述问题基本可以解决的结论。这种类比方法在行政法学史上屡见不鲜,从 Otto

---

① 薛刚凌:《多元化背景下行政主体之建构》,载《浙江学刊》,2007(2)。

② 至于是否要引入公法人概念作为连接公法与私法的中介,在我看来,这只是一个概念称谓问题,似乎没有实质价值。只要严格设定行政主体进入民事生活领域的规则,就能够完成行政主体在公法与私法角色上的不同权利能力的识别与转换,净得公法人与私法人划分的好处,即如马骏驹教授所言,“促使政府作为社会事务的管理者和国有资产的所有者两种身份的分离,排斥公法人从事营利性商事行为的可能,从而有利于政府职能的转变,克服政企不分的痼疾,预防制度型腐败的滋生”。马骏驹:《法人制度的基本理论与立法探讨(上)》,载《法学评论》,2004(4)。

③ 葛云松:《法人与行政主体理论的再探讨》,载《中国法学》,2007(3)。

④ 章剑生:《反思与超越:中国行政主体理论批判》,载《北方法学》,2008(6)。

Mayer 的行政行为理论，到脱胎于民事诉讼的行政诉讼理论以及行政强制执行之构建，我们都可以看到典范性的运用。当然，这种方法容易受到的批评就是忽视了行政法自身的特点，但我在以下的分析中却没有发现这样的问题。

1. 民法的迁入与“机关主体模式”的形成

行政主体是仅存于德法等大陆法传统国家的一个学术概念。在普通法国家，没有类似的概念。[①]从学术渊源上说，我国行政主体理论直接取自王名扬先生的《法国行政法》。[②]尽管学者有不同表述，但都离不开“三要素说”，而这均源自该书，即行政主体必须具备：(1)本身具有某种行政职务并执行这种职务，或者说，其应当享有行政权力并行使这种权力；(2)能够以自己名义从事行政活动；(3)并能够独自承担法律责任。[③]或许是文献有限，窥豹一斑，却无法深度移植；也许是民法的潜在影响，我们在接受上述概念与要素之后，迅速离开了法国模式，嫁接了我们所熟悉的机关法人制度，于是就有了“我们仅引进了行政主体概念，对其内容却作了实质性改造”之感叹！[④]

我国民法通则制定之初，没有引入大陆法的公法人概念，也没有仿效英美法的集体法人，而是取法苏俄，[⑤]创设了比较独特的机关、事业单位和社会团体法人，归入非企业法人一类，指主要从事非经济活动、并不以营利为目的的法人。[⑥]另外，国家是特殊的民事权利主体。或许，它们不是民事的主角，远没引起民法学者过多的好奇，“民法通则中关于它的规定十分简略，相

---

① 究其缘由，一种说法是因为普通法国家没有公法与私法之分，而行政主体概念只能存活于公法与私法划分之中。李昕：《中外行政主体理论之比较分析》，载《行政法学研究》，1999(1)。另外一种说法是因为普通法国家的制度形成源远流长，依赖于博弈程序实现和普通法制度的保障，是自生自发形成，而不是理性建构的产物，对理论并没有太多的依赖。而且，行政分权和自治常在政治学和行政学中讨论，在法学中地方政府法也已经成为一门专业化和技术化很高的独立法律部门，从而无须在行政法学中重复研究。薛刚凌：《多元化背景下行政主体之建构》，载《浙江学刊》，2007(2)。

② 张树义：《行政主体研究》，载《中国法学》，2000(2)。

③ 王名扬：《法国行政法》，39～41 页，北京，中国政法大学出版社，1988。

④ 薛刚凌：《我国行政主体理论之检讨——兼论全面研究行政组织法的必要性》，载《政法论坛》，1998(6)。

⑤ 《苏俄民法典》(1964 年)第 24 条确认的法人类型之中，就包括由国家预算拨给经费、有独立的预算、其领导人有权支配拨款的(法律规定的例外情况除外)国家机关和其他国家组织，以及苏联国家以及各加盟共和国国家。马骏驹：《法人制度通论》，59～60 页，武汉，武汉大学出版社，1988。上述规定已经奠定了机关法人的基调。

⑥ 江平主编：《法人制度论》，62 页，北京，中国政法大学，1994。

应地,非企业法人问题的研究也较为薄弱”,[1]薄弱到甚至有些语焉不详。[2]

更为重要的是,上述创设的视角是且始终只是民事的。民法学者一般也不把公法人、私法人的属性区分作为具体研究的基点,也不去深究我国的公法学说到底如何看待公法人概念,以及公法规范是如何调整公法人的。主流民法学说将“机关法人”仅视为民事主体,“认为公法组织体要取得法人地位,必须依照民法中规定的标准来认定”,[3]机关法人的人格化只能在调整财产关系时体现出来,即便是进入到行政法领域,也当如此。[4]这对于解决当时的政企不分、党政机关办企业等弊端具有重大的革新意义,但对解决公法问题却丝毫没有帮助。

民法的“狭隘”(不含贬义)以及对“法人”概念的先占,迫使后起的行政法学在关注主体问题时无法选择“法人”“公法人”的路径,而是另辟蹊径。这当然也是公法私法二元论作祟,不另起炉灶似乎无以区分。“行政法人”建议之所以被否决的根本原因也在于此。[5]

但事实上,民法元素早已悄悄植入行政主体的“三要素说”之中。我们不妨将其与民法上的法人概念比较,就会发现,其实质是后者在公法上的翻版,只是用行政权力替代了权利能力的内涵。而行政法学者所理解的权利能力,就是独立行使行政权的资格。的确,正如我们观察到的,行政机关或法律、法规、规章授权的组织依法可以享有具体或综合行政权力并能够以自己名义行使,也就必然会成为某种(类)特定的行政法律关系主体。但也如同法人一样,这种具体意义上的权利能力也同时可以上升为抽象意义上的

---

① 江平主编:《法人制度论》,63页,北京,中国政法大学,1994。

② 马骏驹教授只用寥寥数语述之。从立法技术的便利考虑,国家不是法人,而是特殊的民事权利主体,它参加民事活动取得的财产权利以及承担的财产义务和责任,都由国库来实现。而国家机关、事业单位是法人,它们不以国家的名义,而是以自己的名义参加民事活动。它们所拥有的财产,是与国库分离而相对独立。国家和国家机关、事业单位是彼此分离、各自独立的民事权利主体。国家对这些机关和单位在民事活动中的债务,没有义务承担责任。反之,亦然。马骏驹:《法人制度通论》,81页,武汉,武汉大学出版社,1988。但却没有回答更多的问题,比如,地方政府,特别是民族自治地方的政府是否是法人,还是像国家一样是特殊的民事主体?

③ 葛云松:《法人与行政主体理论的再探讨》,载《中国法学》,2007(3)。

④ 马骏驹:《法人制度通论》,2页,武汉,武汉大学出版社,1988。

⑤ 据说,当时我国台湾地区不少学者,还有姜明安教授都认为,法人应是民法概念,不应移用到行政法上。因为主张行政机关具有法人地位,易导致破坏国家的统一性,易混淆行政机关与社会组织的不同性质。杨海坤:《当前关于行政法人问题的理论探讨》,载《河北法学》,1991(3)。

权利能力，成为行政主体的资格，等同于法律人格。[①]所以，我们似乎很难否定其主体性。这样的主体一般都具有独立的预算与财政。这就又与民法的机关法人连成一体。

行政机关的民事权利能力极其简单且有限，只要求不得与其性质抵触，尤其不得从事经营活动。所以，民法关注的重点只在于其是否有独立的预算与财政，这是独立承担责任的保证。只要其具有独立的经费、独立的财政预算，民法学者就完全认可其为机关法人。于是，一个个依法设立的行政机关，包括国务院和地方各级人民政府，以及国务院各部委、地方政府的各委、办、局等，[②]就成了一个个彼此独立的机关法人。也就是说，民法学者采取了“机关人格肯定说”。

在行政法上，行政主体以享有行政权、独立承担责任为识别标准，也将上述中央与地方政府，以及政府各职能部门视为一个个彼此独立的行政主体。就总体布局看，与机关法人无二致，仿佛是对机关法人的平行移动与翻版。只不过在将民法上的法人制度迁入公法过程中，将“机关人格肯定说”偷偷改换为“机关主体肯定说”。[③]但也有两点重要不同：一是这样的平行移动却把国家这一特殊主体遗漏了。二是多出了法律、法规、规章授权的组织，以及经法律授权的内设机构或派出机构这些特殊的行政主体形态。[④]这种近似民法底色的“机关主体模式”迥别与后来一些学者力主的德法“分权主体模式”，[⑤]也让我们有更多的理由做民法类比的思考。

该理论很快被运用到实践上，已显现的成效有二：一是在行政诉讼上，

---

① 尹田教授总结道：“权利能力”这一概念在被运用时实际上被赋予了两种不同含义：一为抽象意义上的权利能力，指“享受权利，成为民事主体的资格”，在此意义上，权利能力等同于法律人格；二为具体意义上的权利能力，指“享受某一特定权利，成为某类特定的民事法律关系主体的资格”，在此意义上，权利能力与法律人格不能等同。尹田：《论法人的权利能力》，载《法制与社会发展》，2003(1)。我借用了这种分析方式。

② 江平主编：《法人制度论》，64页，北京，中国政法大学，1994。

③ 在这一点上，我大体同意葛云松博士的“一体论”判断，只是稍加变化为，行政机关在私法与公法上应该是一体的，作为机关法人，是私法上权利义务的承担者；作为行政主体，是公法上权利义务的承担者。

④ 比如，北京市公安局交通管理局是市公安局的内设机构，但却是法律授权组织，有自己独立的预算与财政，算是机关法人。但我实在无法一一考察每一个行政机关，尤其是享有行政权的内设机构是否有独立的预算和财政，所以，也不排除个别机构不是“一体”的可能。

⑤ 在本文中，我借用了章剑生教授的专利——“诉讼主体模式”和“分权主体模式”。

迅速转变成适用《行政诉讼法》(1989年)第25条、《最高人民法院关于执行〈中华人民共和国行政诉讼法〉若干问题的解释》(2000年)第19、20、21、22、23条的支撑性原理,是判断被告适格、变更或追加被告的基本技术,也成为《行政诉讼法》第54条第(二)项第4目判断是否超越职权的基本坐标。[①]该术语甚至被吸纳到司法解释之中,成为一个法律概念。[②]二是在《行政处罚法》(1996年)颁布之后,成为清理行政执法机关的基本标准与依据,成为贯彻落实职权法定原则、厘清不同行政机关之间管辖权界限的抓手。比如,从2009年1月10日起,依据《辽宁省依法行政考核办法》,行政执法的执法主体、执法依据、职责权限、执法内容、裁量标准、程序步骤、具体时限、监督方式等应向社会公开。[③]行政主体理论整肃了政出多门、越权执法、管辖混乱等弊政,勒紧了桀骜不驯的行政权。

然而,在上述实践中,"机关主体模式"被不断精读,出现了一些流变,尤其是从诉讼意义上对"以自己名义承担法律责任"这一行政主体特征的解释,达到极致,一是只有行政主体才能成为行政诉讼被告;二是只有行政主体才能成为权利义务的最终承受者,且是所有形式的法律责任的担当者,从而流变为"诉讼主体模式",并为日后的争议埋下了伏笔。

2. 绝对等号意义上的被告?

的确,"诉讼主体模式"抓住了一个问题的核心,行政主体的权利能力体现在享有行政权,并凭据行政权做出行政行为。如果该行政行为违法,也理应由该行政主体凭借行政权予以纠正。所以,由行政主体来担当行政诉讼被告,就再合适不过了。

从这个角度看,最高人民法院司法解释将"规章授权的组织"纳入行政主

---

① 何海波教授曾对《人民法院案例选》第1-58辑(第25-28辑暂缺)中的行政案件(不含司法赔偿)进行统计,时间跨度是从《行政诉讼法》施行之初到2005年期间,共614个行政案例,发现在判决中引用"超越职权"的相对较高,尤其是在"唯一依据"的判决中,引用"超越职权"作出判决的有43个案件,仅次于"主要证据不足"(66个)。何海波:《行政行为的合法要件——兼议行政行为司法审查根据的重构》,载《中国法学》,2009(4)。这个统计也从一定程度上说明,行政主体理论在司法审判中直接或间接地发挥着较大的作用。

② 比如,最高人民法院发布的《关于公路路政管理机构行政主体资格及有关法律适用问题的答复》([1995]行复字第4号)。

③ 《辽宁行政执法公示制度即将正式施行》,http://law.china.com.cn/features/2010-01/10/content_3337189.htm,2006年6月6日最后访问。

体范畴，列为被告，也颇符合逻辑。而且，随着公务分权，承担公共治理与任务的第三部门也将因其为行政主体而被诉诸法院。这反映了行政主体理论不应是静态的，一成不变的，而应随着公共行政的变迁而呈现动态发展趋势。

然而，该理论被曲解了，变成行政诉讼被告只能是行政主体，“认为作为行政诉讼被告就是承担行为后果的具体表现”。[①]所以其付诸实施之后引发诸多问题，比如，内设机构、派出机构、受委托组织又不是行政主体，焉能做被告？其实，类似的情形在私法中也同样存在，却没有引起诉讼上的困惑（见表 4－1）。为何在公法上却发生疑问了呢？

表 4－1　被告对比

	内设机构	派出机构	代理或委托
民法与民事诉讼法	法人的组成部分不是法人，其从事业务活动的法律后果，包括越权，都由所属法人承担。[②]	法人的分支机构不是法人，其从事业务活动的法律后果，包括越权，都由所属法人承担。[③]但是，如果分支机构实际具备法人资格者，由其充当被告。即便不具备法人资格，只要依法设立并领取营业执照，也不妨碍其作为其他组织出任诉讼上的被告。[④]	没有代理权、超越代理权或者代理权终止后的行为，只有经过被代理人的追认，被代理人才承担民事责任。未经追认的行为，由行为人承担民事责任。[⑤]

① 薛刚凌：《我国行政主体理论之检讨——兼论全面研究行政组织法的必要性》，载《政法论坛》，1998(6)。

② 江平主编：《法人制度论》，102 页，北京，中国政法大学，1994。“最高人民法院印发《关于适用〈中华人民共和国民事诉讼法〉若干问题的意见》的通知”（1992 年）第 41 条规定：“法人非依法设立的分支机构，或者虽依法设立，但没有领取营业执照的分支机构，以设立该分支机构的法人为当事人。”第 42 条规定：“法人或者其他组织的工作人员因职务行为或者授权行为发生的诉讼，该法人或其组织为当事人。”

③ 同上。

④ “最高人民法院印发《关于适用〈中华人民共和国民事诉讼法〉若干问题的意见》的通知”（1992 年）第 40 条。

⑤ 《民法通则》（1986 年）第 66 条。

续表

	内设机构	派出机构	代理或委托
行政法	行政机关的内设机构具有行政主体资格的,以该机构为被告。不具有行政主体资格的,应以设立的行政机关为被告。①	行政机关的派出机构具有行政主体资格的,以该机构为被告。不具有行政主体资格的,应以设立的行政机关为被告。②	行政委托的法律效果是设定行为主体,而不是设定行政主体。所以在行政诉讼中,只能以委托方的主体为被告,而不以被委托方的当事人为被告。③

这实在是一个误会。类似的误解在民法中也曾存在——"诉讼主体即为民事主体,谁为原告、被告,谁就是权利义务的最终承受者"。民法学者澄清道:"实际上,诉讼主体与具体民事活动的主体一样,它只表明谁是具体诉讼活动的当事人或谁是民事权利义务的直接承受者,至于该当事人无力履行义务时应替代履行的其他人,并不一定作为该诉讼的当事人。"④ 换句话说,在民法上,法人可以成为诉讼被告,但不意味着被告仅是法人。这样的反推不成立。比如,在民事诉讼上之所以允许本身不是法人,却依法设立并领取营业执照的法人分支机构担当被告,是因"依法设立并领取营业执照",意味着该分支机关具有独立的账户,有可独立支配的资金,故能担当民事责任。我们应当重"实"(能够担当),不重"名"(谁来担当),这才是解决问题的关键。

相形之下,行政法上的处理过于单一、呆板、拟制,以致牵强。这反映了我们对民事主体与法人制度的摹写不彻底,也完全可以摹仿解决。其实,行政主体可以作为行政诉讼被告,不意味着行政诉讼只能由其充当被告。行政机关的派出机构、受委托组织越权,当然由后者充当被告。因为越权是其所致,也属于一种公权力活动方式,只不过是违法的,也应受到公法的制约,且它们也有能力自行纠正,落实法院的判决,根本无须借助其委托机关或者

① 《最高人民法院关于执行〈中华人民共和国行政诉讼法〉若干问题的解释》(法释[2000]8号)第20条。

② 同上。

③ 胡建淼:《行政法学》(第二版),177页,北京,法律出版社,2003。

④ 江平主编:《法人制度论》,109页,北京,中国政法大学,1994。

设立机关之力。在越权造成的损害赔偿上,其承担赔偿责任的费用要么是自己解决(如受委托的组织),要么是依据财政管理规定申领(如派出机构)。比如,开发区管理委员会是本级政府的派出机构,却不具有行政主体资格,但不妨碍其作为行政诉讼的被告,最终的法律责任可以归咎于设置该管委会的人民政府。[①]

3. 不合逻辑的责任分离?

当前对"诉讼主体模式"的一个重要批判,是责任归属的分裂,典型地体现在:第一,在国家赔偿之上。行政主体作为赔偿义务机关,实际上赔偿费用却由国家出,如何能够担当得起"独立"承担责任之名?这种责任归属的形式与实质分离,造成了行为——责任之间的逻辑矛盾,为学者所诟病。[②]第二,如果行政主体行为引起的各类法律责任只能由行政主体承担,那么,怎么解释公务员职务上的违法犯罪问题呢?[③]这些指责看似严厉,但若做类比思考,会发觉极荒谬。

(1)试想,在民法上,法人之所以能够以独立的名义承担民事责任,其物质基础就是拥有相对独立的财产。而民法对行政机关的关注,其实重点不在其民事权利能力,因为它实在有限,且自有法律来约束,而在考究其是否有独立的预算与财产。作为机关法人,行政机关从事民事活动的经费同样来自且只能来自财政,是"由预算拨款形成的独立经费,这样经费就是国家机关赖以进行民事活动的财产条件",[④]并受财政法调整。比如,政府采购的资金也是纳入中央或地方预算,属于财政性资金。[⑤]对此,我们也可以理解为,行政机关只是名义上承担民事责任,实质上是由国家(国库)买单。而民法学者却无类似的责难,甚至干脆承认"即使在我国法律所承认的各类法人

---

① 章剑生:《反思与超越:中国行政主体理论批判》,载《北方法学》,2008(6)。

② 李昕:《中外行政主体理论之比较分析》,载《行政法学研究》,1999(1)。薛刚凌主编:《行政主体的理论与实践——以公共行政改革为视角》,8～9页,北京,中国方正出版社,2009。章剑生:《反思与超越:中国行政主体理论批判》,载《北方法学》,2008(6)。

③ 杨解君:《行政主体及其类型的理论界定与探索》,载《法学评论》,1999(5)。薛刚凌主编:《行政主体的理论与实践——以公共行政改革为视角》,8页,北京,中国方正出版社,2009。

④ 江平主编:《法人制度论》,64页,北京,中国政法大学,1994。

⑤ 《政府采购法》(2014年)第2条、第7条。

中,有的法人也是没有自己独立财产的,也是无法由其独立承担责任的。”[①]为何这在行政法上就成问题了呢?

所以,在国家赔偿上,责任归属实际上是虚化的、形式意义上的。即便行政机关承担的国家赔偿责任是名义上的,也实难仅此否认其为行政主体。至少从形式上讲,赔偿义务机关能够以自己的名义向财政申领赔偿经费,并实际支付给受害人。

(2)严格意义上讲,法人独立责任是法人具有独立人格的逻辑结果,但它并不当然决定着法人创办者和法人成员的责任状态,法人独立责任并不否认法人成员与法人共同对法人债务承担责任。[②]对于法人机关成员滥用法人人格,利用法人形式或手段规避法律、回避债务或违法犯罪的,民法上有“法人人格否定法理”与“揭开法人面纱”原则,国家公权力可以基于特定事由,否定法人的独立人格,直接规定滥用法人人格者的个人责任,将个人行为与法人行为暂时剥离开来。这一理论由美国法院在审理公司纠纷案件中首创,后被英、德、日在司法实践中接受并加以运用,法国、意大利等国甚至将该理论立法化。[③]至于法人机关成员承担的个人责任类型,民法学者多探讨民事责任。

其实,滥用法人人格者也会同时进入行政法与刑法视野。[④]对于构成违法犯罪的,无论是在行政法或者刑法上都有单罚制与两罚制,前者指法人与责任人员只罚其一,后者是既处罚法人、同时也处罚责任人员。这是滥用法人人格者应当对国家承担的责任。上述人等不是法人,何以承担行政责任与刑事责任?这在民法、刑法上都已不成问题。

民法学者马骏驹教授解释道,这是“为了加强法人机关成员的责任,使他们的权利和责任统一起来,法人机关成员对于自己所为的违法行为,也应对其损害后果承担部分责任。”[⑤]刑法学者何秉松教授的解释是,“在法人犯

① 马骏驹:《法人制度的基本理论与立法问题探讨(中)》,载《法学评论》,2004(5)。

② 同上。

③ 同上。

④ 《公司法》(2005年)用大量的条款(第200条、第201条、第203条、第205条第2款等)规定了公司发起人、股东、主管人员和其他责任人员的行政违法责任;《最高人民法院关于办理违反公司法受贿、侵占、挪用等刑事案件适用法律若干问题的解释》(1996年)也肯认了公司董事、监事、职工职务犯罪。

⑤ 马骏驹:《法人制度通论》,151~155页,武汉,武汉大学出版社,1988。

罪中，作为法人机关的自然人实施的犯罪行为，并不因为它是法人机关的行为而失去其个人本身行为的性质。这种法人机关的行为，具有两方面的关系，即一方面构成法人行为，另一方面也是其自身的行为。在前一种关系上发生法人责任，在后一种关系上发生个人本身的责任。因此，同时处罚法人与实施犯罪行为的自然人，并非两重处罚。"[①]

同样，在行政法上也应该有类似法理。公务员不是行政主体，但这不妨碍其具有法律人格，[②]利用行政主体而实施违法犯罪行为的公务员也必须承担个人责任。这种在特定情境下产生的个人行为与国家行为的分离，由来已久。我们可以从漫长的行政侵权责任的演变，从官员个人责任、国家替代责任到国家直接责任当中获得一种历史的解读。国家一开始就因主权的神圣而不涉及犯罪问题，其逐渐替代公务员个人的只是对外赔偿与纠正违法的责任，而公务员个人的责任也逐渐从承担对外的赔偿责任蜕变为主要承担纪律与刑事责任。

4．让行政组织法的发展窒碍难行？

法人之所以应具有法律上的人格，这是为各类团体提供了一个以集体形象从事对外交往的平台。[③]但法人毕竟是集合体，对其意思自治以及权利义务归属之关注，必然要延伸至对其内部组织结构、运行及意义的关注，必须探讨法人意思的形成和实施机制，以及法人机关与法人、法人机关之间的权利义务构造。遂有法人机关与法人之间关系的代理说与机构说之争，法人内部的权力机关、执行机关和监察机关之间的分权与制衡之说，以及"法人的监察机关是贯彻法人意思自治的一种绝妙设计"之惊叹。公司的法人治理结构成为公司法不可回避的一个永恒话题。[④]

我们细心阅读王名扬先生当年对法国行政主体的引介，发觉他在提出行政主体概念与基本特征之后，也十分关注行政主体之间的关系，并从中央集权制、权力下放制与地方分权制等类型之中探讨中央与地方的关系；也很

① 何秉松：《单位（法人）犯罪的概念及其理论根据——兼评刑事连带责任论》，载《法学研究》，1998(2)。

② 杨海坤、陈仪：《在探索中前进还是后退？——与杨解君教授商榷》，载《法学评论》，2000(4)。

③ 马骏驹：《法人制度的基本理论与立法问题探讨（上）》，载《法学评论》，2004(4)。

④ 同上注。

关注各行政主体内部的组织结构及与行政主体之间的关系,尤其是效力归属与监督问题。[①]

然而,当行政主体刚进入我们眼帘时,我们急需解决的是行政诉讼被告与依法行政的执法主体资格,这一特定历史情境与问题感让我们视野狭窄了,让我们过多地关注外部行政关系,寻求一个对外能够独立活动并承担责任的主体形象,并不着力于对行政主体之间的关系、权责划分、内部机构建设与运作机理的研究。这种趣味竟然成为日后研究的基本格调与潮流,使得行政主体理论之中缺少着类似法人治理那样的精致结构,因而招致了学者的批评。[②]

但实际情况并非"一边倒"。沈岿教授发现,"行政主体范式的这个缺憾更多地体现在教科书之中","实际上并未杜绝学者结合机构改革实践对行政组织问题进一步加以讨论。而且,在有些教科书中,已经出现一种把行政组织和行政主体问题并行不悖地予以阐述的努力,这种努力喻示,学术研究在行政管理主体方面的视域拓展和观察深化,可以在维系现有行政主体理论不变的条件下进行。与其说这是完全崭新的范式建构,不如说是对行政主体传统范式略加补充。"[③]

因此,我们很难就此推导出行政主体理论否定、滞碍行政组织法发展的结论。当依法行政在外部行政关系上取得重大突破之后,必然要进一步延伸到内部行政,关注其法治状态与治理问题。它也完全可以在现在的行政主体框架之下发展,就如同我们关注法人的组成结构一样。

5. 回应公共行政的变迁

众所周知,权利能力是民事主体的基石。"法人的权利能力确定了团体之人格的拥有",而"团体人格的实现",亦"依赖于具体权利的享有"。[④]同样,

---

① 王名扬:《法国行政法》,42～127页,北京,中国政法大学出版社,1988。

② 比如,谭宗泽、张民军等学者认为,"单纯从法学主体视角的研究只是注重对已有法律制度的规范分析,侧重于对行政主体表象和浅层次化研究,疏于深层次地探索行政主体及其内部结构,这无疑在一定程度上阻滞了我国行政组织法理论的理性建构。认为始作俑者,是行政主体理论自身,就是它阻止了内部行政组织的研究。"谭宗泽、张民军:《中国行政主体理论的重构——行政体制与WTO规制的双重视角》,载《南京社会科学》,2007(3)。

③ 沈岿:《重构行政主体范式的尝试》,载《法律科学》,2000(6)。

④ 尹田:《论法人的权利能力》,载《法制与社会发展》,2003(1)。

在行政法上，行政主体概念的关键也在权利能力。无论私法或公法，权利能力大凡包括享有权利、承担义务，能够独立进行法律活动、处分财产、起诉或者被诉。[①]只不过内容不同。行政主体的民事权利能力，仅局促于有限的财产关系。而行政权利能力，必定与其性质、职能和任务相契合。

传统上对行政主体权利能力的阐释都以行政权为核心，以授权有据、能够独立行使为标准。所以，行政主体范围一开始便锁定行政机关与法律、法规授权的组织。之后，鉴于规章授权的事实，《最高人民法院关于执行〈中华人民共和国行政诉讼法〉若干问题的解释》（2000 年）又补充认可了“规章授权”的组织。甚至将来继续延伸至规范性文件授权，以解释像“中国证监会”等类似情形，似乎也无可厚非。[②]

但是，随着当今行政疆域的不断扩大，公法视野的不断延伸，这种解释方法已无法解释在社会行政、公共治理中出现的公法现象，引发了学者一连串的质疑，比如，村民委员会依据村规民约限制、剥夺村民权利或对村民进行处罚，村民不服，能否提起行政诉讼？行业组织依据组织章程与规则对其成员予以惩戒，受惩戒的成员不服，能否提起行政诉讼？公立学校依照校纪校规对在校学生进行处分，受处分者不服，能否提起行政诉讼？[③]所有这些，涉及的都不是传统的行政权力，而是基于基层群众自治、行业自治或高校自治而衍生的公共权力，而在行政法学者看来，这些权力活动又都应当遵守公法原则、接受公法调整。

面对此等挑战，很多学者都提出了要将行政权力延伸至公共权力，重新归纳和描绘社会生活中的各种行政主体形态。转换为民法的语汇，就是对权利能力做扩张解释，延伸权利能力的内涵，让权利能力随着时代而变迁，以回应社会变迁，应对行政主体多元化的趋势。而现代社会中担当公共治理或者授权行政的第三部门，其实在民法上早已认可其为事业单位法人和

---

① ［德］哈特穆特·毛雷尔：《行政法学总论》，高家伟译，498～499 页，北京，法律出版社，2000。

② 章志远教授曾质疑道：“当最高人民法院再次‘大笔一挥’，将规范性文件授权的组织也纳入行政诉讼的被告范围之后，行政主体的外延岂不是又要‘进一步’扩大？如此随意地变化不禁使人们会发出以下一连串的疑问：究竟什么是行政主体？识别行政主体的标准何在？行政主体的外延到底有多大？”章志远：《当代中国行政主体理论的生成与变迁》，载《贵州警官职业学院学报》，2007(1)。我却不以为然。

③ 石佑启：《论公共行政之发展与行政主体多元化》，载《法学评论》，2003(4)。

社会团体法人,只需将其平移至行政主体范畴。在我看来,若果真像下面分析的那样,仅仅是为了回应当前公务分权与部分地方自治的现实需要,那么,这样的策略就足矣。因此,上述对行政主体理论的批判要点(4),的确一语中的,切中要害,但却无法颠覆现有理论。

四、走向"分权主体模式"?

从术语渊源上看,我国行政主体概念是对法国类似制度的借用,但在具体内涵与构造上却与之迥然不同,形似而神不似。[①]在重新认识德法行政主体理论全貌的思辨中,我们面对的一个核心争议就是,是否得承认以往的理论进程是一个历史误会,必须推倒重来?

1."分权主体模式"

比较德国、法国和日本的行政主体理论,抛开细枝末节,其核心要点有三:一是对地方分权和公务分权的描述。由地方分权而产生地方自治之事实,而确认国家之外还有地方公共团体这一行政主体。将特定的、相对独立的行政公务从国家和地方公共团体的一般行政职能中分离出来,交由特定的法律人格来行使,并由其独立承担法律责任,由此产生了另一种类型的行政主体,即法国的公务法人,日本的行政法人,德国的人事团体、公共设施。[②]二是行政主体之间相对独立,地位平等。三是行政主体之间的监督只能依法进行,一般通过行政诉讼,国家不得直接干预地方团体或其他行政主体的内部事务。[③]比如,法国对地方自治的监督主要是通过行政诉讼方式。[④]

上述三者之间在逻辑上是层层递进,互为表里。因为有自治之实,必定有各自独立的利益与代表团体,彼此之间也必定相对独立,这种利益的独立与维护必定仰赖法律规范与保护,相关纠纷必定由诉讼解决。行政主体理论也就成为一种利器,用来巩固、发展与维护各个主体利益,预防彼此干预与侵犯。

---

① 葛云松:《法人与行政主体理论的再探讨》,载《中国法学》,2007(3)。

② 李昕:《中外行政主体理论之比较分析》,载《行政法学研究》,1999(1)。

③ 薛刚凌:《我国行政主体理论之检讨——兼论全面研究行政组织法的必要性》,载《政法论坛》,1998(6)。

④ 王名扬:《法国行政法》,45页,北京,中国政法大学出版社,1988。

薛刚凌教授说得更加直白。行政主体制度的核心就是行政利益。行政主体制度正是通过一套法律制度，对多元行政利益予以认可和保障。如确认各类行政利益主体独立的法律人格，明确各行政主体在公共行政上的各项行政权利和利益，确立行政主体之间的理性交往规则和平等竞争规则，规范和控制行政主体的行为，保证其在宪法和法律的范围内活动，建立行政主体之间的纠纷解决机制。[①]总之，要"通过行政主体制度来实现社会利益的配置，确立中央和地方的关系，建立地方自治制度和公务自治制度"。[②]

2. 地方分权与公务分权

那么，上述"分权主体模式"是否契合我国地方与公务分权的实际，还是学者的一厢情愿？它是否可以作为下一步改革的推动工具呢？这就需要我们认真考察中国的实践。

(1)公务分权

当代政府变革，在"小政府、大社会"的口号下，已经不断践行着通过分权、还权、发展社会自治权等途径将部分公共权力分散到社会组织之中。这一点不论在中央文件还是学者文献之中都得到了证实。随着第三部门的蓬勃发展，公共行政的内涵愈发丰满，也因而实现了组织的扩张。[③]在传统的国家、政府与行政机关之外，出现了更多能够提供公共服务与社会治理的主体。

公共行政的变迁直接决定了公共行政主体的多元化，公共行政的界定标准成为识别主体的基本依据。行政法无疑要关怀公共行政的疆域，更应对从事公共行政的主体进行描述，应及时跟进"由行政权向公共权力"变迁的趋势。因此，应当将承担公共治理任务的第三部门纳入行政主体范畴。在这一点上，学者没有分歧。

(2)地方分权

新中国成立以来，中央与地方关系的核心就是"分权"，一直在审慎地寻找"两个积极性"的平衡点，"商量办事"的非制度化思路成为解决矛盾的主

① 薛刚凌主编：《行政主体的理论与实践——以公共行政改革为视角》，3～4页，北京，中国方正出版社，2009。

② 应松年主编：《行政法与行政诉讼法》(上)，95页，北京，中国法制出版社，2009。

③ 谢红星：《行政主体类型多样化的理论背景分析》，载《河南司法警官职业学院学报》，2004(3)。

要办法。[1]我们从不否认地方分权,只是形成了中国自己的特色,“既包括中央与一般地方行政区域的分权,又包括中央与民族区域自治地方的分权”。[2]前者是一般意义上的治理权力划分,后者是民族自治。随着香港与澳门回归,香港和澳门特别行政区享有高度自治。

经过长期的中央与地方博弈,特别是改革开放之后,通过向地方分权、促进地方政府间竞争,形成了一些学者所说的“维护市场的经济联邦制”(market-preserving federalism),[3]地方分权主要不是政治上的,而是经济上的。比如为学者津津乐道的财税分权,由于“税收的征集和分配是从根本上影响中央与地方关系的第二种基本方法,财政关系是政府间关系的核心问题”,[4]而凸显其重要意义。但迄今,中央与地方关系主要依靠政策调整,采取非制度化方式,地方分权的格局显得多元化、复杂化,且发展不均衡、不全面,也不稳定。比如,对于已有的财税分权,中央仍然有能力根据中央的偏好来调节省级财政的自主权。[5]

因此,中央与地方分权关系的制度化、规范化变得十分必要。钟开斌博士提出:“解决中央与地方关系循环往复问题的关键,不在于片面地判断中央与地方谁对谁错,谁应该权力更大一些或采取集权制还是分权制的模式,而在于中央和地方的责权利必须进行科学合理的分工并得到清晰的制度化规定,通过制度框架(尤其是法律规范)而不是模糊的、无规则的行政博弈,合理划分中央与地方政府之间的事权、财权,建立科学合理的官员考核制度,并通过立法将其制度化、规范化,从而为中央和地方界定各自的行动范

① 朱苏力:《当代中国的中央与地方分权——重读毛泽东〈论十大关系〉第五节》,载《中国社会科学》,2004(2)。

② 张友渔:《关于中国的地方分权问题》,载《中国法学》,1985(6)。

③ 钟开斌:《中国中央与地方关系基本判断:一项研究综述》,载《上海行政学院学报》,2009(5)。

④ 朱苏力:《当代中国的中央与地方分权——重读毛泽东〈论十大关系〉第五节》,载《中国社会科学》,2004(2)。

⑤ 首先,中央政府经常重新调整与各省的预算分享比率,把某种税款重新归为中央政府收入,并可根据预算外的资金建立新的税收,并且把一些有赢利的企业编入中央直属企业。其次,当需要时中央经常向地方政府借债。最后,中央为地方政府购买国债指定配额。这些惯例表明一旦中央觉得有必要,它会毫不犹豫地加强它的财政权力。钟开斌:《中国中央与地方关系基本判断:一项研究综述》,载《上海行政学院学报》,2009(5)。

围和政策空间，尽可能消除既有的或潜在的各种模糊空间和‘灰色地带’。”[①]朱苏力教授也认为，“中央地方分权确实有必要制度化。……可以而且必须进一步考虑如何从一种注重实践的眼光来总结50多年来的政制经验，注意以制度化来保证和稳定中央与地方的分权，逐步使作为一种政制策略的两个积极性转化为中国政治制度的一个重要组成部分，使两个积极性都得到制度化的保证。一方面是保证国家的统一，另一方面是为地方性秩序的形成发展创造可能性和激励因素。”[②]喻希来先生也说：“把不规范的中央地方关系改造为规范的地方自治制度，是下阶段中国政治改革的一出重头戏。”[③]

在如此情景下，行政法学界一些学者提出的移植德法行政主体理论的设想，就变成迎合上述主张的一种法治方案，是寄厚望于行政主体理论，试图将中央与地方关系的博弈纳入法治的平台，通过行政主体理论进一步鼓噪地方分权与自治。

3. 与法国的比较

或许，我们可以拿法国行政主体模式作为一个参照物，对上述植入做更加感性的判断。因为法国也是单一制国家，在拿破仑执政时期推行高度的集权体制，之后逐步扩大和完善地方自治，先在基层政权推行地方自治，然后才在上级地方政府逐步实行自治。[④]这种由集权走向分权、自下而上推进自治的历程，与我国实践有着某种相似。

法国的政治体制变革史显示，地方分权就是对地方自治的肯定。[⑤]法国的“不完全的地方自治”，几经演变，已经与美国的“竞争型联邦制”、德国的“合作型联邦制”、英国的“完全的地方自治”趋同，成为在实质上同类的地方政府制度。这一制度的基本特征：一是分权，即中央和地方政府各有划分明确的事务范围，并且在各自事务范围内，享有充分自主权；二是制衡，即地方

① 钟开斌：《中国中央与地方关系基本判断：一项研究综述》，载《上海行政学院学报》，2009(5)。

② 朱苏力：《当代中国的中央与地方分权——重读毛泽东〈论十大关系〉第五节》，载《中国社会科学》，2004(2)。

③ 喻希来：《中国地方自治论》，载《战略与管理》，2002(4)。

④ 同上。

⑤ [法]让—玛丽·蓬蒂埃：《集权或分权：法国的选择与地方分权改革(上)》，朱国斌编译，载《中国行政管理》，1994(5)。

政府有足够的宪政保障或政治实力,可以反制中央的随意干预,使之不能单方面削减地方政府的自主权;三是合作,中央政府和地方政府在某些事项上联合作业或混合财政。[①]

为此,地方自治团体必须具有独立的法律人格,并将上述的分权、制衡与合作放在法律平面上去操作与保障。正如让—玛丽·蓬蒂埃(Jean-Marie Pontier)指出的,自治的第一条件涉及法人问题,即一个地方集体必须是一个"法人"。国家不承认这点,地方分权就不可能推行。而这一承认则是赋予地方集体法人地位的必然结果。[②]至于国家与社会的分权,法国也很发达,并创设了公务法人来描述这些团体的独立法律人格。

参照法国行政主体模式,我们会发现,在我国,香港、澳门特别行政区具有独立利益与代表团体,包括行业协会、公立学校、基层群众自治组织在内的第三部门已经具有(或者正在形成)独立的利益与代表团体,颇吻合上述行政主体理论。这种格局也必将对行政诉讼、国家赔偿制度产生颠覆性效果,将左右未来行政诉讼法与国家赔偿法的修改。

但是,要将上述法国式行政主体模式完全施加到中央与一般地方行政区域的分权,似乎操之过急,尚无现实基础。"分权主体模式"绝对不仅止于分权之事实,因为"历史上任何国家都必定存在某种形式的纵向分权,即在不同层级的政府之间配置不同的治理权力",[③]它还必须要有自治之实。反观我国近些年改革,地方虽然获得了一定程度的自治立法权和自治财政权,但仍与自治人事权无缘。[④]各省、直辖市的行政首长实际上都是由中央政府确定候选人,最后需要地方人大以"选举"方式认可。[⑤]所以,地方政府只有分权而无自治之实。这种分权状况,如果按照王名扬先生给出的标准,甚至还难以够得上已经"地方分权"了。王名扬先生指出,"如果管理地方公务的机

---

① 喻希来:《中国地方自治论》,载《战略与管理》,2002(4)。

② [法]让—玛丽·蓬蒂埃:《集权或分权:法国的选择与地方分权改革(上)》,朱国斌编译,载《中国行政管理》,1994(5)。

③ 朱苏力:《当代中国的中央与地方分权——重读毛泽东〈论十大关系〉第五节》,载《中国社会科学》,2004(2)。

④ 喻希来:《中国地方自治论》,载《战略与管理》,2002(4)。

⑤ 朱苏力:《当代中国的中央与地方分权——重读毛泽东〈论十大关系》第五节〉,载《中国社会科学》,2004(2)。

关不是地方的代表,而是国家的代表,它的产生完全依赖于国家时,仍然是中央集权制,而不是地方分权制”。[①]

检讨新中国成立以来中央与地方关系的变革,以往那种主要依靠政策来规范和调整的路径,虽然有着“更灵活、成本相对较低”等优点,但弊远大于利。中国在中央与地方关系调整上存在的人治色彩重、随意性大、稳定性低、非均衡化等弊端皆源于此。反观法国的经验,中央与地方关系改革一直都是在法律的框架下推进的,中央与地方的关系是依靠法律来规范和调整的。如为了实现 1982 年地方分权改革确定的目标,法国政府在此后的 10 年间,先后共颁布了 71 项法律和 748 个法令予以补充和完善。[②]受此激励,在我国学者当中,要求通过法制化路径推进变革的呼声日高。

我也不反对应该尽快将“中国过去 70 多年来已经积累的分权经验和实际形成的一些惯例和制度”用法制确定下来,但可以肯定的是,这也只是中央与地方关系的一部分而非全部。在地方分权与自治不甚发达的单一制下,中央与地方关系的博弈又尚未定型之际,中央与地方关系的维系与运转对法治的依赖程度不及联邦制和地方自治发达的单一制,反而是行政机关内部的领导体制、考评、人事任免与责任追究等机制,以及财政划拨制约,甚至包括那些多年来一直在采用的“非制度化”方式,对于上令下达、令行禁止能够起着较为特殊的保障机制。或许在未来的一段时期内,我们还将主要依靠或者部分依靠这些方式继续探索经验。

当然,我也不反对通过渐进性的法制,采取“成熟一条,就规定一条”的务实态度来推动变革。但是,不管是否法制化以及法制化的程度,以往以政策为导向的变革已充分表明,行政主体变革都不是中央与地方关系、推进地方分权与自治的关键。否则,我们无法解释这么多年来实践的探索。

所以,即便是我们引入了法国式的行政主体理论与结构,也将是形式意义大于实质意义,因为其具体内涵依然有待未来实践的填空,并随未来地方自治的实现而实现。退一步说,就是不做这样的行政主体变革,仍然维系在现行的行政主体格局之中,中央政府与地方政府也仍然是行政主体,也不妨碍未来中央与地方关系的变革与走向。

---

① 王名扬:《法国行政法》,45 页,北京,中国政法大学出版社,1988。

② 潘小娟:《中法中央与地方关系改革比较研究》,载《国家行政学院学报》,2005(4)。

五、变革之策略

综上,我们可以得出一个初步结论,第一,行政主体理论始于民事主体和法人制度,却不彻底。只要彻底摹仿,这个补丁能够让行政主体理论继续存活下去。然而,焦躁不安的行政法学者已匆忙转向了德法的"分权主体模式"。第二,可以说,近年来兴起的追随德法"分权主体模式"的思潮,只是当前舍弃苏俄、取法西洋的汹涌浪潮中泛起的一朵浪花,追逐时尚所致,并非全然是因传统行政主体理论走入死胡同而必须舍弃之。

但是,我不否认,行政主体概念、类型化以及研究范式能够促进地方分权和公务分权、自治与内部组织建设,但决不能放大这种效应。行政主体理论的构建,应当以现实描述与勾勒为基础,留有发展与变革空间,随着行政分权的不断发展,适度、渐进推动地方自治、社会自治,不急不躁,稳步前进。

随着中央与地方关系的发展,或许在不久的未来,现有行政主体框架将发生裂变,因为其中实际上有着两类不同性质的关系及走向,一是中央政府与地方政府这对行政主体之间的关系,其有可能随着地方分权发展到自治而形成需要法律保护的独立主体。二是政府下属的行政机关之间,包括平级与上下级之间的关系。它们的关系可能流变为执法主体之间的关系。既然两种关系是不同的,或者更准确地说是未来走向是不同的,包括领导体制、纠纷解决以及监督机制等都有可能有质的不同,那么,如何能放到一样的行政主体框架之内解决呢?这的确也会造成理论上的麻烦。

正因这点,我不反对学者提出的新行政主体理论构想,以求为未来发展腾挪出空间,即行政主体包括国家、地方各级政府以及承担公共治理与公务分权的第三部门。[①]但我们必须有一个清晰的层次感,首先,在公务分权层面,行政主体起到了实质性的作用,并能平稳地与民法上的法人制度相互迎

---

① 我同意葛云松博士的看法,不论从公法、私法区分的理论来看,还是从立法技术来看,民事立法中都不宜对于公法人的组织法事项(包括取得法人地位的条件和时间)进行规定。公法人乃是依照公法而设立的法人,一个公法组织体是否具有法人地位以及具体的组织法问题(比如机构设置、财务、监督、争议解决等),统统都是公法的任务。葛云松:《法人与行政主体理论的再探讨》,载《中国法学》,2007(3)。行政主体理论的未来变革与走向,必然牵一发而动全身,引发民事主体、法人制度、诉讼原被告等连锁反应。

合，不会产生剧烈的震荡。其次，在地方分权层面，形式意义将大于实质意义，行政主体所蕴含的内部结构与组织建设将最终取决于中央与地方关系的博弈结果。或许，在目前，我们还无法将这种关系通过行政主体的媒介予以完全的法制化与制度化。我们还必须等待。因此，作为行政主体的地方政府与国家之间、地方政府之间应享有怎样的权利义务、纠纷如何解决等问题，还无法完全定型。

但倘若要做上述变革，我建议在行政主体框架之下引入行政执法主体概念，作为行政主体的下位概念，用以描述具有独立执法资格的行政机关和法律、法规、规章授权的组织。理由有二：

其一，行政主体是行政诉讼的产物。主体（资格）已成为法院识别行政诉讼被告的基本技术，成为法院审查被告资格的思维顺序与基本凭据。比如，在“孙兆贵诉上海市药品监督管理局闸北分局行政处罚案”中，一、二审法院都首先认定被告的行政主体资格。①如果我们彻底变革行政主体，势必将摧毁行政诉讼被告的支撑性原理，切断其与行政主体之间的纽带。行政诉讼被告理论将从行政主体理论之中漂浮出去，这将坍塌已有的行政法支架性结构。②因此，引入行政执法主体，并打上前述的补丁，使之成为连接行政主体理论模块与行政诉讼之间的一个红线，成为修复支架性结构的一根椽子。

其二，行政主体决不仅是行政诉讼的产物，还有实体意义。行政执法主体（资格）已被各级政府广为采用，成为主体资格管理与公告制度的基础，以及判断行政行为是否有效的条件之一，“行政执法主体应当经政府公告后才能实施执法活动，未经公告或者超越公告的职责和权限范围的执法活动无效”。③这种功效弥足珍贵，需要通过引入执法主体，继续延续。

---

① 叶必丰：《行政法与行政诉讼法》，105页，北京，高等教育出版社，2007。

② 余凌云：《行政诉讼法是行政法发展的一个分水岭吗？——透视行政法的支架性结构》，载《清华法学》，2009(1)。

③ 比如，深圳市人民政府法制办公室文件《关于做好行政执法主体公告工作的通知》（深法制[2004]149号），http://fzj.sz.gov.cn/ho213.asp，2006年6月6日最后访问；江西省工商局实施的“行政执法主体资格管理制度”，http://www.jaaic.gov.cn/News/2006828174413.html，2006年6月6日最后访问。

第二节　第三部门的勃兴

一、什么是第三部门?

1. 概念的厘清

近年来,很少有一个共同的话语像第三部门(也称“第三域”,third sector)那样越来越多地受到了法学、政治学、历史学和经济学等诸多学科学者的共同眷顾与青睐,给予了深切的理论关怀。但从直观上看,现在也没有多少领域像这个领域那样存在着多重的、多义的、犬牙交错的,甚至可以说是混乱不清的概念认识,其中的相互关系、彼此边际、包容并列,等等,不尽清晰,真有“乱花渐欲迷人眼”之感。

这些概念中,有些是舶来品,如NGO(non-governmental organization,“非政府组织”)、NPO(non-profitable organization,“非营利组织”)、[①]公法人;有些是本土的特产,如事业单位、[②]准政府组织、[③]中介机构(组织);[④]还有一些很难说是纯本土的,如社会团体、行业协会,等等。

甚至还出现了“第四部门”的概念。杨团教授认为,我们目前应该积极“探索第四域”。她将社会分为四个部门,政府、企业、第三部门(以志愿为基础,公益或是互益的组织)、第四部门(主要是新事业机构,就是公共服务机

---

① “非营利组织”一词据说源自美国国内税制(Internal Revenue Code, IRC)第501条第C项第3款,它致力于公共利益,不以获取金钱财务上的利润为目的,其盈余不得分配给组织内成员或其他私人,可以享有免税待遇。但是,上述特征不完全适用日本的“非营利组织”。杨坤锋:《非营利组织概念之检讨与澄清》,载《逢甲合作经济》,2005,6月刊,32～48页。林淑磬:《日本规范非营利组织的法制改革之研究》,载《东吴政治学报》,2004(19)。

② 在我国的法律中,机关、团体、企业、事业单位是并列的,是对社会生活中所有形态的组织的一种中国式的分类。比如,《治安管理处罚法》(2005年)第23条第1款第(一)项规定:“扰乱机关、团体、企业、事业单位秩序,致使工作、生产、营业、医疗、教学、科研不能正常进行,尚未造成严重损失的”。可见,事业单位是指除机关、团体、企业之外的组织形态,是与团体有区别的组织形态。

③ “准政府组织”是由沈岿博士倡导的,沈岿编:《谁还在行使权力——准政府组织个案研究》,7页,尤其是该页脚注,北京,清华大学出版社,2003。

④ 我们在起草《安全技术防范报警服务业管理条例》过程中,与西方学者交流,查阅有关西方文献,发现我们所说的中介机构这个概念在西方很多国家,如日本,是不存在的,它们可能存在类似的组织形式,但是却没有类似的一般概括术语。

构)。这个第四部门实际上既包括政府已有的,比如科教文卫体,也包括现在新兴的民营的老人院、学校、医院。[①]

萨拉蒙(Laster M. Salamon)借鉴了 1992 年科恩(J. L. Cohen)和阿尔托(A. Arato)在《市民社会和政治理论》(*Civil Society and Political Theory*)中确立的"国家—经济—公民社会"三分模型,对应地提出了"政府—营利组织—第三部门"。[②]那么,什么是"第三部门"呢?据秦晖教授的研究,现在关于第三部门有 100 多种定义。[③]其中,恐怕要算是美国霍普金斯大学非营利组织比较研究中心推荐的"结构—运作定义",是比较流行、被广泛接受的一种定义方式,也就是说,第三部门一般具有非政府性、非营利性、志愿性、组织性、民间性等特征。[④]但是,西方国家对第三部门的理解还有些微的不同,在日本,所谓"第三部门"是指"由国家或地方自治体和民间共同出资成立、运营的事业体"或"公私混合组织(企业体)而言";而在欧美,第三部门和非营利组织概念是一致的,可以混合使用。[⑤]

第三部门这个概念对于我国行政法来讲还是比较陌生的,我们已经习惯了讨论法律、法规、规章授权组织,其中的组织形态划分也非常中国化,包括企业、事业单位、社会团体和其他组织等;也习惯了另外一种也同样得到官方认可的说法,即"民间组织",包含社会团体和民办非企业单位。[⑥]当我们借用或者引进了第三部门这个概念之后,我们会发现以下两点:

(1)由于西方国家的社会环境、组织形态、文化传统和制度沿革等与我国非常不同,当我们借鉴第三部门的概念与理论模型来审视我国的非政府

---

① 祝乃娟:《中国民间组织 从第三部门走向第四部门》,载《21 世纪经济报道》,2005-10-10。http://free.21cn.com/forum/bbsMessageList.act?currentPage=1&bbsThreadId=1046196,2006 年 6 月 6 日最后访问。

② 贾西津、沈恒超、胡文安等著:《转型时期的行业协会——角色、功能与管理体制》,37 页,北京,社会科学文献出版社,2004。

③ 邓国胜:《中国第三部门的界定》,http://www.greenbeijing.net/envirinfo/ShowArticle.asp?ArticleID=1325,2006 年 6 月 6 日最后访问。

④ 王建芹:《第三种力量——中国后市场经济论》,41 页,北京,中国政法大学出版社,2003。

⑤ 林淑磬:《日本规范非营利组织的法制改革之研究》,载《东吴政治学报》,2004(19)。

⑥ 在我国,社会团体是指中国公民自愿组成,为实现会员共同意愿,按照其章程开展活动的非营利性社会组织(《社会团体登记管理条例》(2016 年)第 2 条第 1 款)。民办非企业单位是指企业事业单位、社会团体和其他社会力量以及公民个人利用非国有资产举办的,从事非营利性社会服务活动的社会组织(《民办非企业单位登记管理暂行条例》(1998 年)第 2 条)。

组织时,就会发现很多组织形态是根本无法在西方找到对应的形态。换句话说,用类比的方法是不能完全奏效的。我们更多的是要立足于本土,采用第三部门的基本特征来考量和归纳我国的具体组织形态。换句话说,就是用"洋酒瓶"装"中国酒"。

(2)西方国家第三部门理论中的上述基本特征在我国却多呈中间形态,具有不纯粹性、不完全性。也就是说,在政府职能转变过程中,主动让渡出部分公共管理职能,自上而下组建的社会中介组织,具有明显的"准政府性",更多的是为了填补行政权力退出之后出现的"管理真空"。比如,建立和发展农民用水协会是为了适应农村取消"两工"(劳动积累工和义务工)新形势,建立农村水利建设运行新机制的需要(水利部、国家发展和改革委员会、民政部发布《关于加强农民用水协会建设的意见》(水农〔2005〕502 号))。而为市场经济领域服务或者与经济活动有着密切关系的社会中介组织不见得完全不具有营利性特征。[①]比如,农村专业经济协会是集科技推广、技术服务、信息提供、农产品产供销服务为一体,以市场为导向,进行专业化生产、一体化经营,"是我国民间组织在基层出现的新生事物"(民政部发布《关于加强农村专业经济协会培育发展和登记管理工作的指导意见》(2003 年 10 月 29 日))。

也有学者在研究中指出,上述状况只是暂时的,最终会过渡到并显现出西方第三部门的上述特征。对此我却十分怀疑,中国第三部门的本土发展的结果究竟会不会走向与西方完全一样的特征?我觉得现在下结论还为时过早,还要等待时间的检验。在我看来,任何社会形态的发展,都为第三部门的发展提供了本土资源,也限定了其发展的模式选择。国情和社会需求不同,决定了不存在普适的模式,关键在于能否与政府形成良好的互动和达

① 民政部负责人在解释民间社团非营利性问题时强调说:"非营利性并不等于不营利,非营利性组织和营利性组织的根本区别不在于是否营利,而在于对获得的收益如何处理。"转引自,余晖:《行业协会及其在中国转型期的发展》,http://www.doctor-cafe.com/detail1.asp? id=499,2006 年 6 月 24 日最后访问。民政部在《关于社会团体兴办经济实体有关问题的复函》(民办函〔2002〕21 号)中更是作了非常明确的解释:"社会团体不同于机关和全额拨款的事业单位,其经费仅靠会费、捐赠、政府资助等是远远不够的。兴办经济实体、在核准的业务范围内开展活动或服务取得收入,是社会团体活动费用的重要补充渠道,目的是促使其更加健康发展。为此,民政部、国家工商局于 1995 年 7 月 10 日联合下发了《关于社会团体开发经营活动有关问题的通知》(民社发〔1995〕14 号)。这个文件的精神与《社会团体登记管理条例》的规定没有冲突。"因此,尽管第三部门和企业在营利问题上确实存在着程度和收益处理方式等方面的不同,但这不足以认为第三部门就不具有营利性。

到良好的治理。[①]

因此，我们要采取更加务实的态度，更加关注中国“第三部门”的实际状态、特征、问题与发展趋势。当然，在中国本土化的第三部门研究中，我们还不能完全迁就现实，完全按照社会中已存在的组织形态来研究，因为我国正处于社会转型、组织变迁、制度变革时期，很多组织形态尚在分解、重组、变化之中。

比如事业单位，按其社会功能，就可以划分为“承担行政职能的”、“从事公益服务的”和“从事生产经营活动的”三个大类。第三类显然就不属于我们所要探讨的第三部门范畴，第一类今后的改革方向应该是转为行政机关。第二类的改革方向是，对于不能或不宜由市场配置资源的，所需经费由同级财政予以保障，不得开展经营活动，不得收取服务费用；可部分实现由市场配置资源的，所需经费由财政按照不同方式给予不同程度的投入，鼓励社会力量投入；可实现由市场配置资源的，实行经费自理，财政通过政府购买服务方式给予相应的经费补助，具备条件的，应逐步转为企业，今后这类单位主要由社会力量举办。由此看来，第二类也还不能完全算是第三部门范畴。[②]因此，我们很难将事业单位完整地装入第三部门的口袋之中。

那么，在我国，什么是“第三部门”呢？考虑到上述种种因素，我比较赞成邓国胜教授提出的观点，采取笼统的“排除法”恐怕是比较妥当的办法，也就是，将财政拨款的政府作为“第一部门”，纯粹以营利为目的的企业作为“第二部门”，而其他社会组织均属于“第三部门”。[③]

2. 纳入行政法视野的第三部门

实际上，采取“排除法”仍然无法解决我们认识论上的实质性问题。我们还必须大致梳理一下社会生活中有多少以及哪些属于“第三部门”的组织形态。这一方面能够给我们一个感性认识，知道“第三部门”大概是什么样的组织形态和基本特征；另一方面，我们也可以从行政法的特有视角和规制

---

① 余凌云：《行业协会的自律机制——对中国安全防范产品行业协会的考察》，载《清华法律评论》，2007(2)。

② 孙荣飞、郭晋晖：《事业单位分类改革酝酿试点 初选浙江山西重庆》，载《财经日报》，2006－07－26。http://news.sina.com.cn/c/2006－07－26/05099566577s.shtml，2006年7月26日最后访问。

③ 邓国胜：《中国第三部门的界定》，http://www.greenbeijing.net/envirinfo/ShowArticle.asp?ArticleID=1325，2006年6月6日最后访问。在我看来，“第三部门”的范畴是什么、外延有多大，这更应该是公共管理学、社会学研究的问题。在行政法学的研究上只要采取“拿来主义”就可以了。

范围大致归纳、锁定一些应该是且必须是行政法关注的组织形态和问题。

那么,我国现阶段属于第三部门范畴的组织形态究竟有多少？有哪些类型？这个问题本身就很复杂。第三部门按照一般的理解应当是介于第一部门政府和第二部门企业之外的组织,因而具有非政府性、非营利性。但采取排除法而归纳出来的第三部门,其范围极其广泛,形态多样,彼此特征有差异,甚至是很大的差异。

贾西津、王名等学者有关"国家—社会"模式在中国发展状况的研究表明,第三部门大致见图 4-1"社会领域"所示。从他们的研究结论,我们可以发现,图中所列的形态之间彼此交叉、包含的现象还是比较突出的,似乎很难依据一个标准就能够很妥当地、令人满意地进行分类。考虑到我国的第三部门还处于不断发展、变化之中,要进行科学的、完整的分类,似乎还为时过早。

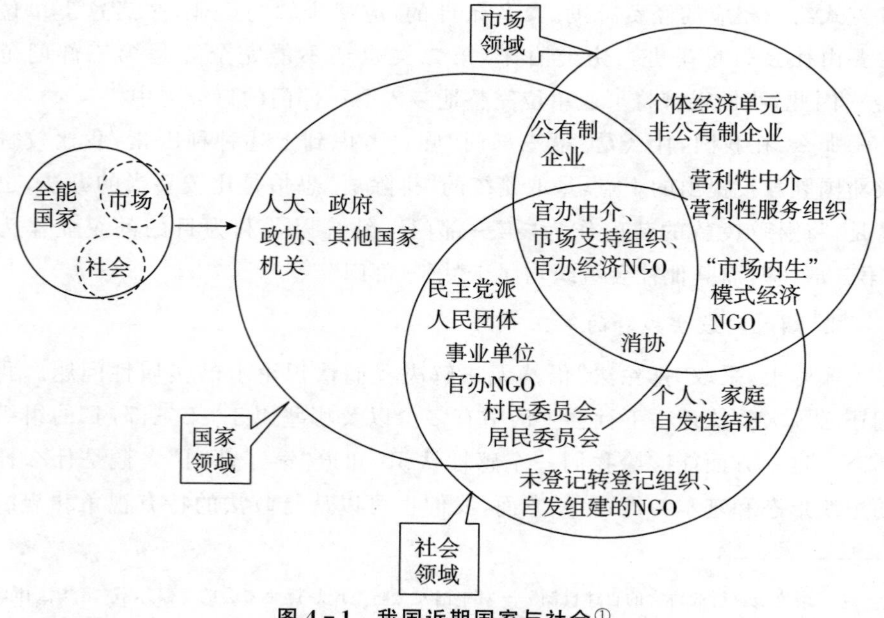

图 4-1　我国近期国家与社会[①]

① 引自贾西津、沈恒超、胡文安等:《转型时期的行业协会——角色、功能与管理体制》,101 页,北京,社会科学文献出版社,2004。

在这方面,邓国胜教授的研究值得关注。他把现实社会中不属于政府、企业的组织形态大概归纳为六种:[①](1)在民政部门登记注册的社会团体(包括基金会)。(2)在民政部门登记注册的民办非企业单位。(3)民间自下而上的草根组织。这类组织有的在工商部门登记注册,如"地球村""红枫妇女热线";有的作为二级社团存在,如"自然之友";有的没有登记注册,如"绿色知音"。[②](4)在单位内部活动,不需要登记注册的社会组织。例如单位内部的集邮协会,大学校园的学生社团。(5)广大农村的农民专业协会、农村合作社组织。(6)人民团体、事业单位、村民自治组织。尽管对这类组织的属性仍然争议较大,但是,还是可以大致将其列入"第三部门"范畴。

邓国胜教授的上述归纳显然是采用实用主义态度,不注重严格的内在逻辑关系,比如,每个类别之间可能会出现的交叉、重合关系(像事业单位和社会团体之间),但却具有"列举式"的说明和例示作用,让人们对"第三部门"范畴有个大致的把握。

从上述社会领域存在的第三部门形态看,第三部门在行政法上并非都具有关注的意义和价值,比如,人们出于兴趣爱好而自发结成的"草根"组织,像花鸟协会、书画协会,除了作为登记管理对象之外,与公法关注的行政主体有何干系?在我看来,行政法对第三部门的关怀主要是基于两个方面理由:一是某些第三部门组织承担着某种(类)行政管理任务,通常是以法律授权或者行政委托方式体现的;二是大部分第三部门组织从事着具有公法意义的公共治理活动,对其成员、第三人具有比较重大的权益影响,甚至直接涉及后者宪法基本权利的限制与剥夺,需要纳入行政法的研究范畴。除此之外的其他问题,可能就脱离了公法的视线,跨入了私法的关注范围。

很有意思的是,当我们翻看英国、德国和日本的一些重要行政法教科书时,会发现第三部门(the third sector)作为一个概念术语并没有被吸收进去。这个现象本身就很耐人寻味,这是否在警醒我们:第三部门现象的确值

---

① 邓国胜:《中国第三部门的界定》,http://www.greenbeijing.net/envirinfo/ShowArticle.asp?ArticleID=1325,2006年6月6日最后访问。

② 根据《中国发展简报》和清华大学NGO研究所等有关资料的估算,目前大陆稍微有点知名度的民间自发公益类NGO大约仅在300家左右。但是还有大量的自下而上的民间组织由于开展活动的范围较小,社会影响也很小,尚不为人所知。邓国胜:《中国第三部门的界定》,http://www.greenbeijing.net/envirinfo/ShowArticle.asp?ArticleID=1325,2006年6月6日最后访问。

得行政法关注,但由于其范畴本身的不甚清晰、认识的不尽一致,或许我们也无须匆忙地将这个概念术语引入到行政法学结构之中?是不是我们需要认真甄别出行政法的独特视角、概念切入点与研究范围,进而形成行政法上的话语、概念与范畴?

本书的研究对象仅限于以下这些有行政法上意义的第三部门形态:(1)行业协会、职业协会和综合性协会。(2)工会、共青团、妇联等其他社会团体。(3)基层群众性自治组织(包括村民委员会和居民委员会)。(4)"官办"基金会,如根据《道路交通安全法》设立的社会救助基金。(5)委托执行行政任务的中介机构。

尽管从外在形式上看,上述这些组织形态的遴选似乎带有很大的人为痕迹,但却具有很大的代表性。我试图从总体上、抽象意义上去归纳、分析它们在行政法上的意义之所在。

二、第三部门的兴起及其对行政法的意义

1. 第三部门的兴起

美国学者萨拉蒙(Lester M. Salamon)用大量的数字证明了我们正处于一场全球性的"社团革命"之中,并且预言"这场革命对20世纪后期世界的重要性丝毫不亚于民族国家的兴起对于19世纪后期的世界的重要性"。[①]

那么,在西方,为什么会出现这场革命呢?换句话说,"第三部门"兴起的历史背景与原因是什么呢?一种最为通行的解释就是,政治上的原因是市民社会的形成和壮大,第三部门是和市民社会紧密地联系在一起的。经济上的理由是"政府失灵"和"市场失灵",特别是所谓的"第二种政府失灵和市场失灵"。

"市场失灵"和"政府失灵",对于我们来说,可以算是耳熟能详,我们能够飞快地联想到"看不见的手"和"看得见的手"——亚当·斯密的自由主义市场经济理论、凯恩斯主义等概念。那么,什么是"第二种市场失灵"?这是指市场不仅在提供公共物品上存在着失灵,在提供私人物品时,市场也有一

① [美]莱斯特·萨拉蒙:《非营利部门的兴起》,何增科译,载何增科主编:《公民社会与第三部门》,243～246页,北京,社会科学文献出版社,2000。

些功能缺陷。例如，主要由于市场经济条件下的信息不对称，消费者无法有效地识别商品品质，于是消费者权益保护就成了单靠市场交换不能解决的一个问题，需要有“消协”这类组织存在。“第二种政府失灵”呢？是指政府不仅在从事竞争性私人物品的生产中存在着失灵，在公共事务方面，政府也有失灵之处。例如，民主政府的社会政策往往有一种“中位取向”，作为受选民委托者，它往往体现大多数选民的利益，而不能很好地满足社会中那些最弱势群体，以及其他特殊群体的需要。例如妇女、儿童、残疾人、赤贫者的保护，等等。同时，即使政府能够提供服务也有个效率与成本问题。政府作为雇员机构都具有官僚组织的弱点，运作成本高，容易导致浪费与文牍主义。因此，需要志愿组织的介入，它们有特殊的热情而不是冷冰冰的“公事公办”，成本也较政府要低。①

当然，上述解释还嫌笼统。英国学者做了更为细致的诠释，他们认为，创设准非政府组织(quasi-non-governmental organizations)的原因，可以用以下理论来解释：一是“缓冲”理论(the ‘buffer’ theory)，这是保护某些行为免于政治干预的方式。二是“逃避”理论(the ‘escape’ theory)，这是逃避传统政府部门众所周知的弱点。三是柯森理论(the ‘corson’ theory)，柯森(John Corson)认为这算是用其所长(put the activity where the talent was)。四是参与或兼管理论(the participation or ‘pluralistic’ theory)，这是理想的分散权力的方式。五是“迂回”理论(the ‘back double’ theory)，如果政府部门觉得在现有体制下无法自行实现，就可以通过建立新的组织来实现之。六是认为“官僚太多”(the ‘too many bureaucrats’ view)，而准非政府组织的成员不算是公务员。②

上述理由在英国政府的一份咨询报告“开发非政府组织”(*Opening up Quangos*)中得到回应，该报告把非政府组织存在的原因归结为不受政府过度干预(at arms length from the government to carry out certain activities)、提供专

---

① 秦晖：《全球化进程与入世后的中国第三部门》，http://www.china.org.cn/chinese/ch-yuwai/196856.htm，2006年6月6日最后访问。

② D. Hague, W. Mackenzie and A. Barker (eds), *Public Policy and Private Interests: The Institutions of Compromise* (MacMillan, 1975), p. 362. See also, *the Report on Non-Departmental Public Bodies*, Cmnd, 7797 (1980), paras 10－16. Cited from P. P. Craig, *Administrative Law*, Sweet & Maxwell, 2003, p. 92.

家指导(the provision of expert guidance)、让普通民众参与公共生活(the bringing of ordinary people into public life)、有能力对公众关注的事务及时作为反应(the ability to respond quickly to matters which are of public concern)、能够促进政府与其他利益(团体)之间的合作(the fact that such bodies facilitate a partnership between government and other interests)。[①]

第三部门在我国也同样蓬勃发展起来。截至2005年底,全国共登记社会团体171150个(按性质分,其中专业性社团50328个、行业性社团53004个、学术性社团39640个、联合性社团23961个),图4-2民办非企业组织147637个,基金会975个。[②]在体制之外,还有更多的没有登记注册的、半公开的、临时性的社会组织广泛存在。

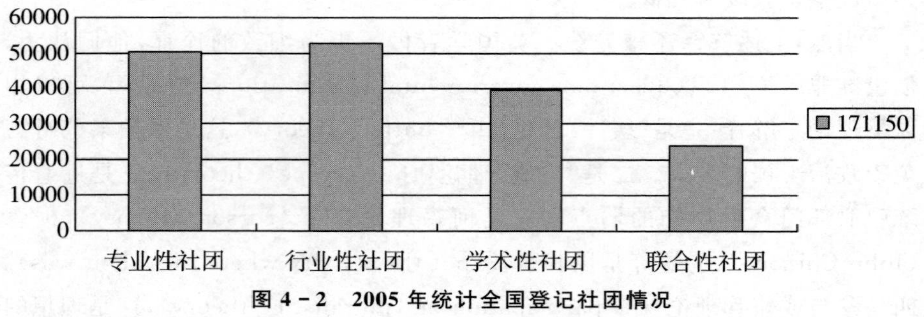

图4-2　2005年统计全国登记社团情况

第三部门在我国的兴起,其原因可能并不完全与西方社会相同。邢以群、马隽从经济分析的角度,认为我国不存在西方社会意义上的"政府失灵"和"市场失灵",第三部门实际上起源于传统计划经济的改革,是由于强制性制度变迁而引起的诱致性制度变迁的结果。[③]也就是政府在推进计划经济向市场经济转轨的过程中,逐渐放松对经济干预,市场在跟进过程中,其特征又发挥得不很显著,导致非秩序化竞争加剧和制度的"双重失落",需要一种新的机制来填补。在国际社会"第三部门"的兴起与发展浪潮中,很自然地诱发了这种制度变迁。

① Cabinet Office (November 1997), Ch. 2. Cited from P. P. Craig, *op. Cit.*, p. 92.

② 资料来源于中国民间组织网"统计资料"。http://www.chinanpo.gov.cn/web/index.do。2006年7月29日最后访问。

③ 邢以群、马隽:《中国"第三部门"起源的经济分析》,载《浙江社会科学》,2005(1)。

2. 在行政法上的意义

随着第三部门的兴起，对公共领域发挥的作用越来越大，也引起了社会学、政治学、经济学、法学等诸多学科学者的浓厚兴趣，有关第三部门的研究成果可谓汗牛充栋。行政法学者也倾注了越来越多的理论关怀。

行政法之所以关注"第三部门"，在我看来，主要在于其可能存在着的公法意义，在于其在国家治理中能够发挥的作用。具体而言：

首先，政府在行政体制改革和职能转变过程中，为进一步提高行政效率，克服行政机关"科层制"运行的弊端，实现良好行政，不断地将一些公共管理的职能通过授权或者委托方式转移给第三部门。

其次，由于第三部门在形成与发展过程中，基于行业自治、地方自治、高校自治等自治理念，从事着很多与私法活动迥然不同的公共治理活动，属于一种实质性的公共行政，对其成员影响至深，需要纳入公法规范的范畴。

再次，第三部门能够代表特定利益阶层或者团体的利益，积极与政府沟通，对政府政策的制定和实施施加一定的影响，努力实现社会公平与正义。这类活动显然要纳入行政程序、公共政策和公法规制理论研究的视野。

最后，在给付行政方面，第三部门能够满足政府和市场都不能满足的社会需求，比如，医疗健康服务；或者满足那些市场不能满足，政府从理论上可以满足但实际上没有满足的需求，比如，对特殊困难群体的社会救助需求。[①]

那么，第三部门的兴起对行政法(学)到底意味着什么呢？

(1)行政手段的多样化，更加灵活、有效地达成行政目标

第三部门的兴起，填补了政府公共管理和服务上的很多缺失，同时也为行政目标的实现提供了多样化的手段和路径。现在比较时髦的民营化(privatisation)、公私合作(public-private partnership)以及外包(contracting-out)等，都与第三部门有着千丝万缕的联系，也成为一种新型的实现行政目标手段，被政府越来越多地倚重。其中产生的诸多法律问题，也迫切需要行政法学者、行政实践者和立法机关去研究解决。

(2)对行政法的研究视角会产生冲击，进一步扩大行政法的研究疆域

① 王绍光：《促进中国民间非营利部门的发展》，http://www.usc.cuhk.edu.hk/wk_wzdetails.asp?id=3411，2007年1月1日最后访问。

随着第三部门的崛起,以及对公法领域的影响日益扩大,我们不禁要问:行政机关、行政权还会是行政法关注的唯一对象、唯一视角吗?我们通常从法律、法规、规章授权的组织角度去归纳和认识第三部门,这种视角无疑是以行政权为探寻基准的。所以,法律、法规、规章授权的组织是包含在“行政机关”的概念里。[①]也就是说,尽管其不是组织形式意义上的行政机关,但却属于事实上行使行政权的“行政机关”。但在我看来,这样的视角其实是有问题的。

从第三部门的发展趋势看,基于自治而实施的公共治理将越来越占有主导性地位。因此,用行政权来统和、解释第三部门的治理权(或者说是公共权力的一种来源),是不全面、不准确的。而且,这种“行政权”的狭隘视野也无法解决第三部门在行使治理权过程(非行政授权或委托)中产生的其他争议,反而引发更多认识上的混乱。

那么,对于第三部门涉及着类似于行政管理和行政权的公共治理和治理权,是否应当引入公法因素的规范?由此产生的纠纷是否应循行政救济途径解决?在我看来,公共行政恐怕不再仅仅是国家意志决定的问题,而是从根本上取决于对相对人基本权利保障是否必需。对第三部门的公共治理活动,公法规范显然比私法更能够妥善地保护成员的利益。带着对这些问题的关注,行政法学自然会进一步调整姿态,将核心由“行政权”转向“公共权力”,真正从实质意义上去关注公共行政领域发生的法律问题。

(3)在进一步拉张行政法视野的同时,会对行政法结构进行重构

如果我们将第三部门行使公共权力的现象纳入行政法调整的范围,首先在微观上我们就必须对行政主体理论进行相应的改造,行政法关注的目光将由法律、法规、规章授权的组织、行政委托进一步延伸到具有公共治理性质的第三部门管理活动。其结果必然是,原先在行政主体理论中架构起来的“依法授权或者委托的组织”及其改进型“承担行政任务的其他主体”都将受到冲击,甚至被放弃。在我看来,增补“承担公共管理任务的其他组织”为一种新的行政主体,恐怕从概念上更加周延、切合实际需要。行政主体理论的延展,促使行政组织更加开放,也必将对行政行为、行政复议、行政诉

① 姜明安主编:《行政法与行政诉讼法》,86页,北京,北京大学出版社、高等教育出版社,1999。

讼、国家赔偿等一系列制度带来连锁反应。

我们还可以进一步追问：进入21世纪之后，随着公共职能由政府向第三部门的部分转移，公共治理现象日益被行政法学者所关注，以及人权保障观念深入人心，以行政为核心的行政法结构是不是也将会发生革命性的变化？[①]

(4)对第三部门的政府规制问题也变得十分重要

有关研究表明，[②]民间组织在我国的迅猛发展与政府规制理念与制度滞后之间已经形成了尖锐的对立，大量的“非法”，但不见得不具有正当性的民间组织游离在法律的边缘之外。如何在“国家·社会·市场”形成的格局之中对民间组织进行适度的规制，同时又积极回应公众对结社自由日益高涨的需求？在政府职能转变和行政体制改革的过程中，政府与第三部门之间应如何互动？彼此关系的未来走向如何？等等，所有这些的确是现代行政法必须认真思考和回答的一个至关重要的问题。

中国的第三部门正处于不断改革和变化之中，与政府之间的关系、对公共事务的介入方式、范围和程度都处在不断摸索、博弈之中，在不断因时因势而寻求新的平衡当中。所有这些预示着，对第三部门的行政法研究，必然是一种动态的、发展的研究，今天的结论或许在明天就是谬论，其研究难度可想而知是很大的。

---

① 英国行政法在20世纪上半叶是以“行政为中心”，更加关注行政内的行为和决定的控制与促进问题，20世纪下半叶是以“司法审查为中心”，更多关注合法原则、自然正义和合理在法院与裁判所的发展问题。80、90年代公共领域的改革，走向了一个反向，权力和裁量不仅授予各种行政机关，而且还流向了私人机构(private bodies)。行政法的关注也将随之转向公共行政的新形式(new forms of public administration)、促进和控制公共行为的新技术(new techniques of control and facilitation of public activities)，Cf. Colin Scott，“*The ‘New Public Law’*”，Collected in Chris Willett (ed)，*Public Sector Reform and the Citizen's Charter*，Blackstone Press Limited，1996，pp. 43－45. 我对我国行政法的发展也有类似的感触。从我国行政法的发展历程看，在20世纪90年代前期，围绕着《行政诉讼法》的贯彻实施和行政审判实践，开展了较为深入的研究。随着理论的不断深化，在行政法结构之中，出现了行政诉讼与行政法之间的分道扬镳。90年代后期，对行政法的研究主要集中在行政法关注的传统范畴之内，比如行政处罚、行政许可、行政强制、行政程序，并进一步延伸到行政契约、行政指导等非权力行政，以及软法(soft law)现象，等等。行政法理论体系也显现出稳健的进步和较为成熟、稳定的结构。这从诸多差别不大的行政法教科书当中可以一叶知秋。那么，随着我们的视野进一步向公共治理领域的延伸，是否也会促成一种新的变革呢？我们将拭目以待。

② 高丙中：《社会团体的合法性问题》，载《中国社会科学》，2000(2)；谢海定：《中国民间组织的合法性困境》，载《法学研究》，2004(2)。

此外,我们还必须清醒地认识到,在行政法上引入第三部门概念,并不能缆括行政法上应当关心的所有从事公共管理活动的情形,比如,通过私法方式执行行政任务(即德国法上所说的“行政私法”)等。

三、对第三部门的研究现状

对于第三部门的现象(而非概念),或者类似现象,行政法学并非麻木不仁、视而不见。从已有研究成果看,行政法教科书、文献一般都是将它们放在“法律、法规、规章授权的组织”[①]“其他非政府组织”[②]“其他承担行政任务的主体”等内容中介绍,专著与论文多是对“第三部门”中个别组织形态的研究。[③]也就是说,目前行政法学对第三部门的关注与研究主要集中在行政主体理论上。至于媒体、公众和学者关注的涉及第三部门的诉讼纠纷问题,实际也是行政主体理论在行政诉讼原告理论上的延伸。

(1)法律、法规、规章授权的组织和受行政机关委托的组织

这是我国行政法比较传统经典的、一直占据主流地位的理论学说,[④]试图缆括着行政机关之外的从事公共管理活动、行使行政权的诸多复杂组织形态,从实质意义上扩展着行政主体理论的外延。其对具体组织形态的分类也是极其中国本土化的,分为:①社会团体,包括工会、共青团、妇联、残疾人联合会、个体劳动者协会、律师协会等;②事业与企业组织;③基层群众性自治组织,包括居民委员会和村民委员会;④有关的技术检验、鉴定机构。

这种理论也为立法机关和司法机关所接受,有着较为坚实的制度法的支撑。[⑤]

但是,随着社会的不断发展,行政体制改革的深入和政府职能的进一步

① 姜明安主编:《行政法与行政诉讼法》,北京,北京大学出版社、高等教育出版社,1999。

② 应松年主编:《中国行政法学观点综述》,北京,中国政法大学出版社,2006。

③ 比较重要的研究成果包括:黎军:《行业组织的行政法问题研究》,北京,北京大学出版社,2002;沈岿编:《谁还在行使权力——准政府组织个案研究》,北京,清华大学出版社,2003;余晖:《行业协会法律地位问题研究》,http://www.chinaxuexi.com/lunwen/jingjifa/2005/02/2014495741-2.html,2006年6月4日最后访问。

④ 姜明安主编:《行政法与行政诉讼法》,110～117页,北京,北京大学出版社、高等教育出版社,1999。

⑤ 例如,《行政诉讼法》(1989年)第25条第4款规定:“由法律、法规授权的组织所作的具体行政行为,该组织是被告。由行政机关委托的组织所作的具体行政行为,委托的行政机关是被告。”

转变，尤其是第三部门逐渐为行政法学者所关注，上述理论也受到了实践的冲击，表现为：

第一，因为法律规定或者表述得不(够)清晰、明确，是否属于法律、法规、规章授权，在有些情况下是很难判断的。

第二，随着第三部门的逐渐形成与日趋成熟，由政府直接授权、委托的情形渐趋减少，更多的是基于团体成员的权利让渡而获得公共治理权。公共治理权的行使无疑也应当受到公法原则的约束，应当纳入行政法的理论关怀之中，而法律、法规、规章授权的组织理论在这方面就显得力不从心、鞭长莫及了。

因此，我们可以预计，法律、法规、规章授权的组织理论已不能完全适应我国行政法实践发展的要求了，尽管其价值依然不可全盘否定，但可以肯定的是，在该理论之外还必须寻求其他的理论来弥补。

(2)对社会行政的关注

在这一类研究当中，对行政主体的关注做了进一步的扩大，突破了传统的行政机关、法律、法规、规章授权的组织，认为还应当有非政府公共组织。非政府公共组织包括社区组织(居民委员会和村民委员会)、行业组织(行业协会和专业协会)和公共事业单位。它们依据组织章程、规约进行自治管理、行使自治权，这种自治权属于一种公共权力，这类管理属于社会行政，是行政职能社会化的表现。①

但是，上述观点也受到了学者的批判，指出，将一些组织章程、规约看作是公权力的来源，这是有问题的，民间组织不可能纯粹依据其章程而行使公权力。非政府公共组织的权力来源还是国家授权。②

在我看来，上述批判还是一种强行政的惯常思维，没有真正认识到“国家·社会·市场”的相对分离之格局的形成，以及由此可能会造就我们还不很熟悉的公共治理形式和公共治理权。但是，上述批判也的确提醒我们，第三部门的公共治理是否都具有公权力性质？这还需要认真甄别。

---

① 石佑启:《论公共行政与行政法学范式转换》，170 页，北京，北京大学出版社，2003。

② 应松年主编:《当代中国行政法》，431 页，李洪雷撰写的第九章“其他承担行政法任务的主体”，北京，中国方正出版社，2005。

(3)对行政任务承担主体的概念重构

概念重构是建立在对传统理论的批判之上的,批判的要点有:第一,我国行政法学上对行政任务承担主体的概念体系,比较简单粗糙,不能反映现实中行政任务承担主体类型的多样性,也未能为我国行政组织法的变革提供理论支持。第二,法律、法规、规章授权的组织理论不能缆括现实生活所有的组织形态和权力来源,会导致国家监督特别是司法监督的缺位。第三,行政委托理论不能将公私合作等行政管理的新发展纳入进来,视野比较狭窄。第四,现有的概念体系,也缺乏对本土现象的深入把握。应当关注我国单位体制及其变革与行政任务承担主体的关联。

因此,李洪雷教授提出概念重构的设想,包括:(1)保持对公私法区分相对性认识的前提下,承认公私法的划分,引入公法人的概念。将公法人区分为公法社团、公务机构(公务法人)。(2)把一些监督管理委员会和普通行政机关改造成独立署,以增强其独立性;把一些履行执行性、操作性、研究性事务的行政机构或者事业单位改造成执行署。(3)关注私法形式的行政组织。(4)对于行政委托,应加强对公共服务的外包、特许经营、基础设施领域的公私合作等问题的研究。[①]

上述对传统理论的批判,我还是持基本肯定的态度,但是,上述的概念重构,在我看来,却有着浓厚的行政权与公法的强势色彩,而且,也过多地以西方第三部门的基本形态为思考、批判的标准。对由此开出的“诊断”方案,我持怀疑和批判的态度。在我看来,中国第三部门的发展与未来可能形成的模式,包括功能、与政府的关系、公法上的地位等,或许应该有着中国社会自身在特定情境下产生的特殊需求,不见得一定要与西方“殊途同归”。

(4)初步的分类研究

对第三部门特性的把握,从根本上应当建立在对具体组织形态的分类研究基础之上。我国行政法学者对行业协会、职业协会和其他类型的协会、基层自治组织等进行了总体和个案的研究,包括对足协、消费者协会、村民

① 应松年主编:《当代中国行政法》,431~432页,李洪雷撰写的第九章“其他承担行政法任务的主体”,北京,中国方正出版社,2005。

委员会、证券监督管理委员会、证券业协会和证券交易所的个案研究。[①]但像这样的个案研究还嫌过少。

上述现有理论的这样或那样的缺失，至少说明现有理论框架已经不能恰当地容纳和反映丰富多彩、姿态万千、层出不穷的实践样式。在"国家·社会·市场"初步形成之后，公共治理和公共权力渐现端倪，而我们却普遍关注不够。对第三部门涉及的公法问题也缺乏总体思考和系统梳理。因此，需要我们以更加宽阔的视野和胸怀去体悟、感触，去思考理论发展的方向。

四、对第三部门的公法审视

1. 行政改革与行政多样化

(1)通过授权、指派等方式让第三部门直接担当行政任务

第三部门之所以备受行政法的关注，根本在于其所担当的行政任务，其中有些是通过法律授权、规范性文件指派等形式明确的，也是我们十分熟悉的行政法现象，比如《村民委员会组织法》(2018 年)第 2 条第 2 款规定："村民委员会办理本村的公共事务和公益事业，调解民间纠纷，协助维护社会治安，向人民政府反映村民的意见、要求和提出建议。"又比如，嘉兴市行业协会改革发展协调小组发布的《嘉兴市行业协会改革发展实施意见》(2005 年 4 月 6 日)中规定"行业协会的年检工作由市民政局负责，初审工作由市总商会(工商联)负责"。有些则是通过内部的规章制度、约定等形式延伸了"国家治理"。何海波教授在对农村村民委员会的实证研究中已经充分地向我们展示和描述了这种现象。[②]这种现象在第三部门形成阶段尤为显著，而且，即便第三部门趋于成熟，这种法现象仍然不会消失，只是会适度地让位于公共

---

① 沈岿编:《谁还在行使权力——准政府组织个案研究》，北京，清华大学出版社，2003；黎军:《行业组织的行政法问题研究》，北京，北京大学出版社，2002；李迎宾:《试论村民自治组织的行政主体地位》，载《行政法学研究》，2000(4)；石佑启:《论公共行政之发展与行政主体多元化》，载《法学评论》，2003(4)；章永乐、杨旭:《村民自治与个体权利救济——论村民委员会在行政诉讼中的被告地位》，载罗豪才主编《行政法论丛》(第 5 卷)，北京，法律出版社，2002；高家伟、张玉录:《论"黑哨"中的行政法问题》，载《政法论坛》，2002(6)。

② 何海波:《通过村民自治的国家治理》，收录沈岿编:《谁还在行使权力——准政府组织个案研究》，北京，清华大学出版社，2003。

权力,在权力来源上会变得更加规范。

(2)公共治理与新公共管理模式

缘起于20世纪80年代的新公共管理运动,从英国、美国一直蔓延到新西兰、澳大利亚、日本等国家,掀起了"政府再造""行政革新"等思潮,对现代行政法的发展无疑会起到深刻的影响。

我国台湾地区学者蔡允栋指出,新治理系一种"新的"国家统治过程,以及社会整体被统治及规范的一种新的形式,经由拥有自我治理(self-governance)能力的组织网络而为治理;政府与其他组织或团体经由资源的相互依赖,一起承担工作与责任,达成共同治理的效果;……大家协力而为掌舵(co-steering)、管制(co-regulation)与合作;其乃系政府与社会的一种新的互动模式。①

那么,第三部门通过内部的规章制度、约定等形式参与的公共治理活动,提供公共产品的行为,在行政法上究竟具有什么样的意义?是否所有的公共治理活动都要纳入行政法的视野之中?如果不是,纳入的判断标准是什么?这些都是亟待我们进一步研究的公法课题。

(3)民营化与外包

为了进一步有效提高效率,政府对其所掌控的公共事业要进行大刀阔斧的改革。政府可以考虑的措施有取消(abolition)、民营化(privatisation)、外包(contracting out)、创设机构(creating an agency)或者维持现状(preservation of *status quo*)。②民营化(privatisation)可界定为更多依靠民间机构,更少依赖政府来满足公众的需要。③它是公共服务职能从公共领域(public sector)转移到私人领域(private sector),发生的领域要比第三部门所在的社会领域为宽,跨向了经济领域。主要采取两种方式:一种是行政组织的私法化,另外一种是通过委托、外包把行政任务交给民间组织去办理。外包(contracting out)则与行政契约密切地联系在一起,是通过签订契约的方式将某些公共服务功能转移给相对人来承担。第三部门的出现与繁荣,

---

① 蔡允栋:《官僚组织回应的概念建构评析——新治理的观点》,载《中国行政评论》,2001(2)。

② Cf. P. P. Craig, *op. Cit.*, p. 94.

③ Cf. E. S. Savas, *Privatization: The Key to Better Government*, Chatham, NJ: Chatham House, 1987, p. 3. 转引自,[美]E. S. 萨瓦斯:《民营化与公私部门的伙伴关系》,周志忍等译,2页,北京,中国人民大学出版社,2002。

为上述改革提供了承接的基础，成为政府执行行政政策的工具。

正如有学者观察到的，第三部门执行公共政策过程中，"也日益习惯接受政府的委托或补助，使得政府资金成了许多非营利组织重要的收入来源，此时，原本相互独立的政府和非营利部门，已发展成相互依赖的新关系，也就是所谓的公私协力（public-private partnership）关系，然而，公私之间的界限也逐渐变得模糊不清，从而衍生出一些争议性议题。"①主要是责任问题，也就是由第三部门执行公共政策及提供公共服务，其与行政机关之间、相对人之间将形成怎样的责任关系呢？按照 Koppell 的说法，这涉及透明度（transparency）、义务（liability）、控制能力（controllability）、责任感（responsibility）和回应性（responsiveness）（表 4－2）。

表 4－2　课责的概念

课责的概念	关 键 要 素
透明度	组织是否能够显露出其绩效的实况？
义务	组织是否能够面对其绩效结果？
控制能力	组织是否符合首长（包含国会及总统）的要求？
责任感	组织是否遵循法规？
回应性	组织是否符合顾客的期待？

资料来源：Koppell，2005：96。②

（4）行政委托

行政法上的委托类似于民法上的代理，但是，因为公法与私法的不同，在有些具体制度上两者还是有一定差别的。从理论上讲，行政委托可以发生在行政机关之间、行政机关与第三部门之间以及行政机关与公民个人之间。《行政处罚法》（1996 年）第 18 条、第 19 条只是解决了行政机关与事业单位（第三部门中的一种组织形态）之间的行政委托问题。从我国第三部门的发展看，接受政府部门的委托从事公共管理的情况不在少数。比如，《宁

① 江明修、郑胜分：《公私协力关系中非营利组织公共课责与自主性之探讨》，2005 年 8 月 26 日至 27 日"非营利组织之评估——绩效与责信"研讨会论文。

② 转引自，江明修、郑胜分：《公私协力关系中非营利组织公共课责与自主性之探讨》，2005 年 8 月 26 日至 27 日"非营利组织之评估——绩效与责信"研讨会论文。

波市促进行业协会发展规定》(甬政发〔2005〕31号)第19条规定:"市、县(市)、区人民政府及其有关部门应当支持行业协会开展行业服务,并根据行业协会实际承担能力,将行业评估论证、公文证明、技能资质考核、职称评定、行业准入、行业统计等职能逐步转移或者委托给行业协会。"

按照行政委托的理论,委托行政机关对受委托的机关、组织或者个人执行行政任务应当负责监督,并对该行为的后果承担法律责任。受委托机关、组织或者个人在委托范围内,以委托行政机关名义执行行政任务。但是,不得再委托其他任何组织或者个人实施。

2. 对第三部门的政府监管

第三部门具有非常复杂的组织形态,其内部的组织建构与运行原理、享有自治的程度、发挥的功能作用以及政府的监管方式等都存在着很大的差异,因此,很难有一个统一的行政法研究范式。最好的方法就是进行分类的个案研究。同样,在法律制度的建构上,也要分类规范。以下只是就其中的一些主要共性问题做一梳理。

(1)混合的法律规范体系

第三部门是在政府和市场之间形成的一个"社会"界面,在努力与国家相分离的市民社会运动中,第三部门的活动一般还是应当以私法来处理,过分公法化的倾向有可能对上述运动起到反向作用。

但是,第三部门又承担着社会治理工作,行使着具有一般治理效果的公共权力,其实施的治理行为具有实质上的公共行政意义,属于自治意义上的公共行政管理活动,并且对成员的权益影响至关重大,需要引入公法因素进行规范和控制。比如,村民委员会对集体财产的管理、分配和处分行为,必须民主公开,对于有利害关系的村民要有类似正当程序的保障。而且,在政府职能转变和行政体制改革的过程中,政府还不断以法律授权或者委托的方式让第三部门承担着这样或者那样的行政任务,这些显然是要纳入行政法的调整范围。

因此,对第三部门活动的法律调整,无论是单纯采取私法或者公法都是片面的,都无法取得良好的规制效果。对于一个混杂着不同性质法律关系的组织活动,采取公法与私法相混合、相交融的法律规范体系,恐怕比单纯采用公法或者私法都要有效。

(2)准入门槛

《社会团体登记管理条例》(2016 年)、《民办非企业单位登记管理暂行条例》(1998 年)、《宗教社会团体登记管理实施办法》(1991 年)和《外国商会管理暂行规定》(2013 年)构建起我国对第三部门的准入门槛。但是,有关研究显示,目前"挂靠"主管部门和过高注册资金的要求极大地阻碍了第三部门的发展,规制效果也不很好。据说,北京市先后查处了 400 余个非法结社的社团组织。[①]但有些"非法"社团不见得不具有正当性,这或许是因为政府对第三部门的准入门槛规定得过高过严,或者在审批上的拖沓、无效率而使得有些第三部门宁愿在合法性边缘之外"冒险"活动,也不愿意试图获得合法的"准生证"? 而这些问题存在的本身,正如有学者所指出的,说明社会团体存在着不容忽视的"合法性"危机。[②]

所以,从总体趋势看,政府设定的准入门槛应该适度放低,取消"挂靠"要求,采取一般登记与审批并行的体制,对相对重要的、涉及国计民生、比较敏感的组织实行审批,其他适用登记。

(3)政府监管体制

由第三部门来提供公共产品,是出于效率的考虑。但是,其本身特性使然,在追求效率的同时,对实现公正的关注不够。"有的近年来受资产阶级自由化思潮影响,政治方向发生偏差;有的从事以营利为目的的经营活动,干扰了国家正常的经济秩序;有的不经批准非法成立,或开展与其名称、宗旨不相符的活动;有的业务交叉重复,过多过滥;有的随意搞摊派或变相摊派,加重了基层和企业的负担。一些联谊性社团不断发展,形成了某些利益集团,影响了正常的社会生活秩序",[③]因此,需要加强对第三部门的政府监管,包括年审(检)、印章管理、财会制度、宣传指导、监督检查和对违法行为的处理等。

目前,我国对第三部门的政府监管体制正处于摸索、形成之中,我们面临的问题:一方面是监管失落,另一方面是监管过度。被诟病最多的是对社

① 谢海定:《中国民间组织的合法性困境》,载《法学研究》,2004(2)。

② 高丙中:《社会团体的合法性问题》,载《中国社会科学》,2000(2);谢海定:《中国民间组织的合法性困境》,载《法学研究》,2004(2)。

③ 《民政部清理整顿社会团体工作座谈会纪要》(民阅〔1990〕6 号,1990 年 8 月 2 日)。

会团体的民政部门和业务主管部门双重监管模式,还有就是业务主管部门不愿意放权。

我们可以说,在政府主动塑造和扶持第三部门发展的中国,政府放权的程度与对第三部门作用的认识程度,对于第三部门的发展具有举足轻重的决定性作用。而目前第三部门在我国健康快速发展的最主要的制度障碍恰好是政府(主管部门)在放权问题患得患失、裹足不前。

第三部门所代表的群体力量的出现,无疑对政府权力的行使会构成一个强有力的制约力量。但在现代民主宪政国家中,合作无疑应该是主旋律,第三部门将积极推进行政参与制度的建设。

(4)优惠的税收

同样出于扶持的需要及其公益性的考虑,对第三部门在税制上应该实行特别的优惠。社会的捐赠、赠与,以及办会展、教育培训的收入和收取的会费等都应当是免税的。

(5)法律救济

传统行政法是以行政权和行政行为为核心构建起来的。对于第三部门行使的公共权力引发的纠纷究竟能否纳入行政救济范围,就显得颇费周折。因此,将行政法的视角进一步扩及公共权力,并将第三部门行使公共权力的活动纳入行政法调整范围,将因此产生的争议纳入行政救济范畴,已成为很多学者的共识。①

当然,由于第三部门的活动极其多样、复杂,自治形态和自治程度也相当不同,所以,不是说,第三部门涉及的所有争议(即便是涉及自治领域的争议)都要纳入行政救济范围。只有当第三部门实施的公共管理行为涉及公法因素,应受公法原则约束,而且具有较高的自治程度时,由此产生的争议才应纳入行政救济的范围。如果是纯粹的民事活动,则受私法的调整。

从救济的效率和及时上讲,第三部门,比如行业协会,也可以在其内部设计相对公正的调解和仲裁制度,作为正式的行政救济制度的补充。②

---

① 江必新主编:《中国行政诉讼制度的完善——行政诉讼法修改问题实务研究》,75页,北京,法律出版社,2005。

② 余凌云:《行业协会的自律机制——对中国安全防范产品行业协会的考察》,载《清华法律评论》,2007(2)。

第五章　对行政自由裁量的合理性审查

第一节　现代社会中的行政自由裁量现象

一、概念

在概念称谓上,杨建顺教授对“自由”两字发难,认为是对“羁束裁量和自由裁量相混淆的结果”,建议改用“行政裁量”。[①]在我看来,这种指责显然出自日本法的情境话语。这种语境虽在清末民初带入中国,却在20世纪80年代行政法复兴中被淡忘。人们习惯了在一般意义上谈论“行政自由裁量”,在“行政裁量”和“行政自由裁量”之间来回跳跃。这个术语既已广泛接受,继续沿用也未尝不可。问题的关键是必须让人们了解自由裁量行使的规则,知道这是有限的自由,是“戴着镣铐跳舞”。在本书中,我也没有刻意去做区分。

在我国较早出现有关行政自由裁量的定义,恐怕要算是1983年出版的第一本部颁行政法教材——由王珉灿主编的《行政法概要》,里面对自由裁量的定义是:“凡法律没有详细规定,行政机关在处理具体事件时,可以依照自己的判断采取适当方法的,是自由裁量的行政措施。”[②]现在看来,这个定义显然是成问题的,因为“法律没有详细规定”意思含糊,是不是也包括法律根本就没做规定的情况?还是仅指法律对裁量要件和裁量效果没有作出详细规定?

---

① 杨建顺:《行政裁量的运作及其监督》,载《法学研究》,2004(1)。

② 王珉灿主编:《行政法概要》,113页,北京,法律出版社,1983。

之后的理论研究,也与西方一样,陷入了概念争议的泥塘。从普通法国家的文献看,最具代表性的理解有两个,一个是伽利根(D. J. Galligan)的广义裁量,在他看来,只要是具备判断与选择两个元素,就是裁量。从查明事实(the finding of facts),把确定的标准运用到事实上(the application of settled standards to the facts),直至决定的形成,都存在着裁量。[①]另一个是戴维斯(K. C. Davis)的狭义裁量,仅指在可作为、也可不作为之间作出选择的权力。[②]韦德(H. W. R.. Wade)和福赛(C. F. Forsyth)做了另一种近似表述,行政裁量是作为还是不作为,以及怎样作为的权力。[③]在德国和日本行政法上,也一直存在着类似观点,一种是广义的认识,行政裁量不仅包括效果裁量,还包括要件裁量。效果裁量,亦称行为裁量或者选择裁量,是指关于是否做出某种决定,或者在复数的决定中选择哪个决定,乃至何时做出决定的裁量。要件裁量,亦称判断裁量,是指对法律规范所规定的要件进行解释,以及将行政机关所认定的事实适用于法律规范所规定的要件时的裁量。[④]另一种是狭义的认识,严格区分法治情境下行为的条件(the conditions for acting in the circumstances covered by a rule of law)以及由此情境发生的法律效果之界定(a definition of the legal consequences which follow from the existence of those circumstances)之间的界限,在概念范畴上也严格地把不确定法律概念(undefined legal or statutory concepts)与裁量(discretion)区分开来,认为行政裁量就是指在若干法律效果之间做出选择决定的自由。[⑤]也就是行政裁量仅指效果裁量,不确定法律概念则不属于裁量范畴。[⑥]

---

① Cf. D. J. Galligan, *Discretionary Powers: A legal Study of Official Discretion*, Oxford, Clarendon Press, 1986, p. 20, 33.

② Cf. De Smith, Woolf & Jowell, *Judicial Review of Administrative Action*, Sweet & Maxwell, 1995, p. 296. K. C. Davis, *Discretionary Justice: a Preliminary Inquiry*, Greenwood Press, 1969, p. 4.

③ Cf. H. W. R. Wade & C. F. Frosyth, *Administrative Law*, Oxford University Press, 2000, p. 35.

④ 杨建顺:《论行政裁量与司法审查》,载《法商研究》,2003(1)。

⑤ Cf. Jurgen Schwarze, *European Administrative Law*, Office for Official Publications of the European Community & Sweet and Maxwell, 1992, p. 271.

⑥ 在德国,还有一种非主流的观点,比如施密特(W. Schmidt)、科赫(Koch)认为,裁量是对构成要件的补充,仅仅在法律要件上存在着裁量,法律效果并没有裁量的空间。参见王贵松:《行政裁量的内在构造》,载《法学家》,2009(2)。

在我国,也出现近似的两种争执不下的意见。

一种意见是"统一裁量说"。姜明安教授认为:"行政自由裁量是法律、法规赋予行政机关在行政管理中依据立法目的和公正合理的原则自行判断行为的条件、自行选择行为的方式和自由做出行政决定的权力。"[①]其中"自行判断行为的条件"之中显然包含了对事实的认定以及对法律条文的解释,是与"自行选择行为的方式""自由做出行政决定"并列的,在这三个要素之中都存在着裁量问题。杨建顺教授认为:"裁量行为,是指其要件及内容并不受法律规范的严格拘束,承认行政机关一定裁量余地的行为。"[②]据说,这样的认识甚至可以追溯到1927年白鹏飞的《行政法总论》(商务版)。郑春燕教授解释个中缘由,"统一裁量理论之所以在我国的行政法学研究中占据权威地位,这其中既有行政法学研究处于起步阶段、有关行政法基础理论研究尚未深入的原因,也不乏受早期外国法学说影响的因素。但真正促使统一裁量理论被学界普遍认可的,却是该理论符合我国当时和当下行政任务的需求所致。"[③]

另一种意见认为,行政裁量仅指效果裁量。这也是我所坚守的立场,理由是:

第一,尽管行为条件,包括对事实存在的判断和对法律条文含义的理解,与最终的行为选择(决定)之间有着极其密切的关系,是步骤上的依次递进和时间上的流程顺序,在查明事实和解释法律上也存在着判断(judgement)、估量(assessment),但是,它们在判断的依据、标准与方法上却有着本质的差别。比如,对于法律要件中可能存在的法律漏洞和法的漏洞,允许适用者再次进行类推发现法、补充法律要件,[④]这在效果裁量上却是难以想象的。

第二,就是采取机械的、形式主义的立场来讲,即便我们承认在事实或标准上有某些类似选择的现象,但与我们所说的裁量上的选择也是有着形式上的不同。裁量上的选择是法律事先规定好的,比如,如果……,可以做

① 姜明安:《论行政自由裁量权及其法律控制》,载《法学研究》,1993(1)。

② 杨建顺:《论行政裁量与司法审查——兼及行政自我拘束原则的理论根据》,载《法商研究》,2003(1)。

③ 郑春燕:《取决于行政任务的不确定法律概念定性——再问行政裁量概念的界定》,载《浙江大学学报》,2007(3)。

④ 王贵松:《行政裁量的内在构造》,载《法学家》,2009(2)。

A1，A2，A3，……，或者在 A1 或 A2……允许的幅度之内确定一个适度的决定，或者根据法律目的、工作经验与惯例等因素，是可以确定的，比如，"处警民警能够及时赶到现场"中的"及时"，可以根据接到命令、必要准备、路途远近、是否拥堵等因素作出判断。而法律要件的不确定，却是立法者有意留之，是立法时难以捉摸或者不宜定格的东西，需要执法者在执行中解释、类比、补充，甚至不断的试错。也可能正是这个原因，我们要对事实认定与法律适用采取更加严格，近似苛刻的审查政策，而在裁量的问题上却表现得宽容一些。因此，在事实与标准问题上谈选择似乎是不恰当的，我们更愿意认为在事实与标准问题上只存在着判断，而把选择留给裁量。

第三，在对事实和法律条文含义的判断问题上，我们在法庭调查以及法律解释技术上已经有了很多、很好的解决办法，其中具体的审查技术、路数和对裁量的审查不太相同，比如，对法律条文含义的理解，可以从立法史或者最佳实现社会效益目标的角度去阐释，又比如，事实是否存在，有赖于对证据的调查以及在此基础上的客观判断，而不能任意裁剪事实。因此，最好还是在概念上将它们从行政自由裁量中剥离出来。

上述解说是否足以澄清概念之争？我不敢说。这原本就是一个亘古难题。或许，与其纠缠，不如索性抛开，更多地去关心如何控制裁量，思考裁量治理之策略。但为阐述的完整，我还是姑且给出一个定义。所谓行政自由裁量就是指在法律许可的情况下，对作为或不作为，以及怎样作为进行选择的权力。它是给决定者在确定的框架与内容之内的一定程度的自治。裁量有着两个层次的选择：一是行为选择，包括作为与不作为；二是在作为的前提下产生的有关幅度、时间、程序上的选择。（见图 5－1）

但对上述表述千万不要产生误解，行为的选择，绝对不是说，只要行为人在上述任何一种方式之中进行选择，或者在允许的幅度之内任意处置都是许可的，都是合法的。在历史上的确曾有过一种观点，认为在这种自治领域内，权力行使者可以根据他认为任何合适的理由，或者根本就不要什么理由，做出决定。只要是在其权限范围内，都是对的。这种观点一度也左右着法院对行政行为司法审查的态度，但是，现在已经被抛弃了。①

---

① Cf. D. J. Galligan, *Discretionary Powers: A legal Study of Official Discretion*, Oxford, Clarendon Press, 1986, p. 6.

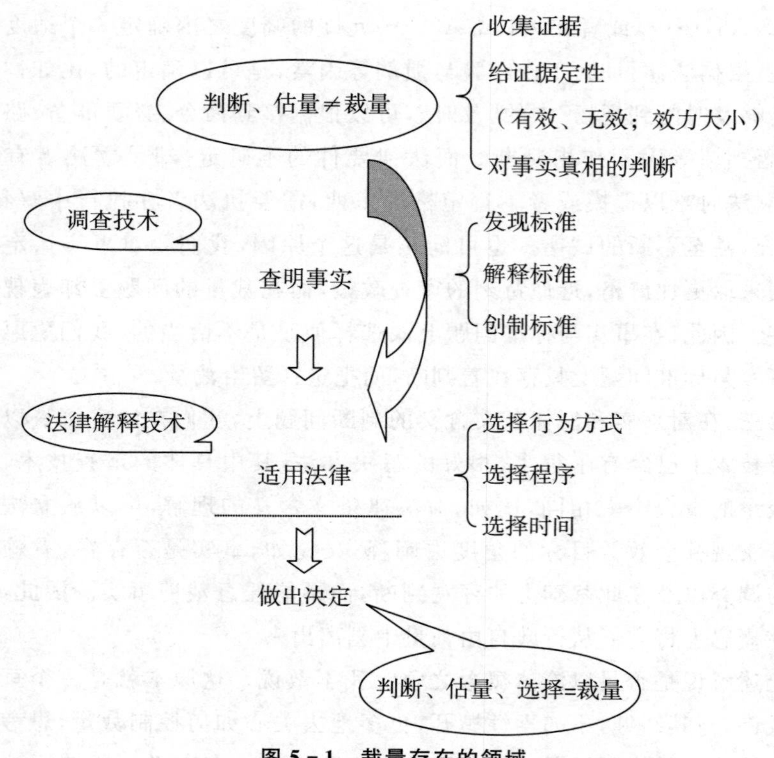

图 5-1　裁量存在的领域

我们所说的行为选择,是指结合正在处理之中的个案具体情境,并且遵从正当程序、比例原则与合理性原则,得出的行为模式,尽管可能结论不同,只要是合理的、合乎比例的,都是法律所认可的,是在合法范围之内可以被法院以及相对人所接收或者容忍的。因此,对于本质相同的案件,由不同的地方、机关或人员来处理,即使是严格按照正当程序操作出来的结果可能也是不一样的,当然也有可能一样。这不是任意选择的结果,而是因为具体操作者的学识、行政经验、对案件涉及的价值和行政目标的判断以及有益的外在因素等综合影响与作用的结果。像这样的结果差异,只要不是明显不当,是能够被容忍的。

二、产生裁量的原因分析

在现代行政法中,行政自由裁量毫无疑问是处于一个很核心、很惹人注目的位置。尤其是第二次世界大战之后，随着市场失灵，政府加大了干预社会经济生活的力度和广度，行政自由裁量也愈益扩大。克鞫（Charles H. Koch）甚至说，行政法被裁量的术语统治着（Administrative law is dominated by the term discretion）。[①]之所以如此，可以从以下两个方面获得理解：

第一，从消极的意义上讲，可以认为是立法能力的有限性，无法概揽无余地预测、规范变幻不拘、姿态万千的社会发展，有时也不能用清晰、准确的语言描述规则，需要用裁量来弥补。

第二，从积极的意义上讲，是因为行政自由裁量有着适应社会经济发展和行政规制的需要，是为了实现个案的正义（individualized justice）。而个案正义通常被认为比由精确的规则推导出的结果更好。[②]所以，现代社会需要裁量，更需要在规则与裁量之间找到一个“黄金分割点”。

第二节　合理性审查的变迁

一、初创合理性审查

在行政诉讼付诸实践之际，就建构了对行政自由裁量的实质审查标准体系。《行政诉讼法》（1989 年）第 54 条第（二）项第 5 目规定，对于“滥用职权”的，判决撤销或者部分撤销。第（四）项规定，“行政处罚显失公正的，可以判决变更。”上述规定“已经承认并初步确立了合理性审查原则。”[③]

“显失公正”与“滥用职权”是何种关系？一种观点认为，“显失公正”是“滥用职权”的一种表现。“滥用职权”是“所有违反合理性原则的自由裁量行为的总概念”。“显失公正”是“滥用职权”的下位概念，[④]一些判案也持同

---

① Cf. Charles H. Koch, “*Judicial Review of Administrative Discretion*” (1986) *George Washington Law Review* 469.

② Cf. Kenneth Culp Davis, *Discretionary Justice: a Preliminary Inquiry*, Greenwood Press, 1969, p. 15.

③ 陈少琼：《我国行政诉讼应确立合理性审查原则》，载《行政法学研究》，2004(4)。

④ 朱新力：《行政滥用职权的新定义》，载《法学研究》，1994(3)。袁明圣：《对滥用职权与显失公正行为的司法审查》，载《法律科学》，1996(6)。

样立场。[①]另一种观点认为,“滥用职权与显失公正是同一问题的两个方面,或者说是对同一事物的不同角度的表述。”区别只是角度不同,“滥用职权是从主体和行为着眼,显失公正则是从行为结果着眼。”[②]我赞同第一个看法。《行政诉讼法》(1989 年)第 54 条第(四)项仅规定了对显失公正的行政处罚可以判决变更,“这里的‘可以’并非说‘可以变更也可以维持’,而应当是说‘可以变更也可以撤销’”。[③]其他行政行为也可能出现显失公正,也应当判决撤销。撤销可资援用的审判依据只能是《行政诉讼法》(1989 年)第 54 条第(二)项第 5 目的“滥用职权”。

在 1989 年行政诉讼法的立法说明中,对“滥用职权”没有只字片纸,对于“显失公正”,做了反面解释,“至于行政机关在法律、法规规定范围内作出的行政处罚轻一些或者重一些的问题,人民法院不能判决改变。”[④]那么,“显失公正”是否就是畸轻畸重呢?最高人民法院行政法官认为不完全是。“在某些特殊的情况下,仅仅用畸轻畸重来界定行政处罚显失公正是不够的,因为对显失公正来说,不仅仅是要看处罚的结果,而且要看这些处罚的目的和动机。同时,在实践中还要注意衡量显失公正的方法。”[⑤]这里影射了作为量度方法的比例原则与平等对待。

当时全国人大法工委、最高人民法院有关领导主编的有关释义、讲义中,“初涉行政滥用职权这一理论问题时就基本上达到对其内涵确定上的共识”,[⑥]是指行政机关在权限范围内,不正当行使行政权力,违反法定目的的

---

① 比如,“郑仲华不服福建省莆田市建设局拆迁行政裁决案”,https://www.pkulaw.com/pfnl/a25051f3312b07f3e8a486cf876dea37e488493397e6d2d1bdfb.html? keyword=郑仲华不服福建省莆田市建设局拆迁行政裁决案,2021 年 8 月 31 日最后访问。

② 胡建淼:《有关行政滥用职权的内涵及其表现的学理探讨》,载《法学研究》,1992(3)。

③ 江必新:《行政诉讼法——疑难问题探讨》,72 页,北京,北京师范学院出版社,1991。

④ 1989 年 3 月 28 日在第七届全国人民代表大会第二次会议上,时任全国人大常委会副委员长、法制工作委员会主任王汉斌所做的《关于〈中华人民共和国行政诉讼法(草案)〉的说明》。http://www.npc.gov.cn/wxzl/gongbao/1989-03/28/content_1481184.htm,2021 年 7 月 1 日最后访问。

⑤ 黄杰主编:《行政诉讼法贯彻意见析解》,140~141 页,北京,中国人民公安大学出版社,1992。

⑥ 胡建淼:《有关行政滥用职权的内涵及其表现的学理探讨》,载《法学研究》,1992(3)。

具体行政行为。[①]第一，“在权限范围内”的限定，意义非凡，划清了“滥用职权”与“超越职权”之分野。前者是发生在“权限范围”之内的实质违法，后者是超越“权限范围”之外呈现出来的违法形态。第二，强调“目的说”。“滥用职权”的本质是违反法定目的、目的不正当。这是学者、法官和立法参与者一早就锁定的共识，之后成为主观说的滥觞。第三，滥用职权指向行政机关的行为不法，而非工作人员的行为非法。但是后来，“滥用职权”却突变为审查行政机关工作人员主观上是否存有故意，目的是追究其个人责任。

在“权限范围内”，做出的决定不当或不合理，是否构成违法？上述定义却未言明。于是，便有了两种不同认识，一种是认为，“滥用职权”发生在“权限范围内”，是“合法”的（其实是形式合法），由于缺少实质合法观念，所以，粗疏地认为“不构成违法，仅属行政不当。”持此观点的学者必定主张，行政诉讼以合法性审查为原则，以合理性审查为例外。[②]另一种理解，也是我认同的当下通说，“滥用职权”不仅不当，而且违法。“‘滥用职权’与‘显失公正’同为严重的不合理，以致行政行为表面上‘合法’，实质上背离了立法目的、基本精神，而处于‘违法’状态。”[③]“合法性审查与合理性审查应是一致的，而不是互相排斥的。”[④]它们之间的区别仅是形式合法还是实质合法、形式越权还是实质越权。立法参与者也认为，“在坚持合法性审查原则的前提下，对合法性原则的内涵作了扩大解释，将行政机关因滥用自由裁量权而导致的明显不当的行政行为也作为违法行为”。[⑤]

另外，很早就澄清了两个重要误读，形成了主流性认识。一个是，“在实际生活中，人们常常把行政机关及其工作人员违法行使职权指控为‘滥用职权’。这显然把‘滥用职权’的范围错误地扩大至‘行政违法’。”[⑥]不少法官、学者却深受影响。这种与违法同构化的滥用职权，“会打破行政诉讼法第54

① 胡康生主编：《行政诉讼法释义》，92页，北京，北京师范学院出版社，1989。马原主编：《中国行政诉讼法讲义》，186页，北京，人民法院出版社，1990。

② 应松年主编：《行政诉讼法学》，59页，北京，中国政法大学出版社，1999。罗豪才主编：《行政法学》，357页，北京，中国政法大学出版社，1996。

③ 腾亚为、康勇：《论行政诉讼变更判决的适用范围——兼评新〈行政诉讼法〉第70条》，载《重庆理工大学学报（社会科学）》，2015(10)。

④ 陈少琼：《我国行政诉讼应确立合理性审查原则》，载《行政法学研究》，2004(4)。

⑤ 袁杰主编：《中华人民共和国行政诉讼法解读》，21页，北京，中国法制出版社，2014。

⑥ 胡建淼：《有关行政滥用职权的内涵及其表现的学理探讨》，载《法学研究》，1992(3)。

条第2项中五种审查标准之间相并列的逻辑结构,导致其他四种标准被滥用职权所架空。"[①]另一个是,纠正了生硬的说文解字,明确了滥用职权就是滥用裁量权。不能拘泥于字面意思,认为滥用职权针对的是职权而非自由裁量权。其实,行政行为可以分为羁束行为与裁量行为,都是行使行政权力。"行政不当的范围只发生在自由裁量行为当中,不发生在羁束行为中,行政违法则可能发生在自由裁量行为或羁束行为中。"[②]

二、立法与理论的突变

行政诉讼法经过二十多年实践,2014年迎来首次大修。《行政诉讼法》(2014年)第70条第(五)项继续沿用了"滥用职权",又增列"明显不当"于其后,立法理由是,《行政诉讼法》(1989年)第54条"对于行政机关明显不合理的行政行为,没有规定人民法院可以判决撤销,不利于解决行政争议"。[③]第77条第1款也同步将行政处罚"显失公正"改为"明显不当"。

在立法参与者看来,首先,"明显不当"与"显失公正",没有实质差别,只是为了和行政复议法,以及第70条已经采用的术语保持一致。[④]其次,"明显不当是从客观结果角度提出的,滥用职权是从主观角度提出的。""'滥用职权'是一种严重主观过错,针对的是行政自由裁量权,表面上合法但实质极不合理,因此归入了不合法的范畴。"明显不当的理解不宜过宽,仅是"行政行为结果的畸轻畸重",仍然属于合法性范畴。[⑤]

在行政诉讼法修改前后,学者之中也不乏类似观点,认为主观故意区分了"滥用职权"与"显失公正""明显不当",前者是从主观层面,后者是从客观

---

① 施立栋:《被滥用的"滥用职权"——行政判决中滥用职权审查标准的语义扩张及其成因》,载《政治与法律》,2015(1)。

② 许崇德、皮纯协主编:《新中国行政法学研究综述(1949—1990)》,522页,北京,法律出版社,1991。

③ 2014年8月25日在第十二届全国人民代表大会常务委员会第十次会议上,时任全国人大法律委员会副主任委员李适时所做的《全国人民代表大会法律委员会关于〈中华人民共和国行政诉讼法修正案(草案)〉修改情况的汇报》,http://www.npc.gov.cn/wxzl/gongbao/2014-12/23/content_1892455.htm,2021年7月2日最后访问。

④ 信春鹰主编:《中华人民共和国行政诉讼法释义》,203页,北京,法律出版社,2014。但是,《行政复议法》(2023年)第63条第1款第(一)项改为"内容不适当",不再采用"明显不当",以便与第1条规定的"不当"相呼应。

⑤ 袁杰主编:《中华人民共和国行政诉讼法解读》,197页,北京,中国法制出版社,2014。

结果。[①]一些法官也认为,"明显不当"适用于客观结果上明显不当但无法判定主观过错、主观过错不符合"滥用职权"标准的要求或主观上不存在过错的情形。"滥用职权"标准,重在考察行政机关目的不当,未充分考虑相关因素,具有主观上故意和重大过失。[②]"滥用职权就是主要证据不足、超越职权、适用法律错误、程序违法、明显不当标准的次级标准,规制的是这些具体违法中行政机关主观故意违法的形态。"[③]

于是,理论上出现第一次突变,在继续坚持"滥用职权""明显不当"是实质合法性审查标准的基础上,出现了"主观过错"与"客观结果"二元划分,却是采用两个迥异的观察视角与识别标准。"滥用职权"的构成要件包括,第一,"在法律、法规规定范围内",第二,存在"主观过错",第三,裁量权力行使不当,包括客观结果不当,构成实质违法。"明显不当"的构成要件则是,第一,"在法律、法规规定范围内",第二,"客观结果"畸轻畸重,第三,不问主观状态。

鉴于法院极少、也不愿引用"滥用职权",为了追求理想的控权愿景,不少学者对上述理论进行重述,滥用职权是从属于"明显不当"的次级标准,仅"应理解为主观方面的审查标准","限于行政机关违背法律目的、恶意行使权力的情形"。[④]主观动机、恶意都与目的相关,都可以归结于不正当的目的,这种意义上的"滥用职权"就是目的不适当,具体外在表现是打击报复、任性专横、反复无常、徇私枉法。"明显不当"是合理性审查的一般标准,"主要适用于审查客观不当的行政行为,如未考虑相关因素或违反一般法律原则等情形。"[⑤]这是理论上的第二次突变。经过上述一番作业,基本上是除了目的不适当之外,以往理论上认为属于"滥用职权"的其他情形都转入了"明显不当"。"明显不当"的外延也远远超出了立法参与者当初设想的客观结果畸轻畸重。

---

① 朱新力:《行政处罚显失公正确认标准研究》,载《行政法学研究》,1993(1)。

② 吴猛、程刚:《行政诉讼中"滥用职权"审查标准适用问题研究》,载《法律适用》,2021(8)。

③ 高鸿、殷勤:《论明显不当标准对行政裁量权的控制》,载《人民司法(应用)》,2017(19)。

④ 何海波:《论行政行为"明显不当"》,载《法学研究》,2016(3)。

⑤ 周佑勇:《司法审查中的滥用职权标准——以最高人民法院公报案例为观察对象》,载《法学研究》,2020(1)。

第三节　审查标准之间的关系

合理性审查究竟为何？已经有不少学者对法院的有关判案做过梳理、归纳与总结,结论却令人沮丧,“滥用职权标准在判决中适用的情形较为混乱,看起来大多与行政裁量无关。”[①]“扩张性地适用滥用职权审查标准”,“挑战了将滥用职权标准的涵义限定为滥用裁量权的主流学说”。[②]在审查标准的选用上也欠缺章法,随意性较大。从杂乱无章、矛盾重重的众多判决中,似乎也很难找到让人信服的规律与结构。

因此,要澄清“滥用职权”“明显不当”标准,还要进一步采取两个重要措施,让审查标准各归其位、各司其职。首先,坚持已有的一些有益共识,对于各种审查标准,量体裁衣,各得其宜。其次,从司法审查发展规律出发,明确形式合法标准、实质合法标准的适用次序,以及“滥用职权”“明显不当”的引用序次。

一、让审查标准各自归位

在我看来,第一,裁量就是在效果选择上决定做或者怎么做。事实认定、法律适用上没有裁量。“滥用职权”“明显不当”与“超越职权”“主要证据不足”“适用法律、法规错误”之间应该泾渭分明。第二,行为程序、职责履行可能会涉及裁量,“滥用职权”“明显不当”与“不履行法定职责”“违反法定程序”之间或许有些许交叉,却有着各自独立内涵,不可能彼此完全替代。否则,它们也不可能在行政诉讼法上友风子雨、并行不悖。它们在审查标准体系中的边际划分,很大程度上是人为干预设定的结果。

1.“超越职权”“滥用职权”不能并用

“超越职权”是形式上的越权,根据有关职权规定,很容易做客观判断。

---

① 沈岿:《行政诉讼确立“裁量明显不当”标准之议》,载《法商研究》,2004(4)。

② 施立栋:《被滥用的“滥用职权”——行政判决中滥用职权审查标准的语义扩张及其成因》,载《政治与法律》,2015(1)。

而“滥用职权”“明显不当”是实质上的越权，从外在形式上很难判断，必须通过实质性审查才能发现。在不少判决中，两者并用，比如，“黄煌辉诉南安市丰州镇人民政府行政赔偿案”中，法院认为，政府强制当事人参加计划生育国策学习班“行为不属于计划生育行政执法行为，而系超越职权和滥用职权的违法行为”。[①]其实，“滥用职权”“明显不当”就一定不是“超越职权”，二者不可兼得。对一种权力的行使样态，不可能既越权又滥用，不会出现形式与实质双越权。

2. 事实不清、“主要证据不足”是形式违法

事实认定不存在裁量。“主要证据不足”指向事实不清、事实认定错误，是形式违法的审查标准，有别于“滥用职权”“明显不当”。法官只要查明案件事实不清、主要证据不足，就足以判决撤销。只要事实出错，就可能引发法律适用错误、处理结果不当等一连串反应，就要推倒一切，从头再来。比如，“临汾市尧都区人民政府等与临汾市兴国实验学校登记上诉案”，[②]法院认为，“临汾市尧都区人民政府未尽审慎审查义务登记，发证行为明显不当。”其实，本案应该是事实不清，因为申请材料不全，被告却贸然登记，发证也必定不当。

尽管滥用职权可能会出现任意裁剪事实，却不是事实不清，而是事实清楚，却任意取舍、固持成见、视而不见，比如，“秦然等诉薄壁镇人民政府为征收车船税扣押其车辆要求撤销具体行政行为返还车辆并赔偿损失案”，车船税已交的事实是清楚的，乡政府却不认可，构成滥用职权。[③]这与事实认定不清终归不同，也易于辨识。

3. “适用法律、法规错误”也偏向形式违法

“适用法律、法规错误”一般是指选择法条错误、不周延、无依据等，属于

① 最高人民法院中国应用法学研究所编：《人民法院案例选》2002年第4辑(总第42辑)，463页，北京，人民法院出版社，2003。

② 参见山西省临汾市中级人民法院(2016)晋10行终78号行政判决书。

③ https://www.pkulaw.com/pfnl/a25051f3312b07f319905f68e2b683e403a04e7c53be96a8bdfb.html?keyword=秦%20然等诉薄壁镇人民政府为征收车船税扣押其车辆要%20求撤销具体行政行为返还车辆并赔偿损失案，2021年8月31日最后访问。

形式违法,易于客观判别。实践中容易混淆的是,完全可以引用“适用法律、法规错误”判决撤销的,但却转用“滥用职权”“明显不当”,比如,没有适用有关规范、[①]没有正确适用有关政策解释、[②]没有法律依据。[③]

“滥用职权”“明显不当”是在“法律、法规规定的范围”发生的裁量不当。也可能会涉及法条应选未选、该用不用。但是,应选、该用的都是关于考量因素的规定。不选用就是不考虑,本质上构成裁量失当。大致包括三种情形,一是找到了恰当的法条,也在法定幅度内裁断,却出现量罚失当。[④]二是也可能没有找到应当考虑的法定因素,表面上似乎是法律检索不周,法规范适用缺失,实际上是相关考虑不当。[⑤]三是没有适用从轻、减轻、从重规定,本质上是没有考虑相关因素。这些情形中,如果不结合结果明显不当,仅凭没有考虑这些法定因素,很难径直判决撤销或变更。这些情形当然也可以宽泛地理解为适用法律错误,但是,从形式上看,法规范适用基本上没有问题,主要是裁量不当,故而引用“明显不当”更妥。也有法官同时适用上述两个标准。[⑥]

4. 程序滥用视为“违反法定程序”

在“明显不当”成为审查标准之前,在一些判决中有过在一般意义上对程序明显不当的评价。《行政诉讼法》(2014 年)第 70 条增列“明显不当”之后,引用“明显不当”的判决变多,但是,多数是认定“程序明显不当”,判决撤

① 比如,“界首市恒发建材购销有限公司诉被告界首市公路运输管理所公路运输行政处罚案”,参见安徽省界首市人民法院(2018)皖 1282 行初 58 号行政判决书。

② 比如,“佛山市南海区君诺电子厂、佛山市南海区人力资源和社会保障局劳动和社会保障行政管理(劳动、社会保障)案”,参见广东省佛山市中级人民法院(2017)粤 06 行终 610 号行政判决书。

③ 比如,“高志伟等诉延吉市林业局许可案”,参见吉林省延吉市人民法院(2016)吉 2401 行初 121 号行政裁定书。

④ 比如,“曹长菊等诉莱芜市公安局莱城分局牛泉派出所处罚纠纷案”,参见山东省莱芜市中级人民法院(2016)鲁 12 行终 37 号行政判决书。

⑤ 比如,“高耀荣诉溧阳市建设局房屋拆迁行政裁决纠纷案”,参见张怡静、陈越峰:《公正适当裁量中的“相关考虑”——从对中国行政审判案例第 71 号的讨论切入》,载《法律适用》,2019(4)。我也认同张怡静、陈越峰的论断。被告裁定没有考虑应当考虑的法定因素,应该构成“滥用职权”,而不是“适用法律、法规错误”。

⑥ 比如,“蒋于武诉重庆市涪陵区公安局治安行政处罚案”,参见重庆市第三中级人民法院(2014)渝三中法行终字第 00020 号行政判决书。

销。只发现了一起案件判决变更，也是对实体而非程序的变更。[①]

那么，在撤销依据上是选择《行政诉讼法》(2017 年)第 70 条第(六)项"明显不当"还是第(三)项"违反法定程序"？从司法实践看，有单独适用其中之一，也有一并适用的。[②]单从第 70 条撤销判决看，上述判决没有问题。但是，从体系解释上，《行政诉讼法》(2017 年)第 70 条第(六)项、第 77 条第 1 款都规定了"明显不当"，涵义应当一致。然而，涉诉的行政处罚决定已经形成，甚至已经执行完毕，有关程序即使明显不当，客观上不具备判决变更的可能性。[③]仅此一点，就足以认为，"显失公正""明显不当"不适合用于程序。

滥用程序是滥用程序上的裁量权，有引用"滥用职权"的判决，[④]也有判决"违反法定程序"。那么，如何援用为好？我们可以有两种抉择，一个是一分为二，"违反法定程序"中的法定程序，仅指没有裁量余地的有关程序的羁束规定，程序上可以裁量的规定不在此列。程序裁量上出现失当，归入"滥用职权"。"正当程序和法定程序在逻辑关系上是并列的，在没有法律就相关程序作出明确规定的前提下，理论上将就进入了裁量的范畴，此时，对其违法性的断定适用滥用职权更为恰当。"[⑤]另一个是将滥用程序从"滥用职权"中剔除，一律适用"违反法定程序"。这种归类自然具有很强的人为划分痕迹，却化繁为简、整齐划一。

在我看来，后一种选择似乎更好。对行政诉讼法规定的"法定程序"，应当理解为，第一，法律、法规、规章或规范性文件规定程序的，应当遵守，而且，应当依据正当程序进行解读与操作。第二，没有程序规定的，应当遵守

---

① 在"曹琳铭与龙岩市公安局交通警察支队处罚上诉案"中，二审法院认为，被上诉人吊销机动车驾驶证的时限违反法定程序，导致上诉人再取得驾驶资格的权利延后，被诉行政行为关于"起始时间的计算明显不当"。判决变更起算时间。参见福建省龙岩市中级人民法院(2016)闽 08 行终 106 号行政判决书。

② 比如，"阿拉斯加杰克海产公司与国家工商行政管理总局商标评审委员会案"，参见北京知识产权法院(2016)京 73 行初 5973 号行政判决书。

③ 梁君瑜：《行政诉讼变更判决的适用范围及限度》，载《法学家》，2021(4)。

④ 比如，"潘龙泉诉新沂市公安局治安行政处罚案"，https://www.pkulaw.com/pfnl/a25051f3312b07f3ddeabf4b67d9557174edb502480aa34ebdfb.html?keyword=潘龙泉诉新沂市公安局治安行政处罚案，2021 年 8 月 30 日最后访问。

⑤ 《"拆违"中作出限期拆除通知应符合正当程序原则——陈刚诉句容市规划局、句容市城市管理局城建行政命令案》，https://www.nlaw.org/a/Lawyer/blog/2017/0517/942540.html，2021 年 10 月 8 日最后访问。

正当程序要求。这之中已隐含了裁量抉择及其边际。“法院事实上已经取得了对正当程序独断的解释地位。”[①]对于程序滥用,不少法官也视为“违反法定程序”。[②]

5.“不履行法定职责”可以是一个独立标准

“不履行法定职责”也就是学术上所称的不作为,是对裁量权的不适当拘束,多视为“滥用职权”的一种情形,在判决上也可能会评价为“滥用职权”。[③]但是,第一,在立法上,“不履行法定职责”却单列出来、另行处理,与“滥用职权”“明显不当”并列。对于“不履行法定职责”,无所谓撤销,只能判决责令履行或者确认违法。若将其归入《行政诉讼法》(2017 年)第 70 条中的“滥用职权”,在撤销项下就会显得突兀。第二,不作为是以法定职责是否及时履行为衡量,在通常情况下,内涵单纯,有关期限一般由法律、法规、规章、行政规范性文件或者司法解释规定。一般情形下,是否超越期限,依据有关规定易于判定,该审查标准也可视为形式违法标准。有时也很复杂,需要判断裁量是否已经收缩为零,也不失为实质违法标准。所以,“不履行法定职责”可以单独为一个标准,不应与“滥用职权”“明显不当”混同。

二、各个审查标准的适用次序

从不少判案看,法官还是比较倾向全面审查,不受“不告不理”拘束,而是依据行政机关作出行政行为时所收集的证据、认定的事实、适用的法律、遵循的程序、依据的权限和形成的结果来综合判断,贯彻“有错必纠”,审查标准依次是“主要证据不足”“适用法律法规错误”“违反法定程序”“超越职权”“滥用职权”“明显不当”。这些有着一定内在关联性的审查标准便很可能会同时在判决中出现。

在一个案件中,经常有多个诉求,要求法院审查若干个有一定关联却相

① 高鸿、殷勤:《论明显不当标准对行政裁量权的控制》,载《人民司法(应用)》,2017(19)。

② 比如,“吴金玉与厦门市人民政府行政复议决定及行政赔偿纠纷上诉案”,https://www.pkulaw.com/pfnl/a25051f3312b07f312ba56dada173aa4108d9920a5edd30abdfb.html? keyword = 吴金玉与厦门市人民政府行政复议决定及行政赔偿纠纷上诉案,2021 年 9 月 23 日最后访问。

③ 比如,“刘云务诉山西省太原市公安局交通警察支队晋源一大队道路交通管理行政强制再审案”,参见最高人民法院(2016)最高法行再 5 号行政判决书。

互独立的行政行为，在判决上并用几个审查标准也不稀奇。[①]对于一个裁量决定的审查，不少判案也就事实认定、法律适用、违反程序以及结果明显不当同时做出评价。“混搭适用”似乎屡见不鲜，“并列交叉适用不同审查标准以此增强判决的权威性。”[②]比如，“路世伟不服靖远县人民政府行政决定案”，二审法院认为，“县政府在靖政发(1999)172号文件中实施的这些具体行政行为，不仅超越职权，更是滥用职权。”[③]法官通过全面“挑出刺”，一方面是为了夯实判决的说服力，另一方面也希望行政机关在重做时一并改正。学者之中，持事实认定、法律适用上亦有裁量的，也认为超越职权、事实不清、法律适用错误、违反程序上也有滥用职权。“滥用职权”很难单独适用，“只能借助其他的违法面向”。[④]“‘明显不当’具体指效果裁量中的违法，与其他依据存在因果关系”，常与“主要证据不足”“适用法律、法规错误”“违反法定程序”存在并列适用或递进适用。[⑤]

但是，这与前述理论认识似乎相矛盾。实质违法一般是指形式上合法，但严重不合理而质变成违法，是超越内在限制。以往实践中，一些法官正是过于机械地理解合法性审查，“认为只要不违反法律的明确规定，就不算违法，对行政自由裁量权不进行监督”，[⑥]不敢、不愿适用“滥用职权”“显失公正”“明显不当”。法官对于“主要证据不足”“适用法律、法规错误”等标准的适用，却没有丝毫顾虑。它们都属于行为条件上的违法，明显不符合法律规定，是形式违法的审查标准。

1. *两个审查层次的适用次序*

其实，对行政行为的合法性审查，有着从外到内、由浅到深的两个渐进层次，(1)第一层次是最外层的形式合法性审查，法官发现主要证据不足、法

---

① 比如，“谢培新诉永和乡人民政府违法要求履行义务案”，https://www.chinacourt.org/article/detail/2002/11/id/17888.shtml，2021年8月16日最后访问。

② 吴猛、程刚：《行政诉讼中“滥用职权”审查标准适用问题研究》，载《法律适用》，2021(8)。

③ 载《最高人民法院公报》，2002(3)。

④ 陈天昊：《行政诉讼中“滥用职权”条款之法教义学解读》，载《西南科技大学学报(哲学社会科学版)》，2011(6)。

⑤ 陈子君：《论行政诉讼合法性审查原则的完善——以“明显不当”为视角》，载《山西大同大学学报(社会科学版)》，2021(4)。

⑥ 童卫东：《进步与妥协：〈行政诉讼法〉修改回顾》，载《行政法学研究》，2015(4)。

律适用错误、违反法定程序或者超越职权,足以据此判决撤销的,就根本无须再进一步做实质审查,“无须再检讨后两项。”[①]比如“路世伟不服靖远县人民政府行政决定案”,对“滥用职权”的引用,就“与既有的学理相距甚远”。[②]县政府管了它不该管的事,就是无权限、超越职权,无关滥用职权。因为,假如对一个案件根本无权管辖,连事实都没有查清,法律适用完全张冠李戴,也就遑论结果正当了。而重新查清事实、选对法律之后,会在完全不同的路径轨迹上形成新的处理结果。所以,指出结果不当,对行政机关重做没有实质指导意义。(2)第二层次是处于内层的实质合法性审查。只有顺利跳过形式合法性审查,才可能进入实质性审查。法官对行政行为的合法性审查,应该是从形式违法到实质违法,由易到难,从浅入深,层层递进。因此,原则上,对一个违法行为的判断,是不可以同时一并适用形式违法标准和实质违法标准的。

上述审查标准适用次序,也解释了在审判实践上运用“转换技术”的机理。[③]对于结果失当,法院在审查过程中,如果发现裁量过程中存在着事实认定、法律适用等更为明显的形式违法,依此足以判决撤销,就会倾向于向更加客观的审查标准“转移”的审查策略。这种转换正是出于上述机理,亦即在审查标准的适用次序上,形式违法优先于实质违法。能够查实形式违法,便不再继续深度审查。“滥用职权”“显失公正”“明显不当”在审判上极少运用,也不稀奇。

2. 两个审查层次之内的适用次序

“超越职权”“主要证据不足”“适用法律、法规错误”“违反法定程序”等都属于第一层次审查,那么,它们之间是否存在适用次序?首先,程序与实体并行不悖,可以一并评价。“违反法定程序”也不妨与实体标准一起引用。其次,对于“超越职权”“主要证据不足”“适用法律、法规错误”等实体标准,只要发现其中之一,就足以判决撤销。是否还要进一步逐一评判,这取决于后续点评对于判决撤销之后的重作是否有积极的指导价值。

---

① 蔡维专:《对行政诉讼法中明显不当标准的思考》,载《人民司法》,2016(16)。

② 章剑生:《什么是“滥用职权”》,载《中国法律评论》,2016(4)。

③ 余凌云:《对行政机关滥用职权的司法审查——从若干判案看法院审理的偏好与问题》,载《中国法学》,2008(1)。

“滥用职权”“明显不当”作为实质合法性审查标准，都属于第二层次的深度审查。一般是，从表面上看，事实认定没有明显问题，选用法律规范也基本正确，程序也没有多大出格。但是，在法定限度内，却裁量效果失当。比如，没有从重情节，却顶格处罚。一俟分析成因，就会在深层次上追问，目的是否适当，考虑因素是否欠缺周到，处理方式、结果是否明显有失公允。所有这些，法官无法回避、必须在判决上逐一评价。细致分析有关判案，我们发现，在一些裁判的判决理由中，法官也可能会指出在事实认定、法律适用或者程序方面存在瑕疵，但是，这些瑕疵都不足以单独构成撤销的理由。[①] 法官也可能对这些瑕疵泛泛评价为不当、明显不当，这仅是日常用语上的评价性表述，而不是引用审查标准，不可混为一谈。

“滥用职权”“明显不当”之间是否也有适用次序？谈这个问题之前必须明确，撤销判决项下的“明显不当”与变更判决的“明显不当”应当毫无二致。为了尽量避免以司法判断来取代行政裁量，变更判决只有在极其例外的情况下使用，一般先通过其他审查标准检视之后，都没有发现问题，却仍然感到处罚畸轻畸重，这时才可以采用“明显不当”，通过精细化论证，在效果裁量上做有限度的纠偏。“明显不当”一定比“滥用职权”适用概率小得多，也严格得多。因此，“滥用职权”“明显不当”之间也大致形成了先后次序。

第四节　“滥用职权”标准

一、“滥用职权”去主观化

从上述的学术发展史看，对合理性原则、滥用自由裁量的最初引介是描述性的，没有明确提出“滥用职权”或者不合理必须要有主观故意。这种观点应该形成于行政诉讼法付诸实践之后。原因大致两个，一个是受外来理论影响，从主观层面上，对“滥用”说文解字。另一个是与指涉滥用职权违法

① 比如，在“信阳市公安局浉河分局等与肖兴正处罚行政争议上诉案”中，法院认为，“胡刚到底是左手食指受伤还是拇指受伤，没有查明，属于认定主要事实不清”。参见河南省信阳市中级人民法院(2018)豫15行终66号行政判决书。但是，殴打事实存在，手指受伤也是事实，只不过是伤及哪一根指头。单凭这种事实不清不足以判决撤销。

犯罪的相同术语发生勾连。主观说在很多学者、法官与立法参与者眼里似乎已成定论,几乎不受质疑与挑战。[①]

1. 外来理论的侵染

从西方文献看,滥用裁量似乎与主观动机跬步不离。在英国,有关文献中充斥着"恶意"(bad faith)、"善意"(good faith)、"任意专横"(arbitrary)、"不诚实"(dishonesty)等表述。行政决定要想合法,就不能染有不适当动机,比如欺诈(fraud)或不诚实,恶意(malice)或个人私利(personal self-interest)。这些动机左右了决定者的态度,对决定内容产生了扭曲或不公平的偏袒,行政决定就自然是出于不适当目的,也超出了权力允许的范围。[②]在法国,权力滥用(*détournement de pouvoir*)本质上是主观的(subjective),需要探寻行政人员如此行事的动机,贯彻行政道德(observance of administrative morality)。[③]

我国行政诉讼制度初创之际,西风东渐,对滥用职权的阐述,也不乏"以权谋私""专断""反复无常""人身迫害""故意拖延""不善良的动机""不应有的疏忽"等充满主观因素的词汇。"滥用在中国语境中带有强烈的主观色彩。"[④]但是,早期文献对滥用职权的描述,[⑤]只有个别形态强调了主观动机,比如,"因受不正当动机和目的支配致使行为背离法定目的和利益",其中,"主观上有不正当的动机和目的"。在很多形态上却没有刻意突出主观故意。比如,"不应有的疏忽",主观心态可能是过失而非故意。更多的形态,比如,"不正确的决定""不寻常的背离",很难看出主观心态。当然,当初也

① 蔡小雪法官明确表示反对主观要件,它"有悖行政诉讼法的本意","难以认定滥用职权。"违背目的或者不考虑相关因素,"绝大多数情况下,是执法人员主观故意造成的","也有些是因为行政执法人员工作上的疏忽或者水平有限"。如果将故意作为"滥用职权"的构成要件,对于后一种情形就难以救济。蔡小雪:《行政行为的合法性审查》,192～193页,北京,中国民主法制出版社,2020。

② Cf. Harry Woolf, Jeffery Jowell, Catherine Donnelly & Ivan Hare, *De Smith's Judicial Review*, Sweet & Maxwell, 2018, p. 291.

③ Cf. L. Neville Brown, John S. Bell, *French Administrative Law*, Clarendon Press · Oxford, 1998, p. 245.

④ 李晴:《行政行为明显不当的判断》,载《山东行政学院学报》,2017(1)。

⑤ 胡建淼:《有关行政滥用职权的内涵及其表现的学理探讨》,载《法学研究》,1992(3)。姜明安:《行政诉讼法学》,204～206页,北京,北京大学出版社,1993。江必新:《行政诉讼问题研究》,273～276页,北京,中国人民公安大学出版社,1989。

有少数学者提出,“主观上必须出于故意,主观上的过失不构成滥用职权。”超越职权、无权限在主观上也具有“故意或者过失”。[①]之后,越来越多的学者只是跟进了滥用职权的主观要求。[②]超越职权、无权限的主观要求,被集体有选择地遗忘了。

不少法官也深受影响,认为“‘滥用职权’标准的适用,主要考虑行政机关主观上的轻率和恣意妄为”,要“对行政机关进行主观恶意的定性”,必须“有确凿证据证明行政机关出于恶意的目的或动机行使行政裁量权”。[③]“有时行政机关行为目的无可厚非。”“某种意义上,滥用职权亦存在故意和过失滥用两种情形。当然,过失应当界定为重大过失,这与滥用职权标准本身带有的主观评价色彩相契合,一般过失、无过错或者无法确定过错的情况无需用滥用职权标准予以评价。”[④]但是,这些法官的看法,与有关“滥用职权”的裁判中法官都没有审查主观恶意、判决理由只字不提主观心态,形成了强烈的反差。

2. 与个人责任意义上的滥用职权发生勾连

不少学者认为,在日常用语中,以及官方文件和有关立法上,不时提及“滥用职权”,其中的“滥用”,在文意上就含有主观判断,就是和恶意联系在一起的。[⑤]“滥用职权”的“主观要件说”的形成,并被越来越多的学者、法官和立法参与者所接受,与 1995 年刑法新增滥用职权罪不无关系。在犯罪构成中,主观罪过不可或缺。不像行政法律、法规和文件上表述的“滥用职权”,一般不详加解释,只是读起来似乎透着恶意,当然,在政务处分上还是会查实行为人的主观过错。

在 1995 年之后,很多法律、法规、规章中都规定,对滥用职权、玩忽职守

---

① 罗豪才主编:《行政审判问题研究》,293～294 页,北京,北京大学出版社,1990。皮宗泰、李庶成:《行政审判中作为撤销根据的超越职权和滥用职权》,载《现代法学》,1990(6)。

② 朱新力:《行政处罚显失公正确认标准研究》,载《行政法学研究》,1993(1)。关保英:《论行政滥用职权》,载《中国法学》,2005(2)。

③ 郑春燕:《论“行政裁量理由明显不当”标准——走出行政裁量主观性审查的困境》,载《国家行政学院学报》,2007(4)。

④ 吴猛、程刚:《行政诉讼中“滥用职权”审查标准适用问题研究》,载《法律适用》,2021(8)。

⑤ 沈岿:《行政诉讼确立“裁量明显不当”标准之议》,载《法商研究》,2004(4)。何海波:《论行政行为“明显不当”》,载《法学研究》,2016(3)。

的工作人员,“尚不够刑事处罚的,依法给予行政处分”,“造成严重后果,构成犯罪的,依法追究刑事责任”(比如,《草原法》(2021年)第61条)。有的表述为行政部门有不履行法定职责、滥用职权、玩忽职守、徇私舞弊等行为的,对“直接负责的主管人员和其他直接责任人员”给予处分(比如,《食品安全法》(2021年)第145条)。甚至,早于滥用职权入罪,《国家公务员暂行条例》(1993年)第31条第(八)项、第32条中就规定了对滥用职权、玩忽职守的公务员给予行政处分。刑法上的滥用职权罪与行政处分、政务处分上的滥用职权相承一脉,都是追究行政机关工作人员的个人责任,由处分到追究刑事责任,呈现递进关系,行刑衔接。它们在构成要件上应该差不多,客观表现形态差不多,包括了以权谋私、弄虚作假、超越职权等,差别在于是否造成严重后果,主观上只能是故意还是也包括重大过失。

但是,上述个人责任意义上的滥用职权,与行政诉讼上的滥用职权是错位的,两者意义判然不同。首先,个人责任意义上的滥用职权是追究个人责任,判决刑罚或者给予处分。行政诉讼上的滥用职权是机关责任意义上的,是追究机关对外责任。法院对行政行为的合法性审查,是为了解决行政机关外部法律责任,不是追究行政机关工作人员的个人责任。只要裁量决定实质违法,就构成滥用职权,可以判决撤销。其次,个人责任意义上的滥用职权含义宽泛,“不仅仅是指滥用自由裁量权,而是泛指行政工作人员故意违法或不合理行使行政职权的一切情况”,[①]包含了超越职权、违法决定。刑法上的滥用职权还要求结果,“给公共财产、国家和人民利益造成了重大损失”。行政诉讼上的滥用职权仅指滥用自由裁量权,不含超越职权、其他违法决定。因此,它们的构成要件应该不同,不可能将刑法上滥用职权的构成要件元素平行移植到行政诉讼上。

然而,面对一模一样的法律术语,不加鉴析地发生勾连式联想,也不奇怪。学者、法官尽管也认识到,该罪名是“追究行政机关中个体的责任”,行政诉讼上的滥用职权不应“与公务人员个人违法行为相等同”,[②]与前者“具体指向并不相同也不宜相同”,有其自身特定内涵,既不是违法的上位概念,

① 姚锐敏:《关于行政滥用职权的范围和性质的探讨》,载《华中师范大学学报(人文社会科学版)》,2000(5)。

② 关保英:《论行政滥用职权》,载《中国法学》,2005(2)。

也不泛指一切违法样态。[①]但是,这一罪名对行政诉讼上滥用职权的研究产生了不可忽视的影响。

一方面,虽然承认,行政诉讼上的“滥用职权”,形成的是“外部行政法律关系”,“主体一方只能是行政机关而不能是行政机关中的个人”,但是,又强调“滥用职权”的构成“要求行为主体主观上必须是故意过错”,[②]这又转回到对行政主体内个人主观心态的探究。在刑法上,滥用职权罪中的主观故意有着“行为故意论和结果故意论的区别”,行为故意是“对危害行为本身的故意”,结果故意是“明知自己的行为会发生危害社会的结果,并且希望或者放任这种结果的发生”。[③]“行为人对其实施的滥用职权行为的心态是故意这是不争的事实,因为行为人作为国家机关工作人员,对于其法定职权范围具体有多大及如何正确行使其职权是有明确认识的,但是出于某种非法动机(如徇私舞弊、挟嫌报复等)而逾越其职权界限或不正当地行使职权,其明知故犯的心态是显而易见的。”[④]顺理成章,在行政诉讼上,滥用职权也是故意为之,是从犯罪构成中有选择性地攫取而来。

另一方面,行政诉讼上对“滥用职权”的审理,变成了启动司法追责程序的前奏。一俟判决确认,很可能接续的就是案件移送。即便不构成刑事责任,恐也难免罹于处分。早些年实践中,确有地方纪委、检察机关寻求法院行政诉讼中以滥用职权作为理由的判决,并以此作为来源,调查行政机关工作人员是否有职务犯罪或者违法违纪行为。[⑤]有些学者也毫不隐讳地指出,滥用职权标准的适用,就是要“与行政主体公务人员责任追究相衔接”。[⑥]也有学者通过追踪当年立法背景资料,提出“滥用职权”的立法原意就是“加强对行政工作和行政人员的监察”。[⑦]行政机关担心行政诉讼之后可能触发司法追责、内部处分,也下意识地抗拒和反感法院判决引用这个审查标准。

---

① 吴猛、程刚:《行政诉讼中“滥用职权”审查标准适用问题研究》,载《法律适用》,2021(8)。

② 关保英:《论行政滥用职权》,载《中国法学》,2005(2)。

③ 李希慧、逄锦温:《滥用职权罪主观罪过评析》,载《法学家》,2001(2)。

④ 储槐植、杨书文:《滥用职权罪的行为结构》,载《法学杂志》,1999(3)。

⑤ 王振清:《行政诉讼前沿实务问题研究》,367页,北京,中国方正出版社,2004。

⑥ 黄学贤、杨红:《行政诉讼中滥用职权标准理论研究与实践的学术梳理》,载《上海政法学院学报(法治论丛)》,2017(4)。

⑦ 朱思懿:《“滥用职权”的行政法释义建构》,载《政治与法律》,2017(5)。

"由于刑法中有滥用职权罪,法院很少以滥用职权为由撤销被诉行政行为。"①

3. 去主观化

那么,行政诉讼上作为审查标准的"滥用职权",为何苛求其他审查标准都不要求的主观要件呢?对此,理论上从未有过任何论辩。认同主观说的学者觉得理当如此,这似乎是无须论证的命题,也基本上没有深入论述。我只是从有关文献的字里行间,找到了三个相关解释,且都不成立。

第一种解释是,因为行政裁量"存在着一定的意思自治空间","本质上是行政法上的意思表示。""法院审查的对象并非仅限于裁量决定在客观上是否符合法律的规定或者行政法基本原则的要求,而是在进一步探求行政机关裁量过程中的主观意志,审查裁量决定在客观上存在的不当是不是基于行政机关主观意志的滥用造成的。""利益衡量的存在,营造了行政机关行使裁量权时的主观活动空间,是产生行政裁量意志性的根源所在。"②假设此说成立,那么,无论"滥用职权"还是"显失公正""明显不当",都是主观意志控制下的结果。即便是说,"滥用职权"是故意为之(兴许有无心之过),"明显不当"只是过失(也不见得没有故意),但是,法院都应当查明主观心态。通过排除故意,才可能正确适用"明显不当"。这显然与学者倡导的"明显不当是客观审查"自相矛盾。

第二种解释是,滥用职权的本质是违反授权目的,要"有直接证据证明行政主体存在动机偏移",而"动机面向具有内在性与精神性"。③动机是更深层次的心态,荫掩在目的之后,决定了滥用职权具有主观性。动机不良"是典型的'滥用职权'表现形式",却无须深挖。"这一主观审查标准可用更加客观的'违背法定目的'标准代替,法官通过审查法律法规的目的和行政裁

① 袁杰主编:《中华人民共和国行政诉讼法解读》,197页,北京,中国法制出版社,2014。

② 周佑勇:《司法审查中的行政行为"明显不当"标准》,载《环球法律评论》,2021(3)。田勇军:《论行政法上的意思表示——兼论行政行为构成中的意识要件》,172页,北京,法律出版社,2017。郑春燕:《论"行政裁量理由明显不当"标准——走出行政裁量主观性审查的困境》,载《国家行政学院学报》,2007(4)。

③ 陈天昊:《行政诉讼中"滥用职权"条款之法教义学解读》,载《西南科技大学学报(哲学社会科学版)》,2011(6)。

量行为的目的即可认定是否属于滥用职权。”[①]上述论述也矛盾。既然可以实现客观审查，也无须深究精神层面的动机，那么，再执拗于主观要件，实在没有多大必要。

第三种解释是，对滥用职权的认定必须审查主观心态，这是为了追责。吊诡的是，如前所述，对于超越职权、无权限，也曾有过主观说，但转瞬即逝，学者们全不跟进。滥用职权罪可以是不正当行使职权，也可以是逾越职权行为。在公务员法、监察法上，超越职权、违法决定、玩忽职守也会被追责，它们的危害性丝毫不亚于滥用职权。那么，为什么在行政诉讼上对超越职权、违法行为的审查却无须考虑主观呢？

其实，即便那些持主观说的学者也承认，对于主观审查，实践难度大。“非但难以回应立法预设的监督裁量意志活动的任务，反却容易僭越司法与行政的权力分立界限，代替行政机关做出判断。”[②]应当寻觅较为客观的审查技术路径。一个激进的方案是另辟蹊径，代之以不计较主观，且经过扩容的“明显不当”。这不是唤醒而是摈弃滥用职权标准。另一个稳妥的方案是由主观审查转为客观审查。合理性审查的主观性因素较多，“存在着司法的自由裁量权代替行政自由裁量权的危险”，要加以限制，应当限于“明显违背法律规定的目的，明显有不适当的考虑，显失公正”，所谓“明显”，就是“人民法院通过案卷材料、庭审活动及必要庭外调查完全能够确认得了行政自由裁量实质违法”，“凡是确认不了的，就应该认定该行为合法并予以维持”。[③]裁量不当的明显性，“在表明裁量中存在界限的同时，也表明判断违法的判断，即法院的审理权之中也存在界限”。[④]滥用职权是“一个客观性的审查标准，法院要依据行政行为的客观表现来判断是否构成滥用职权”。[⑤]可以基于法律规定的合目的性审查，不问出于何种动机，只要偏离了授权目的，就构成

① 孙启福、张建平：《行政滥用职权司法审查的检讨与重构——以法官的规避倾向为视角》，载《法律适用》，2011(3)。

② 郑春燕：《论“行政裁量理由明显不当”标准——走出行政裁量主观性审查的困境》，载《国家行政学院学报》，2007(4)。

③ 张东煜：《论行政审判中的合理性审查问题》，载《法学评论》，1993(3)。

④ ［日］田村悦一：《自由裁量及其界限》，李哲范译，147页，北京，中国政法大学出版社，2016。

⑤ 马怀德主编：《新编〈中华人民共和国行政诉讼法〉释义》，330页，北京，中国法制出版社，2014。

目的不当,进而“形成客观化的判断要件”。[①]

其实,在我看来,首先,这种趋于客观的审理方式本身就是对主观说的反动,让诉讼回归了救济目的,对行政行为的监督效果也不失分毫。其次,不过问主观,就与明显不当的审理方式大同小异,也抵消了扩大明显不当的实际意义。

更为重要的是,“滥用职权”“明显不当”都是裁量的实质违法形态,以“主观故意”与“客观结果”来区分彼此,实际上是同时使用了两个不同划分标准。这显然是不科学的。一方面,从早期理论认可的滥用职权种种形态看,主观故意很可能会不恰当地剔除其中的很多情形,进而抑制了合理性审查的功能。另一方面,存在着很多难以归类的情形,比如,不属于客观结果不当的其他实质违法形态,却没有主观故意,就不能归入其中的任何一类。客观结果不当,又存在故意,也归不入“滥用职权”。

从英国、法国的经验看,司法审查在发展过程中都在不断褪去主观审查,趋向客观审查。在法国,因为权力滥用(*détournement de pouvoir*)涉及的主观通常难以证明,行政法院总是会选择较为客观的违反法律(*violation de la loi*)。[②]法国人的实践路径不是对权力滥用(*détournement de pouvoir*)去主观化,而是虚置少用。英国人也有相似做法,比如,因为有关权力的法律被误读,很可能得出一个看似不合理的结论。果若如此,就没有必要继续考虑不合理。[③]

但是,英国人向前迈进了一步,一方面,祛除主观,将恶意并入不合理。“认定行政机关有故意不诚实,这极为罕见:行政机关通常是因为无知或误解而犯错。而法院不断指责它们恶意,仅是因为它们的行为不合理或理由不当。我们反复重申,权力必须合理、善意地行使。但是,在这种情境下,‘善意’仅指‘出于合法理由’。与这些词语的自然含义相反,它们并不归因

---

① 吴猛、程刚:《行政诉讼中“滥用职权”审查标准适用问题研究》,载《法律适用》,2021(8)。

② Cf. L. Neville Brown & John S. Bell, *French Administrative Law*, Clarendon Press · Oxford, 1998, p. 250.

③ Cf. Sir Michael Supperstone, James Goudie QC & Sir Paul Walker (ed.), *Judicial Review*, LexisNexis, 2014, pp. 214 - 215.

于道德。”[①]“恶意概念要么多存在于假设性案例中，要么视为目的不适当或相关考虑的同义词。”“不是说，怨恨、恶意或不诚实可能不存在。它们显然存在。质疑的是有无必要将恶意作为独立的控制方式。”[②]另一方面，在对不合理的审查方式上，无论是目的不适当还是不相关考虑，都不是去寻觅主观上的恶意，而是基于法律规范、法律原则，尽量找全法律授权目的或者允许考虑的相关因素，以此为尺度，评判个案在行为目的、相关考虑上是否发生偏离，并对行政决定产生实质影响。若是，判决撤销。[③]

我也主张，滥用职权应当褪去主观化，第一，主观故意的要求实际上使司法审查超越了合法性审查，蜕变成过错审查，由客观审查递进为主观审查。这实际上是在行政诉讼法要求的合法性审查之上，与其他行政违法的审查相比，不适当地搭附了额外要求，无端抬高了救济门槛，加大了审查难度，也让相对人寻求救济变得更加困难。第二，实际操作上还可能出现救济不公。比如，在一个行政处罚案件上，没有做到平等对待，要是出于打击报复而故意为之，构成“滥用职权”，就不能适用变更判决。但是，如果没有故意或者查不出故意，构成“明显不当”，法院可以判决变更。第三，摈弃主观也符合当下的审判实践。法官不愿陷入对主观的判断，通过客观审查，以法定授权目的、考量因素为衡量，就足以认定目的是否适当及相关考虑有无偏差，根本无须节外生枝，进一步探究行为人行使权力的主观心态。第四，行政诉讼法要求被告对作出的行政行为负有举证责任。行政机关一般会从形式上、客观上证明行政行为的合法性，考虑到内部追责、机关形象、不败诉等因素，不太会、也没有必要就其工作人员是否存在主观故意负担举证责任。因此，在实践上，主观故意的举证多半会落到相对人身上，而后者又力难胜任。

二、“滥用职权”的内涵

“滥用职权”是裁量过程发生严重失当，也必然导致结果明显不当。但

---

① Cf. H. W. R. Wade & C. F. Forsyth, *Administrative Law*, Oxford University Press, 2004, p. 416.

② Cf. P. P. Craig, *Administrative Law*, Sweet & Maxwell, 2003, p. 562.

③ Cf. Sir Michael Supperstone, James Goudie QC & Sir Paul Walker (ed.), *Judicial Review*, LexisNexis, 2014, pp. 188 – 200. Cf. G. D. S Taylor, “*Judicial Review of Improper Purposes and Irrelevant Considerations*” (1976) 35(2) *Cambridge Law Journal* 277 – 289.

是,作为裁量过程的违法形态,比如追求不适当目的、不考虑相关因素,本身就不可容忍,无须结合结果不当,它们已经足以单独构成违法。如果它们对行政行为产生实质影响,就应当判决撤销。

“滥用职权”的判案比较少,有关情形大致包括:一是目的不适当。二是相关考虑。没有考虑应当考虑的因素,考虑了不应当考虑的因素。三是违反信赖保护与合法预期。四是其他明显不合理的处理决定,且根本不具有判决变更的可能性。

三、对目的不适当的审查技术

行政机关在作出行政裁量决定时必须不折不扣地、准确地反映立法机关的授权意图,因此,行政裁量与立法目的之间的关系是极其密切的。

第一,这是在立法机关(议会)至上的政治结构中的必然反映。无论是从作为立法机关的执行机构上讲,还是从为贯彻宪政和法治国理念而提炼出来的依法行政要求上看,行政机关都必须严格遵从授权立法的目的。

第二,从行政裁量的构造和运行看,立法目的(或者说授权目的)实际上决定了、引导着对各种行为方式的选择。也就是说,尽管行政裁量意味着多种行为选择的可能,但是,行政机关却是且只能是根据立法目的来选择个案中如何行动。所以,立法目的就像磁铁一样,强烈地吸引着裁量选择的方向和途径,以保证立法目的和个案正义的最终实现。

因此,立法目的实际上限定了行政机关管辖权的范围,或者说,构成了行政职权的一个内在的、实质的界限。超越了立法目的,就是越权。在实践中,行政机关追求不适当目的主要有两种表现形式:

一是具体裁量决定所追求的目的不是法律授权的目的,比如,抓赌不是为了维护公序良俗,而是为了创收。

二是在追求法定目的的同时还存在着法律所不允许的附属目的(collateral purposes)或隐藏目的(ulterior purposes)。比如,在批准土地使用许可时,要求开发商为行政机关免费提供若干套住宅,以解决行政机关工作人员住房紧张问题。

1. 发现立法目的的路径与方法

目的的不适当是以立法授权目的为参照物进行比对之后得出的结论,

所以，要考量行政自由裁量中是否存在这方面问题时，首要的任务是确定立法目的。在立法机关至上的政治结构中，比如像在我国的人民代表大会制下，法院和政府都是从人民代表大会派生出来的，执行着人民代表大会的意志，向人民代表大会负责，政府也好、法院也好，都只能是从立法机关的立法中去发现、阐释、确定授权目的，而不能自己随意去创设目的，也不能篡改立法机关的意图。

当法律对授权目的有着清晰、明确的规定时，是比较容易做到这一点的。但是，正像迪泼罗克(Lord Diplock)观察到的，法律语言有时是晦涩不清的(opaque)、简约的(elliptical)，[①]对同样一个条文的理解，不同的人可能都会有各自的解释；或者从法律上干脆就找不到有关目的的规定，这时就必须借助以下方法来探寻立法目的。

一种方法是通过当时立法的有关文件和说明来弄清立法目的，这也是我们所熟知的立法解释的方法。另一种方法是从法律的整体语境(the Act as a whole)中去推断，如果必需的话，还可以从当事人之间的一般法律关系(the general legal relationship of the parties)上去推断立法目的。这样做的理由是，立法机关之所以在某法律中授予行政机关裁量权，就是期望推进和实现该法的目标与政策(the policy and objects of the Act)，将相对人与行政机关之间的相互关系有机地、恰当地协调在上述目标与政策的框架之内。

在发现立法目的之后，我们还必须弄清行政机关作出行政自由裁量决定的目的到底是什么。在这方面值得一提的是，在行政自由裁量决定过程中说明理由的程序要求，对弄清动机和目的是非常有帮助的。当然，我们也可以从具体案件的蛛丝马迹之中去发现不适当目的问题。

如果行政机关追求的目的很明显不是立法授权目的，而是其他的目的，并对行政裁量决定产生了实质性影响，那么，行政机关就越权了，法院就可以以目的不适当为由判决撤销行政自由裁量决定。

2. 双重或多重目的

如果行政机关作出行政自由裁量决定的目的是双重的或者多重的(duality or plurality of purposes)，其中有的是不适当的、违法的，有些却是

---

① Cf. P. P. Craig, *Administrative Law*, London. Sweet & Maxwell, 1999, p. 542.

合法的、适当的,那么,怎么判断其中不适当目的会对整个裁量决定效力产生的影响呢?这个问题是目的不适当中最棘手的,史密斯(de Smith)很形象地把它比喻为"法律上的箭猪"(legal porcupine),一触摸上去,顿时感到困难重重。[①]目前在理论上主要有以下几种判断标准:

(1)真实目的说(true purpose)

行政机关作出裁量决定的真实目的如果是违法的,即便是表面上掩饰的目的是合法的,仍然会导致行政自由裁量决定无效。比如,在发放许可时,名义上是收证照工本费,但所收的费用却远远超出实际的合理的工本费,真正的目的其实是创收,这样的收费就不合法。

(2)主导目的说(dominant purpose)

如果在行政机关追求的两个或多个目的中有的是合法的、有的是违法的,那么,就要看究竟哪一个目的在行政自由裁量决定中起主导作用。如果不适当的、违法的目的是主导目的,那么,行政自由裁量决定无效。否则,就是有效。[②]

(3)因果关系说(causation test)

如果一个具体行政行为中既有合法目的,又有非法目的,就要看非法目的(恶意动机)的影响力,如果做出具体行政行为的事实根据与非法目的有着直接的关联,那么,就认为非法目的起主要的影响作用,因此,整体上属于目的不当。[③]

(4)反推理论说(backstepping)

在诸多混杂的目的中,我们可以做如下的假设与推断:如果行政机关就只考虑相关因素或者授权目的,仍然会作出同样的决定,就意味着混杂的不适当目的对行政自由裁量决定不会起到实质性的、决定性的作用,因而也不会影响到行政自由裁量决定的效力。如果不是,就会导致裁量决定被撤销。

---

① Cf. de Smith, Woolf & Jowell, *Judicial Review of Administrative Action*, London: Sweet & Maxwell, 1995, p. 340.

② Cf. de Smith, Woolf & Jowell, op. Cit., p. 341. Cf. Michael Supperstone QC & James Goudie QC, *Judicial Review*, Butterworths, 1997, p. 5. 42.

③ 王振宇、郑成良:《对自由裁量行政行为进行司法审查的原则和标准》,载《法制与社会发展》,2000(3)。

(5)决定原因说(determining reasons)

对于基于多重原因作出的行政决定,必须区分决定性原因(determining reasons,*motifs determinants*)和非本质原因(supererogatory reasons,*motifs surabondants*),只有当决定性原因是违法时,才产生撤销行政决定的效果。

上述几种方法实际上是从不同的角度和侧面去观察和判断混合目的之下违法目的会对裁量决定产生的作用和影响,而且,相互起着补充和解释的作用,比如,因果关系实际上是对主导作用的过程注释,反推理论实际上从反向思考主导与因果的意思。所以,在具体案件的处理中,我们可以根据需要灵活地运用其中一种或几种标准进行判断。

四、对相关考虑的审查技术

相关因素是指在作出行政自由裁量决定时应该考虑的因素,它对作出上述决定的推理质量(the quality of reasoning)会产生一定的影响,能够保证行政行为基本上按照法律设定的目标方向做出,有助于推进和实现法律所体现的特定目的和政策。一般来讲,相关因素必须是和具体的授权规定或者整个法律相互吻合的。从司法审查的意义上去看,有没有考虑不相关因素或者不考虑相关因素,自然也是一个很重要的控制行政裁量滥用的审查标准。这是因为:

第一,这显然是依法行政和法治的内在要求,反映了宪政体制下行政机关与立法机关的基本关系。在具体授权法中设计相关因素,实际上就表明了立法机关对行政机关行使该项裁量权的基本方向和轨迹的一种预期和态度,是追求立法目的实现的重要手段之一。作为立法机关的执行机关,行政机关当然必须服从和落实立法机关的意愿。

第二,这也是良好行政(good administration)的基本要求。因为通过相关因素本身,也透露出有关裁量权行使的基本信息,形成了决定考量的基本路径,搭建了操作的基本平台,有助于保持裁量决定的高质量和一致性。

1. 对相关因素的判断

从我国的立法例上看,对相关因素的规定大概存在着三种可能(情况):(1)法律穷尽规定了所有有关实施某种行为时必须考虑的必要和充分条件,因此,相关因素也就非常显然,行政机关没有丝毫的裁量余地。(2)法律规定了若干考虑因素,除此之外,还允许行政机关自己根据具体情况去裁量选择其认为是充分的理由。(3)法律没有规定任何的相关因素,完全由行政机关自己去裁量选择。

其中第一种情况只能算是例外,后面两种情况才应该是常态。因为,既然法律没有明确拒绝行政机关可以裁量选择其认为是恰当的考虑因素,那么,就应该认为这种考量自由是依附在行政自由裁量权之内的一个组成部分,构成了非封闭式的裁量结构。在西方国家的行政法理论中也多持类似的观点。比如,荷林(D. Herling)就说,即便是立法上规定了相关因素,恐怕也很难说这些列举就是穷尽的。库克法官(Cooke J.)在 CREEDNZ Incorporated v Governor General 案中也表达了同样的看法,他说:"在权力的授予当中,可以是明示或默示地确定应当考虑的因素,并将其作为(行政机关应当履行的)一种法律义务。有些因素尽管在授权中没有明确地规定出来,但是,很显然,对于行政决定(的作出)具有实质意义。如果没有直接考虑这些因素,就违背了立法目的。"①

除了法律已作规定的以外,究竟还可以考虑哪些因素呢?行政机关无疑具有初步的判断权。但是,如果在这个问题上发生争执,相对人认为行政机关考虑了不应该考虑的因素或者没有考虑应该考虑的因素,就必须由法院来阐释、来作最终的判断。总体上讲,相关考虑因素大致包括:②

(1)法律明确规定的行使行政自由裁量权必须具备的法律和事实条件,定然是相关考虑因素。而且,与这些条件有着内在合理的关联性的其他因素,也应该属于相关考虑因素。

(2)宪法和组织法上对该行政机关权限和职责的规定,特别是那些对一般权限的限制性规定,应该当作相关考虑因素来对待。

(3)根据法律上下文的语境(context),对立法机关的意图做出某种设定或合理推测,也就是,必须从法律的内容、范畴和目的所隐含的意义之中去决断某涉案因素是不是相关因素。比如,某人前不久刚因为严重违章被吊

① Cf. David Herling, "*Weight in Discretionary Decision-making*" (1999) 19 *Oxford Journal of Legal Studies* 591.

② Cf. Andrew Le Sueur, Javan Herberg & Rosalind English, *Principles of Public Law*, London. Sydney, Cavendish Publishing Limited, 1999, p. 241. Cf. Michael Supperstone QC & James Goudie QC, *op. Cit.*, pp. 5.35~5.37.

销驾驶执照，现在又来申请。假设法律对这类情况没有明确作出时限的规定（比如，多长时间之后才能再来申请，或者终身不得再次申请），但是，从驾驶员资格管理规定的主要目的之一就是维护公共安全上考虑，也可以推断出上述违法情况可以成为决定是否发放驾驶执照的相关因素。

（4）根据行政法基本原则的要求，以及正确行使行政裁量权的情境和观念，推导出某些合理因素，前者比如，是否符合公平的观念？是否有助于取得良好的社会效果？对相对人权益的侵害是否符合比例的要求？等等。后者比如，是否考虑了其他可供选择的方案（或建议）的成本和可行性问题？对于那些受到行政裁量决定影响的利害关系人的合理意见，是否予以了考虑？[①]裁量决定的社会、经济，甚至政治效益如何？等等。

那么，在具体个案的审理中怎么去发现行政机关有没有考虑相关或不相关因素？发现和推断的路径与方法主要有：[②]（1）行政机关对该案件的集体讨论或研究纪要（记录）。（2）可以从行政程序上的说明理由和书面决定中的理由说明中体察到行政机关在相关考虑上是不是出了问题，出了什么样的问题。（3）在其他的场合，行政机关的主要负责人或办案人员曾公开表达过对该案的看法和观点。（4）与以往同类案件相比，行政机关在处理上是否明显存在差异？有没有受到外在的不正当压力或影响？（5）只有是考虑了不相关因素之后才会做出的某些行为。（6）行政机关对于授权规定和引起争议的行政决定之间的明显不一致，不能自圆其说，不能做出合理的解释，也可以推断其考虑了其他不相关因素或者没有合理地考虑相关因素。

2. 考虑不相关因素对裁量决定效力的影响

考虑了不相关因素，是不是都必然会导致行政自由裁量决定无效和被撤销？这个问题可以进一步分解成两种情境来讨论：一是当法律规定的相

---

① 在英国 *Bugdaycay v. Secretary of State for the Home Department* 案中，当事人Bugdaycay是乌干达人，在英国申请难民资格，自称如果回去，生命将受到威胁。内政大臣拒绝了其申请，命令其去第三国肯亚。当事人的律师辩称，肯亚政府肯定会把其当事人送回乌干达，但内政大臣没有理睬。上议院认为，这个信息与上述决定有关，是相关因素，应该予以考虑。Cf. Andrew Le Sueur and Maurice Sunkin，*Public Law*，London and New York. Longman，1997，p. 567.

② Cf. G. D. S. Taylor，"*Judicial Review of Improper Purposes and Irrelevant Considerations*"(1976) *Cambridge Law Journal* 283～284. Cf. G. D. S. Taylor，*Judicial Review：A New Zealand Perspective*，Butterworths，1991，p. 334.

关因素不是穷尽性的时候,考虑不相关因素会对行政自由裁量决定产生什么样的影响。二是当法律穷尽性规定相关因素的时候,又会怎样。

(1)当法律规定的相关因素不是穷尽性的时候

当法律规定的相关因素不是穷尽性的时候,虽然考虑了不相关因素,但如果没有对行政自由裁量决定起实质性的影响作用,或者行政自由裁量决定仍然内在地(intrinsically)是合理的、适当的,那么也不会导致行政自由裁量决定的无效。①

所以,在这种情况下,审查的关键是,必须查明不相关因素的影响是不是实质性的,会不会推动行政自由裁量决定走向与法律设定的目标相背离的方向。或者换一个角度说,假设撇开(but for)不相关因素,对其他相关因素的考虑是不是已经足以保证行政自由裁量决定能够成立?如果能够的话,也就说明不相关因素对行政自由裁量决定没有起到实质性(material)的影响。在审查上,可以采取这样推论的公式:

考虑相关因素 A1、A2、A3、…+不相关因素 B1、B2、B3、…=结果 R

如果,考虑相关因素 A1、A2、A3、…=结果 R

那么,上述不相关因素 B1、B2、B3、…就不是实质性的。

反之,就是。

(2)当法律穷尽性规定相关因素的时候

如果法律已经穷尽列举了应该考虑的因素,不允许行政机关有任何的裁量余地的话,这时,考虑其他以外的不相关因素,就构成了对法律的基本违反,将会导致行政自由裁量决定无效、被撤销。②这是因为,法律既然是穷尽性列举,就意味着严厉禁止考虑列举之外的任何因素。只要是考虑了不相关因素,就一律推定为将会导致授权目的受损。否则的话,法律上的穷尽性规定就没有丝毫的意义。

3. 未考虑相关因素对裁量决定效力的影响

如果授权法中明示或默示地规定了要考虑的一系列相关因素,但是,行政机关在具体运用裁量权时,却没有考虑其中的某个(些)因素,那么,会有

---

① Cf. Michael Supperstone QC & James Goudie QC, *op. Cit.*, p. 5. 38.

② Cf. G. D. S. Taylor, "*Judicial Review of Improper Purposes and Irrelevant Considerations*" (1976) *Cambridge Law Journal* 290.

什么样的影响？

在普通法上就要看这些因素是强制性（义务性）考虑因素（obligatory considerations，or mandatory materials），还是允许性（裁量性）考虑因素（permissible considerations，or discretionary materials）。[①]正如库克（Cooke J.）法官指出的，只有当法律明示或默示地确定行政机关必须像履行法律义务那样考虑某些因素时（也就是成为强制性考虑因素时），法院才能援引这个理由（没有考虑相关因素），判决行政自由裁量决定无效。[②]但对于裁量性因素，因为既然授权法已经把选择权放到了行政机关的手上，法院也就没有太多的干预余地。

那么，什么样的因素算是强制性的？或者反过来说，算是裁量性的？一般来讲，对于法律明示规定的因素，应理解为强制性的。这是因为，法律之所以要作明确的列举，就是因为这些相关因素对于正确作出行政自由裁量决定，对于贯彻立法意图都极其重要，因而都是必须要考虑的。如果不考虑其中一个或几个，将会对行政自由裁量决定产生完全不同的效果（结果），就会偏离法律想要达到的效果和目标，因此，也就构成违法，将导致行政自由裁量决定无效和被撤销。[③]除非是法律明确规定或者从法律规定的性质上看是允许裁量选择的，比如，因素 A1、A2、A3…之间是可选择的，这时我们才认为这些法定的因素是裁量性考虑因素。既然是可以选择的，那么，假如行政机关没有考虑其中的因素 A1，而是考虑了 A2、A3…，当然也不会对裁量决定产生什么影响。

4. 权重问题

如果行政机关对于所有相关因素 A1，A2，A3，…都已经考虑（实际上是

---

① Cf. H.W.R. Wade & C. F. Forsyth, op. Cit., p. 378. Cf. David Herling, "*Weight in Discretionary Decision-Making*"(1999) 19 *Oxford Journal of Legal Studies* 592.

② Cited from Hilary Delany, *op. Cit.*, p. 64.

③ Cf. G. D. S. Taylor, "*Judicial Review of Improper Purposes and Irrelevant Considerations*"(1976) *Cambridge Law Journal* 290. 也有学者，比如，马逊（Mason）认为，不是行政决定者应该考虑的每一个因素都能使法院撤销该决定。有的因素可能没有什么意义，不考虑它也不会对决定产生实质性影响。Cf. Hilary Delany, op. Cit., p. 67. 但是，我以为上述观点过于笼统，如果不进一步去对因素的强制性和裁量性做识别和分析的话，那么，像上述这样泛泛而谈，对司法审查有什么实际的指导意义呢？

意识到)了,但却因为权重的原因,比如,过分地强调,或者过分地忽视其中的 A2 或 A3,造成各个因素对裁量者心理产生的影响非常不一样,进而反映到裁量效果上可能会有很大的差别,比如,就极可能出现大相径庭的裁量结果 R1、R2,那么,法院能不能对上述过程和结果进行干预呢?

豪福曼法官(Lord Hoffmann)在 Tesco Stores Ltd v. Secretary of State for the Environment 案中曾表达过这样的见解,就是把行政自由裁量决定的过程分成两个部分(阶段):对于有没有考虑相关因素,法院可以进行审查;对于各个相关因素之间实际上如何进行衡量和权重,法院不能审查。甚至是,即使行政机关对其中某个(些)因素根本没给任何的权重,法院也不能过问。[①]

这种"两阶(段)"观点大体上讲还是不错的,因为它比较注意将法院克制在宪政秩序之下其应该扮演的角色之上,比较现实地考虑到了司法审查的可行性。但是,上述豪福曼法官(Lord Hoffmann)的那种权重问题绝对不受法院干预的看法,似乎也过于绝对,因而受到了学者的批判。[②]

从西方法院的实践看,也有干预的实例,只是干预的方法不同。在新西兰和澳大利亚,如果法院发现行政机关只是意识到或者知道某种因素的存在,实际上没有考虑,没有给予任何的权重,这时,法院也会对权重问题进行干预。[③]其审查的路数,是尽量将权重问题拉向未考虑相关因素,从而为法院的干预寻求正当性理由。在英国,不少法官更倾向于把权重问题放在不合理(unreasonableness)的平台上来审查,也就是,如果存在着 *Wednesbury* 意义上的不合理,那么,法院就可以对权重问题进行干预。[④]

在我看来,权重的过程是很难体察与审查的,因为你很难精确地、令人信服地计算出每个相关因素对结果的产生到底要占有多大的分量,所以,最好的审查方法还是从裁量的结果着手。只有当结果极不合理,极其不公正时,法院才有可能较为客观地断定行政机关在对各个因素的权重上可能存

① Cf. David Herling, "*Weight in Discretionary Decision-Making*" (1999) 19 *Oxford Journal of Legal Studies* 586.

② Cf. David Herling, "*Weight in Discretionary Decision-Making*" (1999) 19 *Oxford Journal of Legal Studies* 583-604.

③ Cf. G. D. S. Taylor, op. Cit., p. 333.

④ Cf. David Herling, "*Weight in Discretionary Decision-Making*" (1999) 19 *Oxford Journal of Legal Studies* 586.

在着严重的缺陷(失)。这样一来,不但审查起来简便易行,而且,更为重要的是,把法院的角色也始终锁定在公正的维护者上,锁定在法院在宪政秩序下始终应该扮演的角色上。

第五节 “明显不当”标准

一、不宜扩大“明显不当”

2014年修改行政诉讼法,因“滥用职权”“显失公正”欠缺明确规定,“法院普遍存在‘不敢审’‘不愿审’的情况”,于是,废弃了“显失公正”,代之以“明显不当”。当时可资借镜的立法例,就是行政复议。《行政复议条例》(1990年)第42条第4款中,“滥用职权”“明显不当”就比肩同行。《行政复议法》(1999年)第28条延续不变。行政复议立法参与者是从实质违法意义上去阐述“明显不当”,比如,没有平等对待,[①]与行政诉讼上的“显失公正”无实质不同,仍然是着眼于客观结果。之所以如此,是因为当时一直将行政复议作为行政诉讼的配套制度,两者在审查深度与范围上几无差别。此种观念直到《行政复议法》(2023年)才得以改变。

1. 为替代而扩容

理论上也不乏倡导、支持以“明显不当”替换“显失公正”,大概有三种看法,一是“相当说”。“明显不当”与“显失公正”基本相当,只是换个术语,没有本质差别,两者具有可转化性。[②]二是替代“滥用职权”并实现“去主观化”。正是因为“滥用职权”需要主观故意,一些行政不当可能不是出自故意,“显失公正”适用范围又过于局促,那么,这类行政不当就无法涵摄到上述两个标准之中。采用“明显不当”,不仅可以容纳“滥用职权”已有以及无法涵摄的内容,甚至更广。“明显不当”将主观性审查转向客观性审查,才真正使得

---

① 张春生主编:《中华人民共和国行政复议法释义》,143～144页,北京,法律出版社,1999。曹康泰主编:《中华人民共和国行政复议法释义》,134页,北京,中国法制出版社,1999。

② 江必新主编:《新行政诉讼法专题讲座》,264页,北京,中国法制出版社,2014。全国人大常委会法制工作委员会行政法室编:《〈中华人民共和国行政诉讼法〉解读与适用》,170页,北京,法律出版社,2015。

"行政诉讼堂而皇之地进入合理性审查的时代"。[①]三是"降低门槛"。从文意上看,"显失公正"比"明显不当"的要求要高。实践上,大量涉法涉诉的案件可能存在明显不当或不合理,却没有达到"显失公正",法院就不便审理。改为"明显不当"之后,不仅拓展了法院干预的范围,也降低了法院干预的门槛。

无论哪种观点,理论预设基本上是,以"滥用职权"具有主观要件,适用范围偏窄,"不可能完全涵盖行政裁量不合理行使的情形",[②] 而且,法官也不乐意将救济法实际操作成个人追责法。这可以说是学者建议以"明显不当"取而代之的初衷。客观地说,如果"滥用职权"必须出自故意,的确,原先理论上形成的不少内涵都可能会缺斤短两。为救济周延,引入不问主观的"明显不当"取而代之,扩而充之,可以克服上述种种缺陷。发生上述学术流变也可以理解。但是,上述推论的前提本身就是值得怀疑,"滥用职权"根本无须主观化,已如前述。

上述立法变化是否恰当,也不无疑问。且不说《行政复议法》(1999 年)第 28 条规定的"明显不当"是否不适当地限缩了第 1 条规定的"不当",复议机关之所以可以撤销或者变更"明显不当"决定,是依托在行政上下领导关系,以及科层制内上下级之间的同质化结构之中。而行政诉讼建立在分权基础之上,司法审查是有限度的。学术上普遍主张,无论在审查范围还是深度上,行政复议都应当高于行政诉讼,行政复议应当以合理性审查、变更决定为核心。1989 年行政诉讼法草案说明中也明确指出,"至于行政机关在法律、法规规定范围内作出的具体行政行为是否适当,原则上应由行政复议处理,人民法院不能代替行政机关作出决定。"[③]而今,法院也可以像复议机关一样撤销"明显不当"的行政行为,那么,行政诉讼与行政复议有何区别?上述学术共识无从体现,至少不那么淋漓尽致。除非行政复议法将"明显不当"修改为"不当",与第 1 条表述始终保持一致,才能突显出复议机关、法院在合理性审查上的不同界面。[④] 合理性审查在复议上指向的是行政行为"不

① 何海波:《论行政行为"明显不当"》,载《法学研究》,2016(3)。

② 沈岿:《行政诉讼确立"裁量明显不当"标准之议》,载《法商研究》,2004(4)。

③ 1989 年 3 月 28 日在第七届全国人民代表大会第二次会议上,全国人大原常委会副委员长、法制工作委员会主任王汉斌所做的《关于〈中华人民共和国行政诉讼法(草案)〉的说明》。http://www.npc.gov.cn/wxzl/gongbao/1989-03/28/content_1481184.htm,2021 年 8 月 17 日最后访问。

④ 《行政复议法》(2023 年)第 63 条第 1 款第(一)项已经改用"内容不适当"。

当”，在诉讼上针对的是行政行为“明显不当”。“不当”的审查只能驻足于行政复议，[①]唯有对“明显不当”的审查决定不服，可以从行政复议进入行政诉讼。

如果是为了去主观化，那么，为什么不直接从滥用职权入手，正视“滥用职权”标准误入主观要求的发展偏差，拨乱反正？或许，滥用职权的主观说已获得了不少法官、立法参与者和学者的认同，很难撼动。所以，另辟蹊径，引入“明显不当”标准，通过扩容，代而取之，实现合理性审查的去主观化。明显不当“抛开主观性这一羁绊，就可以将法院极少适用的‘滥用职权’这一标准涵盖的各种表现形式囊括进来，进而扩大法院的审查范围”。[②]不同学者对“明显不当”的重新阐释，[③]或许角度不同、方法有别、表述差异，基本上大同小异，意思重复，计有不相关考虑、没有平等对待、未遵守先例（惯例）、不符合比例原则、没有保障信赖利益、不遵守正当程序、与立法目的及精神不一致、无法实现、不遵守行政规则或裁量基准。实际上与前述滥用职权差不多，法官却无须追问行政的真实意图或动机是否正当。

我赞同去主观化，却不同意上述进路。第一，引入“明显不当”，只会将有关滥用裁量的各种不合理形态从“滥用职权”挤压到“明显不当”。使用不同术语、胪列与表述，从本质上看，违法形态实际上差不多，比如，“滥用职权”中的徇私枉法、任性专横、反复无常、打击报复，其实就是“明显不当”之中的违反平等对待、没有遵守先例、不相关考虑。第二，仅以主观要件之有无，区分滥用职权、明显不当，它们之间的客观结果却无二致，叠床架屋，形成结果重合的、递进的双层结构，“明显不当标准是滥用职权标准适用的前置一环，滥用职权标准是明显不当标准适用的递进一步、深层次审查”，[④]这扰乱了审查标准体系之中彼此并列的群居和一。第三，在实际操作上，只不

---

① 王贵松认为，在行政复议上，因不当而被撤销或变更也很少见。原因是，第一，案件数量大，复议人员有限。第二，因不当撤销、变更，会打击下级机关的积极性。王贵松：《行政裁量的构造与审查》，146～147 页，北京，中国人民大学出版社，2016。

② 李哲范：《论行政裁量权的司法控制——〈行政诉讼法〉第 5 条、第 54 条之解读》，载《法制与社会发展》，2012(6)。

③ 何海波：《论行政行为“明显不当”》，载《法学研究》，2016(3)。周佑勇：《司法审查中的行政行为“明显不当”标准》，载《环球法律评论》，2021(3)。沈岿：《行政诉讼确立“裁量明显不当”标准之议》，载《法商研究》，2004(4)。朱新力：《行政处罚显失公正确认标准研究》，载《行政法学研究》，1993(1)。

④ 吴猛、程刚：《行政诉讼中“滥用职权”审查标准适用问题研究》，载《法律适用》，2021(8)。

过是对于上述情形,可以查清主观故意的,适用“滥用职权”,没有或者难以发现主观过错的,适用“明显不当”。可以预测,只要滥用职权还维系着主观色彩,这个标准仍然不免虚置。实践的运用偏好终将会以“明显不当”事实上架空“滥用职权”,在实现行政诉讼救济目的上,还不失分毫。查明主观故意,唯一目的就是追究个人责任。滥用职权被附加了其他审查标准所没有的功能,法院做了本该由纪委监察完成的违纪调查。从诉讼目的看,通过明显不当去主观化操作,就能够实现救济,也实在没有必要继续保留“滥用职权”。反过来说,与其釜底抽薪,架空式替代,还不如直接对“滥用职权”去主观化。

2. “明显不当”的界定应当考虑变更判决的能力限度

上述有关讨论忽视了一点,“明显不当”内涵的宽窄,直接决定法院对于行政处罚究竟有多大的变更权,这又完全受制于法院在宪法框架下的制度能力与审判能力。因为很难想象,在一部《行政诉讼法》(2017 年)中,第 70 条第(六)项与第 77 条第 1 款中的“明显不当”还会涵义不同。

要是如前所述,如此包罗万象的“明显不当”,就是限于行政处罚,这也意味着法院具有了让人恐惧的超级变更权,可以直接取代行政机关去涉足更广泛领域的政策性判断。因为行政处罚是对外具有行政执法权的行政机关都普遍具有的权力。先不说法官是否乐意、能否担当、实际上用不用,至少是有资格对这么广袤的“明显不当”情形进行干预,可以用司法裁量替换行政裁量,以司法权取代行政权。

这么巨大的变更权在英国、德国行政裁量理论上根本不可思议。英国从来就不接受变更判决,这是出于对法院在宪法秩序下分工定位的基本认识。司法审查不是复议程序,对于立法机关授予行政机关行使的裁量权,法院不能够用自己的意见代替行政机关的意见。[①]在德国,“基于权力分工,法院原则上只能撤销行政处理(Verwaltungsakt)或者责令行政机关做出行政处理,法院不能独立作出或者改变,或者赋予其不同的内容。”变更判决是例外,也受到限制。“行政机关对相关的确认并没有进一步的裁量空间或者判

---

① Cf. Lord Irvine of Lairy, Q. C., “*Judges and Decision-makers: the Theory and Practice of Wednesbury Review*”(1996) *Public Law* 60.

断余地，变更判决并不要求法院用自己的裁量去取代行政机关的裁量。”[①]

从我国有关“显失公正”“明显不当”的立法说明、立法参加者撰写的释义看，还是允许有一定裁量，不要求行政机关一定要完全没有裁量和判断余地，或者裁量权收缩为零，这太过严格，也很难判断。但是，行政诉讼法允许判决变更的情形极其有限。立法参与者也一再重申，不宜扩大，仅限于行政处罚畸轻畸重。有的“明显不当”表现为结果严重失当乃至荒谬，可以一目了然。有的“明显不当”需要采用与同案对比，查找先例，借助裁量基准，衡量比例，才能发现。对于这些“明显不当”，法院都可以判决变更。

但是，对结果的评判，离不开追问致因，很可能会追溯到行为条件。很多法官发现，“明显不当”多是行政机关没有考虑从轻、减轻情节导致的，是“适用法条错误引起的”，是“证据不足”产生的。[②]证据不足、适用法条错误、不相关考虑、目的不适当，都可能产生结果明显不当。那么，是不是在审判上都可以归结到作为客观结果的“明显不当”，判决变更呢？

这绝对不可以，否则，变更权又会魔幻般变大。这是因为，纠正上述行为条件上发生的错误之后，如何重新作出决定，仍然充满了裁量空间。法官不见得能像行政机关那样稔熟政策，迅速找到同案、先例。裁量基准、手册与指南上规定的有关量罚还有很大的决断余地。在重新考虑是否处罚以及怎样量罚上，行政机关还有着多种选择。那么，法院怎么能够贸然直接替代行政机关行使裁量权呢？明智的做法应该是判决撤销并责令重做，让行政机关自己去裁量。这又回到了前面讨论过的审查标准适用次序。

法院的能力是有限的。“一些法院在判决中坦承它们变更后的处罚只是‘比较合理’。”法官判决里的“比较合理”，到底是当事人可以接受的，还是行政机关也认同的，不无疑问。为了息事宁人，有无出卖公权力，也不得而知。统计数据显示，“涉及‘行政处罚明显不当’争议案件的上诉率较高，通常是当事人双方上诉”。[③]如果再不加节制地进一步扩容明显不当，法院变更权也会随之无限扩张，法官恐怕更难驾驭得住、拿捏得好。

---

① 王锴：《行政诉讼中变更判决的适用条件》，载《政治与法律》，2018(9)。

② 王锴：《行政诉讼中变更判决的适用条件》，载《政治与法律》，2018(9)。

③ 周浩仁：《“行政处罚明显不当”的行政诉讼研究——基于 134 份行政诉讼裁判文书的分析》，载《西部法学评论》，2019(4)。

所以,很有必要将“明显不当”限定在不存在其他违法、仅是结果畸轻畸重上,不宜继续扩张。只有事实清楚,适用法律正确,裁量余地较小,在衡量上有着较为客观、有说服力的依据,法官才有可能适用变更判决。否则,应该考虑其他裁判方式,比如,判决撤销责令重做,尽可能对行政机关的首次判断权给予应有的尊重。

二、“明显不当”的涵义

“明显不当”标准一般适用于可以直接判决变更的情形,一是违反平等对待(平等原则),造成结果畸轻畸重。包括:(1)同一案件中,不同违法情节,却给予同样的处罚;或者违法情节相近,却给予不同处罚。(2)同样情况不同处理。二是违反比例原则,比如,处理结果不符合过罚相当,造成过度损害,过度的不利影响,处罚幅度和数额畸重,没有选择最有利于当事人的方式。三是结果极其不合理。比如,给当事人增加了不必要负担。①

没有遵守手册、指南与裁量基准,本质上违反了合法预期保护、法律平等原则,有的学者、法官认为是“明显不当”,②也有法官认为属于适用法律、法规错误。③但是,对于不贯彻行政政策、不依从行政解释,法官一般都引用“适用法律、法规错误”。行政政策、行政解释与裁量基准一样,都外在表现为规范性文件。对于不遵守手册、指南与裁量基准,却引用“明显不当”审查标准,恐怕不妥。除非行政处罚违反裁量基准,结果明显不当,法官决定判决变更,可以援用“明显不当”。

---

① 比如,“重庆市长寿区公安局与左其中行政监督行政判决书案”,参见重庆市第一中级人民法院(2016)渝01行终736号行政判决书。长寿公安局在行政程序与法律适用上都没有问题,也不存在目的不适当,无相关考虑不当,只是在“告知申请人获取该政府信息的方式和途径”的裁量结果上极其不合理,无谓地增加了当事人不必要负担。

② 比如,“重庆渝健医药有限公司健民药房十二门市与重庆市食品药品监督管理局永川区分局等复议上诉案”,参见重庆市第五中级人民法院(2017)渝05行终482号行政判决书。

③ 比如,“绍兴欣琦酒业有限公司与安义县市场和质量监督管理局等处罚纠纷上诉案”,参见南昌铁路运输中级法院(2018)赣71行终32号行政判决书。

第六章　指南、手册、裁量基准与执法规范化

第一节 概述

在中国,指南、手册和裁量基准不仅形态各异,涵摄范围亦不同。裁量基准主要解决量罚问题,指南、手册却是对裁量运行的系统控制。它们看似内在性的,好多人也视之为内部规则,但其中的很多内容却敞亮出外在性。无论哪种,都是解释法律规定、规范行政权运行、控制自由裁量的有力工具。

从世界范围看,有"裁量基准"概念的不多,比如,德国、日本、韩国和我国台湾地区。后三者还在行政程序法中专门规定了裁量基准制度。[①]但是,没有"裁量基准"概念,不意味着没有类似的控制技术。美国是在"非立法的规则制定"(non-legislation rulemaking)中讨论类似的问题。在英国行政法上,部长通告(ministerial announcements)和部门通知(departmental circulars)发挥着类似作用,这是架构行政权行使方式的一个重要路径。[②]

① 日本《行政程序法》(1993年)第5条第1款规定:"行政厅为了依据法令的规定判断是否给予申请请求的许认可。应制定必要的基准。"第12条第1款规定:"行政厅对于根据法令的规定判断是否作出不利益处分或作出怎样的不利益处分,必须努力制定必要的基准。"韩国《行政程序法》(1996年)第20条第1款亦规定:"行政机关应依处分之性质,将必要之处分基准尽可能详细地决定并公告之。变更处分基准时亦然。"我国台湾地区"行政程序法"(1999年)第159条第2款规定:行政规则包括"为协助下级机关或属官统一解释法令、认定事实,及行使裁量权,而订颁之解释性规定及裁量基准"。

② Cf. Zaim M. Nedjati & J. E. Trice, *op. Cit.*, p. 8.

行政机关之所以偏好这类规则,是因为,[①]第一,它们能够为那些未经或缺少训练的执法人员提供指导,有助于管理与计划(facilitate planning and management)。第二,比较灵活,制定便捷(issued quickly),成本较低。第三,充分解释法定权力行使的理由,向公众表明行政机关的态度,让复杂问题简单化,加深公众对有关法律的理解,消弭不必要的纷争。第四,能迅速地规范裁量权行使(swiftly routinise the exercise of discretion),有助于实现公正、一致和平等对待。[②]

当然,我们也能举出一大堆反对理由。第一,它们不是经由立法程序,就有可能逃逸出立法机关的控制,并颠覆法律,走向反面。第二,它们以规则面世,也必会沾染上规则的特性,以"要么全部、要么没有"模式(in all-or-nothing fashion)运用。其结果,有可能内在地与个性化冲突,变得僵硬,无法实现个案正义。第三,对合法性的判断颇复杂,弄不好还可能弄巧成拙,将违法的实践规定进来。第四,它们的法律效力还是一个未知数,法院的态度也不明朗,这意味着潜在的不确定法律风险。第五,将抽象的自由裁量细致化,语言、文字与表述会变得贫乏,我们实在无法将变化不拘、形态多样的实践问题都囊括无余,做到滴水不漏。

所以,对这类"规则"也就褒贬不一。有的称赞它"提供了有用的裁量结构"(they offer a useful structuring of discretion),是现代政府四大产出功能之一(the four 'output functions' of modern government)。[③]也有的讥讽它,说是撇开议会去立法,为法官指点法律的意思,却又让行政机关避开了审查,[④]是"一种违宪的立法"(a species of unconstitutional legislation)。[⑤]

但我却笃信 K. C. Davis 的学说。在他看来,一些限制裁量的工作要立

---

① Cf. Robert Baldwin & John Houghton,"*Circular Arguments: The Status and Legitimacy of Administrative Rules*"(1986)*Public Law* 239,268.

② K. C. Davis 就指出,规则的制定将使行政过程向公众敞开,并获得更加公正、一致的决定。Cf. Carol Harlow & Richard Rawlings,*Law and Administration*,Cambridge University Press,2009,p. 201.

③ 另外三个是规章(regulation)、规则适用(rule application)和规则解释(rule interpretation)。Cf. Carol Harlow & Richard Rawlings,*op. Cit.*,p. 190.

④ Cf. Robert Baldwin & John Houghton,"*Circular Arguments: The Status and Legitimacy of Administrative Rules*"(1986)*Public Law* 239.

⑤ Cf. Gabriele Ganz,*Quasi-Legislation: Recent Developments in Secondary Legislation*,London. Sweet & Maxwell,1987,p. 12.

法机关来做,但更多的任务却得由行政机关来完成。他甚至认为,行政机关的规则是比法院审查更加有效的控制裁量工具。[①]我在自己的研究中也曾论证过,在当下中国,通过指南、手册和裁量基准,将“专家知识”外化为社会知识,对于治理裁量滥用,实现规范统一执法,以及降低执法风险,最有成效,也能够立竿见影。我也承认,用规则克制裁量,不可能彻底解决所有问题,但它却可以缩小裁量行使的误差,是一个可取的治理路径。

我们和四川交警合作,分三期制定执法指南,基本覆盖了交警执法的全部领域。[②]我们还与民政部合作,研究和制定民政执法裁量基准。[③]可以说,这些都是一种专家论证的拓展形式,也是一种别致的公众参与。我们遇到的理论问题,与国务院法制办、国家税务总局在起草规范行政自由裁量权文件时遭遇的,几乎一模一样。[④]细细盘点一番,需要我们逐一回答的要点包括:具有怎样的效力、是否应该公开、由谁制定、什么程序、哪些控制技术。其中最核心的是效力问题。

在我国,指南、手册和裁量基准显然不经由立法程序制定,肯定不是“立法性文件”,“不是法”。在以往的理论中,我们又有着行政规范性文件、其他规范性文件、行政规定等术语与结构。从外在形式看,指南、手册与裁量基准显然是以规范性文件为载体,但似乎又很难完全装入这些现成的“筐”里。因此,我们也正好可以借此机会,以指南、手册和裁量基准现象为分析样本,反思、检讨和进一步发展规范性文件理论。

第二节 “规则之失”与“规则之治”

在我看来,大力推进以指南、手册与裁量基准为主要形式的行政规则建

---

① Cf. Carol Harlow & Richard Rawlings, *op. Cit.*, p. 202.

② 清华大学法学院公法研究中心与四川省交警总队自 2009 年以来开展了一系列合作,通过制定指南来规范执法。我们于 2010 年完成了《交警执勤执法指南》,由省公安厅以规范性文件形式下发各警队执行。2011 年,我们合作制定《交通事故处理指南》。2012 年是《车辆驾驶人管理指南》。2011 年我们还与甘肃省政府法制办、庆阳市西峰区城管合作,制定《城管综合执法指南》。

③ 2015—2016 年,我主持了民政部委托项目“民政执法裁量基准与执法规范化研究”。

④ 我曾参加国务院法制办协调司组织的《关于规范行政裁量权工作的指导意见》论证(2010 年 2 月 26 日)、国家税务总局“规范税务行政裁量权、依法行政与依法治税的关系”研讨(2011 年 9 月 6 日)。本文也引介一些会上的论争。

设，可谓切中时弊、对症下药，在法治政府建设可起到“纲挈目张”之效。我们可以通过观察自1979年以来我国法治政府建设的三条主要路径来获得基本认同。

1. 围绕着《行政诉讼法》的实施与完善，建立和加强司法对行政权的监控机制

这是以司法为立场的法治进路。从1989年《行政诉讼法》颁布之后，行政法的立法活动、理论研究、审判实践都进入了快速发展期，立法的总量和学术成果的数量都成倍增长。《行政诉讼法》的颁布与实施，的确成为行政法发展的一个重要“分水岭”。①

但是，在崇尚行政主导和实行“政府推进型”的社会中，法院在社会政治结构和宪政体制中的角色和地位，决定了这条进路的推动能力是有限的。行政诉讼实践一再表明，法院的审查能力和救济效果与法规范的明晰程度成正比，法规范越完善、详尽，法院审查的能力越强。在立法趋于空洞化的现实中，司法控制导向的路径很大程度上就必须依靠行政规则来补强。

2. 强化正当程序的观念，把行政法制建设的重点放在程序建设上

1989年之后行政法领域的重要立法，从《行政诉讼法》(1989年)、《国家赔偿法》(1994年)、《行政处罚法》(1996年)、《行政复议法》(1999年)到《行政许可法》(2003年)，无不是(或者主要是)程序法。我们也在践行着 Justice Frankfurter 所说的——“自由的历史，很大程度上就是程序保障的历史”(The history of liberty has largely been the history of the observance of the procedural safeguards)。②

以听取当事人辩解、听证为核心的正当程序，对于保障相对人合法权益、监督行政机关依法行政固然重要，但是，我们从实践中发现，纯粹靠双方在程序中的博弈似乎很难实现对行政权的有效控制，很难真正解决行政纠纷。因为面对着行政机关天然的强大优势，当事人实在缺乏有力的砝码，不能有效的讨价还价。正当程序能否奏效，很大程度上取决于行政机关是否

① 余凌云：《行政诉讼法是行政法发展的一个“分水岭”吗？》，载《清华法学》，2009(1)。

② McNabb v. U. S. 318 U. S. 332, 347 (1943).

有解决问题的诚意,是否有比较高的政策水平。[①]

但是,假如有更加客观和明确细微的规范,哪怕是行政机关自己制定的行为规则,也会使上述情形大为改观。因为行政机关自己制定的行为规则,对其本身产生了作茧自缚的效应,也为双方的谈判提供了客观的依据,能够增强当事人的抗辩能力,改善博弈的效果。可以说,规则越明晰,行政恣意越会受到挤压,裁量误差越能接近当事人的容忍度,博弈也就越能取得成效。

3. 加强行政机关内部的监督和约束机制

"政府推进型"的法治进路,必然十分重视政府内部的监督与制约机制。近些年来,这方面的立法力度较大,陆续颁布了《行政监察法》(1997)、《国务院关于特大安全事故行政责任追究的规定》(2001)、《行政监察法实施条例》(2004)、《关于推行行政执法责任制的若干意见》(2005)、《行政机关公务员处分条例》(2007)等。一个以行政执法责任制为核心的执法监督体系正在形成。各地、各部门依法界定执法职责,科学设定执法岗位,规范执法程序,建立评议考核制和责任追究制,积极探索行政执法绩效评估办法,使行政执法水平不断提高,有力地确保了法律法规的正确实施。

当下的执法考评和错案追究,是通过加重执法人员的个人责任来发挥作用的。因此,不可避免地存在着执法的个人风险。而规则的明晰程度,与执法人员个人的执法风险成反比。规则不明晰,将使风险上升,使执法人员不堪重负,不敢及时、主动回应社会管理的诉求。多请示、多汇报成了转移个人风险的有效方法,但它也带来了行政效率低下、行政复议空转和错案追究的事实不可行。解决这些问题的办法,就是尽可能明确规则。通过明晰的规则,降低执法风险,促进执法考评的有效运转。

因此,在我看来,当前我们的主要问题是深层次的"规则之失",我们不乏原则层面的法律,却缺少操作层面的细致规定。规则之治,是我们擅长的,也是我们忽略的。或许,在实现法治的路径上,重新拾起"规则之治",是一种选择。规则是我们更需要的,也是我们所倚重的。在我看来,在"中国

① 余凌云:《对行政许可法第八条的批判性思考——以九江市丽景湾项目纠纷案为素材》,载《清华法学》,2007(4)。

特色社会主义法律体系基本形成”,“起到骨架与支撑作用的基本法律已经具备”,“相配套的行政法规、地方性法规业已体系化”的时代背景下,[①]进一步大力推进以裁量基准为核心的行政规则建设,应该可以成为我国法治建设的一个着力点和突破口,成为推动法治发展的一个重要径路。

郑春燕教授对行政规则核心论提出了强烈质疑,她还引用了莱特(J. Skelly Wright)的评论作为佐证——“令人悲哀的事实是,强大的暴力在起着作用,这一事实使得行政机关倾向于相反的工作方式而并非是自愿的。其中绝对是官僚行政机关保持行政机关车轮运转的冲动占据着首要地位。”[②]但在我看来,她的批判忽略了一些最基本的事实。

首先,在我国,我们不是在规则相对富裕,而是在规则极度匮乏的情境中谈行政裁量的进一步控制问题。假如我们不能保证规则的完备性、内容的具体性和适用的平等性,那么,在社会结构、组织形态和公众意识都不很成熟,还无法有效影响、作用于行政机关的情境下,所谓正当程序的博弈和行政审判的辩论很可能只是学者一厢情愿的臆想,多半会沦为政治斗争或者势力强弱的较量。我们将很难实现实体公正,很难真正消弭纠纷。

其次,要知道,我们所处的时代,与戴维斯(K. C. Davis)当时所处的时代已经有了质的变化。我们对于民主、宪政、法治、控权等的理解已经有了长足的进步,现代社会也已经编织出日趋完备、相互交织、彼此作用的巨大监督网络系统。我们是在这样的情境之下,重新反思和检讨戴维斯的行政规则核心论。

所以,在我看来,行政机关内部的规则制定(rulemaking),已经完全不是自我封闭的,而是开放对话的构建过程,注入了专家的评估与意见,在与媒体、公众、法院和立法机关的不断交流过程中,受到检验,及时修正,其民主性、科学性和规范性已经得到了长足的进步和发展,甚至已然获得了自洽的正当性源泉。另外,规则制定的备案审查机制也在不断完善,积极引入了包

---

① 《完善中国特色社会主义法律体系》,载《人民日报》,2009-03-15。徐显明:《论中国特色社会主义法律体系的形成和完善》,http://202.123.110.5/2009lh/content_1257314.htm。2010 年 2 月 25 日最后访问。

② J. Skelly Wright,"*Beyond Discretionary Justice*" (January 1972) 81 Yale Law Journal 578. 转引自[美]肯尼思·F. 沃伦:《政治体制中的行政法》,王丛虎等译,398 页,北京,中国人民大学出版社,2005。郑春燕:《运作于事实和规范之间的行政裁量》(浙江大学法学院博士学位论文,2006 年)。

括有效期限、定期清理、编纂技术、前置审查等措施在内的机制。因此,我们完全可以考虑,在已经形成的内部与外部链接的控制网络中,以进一步强化行政机关内部规则的制定为突破口,以规则控制模式为主导,带动其他监控机制的协调运行。在我看来,这种进路比较契合我国行政主导型的社会需求,容易取得法治主义的全面胜利。

在这个过程中,我们可能会因"作茧自缚"而牺牲一些行政的便宜、灵活和有效,但我们却有很多收益。首先,降低了行政执法人员的个人责任风险,有利于调动其积极性和主动性,使执法监督考评制度真正落到实处,发挥功效。其次,在增进行政透明度和信息公开的同时,也实现了行政机关的专家知识外化,把专家知识转变为大众知识。这能够增进行政机关与相对人的良好合作,减少执行中可能产生的异议,使相对人更加信服和自觉服从行政管理,使社会、公众和媒体看到一个理性政府的形象。所有这些可以成为激发行政机关推进行政规则控制模式的内在动力。

《国务院关于加强法治政府建设的意见》(国发〔2010〕33 号)较早提出要求,"建立行政裁量权基准制度,科学合理细化、量化行政裁量权,完善适用规则,严格规范裁量权行使,避免执法的随意性"。《行政处罚法》(2021 年)第 34 条明确规定,"行政机关可以依法制定行政处罚裁量基准,规范行使行政处罚裁量权。行政处罚裁量基准应当向社会公布。"《国务院办公厅关于进一步规范行政裁量权基准制定和管理工作的意见》(国办发〔2022〕27 号)第一次从国家层面对建立健全行政裁量权基准制度作出全面、系统的规定。

第三节　有着怎样的效力?

效力是一个核心问题,关系公开,牵扯诉讼,也是迄今理论上没有解释清楚的问题。

一、观点的分歧

浏览规范性文件理论,我们发现,无论官方文件还是学术见解都认为,规范性文件是"除法规、规章之外的行政机关制定的具有普遍约束力的法律文件”。“普遍约束力”似乎是一个不假思索的应然命题。[①] 21 世纪初虽有一些学者开始拷问，出现了“应采取‘高度尊重’与‘一般尊重’的不同态度，”[②]“是法官据以说理的‘论据’”，[③]“应区分法规命令和行政规则”，[④]以及“不属于法源，但其可以作为行政行为和司法裁判的‘依据’”等观点。[⑤]其中有些研究已接近本文的观点，却都似乎未说透。所以，我们真要较劲地去追问“普遍约束力”的来源，翻遍文献，却羚羊挂角，无影无踪。

如果说，这种“普遍约束力”是从法律、法规、规章上传递而来，那么，规范性文件一定是对立法严丝合缝的执行，但事实又非如此。要是约束力出自行政机关的职权本身，是由组织法，甚至是宪法规定的政府职权必然具有的属性，那还要立法干什么？

这躲藏在规范性文件理论中、没有思考清楚的问题，却成了实践的隐患。比如，长乐市财政局原局长王凯峰因“执行上级文件”被法院判处“玩忽职守罪”；[⑥]税务人员未遵守征税指南导致漏征税款，被检察机关逮捕。这种“寒蝉效应”让实践部门不敢染指手册、指南，对裁量基准建设也驻足顾盼，或者仅限内部掌握、不愿公开。[⑦]

在讨论指南、手册、裁量基准的效力时，终于无法回避上述问题了。阅读国家税务总局法规司提供的材料，并结合有关会议上的讨论，有代表性的

---

① 叶必丰教授曾说过：“行政规范对不特定公众和所属行政机关及其工作人员的这种拘束力，几乎并不存在争议，而且也是有相应法律依据的。”叶必丰：《行政规范法律地位的制度论证》，载《中国法学》，2003(5)。但是，刘松山教授略有质疑，认为，“普遍约束力”不完全是强制意义上的，只是规范意义上的，并批评这种表述是不很恰当的。刘松山：《违法行政规范性文件之责任研究》，18～19页，北京，中国民主法制出版社，2007。

② 沈岿：《解析行政规则对司法的约束力》，载《中外法学》，2006(2)。

③ 何海波：《形式法治批判》，载罗豪才（主编）：《行政法论丛》第 6 卷，北京，法律出版社，2003。

④ 朱芒：《论行政规定的性质》，载《中国法学》，2003(1)。

⑤ 叶必丰：《行政规范法律地位的制度论证》，载《中国法学》，2003(5)。

⑥ 郑全新、于莉：《论行政法规、规章以外的行政规范性文件——由“王凯锋事件”引起的思考》，载《行政法学研究》，2003(2)。

⑦ 正因为指南效力的复杂性、多样性，行政机关内部、行政机关与法院之间认识远未统一，学者之间认识也相差甚远，所以，为减少实施风险，消除行政机关顾虑，我们在交警执勤执法指南中规定：“本指南对四川省各级公安机关交通管理部门及其交通警察具有内部拘束力。行政处罚决定不得直接以本指南为处罚依据，但是可以在说明理由与阐释有关法律依据时引用本指南的相关规定做进一步的解释。本指南的执行情况是执法考评的重要依据，对于故意不遵守本指南规定的，给予有关责任人员相应处分。”

观点有三种:

第一种观点认为,具有法律效力。指南、手册和裁量基准是在执行法律法规时的一种“执法解释”,源自立法的效力也会传输到指南、手册和裁量基准的规定之中。实践上还有一种认识,只要规范性文件对外公布了,就具有法律效力。

第二种观点认为,不具有法律效力,但具有事实效力。因为指南、手册和裁量基准是“对执法经验的总结和归纳,具有相当的普遍性,有利于公正执法,一般情况下,行政机关应当遵循”。它们是说明理由的一种替代形,一种表征,一种衡量说理是否充分的直观标准。“如果不引用,则须说明理由”。引用了,说明理由充分。不引用,还可能引发有关的监督制约制度。

第三种观点认为,对指南、手册和裁量基准的效力,尤其是外部效力,不能总体而论、一概而论,这是不贴切的,要进行解构、分类,结合其中的条文所要实现的目的、内容来分析,这才能品咂出它们的复杂性。这是我持有的观点。

二、效力分析

在我国,指南、手册或裁量基准对行政内部具有拘束力,这是不争之事实,唯一需要理论解释的就是这种拘束力的来源。但外部效力却颇为复杂,需要我们认真鉴别。

1. 对内之拘束力

指南、手册和裁量基准是行政机关,尤其是上级对下级如何行使行政权、如何执行法律的指导、指示,基于行政机关的科层制、上下领导关系以及执法考评,会产生类似于法律的效果,具有比较强的拘束力。[①]在相对人看来,甚至执法人员自己也觉得,它们似乎就是法。

指南、手册和裁量基准之中,针对已发生的、多是常态下的情形,总结以

① 叶必丰教授也曾发现,“行政规范对不特定公众的强制拘束力是通过具体行政行为来实现的,对所属行政机关及其工作人员的强制性拘束力,也并非源于行政规范本身,而源于下级服从上级原则和首长负责制。”叶必丰:《行政规范法律地位的制度论证》,载《中国法学》,2003(5)。在我看来,叶必丰教授对内部拘束力的解释是精当的,但忽视了执法考评。他对外部拘束力的解释,实际上已发生了移位,没有解释透彻。

往实践经验，形成惯例，并要求以后遇到同样情形时必须遵行惯例，平等对待。因此，下级行政机关在执行过程中如果没有特殊情况，原则上不得离开上述指导意见。

但是，面对复杂多变的行政实践，指南、手册和裁量基准根本无法囊括所有实践形态，仍需要行政机关执法人员在个案中行使裁量权，能动执法，实现个案正义。所以，不能通过指南、手册和裁量基准实质上剥夺执法人员的裁量权，应当允许执法人员离开指南规定，但要求说明理由。执法考评的重点就是审查理由说明是否正当、充分。

2. 对外之拘束力

总体判断，很难说，指南、手册和裁量基准里的条条缕缕都有外部效力。解释外部效力的学说主要有以下几种：

一是对立法的执行性解释。在很多人看来，行政机关只是在解释法律(construing the statute)，以填补空隙(fill in its interstices)或者澄清不明确之处(clarify its ambiguities)。指南、手册和裁量基准就是一种"执法解释"，其外部效力源自所依据的法律、法规和规章。

这种解释方法有一定价值，近似英国人运用的"直接的权力因素检查"(direct *vires* tests)方法，对指南、手册和裁量基准中某些条文的外部效力，解释得比较清楚，但失之简单，它忽略了两点：第一，指南、手册和裁量基准更注重实践的操作规程，对权力的自我约束，以及对实践经验的总结。第二，这种解释不是"增字解经"，不呈现出点对点、规定对规定、条文对条文的清晰结构，不完全是对法律规定、法律条文的自然延展。所以，解释是否贴切，还有斟酌余地。很难说，它们完全就是"解释上位法并因而继受法效力的、作用于外部相对人的规范性文件"。①

二是私人权利义务。这是着眼于外部关系，"实际上是在统一把握内容、调整对象和效力等诸因素的基础上观察问题"。如果是调整行政机关与相对人关系，具有单方面设定或变更私人权利义务特点的，就是"法规命令"，是一种法律规范。如果"仅仅适用于行政机关内部而不能作用于私人

① 袁勇：《行政规范性文件的鉴别标准——以备案审查为中心》，载《政治与法律》，2010(8)。

的权利义务",就是"行政规则",其效力不具有外部性,不是一种法律规范。[①]

当我们的目光转向指南、手册和裁量基准时,会发现,它们是行政机关的自我约束,具有强烈的内部性特征。但是,在构建裁量结构的过程中,难免要涉及相对人的行为,或作为裁量考量因素,或作为识别标准,或者希望通过指导相对人活动而形成行政机关和相对人之间的良好互动,无论哪种意图,其效果必定会外溢到相对人,对规范相对人的活动也会产生积极的作用,所以,也可能衍生出一定的外部性。但对外部发生的规范作用不是直接的,而是间接的。所以,在我看来,以"私人权利义务"为判断标准的学说,或许不是很合适的分析工具。

朱芒教授也发现了这一点,指出,"很难说这种'行政规则'不是属于'以私人权利义务事项为调整对象的规范'"。日本学者也意识到"行政规则在现实的行政活动过程中并非如理论逻辑上那样'单纯',在许多情况下,行政规则——这种效力只是存在于行政系统内部的行政规范——事实上存在着外部效果","如果该行政内部文件规定是作为平等处理的基准的,那么可以认为事实上在该范围之内行政内部文件规定有着与法律规范相当接近的功能","也可以被认为是一种准法律规范"。[②]

三是审判基准规范。"审判基准规范效力",特别注重行政规范与执行、适用机关(主要是法院)之间的关系,"法规命令"是"对行政主体或行政机关具有外部性的拘束力,(可以)直接承担审判基准功能的规范"。[③]

朱芒教授进一步解释了这种外部性效力的产生机理,并归结到法院的审判。也就是,法院经过审查,赋予了"行政规则"的审判基准规范效力,那么,"行政机关自身制定的各类原本属于内部适用的行政规则最终成为法院司法审查活动的依据,从而成为来自外部的约束行政活动的一种法律规范,一种由法院实施的外在于行政职权体系的平等待遇(平等适用)基准。显

① 朱芒:《论行政规定的性质——从行政规范体系角度的定位》,收入其著《功能视角中的行政法》,42～44页,北京,北京大学出版社,2004。

② 同上书,52～53页。

③ 同上书,42～44页。

然，司法权对行政规则的适用导致行政规则自身产生了自我拘束性质”。①

或许，这种平等原则与合法预期有着近似的功效，前者也是后者的一个理论诉求。但是，行政内部文件之所以是内部的，就是不对外公布、不为外人知晓。对文件内容，相对人无从获悉，法院无从得知，哪来的平等原则之适用呢？所以，在我看来，它不如合法预期。当然，朱芒教授也不忘提到信赖保护规范是行政的自我拘束理论的另一个来源。信赖保护与合法预期的优劣，我也已有较多的阐述。②

尽管在指南、手册和裁量基准的实际运用上给公众一个印象，它们似乎和法律没有差别，至少“具有事实上的拘束力”，但是，对其中那些有外溢效果的规定条分缕析之后，③我们却发现其有着复杂的效力结构。

第一，有着明确的法律依据，在实践基础上总结识别标准、归纳违法情形、解释法律内涵，在这个解释法律的过程中，只要是贴切、明确、不含糊的，法律的效力也会自然而然地传输到指南、手册和裁量基准的有关规定中，让它们具有法的效力。无论是从保护相对人的合法预期，还是实现法律平等原则，都应该让它们具有这样的效力。

第二，为了实践操作而规定的规程，尽管没有法律规定，也是实践所必需的。但就效力而言，更应该是指导性质。因为这是经验的累积，是行政机关把良好行政的认识输入了权力运行过程，让执法鲜活运转起来。但是，规程是不断试错之后的归纳，是已知的常态方案，不穷尽所有情形，仍需执法人员斟酌裁量，所以，只具有参考效力，不会转化为对相对人的一种法定义务。

第三，关于量罚的基准格次，是对法律的进一步解读与细化，却是建立在常态认识之下的，它们必须在相关考虑之内运行，有着上下出入的可能，因此，其拘束力表现为行政机关有考量的义务。不适用基准，要说出让法官

---

① 朱芒：《论行政规定的性质——从行政规范体系角度的定位》，收入其著《功能视角中的行政法》，53页，北京，北京大学出版社，2004。

② 余凌云：《英国行政法上合法预期的起源与发展》，载《环球法律评论》，2011(4)；余凌云：《政府信赖保护、正当期望和合法预期》，载《厦门大学法律评论》，2006年下卷(总第十二辑)，厦门，厦门大学出版社，2007。

③ 那些纯粹对内部规范的规定，比如执法考评、信息化建设要求，是肯定不会产生外部效力的。

或上级信服的理由。[1]当然,在考量体系内,符合同一案件、同等对待的,也会因合法预期之保护,而使得其具有外部的规范效力。

第四,执法程序多是法律规定的。也可能在法律疏漏、考虑不周之处,引入一些正当程序的要求。如果增补进来的程序对行政决定和保护相对人权益具有实质性影响,也会基于正当程序而产生规范的效力。[2]

我们还可以借用Jowell的高低裁量理论来解释上述现象。在Jowell看来,我们不能简单地把规则视为裁量的对立面,它是一个连续统一体上的若干点(rules are not simply the antithesis of discretion but are points on a continuum)。规则也有疏密之分,高度明确、不具有延展性(highly specific and not malleable)的规则,意味着裁量程度低,而具有开放特质、可变(open-textured and flexible)的规则,裁量空间就大。[3]

同样,法律也有这样的特性。我们在通过指南、手册和裁量基准解释法律、填补空隙时,也相当于在一个连续统一体上加密规则点。如果指南、手册和裁量基准中的某个规定将一个法律规定挤压到高度明确、不再具有延展性,那么,基于合法预期保护和平等对待,应该能够产生法的效果。但是,如果某个规定只是压缩了有关法律规定的开放特质、可变性空间,但仍然存在着运用上的多种可能性,权力如何行使还必须根据具体情境来分析判断,那么,该规定恐怕更多是参考性质的。

三、法院如何看待?

在中国,也有一个发展过程。有的法官认为,只要是内部的、未经公开的规范性文件,一律不考虑;公开的、但与法律抵触的规范性文件,也不予考虑。但也有法官采取更加务实的态度,承认内部文件对行政执法的规范意义,只要与法律不抵触,就予以考虑。

后来,最高人民法院曾以座谈会纪要的形式,给出了一个指导性意见,进一步统一认识。我把其中关键的部分摘抄出来。

---

① 余凌云:《游走在规范与僵化之间——对金华行政裁量基准实践的思考》,载《清华法学》,2008(3)。

② 余凌云:《法院如何发展行政法》,载《中国社会科学》,2008(1)。

③ Cf. Carol Harlow & Richard Rawlings, *op. Cit.*, p. 205.

“行政审判实践中，经常涉及有关部门为指导法律执行或者实施行政措施而作出的具体应用解释和制定的其他规范性文件，主要是：国务院部门以及省、市、自治区和较大的市的人民政府或其主管部门对于具体应用法律、法规或规章作出的解释；县级以上人民政府及其主管部门制定发布的具有普遍约束力的决定、命令或其他规范性文件。行政机关往往将这些具体应用解释和其他规范性文件作为具体行政行为的直接依据。这些具体应用解释和规范性文件不是正式的法律渊源，对人民法院不具有法律规范意义上的约束力。但是，人民法院经审查认为被诉具体行政行为依据的具体应用解释和其他规范性文件合法、有效并合理、适当的，在认定被诉具体行政行为合法性时应承认其效力；人民法院可以在裁判理由中对具体应用解释和其他规范性文件是否合法、有效、合理或者适当进行评述。”[①]

这个态度实际上就是日本人说的审判基准规范。也就是说，在行政诉讼上，指南、手册和裁量基准不是行政决定的法律依据，只是说理性依据，因此，审查的重点是它们是否与法律相抵触，只要不抵触，就可以赋予其审判基准规范效力，确定其可以作为说理性依据，进而判决行政决定具有较为充分的合法性基础。大量的法院判决都反映出了这种趣味，比如“顾荣双诉上海市工商局普陀分局工商登记案”“张先著诉芜湖市人事局公务员录用案”等。[②]

在我看来，这种认识未免粗糙。对于找到了权力来源和合法预期的情形，这样处理是允当的。但对于考量与权重却未必。因为涉案的行政行为要考量和权重的因素未必都写在指南、手册或裁量基准之中，依照后者贴切的操作，对当事人未必公允。因此，王天华教授提出了“裁量基准是法的具体化”的命题，将裁量基准“与个别情况考虑义务论统合起来”，允许行政机关就个案的不同情形，“未予援引”裁量基准，或者因裁量基准“不敷执法之用而加以‘续造’”。[③]

---

① 《最高人民法院关于审理行政案件适用法律规范问题的座谈会纪要》(法〔2004〕96 号)。

② 叶必丰：《行政法与行政诉讼法》，89～92 页，北京，高等教育出版社，2007。

③ 王天华：《司法实践中的行政裁量基准》，载《中外法学》，2018(4)。

第四节 应当公开吗?

一、实践的分歧

在我国,裁量基准、指南、手册的公开,同样也不规范,颇随意,夹杂着中国情境下的利害考虑。大致三种意见:

(1)应当公开。理由有二:一是指南、手册和裁量基准关乎行政权运行,其中的法律解释、执行标准、操作规程,“涉及公民、法人或者其他组织切身利益的”,“需要社会公众广泛知晓或者参与”,对规范行为、预测后果、消弭行政纠纷、监督执法,大有裨益。无论是依据《政府信息公开条例》(2019年)第19条,还是2010年国务院颁发的《关于加强法治政府建设的意见》(国发〔2010〕33号),都应该公开。二是根据《行政处罚法》(1996年)第4条第3款的规定,“对违法行为给予行政处罚的规定必须公布;未经公布的,不得作为行政处罚的依据”。

(2)不公开。这是来自行政机关的多数意见。指南、手册和裁量基准是对法律缝隙的填充。在这个过程中,行政机关会形成一些政策,会溢出一些法律之外的东西,要么是违法行为的识别标准、量罚策略;要么是加强自我拘束的更高要求;要么是权力运行的具体程序与操作规程。这些政策、纪律、要求一旦公之于众,行政机关的顾虑有二:一是怕万一做不到,岂不授人口实,当事人会不会诉至法院,法院又将如何对待这些政策、纪律、要求呢?二是如果相对人洞察了有关政策、纪律、要求,会不会“钻空子”?所以,不公开较为稳妥,即便执法人员做不到,至多只是执法考评上受到批评,绝不会被诉至法庭。

(3)公布。只是在案件处理过程中,要求行政机关告知当事人有关政策,当事人也可以索要有关指南、手册或裁量基准。它的好处是不张扬,也不容易被媒体、公众抓住把柄、评头论足。

二、发现问题的症结与解决问题的立场

其实,细细品鉴,我们不难有三点发现。首先,第一种观点有道理。[①]但

---

① 英国人也曾感叹,以前因没有信息自由法(the Freedom of Information Act),那些“非正式规则”无法让公众获知。获取这些指南,也不能成为公民的一种权利。Cf. Gabriele Ganz, *op. Cit.*, p. 40.

在说理上仍嫌乏力，不如 K. C. Davis 说的透彻。另外，引用《行政处罚法》(1996 年)第 4 条第 3 款对公开的要求，显然是误读。这普遍见于文献、学者当中，实在太乱。对“依据”的理解，有执法和适用意义上的，也有诉讼意义上的，彼此并不相通。其实，指南、手册和裁量基准只是规范性文件，根本不可能作为处罚的依据。“依据”在行政诉讼上有着分权基础，只有法律、法规是依据，规章、规范性文件只是参考、引用，必须通过法官的合法性审查之后，才能作为“审判基准规范”来适用。在我看来，规范的效力只有归拢到诉讼意义上，才说得通。

其次，第一种和第三种观点没有根本分歧，实质上都是公开，只不过前者是主动公开，后者是依申请公开而已。其实，现代政府的信息化建设已为公开提供了低廉、快捷的技术平台，文件上传仅在几秒之间，但是，实践部门却拒绝上传指南、手册和裁量基准，多愿采用依申请公开，[①]也就是日本人说的“公布”。原因有三：一是新法出台之后，如何理解和执行，还需有权解释；条款所蕴含的裁量结构复杂多样，也有待实践、试错，仓促上传，行政机关害怕因其稚嫩而招来世人的讥嘲。二是行政机关人手不够、时间紧迫，上传之后，要想及时更新，恐怕有难度。不及时更新，又与《政府信息公开条例》(2019 年)第 26 条相悖。三是法律修订之后，行政机关更喜欢就其中修改的条款另作指南，简便之极，又易显工作成效。采取依申请公开，就留有极大的灵活操作空间。所以，在我看来，无论行政机关选择哪一种公开，都无可厚非。当然，我更青睐主动公开。《行政处罚法》(2021 年)第 34 条明确规定，“行政处罚裁量基准应当向社会公开。”《国务院办公厅关于进一步规范行政裁量权基准制定和管理工作的意见》(国办发〔2022〕27 号)进一步要求，“行政裁量权基准一律向社会公开。”公开问题也随之尘埃落定。

最后，第二种意见却和另外两种有着本质不同。之所以如此，从根本上讲，与法院如何看待指南、手册或裁量基准的效力有关。公开原本与效力无关，公开不意味着就有法律效力。但是，在中国情境下却变成了问题，因为效力不清，对法院态度不可捉摸，所以，反过来影响了公开。

---

① 我们在《四川省公安交警执勤执法指南》中也规定：“本指南属于内部规范性文件。可以依申请公开或者在具体执法过程中告知当事人。”

第五节 制定主体与程序

谈论主体和程序,已进入了指南、手册和裁量基准的操作层面,但要审思的问题依旧不少。

一、制定主体

在我国,上至国务院,下到乡镇人民政府,从各级政府到各类行政机关,都有权制定规范性文件,这有着宪法和组织法的依据。照说,指南、手册和裁量基准的制定主体也应该广泛如斯,但却颇具争议。

一种来自官方的声音似乎是要把制定权收至各省级政府和国务院各部门,[①]稍微宽容点的,也只能容许下放到设区的市。因为在行政科层制下,限定机构的级别,能够保证制定指南、手册和裁量基准的严肃性、权威性,能够保证政策的一致性、执法的统一性,避免各自为政。这种态度大而言之没有问题,却不精致。首先,它忽视了法律空间内的政策形成必须先由基层试错开始,不断试错之后,才可能形成较为稳定的政策取向,试错的风险又需要一个集体的意志载体来降低。其次,它也没注意到,裁量本身就容许地域、部门的差异,离开了地域性、部门性,也谈不上真正的统一。所以,一味排斥基层制定指南、手册和裁量基准,既不务实,也欠灵活,还与现行组织法规定抵触。

我不愿做这样的限定,却有个原则,如果省、市已有指南,基层无须花费心思,画蛇添足。除非省、市规定过于笼统,还需结合基层实际再做细化。当然,我也反对基层一哄而上,做应景之作,只需就实践矛盾频发之处,规定指南、手册和裁量基准。

二、有关程序规定及其批判

在国务院先后发布的有关依法行政的五个重要文件中,除《国务院关于全面推进依法行政的决定》(国发〔1999〕23 号)没有对规范性文件作出专门

---

① 《我国将统一规制行政裁量权 适用规则权收归省部级 不按裁量基准行使行政裁量权属违法》,http://news. sohu. com/20091020/n267537610. shtml,2012 年 1 月 21 日最后访问。

规定外，其余四个都有较大篇幅的规定，突破了早先的《国家行政机关公文处理办法》(2000 年)，引入了现代正当程序的理念，汲取实践精华，[①]贴近规章程序，有同构化的趋势。《国务院办公厅关于进一步规范行政裁量权基准制定和管理工作的意见》(国办发〔2022〕27 号)又进一步统一了有关裁量基准制定程序。通过阅读，我们可以耙剔、滤出如下规定：

(1)采取多种形式广泛听取意见。

(2)要积极探索建立对听取和采纳意见情况的说明制度。

(3)法制机构进行合法性审查。

(4)领导班子会议集体讨论决定。

(5)应当在政府公报、普遍发行的报刊和政府网站上公布。

(6)统一登记、统一编号、统一发布。探索建立规范性文件有效期制度。

(7)评估。规范性文件施行后，制定机关、实施机关应当定期对其实施情况进行评估。实施机关应当将评估意见报告制定机关。

(8)定期清理。规范性文件一般每隔 2 年清理一次，清理结果要向社会公布。

(9)备案审查，加强备案工作信息化建设。

(10)纳入实绩考核指标体系。

中国人治理社会，喜欢统一整理，规范步调，化繁为简，最好是诉诸立法，这样有力度，纲举目张。这也无可厚非，实践也证明有效。所以，我对上述程序总体持肯定态度。

但是，指南、手册或裁量基准的趣味不同于立法。它们追求灵活、便捷，随时而动、因势而变、成本低廉。繁文缛节与之格格不入。从程序入手的控制，实在要小心。程式愈多，去趣愈远。这一层英美看得比较通透，它们没有在程序上下足劲。

第一，在上述程序中，评估太过正式，实际上是要形成一种意见的反馈与回应机制。基层在使用指南、手册和裁量基准时有何意见，可随时反映，

---

① 据统计，至今，我国已有 20 个省级行政区、1 个省会城市共 22 件地方性法规，以及 31 个省级行政区共 72 件地方政府规章，对本行政区域内的规范性文件制定程序进行规范。引自沈岿教授主持的《行政规范性文件合法性保障机制课题研究报告》(北京市政府法制办委托项目，2011 年结项)。

制定机关应及时研究,修改跟进。而且,定期清理和规范性文件有效期制度,功效相近,取一即可,无须叠床架屋。

第二,征求公众意见、听证、说明理由,这在一些学者中颇有市场,但是,从我们与四川交警合作的经验看,我实在找不出要履行这些程序的必要。作为立法执行工具的指南、手册或裁量基准,其内容的民主性已很大程度上在立法过程中解决了。解释条文、确定执法标准、建立操作规程,更依赖专业知识、注重实践经验。专家的意见是中肯的,专家参与论证是必要的,但征求公众意见,就有些不着边际了。当然,如果在执行法律过程中需要形成政策,且有着多种选择,俯仰之间,关涉相对人权益较大得失,尤其需要公众理解、支持和配合的,那么,就要考虑适度的公众参与了。[①]所以,是否要履行上述程序,最好给出一些标准,让行政机关去裁量。

第三,之所以在法律中要以大量的不确定概念、裁量等方式授权给行政机关,就是希望后者有发展政策的空间,以适应快速发展、变化不拘的社会。这也就从根本上否定了通过立法控制的可行性。这也解释了为什么尽管宪法与组织法上规定有权力机关的监督和撤销权,但实际效果却不彰显。英国人在这方面也没有走得太远。

指南、手册和裁量基准可以在实践的基础上不断试错、不断调整,具有灵活性。起草指南、手册和裁量基准,也无须像立法那样考究文字,使用精确的法律用语。日常用语、非技术用语都可见于指南、手册和裁量基准。指南、手册和裁量基准的优点备受推崇,即能够使用规劝、指导等语言,制定起来相对容易,且迅捷,让门外汉也容易读懂。[②]

这是我们在规范指南、手册和裁量基准过程中不能忘却的。我不抵制引入类似立法的控制技术,但在这条进路上,无论我们多么努力,或许会稍

---

① 比如,在贯彻机动车“五日制”限行规定的过程中,为遏制日益增多的违法,据北京市交管局统计,2010年8月,1个月内违反1次的车辆有12.6万辆,违反2次的有30.8万辆,违反3次的有1.1万辆,违反4次的有3744辆,违反5次的有735辆(8月中仅有尾号为5和0、1和6两组车辆限行五天,其他车辆限行四天)。推出连续处罚实属必要。但是,传统的连续犯、持续犯理论对于认定违法次数虽有运用余地,却因识别成本过高而不可行。采取法律拟制的方法,通过技术手段,每隔一定时段确认一次违法,比如每隔4小时、3小时或者1小时,认定违法一次,实施连续处罚,较为可行。这就需要征求公众意见,加强与公众的沟通,获得公众的理解和支持。

② Cf. Gabriele Ganz, *op. Cit.*, p. 96.

微夯实一些民主性基础，却永远无法让它们获得类似立法的效力。决定它们效力的，自有其内在的规则。但千万不能矫情，让它们的灵活性丧失殆尽，就成一场灾难了。

第六节　控制技术

指南、手册和裁量基准是以问题为导向，针对实践中经常适用的法律规定，通过裁量指引、明确操作规程、解答常见问题等方式，示范演示，以及通过行政执法公示、大数据分析等方法，来实现控制裁量、实现执法规范化之目的。从金华公安机关对治安处罚裁量基准的实践经验看，为了量罚的准确与公正，可以以分格为基本技术，并与解释不确定法律概念、量罚幅度和考量因素等技术对位，浑然一体，成为一个有机的裁量过程。

一、分格技术

分格技术是在法律规定的比较大的裁量幅度之间，再详细地均等或者不均等划分为若干小格，同时，分别明确每个小格对应的违法行为及其情节。分格不是静态的、纯粹数理意义的划分，把一定的幅度再平均或者随机地划分为几个等分（或部分）。法律意义上的分格必须要与法律要件结合在一起，具体搭建裁量决定的形成路径。

但问题是，有关要件和考量因素有的时候在法律上是已经规定好了的，但在很多情况下却是没有规定或者规定比较含糊，必须靠实践部门去发现、阐释、提炼和总结。确定之后，还必须按照公众和社会能够接受的结果，进行合理的排列组合。从这个意义上说，这个过程可以说是一种微观的立法活动，必须大量融入实践的经验和智慧。

因此，我们大致可以把分格技术分成两种类型：一是执行性的，二是创造性的。所谓执行性的，就是在法律上已经规定好的“法律要件＋量罚”的裁量结构之中，通过解释法律要件，进一步分档、细化量罚的幅度。所谓创造性的，就是在法定的裁量结构之中，加入了实践部门认为很重要的考虑因素，多是酌定考虑因素，再与处罚效果勾连，重新组合成一种新的裁量路径。

从裁量基准实践看，作为分格技术的划分标准的法律要件或考量因素，一般只是该违法行为的本质性要素或重要性要素,但却不是完全唯一性要素。那么,不管怎么排列组合,由于参与的变量过少,使得裁量过程(process of discretion)过于简约,未必总能反映客观实际、实现个案正义。从这个意义上讲,分格技术必然存在着不可避免的内在缺陷。

校正的方法就是必须把分格牢牢建立在"过罚相当"的基础上,必须放入考量因素系统之中综合权衡。第一,处罚幅度的确定必须依赖长期实践形成的行政惯例。第二,作为分格标准的考量因素只是要权重考虑的重要因素,同时还必须结合其他的考虑因素。

二、量罚幅度

量罚幅度问题在分格技术中已有所涉及,但这并不影响它作为一项独立技术的品质,它是在具体解决量罚的细微结构中与分格技术的后端部分发生了关联。量罚幅度要解决的问题,包括幅度的划分;从轻、从重、减轻和加重的格次;以及如何权衡等。它有多种样式,主要有等分、中间线、格内外浮动、累计制,以及对立法未规定而实践又回避不了的量罚问题做出规定。

幅度划分的最简单方式就是等分。也就是把法律规定的较大处理幅度再平均划分为若干格次,连接不同要件,规定量罚的标准。

在量罚幅度的划分上,还有一个很重要的技术——"中间线说",这是借鉴了刑法的学说,是直接以法定刑幅度的平均值为从重、从轻的"分水岭",凡从重处罚的应在平均值以上最高刑以下量刑;反之,则在平均值以下,最低刑以上量刑。比如,"未经许可擅自从事机动车驾驶员培训"的法定处罚幅度是"2 万~5 万元",则其量罚"分界点"为 3.5 万元。那么,按情节轻重就可将相应量罚幅度划分为:情节较轻的,罚款 2 万~3 万元;情节较重的,罚款 3 万~4 万元;情节严重的,罚款 4 万~5 万元。裁量格次设定后,至于何谓情节"较轻""较重""严重",则仍然把裁量权交给行政主体,由行政执法人员根据执法经验以及专业知识能动地加以认定。同时,在按"中间线"法设定上述裁量格次的过程中,若行政机关发现,设定后的裁量格次明显畸轻畸重,或与以往的实务案例明显不符,则可在比例原则的指导下,对上述"中间线”法得出的格次作出一定程度的“微调”。[①]

格内外浮动是在分格的格次基础上在格内或者格外的一定幅度内浮动，比如，“有法定从轻、从重情节，可以降（升）一个格次或在同格次的幅度内降（升）50%以下裁量，有酌情从轻情节的，可考虑在同一裁量格次内降30%以下幅度裁量”。所谓升（降）一个格次，是一种量罚幅度；在同一个格次之内升（降）的幅度（可用百分比表示），也是一种量罚幅度。

累计制是按照违反同一规范的次数累计递增处罚幅度。比如，金华市公安局制定的《违反互联网营业场所管理违法行为处罚裁量基准（试行）》中规定，“向上网消费者提供的计算机未通过局域网的方式接入互联网的”，按照查处的次数，量罚幅度递增。“第一次被查获的，并处4000元以下罚款；第二次被查获的，并处4000～1万元罚款，同时责令停业整顿；第三次被查获的，并处1万～1.5万元罚款，并同时建议文化部门吊销许可。”

三、解释不确定性法律概念

对法律规定中充斥的大量的不确定法律概念（undefined legal concept, unbestimmte Rechtsbegriff）进行解释，也是裁量基准制度的一个重要任务。解释应尽可能采取逐项列举的方式，解释往往不能停留在文义的说明，或者理论的阐述，而要注意结合实践上的具体问题，尤其是比较棘手、难以认定的情形，做出有很强针对性、便于执法人员甄别的界定。

四、列举考量因素

相关考虑是约束和规范行政裁量的一个最重要的机制。裁量基准的一个重要工作就是在以往实践的经验基础上，结合法律原则、行政任务和社会效益，梳理和归纳出一个较为完整、系统和科学的考量因素结构体系。

允许考虑的因素可以分为法定因素和酌定因素。法定因素是由法律明确规定的，也是应该考量的。比如，《治安管理处罚法》（2005年）第19条规定的减轻处罚或不予处罚的情形，第20条规定的从重处罚的情形。酌定因素是从法律目的、原则、执法经验等多方面提炼出来的考虑因素，适当考虑

---

① 周佑勇：《裁量基准的正当性问题研究》，载《中国法学》，2007（6）。

这些因素,可能更能够解决纠纷,实现良好行政(good administration)。我们对实践的考察不难发现,实践对相关因素的关注,可能更多的是集中在法定因素上,而对酌定因素的提炼和归纳却略显不足。

从裁量的形成看,相关因素的考虑实际上是在两个层面上发生作用的。首先,在分格技术中,可能针对特定的违法行为,抽取最重要的因素作为分格的基本依据,与量罚幅度和处罚种类共同搭建一个对应的裁量模型。其次,裁量的形成中,还应该存在着一个综合性的、原则性的考量因素体系,一般体现在从轻、减轻、从重、加重的考量之中,对所有的裁量决定都发生作用,具有普适性意义。也就是说,上面第一个层面的裁量模型实际上必须放到第二个层面中运行,第二个层面构成了裁量运作的整体环境,并施加着影响。

第七章　行政调查

第一节　概述

一、什么是行政调查？

行政调查(administrative investigation)是指行政主体为实现一定行政目的而收集、整理和分析有关资讯的活动。按其适用领域的大小，可以伸缩为广义、狭义、最广义、最狭义等多种涵义，[①]但其核心任务始终不变，一是收集信息、认定事实，作为行政决策、决定的物质基础；二是及时发现行政规制的缺失，对水准低下的规制，旋即检讨原因、寻觅对策，确保各种行政决定的合理性、正当性、效率性以及合目的性。[②]对这个概念，有必要说明的是：

第一，行政调查是一种行政活动，它与公安机关或检察机关为追究犯罪而进行的刑事侦查，立法机关为立法广泛征求各方意见的活动，司法机关为裁判而进行的法庭调查不同。

第二，行政法上比较关注的是外部行政上的调查活动，这也是本书关注的重点。至于行政机关内部实施的有关业务检查、人事考核、法纪监察等，以及行政机关之间资讯共享等，也十分重要，尤其是涉及公务员隐私权的调

① “‘行政院’法规委员会”编印：《行政调查制度之研讨——“行政院”94 年度第 2 次法制研讨会实录》，3 页，2006。感谢孙铭宗博士赠送有关资料。

② ［韩］金光日：《韩国行政调查基本法研究》（清华大学法学院硕士学位论文，2012 年答辩）。

查，有将内部调查外部化的趋势。[①]

在行政管理中，很多信息是由相对人自愿主动提供的，不需要强迫，但是，也存在着行政机关以强制的方式获得。[②]而后一类获得信息的方式，又直接关系到对公民基本权利与自由（主要为隐私权、人身自由与住宅不受侵犯权、财产权利和营业自由）的限制与剥夺，这也就为行政法所关注。行政调查中要解决的基本问题，归根到底，实际上是宪法问题，是在宪法意义上解决行政权和公民权之间的紧张，反映个人与国家相互之间的适当关系。

行政调查在行政法上极其重要，"信息之于规制，犹如血液之于生命"(Information is the life's blood of the regulatory process)，"信息是燃料，没有它，行政机器就无法运转"(Information is the fuel without which the administrative engine could not operate)。随着社会的情报化现象的日益泛化，以及保护个人信息自由的日渐重要，特别是近百年来，行政领域不断扩张，政府获取资讯的权力逐渐膨胀，宪法在行政调查上对公民的保护却逐渐式微，[③]在这种形势之下，实在有必要确认行政调查在行政法上的独立概念的资格，加强对行政调查的理论研究。

然而，行政调查现象尽管普遍存在于各国实践，研究状况却参差不齐。英美学者着力较多，教科书中多有涉猎。美国称 investigation，多从宪法角度切入。英国谓 inspect 或 inquiry，透过判例解说，略显零碎。法国行政法上没有"行政调查"术语，但对具体调查措施，却不乏细腻规范与深入研究。韩国虽然在 2007 年制定了《行政调查基本法》，却是因企业界不堪频繁、重复的行政调查负担，强烈呼吁放松行政规制，在理论研究尚不透彻的情况下，仓促而为，之后的理论进展也不算充分。日本大约是 20 世纪 70 年代方才研究行政调查现象。我国台湾地区"虽然早期有全面性的研究报告及研究业绩"，但真正关注似从 2005 年 7 月台湾行政法学会主办之"第七届两岸行政

---

① 蔡秀卿:《行政调查法制之探讨》，东吴大学法学院法律学系研究所公法组硕士论文，8 页，2006 年 7 月。

② Cf. Bernard Schwartz, *Administrative Law*, Little, Brown and Company, 1991, p. 110.

③ Cf. Kenneth Culp Davis & Richard J. Pierce, *Administrative Law Treatise*, Volume I, Little, Brown and Company, 1994, p. 135. 这是戴维斯(K. C. Davis)和皮尔斯(R. J. Pierce)在美国观察到的现象，其实，在其他国家，在政府职能逐渐扩大到对每个人的日常生活都有巨大影响的今天，又何尝没有同样的现象。

法学术研讨会"及同年11月"行政院"法规委员会主办之"行政调查制度之研讨——'行政院'第94年度第二次法制研讨会"开始,[①]大陆学者对行政调查的重视大约也是始于那次两岸行政法学术研讨会。

二、行政调查的定性

行政调查不仅是一个重要的学术术语,而且也开始进入了我国的立法制度,成为一个法律概念。[②]但是,行政调查运用的领域、阶段与目的的不同,使得其内涵十分纷繁复杂,学者对这一行政法现象的认识也不完全一致。

在传统的行政法理论上,把质问、检查和为调查出入营业所等一切为行政目的而收集资料的活动都认为是一种即时强制。日本在20世纪70年代之前,理论上有将两者混同的现象,不少学者仍然延续了这种认识,比如,和田英夫教授就认为,即时强制和行政调查没有什么实质性区别,可以统一把握。[③]我国也有一些教科书把行政调查归类到行政强制之中,认为是行政强制的一种形态与种类。

但是,日本在20世纪70年代之后,通过对租税行政领域的税务检查的检讨,认为税务检查的性质与即时强制不同,应当独立处理行政调查的概念,因此,行政法教科书上也开始普遍将行政调查和即时强制分别说明。[④]韩国行政法亦显现同样趣味与趋势。理由是:第一,即时强制本身即为直接实现行政目的的最终行为,而行政调查对于行政目的的实现只具有间接的准备和补助的作用。第二,即时强制得对私人之身体、财产为强力行使,而行政调查一般不用强制手段,其实效性通过罚则确保。正是依据上述的间接目的和间接强制两个特征,把行政调查的概念从即时强制之中独立出来。其实,在我看来,上述见解并不正确,之所以将行政调查从即时强制中分开,是因为即时强制的概念并不能完全涵盖行政调查的所有形态,即时强制与行政调查在概念上是交叉关系,而不是包含关系。

但是,要想对行政调查做恰如其分的定性,却是很困难的,究其原因,主

---

① 蔡秀卿:《行政检查》,载《东吴法律学报》,第18卷第2期。

② 《湖南省行政程序规定》(2008年)第四章"行政执法程序"第三节"调查与证据"用了14条(第66条至第79条)做了规定。

③ [日]和田英夫:《现代行政法》,倪健民、潘世圣译,227页,北京,中国广播电视出版社,1993。

④ 蔡秀卿:《行政检查》,载《东吴法律学报》,第18卷第2期(2006年12月)。

要是因为行政调查的形态过于复杂，具有多种不同的面相，在性质上兼具了程序法和实体法上的意义。

首先，行政调查构成了几乎所有行政决策、决定的必经程序环节和处分基础。对于任何一种行政行为来说，“先取证，后裁决”是一般的办案规程。

其次，行政调查有多种面相，其形态与属性因不同的行政活动而变换。在大多数情况下，行政调查是事实行为，起准备或辅助作用，比如，交警对交通事故现场所做的现场勘查，不能直接发生法律上的效果，而是为以后的交通事故责任认定做证据上的准备。[①]但是，在特定情况下，特别是表现为强制调查形态时，它又极可能转变成为对相对人权利处分的具体行政行为。比如，像鉴定、检验、车检这样的调查方式，本身就具有准行政行为的效果，常被当作行政确认来对待。再比如，在采集、提取交通事故证据时，对于拒绝提取血液，并有反抗行为的饮酒或使用毒品的当事人，可以使用约束带或者警绳强制提取血液(《道路交通安全违法行为处理程序规定》(2008 年)第 33 条)，就既是一种调查方式，也应该是一种即时强制。

再次，就完成某一行政行为而实施的行政调查而言，可能会是多种手段或者行政行为的组合运用。也就是说，在整个调查过程中贯穿着多种行政行为或者有法律意义的活动，通过这些行为才可能最终完成行政调查任务。在习惯上，我们通常也会笼统地称这一整个过程的行为组合为“行政调查”。

最后，有的调查形态相对独立，比如各种统计调查，并不依附于任何其他行政行为，既不是行政处理决定的前行程序，也不必然带来行政处罚或行政强制的后果，可以作为独立行政行为出现。[②]

或许，正是因为上述的错综复杂，使得行政调查很难构成统一的法概念，在行政法体例与结构当中较难摆放和处理，因而给学说研究、判案援用带来一定的困难与混乱。或许，也是因为行政调查所涉及的强制措施、处罚、程序、调查取证、证明标准、信息公开等内容，已散见于行政法教科书的相关章节，分散在单行法中，冲淡或舒缓了整体性研究与立法的迫切性。

---

① 在日本，也有学者认为，“进入检查所实施检查、质问或取样”等行为，是一种“忍受命令”与“实行行为”的合成体，或“公权力行为形式”，当事人可以提起撤销诉讼。“台湾行政院发展考核委员会”编印:《行政检查之研究》，提要，8 页，1996 年 6 月。这是法治斌教授主持的一项课题的最终成果。感谢胡敏洁博士提供有关文献。

② [日]盐野宏:《行政法》，杨建顺译，183 页，北京，法律出版社，1999。

关于行政调查如何定位,学者歧见纷纭,大致有以下几种见解:(1)行政调查是行政机关所为行为类型之一,与行政处罚、行政许可等行为并列;(2)行政调查是行政上的一种制度;(3)行政调查是行政程序之一阶段;(4)干脆放弃把行政调查归类到传统行政法体系类别之中的努力,笼统地把行政调查作为一种收集资讯活动,罗列其中的法律问题加以研究。[①]

在我国以往的教科书编写史中,行政调查存在着整体性缺失,只有过片面的论述,比如对行政检查、行政监督、行政监督检查的介绍,[②]更多的可能只是在行政强制中对行政调查做零散叙述,或者仅为例举。[③]实践也多受此影响。比如,最高人民法院在《最高人民法院关于规范行政案件案由的通知》(2004 年)中采用了"行政检查""行政监督"。[④]一些地方政府甚至对"行政监督检查"作出了解释,比如,《北京市平谷区人民政府关于规范行政监督检查行为的若干规定》(2005 年)第 2 条规定:"本规定所指行政监督检查行为,是北京市平谷区行政机关依法对公民、法人和其他组织履行法定义务的情况,进行信息收集、评价和督促的活动。"显然,上述概念与定义是将"行政(监督)检查"等同于行政调查。但是,在我看来,用行政(监督)检查是无法涵盖行政调查的意义的,行政检查只是行政调查的一种方式而已。

正因为行政调查具有不同面向,就像透着神秘、变幻莫测的普洛透斯(Proteus)之脸,我们根本无法把它归类到任何已经类型化的行政行为当中,也不宜像行政行为那样作静态的、平面的处理,更不宜当作纯粹的程序或过

---

① 刘宗德:《日本行政调查制度之研究》,载《政大法学评论》,第 52 期(1983 年 12 月)。

② 比如,在罗豪才主编的高等学校法学试用教材《行政法学》(北京,中国政法大学出版社,1989)中介绍了"行政监督检查";张焕光、胡建淼著的《行政法学原理》(北京,劳动人事出版社,1989)中谈到行政检查,并且认为检查和调查是有区别的;在姜明安撰写的《行政法与行政诉讼》(北京,中国卓越出版公司,1990)中是在"行政监督"标题下介绍与调查相关的一些内容。

③ 以往,行政法之所以对行政调查关注较少,有学者认为,这是因为"受日本和台湾早期行政法学说影响,学者们一般认为行政调查并不具有直接影响行政相对人的权利义务的法律效力,不属于法学研究对象"。金自宁:《论行政调查的法律控制》,载《行政法学研究》,2007(2)。也有学者认为,这与我国行政法学界重实体轻程序的传统有关。杨海坤、郝益山:《关于行政调查的讨论》,载《行政法学研究》,2000(2)。

④ 根据该通知,行政案件的案由包括"行政处罚、行政强制、行政裁决、行政确认、行政登记、行政许可、行政批准、行政命令、行政复议、行政撤销、行政检查、行政合同、行政奖励、行政补偿、行政执行、行政受理、行政给付、行政征收、行政征购、行政征用、行政划拨、行政规划、行政救助、行政协助、行政允诺、行政监督、其他行政行为"。

程来处理。在本书中，我更愿意把行政调查作为一个集合概念，是一个涵盖了行政法上诸多手段、过程与程序的复合性术语来介绍。

第二节　方式与分类

一、行政调查的方式

从比较考察美国、日本以及我国行政机关获取资料的方式来看，尽管在具体形态、名称及制度上存在些微差异，但就收集资料的主要方式而言，总体上基本相似，大致有：(1)要求相对人保留或填写有关记录或资料(recordkeeping requirements)；(2)以一定的制裁(penalties)迫使当事人向行政机关报告(reporting requirements)；(3)质问；(4)检查(inspections)；(5)听证等。[①]

当然，在不同的部门行政法中，还可能有更加细致的，或者为其特有的调查方式。比如，在福利行政中的调查核实方法，除了"入户调查、邻里访问以及信函索证等"，在贵州、辽宁等省还采取了部门联动法、跟踪消费法或居民代表评议法等方式。[②]其中，当以警察行政法领域最为有特色，手段最为周全，也最为严厉。

警察的调查方式，在不同国家的警察法中，也略有差异，但多体现为个案调查。在德国，警察的调查方式有盘诘(Anhalterecht，包括集体盘诘Razzia)、传唤(Vorladung)、鉴识措施(Erkennungsdienstliche Maβnahmen)、侵入及搜索住宅等。[③]英国警察与刑事证据法(*the Police and Criminal Evidence Act* 1984)和实施令(*Codes of Practice*)中规定的警察调查权，主要有盘查(powers to stop and search)、路检路查(powers to conduct a road check)、与逮捕有关的进入住宅检查(powers of entry and search in relation

---

① Cf. William F. Fox, Jr., *Understanding Administrative Law*, Matthew Bender, 1986, pp. 66～67. 刘宗德：《日本行政调查制度之研究》，载《政大法学评论》，第52期(1983年12月)。我国对行政调查方式的规定散见于各单行法律、法规和规章中。

② 胡敏洁：《福利行政调查权与受益人权利保障》，载《当代法学》，2008(2)。

③ [德]Heinrich Scholler：《西德警察与秩序法原理》，李震山译，125～133页，高雄，登文书局，1986。

to an arrest)、根据搜查令进行的搜查(power to search under a search warrant)、电话录音和电子侦察(telephone tapping and electronic surveillance)等。[①]韩国警察行政法上,对人的调查方式有不审检问、质问、身体检索;对物的调查有文件阅览、施舍检查、物品检查、收去;对家宅的调查有对个人的住所和营业所检查或出入,这种调查方式常与对物的调查同时使用。在我国警察法上,常见的调查方式包括:要求相对人填写有关表格、进行登记,或者保留、报送有关资料,以备查验;当特定事件发生时,要求相对人立即报告;传唤;询问、走访、摸底;盘查;检查;现场勘查、检验、鉴定、辨认等;通过互联网、电子监控、人面识别等高科技方式高科技方式获取情报等。

二、行政调查的分类

对于上述各种调查方式,在行政法上当然有着很多的分类方法。以下介绍两种最重要的分类。

1. 以调查的实效确保手段为标准,分为任意调查和强制调查

这种分类在行政调查上最为重要,意义在于说明,调查的强制性之有无,决定了在法规范要求上有着截然不同的要求。任意调查之"任意",并非随心所欲,而是任随被调查人意愿,须得其同意和协力。所以,它不需要严格的法律授权、不受法律保留原则的拘束,只要是在行政机关的职责管辖范围之内都可为之。但强制调查则不然,它必须要有具体的法律授权,严格依据法定程序实施,受比例原则和法律保留原则的强烈拘束。尤其是实力强制调查,往往一气呵成,不存在任何中间救济的可能,事后救济也缓不济急,主要依赖明确适用条件、严格执行程序和加强内部执法监督等机制来控制。

任意调查,也称非权力性调查,是运用最为广泛的一种调查方法,指纯粹依赖被调查人协助和同意而进行的调查,法律上没有提供确保手段,也不能强制实施。比如,对于投案自首的治安违法嫌疑人,无须补办传唤手续,可以直接询问。如果当事人拒绝接受调查,行政机关要么放弃调查,要么依

① For a detailed analysis, Cf. Jack English & Richard Card, *Butterworths Police Law*, Butterworths, 1994, Chapter 3. And also Cf. Alex Carroll, *Constitutional & Administrative Law*, Financial Times Professional Limited, 1998, Part 6, Section 18.

法改换强制调查。比如,从外观上即能发现当事人住宅上搭建违章建筑,展示证据并说明理由之后,当事人仍拒绝接受入室调查,可追究其妨碍执行公务的责任。

强制调查,也称权力性调查,又分为实力强制调查和间接强制调查两种。(1)实力强制调查是行政机关在遭遇被调查人抵抗时,允许使用实力(the use of force)强行进入有关场所,或者强行对被调查人人身及财产进行调查。一般适用于紧急情况,比如,正在销毁或转移重要证据,或者正在实施犯罪或严重违法(crime or serious illegal activity)等情形。(2)间接强制调查是当被调查人若无正当理由拒绝调查时,行政机关可以采用以下手段之一,迫使其接受调查,但是,不能诉诸实力:①拒绝给予被调查人所预期的利益、对其现存的利益作出不利处分;②以行政处罚、刑罚等手段为担保;[①] ③以向公众披露当事人不服从行政规制、存在违法嫌疑等为威胁。适用这种调查方法的条件,一般是所需的资讯对行政管理极其必要,缺少这些资讯,有效的管理就无从谈起,也无法实施。但又没有必要采取实力调查,用上述的威赫就足以让被调查人惧怕而履行义务,从而达到行政上有效指导、监督和管理的目的。比如,《厦门市最低生活保障办法》(2004 年)规定:“申请人及其家庭成员无正当理由不配合调查或者拒绝调查的,视为放弃申请。”

从实务看,要辨析强制调查和任意调查,也绝非一目了然。首先,单行法的条文对调查措施有“强制”两字表述,当可直接认定为强制调查;如无,但从实施程序中可以发现强制意味,也可认定之。这属于单行法已然自洽一体的结构。其次,从单行法中无从发现,但掌握较为确凿的证据,且当事人仍不协力时,可以借助警察法和刑法上的妨碍执行公务作为担保手段,这勉强也可称为广义上的强制调查,具有间接、外洽特征。最后,既无法从单行法上查寻,又不掌控当事人违法的较为确凿证据,就只好寻觅当事人的自愿协力,属于纯粹意义上的任意调查。

---

① 在理论上,以往多强调以罚则为担保,其他几种似乎不多见。其实,从我国的警察法规范看,以其他几种为调查担保的事例还是有的,比如,出入境的公民拒绝边防检查站查验的,可以阻止其出入境。

2. 以调查目的为标准,分为一般调查和个别调查

一般调查,也称为规划性调查或者准立法调查,是为一般公共政策、行政计划、立法等目的而进行的调查,如,为加强对公路交通管理,有计划地对辖区内的公路现状、交通流量流向、交通事故和阻塞情况以及静态交通布局因素进行的调查。个别调查,也称为个别事件调查、个案调查,是为实现法律规定的特定目的,对行政行为构成要件的事实所进行的调查,如,对查获的卖淫嫖娼人员,一律进行性病检查,发现性病者,强制治疗。

一般调查多采取任意性手段,通过宣传促使相对人支持与配合,而不使用间接强制或者直接强制手段。又除了实施普查与意见调查外,此类调查还可以通过举办座谈会、听证会或者问卷调查等方式,较为灵活,并无一定模式或程式。[①]而个别调查一般必须遵守比较严格的条件与程序。本书对行政调查的论述,也多侧重以个别调查为分析样本。

第三节　行政调查的主要制度

行政调查贯穿在行政过程之中,散落在行政法的每个角落。从行政规范制定、类型化行政行为的实施到复议案件的审理,都会或多或少地涉及调查原则、技术、手段与制度。总揽性的一些重要制度包括:法定程序的保障;调查的职权主义;被调查人的协助义务;调查所获信息的公开。所有这些,都是我们在行政程序法、行政调查法中要认真对待的。

一、行政调查的基本程序

行政调查会与相对人的隐私权、经营自由、人身自由等宪法权利发生冲突,因此,必须遵守正当程序的要求,注意保守国家秘密、商业秘密和个人隐私。对于统计调查、人口普查等相对独立的行政调查,应当尽可能通过匿

① 蔡秀卿:《行政调查法制之探讨》,东吴大学法学院法律学系研究所公法组硕士论文,13页,2006年7月。

名、表格式处理等方式降低对相对人权益的影响。[①]多数情况下，行政调查常蕴含在具体行政行为的程序之中，而具体行政行为程序的设计已然考虑正当程序要求，比如行政处罚中的调查取证，行政调查只需遵照法定程序即可。在不同行政领域，针对不同调查事项，采取不同调查措施中，有关具体程序与要求可能会有一些差别，但是，就总体调查过程来看，一般包括以下程序：

1. 表明执法身份

行政机关的执法人员在实施调查之前，必须向被调查人表明执法身份，比如着装或出示执法证件。在实施检查时，原则上还需要出示检查证。其行政法意义在于，通过表明执法身份，从外在形式意义上，说明执行公务的正当性与合法性，使被调查人产生协助调查的义务。

日本有关授权强制调查的法律中通常明确规定调查官携带、出示证件的要件。[②]日本法院认为，调查官不出示证件的情况下，不能追究被调查人拒绝调查罪。[③]韩国《警察官职务执行法》也要求，警察调查时，应向相对人出示身份证。英国《警察和刑事证据法》(the Police and Criminal Evidence Act 1984,s2)以及盘查令(Codes of Practice A,stop and search,para 2)中，也要求警察在检查之前应将警官的姓名和所在警局告知被检查人。如果值勤警官没穿制服，还要出示工作证(warrant card)。[④]

在我国，在很多的法律、法规与规章中，也都明确规定了表明执法身份的程序，比如《行政处罚法》(1996 年)第 37 条、《土地管理法》(1986 年)第 68 条、《治安管理处罚法》(2006 年)第 87 条、《港口法》(2003 年)第 42 条，有的甚至赋予了被调查人的抵抗权，如果行政机关执法人员没有出示调查证件，

---

① 洪文玲教授认为，统计调查虽然侵犯每一人民之私人领域，但因资料具有匿名性，且处理成表格式项目，故产生人格剖面图之危险性并不存在，侵犯人格之程度轻微，相较于国家依赖此资料作成正确决定之利益，诚为符合宪法之比例原则。洪文玲：《行政调查制度——以警察、工商管理、水土保护领域为例》，收入台湾行政法学会主编：《当事人协力义务、行政调查、国家赔偿》，252～253 页，台北，元照出版有限公司，2006。

② ［日］远藤博也、阿部泰隆：《行政法(总论)》，326 页，东京，日本青林书院新社，1984。

③ 日本最高裁昭和二十七年 3 月 28 日第二小法庭判决(刑集 6 卷 3 号 546 页)。

④ Cf. Alex Carroll, *op. Cit.*, p. 329.

被调查人有权拒绝。[①]如《税收征收管理法》(1992 年)第 59 条、《银行业监督管理法》(2006 年)第 34 条第 2 款。

2. 通知并说明理由

行政机关在调查时,一般应将调查的目的、时间、场所、范围事先通知给被调查人,并告知调查理由。这是被调查人对政府享有的知情权的内在要求,其有助于取得被调查人的积极协助,提高调查效率,同时也可以防止行政机关滥用调查权。

比如,韩国《警察官职务执行法》规定,警察在调查之前要将调查的理由、时间、场所和对象告知相对人。英国《警察和刑事证据法》(*the Police and Criminal Evidence Act* 1984,s2)以及盘查令(*Codes of Practice A*, stop and search,para 2)也要求警察告诉调查的目的。[②]我国台湾地区"行政程序法"(1999 年)第 39 条也规定:"行政机关基于调查事实及证据之必要,得以书面通知相关之人陈述意见。通知书中应记载询问目的、时间、地点、得否委托他人到场及不到场所生之效果"。

行政调查的实施也应在通知范围内展开。当然,当场确需追加调查对象、扩大调查范围,也允许行政机关在其调查权限之内裁量决定。告知的期限长短,应考虑以下因素来决定:(1)行政调查能够促进的利益的种类和性质,比如,起督促效果的调查,提前告诉,可尽收督促之效;查处性质的调查,宜当场告知。(2)情报的种类和性质,比如,被调查的事实是不是在短时间内就能隐蔽或者消除的违法状态,如果被调查的事实是可以在短时间内消除或者隐匿的,那么就有突击检查的必要,这时,告知的期限就要短,一般在告知的同时就实施调查。

3. 邀请当事人或见证人到场

对于物品或场所的检查,一般要求当事人或者见证人到场。首先,这与现场笔录或现场记录有着同构化功能,却更为客观,避免滋生争议。其次,能够当场听取当事人申辩,理由成立的,即刻停止检查或者扣押。实践中也

---

① 通过对行政行为的无效与可撤销二元结构的批判,我反对赋予被调查人拒绝接受调查的权利。余凌云:《行政行为无效与可撤销二元结构质疑》,载《上海政法学院学报》(法治论丛),2005(4)。

② Cf. Alex Carroll,op. Cit. ,p. 329.

不乏当事人拒绝到场，或者无法通知当事人到场，且难寻见证人，可以考虑用全程录音录像方式替代。

4．针对专业性较强的事实的调查程序

行政调查的有些事项，如收缴伪劣商品或淫秽物品、鉴定痕迹、认定事故等，涉及较强的专业性、技术性。为保证调查的科学性、合理性，首先，从事现场调查、收集证据的调查人员必须具有相应资质，配备必要的技术设备和手段，遵循科学的操作规程。其次，对事实认定、事故成因分析，比如检验、鉴定，以及交通事故认定、工伤认定、医疗事故认定等，必须由独立的、具有资质的机构或人员作出。最后，允许被调查人提出异议，并应当根据检材类型、案件性质、专业能力等，规定合理的异议处理期限、程序与机构。原则上重新检验、鉴定或者认定以一次为限。

5．技术设施运用的程序

随着科技的迅猛发展，在行政领域大量引入了科技设施，作为收集信息、适时监控和行政决定(策)的平台。比如，道路上安装的卡口、监控系统，在收费站、银行、宾馆、交通测速点设置的录像系统，车辆的GPS，行车记录仪等，能够反映车辆运行轨迹或者人员往来。这些设施可以是固定的，也可以是移动的；可以由公共财政负担，也可以由社会出资。其安装、维修与管理多采取社会化，外包给专门技术公司；而其运行、信息等又牵扯公众的隐私权、行动自由与公共利益。

“互联网＋监管”的执法手段与程序显然有别于传统执法。这些领域中，往往是公法与私法关系纠缠交织，极其复杂。正当程序的贯彻也别具特色，有着新的样式，需要逐个领域、挨个事项的研究与设计。比如，监控系统的设置应有提示，包括有明显标识、公开分布状况、可在政府网站自由查询等。又比如，网络执法通过浏览与技术发现有害信息，立即阻止传输、屏蔽信息，因无法查实违法行为人，可在特定的信息栏中告知，送达文书。

6．告知调查结果

行政调查一旦发现违法行为、安全隐患或者其他问题，旋即需要整改、处理或处罚，这必定会进一步增添当事人的负担，所以，必须由行政调查的结果来支撑行政决定的正当性，说明整改的方向、内容与要求，节约当事人的服从成本,提高当事人的行动效率。调查结果应当事先告知当事人,可以单独告知,也可能会揉入整改方案或者行政决定作出之前的理由说明之中一并告知,并允许当事人陈述、辩解与申诉。

二、法官令状主义与行政机关内部审批

在行政调查上,对于行政机关采取直接针对宪法基本权利的调查措施,比如传唤、检查,除非事态紧急,原则上也应当经过事先审查,取得批准或检查令(证)。其中,尤其关注对人身、住宅的检查,有关审批条件最严。这对于约束行政机关不随意行使调查权,对于在行政程序上进一步落实宪法的人权保障价值观,都极具意义。

1. 两种审批模式

对行政调查措施的审批模式大致包括两种:

一是实行法官令状主义,行政机关在搜查、扣押财物之前原则上要向法官申请令状,通过法院的事先审查和批准来控制行政机关的调查权。这流行于英美等国家,依重法院保障公民基本权利。所以,当行政调查"实质上相当于以追究刑事责任为目的刑事搜查",或者可能导致刑事责任追究时,多要求法官签发令状。①

比如,在美国,如果未经当事人同意,行政检查是不合理的,除非具有有效的搜查令。美国法院在 Camara 案的判决意见中指出,虽然找出可供个案裁决遵循的可行性准则是一件很困难的事,多年以来法官对此也意见分歧,但是我们一向坚持的总的原则就是,除开几类经过细心推敲界定的特定案件之外,未经相对人同意,任何对其私人财产的检查都是不合理的,除非已经取得了有效的检查令。②

二是采取行政机关内部的控制模式。比如,在我国,基本上采取的是内敛、紧凑的内部监控模式,通过对调查的实体条件的规定、对调查措施的层次性规定以及内部的审批程序来控制行政机关的调查权。从我国的实践经

---

① [韩]金光日:《韩国行政调查基本法研究》(清华大学法学院法学硕士学位论文,2012 年答辩)。

② Cf. Kenneth Culp Davis & Richard J. Pierce, *op. Cit.*, p. 145.

验看，再辅之以行政机关内部的执法监督与考评，其控权效果也相当不错。[①]

2. 审批条件的放宽

当然，与刑事上搜查条件的苛严相比，对行政检查的控制也根据行政法的特点适当放宽了适用的条件，一般只要有相当理由(probable cause)，就可以批准实施检查。这是因为：

第一，行政上的检查，不像刑事上的搜查那样具有很强烈的追究嫌疑人罪行的刑事目的，而是具有双重性(dual character)，既有可能是去查实违法行为(non-compliance)，也可能只是去督促相对人遵守法律(encouraging compliance)，或者核实申请人是否符合行政授益条件。也就是说，在有的案件中，调查其实是对双方互利双赢的(mutually beneficial)，就是在被调查一方，也未必坚持要求行政机关要有检查令。[②]

第二，有些检查其实就是即时强制，在时间上具有急迫性，为了保证检查的有效性，真正能够发现问题，在程序上如果像刑事诉讼那样严格，恐怕未必可行。

第三，在现代紧密联系的社会中，尽管在理论上，我们的住宅仍然是我们的堡垒(castle)，但它不再孤立于护城河环绕的山冈之上，而是和中央供水系统、排污系统、垃圾处理系统，以及左邻右舍的住宅联系在一起。社会相互依存(social interdependence)所产生的需求是具有压倒一切的需求，为了执行健康、卫生、安全、住宅等规定，确保必要的生活条件，就必须允许行政机关具有广泛的检查权力，并为其松绑。检查是执行法律不可或缺的手段，没有它，行政机关将无法有效确认当事人是否遵守或者违反有关法律。[③]

3. 审批的例外

然而，一味地强调法官令状主义，会对行政效能造成影响，损害公共利益，此其一。其二，采取法官令状主义的根本目的，在于由中立地位的法官来决定是否签发令状，从而保护相对人的基本权利。但是，随着行政程序的

---

① 余凌云：《公安机关办理治安案件中的若干调查措施——立法制度变迁的梳理与批判性思考》，载《行政法学研究》，2006(3)。

② Cf. Peter L. Strauss, *An Introduction to Administrative Justice in the United States*, Carolina Academic Press, 1989, pp. 28～29.

③ Cf. Bernard Schwartz, *Administrative Law*, Little, Brown and Company, 1991, pp. 114～115.

发展,也发挥着近似的功能,也足以妥善保护相对人的基本权利,冲淡了对法官令状主义的诉求。比如,通过事前通知、说明理由、告知等程序,由中立的行政委员会决定是否实施行政调查,以及充分保障事后司法救济制度,也能够起到替代性效果。[①]

所以,在美国,也一再限缩令状的适用范围,允许大量的例外情形。这些不需要法官令状的情形包括:(1)附属于有效逮捕的搜查;(2)确保证据没有丢失的搜查;(3)基于同意的搜查;(4)确保执法官员安全的搜查;(5)紧急追逐中的搜查;(6)一目了然法则(plain view)下的搜查;(7)在仅需较低层次保护的特定地点实施的搜查。[②]韩国通说也认为,"行政调查并非一律适用令状主义,而是应综合考虑行政调查的性质、必要性与紧迫性,以及除令状制度之外其他正当程序等控制机制的存在与否等因素,来进行具体判断,看是否适用令状主义"。[③]

在我国,也同样存在着例外。在警察法领域,必须立即实施的检查,一般不需要审批,包括:(1)情况紧急,并有初步证据,必须立刻实施检查。比如,公安部颁布的《公安机关办理行政案件程序规定》(2012 年)第 68 条规定:"对确有必要立即进行检查的,人民警察经出示工作证件,可以当场检查;但检查公民住所的,必须有证据表明或者有群众报警公民住所内正在发生危害公共安全或者公民人身安全的案(事)件,或者违法存放危险物质,不立即检查可能会对公共安全或者公民人身、财产安全造成重大危害。"(2)安全检查,比如,《公安机关办理行政案件程序规定》(2012 年)第 41 条第 1 款规定:"对查获或者到案的违法嫌疑人应当进行安全检查,发现违禁品或者管制器具、武器、易燃易爆等危险品以及与案件有关的需要作为证据的物品的,应当立即扣押;对违法嫌疑人随身携带的与案件无关的物品,应当按照有关规定予以登记、保管、退还。安全检查不需要开具检查证。"

---

① [韩]金光日:《韩国行政调查基本法研究》(清华大学法学院法学硕士学位论文,2012 年答辩)。

② Cf. Espstein L. & Walker T. G., *Constitutional Law for a Changing America: Rights, Liberties and Justice*, Congressional Quarterly Inc. 2001, p. 498. 转自,刘建军:《行政调查正当程序研究》(浙江大学法学院博士学位论文,2009 年答辩)。

③ [韩]金光日:《韩国行政调查基本法研究》(清华大学法学院法学硕士学位论文,2012 年答辩)。

4. 日常监督检查的审批

对机关团体、企事业单位等的生产经营场所、办公场所进行常规性检查，或者需要进入私人住宅进行例行性检查，现行法律与实践多不要求事先取得批准、出示检查证。我也大致同意，这种情形多半可以转由要求表明执法身份、说明理由、征得当事人同意等正当程序来控制。

但是，我主张，行政机关内部要有适度的审批控制，签发可以反复适用于多个同类场所或单位的检查证。理由是，第一，日常监督检查过频，也会干扰相对人的正常生产、生活，必须适当控制。第二，检查审批由行政机关内部把握，操作也较简便，不会对行政效率造成过度影响。第三，在比较法上也有例可寻。比如，在美国 *Camara v. Municipal Court* 案中，住宅检查人员(a housing inspector)做例行的年度检查(a routine annual check)，要到当事人家中检查是否存在违反市住宅法(the municipal housing code)的问题，但是没有搜查令，当事人拒绝其检查。最高法院认为，当事人有拒绝的权利，不构成违法。①

当然，审批条件相对宽松。因为不以追究违法责任为唯一目的，而是基于多元目的、立足职责的逡巡，所以，不必像对待办案检查那样严格，可以是基于一种概括的、不需要任何初步证据的理由，只要存在公共利益的需要，且检查是合理的，就可以批准检查。比如，在美国，法院也承认，在像 *Camara v. Municipal Court* 案的情形下，行政机关申请令状的条件应该适当宽松些。也就是说，对一定范围的地区的检查(on an area-by-area basis)，申请令状时可以不要有美国宪法第四修正案意义上的相当理由(probable cause)。法院认为，相当理由标准是随着所执行的市政管理任务而变化的，可以基于时间的进程(the passage of time)、住宅的性质(比如是否为多家庭居住的单元楼房)或者整个地区的情形而定，没有必要一定要对特定的居住情况有所掌握。②

在美国，也允许没有令状下的日常监督检查，但要有法律依据，比如，在 *New York v. Burger* 案中，法院判决行政机关可以无令状进入汽车销售场

① Cf. Kenneth Culp Davis & Richard J. Pierce, *op. Cit.*, p. 145.

② Cf. Bernard Schwartz, op. Cit., pp. 115～116.

所检查。[①]其正当化理由是,“该类行业于申请执照时,营业法规即已明文规范,业者对相关法规所定义务应有认知,且营业申请书中均已列明是否知悉相关规定栏位,并要求业者表示承诺与否,基于诚信原则,业者应受其承诺所拘束,故当行政机关进入业者场所检查时,并不侵犯其居住自由或隐私权”。[②]一般而言,这种例外必须符合以下条件:(1)是长期受政府严密监管的行业(closely regulated businesses),像酒类、枪支、矿产等行业;(2)政府对该行业的规范具有实质性利益(substantial interest);(3)无令状的检查必须是有效贯彻行政规范或法律的必要方法;(4)无令状检查的法律中,必须详细规定检查的标准、时间、地点、范围等。[③]

反思我国,我觉得,日常监督检查的未来走向应该是,第一,因对象是私人住宅还是生产经营场所、办公场所而有所区别。对私人住宅的日常监督检查,涉及隐私权保护的预期水平较高,比如对出租房屋的检查,审批相对要严格一些;为福利行政目的,需要入室调查,“双方之间发生对立关系概率极小”,也可以不需要审批。[④]对生产经营场所、办公场所的检查,因其本身对社会开放性,或者具有某种公共性,涉及隐私权保护的预期水平不高,审批较为宽松;对需要重点规制的生产经营场所或者办公场所(比如矿厂、食品加工和销售部门等)的检查,审批极为宽松,甚至可以不需要审批。第二,原则上需要出具检查证,可以一次性反复适用多个同类场所或单位。第三,对于不需要审批和出具检查证的情形,在有关法律、法规中必须对检查的对象、范围、地点、时间、程序等作出比较详细的规定,以增强相对人的预期,控制行政机关的检查权。第四,行政机关应当考虑行政调查的目的、遵守法律的实绩、自觉遵守的努力程度、企业规模与行业等,以明确而客观的标准选定行政调查的对象,[⑤]尽量以合理的方式实施调查,尽可能让相对人的负担

---

① Cf. Bernard Schwartz, *op. Cit.*, p. 122.

② 洪文玲:《美国行政调查之研究》,收入“行政院法规委员会”编印:《行政调查制度之研讨——行政院94年度第2次法制研讨会实录》,143页,2006。

③ 蔡秀卿:《行政调查法制之探讨》,东吴大学法学院法律学系研究所公法组硕士论文,47~50页,2006年7月。

④ [韩]金光日:《韩国行政调查基本法研究》(清华大学法学院法学硕士学位论文,2012年答辩)。

⑤ [韩]金光日:《韩国行政调查基本法研究》(清华大学法学院法学硕士学位论文,2012年答辩)。

最小化。行政机关不得在短期内，对同一企业就同一事项反复调查。第五，对相同或者类似事项的调查，涉及若干行政机关职责的，可以采取联合调查或者相对集中调查权的方式。

三、调查的职权主义

调查的职权主义是由行政管理的主动性决定的，体现为行政调查的主动性、全面性和裁量性。[①]但要严格遵守合法性原则、合理性原则和比例原则。主要包括以下内容：[②]

1．行政机关负有概括的调查义务

(1)凡是与行政决定有关、与行政机关管辖职责有关，有调查的必要与可能的，行政机关均应依职权启动调查程序。对于相对人举报、报案、申请许可或者请求鉴定、请求保护其合法权益等，行政机关必须依法启动调查程序，告知相对人处理结果。

(2)对于依申请的行政行为中的要件事实，比如，申请许可所提交的材料，是否符合法律规定，行政机关一般进行形式审查，除非有证据显示申请人提交的材料有问题，行政机关才进行实质审查。只要查实材料确有问题，即可结束调查。

(3)行政机关调查事实不受当事人主张的拘束，只要涉及公共利益，行政机关调查的范围可以超出当事人请求的事项。在行政调查中，对于当事人有利或者不利的证据都应当收集。

(4)如果调查成本过大，远远超出行政决定能够获得的价值，行政机关可以不调查或者停止调查。

---

① 章志远教授认为，职权主义调查原则实际上是通过两个方面的具体要求表现出来的：一是行政调查的主动性，即是否实施以及怎样实施行政调查活动都由行政主体单方面地依据自己的职权所决定。虽然行政相对人也享有行政调查的请求权和参与权，但在行政调查中真正起主导作用的只能是行政主体。二是行政调查的全面性，即行政主体应当全面、客观、公正地实施行政调查活动，而不能仅以一己主观喜好或者是否有利于其作出最终行政决定为标准而“片面”地进行调查。原因在于，行政决定的作出必须建立在与案件有关的主要事实均已查清的基础之上，否则，行政决定必然会有失全面甚至最终会被彻底推翻。章志远：《行政调查初论》，载《中共长春市委党校学报》，2007(2)。

② 蔡秀卿：《行政调查法制之探讨》，东吴大学法学院法律学系研究所公法组硕士论文，87～89页，2006年7月。

2. 行政机关对具体的调查方法享有裁量权,可以运用各种合法、合理且必要的调查方法。

(1)在行政调查时,除法律对调查具体方法有明确规定外,行政机关可以综合考量调查目的、职责要求、实践惯例等因素,裁量选择合理的调查方法,尽可能优先考虑任意调查方式。其道理,诚如洪文玲教授指出的,"调查活动若能基于民众协力以完成,即可避免对立冲突,又能减少龃龉耽搁,有助于行政效能之提升"。①

(2)对拒绝调查的被调查人,行政机关采取担保手段(比如行政处罚、强制措施、拒绝授予利益等)之前,应向其说明理由。如果被调查人因惧怕遭到上述担保手段的实施带来的不利益,幡然悔悟,允许行政机关调查,行政机关则可以自由裁量是否执行上述担保手段。这是因为,这些手段是为了担保调查顺利进行而采取的,如调查实际上能够实现,就可以考虑对上述担保手段不予执行或者执行的程度。

(3)行政机关在调查中采取的强制措施涉及第三人的,应当注意对善意第三人利益的保护。

四、相对人的协助义务

在行政管理中,经常要求当事人提供与行政调查有关的材料、报告或记录(required forms and reports),协助行政机关调查有关情况或事实。知晓有关情况的公民、法人或者其他组织应当协助行政机关的调查。上述相对人所履行的义务,在行政法上可以笼统地称为相对人的协助义务,或者协力义务。这种义务实际上可以根据对象分为两类:一是当事人的协助义务,二是证人、知情人的协助义务。

之所以有协助义务,是因为,第一,"行政法关系之形成、经过与事实状况,事件相关人往往比行政机关更为知悉或掌握正确的资料",②且牵扯当事

---

① 洪文玲:《行政调查制度——以警察、工商管理、水土保护领域为例》,收入台湾行政法学会主编:《当事人协力义务、行政调查、国家赔偿》,261页,台北,元照出版有限公司,2006。

② 李震山:《行政调查之立法刍议》,收入"行政院法规委员会"编印:《行政调查制度之研讨——行政院94年度第2次法制研讨会实录》,42页,2006。

人的切身利益。[①]第二，全凭行政机关一方调查事实，将使调查成本陡增，也难以保证行政决定的正确与质量。第三，没有相对人协助，有可能导致行政规制效率低下，甚至事实上不可行。

协助义务的性质，可以是消极的，对行政调查带来的困扰、不便或窘迫，只要在正常范围之内，须克制、容忍；也可以是积极的，表现为提供有关信息或者积极作为。当然，协助义务也是有限度的，第一，要求当事人提供的信息必须是其保存、可支配或者知悉的，且与案件有关；第二，行政机关不得出于懈怠，"仅为减轻自身的工作负担"，将调查成本转嫁给当事人。[②]

1. 强制性与任意性

如果行政调查是为了作出被调查人所追求的行政决定，具有授益性质，比如颁发许可、给予最低生活保障金等，被调查人通常会积极协助与配合。但是，如果调查是为了作出对当事人不利的行政决定，要求被调查人配合提供有关的信息，被调查人是否必须服从呢？这就需要鉴别这种协助义务的性质，什么情况下是强制性的、必须履行的义务，什么情况下是任意性的、倡导与鼓励当事人履行的义务。

如果我们借用德国法上的"参与负担"和"参与义务"的概念，[③]大致可以认为，第三人、知情人参与事实的调查，或者当事人在调查中履行的非强制性义务的内容，原则上属于"参与负担"，属于任意性质，如果拒绝履行，不能

---

① 对当事人以外的其他公民协助调查，应当予以适当的经济补偿。比如，《湖南省行政程序规定》(2008 年)第 67 条规定："当事人应当配合行政机关调查，并提供与调查有关的材料与信息。知晓有关情况的公民、法人或者其他组织应当协助行政机关的调查。公民协助行政机关调查，其所在单位不得扣减工资；没有工作单位的，因协助调查造成的误工损失，由行政机关按当地上年度职工日平均工资给予补助。因协助调查产生的其他合理费用由行政机关承担。"

② 陈爱娥：《行政程序制度中之当事人协力义务》，收入台湾行政法学会主编：《当事人协力义务、行政调查、国家赔偿》，18、28 页，台北，元照出版公司，2006。

③ 在德国法上，把当事人的协助义务具体区分为"参与负担"和"参与义务"。德国《行政程序法》第 26 条第 2 项规定："当事人须参与事实之调查。当事人尤其提出其所知之事实与证据方法。至于参与调查事实之其他义务，尤其亲自出席或陈述之义务，仅于法规有特别规定者为限。"其中，"当事人参与事实的调查，提出其所知之事实与证据"是参与负担，不是法定义务，不具有直接强制的效果，如果当事人拒绝履行，不能强制执行，只可能在法律上产生对当事人不利的效果。但是，法律明确规定要求当事人必须履行的义务，比如"亲自出席或陈述之义务"，则属于"参与义务"，如果当事人拒绝履行，行政机关可以采用法律规定的强制手段达到调查目的。蔡秀卿：《行政调查法制之探讨》，东吴大学法学院法律学系研究所公法组硕士论文，90 页，2006 年 7 月。

强制执行,也不能处罚。在强制调查下,法律要求当事人必须履行的协助调查的义务是"参与义务",具有强制性,是必须履行的,否则,行政机关可以采取法律规定的担保手段迫使其履行义务。

2."禁止强迫自证其罪原则"基本不适用

那么,在后一种情形下,是否牵涉宪法上禁止强迫自证其罪原则的适用呢?这在美国、日本和韩国的行政法里,是个很重要的宪法问题,引发了一场很激烈的论战。论战的结果是,将传统上一直以为只有司法意义的沉默权扩大运用到行政法上来。当然,与此同时,也根据行政法特点适当放宽了适用条件。我们还是以美国为例,考察上述过程。

我们知道,美国宪法第五修正案(the Fifth Amendment)有一个极具司法意义的条款,也是美国政治史上很重要的一项特权,就是在刑事案件中,不得强迫公民自证其罪(no person shall be compelled in a criminal case to be a witness against himself)。后来,在20世纪50年代早期那场歇斯底里反对共产主义的运动中,被广泛运用到国会和行政听证上来(The widespread use of the privilege by witnesses at congressional and administrative hearings during the anti-communist hysteria of the early 1950's)。继而推广到其他调查之中。[①]

从历史上看,美国法院对于上述宪法修正案的适用,一开始是持很严格和保守的态度,在FTC v. American Tobacco Co.,264 U. S. 298(1924)案中就否定了行政机关能够"钓鱼式查阅"(fishing expeditions),也就是命令被调查人把几乎所有的信件、往来电传等资料都提供给行政机关,以便发现是否存在问题。但是,到了"二战"期间,特别是到了Endicott Johnson Corp. v. Perkins, 317 U. S. 501(1943)案件的判决,法院的态度出现了革命性的改变。认为,要求企业提供工资名单记录,以便发现是否有违反最低工资要求的行为,并不违法。到了United States v. Morton Salt Co.,338 U. S. 632,641,642,652(1950)案件的判决,则达到了这场革命性变革的顶峰。在该案中,法院为行政机关的"钓鱼式查阅"作了根本的开脱,指出:"即使人们会认为在该案中行政机关的资讯要求只是出于好奇,但是,执法机关依法有权确信企业行为不违背法律和

① Cf. Peter L. Strauss, *op Cit.*, p. 31.

公共利益。”(Even if one were to regard the request for information in this case as caused by nothing more than official curiosity, nevertheless law-enforcing agencies have a legitimate right to satisfy themselves that corporate behavior is consistent with the law and the public interest.)[①]

之后，美国法院的基本态度就是，在行政调查上，上述宪法规定原则适用，但由于行政法的特殊性，使得这种原则适用的概率较低。因为上述特权的使用，会在很大程度上挫伤规制行为，所以在行政法上要受到限制。其判决推理极其简单，政府没有大量的资讯，将无法进行管理。因此，政府要求公民或企业提供与正常活动有关的资讯，这是正当的，受调查者也没有充足的理由予以拒绝。尽管政府可能从中发现违法问题，比如，企业提供有关经营情况的资料，税务机关可能从中发现偷税漏税问题，但这与强迫公民自证其罪是不能画等号的。

因此，在美国，在行政调查的很多领域，相对人均不能引用禁止自证其罪原则来拒绝接受调查。首先，公司及非法人团体不能主张该原则的保护。因为它们是由国家创造的，其法人人格是由法律所赋予的，只能在法律所允许的范围内从事经营活动。国家保留了查阅其文件记录和检查其契约的权力。其次，公司及非法人团体所属的人员，其所持有的文件资料，如果不是基于纯粹私人地位而持有的，而是基于机构代理人的地位而持有的，也不能拒绝行政机关查阅该文件的要求。再次，如果适用，也仅适用于口头证词，不及于物证、记录或检查结果。[②]最后，第三人，比如会计师，所持有的由客户提供的文件资料，也不得引用该原则拒绝行政机关的查阅。[③]

只有在具有高度的属人特性、极度个人化的事由中，像在 *Marchett v. United States* 案件中，[④]才允许被调查人引用禁止自证其罪原则，拒绝提供

---

① For a detailed analysis on this subject, Cf. Kenneth Culp Davis & Richard J. Pierce, *Administrative Law Treatise*, Little, Brown and Company, 1994, § 4.1 “*An Historical Overview of the Administrative Power of Investigation*”.

② 洪文玲:《美国行政调查之研究》,收入“行政院法规委员会”编印:《行政调查制度之研讨》,143 页,2006。

③ 蔡秀卿:《行政调查法制之探讨》,东吴大学法学院法律学系研究所公法组硕士论文,40～41 页,2006 年 7 月。

④ 在该案中,政府要求 Marchett 填写一份关于其赌博收入的文件,而在该州赌博是违法的,法院认为,强迫当事人 Marchett 填写上述报告,违反了第 5 修正案关于禁止强迫自证其罪的规定。390 U. S. 39(1968)。

行政机关所要求的信息。也就是说,如果法院能够被说服(persuade),要求被调查人提供报告的唯一目的,就是获取其犯罪行为的证据,而且报告又是在该人,而非他人手中。那么,要求由该人自己提供,就有强迫自证其罪之嫌。①但是,这仅限于自然人。公司和非法人团体均不得主张该原则。

韩国学术界对该问题的论述并不多,但通常采取的是限制适用说,即拒绝陈述权在行政调查领域中原则上不被认可。只要行政调查的目的或其必要性在合理的范围内,仅凭调查结果对调查对象不利这一点,不足以拒绝调查。但是,以追究刑事责任为目的而实施的调查,可以例外地适用。②

在我国台湾地区,对于行政法上是否应该援用禁止自证其罪原则,也有肯定和否定之争。肯定说的理由是,第一,行政法上的一些处罚有时不亚于刑罚,特别是永久剥夺、消灭权利资格的行政处分,对当事人影响极大。因此,应当允许当事人主张沉默权,行政机关也应该有告知义务。第二,德国《营业竞争限制防止法》第 46 条第 5 项也规定,负有提供资料义务之人,对于可能引起其本身或特定亲属受刑事诉追或行政处罚,可以拒绝答复。在我国台湾地区实践中,也认为,"公平交易法"第 43 条规定的拒绝到场陈述的"正当理由"之一,就是受调查人恐因陈述致使自己或其特定亲属受到刑事诉追或行政处罚。③否定说认为,行政法的调查,比如税法上的询问检查,是为了公平准确地核定征收税捐,是为此而收集取得必要的课税资料,并非以调查犯罪为目的,因此,当事人原则上没有拒绝协力的权利,税捐义务人也

---

① Cf. William F. Fox, Jr., *op. Cit.*, pp. 68～71. Also Cf. Peter L. Strauss, *op. Cit.*, p. 184. 对于这种例外,葡萄牙在《行政程序法》(1991 年)第 89 条更是做了详细例举,该条规定:"一、领导调查的机关,可命令利害关系提供资料,以及就其他证据方法给予协助。二、当服从上款的指令时,出现下列情况,则拒绝该命令属正当:a)涉及违反职业保密;b)涉及澄清某些事实,法律禁止或免除透露该等事实;c)涉及透露利害关系人本人、其配偶、直系血亲尊亲属或直系血亲卑亲属、兄弟姐妹,或者相同亲等的姻亲所作出的可被处罚的事实;d)有可能对利害关系人本人或上项所指任一人造成精神上或物质上的损害。"

② [韩]金光日:《韩国行政调查基本法研究》(清华大学法学院法学硕士学位论文,2012 年答辩)。

③ 蔡震荣:《行政罚裁处程序》,发表于"'台北市政府'法规委员会"主办的"人权保障暨行政罚法研讨会"(2006 年 6 月 15 日)。李建良:《从公共工程弊端谈公平交易委员会之行政调查权》,载《月旦法学杂志》,第 18 期(1997 年 11 月),16～17 页。转自,蔡秀卿:《行政调查法制之探讨》,东吴大学法学院法律学系研究所公法组硕士论文,92～93 页,2006 年 7 月。

不能以有被刑事诉追的危险而拒绝协力。[①]

我国宪法条文中虽然没有一个明确规定禁止强迫自证其罪的条款,但并不妨碍部门法对这个问题的理论乃至立法探索。在刑事诉讼法修改过程中,就曾有过借鉴西方的沉默权一议,但终究没有确定下来。而且,宪法上没有明文规定,并不等于说,宪法之中没有上述思想。其实,在我看来,上述思想早已蕴涵在宪法对公民基本权利的规定之中,也就是宪法赋予公民基本权利的同时,亦内在地、逻辑地否定任何不利于基本权利保障与实现的行为。进一步衍生的结果就是,在特定情况下,不能非法地强迫公民自己去牺牲宪法赋予他的基本权利。当然,在行政法上援用上述思想作为保障公民基本权利的"利器",也和上述美国的情况相同,是要受到行政法本身特点的限制的。以户籍调查为例,公安机关有权要求公民提供有关资料,接受质问,但其目的不在于刻意要追究当事人的违法责任,而是为了查清人口基本状况,核实相对人的基本信息,以便于行政管理。在正常的资料提供中,可能会发现被调查人的违法问题,比如,警察在核查户口过程中,发现被调查人提供的户口簿上有涂改现象,进而有可能对其予以处罚,但对于这种正常的户籍调查,公民无权拒绝。

3. 不履行协助义务的法律后果

如果被调查人拒绝配合调查,会产生什么样的法律后果呢?在美国,对于拒绝接受传唤(subpoenas)的被调查人,行政机关一般无权处罚,尽管个别行政机关有权直接处罚,但这仅仅是例外,是一种"非典型的偏离"(atypical deviation)。[②]行政机关一般要另外向法院申请核发服从令状,被调查人若仍

---

① 陈清秀:《税法总论》,作者自版,450～451页,2001年10月。这种观点与日本法院判决所持见解基本一致。日本最高法院在昭和四十七年的"川崎民商事件"中指出:"宪法第38条的拒绝供述权的保障,不仅适用于刑事程序,对于实质上为追究刑事责任而取得、收集资料,并与此有直接相结合作用之一般程序,亦一律兼及。"因此,在行政法上是否可以适用该原则,取决于调查目的。必须对行政调查程序的手段、方法、目的进行分析,假如它具有"实质上为追究刑事责任而取得、收集资料,并与此有直接相结合作用之一般程序"的性质,当事人就可以主张禁止自证其罪原则。否则,当事人就不能主张该原则。蔡秀卿:《行政调查法制之探讨》,东吴大学法学院法律学系研究所公法组硕士论文,93～94页,2006年7月。

② 比如,在美国,《证券交易法》(*the Securities Exchange Act*)规定,任何人若无正当理由拒绝接受证券交易委员会(SEC)的传唤,将以行为不端(guilty of a misdemeanor)处以罚款或者监禁。但有意思的是,证券交易委员会仍然倾向于常规做法,诉诸法院执行传唤。Cf. Bernard Schwartz, *op. Cit.*, p. 131.

然拒绝不配合,则由法院处以藐视法庭罪(a contempt of court)。因为美国最高法院认为,在处罚被调查人之前,应当容许其就传唤的合法性向法院提出异议。[①]在美国,这种执行模式不仅适用于当事人,也适用于证人。[②]在我国,被调查人对于强制调查的拒绝行为可能招致进一步的处罚、直接强制或者拒绝给予利益等后果。但是,对于证人、知情人拒绝配合调查,目前缺少必要的法律手段。

但是,行政机关不得采取非法强迫(oppression)或其他不适当的方法(improper means)迫使被调查人提供自己实施违法行为的资料。比如,不得采用刑讯(torture)、非人道对待(inhuman treatment)、暴力威胁(the use of threats of violence)、不间断讯问(continuous questioning without adequate rest or break)等方式,如果一旦当事人指控行政机关采取了上述手段,那么将由检控方(prosecution)来证明上述事实不存在,而且要证明到可以排除任何合理疑问的程度(beyond reasonable doubt)。否则,所获得的资料或证据将不被采纳。同样,也不得采用许诺被调查人某些好处(advantage)、利益(benefit)或特许(concession)的诱供方法(inducement)。[③]

五、调查所获信息的公开

行政调查获得的信息也是属于政府信息范畴,应该按照政府信息公开的要求公开。行政机关应当尽可能将调查获得的信息分类、建立数据库,允许网络查询,实行动态管理。

1. 公开的限制

但是,也有一些限制。首先,禁止泄露因职务所知晓的秘密。在调查中获知的涉及国家秘密、商业秘密和个人隐私的信息,原则上不得公之于众。

---

① 蔡秀卿:《行政调查法制之探讨》,东吴大学法学院法律学系研究所公法组硕士论文,54 页,2006 年 7 月。Cf. Bernard Schwartz, *op. Cit.*, pp. 130~131.

② 在美国,绝大多数情况下,被调查人都会自愿服从传唤。即便他有权拒绝,即便是这种传唤要求只有借助法院协助才能够执行,但通常,被调查人也会迫于行政机关的权威而服从(The individual has the right to refuse compliance, but normally yields because of the air of authority with which the demand is made, even though the demand cannot be enforced without subsequent judicial aid.)。Cf. Bernard Schwartz, *op. Cit.*, pp. 131~132.

③ Cf. Alex Carroll, *op. Cit.*, pp. 344~345.

其次，如若公开，将危及国家安全、公共安全、经济安全和社会稳定的，也不得公开。最后，禁止为了调查目的以外的目的利用与提供调查相关信息。有些法律、法规和规章在授权行政机关收集信息的同时，也对信息的使用与共享作出了明确限制。比如，《土地调查条例》(2008 年)第 28 条规定："土地调查成果应当严格管理和规范使用，不作为依照其他法律、行政法规对调查对象实施行政处罚的依据，不作为划分部门职责分工和管理范围的依据。"

2. 信息披露

在信息公开的基本要求之下，还可能衍生出一种规制手段，也就是信息披露，日本称之为"违反事实的公布"，美国称为"作为制裁的信息披露"(use of information as a sanction, or information as sanction)，就是将调查所获得的被调查人的违法行为，尤其是拒绝改正的行为，通过一定的媒介向社会公开，依靠社会的非难以及拒绝与被调查人交易，强迫被调查人尽快履行义务。[①]正如王名扬教授指出的，有时政府可以利用公开发表调查所得到的信息，作为制止某种不正当活动的产生和继续的一种手段，或者作为政府在公众中取得有利反响的手段。[②]

这种信息披露能够补足规制手段的不足，也可以作为行政处罚等其他行政处理决定的一种替代方案或者辅助方式，以取得良好的社会效益和执法成效，比如，《道路交通安全法》(2007 年)第 89 条对行人交通违法的处罚力度过低，无法起到震慑作用，而行人交通违法又是造成重大交通事故的重要隐患，因此，上海、杭州等地交警部门开始在媒体上"曝光行人和非机动车违法行为"，"把照片送到有关街道附近的商务楼宇巡回展示"。[③]

但是，信息披露绝非行政处罚。首先，从形式主义立场看，信息披露无须一律以法律文书形式对当事人作出，可以由行政机关裁量是以文书还是

① 余凌云：《警察行政强制的理论与实践》(第二版)，47 页，北京，中国人民公安大学出版社，2007。

② 王名扬：《美国行政法》，343 页，北京，中国法制出版社，1995。

③ 有关报道很多，比如，《闯红灯上报纸 市民热议曝光行人交通违章》，http://www.hangzhou.com.cn/20080902/ca1564667.htm；《上海严惩违章交通行为 行人乱穿马路照片曝光》，http://www.hinews.cn/news/system/2006/05/29/000105424.shtml，等等。2010 年 5 月 1 日最后访问。

口头方式告知。其次,信息披露是诉诸市场机制或者公共舆论来达到对当事人的惩戒,而在价值多元化的社会中,能否实现行政机关预期的目标,仍不确定。这与行政处罚直接通过公权力实现惩戒效果不同。

当然,信息披露之后,肯定会对相对人的权益造成重大影响,比如,在1959年感恩节前夕,美国食品与药品管理部门在新闻发布会上宣称,在很多酸果蔓的果实上留有化学杀虫剂的残留物,这可能会致癌。公众对酸果蔓果实的恐惧因此蔓延开来,种植商和罐头生产商遭受到重大损失,当年86%的产品没有销售出去。但事后查明,仅有1%的植物留有残留物,而且对人体可能也没有什么害处。①

因此,将信息披露作为一种规制手段,尽管不要求有具体法律的授权,但是,必须满足以下条件:(1)事先告知当事人信息内容、媒体覆盖范围,说明理由,听取其辩解。这既体现了正当程序的要求,也可收敦促之效。如果当事人自觉改正违法行为,积极消除有关后果,行政机关可以不披露信息;(2)满足公众的知情权远比对当事人造成的损害大,且不触及基本权利的核心内核;(3)披露的信息一般是结果信息,不是过程信息。信息内容必须准确、完整。

第四节　行政调查的救济

从行政调查所形成的法律关系看,除了行政机关与被调查人之间的单线结构之外,还可能出现行政机关与被调查人、证人、鉴定人、第三人等之间的多维结构。从调查过程看,涉及事实行为、行政行为和行政程序等多种形态,无论是行政救济已覆盖到的,还是尚未荫掩的,都有必要以人权保护为情怀重新审视。

在任意调查中,被调查人如持积极协助态度,一般不牵涉对其权利的侵害问题,即使有权利的侵害,也是被调查人自愿放弃的结果,因此,因调查而产生争执的可能性不大。但是,并不是说任意调查绝对不产生救济问题,比如,日本行政法上的"反面调查",因其常与私人的隐私权或营业自由相抵

---

① Cf. Bernard Schwartz, *op. Cit.*, p. 145.

触，对违法调查所侵害的个人权利和自由，应给予司法救济。[①]又比如，从韩国的实践看，有以任意调查之名、行强制调查之实的现象。而且，随着人权保障意识的逐渐高涨，任意调查作为一种公法活动，如果对相对人合法权益产生影响，也应当允许当事人寻求行政救济。只是说，相较于强制调查，这类问题或许不是很突出。

在强制调查中，被调查人的隐私权、人身自由、财产权利等常会与强制调查权的行使而发生直接的碰撞与冲突，这就有必要寻求法律上有效的救济途径，来控制行政机关违法行使强制调查权，保障被调查人的合法权益。

一、对间接强制调查的救济

传统理论认为，间接强制调查在实施阶段时，并没有直接对相对人的权利义务作出处分。只是在被调查人拒绝时，才以行政处罚或者拒绝给予利益来迫使被调查人配合调查。因此，在调查命令发出之后，至行政处罚或拒绝给予利益作出之前，这段活动仅为事实行为，不具有具体行政行为的特征，不能成为行政复议和行政诉讼的审查对象。对间接强制调查的救济，一般要等到被调查人拒绝行政机关调查，行政机关对其作出处罚或拒绝给予利益决定之后，才能就该行政行为是否合法而寻求行政复议和行政诉讼上的解决，并与此同时，审查行政调查的妥当性与合法性问题。

但是，从救济的实效性看，对间接强制调查的救济，一定要等到行政机关诉诸担保手段，对被调查人作出行政处罚或拒绝给付利益之后再进行，恐怕过于消极，不能及时、充分地保障被调查人权益。

对这个问题，日本行政法上早有认识。为了强化对被调查人的救济，在学理上主张，在作出调查决定之后，应允许提起“禁止实施调查”或“确认调查权限不存在”这两种“预防的不作为诉讼”。[②]这种观点也得到日本最高法院的呼应，最高法院在一个判例中强调：“若不承认预防的不作为诉讼此种

---

① 在日本，税务机关为取得课税资料，向与纳税人有交易关系的企业、银行等调查，即为“反面调查”。关于这个问题，可详见，刘宗德：《日本行政调查制度之研究》，载《政大法学评论》，第52期（1983年12月）。

② 刘宗德：《日本行政调查制度之研究》，载《政大法学评论》，第52期（1983年12月）。

事前救济,将显不适当,于此特殊情形下,得提起义务不存在确认诉讼”。[①]

美国在行政调查上也同样重视事前与事中的救济,比如,在传票(subpoena),也称作强制程序(compulsory process),强制实施之前,也必须由地区法院(district court)通过简易程序(a summary procedure)来审查,而这个程序无疑是会给抵制传票的被调查人带来实质上迟延效果的,而且,还可以上诉到上诉法院(courts of appeal),甚至最高法院(supreme court),这对于想要阻止调查的被调查人来说,他可以锁定程序一段相当长的时间,获得不同机构的对上述调查要求的不同视角的审查,有益于纠正错误的调查要求(A person who resolutely seeks to block an investigation can tie up the proceedings for long periods, and have the benefit of many different views of the correctness of the demands made)。[②]

我国也同样。对于行政机关的调查要求,如果被调查人不服,也允许通过申请行政复议或诉讼,要求撤销行政机关调查命令。也就是说,可以积极地于调查实施之前,就对相对人进行充分的救济,而不必消极地等到被调查人因抗拒调查而被处以行政处罚或被拒绝给付利益之后,再进行救济。

二、对实力强制调查的救济

实力强制调查本身违法时,因为这种调查具有即时强制的性质,当然可以作为行政强制措施而纳入行政复议和行政诉讼受案范围。但是,由于实力强制调查常以突击方式进行,被调查人无法抗拒,也无时间及时求助于行政复议或行政诉讼,因此,如果被调查人对调查措施有异议,只能于事后再通过行政复议和行政诉讼来审查调查的合法性问题。如果违法调查造成损害的,被调查人还可以请求国家赔偿。

由于实力强制调查还涉及物理上的强制力的运用(the use of force),如果超过法律所允许的与调查目的成比例的、合理的力度,给被调查人造成损害。对上述事实行为的损害,被调查人可以要求赔偿。但是,除非调查行为本身违法,一般不会导致调查的无效。在英国,过度使用强制力(the use of excessive force),可以成为民事诉讼(civil action)或对伤害的刑事检控

---

① 日本最高裁昭和四十七年11月30日第一小法庭判决(民集26卷9号1746页)。

② Cf. Peter L. Strauss, *op. Cit.*, pp. 186～187.

(criminal prosecution for assault)的理由。[①]在我国,对事实行为所致损害,应按国家赔偿处理。

还要注意,因行政机关的先前的积极调查行为,还有可能产生其对财物的事后妥善保护义务,比如,乘被调查人不在时,对怀疑为淫秽光盘生产窝点的该人住所破门而入,进行检查,检查完毕,如未发现问题,就应留下通知,注明住所已被检查、警局名称以及可要求损害赔偿,并有义务采取措施妥善保管其居室中的财物。如果违背上述作为义务,造成了被调查人事实上的损害,比如,屋内财物被盗,那么被调查人有权要求国家赔偿。

① Cf. Alex Carroll, *op. Cit.*, p. 336.

第八章　行政行为理论

第一节　概述

在行政法上，行政行为（administrative act，administrative action，administrative activities）理论极其重要，被 Otto Mayer 喻为“核心概念”（zentraler Begriff），占据着核心地位。因为“自迈耶将‘依法律行政’原则导入德国行政法开始，对行政予以合法性控制就成为现代行政法的精神内核”，“行政行为恰恰就是迈耶为达成这一目标所选择的功能载体”。[①]“以此概念为起点，行政法体系的各项要素都被有效地衔接和连贯起来。这种衔接首先包括横向的，即网状的，如行政行为的合法性要件、瑕疵理论、类型化区分、法律效果；其次还包括纵向的，即线形的，如行政主体、其他型式化行为、行政的司法救济机制、诉讼类型、审查步骤和检验标准等。行政法体系由此成为一个兼具‘线性结构与网状结构的’，环环相扣、互相勾连的结构整体”。[②]

因此，任何一本行政法教科书都会倾泻大量的笔墨来叙述行政行为理论（包括类型化的行政行为）。可以说，在传统上，整个行政法是放在行政行为这个“阿基米德支点”（Archimedean point）之上。直到公共治理、第三部门勃兴，行政规制手段呈现多样化特征之后，行政行为的垄断地位才被打破。

① 赵宏：《法律关系取代行政行为的可能与困局》，载《法学家》，2015(3)。

② 赵宏：《行政法学的体系化建构与均衡》，载《法学家》，2013(5)。

对行政行为的合法性控制,就意味着行政服膺于法律。围绕行政行为来构筑司法审查或行政责任,是以德国为代表的大陆法国家的特有观念。就连行政行为的概念、特征与类型,也被赋予了极浓重的诉讼意味。"行政对行政行为的选择","意味着对与之对应的程序和合法性要件的选择,也必须服膺于与这种行为方式紧密相连的瑕疵理论、效力内容,甚至救济机制、诉讼类型和审查基准等关联制度的约束"。[①] 对行政行为的类型化,就是将行政机关经常、反复使用、具有共同特征的手段归类、定型,比如,行政处罚、行政强制、行政许可等,是为了提炼特征、加强规范,以及简化诉讼识别。对于那些行政机关实施的、未被类型化的或者不易被类型化的行为,当相对人有异议时,法院能否受理审查,就必须依靠行政行为概念与特征来判断,只要符合行政行为的特征,那么,就属于行政诉讼的审查对象。

因此,行政行为的基本特征成为法院判断是否受理审查的基本标准。行政行为外延的宽窄,决定了司法救济的范围。行政行为概念能否涵盖行政机关所有对相对人有意义的行为,成为问题的焦点。然而,在我国,引入行政行为之初,"学理继受不足",[②]夹杂了不少中国式的解读。随着时代变迁,政府职能扩张,手段多样,行政行为外延不断做适应性拉张,内涵逐渐趋模糊,传统的诉讼意义逐渐流失。围绕着行政行为的角逐日益激烈,观点歧见纷纭,成为迄今为止极其混乱的领域。所以,有正本清源的必要。

一、走在历史与现实之间

严格地说,普通法国家并没有发展出像德国那样的行政行为概念。这与其围绕法院和司法审查为核心构建行政法的模式有关。"没有救济,就没有权利",法院不需要用一个概念来描述与界定政府可能发生侵权的行为,而完全从救济的可得性角度去判断是否要援之以手。在普通法国家是把行政机关的行为分类为执行行为、立法行为和准司法行为,相较于德国法的表述,这样的行为分类更加不确定和宽泛。但值得注意的是,近来在普通法国家有着一种将所有行为都纳入司法审查的视野的趋向,特别是根据行为对

---

① 赵宏:《法律关系取代行政行为的可能与困局》,载《法学家》,2015(3)。

② 赵宏:《行政行为作为行政法教义学核心的困境与革新——兼论我国行政行为学理的进化》,载《北大法律评论》,2014(2)。

特定人产生的后果发布调卷令(certiorari)和禁止令(prohibition)时,不考虑上述分类。在这一点上,将普通法和德国的行政行为概念拉近了。[①]

行政行为概念的渊源可追溯至法国的 acte administratif,后被德国继受,并自 1826 年以后发展为德国的概念,称其为 Verwaltungsakt,即行政行为,又译为行政处分。[②]行政行为概念在清末民初传入我国。在 1983 年部颁教材《行政法概要》中又接续了这个概念。[③]

最初,行政行为指包括行政机关的所有措施,不论是依据公法还是私法作出的。后来,德国著名学者 Otto Mayer 教授在其 1895 年出版的关于德国行政法的不朽著作中,将这个概念界定为"行政机关在个案中决定人民权利的权威宣示","这一概念几乎涵盖了他所处时代所有的行政高权措施(Hoheitliche Masnahme)和干预行为 (Eingrifsverwaltungs)"。[④]之后,在概念内涵上又几经演变与争执,[⑤]直至 1976 年联邦行政程序法才最终在立法上将其确定下来,指"官署为处理公法上之具体案件,所为之处分、决定或其他公权力之措施,而对外直接发生法律效果者而言。"立法平息了争议,统一了认识。

受德国影响,日本学界对行政行为概念的探索几经煎熬之后,近来也显现出与德国殊途同归,使学术上的行政行为与实务上的认识统一到《行政程序法》之中。田中二郎、南博方、室井力、原田尚彦等一大批日本学者均倾向德国上述概念。当然,在对概念的表述上可能有些不同,比如,日本学者原田尚彦认为,行政行为是"行政厅从法律规定出发,基于一方的判断,对国民

---

① Cf. Mahendra P. Singh, *op. Cit.*, pp. 35～36.

② 根据吴庚教授意见,应直译为行政行为。据说,第二次世界大战后德国各种法规中多用后者。吴庚:《行政法之理论与实用》,265 页,台北,三民书局,1996。

③ 2005 年 11 月 29 日,应松年教授在中山大学做"中国行政法发展的回顾和展望"讲座时说:"那时为了行政行为起名发生了争论。行政机关总要作出行为的,但是名字应该叫行政活动、行政作用,还是叫其他的什么呢? 有人提议叫行政行为,大家讨论的结果也是觉得行政行为比较好。""《行政法概论》中的行政行为就是他(王名扬)编的。现在来看,那本书的框架还不错,但是论述显得过时了。唯一能留下来还有价值的就是王名扬先生编的行政行为那一章。我们现在所说的抽象行政行为、具体行政行为的分类,行政行为的效力都是王名扬老先生提出的观点,……" http://www.masfzb.gov.cn/Article/ShowArticle.asp? ArticleID=1449,2010 年 2 月 27 日最后访问。

④ 赵宏:《行政法学的体系化建构与均衡》,载《法学家》,2013(5)。

⑤ 翁岳生:《论行政处分之概念》,载《行政法与现代法治国家》,台北,台湾大学法学丛书编辑委员会,1990。

的权利义务和其他法的地位所作具体决定的行为。”[①]但实质意义却是一样的。

我国台湾地区对行政行为概念的理解虽然与德国不同,但构成诉愿和行政诉讼基本观念的行政处分却是与德国的 Verwaltungsakt 概念趋同,“系仿效得来”,也相当于日本行政法著作中的行政行为。[②]立法上对行政处分概念的定义是,“中央或地方机关,基于职权,对特定之具体事件所为发生公法上效果之单方行政行为。”[③]行政行为与行政处分剥离,成为后者的上位概念。

在我国,《行政诉讼法》(1989 年)采纳了行政行为概念,依循具体行政行为和抽象行政行为的区分来划定法院审查的对象。最高人民法院在 1991 年 6 月 11 日《关于贯彻执行〈中华人民共和国行政诉讼法〉若干问题的意见》中试图解释“具体行政行为”,定义为“指国家行政机关和行政机关工作人员、法律法规授权的组织、行政机关委托的组织或者个人在行政管理活动中行使行政职权,针对特定的公民、法人或者其他组织,就特定的具体事项,作出的有关该公民、法人或者其他组织权利义务的单方行为。”这种界定大致与上述德国、日本和我国台湾地区的立法一脉相承。从概念结构看,更近似我国台湾地区,只因“行政处分”在大陆有特定涵义,所以改用具体行政行为。

从上述梳理看,传统意义上的行政行为具有公权力性、单方性和法律效果等特性,从德日的行政行为,到我国台湾地区的行政处分和大陆的具体行政行为,莫不如是。具体到判案中,对个案中的措施是否被确定为行政行为(Verwaltungsakt),因不同国家和地区的法制状况和传统原因,可能会存在不同看法。

之后,之所以会在行政行为概念上变得混淆,主要是因为随着宪政民主迅猛发展,政府职能不断扩张,以及市场经济理念向公共领域的渗透,产生了诸多不为传统行政法所关注的规制方法,包括行政契约、私法行政、行政指导、行政事实行为,等等。这些规制手段对相对人也会产生法律效果,也有寻求行政救济的必要,而传统的行政救济却是以行政行为概念为基础的,

---

① [日]原田尚彦:《行政法要论》,113 页,东京,学阳书房,昭和六十年。

② 吴庚:《行政法之理论与实用》,198～199 页,北京,中国人民大学出版社,2005。

③ 我国台湾地区“行政程序法”第 92 条第 1 款。

因此,人们很自然地想通过拉张行政行为的外延来容纳这些活动,以实现法律救济。最高人民法院在《关于执行〈中华人民共和国行政诉讼法〉若干问题的解释》(2000年)中放弃解释"具体行政行为",改称"行政行为",就是这样的一种努力,并在《行政诉讼法》(2017年)第2条得到了完全肯定。

在理论界,关于行政行为的论战,亦风云再起。在日本出现了最广义说、广义说、狭义说和最狭义说之争,并波及我国大陆和台湾地区。最广义说把行政机关所有行为都囊括进去。广义说认为,行政行为是行政机关所作的法律行为,包括公法行为和私法行为。狭义说主张,行政行为只是行政机关所作的发生公法上效果的行为。最狭义说则固守着传统。①我国也出现了类似争议,但主流观点是,为适应行政诉讼发展需要,应拉张行政行为概念的皮囊,容纳一切应当救济的公法行为,并以此为基点重构行政行为概念。比如,杨海坤教授认为,行政行为是国家行政机关或法律法规授权的组织和个人具有行政职权因素的行为,包括行政法律行为、准行政法律行为和行政事实行为。②拉张之后的行政行为,内容丰富之至,叶必丰教授绘制了一幅非常直观的图景。③当然,也有学者另辟蹊径,用行政处理或者行政作用等术语来统称所有这些行政手段,横跨传统与现代。④也有学者反其道而行之,仿效我国台湾地区,在用"行政行为"这张疏而不漏的大网把各式行政活动一网打尽之后,用狭义的"行政处理"与传统的行政行为对接。⑤

在我看来,不断拉张行政行为外延,在暂时缓解一些矛盾的同时,也造成了严重后果,首先,这些新涌现的手段与传统意义上的行政行为有着很多实质性差异,必然会冲击行政行为的内涵,比如,为迁就行政契约形态而生造出的双方行政行为概念摧毁了行政行为的单方性,致使行政行为逐渐丧失实质特征,进而丧失诉讼判断的价值。其次,在行政救济的程序与制度设

---

① 应松年主编:《当代中国行政法》,504~505页,北京,中国方正出版社,2005。

② 应松年主编:《当代中国行政法》,515页,北京,中国方正出版社,2005。

③ 叶必丰:《行政法与行政诉讼法》,138页,北京,高等教育出版社,2007。

④ 比如,吴庚:《行政法之理论与实用》,台北,三民书局,2004;杨建顺:《日本行政法通论》,北京,中国法制出版社,1998;张成福、余凌云主编:《行政法学》,北京,中共中央党校出版社,2003,都是以"行政作用法"为统筹。

⑤ 比如,宋功德:《聚焦行政处理》,北京,北京大学出版社,2007;姜明安主编:《行政法与行政诉讼法》,北京,北京大学出版社、高等教育出版社,1999。

计上可能会有特殊的要求与考虑。比如,对行政契约纠纷的解决,可能允许行政机关作为原告,允许反诉。[①]而以传统行政行为为基础构建起来的行政救济模式就不完全契合这些特殊的需求。因此,在救济上必然会滞涩难行。即便暂时勉强可行,也不利于长远解决。

因此,我主张在保留传统纯粹的行政行为概念基础上,将后来出现的与之不同、亦需要行政救济的手段分别单独思考和解决。诚如章志远教授所言,我们可以"仿效德、日,对行政作用实行类型化的处理,行政行为与法规命令、行政合同、内部行为、行政指导、行政计划、事实行为是处于同一位阶的学术概念"。[②]德国就是"将纷繁复杂的行政活动提炼归纳为行政行为、行政合同、事实行为等具体类型,再抽象整理出不同类型的行为方式的构成要件(Tatbestand)和法律后果(rechtliche Wirkung)","达成对行政的适法性控制","回应法治国对行政的基本要求"。[③]

当然,我呼唤重新回归传统的行政行为概念,是为了完整保留其经历长期实践之后形成的诉讼价值与习惯,但这不意味着行政诉讼的审查对象仅限于行政行为。现代行政法的发展,以及现代行政纠纷的特点,将行政救济的范围扩大到一切对相对人有法律影响的公法活动,让相对人在公法活动的任何阶段都有可能寻求适当的行政救济。

与此同时,我们也注意到,行政行为学理本身也在批判之中不断调适修葺,适时而变。首先,传统上,行政行为对行政的观察是"瞬间抓拍"(Momentaufnahmen),呈现出的是一种静态的最终结果形态。但是,随着行政程序的发展、行政透明化的建设以及公众参与的勃兴,我们也转向对行政行为过程的观察,"将复杂决定予以'分节化'和'序列化'","通过对决定程序的强调,提升公民的程序参与权利",[④]将受行政行为影响的各方纳入决定程序,调整双方或多方法律关系,等等。其次,传统上的行政行为虽然是以侵害行政为模板刻制出来的,但是,同样的观察技术和概念工具运用到给付行政、计划行政等领域,也没有发现什么不适应。最后,随着智能电子政务

① 关于这个问题,余凌云:《论行政契约的救济制度》,载《法学研究》,1998(2)。

② 章志远:《行政行为效力论》,9页,北京,中国人事出版社,2003。

③ 赵宏:《行政行为作为行政法教义学核心的困境与革新——兼论我国行政行为学理的进化》,载《北大法律评论》,2014(2)。

④ 赵宏:《法律关系取代行政行为的可能与困局》,载《法学家》,2015(3)。

的迅速推进,"通过移动互联网、云计算、大数据、物联网等新型技术与政务的全过程深度融合",孕育而生了"全自动具体行政行为"的概念。[①]因此,可以说,尽管现代行政结构发生了根本性变化,行政行为理论也不断受到批判,但是,行政行为的核心地位尚未动摇。

二、概念与特征

行政行为(Administrative Act)不仅是一个学术术语,也是一个法律概念,在传统意义上,它是指行政主体在职权行使过程中所作的能够引起行政法律效果的单方意思表示行为。传统上的行政行为,也就是具体行政行为建立在行政机关与相对人之间的命令与服从关系之上,建立在一种不对等关系之上,而这种不对等性(inequalities)是政治社会的内在固有的特性,是基于管理(govern)的需要。[②]其基本特征是:

(1)公权力性(a sovereign measure)。行政行为是行政机关行使行政权的行为,是基于权力支配关系实施的行为。不具有公权力性的行为,不属于行政法调整范畴。这与行政机关从事的私法活动划清了界限。

(2)单方性。行政行为可以依行政机关单方意思表示就发生法律效力,不需要相对人的同意。这是区别于私法的一个重要特征。尽管"晚近各国行政程序立法,赋予当事人参与行政处分作成之过程,目的即在减轻行政处分片面裁断的色彩",[③]但是,发生法律效力的最后话语权和决定权仍归行政机关,这一点没有改变。

(3)具有对外直接的法律效果(direct external legal effects)。行政行为是能直接引起行政法律效果的行为,即合法的行政行为一经作出,将形成行政法律关系,足以导致当事人间权利、义务的获得、变更与丧失。[④]

---

① 查云飞:《人工智能时代全自动具体行政行为研究》,载《比较法研究》,2018(5)。

② Cf. Carol Harlow & Richard Rawlings, *op. Cit.*, p. 17.

③ 吴庚:《行政法之理论与实用》,209页,北京,中国人民大学出版社,2005。

④ 荷兰行政法上认为,拒绝相对人的许可申请,严格地讲,不是发生法律效果的行为,因为它没有改变什么。但是,这类行为如果不纳入《一般行政法》(*Algemene wet bestuursrecht*, *the General Administrative Law Act*)的调整范围,那么,结果是不令人满意的。所以,专门规定这类行为属于行政决定(decisions)。Cf. J. G. Brouwer & A. E. Schilder, *A survey of Dutch administrative law*, Ars Aequi Libri, Nijmegen, 1998, p. 24.

上述三个基本特征十分重要,构成行政行为概念的核心,也是判断非类型化行政行为的基本标准。行政机关做出意思表示的方式可以是多样的,可以以书面形式做出,比如,行政处罚和行政许可等均是;也可以以形体动作、手势等做出,比如,交警以手势指挥交通;或者以其他方式做出,比如,打旗语、闪警灯等。

传统意义上的行政行为恰好与行政诉讼上的构造是相对应的,或者更确切地说,行政诉讼原本就是按照解决这样特征的行政行为而设计的,也就是基于对权力支配关系的行政行为的控制的需要而建立起来的单向性救济结构,整个制度的基本设计思想主要是从保障相对人权益角度出发的,反映在启动机制上就是只允许相对人提出诉讼,在裁决的基础上就是只审查行政机关的行政行为,在裁决的结果上就是针对行政机关作出处理决定。

三、行政行为的分类

行政行为,如前所述,被人为拉张外延之后,是多样化的。在学理上,人们基于自己所主张或认同的学术观点,依据不同的标准,将其划分为不同的类型。比如,抽象行政行为和具体行政行为、单方行政行为和双方行政行为、依职权行政行为和依申请行政行为、作为行政行为和不作为行政行为、授益(favourable)行政行为与非授益(unfavourable)行政行为、拘束行政行为与行政自由裁量行为,等等。但是,在行政诉讼上采用的分类主要是抽象与具体、作为与不作为、单方与双方。这些划分,有助于人们认识行政行为及其法理意义。其中有的是我赞成的,有的是我质疑的。在这里,我只重点介绍与评价几种分类,而且,这些分类都可以加深我们对传统行政行为的认识。

1. 抽象行政行为与具体行政行为

依据行政行为针对的人、事项及其效力范围不同,在学理上将行政行为划分为具体行政行为与抽象行政行为。抽象行政行为是指行政机关制定和发布具有普遍效力的行为规范。包括行政立法与制定其他规范性文件的行为。具体行政行为是行政机关就特定的事项对特定人的权利义务做出法律上的处分。

从比较法的角度看,这种分类最早缘起于法国行政法,采取类似分类的国家还有荷兰,比如,荷兰《一般行政法》(*Algemene wet bestuursrecht*, *the*

General Administrative Law Act）上有一个核心概念叫作行政决定（administrative decisions），也存在两类形态：一是“具体决定”（individual decision），二是“一般决定”（rulings of general nature）和“具有一般拘束力的规章”（general binding regulations）。[①]

一个行政行为是具体还是抽象的，判断标准大致有：[②]

（1）看该行为是否可以反复实施。具体行政行为是不能反复实施的行为，遵循“一事一理”，而抽象行政行为能够反复实施，多次有效。

（2）看该行为的对象是否特定。具体行政行为的对象是特定的（特定的人或事），抽象行政行为的对象不是特定的。对于一个貌似规范性文件，如果能够采取统计的方法确定其针对的对象，比如，政府发布通告，要求某地段的100户居民限期搬迁，那么，该行为也属于具体行政行为；如果从内容上能够判断出其拘束的是特定的相对人，比如，政府发布的某规范性文件中明确指出了适用本市的若干个特定对象，也属于具体行政行为。[③]

（3）看该行为的效力。具体行政行为只对已经发生的事项产生法律效力，而抽象行政行为的效力仅及于将来的事项，遵循“法律不溯既往”原则，当然法律有特别规定者除外。

之所以发生上述判断问题，是因为行政诉讼原则上只受理对具体行政行为不服的案件，因此，这种分类实际上构成行政救济的基础。但是。“抽象—具体”的区分，“还是未能为行政行为的可诉性问题”，“画上圆满的句号。”[④]近年来，这种观念受到了激烈的冲击，其诉讼意义已经不很显著。主要体现在：第一，理论划分的不干净。事实上还存在着介于抽象与具体之间的行为，比如，在某道口设立路标，在时间、地点上是具体明确的，却针对不特定多数人。实践中的这类行为给法院受理带来难题。[⑤]“抽象行政行为与

---

① Cf. J. B. J. M. ten Berge & A. J. Bok, *Codification of administrative law in the Netherlands*, Utrecht, 1998, p. 4.

② 罗豪才主编：《中国司法审查制度》，32～33页，北京，北京大学出版社，1993。

③ 叶必丰：《行政法与行政诉讼法》，138～140页，北京，高等教育出版社，2007。

④ 陈越峰：《中国行政法（释义）学的本土生成——以“行政行为”概念为中心的考察》，载《清华法学》，2015（1）。

⑤ 荷兰行政法上也存在同样的困惑，判例法对此也束手无策。但是，如果具有一般拘束力的决定也能够诉诸行政法院，这个问题也就不成问题了。Cf. J. G. Brouwer & A. E. Schilder, *op. Cit.*, pp. 29－30.

具体行政行为之间没有一个明确的绝对的界限。法院在进行司法审查的时候,只能根据具体案情作出判断。"[①]比如,"董永华等诉重庆市人民政府拆迁行政复议案",[②]被诉的垫江县人民政府颁发给县有关部门的垫府发〔1998〕2号《关于认真做好北苑小区旧城改造房屋拆迁补偿安置工作的通知》,从外在形式上看,是规范性文件,重庆市高级人民法院行政法官也认为上述通知属于抽象行政行为。最高人民法院行政法官在再审中同样依据上述三个判断标准分析,却认为上述通知"含有具体行政行为的内容",不属于抽象行政行为。第二,行政审判实践在保障人权的驱动下也逐渐有大胆突破。对规范性文件不服提起的诉讼,目前已经有受理的事例,比如,河北律师乔占祥诉铁道部春运涨价案。[③]第三,对规范性文件不服,申请行政复议、行政诉讼附带审查,更是没有问题。

其实,按照承继于德国法传统的行政行为概念来理解,对行政行为做抽象与具体的划分本身就颇成问题。因为在德国、日本行政法上,行政行为概念一般不包括抽象的命令和法规。叶必丰教授也说,就科学性而言,所谓的抽象行政行为分属于宪法行为(宪政行为)和行政规范两类,而不是行政行为。[④]杨建顺教授指出,对于行政行为中的"抽象"部分,完全可以从行政作用的角度入手,独立于行政行为的概念,以行政立法或授权立法的形式展开研究。[⑤]在我看来,无论未来行政诉讼制度如何变革,在能否受理、受理程度、审查路径、方式、判决执行等方面,抽象行政行为与具体行政行为之间仍然会有很大的差别。所以,把抽象行政行为从行政行为之中剥离出去,的确是一

---

① 蔡小雪、甘文:《行政诉讼实务指引》,17页,北京,人民法院出版社,2014。

② https://mp. weixin. qq. com/s/po4Qkfs1 qZo2t_fddBLMbg,2022年5月13日最后访问。

③ 因春运涨价,河北三和时代律师事务所律师乔占祥2001年1月17日购买的2069次列车到磁县的车票比平时多花5元。他认为铁道部的《票价上浮通知》未经价格听证等侵犯了他的合法权益,于次日向铁道部提起行政复议。但铁道部的复议决定维持了《票价上浮通知》。乔占祥遂于2001年4月9日向北京市第一中级法院提起行政诉讼。法院认为,铁道部2000年12月21日作出的春运期间部分旅客列车《票价上浮通知》是具体行政行为,乔占祥作为购票旅客有权提起行政诉讼。但这份通知是经过有关程序,是在国家计委、在国务院授权范围内批准同意实施的,未违反有关法律规定。同时依据价格法,主持价格听证会不属于铁道部的法定职责,因而本诉讼并不涉及价格听证及其相关问题。判决驳回乔占祥的诉讼请求。《法院认定春运浮价合法》,载《北京晚报》,2001-11-05。

④ 叶必丰:《宪政行为与行政行为》,载《北大法律评论》,第4卷第1辑,275页以下,北京,法律出版社,2001。

⑤ 杨建顺:《关于行政行为理论问题的研究》,载《行政法学研究》,1995(3)。

个可以考虑的思路。这样能够让行政行为概念更加凝练,诉讼意义更为鲜明。

2. 依职权行为与依申请行为

依职权行为系指行政机关主动行使职权所做业务处理的行为。一般来讲,行政是主动的、积极的。行政机关就其职权的行使,应负积极执行的义务。因此,无需等待相对人的请求,应主动行使其职权。大部分行政行为均属依职权行为。

依申请行为系指行政机关在相对人提出请求,然后才就某种事项加以处理的行为。如果当事人不提出请求,行政机关则无权处理或无处理的必要。这种行为,以相对人的申请为要件,所提出的内容,大多涉及其自身的权利或利益的获得或义务的减免等事项。相对人应当如实向行政机关提交有关材料和反映真实情况,并对其申请材料实质内容的真实性负责。

3. 要式行为与非要式行为

要式行为指行政机关所作的意思表示应具备法定的程式。只有具备和符合形式要件,才能发生法律效果。这种形式要件,并不决定行政机关意思表示的内容。但由于行政行为大多涉及当事人之间的权益,为了使行政机关对其行为慎重处理,并表示政府的信用,同时,也为了防止出现事后的不必要的争议,原则上均应具备法定的程式,以便符合法定形式,取得合法效力。

非要式行为指行政机关行使职权所作意思表示,无需具备法定程式,即可发生法律效果的行为。具体讲,这种行政行为的完成,不须采用公文的程式,仅以口头、姿态、信号、标识或非正式文件表示意思即可。采取非要式行为,主要考虑行政上的便利,客观环境的限制以及执行业务的性质。

4. 类型化行政行为和未类型化行政行为

类型化研究是德国法所擅长的传统方法。“从无法预测的、变动不拘的多样性行政中,提炼出类型化的行为单元,并使其遵守特定的法律要求,以及具备特定的法律效果”。这种方法在行政行为上运用的结果是将诸多在不同行政领域反复适用、又体现出相同特征的行政行为分门别类,建立一个个行政行为的类型,比如,行政处罚、行政许可、行政确认、行政强制等等。

已被分门别类的行政行为就可以称之为"类型化行政行为",其意义是有助于对相同类别的行政行为进行统一规范,简化法院识别过程。也就是说,"这种类型化努力包含着两项基本诉求:其一是简化行政机关对行为手段的选择困难,促使其有效、客观、合法地完成法定职责;其二是通过行为方式的固定化、制度化和型式化,实现对公民的法律保护,对抗可能的行政恣意"。[①]

类型化不仅极其困难,而且,针对繁杂多样的行政任务,行政机关运用行政权力的形态、手段与过程也纷繁复杂,我们无法将所有具有公法意义的行政行为都逐个类型化,因此,在行政管理中还存在着为数可观的未类型化行政行为,比如,在交通管理上的积分制度。所以,从这个意义说,我们仍然必须坚持行政行为的清晰内涵,为法院提供识别标准。当然,现代行政法出现一个新的发展趋势,不再以行政行为概念为诉讼受案范围的识别标准,而是以人权保障的需要为判断标准。

5. 作为与不作为

行政行为按照积极还是消极形态,分为作为与不作为。在学术上,歧见纷纭。大致有三种观点,一是"源于法理学界对法律行为所作的作为与不作为的界分",是"将法理学上的该行为分类引入行政行为的分类之中"。二是"借鉴刑法中作为犯与不作为犯的分类理论"。三是"直接源于我国行政诉讼的实践"。[②]在行政诉讼上,作为是积极实施的违法行政行为。不作为也称为"不履行法定职责",采用严格的双重标准,既对标法定职责,又要求外在表现消极。"'不履行法定职责'是指负有法定职责的行政机关在依法应当履职的情况下消极不作为,从而使得行政相对人权益得不到保护或者无法实现的违法状态。未依法履责、不完全履责、履责不当和迟延履责等以作为方式实施的违法履责行为,均不属于不履行法定职责。"[③]对于行政机关是否不履行法定职责,法院采用"作为义务源自何处—有无现实作为可能—究竟是否已经作为"的三重判断基准进行审查。[④]并针对不作为,作出责令履行

① 赵宏:《法律关系取代行政行为的可能与困局》,载《法学家》,2015(3)。

② 黄学贤:《形式作为而实质不作为行政行为探讨——行政不作为的新视角》,载《中国法学》,2009(5)。

③ 《最高人民法院印发〈关于行政案件案由的暂行规定〉的通知》(法发〔2020〕44号)。

④ 章志远:《司法判决中的行政不作为》,载《法学研究》,2010(5)。

判决。

6. 单方行为与双方行为

按照是否需要合意，分为单方行为与双方行为。单方行为就是行政机关单方意思表示就发生法律效果，也就是对相对人权利义务作出法律处分，不需要相对人的同意、认可和接受。相对人抗拒单方行为的执行，行政机关可以依法强制执行。双方行为就是行政协议，需要双方合意才能发生法律效果。如果相对方不同意签订行政协议，行政机关不能将单方意志强加给对方，强迫对方签订行政协议。正因发生法律效力的基础不同，对行政协议纠纷的原被告、审查方式、举证、判决等也与单方行为不完全一样。

第二节　行政行为的合法要件

行政行为必须符合法律规定以及法律原则的所有要求，才称为合法，否则，就构成违法或者有瑕疵。英美多从司法审查角度探讨这个问题，而我国受德日的影响，追随我国台湾地区的学术范式，单独采用一个“合法要件”的术语来专门研究。

之所以这个问题十分重要，首先，它是所有行政行为的模板，符合要求的行政行为才具有合法性。其次，它事实上也就成为司法审查的基本路径，尤其是构成了司法判决的基础。无论是迪泼罗克法官（Lord Diplock）在GCHQ案中对英国司法审查标准的经典划分，[①]还是我国《行政诉讼法》（2017年）第70条规定的审查标准，归根到底，都是建立在行政行为的合法要件之上的，是对各个要件的分解与组合。行政诉讼法没有采用学术上的“四要件说”，而是另辟蹊径，以办案要求次序，总结为事实、法律适用、程序、职权和处理结果“五要素”，体现为《行政诉讼法》（2017年）第70条规定的审查标准，从“主要证据不足”“适用法律、法规错误”“违反法定程序”“超越职权”“滥用职权”到“明显不当”，只有经过审查都不存在这些问题，行政行为才算是合法、合理、有效。其实，上述行政法理论与行政诉讼法规定之间只

---

① Cf. de Smith, Woolf & Jowell, *Judicial Review of Administrative Action*, London, Sweet & Maxwell, 1995, p. 293.

是梳理路径不同,用词差异,实质却完全相同,"五要素"完全可以分解成"四要件"。"主体合法"指向"职权","内容合法"包括"事实""法律适用""职权"和"处理结果","程序合法""形式合法"对应"程序"要素。因此,行政行为的合法要件就成为行政复议与行政诉讼审查行政行为合法性的坐标,是审查的基本进路以及审查标准的根本凭据。

一、四要件说

可以说,学界对于什么算是合法的行政行为之认识是一致的,但在具体的归纳上存在着不同的表述。一是纯经验的堆积,不讲求内在逻辑,比如美国的司法审查标准,看似杂乱无章、交叉重合,却为法官准备了足够的合手工具。英国也原本如此,只是被迪泼罗克整理一番,条理多了。二是循着时间流程,按照事实、程序与法律适用等环节去思考与归纳合法性的要件。三是按照合法要素,归纳为主体合格、条件符合、事实有据、程序正当和处理得当。[①]四是按照平面板块去梳理,这些要件包括主体、内容、程序和形式合法,或者将形式并入程序。我国学者比较熟悉和偏好的是最后一种。

1. 主体合法

行政主体理论就是意在解决主体的合法性问题。行政主体必须在其管辖权范围内,才可能具有相应的权能与资格。否则,如发生管辖错误(Jurisdictional error),行政行为当属无效。[②]至于一般管辖权的区分,有下列方式:

(1)事务管辖。出于专业化和分工考虑,立法机关将不同的行政或社会公共事务交给不同的行政机关或者公共机构来管辖。后者也必须各司其职,不越权。

(2)地域管辖。为提高行政效率、避免纷争与重复执法,在同一行政系统之内不同行政机关之间还应以区域划分来确定彼此的管辖范围。

(3)层级管辖。在多层级的上下级机关中明确彼此的管辖范围与权限。

---

① 何海波:《行政行为的合法要件——兼议行政行为司法审查根据的重构》,载《中国法学》,2009(4)。

② Cf. M. Molan, *Administrative Law*, London: HLT Publications, 1990, p. 96.

2. 内容合法

行政行为的内容必须合法、合理。具体要求是:(1)行政行为有事实根据,证据确凿。(2)行政行为的内容合法。行政行为的性质、内容与目的,不得与法律、法规相抵触。(3)行政行为的内容合理。包括目的正当、考虑相关因素、公平公正等。(4)行政行为的内容具体确定,在事实上和法律上都有实现的可能。(5)意思表示真实。不存在虚假、错误、受欺诈或胁迫等情形。(6)必须符合公共利益、公序良俗、符合比例。

3. 程序合法

法律、法规、规章对行政程序有明确要求的,必须完成上述程序,行政行为才能有效成立。不得程序倒置、遗漏或者逾越。没有法定程序要求的,采取何种行政程序由行政机关裁量,或者与相对人协商,但不得违反正当程序的要求。

4. 形式合法

行政行为必须具备法定形式,才能有效。法律对法定形式没有要求时,如果依据行政行为的性质也应该具有某种形式的,也必须遵从。

二、违法的类型及其法律后果

不符合"四要件",就意味着违法。违法或者瑕疵的严重程度不同,相应的法律后果也不同。(见图 8-1)按照目前学者的通常理解,大致可以分成:(1)重大且明显,对应的是行政行为无效;(2)一般违法,对行政行为的正确性产生实质影响,达到撤销程度,就应该撤销;(3)轻微违法,不会对行政行为的正确性产生实质影响,没有必要撤销,就采取治愈、确认违法处理;(4)极其微小的瑕疵,也称错误或者不正确,[①]一般是形式上的明显错误,是非法律性、技术性与直观性的瑕疵,[②]不会误导当事人的认知,比如,误写、误算,可以更正。

但正如我后面分析的,我反对引入无效行政行为理论,因此,在我看来,上

① 姜明安主编:《行政法与行政诉讼法》,231 页以下,北京,北京大学出版社、高等教育出版社,2007。

② 宋功德:《聚焦行政处理》,161 页,北京,北京大学出版社,2007。

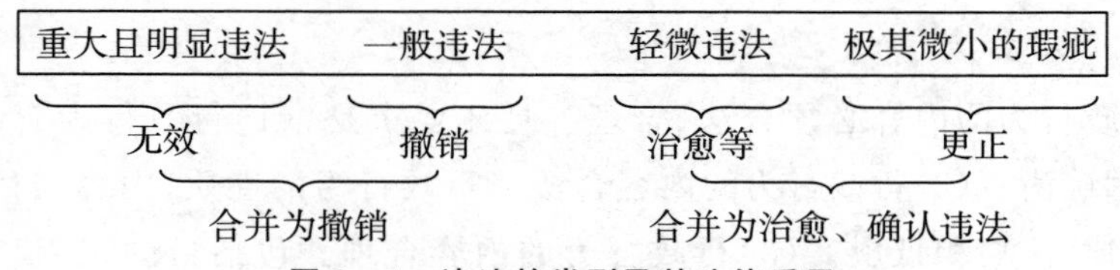

图8-1 违法的类型及其法律后果

述(1)和(2)可以合并,均为撤销。我觉得在轻微瑕疵之中再剥离出“错误”或者“不正确”,专门引入“更正”术语,似乎没有必要,所以,我将(3)、(4)合并。

第三节 行政行为的效力理论

一、概述

行政行为的效力,在行政法上极其重要,决定着行政法律关系的存续,影响着诉讼结构与裁判结果。它显然不等同于前述的法律效果,它是附着在行政行为之上的一种法律力量,或者一种法律保护。[①]如果我们把行政行为认作是类似于司法判决的同构化,那么,行政行为就具有了类似于司法判决一样的效力。之所以如此,实际上是法的安定性与行政活动的连续性使然,是基于行政权优先实现与公共利益的需要。

从学术发展史看,行政行为效力结构的确受司法判决效力影响至深,大体上是后者的一个摹本。当然,在努力将“司法迁入行政”过程中,由于行政行为的作出机关、程序和争讼与司法判决有着显然不同,以及行政必须随情势变迁而发展的特性,所以,我们还不能把司法判决的效力理论简单地植入、临摹到行政行为当中,还必须根据行政法的特点与要求重新调整和阐释。相应地,也出现了一种思潮,起用不同术语,取代描述司法判决效力的概念,以示区别,比如,用“存续力”取代“确定力”,以“不可变更力”代替“实质确定力”,用“构成要件效力”和“确认效力”替换“拘束力”。

我们对行政行为效力的认识,完全继受于日本和我国台湾地区理论。后者理论又多取自德奥,但整理得精致整洁、条理清晰。秉承德国与日本的

---

① 叶必丰:《行政行为的效力研究》,21页,北京,中国人民大学出版社,2002。

传统，我们对行政行为效力的讨论，都是以传统意义的行政行为（具体行政行为）为分析样本的，虽然可以扩大适用到抽象行政行为，但却不能完全推及其他公法行为，比如行政指导、行政契约。

二、行政法的“沼泽”

迄今，学者对该问题仍歧见纷纭，甚至连术语、表述、译文亦多分歧，使得该领域成为行政法上的“沼泽”。所有这些也都折射在我国的理论之中，或介绍，或评说。但其中的传统四效力说在我国行政法上居于主流，即认为行政行为具有公定力、确定力、拘束力和执行力。该学说“准确地表达了公权力行为的基本特征”，无论社会如何变迁，行政规制的有效性都必然要求“国家行为受有效之推定、不容随意挑战”。①

近年来，传统四效力说受到挑战，开始出现两种发展潮流：一是以存续力概念为核心的现代四效力说取而代之，认为行政行为效力由存续力、构成要件效力、确认效力及执行力构成。该学说在批判传统四效力说过分偏重行政权的基础上，致力于淡化行政权的特权色彩，强调相对人与行政主体之间地位的平等性。但由于学者之间的认识尚不统一，该学说还没有得到普遍认可。②二是在传统四效力说基础上增加一个先定力，成为五效力说。之所以会有这样的差别，是因为“四分说”是以“已经成立的行政行为”为前提条件，而先定力发生在行政行为成立之前。“五分说”是把行政行为作为一个过程来看待，自然要延伸到成立之前的先定力。这几个“力”之间的关系是，“先定力是最早发生的，公定力是确定力、拘束力和执行力的‘担保力’，确定力则是拘束力和执行力的前提，执行力是最后一项效力。”③

在我看来，首先，在行政行为过程中很难总结出一种不同于其他效力形态的先定力。因为从过程或动态意义上去理解行政行为，它们都将成为阶段性、复合性的行政行为。比如，行政处罚在作出过程中就可能涉及行政调查中的强制措施，以及程序行政行为，作为过程的行政处罚必定是所有这些行政行为的复合。在这个过程中不太可能衍生出一种所谓的先定力，只不

① 章志远：《行政行为效力论》，48页，北京，中国人事出版社，2003。

② 章志远：《行政行为效力论》，49～50页，北京，中国人事出版社，2003。

③ 叶必丰：《行政行为的效力研究》，25～26页，北京，中国人民大学出版社，2002。

过是各个阶段不同行政行为所散发出来的效力的一种虚幻而已。

其次,至于拘束力,王周户教授认为,行政行为的各项效力内容实际上都体现着或者隐含着拘束力,也就没有必要单独列为一项独立内容。[①]如果拘束力是作用于行政行为涉及的主体之间,由于公定力、确定力、执行力等内容已然伴随着拘束作用,而使得拘束力显得多余累赘。在这一点上,我赞成王周户教授的看法。但是,在我看来,如果拘束力是作用于行政行为主体之外的第三人,包括法院、其他行政机关、其他组织或者个人,亦即构成要件效力或确认效力(Tatbestands-und Feststellungswirkung),确有讨论的必要。有学者把这种法律效果放到公定力当中去讨论。[②]但是,我觉得,公定力只是一种暂时的假定效力,对第三人的拘束效果是不稳定的,只有在行政行为获得形式确定力之后,这种拘束效果才愈发稳定。无论是公定力还是确定力似乎都还不足以充分全面突显出对第三人拘束方面的意义。所以,还是将这方面的意义独立为一项效力内容为妥,我称之为"狭义拘束力"。

最后,公定力有无必要废除?学者多批判其浓厚的国家威权色彩,我却不认为这是其"阿喀琉斯之踵"(Achilles' Heel),完全可以通过现代的解说去威权化。我也承认,确定力(或存续力)可能会弥散出部分类似公定力的效果,但两者解决的问题、发挥的功能毕竟各有侧重。所以,可以并存。

三、"四元结构"

所以,我认为,行政行为具有公定力、确定力、狭义拘束力和执行力。公定力让行政行为获得暂时的假定效力,确定力使得行政行为具有了正式的永久效力,而公定力本身必然会延伸出执行力,而执行力可能会在获得确定力过程中受阻,也将因获得确定力而真正确立。狭义拘束力是上述三项效力内容凝练而成的一种发散型的对世效力,解决的是行政行为对第三人的拘束效果问题。

1. 公定力

行政机关所作的行政行为,原则上都应受合法的推定或者有效的推定,

---

① 杨小君主编:《行政法基础理论研究》,161~163页,西安,西安交通大学出版社,2000。

② 比如,章志远:《行政行为效力论》,69~76页,北京,中国人事出版社,2003。叶必丰:《行政行为的效力研究》,91~96页,北京,中国人民大学出版社,2002。

在未经依法变更或经有权机关加以撤销外，任何人不得否定其效力，都必须服从、忍受或执行该行政行为。这就是著名的行政行为公定力理论。

在公定力的传统理论中，是以国家意思为中心的，认为行政行为的效力是国家"自我确认"或者"自我确信"的。无论是德国的 Otto Mayer，E. Forsthoff，还是日本的美浓部达吉均持此见。这种观念后来受到批判，认为"以权威或势力充当行政行为合法及有效之基础，自与民主主义的法治国理念不符"。[①]近现代以来，该理论得到了进一步发展，其实质被更透彻参悟，并做了法治化的改造。认为公定力不是超越实定法的效力，而是由实定法特别承认的效力。推定有效只是暂时的、程序意义上的，它为相对人留有挑战的法定管道与时间。但是，相对人放弃挑战或者挑战失败，它将持续保持下去，并进入相对安全的"避风港"。

行政行为公定力的正当性，首先，从与司法判决的类比中获得的。Otto Mayer 就说："违反法律的判决因为违法而应该被取消。但在取消之前，判决还必须作为有效来对待……行政行为可以说与判决相同。"[②] 当然，这种解说因行政机关不具有法院的中立性而稍有瑕疵。其次，也可以从公务的连续性中获得。否则，公务的中断将有损于公共利益，不利于公共秩序的稳定。正如日本学者杉村敏正所说："如果任何人都能否认行政处分之拘束，则行政处分必无以发挥其功能，应用行政处分来实现公益的方式亦将显著延宕下来，行政法上关系终将陷于一片纷乱。"[③]最后，是基于法的安定性原则，是维护公共秩序的需要，以及为了保护因行政行为获益的相对人的信赖或合法预期。隐藏在公定力背后的是公共利益优先、公共秩序优先的理念。

在理论上，有完全公定力和有限公定力两种学说。完全公定力说认为，一切行政行为，包括无效行政行为都具有公定力。法国学者多持该观点。但这种认识与无效行政行为理论相矛盾。有限公定力说认为，无效行政行为不具有公定力，相对人可以拒绝执行。对于其他行政行为，相对人只能循着行政救济途径解决其合法性问题。德国、日本学者多持有限公定力说，而

---

① 吴庚：《行政法之理论与实用》，236 页，注释 110，北京，中国人民大学出版社，2005。

② 转自，叶必丰：《行政行为的效力研究》，69 页，北京，中国人民大学出版社，2002。

③ 转自，章志远：《行政行为效力论》，60 页，北京，中国人事出版社，2003。

且,德、日两国的立法和判例也采纳之。[①]我反对无效行政行为理论,所以,我赞同完全公定力说。

行政行为公定力意味着行政机关无需借助任何第三方的力量来确认其合法性,并实现其行政意志;相对人原则上不具有合法的当场抗拒、不履行义务的权利。但是,公定力只是法律上假定或者推定的一种法律效力,不表示其具有事实上的合法性、有效性。相对人仍然可以循着行政救济途径挑战行政行为的合法性、有效性。由此我们可以推导出:第一,公定力决定了原告恒定原则。在行政复议上相对人恒为申请人、行政机关恒为被申请人,在行政诉讼上相对人恒为原告、行政机关恒为被告。第二,公定力决定了被告在行政诉讼上无需反诉。第三,公定力决定了在行政救济上的行政主体负有主要的举证责任。第四,公定力决定了行政纠纷只能由法定的国家机关来裁决。正如 Otto Mayer 指出的,行政行为公定力的存在,使得行政行为只能依靠更强的权力才能予以否定。[②]第五,由公定力也衍生出相对人的协助义务。这在当下,对于理顺行政机关与相对人之间的良好互动,尤其重要。面对行政行为,相对人有忍受、服从与协助义务,不能动辄抗法。但这决不是屈从,他们可以寻求行政救济,讨回公道、回复原状、取得赔偿。

2. 确定力

行政行为一经最后决定,非经法定程序,不得任意变更。这种效力就是确定力(Rechtskraft),也称“存续力”(Bestandskraft)。[③]确定力还可以进一步解构为两个方面:

一是“形式确定力”,也称“不可争力”,这种力量施加在相对人身上,一般是在过了行政救济期限,相对人原则上不得再申请行政复议或诉讼要求撤销行政行为。之所以如此,是为了尊重救济期限,也是法的安定性原则的要求。

---

① 叶必丰:《行政行为的效力研究》,76～87 页,北京,中国人民大学出版社,2002。

② 转自,叶必丰:《行政行为的效力研究》,92 页,北京,中国人民大学出版社,2002。

③ 吴庚教授认为,“存续力与确定力之差异不在本质而在程度”,只是更具“弹性”,表现在存续力允许行政行为获得确定之后依然可以有限变更。吴庚:《行政法之理论与实用》,237 页,北京,中国人民大学出版社,2005。赵宏认为,用“存续力”取代“确定力”,是为了强调行政行为的确定力与司法判决的确定力之间的差异,以避免概念混淆。赵宏:《法治国下的行政行为存续力》,25 页,北京,法律出版社,2007。

二是“实质确定力”，亦称为“不可变更力”，是针对行政机关而言，指在行政行为一作出，作出该行政行为的行政机关原则上就不得随意更改，也不能因为作出该行政行为的行政机关或者行政人员发生变动而更改，[①]尤其是行政行为获得“形式确定力”之后，就根本不得更改，除非极其例外情形。

确定力是“公定力的自然延伸”，[②]目的是通过禁止随意变更，尽快让行政法关系得到稳定，不致再起争端。在耗尽行政救济手段或者经过法定期限之后，经受考验的行政行为最终获得了永久的、确定的效力。相对人和行政机关都必须遵循“一事不再理原则”(ne bis idem)，原则上对同一问题不得重新进行实质性审查并予撤销、变更。

这种理论也是对司法判决的类比，隐藏在背后的理论基础是法的安定性原则与对相对人合法预期的保护。日本学者田中二郎对此有精辟论述，他说：在诉讼法上，“只要判决一确定，法院就要受之拘束，除了有特别重大的理由，实证法上所认可的例外情形之外，即使不合真理，存在违反法规的瑕疵，也应该以判决的决定为准，在其他诉讼中，不得作出与之相异的判决。”行政行为也是如此。“即使其成立存在瑕疵，其决定与事实不符，除了实证法上存在再审等特别方法外，只要是关于同一事物、同一原因，以及同一人的争议，就应依据其决定最终确定法律关系。”[③] 至于是仿效司法判决的何种效力而来，学者有不同看法，一种说法是源自判决的既判力(res judicata)，另一说法是由判决的羁束力延伸而来，[④]还有一种说法是借用了司法判决确定力的概念。[⑤]但毫无疑问，行政行为程序的缜密性不如司法程序，对行政行为内容正确性的保障也远没有司法程序强，[⑥]所以，我们绝对不能简单地认为，行政行为的确定力就是司法判决的既判力或者羁束力的简单翻版或者摹本，其对作出行政行为的行政机关撤销、变更权力的限制能力

---

① 张尚鷟主编：《走出低谷的中国行政法学——中国行政法学综述与评价》，153页，北京，中国政法大学出版社，1991。

② 章志远：《行政行为效力论》，84页，北京，中国人事出版社，2003。

③ [日]田中二郎：《行政行为论》，208、215页。转自，叶必丰：《行政行为的效力研究》，100页，北京，中国人民大学出版社，2002。

④ 章志远：《行政行为效力论》，79～80页，北京，中国人事出版社，2003。

⑤ 赵宏：《法治国下的行政行为存续力》，5～6页，北京，法律出版社，2007。

⑥ 赵宏：《法治国下的行政行为存续力》，229页，北京，法律出版社，2007。

相对较弱。

确定力理论要解决的核心问题就是,行政行为作出之后,是否可以撤销、变更或者废止?显然可以。撤销与变更是针对违法或者不当行政行为而言,废止是针对合法行政行为的。那么,撤销、变更违法或不当的行政行为,应由谁、由何种途径做出?必须满足何种条件?“宪法维度的权力分立和行政系统内的权限分配,意味着对行政行为效力或法效果的否认一般也须由法律规定的主体作出”,①而且要有法定事由,且依据法定程序。

首先,不像司法判决确定力那样绝对不允许作出判决的法院撤销、更改判决,作出行政行为的行政机关可以依法撤销、变更已作出的行政行为,甚至在法定的复议和诉讼期限过后,原行政机关仍然可以依法撤销已作出的行政行为。

其次,与法院判决只能由上诉法院撤销不同,能够撤销、变更行政行为的途径是多元的,包括行政复议、行政诉讼、行政机关自己撤销或变更、上级行政机关予以撤销或变更等等。

最后,行政行为在获得形式确定力之前,以及之后,都可能被撤销,只是之后的撤销难度极大,比如,必须有效提起再审程序,或者具有重大的公共利益要求。但是,无论哪种途径撤销,都必须遵循相同的撤销条件(见后述)。变更是撤销的一种特殊形态,也必须遵守上述条件。在撤销与变更时尤其要遵守合法预期保护原则。对授益行政行为的撤销要受到更为严格的限制。

3. 狭义拘束力

狭义拘束力是行政行为对第三人,也就是法院、其他行政机关以及其他组织或个人所产生的拘束效果。在德国法上还有两个类似描述的术语,即构成要件效力(Tatbestands)与确认效力(Feststellungswirkung)。它们似乎有着程度上的不同。“对于其他行政机关和法院而言,拘束力意味着行政行为应受其尊重,并应作为决定的事实要件,这种拘束效力又可称为‘构成要件效力’。如果法律有特别规定,其他行政机关和法院不仅受行政行为处理内容的约束,而且受行政行为理由中事实认定和法律认定的约束时,这种

① 王世杰:《论行政行为的构成要件效力》,载《政治与法律》,2019(9)。

拘束力又称为‘确认效力’”。[①]

首先，行政行为作出之后，在没有被依法撤销之前，其他组织、个人可以在此基础上繁衍出其他法律关系。在衍生出的这些法律关系之中，作为当事人或者利害关系人的其他组织与个人会受到该行政行为的拘束。在民事关系中，其他组织或个人对行政行为的合法性有异议的，可以基于“当事人意思自治”原理拒绝发生有关的民事关系。

其次，行政行为作出之后，必然对其他行政机关产生拘束作用。这是为了“维持宪法和法律对不同行政机关事务的管辖分工与权限分配秩序”。“赋予行政行为拘束其他行政机关的法效果，借助多样化的权限分配实现行政的统一性，从而确保行政机关的事务管理权限不受其他行政机关的侵蚀，同时又能保障国家活动一致性地面向公民。”[②]其他行政机关可以将该行政行为作为另外一个行政行为的依据或基础，但“既不能重复处理，也不能任意予以否定或置该行政行为于不顾”。[③]如果对该行政行为的合法性有异议，应当按照法定程序处理。

再次，对行政行为有审查权的上级行政机关或者法院，有权、也有义务审查该行政行为的合法性。[④]只有合法、有效的行政行为才对其产生拘束效果。

最后，对于行政行为，法院在民事诉讼或者刑事诉讼中一般会予以尊重。“宪法的统一性同时意味着国家权力的统一性”，这要求“法院受有效行政行为的拘束，以创设与体现国家活动的一致性”。“作为相互分立的国家机关，除法律另有规定或法院对行政行为具有司法审查权外，法院与行政机关应对彼此的决定或判断相互承认与尊重，因此行政机关作出的行政行为也具有约束法院的作用。”[⑤]对于生效的行政行为，法院如果发现有疑问，从实践与理论看，解决的办法可以有四：一是以司法建议书形式，交给行政机关作出结论。二是中止诉讼，先通过行政救济途径解决该行政行为的合法

---

① 赵宏：《法治国下的行政行为存续力》，79页，北京，法律出版社，2007。

② 王世杰：《论行政行为的构成要件效力》，载《政治与法律》，2019(9)。

③ 叶必丰：《行政行为的效力研究》，89页，北京，中国人民大学出版社，2002。

④ 赵宏：《法治国下的行政行为存续力》，83页，北京，法律出版社，2007。

⑤ 王世杰：《论行政行为的构成要件效力》，载《政治与法律》，2019(9)。

性之后,再做出判决。在“魏昌苏诉魏昌南排除妨碍纠纷抗诉案”中,法院认为,对于已生效的行政行为,“人民法院必须在民事诉讼中予以尊重和认可,即在民事诉讼中法院不得径自否定其效力或者不采信,如要否认具体行政行为的预决力,也必须经行政诉讼程序予以撤销或者变更”。[①]三是法院不必然受其拘束,可以自行审查,判断行政行为是否有效、合法。这是因为“从宪政主义之制衡设计,司法监督相对于行政权之优越性,以及司法程序恒较行政手续为周密慎重等因素而言,似又未便获致行政处分亦得拘束法院裁判之结论”。[②]最高人民法院民事法官将行政行为区分为确认性还是形成性的,确认性行政行为“仅是确认私法效果,即使无行政行为,民事行为本身并非无效”,法院当然“可以通过民事诉讼的判决结果直接或间接地”对其进行变更。形成性行政行为“对于私法效果进行实体形成”,“即使行政行为存有瑕疵,法院也不得加以变更,只得通过法定的行政复议或诉讼程序予以否定。”[③]其实,从诉讼目的和结构看,民事诉讼、刑事诉讼都分别善于澄清、辨识民事事实、犯罪事实,而确认性行政行为又以有关事实为基础。如果法院能够明显地体察到行政行为违法,就可以化繁为简,把它看做是不予认定的事实或者不予采纳的证据,搁置一边,直接就民事争议或者刑事问题作出判决。但是,涉及行政裁量,或者专业性、技术性、政策性较高的行政行为,比如形成性行政行为,法院无法轻易作出判断的,就应更加尊重行政机关,受行政行为拘束。否则,宜先提交有权机关确认,或者通过行政救济程序重新确认后,再做判决。[④]但是,在我看来,前两种处理方法更可取。“上帝的归上帝,恺撒的归恺撒”(Give back to Ceasar what is Ceasar's and to God what is God's),对于一个形式上仍然有效的行政行为,法院不宜在民事诉讼、刑事

① 参见浙江省高级人民法院(2002)浙民再抗字第21号民事判决书。

② 吴庚:《行政法之理论与实用》,242页,北京,中国人民大学出版社,2005。

③ 参见最高人民法院(2002)民四终字第14号民事裁定书。王世杰:《论行政行为的构成要件效力》,载《政治与法律》,2019(9)。

④ 何海波教授曾就行政行为对民事审判的拘束力问题做了较为详细的立法与实践梳理,也证实了实践上同时并存着上述后两种做法。他自己提出的解决方案也是同样思路:首先,原则上,法院在民事诉讼中对案件涉及的事实和法律问题可以独立审查,直接作出认定;行政行为及其所认定的事实在民事诉讼中可以作为初步证据,法院通常有审查的权力和义务。其次,作为例外,法院在特定情况下可以中止民事案件的审理,等待行政争议最终解决,然后据此作出判决。何海波:《行政行为对民事审判的拘束力》,载《中国法学》,2008(2)。

诉讼中简单予以否定，而应当通过有权机关和恰当程序先行解决行政行为的合法有效性。这是公法与私法二元论的必然结论。因此，可以考虑行政诉讼附带民事诉讼，它可以非常完美地统筹解决上述问题。

4. 执行力

行政行为的公定力、确定力的最后指向必然是执行力。只有执行力才能确保行政行为的内容得到最终付诸实行，行政行为所预期达到的状态得以最终实现。因此，所谓执行力就是保证行政行为得以落实、发挥效用的一种力量。

在理论上，对行政行为执行力的讨论仍然歧见纷纭，这与强制执行体制、传统理论认识以及行政法规范重点等有关。争论的焦点主要在以下方面：第一，执行力的作用对象是相对人，还是也包括行政机关？第二，执行力是行政行为所固有的自我救济能力，还是也包括借助法院力量的执行？第三，执行力仅指被动、强制履行，还是也包括主动、自觉履行？

我国学者的理解显然比德国和我国台湾地区学者的观点要宽。正如叶必丰教授所言，行政行为的执行力是指行政行为的内容有得以实现的法律效力，主要表现为权利主体有权要求义务主体履行义务的法律效力。也就是说，行政行为的执行力既包括对相对人的执行力，也包括对行政主体的执行力，既表现为自行履行力，又表现为强制实现力。[①]具体而言：

(1)行政行为作出后，相对人如果没有异议，或者提起行政救济后没有获准执行中止，就必须履行行政行为规定的义务，包括作为与不作为义务。

(2)同样，行政行为作出后，需要由行政机关履行的积极或者消极义务，行政机关也应该自觉履行。

(3)相对人没有正当理由拒绝履行行政行为规定的义务，行政机关有权依法强制执行，或者申请法院强制执行。相对人已经提起行政救济，只要没有获准停止执行，根据“行政救济不停止执行原则”，行政机关仍然有权依法采取强制执行措施。

(4)行政机关不执行行政行为决定，相对人有权通过行政复议、行政诉讼，或者通过行政监督迫使行政机关执行行政行为决定。

---

① 叶必丰：《行政行为的效力研究》，131页，北京，中国人民大学出版社，2002。

上述(1)、(2)属于自行履行力发生作用的情形,其中(1)又与行政救济上的"救济不停止执行原则"发生了勾连。[①](3)、(4)属于强制实现力情形,其中(3)决定了我国现行行政强制执行体制,与《行政诉讼法》(2017 年)第 97 条相对应。

第四节 行政行为的无效与可撤销

一、二元结构理论

从行政行为的效力理论上看,主要有无效与可撤销两种。依照通说,无效(void)是指在法律上从未存在过。可撤销(voidable)是指在没有被法院或者有权机关撤销之前在法律上是存在的。[②]两者的区别是:

第一,无效意味着自始不存在,无效的行政行为对相对人根本不发生约束作用,相对人可以行使宪法上的抵抗权,拒不执行。而可撤销的行政行为却可以像有效行政行为一样一直处于有效力的持续状态,除非,直到当事人成功地申请复议机关、法院撤销之,或者由行政机关主动撤销之。撤销的效果也可以具有溯及力,一被撤销,就视为从未存在;也可以只是向后发生撤销的效果,不溯及既往。

第二,对于无效的行政行为,在行政诉讼上也应该没有起诉期限的限制,随时可以宣判无效。但是,可撤销的行政行为却有时效要求,当事人必须在法定的期限内对该行政行为提出复议或者诉讼。

第三,只有重大明显违法的行政行为(比如,要求村民去狩猎国家重点保护的珍稀动物的行政命令)才构成无效,所谓"重大明显",用 J. Hatschek

---

① "救济不停止执行原则"是以优先实现公共利益为主导思想的,似乎与行政救济的目的抵触。因此,近年来,不断有学者提出,提起行政复议或者行政诉讼,应当同时伴随着停止执行行政行为的效果。只有在例外情形下,比如停止执行将对公共利益造成重大损害,经复议机关或者法院裁定,可以不停止执行。

② Cf. Christopher Forsyth, "'*The Metaphysic of Nullity' Invalidity, Conceptual Reasoning and the Rule of Law*", Collected in Christopher Forsyth & Ivan Hare (eds.), *The Golden Metwand and the Crooked Cord: Essays on Public Law in Honour of Sir William Wade QC*, Oxford. Clarendon Press, 1998, p. 142, especially note 12.

的话说，就是必须“如同写在额头上之程度”（gewissermassen auf der Stirn trägt）。[①]其他一般违法的，属于可撤销。

作为术语，无效和撤销也被正式制度所采纳，比如，《行政处罚法》（1996年）第 3 条第 2 款规定：“没有法定依据或者不遵守法定程序的，行政行为无效”；最高人民法院在《关于执行〈中华人民共和国行政诉讼法〉若干问题的解释》（2000 年）第 57 条第 2 款中引入了确认无效判决；《行政诉讼法》（1989 年）第 54 条、《行政许可法》（2004 年）第 69 条规定了撤销。但是，正如沈岿教授所批判的，正式制度上的“无效”与学术上的“无效”相去甚远，颇有抵牾。[②]即便是在学者广泛参与下，《湖南省行政程序规定》（2008 年）第 161 条列举的无效情形，有时也很难说“一目了然”，完全符合“重大明显”的要求。

但是，《行政诉讼法》（2014 年）第 75 条依然规定了确认无效判决，采用了“重大且明显违法”标准，包括实施主体不具有行政主体资格，或者没有依据等情形。最高人民法院在《关于适用〈中华人民共和国行政诉讼法〉的解释》（2018 年）第 99 条对此做了进一步胪列，包括“行政行为实施主体不具有行政主体资格”、“减损权利或者增加义务的行政行为没有法律规范依据”、“行政行为的内容客观上不可能实施”以及“其他重大且明显违法的情形”。《行政处罚法》（2021 年）第 38 条第 2 款又补充规定，“违反法定程序构成重大且明显违法的，行政处罚无效。”

二、对二元结构的批判

1. 来自普通法的批评

现在很多的英国学者都认为无效与可撤销的区分是不必要的。韦德教授（H. W. R. Wade）就说，无效和可撤销问题，具体运用到某种合同上可能有意义，但是，在解决行政机关的违法行为上没有什么意义。行政行为要么是合法有效，要么是违法无效。[③]丹宁法官（Lord Denning）也说，对无效和可撤销的讨论，只是文字上的、语义上的游戏，仅此而已。迪泼罗克法官（Lord

---

① 引自，吴庚：《行政法之理论与实用》，251 页，北京，中国人民大学出版社，2005。

② 沈岿：《法治和良知自由——行政行为无效理论及其实践之探索》，载《中外法学》，2001（4）。

③ Cf. H. W. R. Wade, “*Unlawful Administrative Action: Void or Voidable?* (*Part I*)” (1967) 88 *The Law Quarterly Review* 525～526.

Diplock)说,这种在私法,尤其是合同法上发展起来的学说,在公法上却不适用。罗斯法官(Lord Rose)说,无效和可撤销的划分无助于分析目的。[①]之所以会有这样的认识,主要基于以下两点原因:

首先,普通法学者和法官不是像我们那样从无效与可撤销的内涵去分析两者的区别与实际运用问题,而完全是从救济的实际可得性出发,来分析这种二元结构到底有没有价值,有没有必要。在他们看来,抛开救济的实际可得性,抽象地谈论行政行为是自始不存在,还是其他什么一种状态,是没有意义的。迪泼罗克就说,一个决定是否有效,在尚未被一个有管辖权的法院宣判之前,谈论无效或者可撤销之类的术语是让人迷糊的(It is,as Lord Diplock said,confusing to speak of the terms void or voidable before the validity of an order has been pronounced on by a court of competent jurisdiction)。[②]

因为行政行为即使是"无效"的,它也是一种客观存在,除非,要等到在法院那儿采取了某些步骤判决其无效为止。[③]而要成功地诉诸法院,还必须是由适格的原告遵循恰当的程序和条件寻求适当的救济,样样都得中规中矩,法院才会判决行政行为无效。倘若有一项差错,比如,不具有原告资格,法院即便是已经察觉到行政行为本身已处于无效状态,也不会因此就判决其无效。所以,P. P. Craig 就指出,无效是一个相对的而非绝对的概念(a relative not absolute concept)。[④]在英国诸多判例中,很多法官都是在这个意义上操作的。

假如当事人不能成功地获得救济,尽管不意味着就是肯定"无效"行政行为的有效性,不会使"无效"的行政行为就此转变成有效,但是,至少会使"无效"的行政行为事实上能够像有效的行政行为那样在社会生活中发挥着作用,处于永远不受攻击的状态。既然不能击败,就只能接受。就整体效果而言,与大陆法的"完全公定力说"可谓是殊途同归。

其次,从实证观点出发,我们也会发现,在英国法中,对有些行政行为的

---

① Cf. Christopher Forsyth,op. Cit. ,pp. 144~145.

② Cited from,P. P. Craig,*Administrative Law*,Sweet & Maxell,2003,p. 693.

③ Cf. Christopher Forsyth,*op. Cit.*,p. 142,144.

④ Cf. P. P. Craig,*op. Cit.*,pp. 692~694.

救济明确是有时效的。比如，1946 年的《土地征用法》（Acquisition of Land Act）和 1962 年的《城镇规划法》（Town and Country Planning Act）上都规定了，如果在六周之内没有对强制征用决定和各种规划决定提出异议，那么就不得再提出任何诉讼。因此，假比方说，上述决定在作出的时候因为某种原因是无效的，但如果在六周内没有提出异议，那么该决定就不会被改变，就必须当作是有效的那样接受下来。[①]

如果说，英国法中有一丁点类似大陆法无效效果的地方，就是，对于行政机关要求交费的决定，当事人可以拒绝，等到被诉至法院，再一并提出对该决定的挑战。[②]这种类似我们说的抵抗权之所以不会招致更加不利的后果，显然与英国的强制执行制度有关。这种抵抗也不意味着该决定是自始无效的。

2. 对无效行政行为两个基本要素的批判

（1）抵抗权？

隐含在无效行政行为理论背后的一对矛盾是法的安定性与公民宪法上的抵抗权之间的价值冲突与衡量。无效行政行为在宪法意义上的重要价值应该是认可了公民的抵抗权。在制度法上，《行政处罚法》（1996 年）第 49 条也开创性地赋予了相对人拒绝服从严重欠缺形式要件的罚款收缴行为的权利。但我却以为，这多半是一厢情愿的放大，会扭曲现实。

首先，在现实的政治生活之中，用公民权利来对抗国家机关的权力到底能有多大的成效？却很让人怀疑。因为，即便是在行政诉讼之中，也绝对不是用公民权利与国家权力之间的制度性拟制对抗，来完成对行政权的有效监督与控制的。公民权利（比如起诉权）在诉讼中的作用事实上仅仅是启动司法权对行政权的监控机制，推动诉讼的进程。对行政权滥用的矫治和控制，实际上还得仰赖国家权力之间的相互制衡来实现。

其次，在制度法上给予相对人对无效行政行为的抵抗权，与其说是为宪政文明进步而击节，还不如说是将相对人陷于“以卵击石”之极度危险处境。因为我们对无效行政行为理论妥当性的思考，还必须结合强制执行制度一

① Cf. H. W. R. Wade, “*Unlawful Administrative Action*: *Void or Voidable*? (*Part I*)” (1967) 88 *The Law Quarterly Review* 510 - 511.

② Cf. P. P. Craig, *op. Cit.*, p. 694.

并考虑。在我国,对于相对人不履行义务,并不完全否定行政机关可以自力救济,即便是申请法院强制执行,也有救济不停止执行的原则。所有这些,使得相对人如果行使抵抗权,很可能招致行政机关更加严厉的制裁和强制执行。

最后,退一步说,假如我们认可有将无效行政行为与公民抵抗权制度化的必要,但是,正因为存在着上述风险,在制度法上也应该尽可能给出明确的、客观的、不易产生争议的判断标准。但遗憾的是,这方面的规定却是不够清晰的,也很难阐释清楚。

这极可能导致相对人误读法律、滥用抵抗权,进而不利于政府与相对人之间形成良好互动关系,而且,增加了法的不安定性。[①]尤其是当前我国正处于社会转型时期,急需在稳定的社会秩序中解决各类矛盾,而相对人的法律意识又普遍有待提高,暴力抗法现象时有发生,在这种现实下引入无效行政行为理论无疑是一种灾难。

如此一来,我们如果仍然顽固地坚持行政行为的无效理论,就会不合时宜,变得象征意义远远大于实践意义。其实,现代行政法的发展,愈发呈现出注重为相对人提供临时性、及时性救济的趋势,这也极大地缓解了赋予相对人当场抵抗权的需求。

(2)不限定诉讼时效?

无效行政行为的另外一个诉讼意义上的特征是,没有诉讼时效的限制。但是,迄今也找不到有关的法律依据。从《行政诉讼法》(2017 年)对起诉期限的规定,以及《最高人民法院关于适用〈中华人民共和国行政诉讼法〉的解释》(2018 年)的有关解释看,都没有规定确认无效诉讼可以不受时效限制,反而是逐一胪列了各种起诉期限。只是在司法解释第 94 条第 2 款中指出,在请求确认无效的诉讼中,法院发现不属于无效,“经释明”,原告同意改为请求撤销,却发现“超过法定起诉期限的”,法院应当“裁定驳回起诉”。那么,反过来说,如果属于无效,是不是就不存在“超过法定起诉期限”的问题呢?不甚了了。

---

① 不少学者在研究中都承认这样的危险之事实存在。叶必丰:《论行政行为的公定力》,载《法学研究》,1997(5)。沈岿:《法治和良知自由——行政行为无效理论及其实践之探索》,载《中外法学》,2001(4)。

在我看来，行政行为即便是“无效”，随着时间的流逝，很可能会衍生出其他法律关系。如果作为其他法律行为或关系之基础与本源的行政行为无限期地处于可以被攻击的状态，这显然不利于法的安定性以及社会关系（秩序）的稳定。更为重要的是，即便本行为可以被宣告无效，但是，在本行为基础之上繁衍出来的其他行为和关系却在很多情况下值得法律保护。也就是说，即便宣告无效，也无法再还原到初始状态。

3. 初步的结论

倘若作为无效与可撤销之间最明显的区别的上述两个要素都没有存在的必要，或者予以特别强调的价值，那么，无效与可撤销之间二元结构的合理性基础就岌岌可危了。所有剩余的，在我们看来算是次要的、附带的、衍生的意义，都将不成其为意义。

首先，单从效果上看，两者似无差异。无效是“自始不存在”，但是，可撤销也可以具有溯及力，也能达到同样的效果。既然如此，区分彼此又有何益？[①]

其次，假如赋予相对人抵抗权是无效益的，那么，即使我们认可了无效与可撤销之间的划分，这种区分的意义也只有在诉诸法院、被法院确认之后方能显现出来。否则，不管是无效还是可撤销的行政行为，都会像有效的行政行为那样在社会生活中存在下去，并且对当事人发挥着“法律拘束力”。当事人无法抗拒，无法让其事实上不发生作用。但诚如英国人所见，一个行政行为能不能进入到法院，又会受到诉讼资格（*locus Standi*）和受案范围的限制。假如因为后面的原因被挡在法院的门槛之外，那么，从客观状态的改变上讲，即使区分了，也意义不大。

再次，上述区分如果说还有什么意义的话，就表现在最后的裁判方式上。对无效的行政行为采用的是确认判决，对可撤销的是采用撤销判决。但这又会带来另一个问题，那就是我们必须首先说清楚这种区分的判断标

① 王贵松教授认为，“撤销判决承认该行政行为存在过，并可能根据其具体的利害关系作出不同的调整。而确认无效判决则是宣告行政行为的法律效果不曾存在，也不承认存在需要保护的信赖利益”。王贵松：《行政行为无效的认定》，载《法学研究》，2018(6)。但是，其中的“不同调整”是指什么？是指溯及力是向前还是向后之不同吗？撤销判决难道就一律承认“存在需要保护的信赖利益”吗？撤销与无效在效果上真有很大差别吗？似乎语焉不详，说理不透。

准,这又是比较困难的。因为无效和可撤销之间的界分是根据违法的严重程度人为地划分出来的,其间实际上存在着灰色的过渡地带,很难说非此即彼。

最后,很多学者眷念无效行政行为,还因欲赋予它一个重要功用,就是可以作为非诉行政执行案件的审查标准。对于申请法院强制执行的行政行为,法官通过简略的审查,发现有重大明显违法的,可以拒绝批准执行;否则,应当批准强制执行。但是,我却不以为然。第一,法官作为职业法律人,有超乎常人的法律素养与敏锐的洞察力,能够发现一般人不易察觉的违法。假如这种违法虽不是"写在额头上"的明显,却已达到了撤销程度,难道法官还要视而不见,违心执行?第二,当前不少相对人的确缺少积极寻求救济的意识,尽管他们对行政行为不服,却不愿申请复议或者诉讼。但等到强制执行时,才提出异议。假如法院发现行政行为确有违法,难道还要强制执行?

因此,我以为,取消无效与可撤销的二元结构应该是可以考虑的。但考虑到"无效"既已成为我们的一种语言习惯,朗朗上口,我们也不妨保留它作为一种法律状态的描述。在裁决方式上,我们完全可以采取很功利的、实用主义的态度,只要有行为可撤,就撤,无行为可撤,就确认。

第五节　行政行为的撤销与废止

撤销是针对违法的行政行为而言的,由有权机关依法终止该行政行为的效力。废止是针对合法的行政行为,是因情势变迁而终止其向后的效力。

一、撤销

1. 德国法上的撤销

在德国,行政行为能否撤销,与其存续力、信赖保护、公共利益考量等问题交织在一起,还要区别是实体违法(materielle Rechtswidrigkeit)还是形式违法(formelle Rechtswidrigkeit),是授益行政行为还是负担行政行为,情形不同,规则有别,极其复杂。

首先,如果是实体违法,除重大明显违法构成无效之外,均为可撤销的理由。如果属于形式或者程序违法,就要看其对实体内容产生的影响。有实质影响的，就构成可撤销的理由。反之，没有实质影响的，就可忽略不计，或者治愈。这主要是考虑行政效率（Verwaltungseffizienz）和程序经济（Verfahrensökonomie）。[①]

其次，违法达到撤销程度，究竟能否撤销，还要视行政行为是授益还是负担而不同。一般而言，第一，由于授益行政行为涉及对相对人信赖保护问题，较复杂些。有三种情形：第一种情形，如果信赖利益明显大于撤销该行政行为的公共利益，行政机关不得撤销，而应让其继续存续。这在德国法上称为“存续保护”（Bestandschutz）。第二种情形，虽有信赖利益，但与公共利益权衡之后，不值得“存续保护”，行政机关仍然可以撤销，但应对相对人的信赖利益进行财产补偿。这称为“财产保护”（Vermögensschutz）。第三种情形是，未产生信赖利益的，可以撤销。[②]第二，对违法的负担行政行为予以撤销，对当事人而言是减轻负担，实则受益，所以，通常不发生既得权或信赖保护问题。只要达到撤销程度，就可以径行撤销。[③]

在德国，还有一种具有第三人效力的行政行为（der Verwaltungsakt mit Drittwirkung），在此类行政行为之下，又有“对相对人授益并对第三人施加负担的行政行为”（der begünstigender Verwaltungsakt mit belastender Drittwirkung）与“对相对人施加负担并对第三人授益的行政行为”（der belastender Verwaltungsakt mit begünstigender Drittwirkung）之分。对这类行为的处理，仍然是区分授益还是负担，分别适用上述规定。[④]

但是，这种以概念为基础的类型化研究，面对高度复杂的行政行为形态，必然会出现某种疏漏。比如，在实践中可能存在着授益与负担并存的双重效力的行政行为。德国对此的处理策略是，如果该行政行为中的授益与负担部分是可分的，且行政行为也可以部分撤销，那么，就分别适用授益与负担行政行为撤销的规则。如果该行政行为是不可分的，就按照授益行政行为撤销规则处理。[⑤]

---

① 赵宏：《法治国下的行政行为存续力》，149页，北京，法律出版社，2007。

② 赵宏：《法治国下的行政行为存续力》，164～174页，北京，法律出版社，2007。

③ 吴庚：《行政法之理论与实用》，257页，北京，中国人民大学出版社，2005。

④ 赵宏：《法治国下的行政行为存续力》，162页，北京，法律出版社，2007。

⑤ 赵宏：《法治国下的行政行为存续力》，160～161页，北京，法律出版社，2007。

2. 英国法上的撤销

英国主要是从司法审查角度考察对行政行为的撤销问题。一般而言,如果法院发现行政机关的决定存在着管辖错误(jurisdictional error)、滥用裁量权(abuse of discretion)或者没有遵守自然正义的要求(failure to comply with natural justice),将裁决撤销。但是,对于程序违法(procedural irregularities)则比较谨慎,基本趋向是认为,行政程序违法不绝对导致行政行为撤销。在行政审判的技术上就逐渐发展出判断是否撤销的标准,在这方面主要有三种理论:

(1)强制性(mandatory,imperative)与指导性(directory)

这是普通法国家的一种传统观点,是通过分析涉案程序的性质来抉择司法审查上的态度。违反的要是强制性的,不管违反的程度有多小,一律导致行政行为无效、被撤销。如果是指导性的,则不尽然。但不意味着指导性程序无足轻重。只有实质性遵守指导性规定,才能使行政行为有效。[①]

(2)个案内容评估说(an assessment of the substance of each case)

该理论认为,上述强制性或指导性的划分并不是决定性的。实际上,基于以下内容会形成一个包含各种可能性的幅度(a spectrum of possibilities):(1)规定的性质(the nature of the provision);(2)不遵守的程度(the degree of non-compliance);(3)不遵守的效果(the effect of non-compliance)。所以,判断某个程序对行政行为效力可能产生的影响,应该在个案之中具体地评估上述内容。

首先,必须考虑该规定在整个法律情境之中的地位,以及重要性。越重要,法院就越不能容忍对该规定的违反。其次,要考虑该规定的目的。目的越重要,法院就越不能容忍对该规定的违反。再次,要考虑违反的程度。最后,根据上述情况进行综合评估,判断在违反该规定的情况下,立法机关在整个立法以及该规定上欲实现的意图是否已经充分地实现了。[②]如果没有,就是撤销。

(3)因素考量说(factorial approach)

该理论是在批判上述强制性与指导性划分理论的基础上建立起来的。

① Cf. G. D. S. Taylor, *Judicial Review: A New Zealand Perspective* [M]. Wellington. Butterworths, 1991, p. 308.

② Cf. G. D. S. Taylor, *op. Cit.*, pp. 308～309.

法院不再识别涉案的程序规定是强制性的，还是指导性的，因为要在这之间划出一道清晰的、合乎逻辑的界线来是很困难的。所以，法院就转向直接根据个案中呈现出的各种因素，甚至是彼此竞争的因素，来判断不遵守的法律效果。

在笆利特(P. Bartlett)的研究中，把法院要考虑的因素分成两类：一是会导致无效的因素(factors tending to cause a nullity)，比如，未遵守管辖之要求；不符合自然正义之要求，等等。二是法院能够从中解读出要求之例外的因素(factors which may lead the court to read an implied exception into the requirement)，也就是，尽管程序要求是法定的，但是，因为下列因素的存在，可以考虑不因为不遵守之而撤销行政行为。这些因素包括：寻求救济的原告不会遭到某种偏见；原告得知不遵守之后采取了某种新的步骤(Where the applicant has taken some fresh step after knowledge of the non-compliance)；因不遵守而判决撤销，会造成实际问题(Where practical problems could arise from holding that non-compliance vitiated the proceedings)；会招致实质性的公众不便，等等。[①]

我认为，上述普通法国家的几种识别技术其实大同小异，没有本质差别。强制性和指导性的划分也是根据个案中呈现出的各种特定因素来判断的，在考量的方法上和“个案内容评估说”“因素考量说”同出一辙。所谓的灰色地带，实际上也完全可以人为地消除。法院完全可以根据其干预的意愿，用“结果”来决定“识别”。要干预的，就是强制性的，不想干预的，就是指导性的。当然，这决不是主观任性，也是审慎考量的结果。

3. 我国行政法上的撤销

在1983年部颁《行政法概要》中，就敏锐地捕捉到了大陆法系行政法的撤销理论之精髓，指出：“大体说来，行政措施是否宜于撤销，与其内容和性质有关。凡课公民以义务或限制公民自由的行政措施，如具备应当撤销的事由时，可以由行政机关自由撤销；凡赋予相对人利益，免除相对人义务的行政措施，如具备应当撤销的原因时，应根据公共利益考虑，是以撤销为适宜，还是以其他方法为适宜；凡行政措施的性质具有确定力者，只在其作为

---

① Cf. Philip John Bartlett, “*The Consequences of Non-Compliance With Procedural and Formal Rules*” (1975—1977) *Victoria University of Wellington Law Review* [J]. 66～67. 详见，余凌云：《行政自由裁量论》(第二版)，208～209页，北京，中国人民公安大学出版社，2009。

确认的根据有错误或违法,因而对于确认行为产生重大影响时,才能依法定程序和方式撤销。"[①]文中虽没有提及信赖保护,却渗透了保护精神;虽提纲挈领,却领悟深刻、把握精当。

之后的一些教材基本上略去"行政行为的效力""行政行为的无效、撤销与废止",甚至在一本很重要的、专门研究行政行为问题的专著《行政行为法》(应松年教授主编,北京,人民出版社,1993)中也忽略了这部分内容。

大约到1996年罗豪才教授主编的《行政法学》、1999年姜明安教授主编的《行政法与行政诉讼法》才又重新拾起,但十分简约,仅指出可以基于"行政行为合法要件缺损"和"行政行为不适当"两种理由撤销,同时也提到"如果所撤销的行为是赋予公民某种权利,或溯及既往会对公共利益产生重大影响时,应根据公共利益考虑是否要溯及既往"。[②]但在同期出版的一本专著中,朱新力教授已经非常完整地复述出大陆法的撤销制度。[③]最近出版的一些教科书基本上是跟进德日行政法的理论发展。

通过比对《湖南省行政程序规定》(2008年)第162条、《行政复议法》(2023年)第64条以及《行政诉讼法》(2017年)第70条之规定,我们发现,行政机关对行政行为的主动撤销,与行政复议和行政诉讼上的撤销,在标准上是一致的,都必须是存在违法或者瑕疵,且对行政行为的正确性产生实质性影响,达到应当撤销的程度。《行政许可法》(2003年)第69条规定的撤销条件也没有超出这些标准范围。

当然,由于行政机关上下级之间具有近似的权能,对于违法的行政行为,上级行政机关和复议机关不但可以撤销,还可以直接变更,所以,《行政复议法》(2023年)调整决定顺序,第63条、第64条依次规定变更决定、撤销决定,首选变更,能变更的,尽力为之。不能变更的,才考虑撤销。而在行政诉讼上,因为分权,法院只有极其有限的变更权。《行政诉讼法》(2017年)第77条列举了允许变更的具体情形。可以说,变更的前提是撤销,其蕴含着撤销的效果,原则上也应遵循与撤销限制规则一样的精神,只是情形更加复

① 王珉灿主编:《行政法概要》,123～124页,北京,法律出版社,1983。

② 罗豪才主编:《行政法学》,140页,北京,中国政法大学出版社,1996。姜明安教授主编:《行政法与行政诉讼法》,161页,北京,北京大学出版社、高等教育出版社,1999。

③ 朱新力:《行政违法研究》,267～268页,杭州,杭州大学出版社,1999。

杂。变更相当于撤销、重做的合二为一,详见表8-1。

表8-1 撤销、变更标准

《湖南省行政程序规定》(2008年)第162条	《行政复议法》(2023年)第63条、第64条	《行政诉讼法》(2017年)第70条、第77条
第一百六十二条 具有下列情形之一的,行政执法行为应当撤销: (一)主要证据不足的; (二)适用依据错误的; (三)违反法定程序的,但是可以补正的除外; (四)超越法定职权的; (五)滥用职权的; (六)法律、法规、规章规定的其他应当撤销的情形。 行政执法行为的内容被部分撤销的,其他部分仍然有效,但是除去撤销部分后行政行为不能成立的,应当全部撤销。 行政执法行为被撤销后,其撤销效力追溯至行政执法行为作出之日;法律、法规和规章另有规定的,其撤销效力可以自撤销之日发生。 行政执法行为被撤销的,如果发现新的证据,行政机关可以依法重新作出行政执法行为。	第六十三条 行政行为有下列情形之一的,行政复议机关决定变更该行政行为: (一)事实清楚,证据确凿,适用依据正确,程序合法,但是内容不适当; (二)事实清楚,证据确凿,程序合法,但是未正确适用依据; (三)事实不清、证据不足,经行政复议机关查清事实和证据。 行政复议机关不得作出对申请人更为不利的变更决定,但是第三人提出相反请求的除外。 第六十四条 行政行为有下列情形之一的,行政复议机关决定撤销或者部分撤销该行政行为,并可以责令被申请人在一定期限内重新作出行政行为: (一)主要事实不清、证据不足; (二)违反法定程序; (三)适用的依据不合法; (四)超越职权或者滥用职权。 行政复议机关责令被申请人重新作出行政行为的,被申请人不得以同一事实和理由作出与被申请行政复议的行政行为相同或者基本相同的行政行为,但是行政复议机关以违反法定程序为由决定撤销或者部分撤销的除外。	第七十条 行政行为有下列情形之一的,人民法院判决撤销或者部分撤销,并可以判决被告重新作出行政行为: (一)主要证据不足的; (二)适用法律、法规错误的; (三)违反法定程序的; (四)超越职权的; (五)滥用职权的; (六)明显不当的。 第七十七条 行政处罚明显不当,或者其他行政行为涉及对款额的确定、认定确有错误的,人民法院可以判决变更。 人民法院判决变更,不得加重原告的义务或者减损原告的权益。但利害关系人同为原告,且诉讼请求相反的除外。

在行政行为的撤销上应当有以下限制:第一,如果撤销可能对公共利益造成重大损害的,不予撤销,行政机关应当自行采取补救措施或者由有权机关责令采取补救措施。第二,如果存在当事人的信赖利益和合法预期,且当事人没有过错的,应当在撤销行政行为的同时,对当事人合法权益造成的损害,给予合理赔偿。第三,单纯行政程序违法,只有对行政行为的正确性产生实质性影响,才予以撤销,否则,以治愈、确认违法方式处理。

二、废止

废止是行政机关主动终结合法行政行为的效力。我国行政法上还有"撤回"之说,[①]从效力终结和行政机关主动为之等特征看,与废止无异。我国行政法上的废止,深受德国、日本和我国台湾地区理论的影响。英美的相关理论却少见。

德国《联邦行政程序法》第49条分别规定了对负担行政行为和授益行政行为的废止。

(1)对负担行政行为的废止因不牵涉信赖保护问题,相对简单。但有两个限制:第一,如果废止之后,仍需重新作出同样内容的行政行为,则不得废止。第二,其他不容许废止的原因,比如,行政机关曾向第三人保证不废止该项行为。[②]

(2)对授益行政行为的废止,受到信赖保护的强烈干涉,废止的条件甚至比撤销还要严格。允许废止的情形主要有:①法规容许或行政行为保留该废止。由于通过公布的法律,或者行政行为附有的"废止保留"(Widerrufsvorbehalt)之附款,相对人应当事先知道该行政行为将会被废止,所以可以阻却其信赖的发生。行政机关只要在法律或者行政行为约定的废止条件成就时,就可以废止。②行政行为附有负担,受益人没有或未能在规定期限内履行该负担义务。因错在受益人,所以可以废止,但要符合比例原则。③行政机关基于后来发生的事实,有权不作出该行为,且不废止该行为

① 但对"撤回"的理解,学者也有分歧。胡建淼教授是在"原行政机关依职权撤销其违法或不当的行政行为"意义上使用"撤回"。胡建淼:《行政法学》(第二版),216～217页,北京,法律出版社,2003。

② 赵宏:《法治国下的行政行为存续力》,184～185页,北京,法律出版社,2007。

将危害公共利益。但应当补偿受益人因信赖而产生的损失。④在受益人尚未使用所提供的优惠，或基于该行政行为而尚未受领给付的情况下，行政机关基于法规的修改，即具有不作出该行政行为的正当性，且不废止会危害公共利益。此时因行政行为未真正实施，也谈不上发生信赖利益受损的事实。⑤为避免或消除对公共福利的严重不利，可以废止，但要补偿受益人的信赖利益损失。[①]

我国迄今没有一部《行政程序法》，所以，也没有关于行政行为废止的一般规定。《湖南省行政程序规定》(2008 年)对此也付之阙如。学者枚举较多的是《行政许可法》(2003 年)第 8 条规定，比对上述德国法规定，的确极像摹本，但却缺少蕴含其中的比例思想，更为致命的是，与德国法一样，缺少对相对人信赖利益的程序性保护。[②]德国法传统上就不太重视程序，在信赖保护上也必然会显现出这种弱点。

第六节 轻微瑕疵行政行为的处理

行政行为如果仅有轻微的瑕疵，没有对行政行为产生实质性影响，还达不到撤销的程度，基于成本与效率的考虑，一般是通过其他方法来处理，主要包括忽略不计、治愈、其他制度补救。而我更倾向于治愈加确认违法的处理方式。

一、忽略不计

在普通法上认为，如果程序瑕疵非常细微，那么，行政机关根本不需救治，即使当事人告到法院，法院也不会理睬。[③]在新西兰 1924 年《法律解释法》(*the Acts Interpretation Act* 1924) s. 5(i)中就明确规定，对于所规定的程式有轻微的偏离，只要不会误导，不会产生不同的效果，就不必计较。其中的要点有二：

---

① 赵宏:《法治国下的行政行为存续力》，187～192 页，北京，法律出版社，2007。

② 余凌云:《对行政许可法第八条的批判性思考——以九江市丽景湾项目纠纷案为素材》，载《清华法学》，2007(4)。

③ Cf. Michael Supperstone QC & James Goudie QC, *op. Cit.*, p. 7. 3.

第一,轻微偏离。库普尔法官(Cooper J.)对此解释道,所谓"轻微的"(slight)是指"非实质性"(immaterial)。爱德华法官(Edwards J.)也说,"偏离必须是很轻微的,所以,程式仍然实质上还是法律规定的程式。"[①]

第二,最关键的是,上述偏离不会误导。

我国行政审判实践中,对法律文书上明显不应产生歧义的错误,有时是由复议机关或者法院直接判断与认定,[②]但也仅限于指出。比如,在"宜昌市妇幼保健院不服宜昌市工商行政管理局行政处罚决定案"中[③],一审法院认定,"被告工商局出具的《检查通知书》上开列的被检单位是'宜昌市妇幼保健医院',与原告保健院的单位名称相差一个字。工商局要调查和处罚的事实,确实发生在保健院。对工商局调查并处罚的事实,保健院除在没有证据的情况下主张已经给安琪生物制药公司经营部退还7864.39元外,并不否认其他事实与自己有关。因此,不存在调查对象错误的问题。《检查通知书》上开列的被检单位名称,实属笔误"。这种认定其实也是一种忽略不计,不产生更多的法律效果。

但是,上述忽略不计的态度毕竟粗放,与法治主义的要求还有些微隔阂。因为上述程序违反毕竟是行政行为的瑕疵,是一种客观存在。如果在行政审判中,对上述程序瑕疵完全置之不理、视而不见,不作出一定的司法反应,似乎又有悖依法行政之理念与要求,有放任行政机关随意践踏、背弃非实质性、非根本性的程序之嫌。所以,在行政诉讼上就应该,而且必定有着某种表达法院否定性评价,以及相应的救治方式。

二、治愈

德国和法国法上的治愈(curing defects in administrative action)(或治疗)理论,是针对行政行为的瑕疵,让行政机关自己主动纠正其程序上的瑕疵或错误的一种制度。治愈具有溯及既往的效果,能够使行政行为得到完全的确立和合法。

---

① Cf. Philip John Bartlett, "*The Consequences of Non-Compliance With Procedural and Formal Rules*"(1975—1977) *Victoria University of Wellington Law Review* 67～68.

② 叶必丰:《行政法与行政诉讼法》,174页,北京,高等教育出版社,2007。

③ 载《最高人民法院公报》2001(4)。

在德国，以往，瑕疵必须在提起行政诉讼之前治愈。1996 年的行政程序法修正案(S. 45(2))将上述允许治愈的时间延长到了行政审判结束之前。为此，在 1997 年的德国《行政法院法》(*Administrative Court Act*, *Verwaltungsgerichtsordnung*, *VwGO*)的修正中也相应地增加了在诉讼中如何治愈的规定，包括法官可以给行政机关三个月的时间来治愈被诉行政行为中存在的瑕疵，但前提是不会因此延误审判。[①]

1. 能不能治愈？

但是，上述制度却遭到了学者的猛烈批评，认为治愈制度会实质性地阻碍行政行为的客体对行政机关的诉辩能力(substantialy hinder the ability of the subjects of administrative acts to defend their rights *vis-à-vis* the administration)。另一方面，恐怕也不能够有效地刺激行政机关提高行政决定质量。因为行政机关如果知道轻微瑕疵会被法院容忍，法院还会让它在诉讼进行中救治而不影响行政行为的效力，特别是像缺少义务性听证也允许事后治愈，那么，回旋余地这么大的治愈会不会导致行政机关更加敷衍马虎、应付了事，进而引发更多的诉讼案件呢？不无疑问。[②]

对上述批评比较有力的反驳意见是，首先，假如在诉讼过程中就能够通过给行政机关一个自行纠正瑕疵的机会来实现息讼，那么，干吗一定要拖到判决之后，再让行政机关纠正呢？[③]在诉讼中的治愈，显然要比判决之后的改正要快捷，要节约诉讼成本。其次，治愈本身是在法院审查过程中发现了程序存在着瑕疵的情况下实施的，尽管是行政机关自己主动地去治疗，但实际上也形成了对行政机关不遵守程序的否定性评价。而且，有关的诉讼费用仍然必须由行政机关来承担。这种消极后果也会迫使行政机关在以后的执法中更加谨小慎微，而不太可能更加“忘乎所以”“变本加厉”。

由于治愈一方面是在行政机关自愿接受的前提下实施的，另一方面，还因为诉讼仍然在进行之中，只是悬而未决，假如治愈的效果不能让原告满

---

① Cf. Bernd Goller & Alexander Schmid, “*Reform of the German Administrative Courts Act*”(1998) 4 *European Public Law* 34.

② Cf. Bernd Goller & Alexander Schmid, “*Reform of the German Administrative Courts Act*”(1998) 4 *European Public Law* 32,35,36.

③ Cf. Bernd Goller & Alexander Schmid, “*Reform of the German Administrative Courts Act*”(1998) 4 *European Public Law* 35.

意,不能达到息讼,那么,诉讼将会重新启动,在这样的压力和情境之下,治愈往往会比较彻底。

2. 允许治愈的瑕疵有多大?

从西方的经验看,对治愈的层面或程度的把握,有着深浅之分,其背后的合理性也颇值得推敲和考量。

浅层面(程度)的治愈只是纠正那些对于行政裁量决定的结果不发生实质影响的程序和形式上的瑕疵。比如,在法国行政法上,形式瑕疵(defect of form)原则上不能由行政机关事后(*ex post facto*)进行治愈。但是,如果从形式瑕疵本身的属性上看,不会影响到行政决定的内容,那么,像这样的瑕疵可以治愈。像在决定的记录上没有签字,就可以通过事后补签的方法来治愈。[①]像这样的治愈,其合理性显而易见,不太会诱发非议。因为,既然撼动不了原先的行政决定结果,为何不在诉讼过程中就接受治愈呢?治愈本身也达到了原告所预期的诉讼效果。

但是,从德国的经验看,似乎允许更进一步的治愈,也就是允许行政机关实质性地改变行政决定,来达到合法的要求。德国《行政程序法》(*Law on Administrative Procedure*, *Verwaltungserfahrensgesetz*, *VwVfG*) S. 45 (1)之规定,允许行政机关治愈下列程序和形式瑕疵:[②](1)没有所必需的申请(omission of a necessary application);(2)没有对行政行为作出必要的理由说明(omission of a necessary statement of reasons for the administrative act);(3)缺少义务性听证(omission of an obligatory hearing);(4)没有按照要求共同作出委员会决定(omission of a committee's decision cooperation with which is obligatory);(5)没有按照要求与其他机关合作(non-cooperation, although obligatory, with another agency)。

从上述的规定看,有些瑕疵对相对人权利都会产生实质性影响,比如,义务性听证,但是,仍然允许治愈,那么,最终形成的结果会不会还和原来的一样呢?恐怕不见得。成问题的是,德国法对这种可能并没有做进一步的限制,而是默许了上述两种结果的出现。但是,假设治愈之后,程序是正当

---

① Cf. Zaim M. Nedjati & J. E. Trice, *op. Cit.*, p. 41.

② Cf. Bernd Goller & Alexander Schmid, "*Reform of German Administrative Courts Act*" (1998) 4 European Public Law 34, note 18.

了，但实体内容和结果却不能让原告满意，原告就仍然有可能要求继续诉讼解决。如果是这样的话，治愈本应具有的尽快息讼、节约诉讼成本等制度效益就不可能得到淋漓尽致的发挥。整个诉讼会因为治愈节外生枝，时间拖得更长。与其这样，还不如直接撤销，让行政机关重新作出行政行为。

3. 我国行政法上允许的补正或更正

我国采取了与法国一样的较严格的态度。一般只限于两类情形可以补正或更正，也就是我们所说的"治愈"：一是只是在形式或程序上出现的轻微瑕疵，不会对行政行为的正确性产生实质性影响，比如，行政机关作出行政行为时是有正当理由的，但却未说明理由，对于事后补充说明理由，当事人、利害关系人也没有异议。二是技术上的错误，一般是形式上的错误，不会误导相对人的认知，比如，行政行为的内容已完整无误地告知当事人，后者也心知肚明，只是在送达的法律文件上出现打印错误、计算错误、表述不清或者错误的省略等，这允许行政机关自己补正或者更正，不会影响到行政行为的效力。[①]上述两种情形都反映在《湖南省行政程序规定》(2008 年)第 164 条规定之中。

但是，我觉得，单纯的治愈、补正或者补救，对行政机关的震慑效果欠佳。所以，我认为，对于轻微瑕疵的行政行为，如果有治愈必要的，必须治愈，可以补正、更正的，也必须补正、更正，但对于一些瑕疵，比如，应当说明理由而未说明理由，应当告知而未告知，同时还必须结合确认违法判决，行政机关在当事人未诉诸法院或复议机关之前主动纠正的除外。

三、其他制度补救

从我国最高人民法院发布的司法解释看，对有些轻微的程序性违法，我们主要是采取制度性补救的方法，比如，根据《最高人民法院关于适用〈中华人民共和国行政诉讼法〉的解释》(2018 年)第 63、64、65 条之规定，对于行政机关没有告诉诉权或者起诉期限，没有制作或送达行政决定书，是用事后的证明、拉长救济期限的方法进行制度性的弥补。这种补救方式，也称为"瑕

① 朱新力：《行政违法研究》，265 页，杭州，杭州大学出版社，1999。

疵之变体”。[1]

我丝毫不否定上述补救的必要性,特别是对于保障相对人合法权益的重要意义。但是,这只是解决权利保障之周延性的技术问题,毕竟还没有形成法院对行政机关程序违法的正面的、直接的否定性评价。倘若就此了结,实际上也是一种忽略不计。所以,还是应该在提供其他制度性补救的同时,做出相应的确认违法判决。

对于上述理论见解,《行政诉讼法》(2017 年)第 74 条第 1 款第(二)项规定似乎做出了总体性回应,“行政行为程序轻微违法,但对原告权利不产生实际影响的”,确认违法,不撤销。最高人民法院在《关于适用〈中华人民共和国行政诉讼法〉的解释》(2018 年)第 96 条中进一步解释,“程序轻微违法”是指“处理期限轻微违法”、“通知、送达等程序轻微违法”以及“其他程序轻微违法的情形”,且对原告依法享有的听证、陈述、申辩等重要程序性权利不产生实质损害的。一些地方行政程序立法中规定的补正制度,“由于这些规定所描述的可补正的行政行为程序瑕疵情形与我国《行政诉讼法》(2017 年)第 74 条第 1 款第(二)项规定的确认违法判决之适用情形高度重合,以致补正行政行为程序瑕疵的时点被限于提起行政诉讼前,一旦进入诉讼阶段,补正的效果将被‘确认违法’之法院评价所取代。”[2]但是,无论是行政诉讼法还是司法解释都没有规定治愈、补正、更正。从实践看,对于上述“程序轻微违法”,在确认违法之前,如果有必要,也应当治愈、补正、更正。

---

① 吴庚:《行政法之理论与实用》,259 页,北京,中国人民大学出版社,2005。

② 梁君瑜:《行政行为瑕疵的补救》,载《法学》,2022(3)。

第九章　数字时代下的行政许可

第一节　行政许可与行政审批

在我国,长期以来,行政审批与行政许可交织不清,皂白难分。它们各自也难以确定、不好把握。行政审批是管理学概念,行政许可是行政法术语。“行政审批主要是依审批主体和审批形式界定的”,[①]“凡是必须经过行政机关同意的行为都被视为行政审批行为”,包括对内审批和对外审批,许可类审批和非许可类审批。[②]行政许可是“行政机关根据公民、法人或者其他组织的申请,经依法审查,准予其从事特定活动的行为”。[③]这与行政审批趋同。但是,行政许可仅关注外部关系,这与行政法调整范围和行政许可性质有关。行政审批包含行政许可,它们之间是种属关系。

《行政许可法》(2003 年)实施之后,一些实质上为行政许可却遁入非许可审批,它们“被列为‘不适用于《行政许可法》的其他审批’,一度被代指为‘制度后门’和‘灰色地带’”。[④] “这种变化使大量的‘必须经过行政审批机关同意’的事项能够简单地以非行政许可、非许可的行政审批或者核准制的名

---

① 王克稳:《我国行政审批与行政许可关系的重新梳理与规范》,载《中国法学》,2007(4)。

② 非许可类审批主要是“指行政机关对其他机关或者对其直接管理的事业单位的人事、财务、外事等事项的审批”,比如,财政补贴资金转拨审核、住房公积金贷款买房审批等。朱旭峰、张友浪:《新时期中国行政审批制度改革:回顾、评析与建议》,载《公共管理与政策评论》,2014(3)。

③ 《行政许可法》(2003 年)第 2 条。

④ https://baike.baidu.com/item/非行政许可审批事项/5444008? fr=aladdin,2022 年 6 月 27 日最后访问。

义，安全地游离于行政许可法的调整范围之外，甚至游离于行政审批制度改革的范围之外，规避行政许可法的制约。"[①]但是，经过多轮行政审批制度改革，那些实质上是许可，却以非许可的行政审批名义规避行政许可法的问题也不复存在。在当前改革文本中，行政审批、行政许可这两个概念日趋统一，[②]"应该是画等号的"。[③]官方文件习惯采用行政审批改革，关注外部关系，其内涵与行政许可相差无几。本文也就不加区别地使用。

许可是一种规制工具，包含一套申请流程、一项行为授权、许可实施的监管以及许可违反的制裁。[④]行政许可法对行政许可给出的定义，不是对许可本质的揭示，"而是描述了许可事实形成的基本过程：申请—审查—准予"。[⑤]但是，以是否需要行政机关批准、认可、同意为判断标准，很难厘清行政许可与行政确认、行政奖励、行政登记、行政给付等其他行政行为之间的边际。

学术上强调，首先，行政许可存在的前提是普遍禁止相对人从事某种特定活动。当事人未经行政许可从事特定活动，行政机关应当取缔，禁止当事人继续从事该项活动。这是行政许可有别于其他行政行为的根本特征，也是判断是否为行政许可的根本标准。其次，对行政许可本质有"解禁说"、"赋权说"两种解释，分别阐述了普通许可和特许两大主要分类的机理，"从根据法律、法规作出的行政行为效果与私人的权利、利益的关系出发分类说明行政机关对私人活动的介入方式。"[⑥]是否符合此类机理，构成行政许可的辅助性判断标准。

普通许可采取"立法禁止＋行政机关解禁"模式，产生的法效果仅是行政机关依法对符合法定条件的申请人，"解除被禁止义务"，恢复私人原本具有的自由。"'许可权'就是立法机关通过法律禁止某项活动，授予行政机关裁量权，根据监管许可授权条款授权该活动"（the "permit power", under which legislatures prohibit a specified activity by statute and delegate to administrative agencies the discretionary power to authorize the activity

① 周汉华：《行政许可法：观念创新与实践挑战》，载《法学研究》，2005(2)。

② 骆梅英：《行政许可标准的冲突及解决》，载《法学研究》，2014(2)。

③ 袁雪石：《论行政许可名称法定——以"放管服"改革为背景》，载《财经法学》，2017(3)。

④ ［爱尔兰］Colin Scott：《作为规制与治理工具的行政许可》，石肖雪译，载《法学研究》，2014(2)。

⑤ 陈端洪：《行政许可与个人自由》，载《法学研究》，2004(5)。

⑥ 朱芒：《日本的行政许可——基本理论和制度》，载《中外法学》，1999(4)。

under terms the agency mandates in a regulatory permit)。[1] “正因为存在立法限制,所以某些先验的自由必须经过行政过程的创设才能‘实现’,成为法律自由。”[2]此为“解禁说”。普通许可没有数量限制,只要符合法定条件,没有欠格事项以及其他不应给予许可的事项,行政机关原则上应当给予行政许可。“由于许可申请人所受到的一般性禁止是基于公益的需要而设定的,因此解除该禁止的许可行为并不产生权利,被许可者即使因许可获得利益,也不因此拥有排除第三者利益的效力,即不拥有为了维持该利益而请求不得向第三者发放,或撤销已经发放的同样许可的权利。”[3]

特许采用“立法禁止+行政机关授权”模式,主要适用于有限自然资源的开发利用、有限公共资源的配置、直接关系公共利益的垄断性企业的市场准入,[4]比如,城市供水、供气、供热、公共交通、污水处理、垃圾处理等行业的特许经营;以及公共安全领域,比如,持枪许可,具有高度公益性,“不应当然地归属于私人的原本拥有的自由”,“特许是对国民设定其原本不拥有的权利或权利能力的行为。”亦即“赋权说”。行政机关之所以可以依法实施特许,是因为“在社会的经济活动中存在着依靠自由竞争无法实现社会利益的领域”。[5]特许一般有数量控制。

第二节　行政许可与市场经济

行政审批何时成形?学界大致有两种看法:一种认为,行政审批源自计划经济,是政府配置资源的基本手段,是“消灭自由经济活动的主要手段”。[6]另一种认为,行政审批是随着计划经济解体,向市场经济转轨过程中出现的,是在此消彼长进程中形成的,“是带着计划经济的理念去满足市场经济

---

① Cf. Eric Biber and J. B. Ruhl, “*The Permit Power Revisited: The Theory and Practice of Regulatory Permits in the Administrative State*” (2014) 64 *Duke Law Journal* 133.

② 陈端洪:《行政许可与个人自由》,载《法学研究》,2004(5)。

③ 朱芒:《日本的行政许可——基本理论和制度》,载《中外法学》,1999(4)。

④ 2002年8月23日在第九届全国人民代表大会常务委员会第二十九次会议上,原国务院法制办主任杨景宇做的《关于〈中华人民共和国行政许可法(草案)〉的说明》,载《全国人民代表大会常务委员会公报》,2003(5),450页。

⑤ 朱芒:《日本的行政许可——基本理论和制度》,载《中外法学》,1999(4)。

⑥ 王克稳:《我国行政审批制度的改革及其法律规制》,载《法学研究》,2014(2)。

的要求而折中出了行政审批制度”。[①]不容否认的是，从计划经济向市场经济转变的过程中，行政审批始终有之。

“中国市场经济的发展并不是一个自我进化的过程”，“无法摆脱过去计划经济体制的制约和影响，不可避免地形成了两种体制共存共生的转型形态”。“这形成了一种特殊的计划与市场的交互作用，两者有时会相互增强，有时则会彼此制约，这种现象非常类似生物学上的‘共同演化’（Co Evolutionary）的概念。”[②]这决定了行政审批仅是政府干预经济、实施社会管制的权宜性措施，也必然因时而异、因事而异。随着市场经济的确立与完善，尤其是加入 WTO，以服务市场主体、发展市场经济为导向的行政审批改革势在必行。“行政审批制度改革始终被政府作为转变政府职能并调节政府与市场关系的突破口。”[③]

在我国，行政审批似乎无处不在的现象，根源于市场经济发展的不充分，“政府对资源及生产经营领域的垄断并没有被真正打破”，“政府的管理职能并没有实现根本性的转变”。[④]随着经济发展、放松规制、还权市场，行政许可的运用与功能也会进一步澄清。行政许可法制定之初曾经讨论的认可、核准、登记等分类，以及一些具有许可功能的行政确认，也会发生变化。有的不再是行政许可，比如，商事登记。[⑤]有的与市场经济充分公平竞争理念不符，应当彻底摒弃，比如，国家、省级科技企业孵化器认定、国家农业科技园区审批、省级重点中学评定、省级名牌农产品认定、省级绿色建筑评定等，“往往意味着更优越的市场竞争地位”。[⑥]这实际上是用公权力为个别企业不当划定市场范围、巩固市场优势地位、增加市场竞争力。

---

① “在计划经济条件下，也存在着行政审批，但就其规模和程度来说，都是极其微弱的”，“很难说已经形成了一个行政审批制度”。“改革开放之后，随着计划经济的解体，行政命令和行政指导的社会管制方式越来越不适应社会政治经济的发展需要，转而出现了行政审批制度。”张康之：《行政审批制度改革：政府从管制走向服务》，载《理论与改革》，2003(6)。

② 钟伟军：《从“一站式”服务到“最多跑一次”——改革开放以来的地方行政审批改革》，载《电子科技大学学报（社科版）》，2018(5)。

③ 朱旭峰、张友浪：《创新与扩散：新型行政审批制度在中国城市的兴起》，载《管理世界》，2015(10)。

④ 王克稳：《我国行政审批制度的改革及其法律规则》，载《法学研究》，2014(2)。

⑤ 余凌云：《船舶所有权登记的行政法分析》，载《中国海商法研究》，2021(2)。

⑥ 骆梅英：《非行政许可审批的生成与消弭——行政审批制度改革视角中的观察》，载《浙江学刊》，2013(5)。

迄今为止,为了不断适应市场经济发展需求,优化营商环境,行政审批改革过程大致可以分为两个步骤:一是减量改革,放松规制。二是优化服务品质。

首先,由计划经济转变为市场经济,随着政府、社会与市场的分离,政府"不该管"、"管不了"也"管不好"的事情,逐渐让位给市场、社会,行政许可大幅减少,也是理所当然,势在必然。《行政许可法》(2003 年)第 13 条规定尽量不设行政许可。每一轮清理工作都以减少审批项目为目标,采用数目字管理,不断消减不适应市场经济要求的行政许可项目。将审批权下放给地方政府、行业协会,引入告知承诺、先证后核、容缺后补等。

但是,行政许可也还会有,"仅作用于市场失灵的领域,适用于通过包括事后监管在内的其他监管手段不足以解决的事项,主要是稀缺自然资源的开发利用与有限公共资源的配置,自然垄断行业的市场准入。"①"那些被纳入到行政审批范围内的因素往往被看作为相对于市场制度和交易原则的外部性问题",②比如,因为信息不对称(asymmetric information),可能产生逆向选择(adverse selection)、道德风险,政府可以通过行政许可向社会公众提供具有公信力的信息或证明,减少市场交易成本。

"行政审批是解决外部性问题的必要手段",却也不是一成不变。"一旦找到外部性问题内部化的途径,就应当放弃行政审批。"③比如,政府可以放弃事先对产品生产的许可,代之以对产品的质量制订各种标准,包括国家标准、行业标准等,也能够实现与许可一样的功能。"产品存在统一标准时,消费者不必对市场上的产品平均质量的分布进行估测和计算,他可以根据产品标准的高低判断产品质量的高低,愿意支付的购买价格与卖主的保留价格最为接近,双方可以减少交易成本。"④

其次,即便是市场经济必不可少的行政许可,也要顺时而动,应势而为,优化审批服务品质,实现从"政府中心主义"的治理逻辑向"以民众为中心"的公共管理转变,"以民众需求作为设计、供给的核心标准,通过民众与公共

① 王克稳:《我国行政审批制度的改革及其法律规制》,载《法学研究》,2014(2)。

② 张康之:《行政审批制度改革:政府从管制走向服务》,载《理论与改革》,2003(6)。

③ 张康之:《行政审批制度改革:政府从管制走向服务》,载《理论与改革》,2003(6)。

④ 曹国利:《信息不对称:政府规制的经济理由》,载《财经研究》,1998(6)。

服务组织的共同生产，最大限度地实现公共服务供给与民众真实需求相匹配。”①

行政许可虽说有种种好处，比如，抑制企业行为负向外部性，配置公共资源，提供信誉保障，消除信息不对称，降低交易成本等。但正如很多学者批评的，“企业提交的行政许可申请越多，其腐败行为就越严重。”“多头审批”，“政出多门”，流程复杂冗长，且互不衔接、互为前置；规范依据、审批标准、裁量基准各异，甚至在同一事项上函矢相攻。结果是“更多干预经济”，“导致大量的额外成本和权力的滥用”，抑制企业活力。而健全的法制，“将提升企业对公权力的信任，约束自己的经营活动，抑制其寻租腐败动机，强化其通过创新赢得市场的动力”。②

由无纸化办公、电子政务发展而来的数字政府建设，与以往实践的根本不同，就是建立了以客户为导向，重塑流程、讲求效率、优化服务，都是为了提升客户的体验感，充分体现服务型政府的基本要求。行政审批改革也引入了数字化技术，在“放管服”改革、“互联网＋公共服务”加持下，从线下到线上，从减量改革到优化服务，迈向了一体化、集约化、便捷化、高效化、智能化的现代行政审批模式。一方面，提高审批效率，与企业追求效率的导向相契合。另一方面，统一行业性、跨部门的裁量标准，对申报与许可进行线性化建构，通过人机对话，以及审批平台上的流程作业，提高了申请人的稳定预期，最大限度降低制度性交易成本，有效抑制了行政许可可能引发的企业腐败。

第三节　数字化引发的网上审批变革

一、对改革实践的叙述

有关网上审批研究文献汗牛充栋，多是不厌其烦地具体胪列数字化技

① 郁建兴、黄飚：《超越政府中心主义治理逻辑如何可能——基于“最多跑一次”改革的经验》，载《政治学研究》，2019(2)。

② 刘锦、张三保：《行政许可与企业腐败——来自世界银行中国企业调查的经验证据》，载《经济社会体制比较》，2019(2)。

术应用与实际成效,却极少从深层次揭示数字化应用与行政体制改革、执法规范化建设之间的密切关系。实际上,两者必须共同推进,同时发力。从组织法上实现组织结构扁平化,从程序法上再造优化流程,从行为法上实现业务协同,再以数字化技术加持倒逼,这几个环节环环紧扣,层层递进,行政审批改革方能倍道而进。

不明白这层关隘,单靠数字化,无异于缘木求鱼。很难想象,组织法、程序法、行为法上的症结,可以直接在数字化情境中全部破解。"简单地运行先进的技术和网络",也许能满足部分工作需求,"造就一部分电子行政审批的高效率",并不能必然地达成"组织结构趋于扁平""业务流程整体的优化再造"等目标。[①]"不对具体业务内容、办理事项进行精细化梳理",很难真正提升政府回应性,反而会因"不精确的'智能'导航信息",让群众"多跑路"。[②]因此,本文有意从两者相互关系出发,对有关审批改革实践重新进行汇总和盘点。

1. 数字化建设必须建立在行政体制改革、执法规范化之上

为了实现数字化作业,首先,组织结构必须同步进行扁平化调整。其次,业务流程必须优化再造,实现业务协同。相关行政机关之间的管制目标、政策裁量、程序衔接,必须遐迩一体,井然有序。实现行政机关业务的规范化、审批的流程化,以及裁量的标准化。可以说,长期以来,我们致力于法治政府建设,持续推进行政体制改革,大力清理权力清单、责任清单、负面清单,加强行政执法规范化建设。政府之间、各职能部门之间职责权限已经更加明确化、清晰化,基本上实行了执法规范化、文书格式化、裁量标准化。所有这些都为行政审批智能化提供了重要基础。

第一,组织结构的扁平化调整。行政审批改革已经从组织法入手,对碎片化的审批组织职权进行整合,组建行政审批局、政务中心,"成为一个独立运作的行政主体",[③]有权对不同部门进行横向组织协调,进行集约型一体化

① 张锐昕、伏强:《电子行政审批运行保障体系:基本涵义和构成要件》,载《电子政务》,2017(10)。

② 李晓方、王友奎、孟庆国:《政务服务智能化:典型场景、价值质询和治理回应》,载《电子政务》,2020(2)。

③ 郑石明、郑琛、刘哲明:《我国行政服务中心网上联合审批研究——基于整体政府理论的研究》,载《中国行政管理》,2012(9)。

管理,“形成职责分工合理、事权相对独立、相互协调的新型行政审批体制”。[①]这避免了传统上强调职权法定、各司其职而带来的碎片化审批、审核疏漏、扯皮推诿。

因此,在数字技术环境下,就有可能对审批组织进行扁平化重组的编程设计。在网上审批系统平台上,“一个窗口对外”“一业一证”涉及的所有行政部门审核,以流程化的作业方式联系在一起,以网络为媒介,通衢广陌,声气相通,可以做到纵向、横向许可集中乃至集成。线下许可的“网状行政许可体制”转化为线上许可的“模块化许可体制”,异地许可、一级审批成为可能。[②]一以贯之的是整体政府思想,相辅而行的是整体性治理。

第二,实现了标准统一、流程优化、业务协同。由行政审批局、政务中心牵头,清理、整理和汇编有关许可规定,通过各部门协商,厘清许可条件,消除政策分歧,编制行业性、跨部门的“多许可之上的综合性裁量基准”,“公布大量行业联合审批指南和程序性规则”,进一步细化、量化有关许可条件,统一审批政策、标准和口径,明确申报材料种类、格式,并提供范式样本,力求许可要件、流程要素的标准化,从而实现行政机关审查的规范化。这从根本上解决了行政审批长期存在的顽疾,就是涉及多个许可、多个业务审核的行业准入,由于审批职能分散在不同职能部门,有关规范散见于不同职能部门的法律体系内,杂糅在不同职能部门的审批文件和行政惯例中,而不免在审批审核上各自为战,在规范、政策、标准上各行其是,龃龉不合。

与此同时,引入数字化技术,才有可能“将跨部门、跨机构的后台办公作业无缝集成到一个系统”,“‘一站式’电子审批服务平台、行政审批电子监察系统和电子绩效考核系统的开发和引进为并联审批、数据共享以及业务协同提供强劲技术手段”。[③]首先,能够做到减少接触点、精简材料、压缩时限。[④]一是实现“一个窗口受理”。“一项申请材料一旦录入统一的网上审批平台,即生成唯一识别编号,各个审批机关可以在同一份材料上直接生成审查意

① 钟伟军:《从“一站式”服务到“最多跑一次”——改革开放以来的地方行政审批改革》,载《电子科技大学学报(社科版)》,2018(5)。

② 徐继敏:《数字法治政府建设背景下〈行政许可法〉的修改》,载《河南社会科学》,2022(11)。

③ 包国宪、张蕊:《基于整体政府的中国行政审批制度改革研究》,载《中国行政管理》,2018(5)。

④ 顾平安:《“互联网+政务服务”流程再造的路径》,载《中国行政管理》,2017(9)。

见,并通过实时办公系统实现在部门间的转呈流转。"[①]二是无需申请人反复填报同一信息,向不同部门提交内容交叉重合的多个申报材料;不同部门工作人员也无需重复填写一样信息。三是单一业务流程时限最短化,进而整体缩短跨部门业务流程时限。其次,实现跨部门流程再造。一是可以合并相同工作环节。"由行业主管部门牵头进行联合踏勘,将多阶段部门程序转变为一体化政府流程"。[②] 二是解决了以往的审批碎片化。有条件将原本相对独立的多个许可聚合成复合型的单一许可,采用并联审批、联审联办等方式,解决"先证后照"、"先照后证"互为前置关系。将相对人申请不同部门的审批成本,转化成为行政机关之间的内部程序。最后,推行"互联网+监管",通过监管数据共享,运用大数据、物联网、人工智能、射频识别等手段精准预警风险隐患。

2. 数字化技术能够促进行政审批制度改革

第一,可以倒逼并进一步深化行政审批改革。首先,从技术层面促进行政机关之间合作扁平化、协同作业,"实现从物理空间意义上的集合到功能意义上的整合",[③]必然要同步推进行政体制改革、执法规范化建设以及优化审批程序。其次,对海量的关于执法和审批的情境性信息进行智能分析,"可以为'裁量行政'的'羁束化'提供依据",[④]有助于进一步实现裁量的标准化。

第二,充分发挥数字化技术优势,依据数据而非个人判断,许可决定会更准确、更客观,自动化处理过程也能使产出更一致、更可预测、更高效。[⑤]网上行政审批可以具有像私人领域服务一样的回应性(responsiveness)、个性

---

① 骆梅英:《行政审批制度改革:从碎片政府到整体政府》,载《中国行政管理》,2013(5)。

② 同上注。

③ 郁建兴、黄飚:《超越政府中心主义治理逻辑如何可能——基于"最多跑一次"改革的经验》,载《政治学研究》,2019(2)。

④ 李晓方、王友奎、孟庆国:《政务服务智能化:典型场景、价值质询和治理回应》,载《电子政务》,2020(2)。

⑤ Cf. Rebecca Williams,"*Rethinking Administrative Law for Algorithmic Decision Making*" (2022) 2 *Oxford Journal of Legal Studies* 493 - 494.

化(personalization),以及提供不打烊服务(offer round-the-clock service)。[①]具体技术应用包括但不限于:(1)自动填单;(2)智能在线咨询、引导业务办理;(3)自动完成身份认证,“省去了到线下政务服务大厅提交材料证明‘我是我’的不必要操作”;(4)“有效识别出行政审批全流程中的冗余环节和存在的重点难点问题”,提出优化方案;(5)识别重点监管对象,实时追踪与预测。[②]

第三,还可能改变传统的政务服务采用“公众请求一政府响应”的被动式服务模式,“由被动服务转变为智能营销”。[③]从企业、行业、金融机构以及行政机关自动导入的大量数据中,精准预判、及时感知、定向推送和智能处置。比如,有关政府补贴、财政资助的审批,无需企业申请,实现“无感审批”。[④]行政许可理论构造也可能随之发生彻底改造,不再仅定位为依申请行政行为,也可以是依职权行政行为。

二、形成了两类自动化行政审批

审批事项依据内容与结构的复杂性,可分为两类:一是具有相同结构重复性、遵循简单规则、有限可能结果等特征,二是具有不确定性、复杂性的非结构化特征。[⑤]与之对应,实践上分别实现了全自动化行政审批和半自动化行政审批。

(1)全自动化行政审批。亦即“秒批”、智能审批、无人审批。对于结构化审批事项,由于许可条件简明、程序简单,无裁量,具体业务事项与处理结果之间一一对应,形成线性结构,审批流程由系统按照标准化规则自动校验、审核,就可以实现全程无人干预的全自动化审批。比如,深圳已在人才

---

① Cf. Teresa Scassa, “*Administrative Law and the Governance of Automated Decision Making: A Critical Look at Canada's Directive on Automated Decision Making*” (2021) 54 *U. B. C. Law Review* 252 - 253.

② 陈涛、冉龙亚、明承瀚:《政务服务的人工智能运用研究》,载《电子政务》,2018(3)。

③ 刘晓洋:《人工智能重塑政务服务流程的认知逻辑与技术路径》,载《电子政务》,2019(11)。

④ “上线!‘无感审批’来了!”,https://mp.weixin.qq.com/s?__biz=MzAwOTA3NDY3MA==&mid=2651987215&idx=1&sn=519eb7036b13756bfea3c5557215d54e&chksm=80839f8eb7f416986a36c0c340a0c71a97642eb3cc0642fa9ce307891d51b8ff0da8206d4986&scene=27,2023年1月14日最后访问。

⑤ 刘晓洋:《人工智能重塑政务服务流程的认知逻辑与技术路径》,载《电子政务》,2019(11)。

引进、高龄津贴申请、商事登记、网约车/出租车驾驶员证申办、民政、残联等158项高频的堵点痛点领域实现了“秒批”,“即报即批、即批即得”。[①]其中的算法是“人工智能‘专家系统’”(artificial intelligence ‘expert systems’),是“基于规则的系统”(rules-based systems),这些系统复杂但透明,编程员可以完全精确控制其所遵循的“如果—那么”规则(These systems are complex but transparent,and those programming them have complete control over the precise set of ‘if-then’ rules they follow.)。[②]

(2)半自动化行政审批。在数字技术的辅助下,只能实现线上线下高度融合、人工介入和数字化技术处理相结合的半自动化行政审批。比如,系统自动完成受理,形成业务编号,提供智能比对,出具审批报告,还需要经过人工现场检查、核验、发证。线上线下高度融合与转换过程中,在申请、受理、审查、决定、证照制作、公开送达等流程、阶段与环节上可能有人工介入作出的决定,也可能是自动生成的决定。比如,经过数据核对,对欠缺材料或者不符合条件的,自动生成不予受理决定、审核不通过决定等。

之所以线上线下、人工介入与数字化技术处理相衔接的半自动行政审批居多,究其原因,就大多数行政许可而言,都具有非结构化特征。第一,非结构化意味着需要大量裁量。自动化的高级阶段就是基于机器学习的算法系统(machine learning algorithm),似乎可以处理裁量问题。但是,首先,机器学习系统通常是将一个单一的统计模型统一应用于所有决策,产生一致的输出,却不考虑个案差异,可能会构成对裁量的不适当拘束。[③]其次,行政决定完全建立在机器自我学习的算法系统上,行政机关将无法解释算法如何工作。决定也很难获得法官支持。[④]第二,即便通过裁量基准技术,尽可能压缩裁量,实现平等对待,但是,对于微观的基准构建,多数时候很难给出一

---

① 《推动无人干预自动审批(秒批)改革(深圳做法)》,http://www.gd.gov.cn/gdywdt/zwzt/szhzy/jytg/content/post_2906394.html,2023年2月10日最后访问。

② Cf. Rebecca Williams,“*Rethinking Administrative Law for Algorithmic Decision Making*”(2022) 2 *Oxford Journal of Legal Studies* 470.

③ Cf. Jennifer Cobbe,“*Administrative Law and the Machines of Government: Judicial Review of Automated Public-Sector Decision-Making*”(2019) 39 *Legal Studies. The Journal of the Society of Legal Scholars* 647.

④ Cf. Lucie Cluzel-Metayer,“*The Judicial Review of the Automated Administrative Act*”(2020)1 *European Review of Digital Administration & Law* 102.

个具体的“数目字”建议,[①]难以实现业务的标准化、数字化。比如,无法通过技术手段准确识别、量化和评估的公共服务需求,还必须采用专题协调会,由政府运用法理权威召集涉及特定公共服务的部门进行专门协调。[②]又比如,对于非标准化业务事项,系统只能推送至人工审核环节。[③]因此,对于非结构化的行政审批,需要结合人工智能与人类经验的相互优势进行审批决策。[④]

第四节　网上审批的法律规范调适

诚如法院裁判以及很多理论研究所揭示,数字化技术运用产生的问题,在很多情形下,与已有法律规则的适用之间并不违和,可以采用与线下审批一样的合法性审查技术进行审查。“现有的行政法原则大多数已经可以适应整个行政国家广泛采用自动化的情况。”[⑤]只是在一些情形下出现了裂隙,我们可以大致分为三类:一是与线上线下相结合有关;二是涉及系统设计运行;三是与系统自动生成决定有关,它们可能引发有关公正、透明、正当程序、问责等问题,需要予以特别关注。

在解决问题的基本思路上,涉及法律规则,不能通过法解释解决的,就应当考虑重构法律规则,调整审查技术,以便有效控制数字化技术的运用。在价值层面上,数字化技术应用于行政许可,不仅同样要遵守行政许可法规定的公开、公平、公正、非歧视、便民、程序正当、合法预期保护原则,还应实现系统的可控性、可解释性,有助于相对人权利自由充分实现,优化营商环境,激发市场主体发展活力和社会创造力,而不是相反。

---

① 骆梅英:《行政许可标准的冲突及解决》,载《法学研究》,2014(2)。

② 郁建兴、黄飚:《超越政府中心主义治理逻辑如何可能——基于“最多跑一次”改革的经验》,载《政治学研究》,2019(2)。

③ 陈军梅、童健华:《从“网上登记”到“人工智能+机器人”——广州市全程电子化商事登记的探索与实践》,载《中国市场监管研究》,2018(5)。

④ 刘晓洋:《人工智能重塑政务服务流程的认知逻辑与技术路径》,载《电子政务》,2019(11)。

⑤ [美]卡里·科利亚尼斯:《自动化国家的行政法》,苏苗罕、王梦菲译,载《法治社会》,2022(11)。

一、进一步实现线上线下的规范与便利

绝大多数行政审批只能实现半自动行政,采取线上线下相结合。从实践看,有几种类型:一是线上线下并行,可由申请人选择是采用线上审批还是线下审批。二是在行政许可流程上,时而线上,时而线下,功能互补,高度融合。数字化技术处理力所不逮,或者申请人不同意继续线上方式的,应当转由人工审核处理。三是实际上是线下审批,在网上仅是补录有关数据,以便统计和管理。网上补录属于内部行政,无需当事人同意。

有关审批改革文件已经提出了诸多相应要求,①主要是强化线上线下审批协同,实行"一套材料、一次提交""一套服务标准""更加好办易办",不断提高政务服务标准化、规范化、便利化水平。以下两点对于进一步提高规范与便利极具意义。

1. 尊重当事人对线上线下的选择权并提供必要协助

在线上线下相结合之中,应当尊重当事人的选择权,并提供必要协助。首先,选择线上抑或线下,且于何时何处转换,原则上应当尊重申请人意愿,保障其知情权、选择权和拒绝权。"相对人同意"是引入自动化方式的前提性约束。②行政机关应当坚持"传统服务与智能创新相结合""线上服务与线下渠道相结合"。一体化政务服务平台应当建立择入、择出机制,为申请人提供线上线下转换的选择项。申请人已选择线上,后又择出转为线下,此前基于同意作出的数据处理依然合法有效,无需从头来过。已在线收取申请材料,或者通过部门间共享能获取规范化电子材料的,不得要求申请人重复提交。其次,除非法律、法规规定,行政机关不得强制申请人必须在线上办理,以及在线下办理之前先到线上预约,或者在线提交申请材料,强制申请人下载、使用有关软件程序。最后,即便是要求从"线下跑"向"网上办"、"应

① 《国务院办公厅关于加快推进"一件事一次办"打造政务服务升级版的指导意见》(国办发〔2022〕32号)。《国务院办公厅印发关于切实解决老年人运用智能技术困难实施方案的通知》(国办发〔2020〕45号)。《国务院关于加快推进政务服务标准化规范化便利化的指导意见》(国发〔2022〕5号)。《国务院办公厅关于扩大政务服务"跨省通办"范围进一步提升服务效能的意见》(国办发〔2022〕34号)。《国务院关于加快推进全国一体化在线政务服务平台建设的指导意见》(国发〔2018〕27号)。

② 唐曼:《自动化行政许可审查的法律控制》,载《现代法学》,2022(6)。

上尽上”“一网通办”，也必须为申请人提供周全的免费咨询、指导和辅助，尤其是必要的人工协助，推行帮办代办、引导教办等线下服务。

究其原因，第一，这是为了拉近自动化、智能化对人的亲和性。很多人不擅长网上操作，对线上审批可靠性、安全性将信将疑，又不放心使用平台提供的“授权代理”“亲友代办”功能。第二，线上审批需要申请人在网上提供人面识别信息、公司经营信息等大量较为敏感的信息。“作为个人信息保护的核心规范之一，知情同意被誉为黄金法则。”[①]况且公众、学者始终对数据隐私与安全不无担忧。第三，如果没有法律依据，强制当事人线上办理，实际上是变更了许可程序，改变了业务办理要求。“这意味着相对人所参与的许可程序类型发生了变化，其程序权利义务、程序参与深度、协助与配合行政的复杂程度、交互方式、所须遵守的技术性规则、获取许可的时限与流程等也随之改变。”[②]第四，线上审批可能会增加申请人额外负担。行政机关和相对人“都必须拥有（而且必须不断淘汰更新）相应的电子设备（软件与硬件）”，[③]必须将纸质材料或者不符合格式要求的电子文档，扫描、转换为规定格式的电子文件，才能上传到系统平台。

2. 引入消极许可重塑告知承诺、先证后核与容缺后补

无论是告知承诺、先证后核还是容缺后补，与一体化在线政务服务平台建设、推行“互联网＋政务服务”、实现线上线下融合等不无关系，是为了简化便民。这些改革措施不会改变行政许可的性质，以及行政机关具有对许可条件的事前审查义务，却颠倒了许可构造，将行政机关事前审查义务放到事中事后，允许申请人先行从事许可事项，通过事后核查，发现不符合许可的，“将失信违法行为记入企业信用记录”，“责令限期整改”，“依法撤销相关许可”。[④]因此，它们推翻了行政许可法规定的审查程序次序，“直接影响到与之相关联的行政许可事项的办理，导致收取材料的要求、程序等行政许可环节

① 姜野：《由静态到动态：人面识别信息保护中的“同意”重构》，载《河北法学》，2022(8)。

② 唐曼：《自动化行政许可审查的法律控制》，载《现代法学》，2022(6)。

③ 谢硕骏：《论行政机关以电子方式作成行政处分：以作成程序之法律问题为中心》，载《台大法学论丛》，2016(4)。

④ 《国务院关于深化“证照分离”改革进一步激发市场主体发展活力的通知》（国发〔2021〕7号）。《国务院关于加快推进全国一体化在线政务服务平台建设的指导意见》（国发〔2018〕27号）。

发生相应变化”。[①]

从行政审判上,最高人民法院发文要求“依法妥善审理告知承诺制审批、‘秒批’改革等所涉行政许可纠纷”,[②]行政法官在具体裁判上也认可上述改革。[③]但是,首先,就法院而言,这些措施一般是作为改革举措,由规范性文件推广。有关许可的单行法规定却尚未修改,行政许可法的基本要求也不曾改动,行政机关事前审核的法律责任始终还在。无论是告知承诺、先证后核还是容缺后补,行政机关都没有及时履行审查义务。法官要是以单行法、行政许可法为依据,坚持规范性文件不得与之抵触,要求行政机关应当依法事前逐项审核许可条件,司法裁判便很可能会掣肘审批改革,使其寸步难行。如若放任行政机关事先不加审核,达不到法律规定的许可条件,就允许申请人从事特定市场活动,许可对第三方的公信力必将极大减弱,相对人从事市场活动的法律风险也会相应上升。[④]也就是说,这些改革改变了“许可机关、许可申请人以及利害关系人等各类主体的法律责任分配机制,对行政许可第三人的潜在利益带来了消极影响,也造成了许可机关审查义务与行政赔偿责任的模糊性。”[⑤]在实践上,政府虽然也采取了补救措施,“将失信违法行为记入企业信用记录,依法依规实施失信惩戒”,但是,这对于解

① “北京济世康泰大药房有限公司与北京市朝阳区食品药品监督管理局不予行政许可决定行政二审行政判决书”,参见北京市第三中级人民法院(2017)京03行终25号行政判决书。

② 《最高人民法院关于支持和保障深圳建设中国特色社会主义先行示范区的意见》(法发〔2020〕39号)。

③ 在“平潭综合实验区环境与国土资源局、平潭综合实验区尊捷机动车检测有限公司资源行政管理:土地行政管理(土地)二审行政判决书”中,二审法院认为,行政机关既然已经准许相关审批手续采取“容缺后补”的方式,要求被上诉人先行施工,就应当诚信,不得以被上诉人未办理施工许可证,不符合动工开发条件为由,认定被上诉人闲置土地继而作出被诉《征缴土地闲置费决定书》。参见福建省福州市中级人民法院(2018)闽01行终312号行政判决书。在“海门市悦顺机动车驾驶培训有限公司与海门市运输管理处行政许可二审行政判决书”中,法院也未对许可承诺提出异议。参见江苏省南通市中级人民法院(2017)苏06行终733号行政判决书。

④ 在“段鹏博、段其忠等股权转让纠纷一审民事判决书”中,2019年6月,利优公司按照先证后核的审批流程,取得全国工业产品生产许可证,在同年7月的专家组审核中,经审核为不合格。民事法官认为,“在双方签订的股权转让合同中,已明确载明生产许可证处于待审状态,故两被告至少知晓该许可证在当时系不确定的状态,其对于能否顺利获得生产许可证的风险应有明确认知。对两被告辩称两原告提供虚假的生产许可证,致使合同目的无法实现一节,本院不予采纳。”参见浙江省舟山市定海区人民法院(2022)浙0902民初1587号民事判决书。

⑤ 卢超:《行政许可承诺制:程序再造与规制创新》,载《中国法学》,2021(6)。

决许可期间业已产生的与第三人之间纠纷根本无济于事，而且，行政机关也很难以容缺办理而完全推却责任。其次，就相对人而言，告知承诺、先证后核和容缺后补都没有实质减少申请人的申请负担，材料迟早要交，审核早晚要做。

其实，适用告知承诺、先证后核、容缺后补的许可事项，本质上都无需许可，只是因为法律规定暂时无法消减，不得已而采取的权益措施。它们近似于在美国、英国、澳大利亚等国家的环境保护领域中已经得到广泛运用的消极许可。消极许可(Negative Licensing)，也称一般许可(general permits)，行政机关自行签发许可，界定允许相对人从事的广泛的活动类别，"无需特定申请人"，也不要费力申请，限制行政机关在任何特定情形下对特定事实进行审查，除非发现相对人"缺乏从事该项活动的能力或有不当行为"，行政机关方能限制或者撤销一般许可(general permits)，将其排除出该领域，禁止其从事该项活动。[①]相应的许可理论与我们的认识不完全一致。其理论建构模型是，以危害(harm)大小为标准，选择不同规制工具，一端是免除(exemptions)，也就是不规制，适用危害极低的情形；另一端是禁止(prohibitions)，亦即全面规制，完全不允许从事特定活动，适用危害极高的情形。许可游走在两端之间，是灵活的管制工具。在接近免除(exemptions)一端，假如危害不是微不足道、可以忽略不计的，行政机关就采用消极许可。免除(exemptions)与消极许可不同，后者是规制性的(regulatory)，前者不是；后者要签发许可，前者不用。在接近禁止(prohibitions)一端，假如并非绝对不允许从事特定活动，但不加以适度规制，可能引发较大危害，行政机关可以采用特定许可(specific permits)。[②]特定许可(specific permits)近似于我们的普通许可。

从理论上看，第一，消极许可(Negative Licensing)、一般许可(general permits)实际上已不是行政许可，不具有普遍禁止的本质特性，趋向于事中事后监督。行政机关自行签发许可证，也流于形式，多此一举。第二，在特定情况下撤销一般许可(general permits)，更近似于限制从业、限制开展生

---

① 张力：《先证后核、消极许可与规制工具试验》，载《中国行政管理》，2019(5)。

② Cf. Eric Biber and J. B. Ruhl, "*The Permit Power Revisited: The Theory and Practice of Regulatory Permits in the Administrative State*" (2014) 64 *Duke Law Journal* 140, 156.

产经营活动等行政处罚。但是,要有明确的法律依据,并严格遵守法定程序,否则,行政机关不能轻易将企业排除出特定市场领域。因为企业进入市场,已有投资与生产经营,基于合法预期,行政机关不能随意禁止其继续从事特定市场活动。第三,可以直接消减适用告知承诺、先证后核、容缺后补的许可项目,允许相对人从事这些特定市场活动。行政机关在事后监督检查中,发现相对人缺少能力资格或者有不当违法行为,如果无法责令整改,或者情节严重的,可以限制从业、限制开展生产经营活动。这种重塑更加符合行政许可法倡导的放松规制理念,"行政机关采用事后监督等其他行政管理方式能够解决的",可以不设行政许可。这将进一步消减许可数量,放低市场准入门槛,明确行政机关职责,保护第三人交易安全。

二、明确与系统设计运行有关的法规范

为了优化整合各类数据,打破数据孤岛、系统壁垒,系统平台均由顶层设计,由上级负责开发、管理和维护,要求下级行政机关在一体化政务服务平台上办理审批业务。在上下各级行政机关之间分配系统操作权限。系统操作权限配置,不是技术分权或者分工,而应契合职权法定、权责一致。网上审批的系统操作过程,践行着行政许可法要求的各个程序环节,全过程留痕记录,可回溯性查验。系统操作权限、操作过程,以及作为基础的系统设计运行,都与行政权及其行使彼此呼应,息息相关。这是我们解决涉及系统法律问题的出发点。

1. 系统操作记录原则上具有证明效力

以服务客户为导向的数字化技术应用,线上行政许可流程环环相扣,处处留痕,申请人可以随时查询行政许可进展,行政许可过程愈加透明化。"区块链技术的推广运用和数字审计系统的建设保证了在线政务过程信息的全面留存。"[①]系统操作记录因此具有相对可靠性。

第一,应当认可人面识别认证。申请人启动在线申请行政许可,一般要提供姓名、身份证号码、手机号码、身份证(或同类证件)正反面扫描件、人脸

---

① 严若冰、白利寅:《数字政府背景下的行政许可证据规则研究》,载《河南社会科学》,2022(11)。

识别信息。这就已经完成了对自己身份的初步证明。[①]不宜求全责备、层层加码。即便像国家税务总局规定那样谨小慎微，在登录系统时要提示签署《告知书》、《服务协议》，方能进行人面识别认证，也不见得可以确保万无一失，且成本极高，"可能会导致人脸识别技术应用对效率的追求异化。"[②]况且人面识别身份认证已广泛运用于金融、电信等领域，无论从有效性、可接受性还是适宜性看，[③]该技术没有明显瑕疵。若不认可认证结果，查证难度极大。在"龚星宇、龚文禹等与毕节市工商行政管理局金海湖新区分局工商行政管理(工商)一审行政判决书"中，[④]法院也不轻易否定人面识别验证身份的有效性。

第二，假如网上审批严格依照流程次序步骤操作，循序渐进，无法跳跃，也不能人为修改，系统记录就可以证明程序合法。在"关则畅、罗明放等与阳江市住房和城乡规划建设局城乡建设行政管理：城市规划管理(规划)一审行政裁定书"中，[⑤]行政机关就以规划许可从申请至办结全过程均有系统记录，证明不存在时间倒签。

第三，通过在线网站发起电子申请业务，同时报送纸质材料。纸质材料流程必须结合电子流程同时处理。如果网上审批记录与纸版材料不一致，应当进一步查清事实。但是，在"周健等与南通市城乡建设局等城建行政其他上诉案"中，[⑥]行政法官却以纸版为准。这显然过于武断，与"线上线下一套材料"不相吻合。

2. 系统设计瑕疵责任应当归属行政机关

电子行政审批系统由行政机关主动选择作为行政审批的产出方式或者辅助手段，也由行政机关负责维护、更新，行政机关就应当保证系统的可靠

---

① 严若冰、白利寅：《数字政府背景下的行政许可证据规则研究》，载《河南社会科学》，2022(11)。

② 姜野：《由静态到动态：人面识别信息保护中的"同意"重构》，载《河北法学》，2022(8)。

③ 余凌云：《数字政府的法治建构》，载《中国社会科学院大学学报》，2022(1)。

④ 参见贵州省大方县人民法院(2020)黔0521行初240号行政判决书。

⑤ 参见广东省阳江市阳东区人民法院(2017)粤1704行初44号行政裁定书。

⑥ 上诉人认为，根据网上审批流程显示，被上诉人出具备案证明书的时间早于领导审批时间，被诉行为程序不合法。二审法院认为，"从被上诉人提供的纸质材料看，其审批流程中并未出现时间倒签的问题。"参见江苏省南通市中级人民法院(2015)通中行终字第00256号行政判决书。

性、可控性以及可解释性。但因受数字化技术发展水平、行政机关与技术企业合作深度限制,系统不免存在设计瑕疵或者运行失常,比如,运行不稳定、不可靠,设计不周延、与法律规定不一致,进而产生的有关责任应当都归属行政机关,不能将技术系统带来的法律风险转移给相对人。

(1)网上审批平台系统的稳定性、可靠性。申请人按照要求的格式上传电子资料,系统却未收到、数据部分丢失或者无法正常读取,系统在升级过程中自动丢失数据或者变更信息,以及自动生成的决定文书中案件编号发生重号、落款单位与实际情况不符等,这些差错的责任均应归属行政机关。行政机关也会产生相应义务,包括但不限于:立即联系申请人,重传、补传有关数据材料;不得以材料不全、有误而不予受理或者审核不通过;应当及时查清技术故障原因,尽快修复漏洞,不断更新系统。

在"王波、宜宾市公安局交通警察支队其他二审行政判决书"中,[①]系统升级原因导致当事人驾驶证被误注销。法院认为,交警支队辩称"该注销行为不是由其作出的处罚决定所致","不应当被确认违法的理由不能成立",有关法律责任应当归于交警支队。在"成灿与恩平市公安局交通警察大队公安交通行政管理及行政赔偿二审行政判决书"中,[②]原来行政处罚决定中,因系统录入权限制约,错误认定了违法行为发生时间。经过行政复议,交警大队作出新的处罚决定,但是,电脑办案系统自动生成了与前面处罚决定相同的文书编号。法院认为,这"属于恩平交警大队工作中的失误,但这不影响恩平交警大队是根据行政复议决定重新作出行政行为的效力"。

(2)由于自动化决定过程的不透明,案涉争议的发生,是否确系存在系统障碍、数据错误所致,似乎是一个证明难题。比如,"陈明春、方育鸿诉萧山区住建局案"[③]受到的批判就是,"在算法'黑箱'掩盖之下,原告、被告、法院任一方都无法查明和证明究竟是何原因导致了数据错误,因此,无法及时稽核追踪系统的错误发生在哪个环节,这直接导致责任认定成为救济环节中的疑难症结。"[④]

① 参见四川省宜宾市中级人民法院(2018)川15行终165号行政判决书。

② 参见广东省江门市中级人民法院(2015)江中法行终字第155号行政判决书。

③ 参见杭州市萧山区人民法院(2018)浙0109行初228号行政判决书。

④ 唐曼:《自动化行政许可审查的法律控制》,载《现代法学》,2022(6)。

理论与实践对此问题的解决思路不尽相同。首先，从许可案件裁判看，未见就行政机关使用的算法(algorithms)、代码(code)展开法庭辩论，法官也不要求行政机关就此作出解释和说明。在行政法官看来，行政机关应当负有举证责任，可以通过查明案涉争议发生前后系统是否正常运行，提供定期检测、维修、保养记录，以及系统是否已被行政机关广泛运用、系统可靠性已被广泛认可，以此证明不是系统本身原因。其次，从理论上看，学者多主张破解算法"黑箱"的方法，就是要求行政机关公开和说明算法原理。"行政法有关透明化和说明理由的方式，更为关注新的算法治理，可以多方面、量体裁衣地解决特定治理任务，对于日益发展的数字化政府所面临的问责困境，提供一套更丰富且尚未探索的评估和解决框架"(Administrative law's approach to the issues of transparency and reason giving that are fueling concerns about the new algorithmic governance is multi-faceted and tailored to particular governance tasks, providing a richer and as yet unexplored set of frames for assessing and resolving the accountability dilemmas in an increasingly digitized government.)。[①]这对于公众认可和接受自动化决定不无好处，但是，对于缺少专业知识的相对人，这究竟能有多大助益，能否实质化解纠纷，依然存疑。相较而言，法院的论证方式似乎更加务实，更容易为相对人接受。

(3)系统设计的周延性、合法性。自动化系统中使用的计算机代码和算法，一般是与授权法的语言和逻辑保持一致。这远不能满足实践操作需要。因为当法定解释规则与行政决定中的理性预期相结合时，行政决策者根据法律逻辑行使法定权力，就需要遵循一套复杂的要求(When the rules of statutory interpretation are combined with expectations of rationality in administrative decision-making, there is a complex set of requirements that administrative decision-makers are expected to follow to exercise statutory power in accordance with the logic of a statute.)。[②]"当软件或算法设置存

---

① Cf. David Freeman Engstrom and Daniel E. Ho, "*Algorithmic Accountability in the Administrative State*" (2020) 37 *Yale Journal on Regulation* 827.

② Cf. Anna Huggins, "*Addressing Disconnection: Automated Decision-Making, Administrative Law and Regulatory Reform*" (2021) 44 *University of New South Wales Law Journal* 1052.

在问题时,基层一线操作人员可能因缺乏修改具体算法的能力和权限导致服务的延迟和拒绝。"[①]在"马超与四平市公安局交通管理支队履行法定职责一案一审行政判决书"中,[②]机动车检验合格标志统一由公安交通管理综合应用平台打印。行政机关便左右为难,既不能拒绝执行法院判决,又因系统设计不周延而无法执行。在"刘风民、济南市公安局交通警察支队其他案由首次执行执行裁定书"中,[③]法院只好认定"暂时不具备执行条件",终结执行。在"祝聪等诉广州市司法局等登记案"中,[④]在线平台程序设置上,每个办事项目流程都仅设置了一名处理人员,这不符合法定人数要求。行政机关又无法掌控平台程序设计。

究其原因,主要是行政机关"普遍被要求在自动化设备上操作",系统一般由上级部门负责开发、管理和维护,基层行政机关的操作权限仅为录入信息和终端应用。[⑤]这实际上是将行政机关的决定权与裁量权上收到上级部门,破坏了权责法定原则、裁量权不受不适当拘束原则。实践不应迁就系统,系统要为实践服务。发现系统设计瑕疵,首先,行政机关应当主动与系统设计管理部门联系,及时修改系统。其次,系统软件应当有灵活性和伸展性,要为行政机关留有补充、完善、校正的端口,[⑥]从技术上允许行政机关独立行使裁量权。系统开发、管理和维护机关也能够通过系统提示同步感知,尽快研究和修正软件。

3. 消除系统性偏见

算法编程是为了更加优化行政机关所明确的审批目标,且采取非自利定义。数字化技术协助行政审批,可以更加客观评估,一视同仁。但是,"技术不是'中性'的,而是一开始就是人们的'建构'",[⑦]"以计算机代码表达的

① 李晓方、王友奎、孟庆国:《政务服务智能化:典型场景、价值质询和治理回应》,载《电子政务》,2020(2)。

② 参见四平市铁东区人民法院(2019)吉0303行初69号行政判决书。

③ 参见济南市历下区人民法院(2021)鲁0102执1910号执行裁定书。

④ 参见广州铁路运输中级法院(2017)粤71行终1001号行政裁定书。

⑤ 施立栋:《自动化行政中的人工干预机制:以公安领域为例》,载《中国社会科学院大学学报》,2022(6)。

⑥ 余凌云:《数字政府的法治建构》,载《中国社会科学院大学学报》,2022(1)。

⑦ 陆俊:《智能官僚主义的技术规制和动因分析》,载《国家治理》,2020(1)。

意见本质上还是由人来设计确定的。"[①]这种复杂的规则协同转译过程，增加了执行过程中的不稳定性以及偏离法治的可能性。[②]一方面，程序员可能因为出错或疏忽，将错误的规则嵌入系统。[③]另一方面，在人工审批上原本就可能存在隐性的偏见歧视，反映在训练数据中，就能产生一个模型，在处理中再三重复这种差异(this is reflected in the training data, this can produce a model which repeats this difference in treatment.)。[④]自动化决定也就对同一情境对象产生相同结果偏好，出现系统性偏见(systemic bias)。人们又信任机器做出的决定远胜于由他人作出的决定，这种对机器输出的科学中立性和客观性的依赖偏好，又会放任上述系统性偏见，不去及时纠正，也不太可能对自动化决定进行有意义的审查。这可能会损害行政机关作为决定者的公正性。[⑤]

比如，在"陆雅芳与上海市公安局交通警察总队行政公安其他一审行政判决书"中，[⑥]车管所办理机动车登记使用的是全国统一的"公安交通管理综合应用平台"，对于3个机动车检验周期未取得机动车检验合格标志的，系统将自动标注机动车状态为"达到报废标准"。一律不考虑类似本案的合理因素，比如，因债权债务纠纷，机动车不在当事人控制之下。又比如，车辆出售之后，卖方不去清除违章信息，拖延办理过户手续。[⑦]究其原因，《机动车强制

---

① 贺晓丽:《行政审批智能化探究》,载《行政与法》,2021(10)。

② 李晓方、王友奎、孟庆国:《政务服务智能化:典型场景、价值质询和治理回应》,载《电子政务》,2020(2)。

③ Cf. Ryan Calo and Danielle Keats Citron, "*The Automated Administrative State: A Crisis of Legitimacy*" (2021) 70 *Emory Law Journal* 800.

④ Cf. Jennifer Cobbe, "*Administrative Law and the Machines of Government: Judicial Review of Automated Public-Sector Decision-Making*" (2019) 39 *Legal Studies* 653.

⑤ Cf. Jennifer Cobbe, "*Administrative Law and the Machines of Government: Judicial Review of Automated Public-Sector Decision-Making*" (2019) 39 *Legal Studies* 641. Cf. Teresa Scassa, "*Administrative Law and the Governance of Automated Decision Making: A Critical Look at Canada's Directive on Automated Decision Making*" (2021) 54 *U. B. C. Law Review* 281.

⑥ 参见上海铁路运输法院(2018)沪7101行初502号行政判决书。

⑦ 在"梁柱坚、李光彬买卖合同纠纷民事二审民事判决书"中，卖方在买方多次催促履行义务，甚至表示可以承担清除违章信息费用的情况下，直至2021年11月仍未主动联系买方进行清理违章信息及办理过户，导致车辆已经到达强制报废的标准。参见广东省云浮市中级人民法院(2022)粤53民终359号民事判决书。

报废标准规定》(2012年)第4条第(四)项规定过于机械,欠缺灵活性。[①]实践上又排除了可以考虑诸多合理因素。相应的算法编程也必定是,无论现在还是将来,也不管任何个案具有怎样的合理因素,系统都一律不加理会,系统生成的决定都将一成不变。

系统又是由技术专家和行政专家合作设计,经过了多轮技术业务评估、征求部门意见、集体讨论与决策。这意味着不仅难以通过传统问责机制解决,也弱化了对工作人员的权力和责任监督。而且,与自动化决定不透明相关的新类型偏见,不容易被已有的偏见规则或者其他相关的司法审查标准所兼容(the new types of bias associated with opaque automated decision-making are not easily accommodated by the bias rule, or other relevant grounds of judicial review.)。[②]

因此,应当注重对系统应用的事前事中规范:第一,行政许可在哪些环节上可以实行自动化,事先要做合法性、可靠性充分论证,法律与技术风险评估,集体讨论决策。第二,在决定采用算法决策之前,应当针对系统性偏见(systemic bias),对经过算法决定过程的结果进行更深入的评估。[③]如果不首先检查数据集中嵌入的假设和偏差,并删除数据集中可能带有算法偏差的数据,就不能简单地根据历史数据训练算法(algorithms cannot simply be trained on historical data without first examining the assumptions and biases embedded in a dataset, and removing data in the dataset that can carry algorithmic bias.)。而且,还要根据自动化决定可能会影响或者损害相对人权益的程度,制定不同保障措施,从人工干预和监测到明确作出决定时应当考虑的因素(Depending on the level of impact or harm, different levels of safeguards that range from human intervention and monitoring to specifying

---

① 《机动车强制报废标准规定》(2012年)第4条第(四)项规定,"在检验有效期届满后连续3个机动车检验周期内未取得机动车检验合格标志的",机动车应当强制报废,机动车登记证书、号牌、行驶证应当注销。

② Cf. Anna Huggins, "*Addressing Disconnection: Automated Decision-Making, Administrative Law and Regulatory Reform*" (2021) 44 *University of New South Wales Law Journal* 1048.

③ Cf. Teresa Scassa, "*Administrative Law and the Governance of Automated Decision Making: A Critical Look at Canada's Directive on Automated Decision Making*" (2021) 54 *U. B. C. Law Review* 283.

factors considered in making the decision may then be instituted.)。[①]第三，对于算法技术原理，应当尽量公开透明化，并给予必要的解释。要求行政机关披露在自动化决定过程中做出的推断和预测，可能是一种值得考虑的方法（Requiring public bodies to disclose inferences and predictions made in the process of ADM may be an approach worth considering. ）。[②]第四，定期审查自动化决定系统输出，及时发现偏见或其他不适当的结果（periodic reviews of system outputs to scan for bias or other inappropriate outcomes）。[③]第五，系统不仅要为申请人提供投诉、人工介入干预、结果及时反馈的窗口，行政机关也应当及时转为线下，审慎处理。

三、对系统生成决定的法规范调适

数字化技术的功用无非是产生决定或者增强作出决定的能力，或者说，替代人作出决定或者仅为协助。系统生成决定可以分为人工介入作出的决定（decision-made by artificial intervention）和自动化决定（automated decision-making）两类。首先，人工介入作出的决定（decision-made by artificial intervention），不是线下的、纯粹的人工决定，而是借助数字化技术，本质上还是由人工控制作出的决定。包含两种模式，一是“人为控制回路”模式（“human-over-the-loop” model），允许在算法执行过程中人为调整参数，控制产生结果。二是“人为决定回路”模式（“human-in-the-loop” model），保持对决定的完全人工控制，人工智能仅提供建议或输入。上述两种模式都不排除人工介入，最终还是由人来决定，适用危害程度较高的决定。其次，自动化决定（automated decision-making），采用“无人回路”模式（“human-out-of-the-loop” model），不涉及对决策执行的人工监督，也不涉

---

① Cf. Makoto Cheng Hong and Choon Kuen Hui, “*Towards a Digital Government: Reflections on Automated Decision-Making and the Principles of Administrative Justice*” (2019) 31 *Singapore Academy of Law Journal* 887, 896.

② Cf. Jennifer Cobbe, “*Administrative Law and the Machines of Government: Judicial Review of Automated Public-Sector Decision-Making*” (2019) 39 *Legal Studies* 652.

③ Cf. Teresa Scassa, “*Administrative Law and the Governance of Automated Decision Making: A Critical Look at Canada's Directive on Automated Decision Making*” (2021) 54 *U. B. C. Law Review* 297.

及人为干预。[①]系统完全替代人工,自动生成决定,直接对当事人权利义务作出法律处分,适用危害程度较低的决定。

如前所述,网上审批分为半自动行政审批和全自动行政审批,在这两种情境下,系统都会生成决定。(1)"半自动行政审批"中生成的决定,既有最终审批决定,也有阶段性行为,形成于受理、审核、决定、变更与延续等具体环节之中,比如,自动生成不予受理决定,审核不通过决定等。其中,有些是系统自动生成的决定,还有一些是人工介入之后形成的决定,比如审批通过,还需人工审核,制发并送达证照。上述三种模式俱在之中,人工介入作出的决定(decision-made by artificial intervention)和自动化决定(automated decision-making)兼而有之。(2)"全自动行政审批"形成的决定,完全由系统自动生成,只是"无人回路"模式("human-out-of-the-loop" model),亦即自动化决定(automated decision-making)。系统不仅自动审核材料、形成决定,也制发证照,由当事人自行打印,一气呵成,比如,"秒批"、完全智能审批。

从《行政许可法》(2019 年)构建的许可程序、《行政诉讼法》(2017 年)规定的审查框架看,人工介入作出的决定对已有规范的冲击似乎不大,基本上可以适应。但是,对于自动化决定及其程序的规范,恐怕要做较大调整,甚至要增加一些基本性规范。《行政许可法》(2003 年)当年特意以第 33 条为电子政务发展预留空间,如今早就不敷出入了。

1. 自动化决定是行政行为

系统自动生成的行政决定,无论是"全自动行政审批",还是"半自动行政审批"中的自动生成决定,都是自动化决定(automated decision-making)。在学术上面临的第一个挑战就是作出决定的主体合法性,行政决定从传统上由工作人员作出转变为现在由机器系统作出,是否存在不适当的委托或权力下放(improper delegation or devolution)。之所以会产生这个疑问,是以人工行政行为作为坐标考察,由人工转为机器作出决定,很难涵摄到行政行为概念之中,也很难借用行政委托理论阐释清楚。因为行政委托需要委

① Cf. Makoto Cheng Hong and Choon Kuen Hui, "*Towards a Digital Government: Reflections on Automated Decision-Making and the Principles of Administrative Justice*" (2019) 31 *Singapore Academy of Law Journal* 897.

托行政机关和受委托方之间的意思沟通。而机器是无生命的,“不具有心性和灵性,既不属于自然人也不符合法人的构成,所以机器自己无法形成和表达意思。”[①]随着传统行政向自动化行政转进,必须引入全自动具体行政行为概念,作为行政机关意思表示的载体。

自动化决定(automated decision-making)就是全自动具体行政行为。它之所以具有法律意义,而不是象征性手势(a token gesture)。首先,平台系统不折不扣地反映了法律规定的审批机关、流程、业务要求、审核标准等各个要素,将线下审批必不可少的申请、受理、审查、决定、变更、延续、批文、制证等环节复制到线上。“行政机关仍然是行政程序的事先设计者”,“机器是行政机关的延长之手,其意思仍由行政机关形成并通过机器表达,机器‘表达’的意思归属于行政机关。”[②]其次,在智能审批、人机对话下,通过软件设计的处理方式,系统也是通盘考虑了已读取的数据,对标已输入的许可条件,从形式上判断材料是否周全,自动选择法律规定的处理结果。这也可以视为行政机关经过审核作出了审批决定。再次,自动化决定只针对线性结构的简单事项,无裁量可言,不涉及利益权衡,不用对许可条件的政策性判断,这将人工作业的必要性降至最低。最后,有关网上审批改革的官方文件中默认了自动化决定方式的合法性。[③]因此,无论是不受理、拒绝还是通过决定,也不管是否为系统错误生成,法律效果均归于行政机关,应当一概推定为行政机关的意思表示。如果自动生成决定不符合其意思表示,行政机关也有权撤销或者改变。

比如,在“昆腾精密工业(深圳)有限公司、广东省人民政府工伤鉴定行政复议纠纷二审行政判决书”中,[④]网上审批系统出错,错误默认该事项归省人社厅主管,在自动生成的不予受理决定中载明“可以复议、诉讼”。毫无疑问,该决定是自动化决定。行政法官照理应当审查其是否合法,省人社厅是否越权。然而,一审法院却根本没有接受自动化决定概念,错误认为“该不

---

① 查云飞:《人工智能时代全自动具体行政行为研究》,载《比较法研究》,2018(5)。

② 查云飞:《人工智能时代全自动具体行政行为研究》,载《比较法研究》,2018(5)。

③ 《国务院关于加快推进全国一体化在线政务服务平台建设的指导意见》(国发〔2018〕27号)。《国务院关于加快推进政务服务标准化规范化便利化的指导意见》(国发〔2022〕5号)。中共中央办公厅、国务院办公厅印发《关于深入推进审批服务便民化的指导意见》(2018年)。

④ 参见广东省高级人民法院(2019)粤行终995号行政判决书。

予受理答复行为,不应视为省人社厅作出的行政审批行为。"又比如,在"广州君捷贸易有限公司与广东省商务厅经贸行政管理(内贸、外贸)一审行政裁定书"中,[①]货物自动进口许可证的审批权属于商务部,许可证签发系统归商务部所有,由其负责维护。申请人在商务部许可证签发系统上申报,由省商务厅受理,初审通过的,报送商务部审批同意,以电子许可证的方式签发。这实际上是分阶段行政决定,只不过是将线下形式转为线上形式。当事人对省商务厅在网上系统生成的初审不通过决定不服,应该可以提起行政复议或者行政诉讼。

2. 对自动化决定的合法性审查

行政机关使用自动化决定,与由行政人员作出决定一样,必须符合行政法标准。使用自动化决定,或者在其协助下作出的违法决定,也与行政人员作出的同样违法决定一样,要接受审查(public bodies are required to meet administrative law's standards when using ADM just as with human decision-making, and that an unlawful decision made by or with the assistance of ADM should be dealt with by reviewers as it would be had a similarly unlawful decision been taken by a human.)。[②]对自动化决定的合法性审查,基本上可以适用《行政诉讼法》(2017 年)第 69 条至第 78 条规定的司法审查框架。但与传统行政行为不同,自动化决定过程涉及数据共享与处理,牵扯数据隐私与保护、系统性偏见,为了不拉低相对人权利保护水准,需要一些特别规则和适度延伸。

第一,自动化决定可以减少或消除目的不适当、不相关考虑等风险,与此同时却可能出现系统性偏见,也就是算法偏见(algorithmic bias)或者系统歧视。法院的合理性审查也相应变为对系统性偏见的审查。系统本就存在相关考虑不周延、权重不当,或者实践应当考虑的因素,在系统中却无法相应调适,由此产生的决定偏差,都归结于系统如何设计来区分和排序数据

① 参见广州铁路运输第一法院(2017)粤 7101 行初 2706 号行政裁定书。

② Cf. Jennifer Cobbe, "*Administrative Law and the Machines of Government: Judicial Review of Automated Public-Sector Decision-Making*" (2019) 39 *Legal Studies* 639 - 640.

(depending on how the system is designed to differentiate and sort data),①都可以归入系统性偏见。这种针对同一类人、同一类事项的偏见,通过基于规则的系统,会反复且无差别地呈现。法院对裁量滥用、明显不当的审查,也超越了具体人或者具体事项,而是对同一类人或者同一类事项是否存在系统性偏见的审查。法官不仅要就个案作出裁判,还要通过司法建议要求行政机关及时合理调整算法编程。

第二,系统自动生成决定涉及对个人数据的处理与共享,法院应当就自动化决定中对个人数据处理的合法性进行审查。包括但不限于:根据《个人信息保护法》(2021年)第13条第(三)项、第(四)项以及第34条规定,行政机关处理个人信息是否"为履行法定职责或者法定义务所必需"、"为应对突发公共卫生事件,或者紧急情况下为保护自然人的生命健康和财产安全所必需",是否超越职权、违反法定程序;涉及《个人信息保护法》(2021年)第24条第3款、第25条规定的申请人对自动化决定方式的选择权是否得到尊重,以及涉及隐私的个人信息公开是否合法。

3. 网上审批决定的生效时间

第一,"半自动行政审批"中有人工介入作出的决定(decision-made by artificial intervention),本质上都是人工决定(human decision-making),与传统行政行为一样,原则上送达生效。因为半自动化往往需要人工介入,对审批结果进行核验,才能制证签发。网上系统显示审批通过,尚未自动生成行政许可决定,且当事人无法自行打印许可证照,或者行政机关没有颁发许可证照,行政许可均未正式生效。必须由行政机关正式颁发并送达许可证照,方才生效。

第二,"半自动行政审批"过程中自动生成的不予受理决定、审核不通过决定,以及通过审批并自动生成了许可证的编号以及许可证照,且申请人可以从系统查询、打印这些自动化决定的,当事人点击获悉就视为即刻生效。

第三,"全自动行政审批"可以自动生成审批决定,当事人也可以从系统查询获悉并自行打印。当事人点击获悉就即刻发生法律效力。

---

① Cf. Makoto Cheng Hong and Choon Kuen Hui, "*Towards a Digital Government: Reflections on Automated Decision-Making and the Principles of Administrative Justice*" (2019) 31 *Singapore Academy of Law Journal* 879,886.

以上第二、第三都是自动化决定(automated decision-making),之所以可以点击获悉即刻生效,首先,皆因系统设计由申请人自行打印,免除了行政机关送达义务。其次,申请人都必须通过身份认证才能登录系统,可以推定是申请人本人获悉。最后,在自动生成、可供自行打印的行政决定上,加盖了行政机关的电子印章,其与行政机关专用印章具有同等法律效力。

4. 对行政许可的审查趋向适度的实质审查

随着跨部门、跨单位、跨地区之间数据共享不断深入,数据也更加全面、准确、高质量,许可审查更趋近实质审查的效果。“全自动行政审批”已经完全实现数据共享与自动核验。“半自动行政审批”除了像现场核查、条件核实等还必须由行政人员亲力亲为之外,在很大程度上也实现了通过数据比对检索方式快速核实。许可机关对申请人提供材料的真实性、合法性、关联性的审查能力增强,能够探知身份不实、材料虚假、伪造签字等,审查义务和责任实际上已不限于形式审查,而是趋向适度的实质审查。行政许可法未来修改时可以增加规定,行政机关应当通过数据共享核查材料真实性、合法性和关联性义务。

至于数据共享、业务核查的实现,首先,行政机关收集的数据,除非法律明确规定仅用于特定目的,允许应用于广泛的行政管理,行政机关之间共享数据原则上不受任何限制。但是,不得超出履行法定职责所必需的范围和限度。其次,行政机关与公共企事业单位之间的数据共享,涉及对其数据权利的处分,原则上要有法律依据。最后,从《行政许可法》(2003 年)第 33 条规定看,行政机关在行政许可中收集、存储、制作的有关数据“应当与其他行政机关共享”,不以申请人同意为前提。行政机关之间的业务协查是内部常规制度。通过数据化技术,将其由线下转为线上,不再限于一事一办、人工对接,而是变为信息共享与处理。“行政机关处理个人信息行为的权力基础,是基于其所负有的法定职责及相应的法定职权”,“并不需要以个人同意或授权为权力基础。”[①]

5. 正当程序的调适

数字技术的引入,应当促进和保障申请人权利实现,便利申请人参与听

① 王锡锌:《行政机关处理个人信息活动的合法性分析框架》,载《比较法研究》,2022(3)。

证、说明理由、陈述申辩，不能因为采取智能审批方式而限制或者变相限制申请人权利。根据网上审批和数据化特点，为落实告知、说明理由、听证、听取辩解等正当程序要求，也会相应衍生出一些与透明化、理由说明和适度人工干预相关的特别规则。

第一，通过网上公示和说明，让申请人实际有效知晓与案件有关的所有信息。首先，在政务服务平台上，应当公示与行政许可有关的材料、流程、审核、审批决定以及理由说明，当事人可以有效查询、下载、阅读。其次，在“相关网站”上，要用浅显易懂的语言发布信息，说明自动化系统如何工作，如何支持行政决定，系统审查或审计结果，以及对自动化系统的描述或链接（如有），用于开发系统的匿名训练数据（the anonymized training data）。[①]最后，政府应当公布其使用的源代码（source code）。这有助于理解基于规则系统（rules-based system）如何生成自动化决定。[②]

第二，在线上线下决定过程中，原则上需要有人工介入的环节。首先，这是线上线下择入和择出应当尊重申请人的选择权所决定的。其次，人为决定固然也有局限，但人工介入自动化决定，可以帮助识别自动化输出中的错误，并使无法考虑个人情况或其他相关背景的自动化过程人性化（Although the limitations of human decision-making must also be acknowledged, involving humans in ADM can help to identify errors in automated outputs and humanise automated processes which are incapable of taking into account individual circumstances or other relevant context.）。[③]在自动化行政上，“人工参与干预的程度，取决于决定对当事人权益的潜在影响大小”（the degree of human involvement varying depending

---

① Cf. Teresa Scassa, “*Administrative Law and the Governance of Automated Decision Making: A Critical Look at Canada's Directive on Automated Decision Making*” (2021) 54 *U. B. C. Law Review* 286～287.

② Cf. Rebecca Williams, “*Rethinking Administrative Law for Algorithmic Decision Making*” (2022) 2 *Oxford Journal of Legal Studies* 483.

③ Cf. Anna Huggins, “*Addressing Disconnection: Automated Decision-Making, Administrative Law and Regulatory Reform*” (2021) 44 *University of New South Wales Law Journal* 1075.

upon the potential impact of the decision on the affected party's rights or interests.)。[①]从全自动审批到半自动审批,由简单的线性结构事项到复杂的非线性结构事项,裁量也从无到有,行政审批对当事人权益的潜在影响逐渐递增。比如,在全自动审批和人机对话的流程上,听取辩解是否转入人工,由申请人选择。在半自动审批的流程中,听证应当转为人工方式,由行政机关执法人员听取意见,权衡轻重,并最终做出决定。又比如,对当事人权益影响较大的行政决定,未经行政人员认真审慎的审查,不得送达当事人。

第三,对于系统生成决定,无论是自动化决定还是数字化协助下人工介入作出的决定,当事人不仅有权要求行政机关说明理由,更是有要求解释算法功能的权利(the right to an explanation of the functioning of an algorithm)。解释权与说明理由不同,说明理由是解释如何作出决定,是行政机关必须履行的程序义务。解释权"更侧重对自动化决定系统的解释,包括所依赖的数据以及算法如何对其进行加权"(A right to an explanation is focused more on an explanation of the automated decision system, including the data relied upon and how it was weighted by the algorithm.),阐释算法是如何运行产生结果的(a right to an explanation explains how an algorithm operates to generate outcomes.)。[②]在自动化行政上,对事实认定、依据适用的理由说明,已力有不逮,无法化解当事人对行政决定的疑惑与不满。必须引入解释权,要解释得通俗易懂。"'可解释的'人工智能技术的进步可能只会让自动化与长期存在的行政法价值观更加相容。"但是,首先,行政机关无需主动对每个自动化决定作出解释。是否要求行政机关解释,由当事人选择决定。如果当事人不较真,行政法官也会不举不纠。其次,出于保密考虑,法官只要求行政机关向申请人提供有助于理解决定的关

---

① Cf. Teresa Scassa, "*Administrative Law and the Governance of Automated Decision Making: A Critical Look at Canada's Directive on Automated Decision Making*" (2021) 54 *U. B. C. Law Review* 287.

② Cf. Teresa Scassa, "*Administrative Law and the Governance of Automated Decision Making: A Critical Look at Canada's Directive on Automated Decision Making*" (2021) 54 *U. B. C. Law Review* 292.

键信息。[①]"法院通常会尊重行政官员的专业知识","支持了行政机关在各种场景下依赖复杂算法（即使不是机器学习算法）作出的决定。"[②]

6. 电子签名、电子印章和电子证照的使用

从线下转为线上审批,形成决定、证照均为电子文件。《行政许可法》(2003 年)有关法律文件盖章要求,比如,第 32 条第 2 款规定受理或者不予审理决定要加盖行政机关专用印章,第 39 条第 1 款规定许可决定要加盖行政机关印章,都将转为电子印章。所有电子文件和电子证照可供查阅、下载、打印。

关于电子签名、电子印章、电子证照的使用,在已经付诸实践的地方,行政法官一般会予以认可。[③]对于电子证照的核查,行政机关"可以通过电子证照共享方式对关联信息进行查询、核验",比如,通过身份证信息检索电子驾驶证。根本没有必要像在"梁峰与佛山市人民政府、佛山市公安局交通警察支队高速公路一大队、道路交通管理(道路)一案行政一审判决书"那样,[④]强求当事人一定要下载并出示电子驾驶证凭证。

在尚未推广应用的地方,行政机关、法院却拒之门外。在"湖南俊熙建

① Cf. Lucie Cluzel-Métayer, "*The Judicial Review of the Automated Administrative Act*" (2020) 1 *European Review of Digital Administration & Law* 102.

② [美]卡里·科利亚尼斯:《自动化国家的行政法》,苏苗罕、王梦菲译,载《法治社会》,2022(1)。

③ 在"华茂贵、沈俊青与射阳县行政审批局行政撤销一审行政判决书"中,"装修图纸是由建设单位委托有资质的设计单位设计后通过多图联审系统上传到图审部门,图审部门审查合格,在图纸上加盖电子印章传送回设计单位,施工单位到设计单位打印图纸供现场施工及监督部门监管使用,同时图审部门通过系统将审查合格书(电子凭证)推送到江苏省建筑工程一站式申报系统。"这种审查方式"符合'放管服'改革和优化营商环境精神,符合'一站式'审批、'不见面'审批的要求,发证机关已尽到核查责任。"参见江苏省建湖县人民法院(2020)苏 0925 行初 8 号行政判决书。在"鲁文贤等诉六安市住房和城乡建设委员会许可案"中,纸质印章和电子印章可能不完全一致,效力却一样。参见安徽省六安市裕安区人民法院(2015)六裕行初字第 00009 号行政判决书。

④ 《关于做好机动车驾驶证和行驶证电子凭证服务应用工作的通知》(广公交(传)字〔2018〕248 号)第 2 条第(一)项规定,民警路面执法检查驾驶人证件时,如出现驾驶人忘记携带实体驾驶证、行驶证的情况,允许其出示"广东交警"微信公众号或"粤省事"微信小程序里的电子凭证,民警通过 PDA 或经过系统核实后视为持有驾驶证、行驶证,不得以"未随身携带驾驶证、行驶证"为由对驾驶人进行罚款、扣车。在本案中,交警要求原告出示驾驶证,原告未随身携带驾驶证,告知交警其已办理了驾驶证电子凭证。交警提醒原告出示驾驶证电子凭证,原告未予出示,而是要求交警去核查。交警随后通过系统查证了原告具有驾驶资格。交警以未随车携带驾驶证为由作出行政处罚。参见广东省佛山市顺德区人民法院(2019)粤 0606 行初 1045 号行政判决书。

设工程有限责任公司、花垣县住房和城乡建设局二审行政判决书”中,[①]行政机关、法院以当地尚未推行电子证照为由,不认可当事人在招投标中提供的资质证书电子文件打印件。

究其原因,《国务院关于在线政务服务的若干规定》(2019 年)第 8 条、第 9 条第 2 款、第 10 条第 3 款分别规定了电子签名、电子印章与电子证照的法律效力。但是,第 9 条第 1 款、第 10 条第 1 款又规定,构建全国统一系统平台是电子印章、电子证照跨地区、跨部门互认的前提。在统一系统平台上通过数据共享,不同地方行政机关方能验证电子印章、电子证照真伪,降低审批风险。因此,建立具有统一身份认证、统一电子印章、统一电子证照等公共支撑系统功能的全国统一政务服务平台刻不容缓。

其实,电子证照应用智能化的体现就是,“以身份证、营业执照等为身份信任源点,全面关联企业和群众各类常用电子证照的相关信息,推动电子证照一体化、便利化应用”。[②]电子证照文件每次打印均会自动生成二维码、使用用途及使用期限,通过二维码即可查询,行政机关可以通过业务协查,跨地区、跨部门在线核验,不必坐等统一系统平台建成。已经采用电子证照的地方,应当将电子证照生成作为审批业务流程的必要环节,优先采用在线生成的方式,[③]并及时在网上公示,方便异地行政机关直接上网核查。

① 参见湖南省湘西土家族苗族自治州中级人民法院(2021)湘 31 行终 1 号行政判决书。

② 《国务院办公厅关于加快推进电子证照扩大应用领域和全国互通互认的意见》(国办发〔2022〕3 号)。

③ 宋华琳:《电子政务背景下行政许可程序的革新》,载《现代法学》,2020(1)。

第十章　非强制行政手段

第一节 概述

一、柔性执法的盛行

“二战”之后,政府职能急遽扩张,在福利国家、给付行政、社会保障之中酿发出了很多运作模式,有别于传统高权行政。公法思想也发生变化。公众参与愈发受到重视,政府也为公众参与积极拓展各种途径,一方面是为了积极实现宪政民主的价值,落实“人民主权”“主权在民”之宪政精神,为行政决策与活动寻找新的正当性支点;另一方面也是想通过广泛吸纳相对人意见,取得相对人对行政管理目标的认同,减少日后的执行成本与纠纷。

在这样的社会背景下,公法关系、规制理念与手段也随之发生了分裂,大致出现了两种类型:[①]一个是建立在命令与服从关系基础上的公法关系,以决定、处罚与强制为依托;另一个是更多依赖行政机关与相对人平等或对等互动的关系,以指导、协商与协议为载体。前者似刚,后者似水,彼此渗透,并行不悖,为现代行政法勾勒出一幅内涵丰富、生动活泼的图景。

我国学者用“刚性执法”(hard law enforcement)与“柔性执法”(soft law enforcement)来描绘上述景象,认为传统上以命令服从为特征的规制方法是

---

① 应松年主编:《行政法与行政诉讼法》(上),404 页,北京,中国法制出版社,2009。

“刚性执法”或者“强制性行政”，作为对照，相应提出了“柔性执法”“非强制性行政”等概念，用来叙述行政指导、行政契约和行政计划等手段的运用及其状态。实践上也开始摸索“刚柔相济”的执法模式，逐渐实现刚性执法与柔性执法的兼容并蓄，褪去过多的、不必要的强制色彩，以增进相对人的服从、配合与协力，积极吸纳相对人参与行政管理，努力构建和谐社会与良好秩序。

“刚性执法”的引入，与非强制行政手段的广泛运用，好处是明显的，它“更容易使行政相对方感知、领受到法律对其自身的关怀、保障，排除对法律的异己感，代之以信赖和主动自觉遵守。”又由于它“温和、具有弹性，实施中缓冲妥协余地大，可以削弱、抵消一般权力所固有的伤害力，降低行政过强的成本代价，诸如减少抗争，降低内耗，息事宁人，以防止行政权对行政相对方权利的侵害和自由的过分限制。”①

二、非强制行政手段

非强制行政手段，与“柔性执法”一样，都不是一个法律概念，只是近年来才开始频繁使用的一个学术术语。我国学者之所以会提出并逐渐重视非强制行政手段，是对行政执法方式转变、柔性管理模式推行的一种学术回应，是用“柔性”或“非强制性”作为一个重要标准，去重新审视、统合和归纳实践中具有相同特征的行政手段。

这也就难免会与既存概念、分类发生碰撞，迄今在如何给这类行政法手段一个恰当的名称问题上仍然存在着争议。日本学者室井力称之为“非权力行政作用”，②德国学者毛雷尔称为“其他活动方式”，③两者共同之处都是将其设计为行政行为范畴之外的概念。我国不少学者倾向使用“非强制行政行为”、“非强制性行政行为”等概念，比如崔卓兰、蔡立东等，④强调它属于行政行为范畴，是行政行为的一种特殊形态。这种术语是与时下流行的广

① 崔卓兰、蔡立东：《非强制行政行为——现代行政法的新范畴》，载《行政法论丛》，2005(第4卷)。崔卓兰：《试论非强制行政行为》，载《吉林大学社会科学学报》，1998(5)。

② [日]室井力：《日本现代行政法》，吴微译，51页，北京，中国政法大学出版社，1995。

③ [德]哈特穆特·毛雷尔：《行政法学总论》，高家伟译，第四编“行政活动：其他活动方式”，北京，法律出版社，2000。

④ 崔卓兰主编：《行政法学》，337页，长春，吉林大学出版社，2000。

义行政行为相吻合的。但是,我却很难接受如此术语,首先是因为我始终坚持狭义的行政行为概念,而据我们已经获得的对行政指导、行政契约等手段的知识,它们显然与传统行政行为的特征相去甚远。其次,这种认识也很难解释当前行政诉讼为什么仍然下意识地排斥审理有关行政指导、行政契约等非强制行政手段的纠纷。所以,我偏好使用“非强制行政手段”。

严格地讲,我也承认,不管是用“非强制行政手段”,还是“非权力行政作用”概念,仍然不够精准。不是说,这类行政手段完全不具有强制性,否则,我们将无法理解行政契约中的强制执行问题。也并非这类行政手段与公共权力完全无涉,其仍然是基于公共职责的一种公共权力行使方式,否则,我们将无法理解为什么依法行政必须进一步延伸至该领域。只是因为迄今为止,对于像行政计划、行政指导、行政契约、协商、行政奖励、行政补贴、治安调解等这类现象,以及它们在规制中有别于传统的功用,我们还找不到一个更加确切、精炼的概念来描述,所以,我们姑且称之为非强制行政手段。

但是,学者都比较认同的是,这类手段有别于传统的行政行为,其基本特点就是,不是建立在命令与服从的权力关系基础上,也不是直接运用行政权力对相对人作出权利义务的处分,一般也不会产生行政机关单方的强制效果。行政管理目标的实现,更多的是依赖于相对人的自愿服从、选择与参与,依赖于双方的平等对话与合意。从这个意义上说,它是一种“非强制性”、“非权力性”行为。

属于这类行为的范畴究竟有多大?我们还无法完全罗列,还有待于实践的发展。在我看来,行政计划、行政指导、行政契约、行政奖励、行政补贴、协商、治安调解等手段都具有此种韵味。甚至广而论之,像信息披露、由当事人选择法律效果(选择执法)、积分制等等都可以包容进来。

非强制行政手段中的每一类行为都具有相当复杂的结构,而且实施方式与实现原理各不相同,产生法律责任的机理也不完全一样。我们对它们的认识也在逐步深入之中。但迄今为止,在很多具体问题上仍然存在着诸多争议,认识极其不统一。因此,在这些方面的立法规制是不很理想的。

第二节　行政计划

一、概述

1. 行政计划的概念

行政计划，也称行政规划，不是法律上的概念，而是学术上用来概括立法和行政实践中各种与行政有关的计划（比如，土地利用总体规划，城市总体规划）的用语，是指行政机关为了实现行政活动的计划化，在实施行政活动之前，先设定有关行政目标，并规划实施步骤和措施方法等的活动过程。

行政法上的行政计划是具有法律意义的外部行政活动，与行政学上的纯粹是内部规范意义上的行政计划不同。行政计划和基于行政计划而实施的计划行政，被认为是现代国家行政的最新发展，是现代行政的重要特色之一。[①]

2. 行政计划的特点

第一，行政计划具有强烈的政策性。现代社会的发展越来越强调前瞻性与预测性，要求政府在采取重要行政措施之前必须统筹兼顾、规划得当，因此，行政计划成为现代行政法上逐渐倚重的、用于实现行政政策的手段和工具之一。

第二，行政计划是一个动态的、演进的过程，从时间与空间的顺序上看，有着从制定政策和规划到调动综合性手段逐步实现计划目标的过程；从法律效果上看，有着从一般政策的宣示到逐渐获得一定的约束力的发展过程。

第三，正是因为行政计划具有强烈的政策性，因此，行政计划的内容不可能是非常具体和明确的，还有待于进一步细化与明确，这也就是有的学者所说的，行政计划具有非完结性、空白性的特点。[②]

---

① 姜明安主编：《行政法与行政诉讼法》，208 页，北京，北京大学出版社、高等教育出版社，1999。

② ［日］和田英夫：《现代行政法》，倪健民、潘世圣译，216 页，北京，中国广播电视出版社，1993。

二、行政计划的分类与定性

行政计划在诸多行政领域都有运用的余地，比如，在警察行政中，公安机关交通管理部门和城市规划部门依据《停车场规划设计规则》(1988 年 10 月 3 日公安部、建设部发布)对城市停车场进行的规划；城市公安消防监督机构会同城市规划主管部门及其他有关部门依据《城市消防规划建设管理规定》(1991 年 9 月 1 日)共同编制城市消防规划。在土地管理中，依据《土地管理法》实施的江河湖泊综合治理和开发利用规划等。在外汇、财政、基本建设管理中，依据《关于使用国外贷款引进技术和进口设备的基本建设项目在外汇、财政、基建计划上的处理办法》(1979 年)实施的年度和长期外汇、财政、基本建设计划，等等。

为了更加透彻、全面地认识行政法领域中的种种计划，在学术上就有着依据不同标准和视角进行的分类，比如，以计划的结果表现形式为标准，分为法案式计划、非法案式计划；以对环境有无影响为标准，分为对环境有影响的计划、对环境无影响的计划；以时间为标准，分为长期计划、中期计划、短期计划；以涉及事项和地域为标准，分为综合性计划、个别性计划；以拘束力为标准，分为强制性计划和指导性计划，等等。[①]其中最有意义的，是以计划的效力为标准，分为命令性计划、影响性计划、资讯性计划(也有学者表述为拘束性计划、影响性计划、建议性计划)，[②]因为这种分类在给予我们认识计划的多样性与基本流程的同时，揭示了计划在不同流程阶段的不同性质与效力，这对于行政计划的救济有着极其密切的关系(见图 10－1)。

1. 资讯性计划(Inditative Plaene，informativer plan)

也称建议性计划，实际上是行政机关向外发布消息、判断、预测等，仅供相对人参考，或者向后者表达一种建议或行政机关的一种意向，例如，外贸机关公告的外销景气及应对方案、国际金融现状及发展预测，西部开发战略等。该计划在性质上属于行政事实行为(Realakte)，也可以表现为行政指

---

① 更多的划分方法，参见朱新力、苏苗罕：《行政计划论》，载《公法研究》(第 3 卷)，北京，商务印书馆，2005。

② 陈新民：《行政法学总论》，432～436 页，台北，三民书局，2000。林明锵：《行政计划法论》，载《法学论丛》，第 25 卷第 3 期。

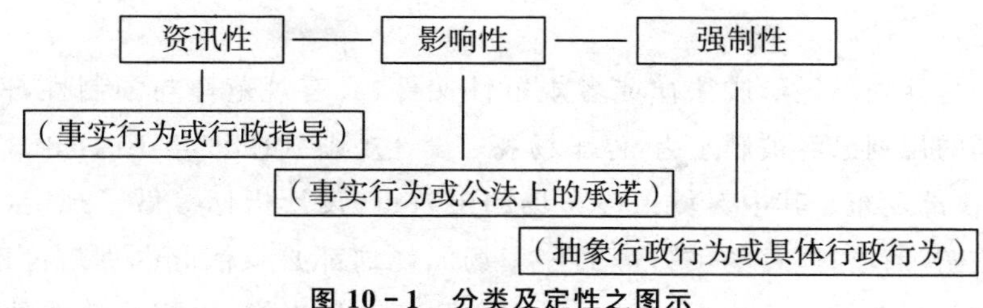

图 10-1 分类及定性之图示

导，对于相对人以及行政机关都没有拘束力，也谈不上政府对相对人的责任问题。

2. 影响性计划(Influenzierende Plaene)

它是在资讯性计划基础上进一步细化，明确计划内容，进而具有影响或诱导相对人采取符合行政机关计划内容的行动的效果，例如，政府在公布开发区发展计划的同时，鼓励建设高新技术含量的企业，并有一定的优惠鼓励政策，但是，影响性计划仍然不具有拘束力，在性质上属于行政事实行为，或者是公法上的承诺(Zusage)（实际上是内部规则，仅对行政机关具有约束力，与具有法律意义的行政契约之要约与承诺不同）。

尽管有研究表明，影响性计划与资讯性计划只是进程的深浅不同，计划内容的明晰程度、政策的成熟程度不同，然而，要想在两者之间划出清晰的界限，却是比较困难的，[①]但是，两者之间至少在救济上是有区别的，资讯性计划一般谈不上救济问题，而在影响性计划中，因为不但计划的内容较为明确，更重要的是规定了鼓励、怂恿相对人配合计划实施的政策，比如，政府欲将某地区建成高新技术产业区，在有关计划中用低税政策、能源、交通等优先供给等措施怂恿、吸引相对人投资，在这种情况下，因为这种计划的激励（鼓励）作用本身已经构成了信赖的事实要件，因此，就可能会产生合法预期，也应当（当然不是必须）考虑政府在调整或中止计划时，给因信赖政府计划而实际上已经投资的相对人予以救济。也就是说，应当保护相对人因信赖政府而产生的合法预期。

3. 命令性计划(Imperative Plaene)

也称强制性计划、拘束性计划，至少具有以下两个特征之一（也可能兼

① 林明锵：《行政计划法论》，载《法学论丛》，第 25 卷第 3 期。

而有之):

一是计划已经形成法律或者规范性文件,具有规范性与强制性,例如,停车场的规划已经被制定为《停车场规划设计规则》(1988 年 10 月 3 日公安部、建设部发布),其中对城市停车场的出入口、设计指标等做了规定,任何大型旅馆、商场、体育场(馆)等的停车场的规划都必须依此办理。再比如,公安机关制定的关于治理整顿小区安全防范工作安排,以规范性文件形式下发各派出所执行。

二是计划已经编列预算,并经权力机关通过,在财政上已获保障,换个角度说,就是对行政机关具有了执行预算的义务,对于相对人来讲,也极大地增强了该计划的可期望性。

命令性计划可以表现为抽象行政行为的形式,在特定情形下,也可能表现为具体行政行为,是行政计划的救济问题的关注点之所在。在我国,这种计划多表现为指令性计划。

三、行政计划的作用

行政计划其实早已有之。在崇尚由市场来配置资源、"政府管得越少,就越好"的理论盛行之时,计划是萎缩的,甚至被认为与上述观念格格不入。"二战"之后,不用说社会主义国家普遍实行了计划经济,就是资本主义国家也开始重视计划。计划时代到来了。有学者把国家行政的发展进程总结为:侵害行政—给付行政—计划行政,[①]的确是捕捉到了时代发展的脉搏,颇具慧眼。之所以行政计划受到行政法的重视,其原因大概有两方面:

第一,现代国家的职能已经大为扩展,不再局促于维护社会秩序,而是积极向社会提供服务与福祉,提高人民的生活品质。然而,国家在面临着公众日益增长的服务需求的同时,也面临着可供利用或调动的时间、物力、人力等资源稀缺的问题。为了有条不紊、统筹兼顾、重点突出地完成国家任务,就需要大量地采取计划的手段。

第二,立法机关的代表组成、工作程序和对社会变化的敏锐反映能力有限等原因,使得立法活动相对滞后,无法完全应对急剧变化的社会。国家职

① 刘宗德:《现代行政与计划法制》,载《政大法学评论》,第 45 期(1981 年 6 月)。

能与社会需求急剧扩展、拉锯的结果，出现需要国家干预而又缺少法依据的领域。在一个法治社会中，行政机关只能另辟蹊径，在法治主义与社会需求之间寻找妥协，不需要严格的法依据的行政计划遂被重视。

行政计划的作用体现为以下三个方面：

(1)有效利用资源，实现总体效应

行政计划本来就是为了在社会资源稀缺的情况之下，最大限度地利用社会资源，实现最大的社会效益。为此，通过计划安排，合理地调度人力、物力与财力等资源，有步骤地实现计划目标，从总体上达到预先所追求的行政效应。这可以说是行政计划最主要的作用。

(2)协调各有关行政机关的活动和行政政策

行政计划目标的实现，特别是综合性计划的实施，往往需要涉及几个行政机关的事务，需要各个相关的行政机关的配合与共同协助。所以在制定与执行计划之际，就必须听取相关行政机关的意见，协调相关行政机关的行动，保证各行政机关所采取的政策姿态与整个计划是和谐的，是有助于计划的完成的。从这个意义上讲，行政计划有着协调与整合各有关行政机关未来活动与政策姿态的作用。

(3)指导相对人的活动与预期

行政计划是行政机关对其未来活动的政策与构想，特别是已经形成为法规范的计划，或者已经获得预算批准，有充足资金、资源保障的计划，更是具有很强的执行性，能够“造成一种行政机关的自我确定(Selbstfestlegung)”。从中，相对人可以决定其未来的行为。尤其是需要相对人助成的计划，相对人的协助和配合更是行政机关所期望，进而能够实现行政机关所预期的计划目标。从这个意义上讲，行政计划具有提高相对人的预期可能性，指导相对人活动方向的作用，进而能够“对私经济领域中的经济力及社会力产生一种脉动或冲击(Implulse)”。[①]

四、行政计划与法治主义

1. 法依据

有调查发现，目前，除了城市规划和环保规划等极少数种类的行政计划

① 林明锵:《行政计划法论》，载《法学论丛》，第25卷第3期。

的编制有城乡规划法、环境保护法等相应的法律依据外,绝大多数行政计划的编制没有法律依据。行政计划毕竟是行政机关的一种活动,因此,对上述现状很自然地会提出是否与法治主义要求相违背的问题。由于行政计划的法律性质因不同的计划形态或类型而不同,所以对该问题的回答,也不可一概而论,应从各计划的性质而分别考虑。

第一、资讯性计划因为纯粹是一种事实行为,不对相对人和行政机关产生约束力,因此,可以不考虑具体的法依据要求,只要是在行政机关的职责范围之内实施即可。

第二、影响性计划如果表现为一种公法上的承诺,那么,其性质应当属于内部规则,对行政机关当然具有约束的效果,而且,基于合法预期保护原则,也会产生外部的法律意义,因此,原则上应当有具体的法依据。

第三、命令性计划,特别是采取了法规范的形式,对相对人和行政机关都将产生规范与拘束的效果,因此,必须有具体的法依据。

2. 程序

在社会生活中,行政计划可谓林林总总,名目繁多。不同的行政计划在制定的程序上可能会有所不同,但是,大致来讲,行政计划的制定程序不外乎以下几个步骤:计划的草拟、协商、公开、审批、公布与实施,然后又可能发现问题,或者出现情势变更,需要修改计划,再经协商、公开、审批后,予以实施(见图 10-2)。

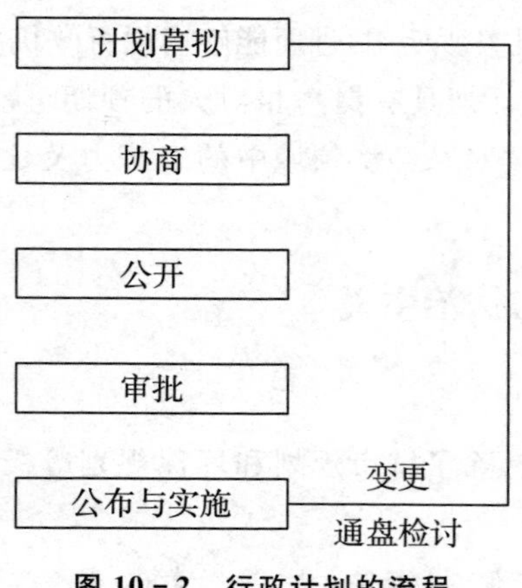

图 10-2 行政计划的流程

计划的草拟，一般是在政府法制部门的牵头与协调下，由有关的行政机关组成起草小组负责实施，在这期间，要不断进行协商，沟通各行政机关的意见，并听取专家的意见。计划的公开是为了征询有关利害关系人的意见，利害关系人可以用书面的方式提出意见，必要时也可能会举行听证。经过反复磋商，如果争议不大，通过审议，并经有关机关批准，计划就正式确定，紧接着就是公布与实施计划。

然而，根据有关实证调查，我国行政计划在制定程序上离上述的程序要求还有一定距离，主要表现在：第一，行政计划动议起草、协商、审批和公布过程均依各行政机关的惯例进行，缺少程序法的规范。第二，在计划的编制过程中多未采用受计划影响的利害关系人参加的听证制度。第三，对计划的实施监督和检查缺乏有力措施，计划编制者对计划编制中的失误一般都不负法律和行政责任。①

作为问题的改进，日本的经验值得注意，日本在探讨对行政计划进行事前的程序规范上，得出以下结论：②第一，应听取其他行政机关的意见；第二，应将计划案提供公众阅览；第三，应给利害关系人书面陈述意见的机会；第四，对已提出意见的人应进行听证；第五，应将决定之计划附理由公告之。

五、行政计划的法律救济

在责任政府的理念之下，对于行政机关编制计划的活动，也应当探讨其对外部的法律责任，或者说对相对人的法律救济问题。但要解决这个问题，我们必须明确至关重要的两个前提：

第一、行政计划存不存在法律救济，与行政计划的定性关系密切。

第二，能否进行有效的救济，很大程度上取决于对行政计划的规范程度，或者说，法治化程度。因为后者实际上为法官提供了合法性审查的依据和标准。在这一点上，大陆法系尤其如此。因为英美法系的法官造法功能较强，在审查上对立法的依赖性相对不很强。而大陆法系的法官对法律的解释权受法律的约束较大，特别是在我国，法官的解释和选择适用法律的能力更是受到严格的限制。因此，司法审查到底能否顺利进行，很大程度上依

① 皮纯协主编：《行政程序法比较研究》，542页，北京，中国人民公安大学出版社，2000。

② 刘宗德：《现代行政与计划法制》，载《政大法学评论》，第45期(1981年6月)。

赖于立法的完善与否。

1. 行政复议与行政诉讼

如果影响性计划是公法上的承诺时,行政机关无正当理由不执行计划,相对人可否申请行政复议与行政诉讼要求行政机关执行?从理论上讲,公法上的承诺属于内部规则,对行政机关具有约束力。但是,如果其实施让相对人萌生合法预期,其内容对相对人权益亦产生实质影响,也同时可能产生外部的法律效果。在这种情况下,可以提起行政复议与行政诉讼,要求行政机关履行计划。

命令性计划既可能是抽象行政行为,也可能是具体行政行为,至于为何种类型,只能在个案中进行判断。如果是后者,申请行政复议与行政诉讼,应当没有问题。但如果是前者,而且表现为其他规范性文件的形式,可以依照《行政复议法》(2023 年)第 13 条、《行政诉讼法》(2017 年)第 53 条规定处理。

但是,对行政计划进行审查的难度是很大的,一方面,因为对行政计划的法治化会与行政计划本身的弹性要求产生内在的冲突,进而阻却法治化的程度,限制法院的审查能力。另一方面,是因为"计划裁量"的存在,行政机关对计划内容的决定具有相当大的自由裁量权,而且计划调整、变更与废止往往涉及重大公共利益。因此,除了有逾越或滥用计划权而构成违法的情形外,原告的胜诉可能性比较低微。①

2. 国家赔偿与补偿

在我国,因为行政计划的变更、废止或失误给相对人造成损害或损失,在实践中行政机关一般都不予以赔偿或补偿,而且也缺乏有关的法律依据。②

但是,行政计划毕竟是政府的活动,特别是在行政计划中有鼓励相对人配合计划实施内容的,更是要考虑对因信赖政府而产生利益的相对人的保护问题,因此,也就必须考虑在这种情形之下的国家赔偿或补偿。但是,合

① 刘宗德:《现代行政与计划法制》,载《政大法学评论》,第 45 期(1981 年 6 月)。林明锵:《行政计划法论》,载《法学论丛》,第 25 卷第 3 期。

② 皮纯协主编:《行政程序法比较研究》,542～543 页,北京,中国人民公安大学出版社,2000。

法预期保护与行政计划的弹性应当如何权衡？比如，计划变更时，在什么条件下，可以援引合法预期要求补偿？对此，日本有学说认为，如果国家已表明对于协助达成计划目标的人给予一定的优惠待遇，而且，该人也期待获得该等待遇而进行了投资，这时因为计划的变更或终止给对方造成损失的，应予补偿。该人也因此享有“计划担保请求权”。[①]

第三节　行政契约（行政协议）

一、概述

1. 概念

据时下学者理解，行政契约(administrative contract)有广狭之分。狭义是以民事合同的本质特征作为基本参照物，来圈定行政法上的契约形态，因此，只认同那些与民事合同相近的混合契约形态。广义上的认识是把市场经济中的契约观念援引到公法领域之后出现的任何类似契约的形态，都认为是行政契约，即便是借助契约的外壳或模型、实际上与民事合同的趣味相去甚远的假契约，也被看作是一种行政契约形态。

在我看来，狭义的观点过于保守，我主张广义。行政契约实际上已经与民事合同渐行渐远，最好要从术语、概念范畴上与之有所区别。这就是为什么我更偏好使用“行政契约”而非“行政合同”的缘故。

但是，2014年《行政诉讼法》修改时，为了妥协，改称“行政协议”。不管称谓如何，在本书中也是混用的。在学术上一般认为，它是以行政主体为一方当事人的发生、变更或消灭行政法律关系的合意。最高人民法院在此基础上，结合司法实践的认识，将“行政法律关系”具体解释为“行政法上权利义务”，认为“行政协议是行政机关为实现公共利益或者行政管理目标，在法定职责范围内与公民、法人或者其他组织协商订立的具有行政法上权利义务内容的协议”。[②]这个解释显然是考虑到当前行政诉讼只解决行政机关与

① 刘宗德：《现代行政与计划法制》，载《政大法学评论》，第45期(1981年6月)。

② 《最高人民法院关于审理行政协议案件若干问题的规定》(法释〔2019〕17号)第1条。

相对人之间的纠纷,限缩了上述学术认识,仅关注外部契约,而忽视了内部契约。从广义上看,对于行政契约的理解,要特别把握以下几点:

(1)从形式意义上讲,行政契约中的一方当事人原则上为行政主体。行政契约可以在行政主体与相对人之间、行政主体之间、行政机关和其所属下级机构或者公务员之间缔结。在法律有特别规定时,非行政主体间也可能缔结行政契约,[①]这时对契约性质的衡量标准是采取实质标准而非形式标准。

(2)从实质意义上讲,行政契约的本质特征是发生、变更或消灭行政法律关系的合意,也就是说,必须具有"行政法上权利义务内容"。这是行政法将此类契约纳入调整范围的根本依据,划定了行政契约和民事合同的"分水岭",对于行政契约范围的科学界定具有极其重要的意义。

(3)必须以双方签字的协议形式出现,否则很难称其为行政契约。

行政契约实际上是游离于公法上行为(权力性行为)与普通民事合同之间的一种特殊形态。在契约中形成行政法上关系的程度,不能一概而论,而是因具体契约而异,是根据能否达成个别契约所预期的行政目的的需要而定的。正因如此,行政契约较一般行政行为难以理解、研究与把握。

2. 两组概念的区别

(1)行政契约与民事合同。区别行政契约和民事合同的制度背景,是在一个国家的法律体系内存在着公法和私法的界分。因此,行政契约的概念仅见于大陆法系国家。普通法系国家虽无此概念,但其政府合同(government contract)在很多制度与内容上却与行政契约极为近似,有些政府合同在大陆法系国家中就是当作行政契约来对待的。

行政契约与民事合同的相同点在于,它们都是以合意来产生法律上效果的行为。但是,它们毕竟是不同的两种契约形态,存在着本质差别,表现在:

第一、两种契约的根本差别在于标的内容(Vertragsgegenstand,subjet-matter),也就是所形成的法律关系(legal relations)的不同。行政契约中当

① 法国行政法院在判例中认为,公私合营公司和建筑企业签订的高速公路建设合同和国有公路的建设合同因本质上属国家活动,所以为行政契约。王名扬:《法国行政法》,179～180页,北京,中国政法大学出版社,1989。

事人之间形成的法律关系部分或全部是行政法上的权利义务关系，比如，县政府间就教育事务达成的协作协议。而民事合同所形成的是民事法律关系。这种理论见解得到了来自学者和法院的双方面认可。[①]正是由于行政契约是以形成行政法上权利义务关系为主要内容的，而与规定民事法律关系的民事合同有着根本的区别，我们才将此类契约纳入行政法范畴，而冠之以“行政”契约。

第二、法律关系的性质不同，也从根本上决定了对契约构筑的理论基础、法律调整方式以及救济的不同，或者说不完全相同。原则上，行政契约是以公共利益为优位考量，其中行政法上权利义务内容应当通过行政法来调整，以行政救济来解决涉讼问题。民事合同则以意识自治原则为基础，由民法来调整，通过民事诉讼来解决纠纷。[②]

(2)行政契约与具体行政行为。具体行政行为观念在传统的行政法中一直占据着统治地位，构成行政法学研究乃至整个行政法制建设的核心，更是行政救济制度建立的基础与审查的对象。行政契约只是晚近才出现，并被行政法学者注意到的一种行为，其外在表现出的特征与具体行政行为的区别也是非常明显的。

第一，缔结行政契约的行为不是公权力之措施，因为它不像具体行政行为那样是建立在单方权威和服从的关系（unilateral sovereign and subordinate relationship）上，而是建立在双方关系（bilateral relationship）之上。[③]

第二，与上述公权力密切相关的是在具体行政行为中行政机关可以将

---

① 尼尔豪斯（Michael Nierhaus）、辛格（Mahendra P. Singh）以及吴庚等学者都扼要地指出这种根本的区别，Cf. Michael Nierhaus, “*Administrative Law*”, Collected in Werner F. EBKE & Matthew W. Finkin(ed.), *Introduction to German Law*, Kluwer Law International, 1996, p. 95. Cf. Mahendra P. Singh, *German Administrative Law: in Common Law Perspective*, Springer-Verlag Berlin Heidelberg, 1985, p. 50. 德国行政法院和联邦最高法院目前也持这种观点。吴庚：《行政法之理论与实用》，371页，台北，三民书局，1996。

② 吴庚教授认为，需不需要特别的救济途径或诉讼类型，与行政契约发达有密切关系，但利用现行法制上一般救济途径，也并非不能解决因行政契约所生之涉讼问题。吴庚：《行政法之理论与实用》，370页，台北，三民书局，1996。但我的研究结论却是，行政契约所形成的行政法关系，必须放在行政法救济框架内解决，但目前的行政复议和行政诉讼制度的结构不适合于解决行政契约纠纷问题。余凌云：《论行政契约的救济制度》，载《法学研究》，1998(2)。

③ Cf. Mahendra P. Singh, *op. Cit.*, p. 33.

单方意志施加到相对人身上,并产生权威性的拘束力,必要时可以以强制手段来实现行政行为所欲达到的目标。[①]而行政契约的法律效力的产生,不像具体行政行为那样是单方意思行为,而是取决于双方当事人的意思表示一致。也就是法律效力发生的基础是不一样的。

对于行政契约纠纷,在以往行政审判中,一种常见的处理方式就是将其中公法纠纷抽出,作为行政行为来单独处理。[②]一些法官和学者也认为,"行政协议是一个系列行政行为",[③]本质上是"协议性行政行为"。[④]一方面,这似乎化繁入简,让问题迎刃而解,"将行政协议分解为若干独立的行政行为,按照行政诉讼的规则去审理、判决行政协议纠纷案件,也就没有多少困难了"。[⑤]但是,另一方面,也让人颇为困顿,既然与合同有关的行政权行使可以单独切割出来,那么,还要行政契约干什么? 行政契约概念就显得多余,也不成立。

在我看来,不能将合同约定的行政权行使和合同纠纷切割开。这是因为,合同缔结之后,行政机关应当怎样行使行政权,不仅要遵循依法行政原则,也要受合同拘束。如果依法行政要求与合同约定发生冲突时,应当让依法行政胜出,然后再解决合同责任。所以,在这类纠纷中,法院不能仅微观

① 吴庚:《行政法之理论与实用》,280页,台北,三民书局,1996。

② 比如,"王保明与扬中市八桥镇人民政府不履行法定职责二审行政判决书"中,"上诉人要求增加审查双方签订的拆让协议的性质,是属于行政协议还是民事协议",二审法院认为,"由于上诉人在一审中的诉讼请求是判令被上诉人为上诉人办理国有土地使用权转让的法定职责,故对上诉人提出的增加审查上述部分内容的请求,本案不予理涉"。参见江苏省镇江市中级人民法院(2015)镇行终字第00152号行政判决书。在实践中还存在着另一种拆解方式,也就是撇开合同的属性不论,仅识别争议的属性,如果属于民事争议,就按照民事诉讼处理,比如,"北京北方电联电力工程有限责任公司与乌鲁木齐市交通运输局其他合同纠纷二审民事裁定",法院认为,"有关回购原因的行政行为与回购争议本身相互独立,北方公司对终止《BOT协议》之前的相关行政行为并无异议。根据北方公司诉讼请求及一审查明的事实,双方争议的回购款依据问题,不涉及具体行政行为,北方公司本案亦未针对具体行政行为提出相关诉求。故本案不属于行政诉讼受案范围","各方当事人在回购款的支付问题上,处于平等的法律地位,不能排除民事法律规范的适用。北方公司起诉符合民事诉讼法关于受理条件的规定,应予受理"。参见最高人民法院(2014)民二终字第40号民事裁定书。

③ 郭修江:《行政协议案件审理规则——对〈行政诉讼法〉及其适用解释关于行政协议案件规定的理解》,载《法律适用》,2016(2)。

④ 王学辉:《行政何以协议——一个概念的检讨与澄清》,载《求索》,2017(12)。

⑤ 郭修江:《行政协议案件审理规则——对〈行政诉讼法〉及其适用解释关于行政协议案件规定的理解》,载《法律适用》,2016(2)。

地解决行政权行使的合法性判断问题，还必须回答合同是否有效，是否还必须继续履行下去，以及有关的违约责任。这是其一。其二，行政机关为何不依照合同约定行使行政权，有时可能涉及当事人行为不当或者不遵守合同在前。法院不能无视这些问题，必须一并进行审查，做出综合判断。这种双向审查方式，显然不同于对行政行为的单向性审查。

3. 分类

在理论上对行政契约作分类，其意义在于：(1)从不同侧面和角度观察行政契约，揭示其存在领域之广泛；(2)对不同种类的行政契约，在法律上应区别规范和控制；(3)在运用于所涉个案之中时，自觉地根据不同种类行政契约的特性，有选择地适用。

行政契约是游离在具体行政行为与民事合同之间的一种特殊的形态。这个命题之中，实际上包含着两个变量：一是合意的程度；二是存在类似于行政行为的权力因素。因为有合意，并通过合意来形成一定的社会秩序，所以我们称之为契约。也正因为其含有类似于行政行为的权力因素，具有某种行政性，进而会形成一定的行政法上的关系，所以我们才不把它完全归类到民事合同当中，而是另外称之为“行政”契约。因此，只有同时兼有上述两个变量中的因素之时，才能成就行政契约。

从动态的角度讲，如果合意的变量逐渐递减为零，那么该形态就会发生质变，变成为纯粹的具体行政行为。如果类似行政行为的权力因素递减为零，那么就变成了纯粹的民事合同(见图 10－3)。紧接下来的问题是，要成就行政契约，那么其中的合意程度与权力因素的成分要达到多少的量呢？在我看来，只要是不变为零，只要是两个要素兼而有之，那么，就应当仍然属于行政契约的范畴。因此，根据两个变量因素的含量的不同，我们可以笼统把行政契约分为“混合契约”“纯粹契约”和“假契约”。

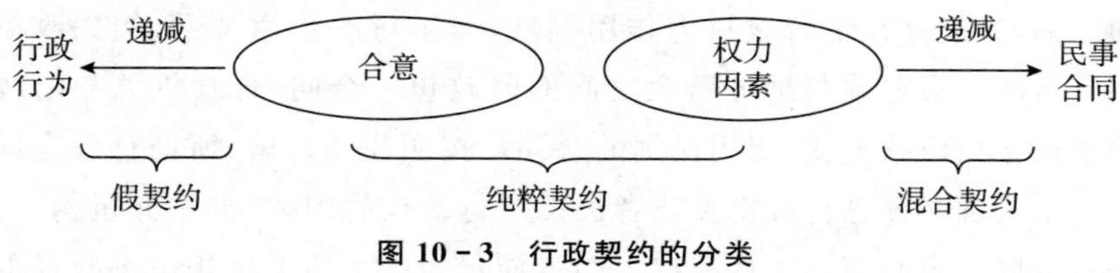

图 10－3　行政契约的分类

"混合契约"很接近民事合同,只是掺杂了若干公法条款。从目前有关的法律规定或者司法解释来看,也基本上是按照民法和合同法来处理。比如,《政府采购法》(2002 年)第五章专门规定了"政府采购合同",其中第 43 条明确规定适用合同法;《国土资源部、国家工商行政管理局关于发布〈国有土地使用权出让合同〉示范文本的通知》(2000 年 10 月 31 日)对国有土地使用权出让合同的设计,也基本上按照民事合同的模式来打造;《土地管理法》(2004 年)第 14、15、16 条、《最高人民法院关于审理农业承包合同纠纷案件若干问题的规定(试行)》(1999 年 6 月 28 日)对农业承包合同的规定,也没有很明显地突出其行政性的要求。但是,涉及这类合同中行政性内容方面的规定和审查上,又明显地感到用民商法的方法来处理有问题。所以,我国行政法学者普遍认为这是一种行政契约,目前的状况实际上是"公法遁入私法"。

纯粹契约是专属于行政法、具有完全法律意义的契约形态,比如,治安处罚中的担保合同,将行政处罚权或者其他行政权依法委托给事业单位而签订的行政委托协议。它具有完满的契约性,就连最挑剔的民法学者也不敢否定,而其蕴含的纯粹行政内容,又让民法学者不愿染指。

"假契约"是具有协议形式,但又不是完全法律意义上的合同,目前行政诉讼上很少受理。又分为两类,一类是行政机关与所属部门、工作人员之间签订的责任书,比如,在行政机关内部签订的执法责任书;在英国,这类契约也叫"内部契约"(internal contract)。另一类是行政机关和相对人之间签订的各类责任书,比如,门前三包协议、夜间摊点治安责任书、计划生育合同。

目前,行政法学者与民商法学者之间发生争议的是,"混合契约"是否是一种行政契约?行政法学者说是,而民商法学者曰否。如果我们用"纯粹契约"和"假契约"来证成行政契约的存在,民商法学者都不太会否认。梁慧星教授就曾说过,他能够认可和接受的仅此而已。他说:"如果说有所谓行政合同的话,只能存在于行政权力作用领域,属于行政法律关系,例如改革过程中实行的中央财政与地方财政之间的财政包干合同、行政机关与财政之间关于规定罚没款上交、留用比例的合同。按照我的理解,所谓行政合同的双方当事人都必须是行政机关或者被授予行政权的团体(如中介机构、行业协会),合同内容必须属于行政权力的行使行为。本质上属于市场交易的行为，即使一方当事人为行政机关（如政府采购合同），即使法律规定实行强制签约（如粮食定购），也仍然属于民事合同，而与所谓行政合同有本质区别。”[①]对于这个在民商法与行政法上由来已久的争执，我始终的看法就是，对于混合契约，只要能够为民商法原理与规则很好调整的，一律不必强行贴上行政契约的标签。如果部分不能或者全部不能由民商法原理或者规则调整的，那么，契约之中必然夹杂着某些公法内容，必须由公法来规范。[②]因此，对于某种混合契约是否要划入行政契约范畴，不单是理论问题，更是实践选择。

但是，在行政法学者之间，对于“假契约”算不算是行政契约？争议很大。有的学者认为不是。我认为应该是一种契约规制实践，是一种特殊形态的行政契约。理由是：第一，外在形式上是采取协议方式。第二，其中有一定的合意色彩，也因此形成了一定的权利义务关系。第三，是当前行政改革的趋势和重要举措，作为改变韦伯式的科层式模式，尝试着用契约模型来进一步明确责任，加强考评。其作用，正如 Davies 指出的，首先，从直线式管理向契约治理的模式转变，将会使绩效考核标准更加清晰、正式。其次，购买方和提供方的组织分离将使各自的权力责任更加明确。[③]当然，在其中也出现很多问题，特别是在实践中出现不少行政机关推卸、转嫁责任，侵害相对人权益的问题，亟待法律规范和解决。因此，行政契约理论不应该削足适履，固守成规，而应该更加关注蓬勃发展的、鲜活的社会实践，适时地自我更新，以更好地指导实践。

二、行政契约与依法行政

1. 契约文化在公法领域的勃兴

早在我国计划体制之下，以合同为执行国家计划的工具的实践就已蕴含了行政契约制度的某些基本因素与特征。这种实践可以说是行政契约在

---

① 梁慧星：《中国统一合同法的起草》，载《民商法论丛》第 9 卷，29～30 页，北京，法律出版社，1997。

② 余凌云主编：《全球时代下的行政契约》，9 页，北京，清华大学出版社，2010。

③ Cf. A. C. L Davies, *Accountability: A Public Analysis of Government by Contract*, Oxford University Press, 2001, pp. 50～51.

我国之滥觞。[①]但是,行政契约真正得到迅猛发展,并被推广到几乎所有的行政领域,甚至包括传统上被认为行政权的"自留地"的内部管理领域,却是与在全国范围掀起学习与推广安徽凤阳农村的承包制经验的热潮有着密切的关系。

在立法、政策层面也逐渐出现一些涉及规制行政契约的规定,涉及国有企业承包、土地转让、水权转让、计划生育、公务员聘用、公立学校学生委托培养、污染物排放等领域。2008 年 4 月 9 日通过的《湖南省行政程序规定》尝试着对行政契约作出统一规定,包括行政契约的含义、竞争和公开原则、书面形式签订、批准生效、行政指导和监督权限、不得擅自变更或者解除等内容。可以适用行政契约的事项包括:政府特许经营、国有土地使用权出让、国有资产承包经营出售或者出租、政府采购、政策信贷、行政机关委托的科研或咨询、法律法规规章规定可以订立行政合同的其他事项。[②]

从行政法制度与结构的变革而言,并且从更加开阔的视野去分析公法上的契约现象,行政契约实际上是 19 世纪以来,特别是 20 世纪行政法制度(institutes)与功能(functions)发生结构性变化的产物,正像英国学者哈罗(Carol Harlow)和劳伦斯(Rechard Rawlings)所观察到的那样,是市场经济理念、特别是契约理念向公共管理领域渗透的结果。"私法的契约观念被融入公共行政 — 比如,市场的规则或者模拟市场的规则(the discipline of markets or market-mimicking),选择自由的个人主义观(the individualist ethos of freedom of choice)。契约作为法律概念成为了行政法的利刃(the cutting edge),一方面,展现了能动和实验的强烈意味,另一方面,给人以某种紧张和不定的强烈感觉。(exhibiting a strong sense,on the one hand,of

① 我国虽然在 1958 年实行计划经济体制下取消了合同制度,但从 1961 年开始至 1966 年期间又将合同制度作为调整国民经济的一项重要措施而予以恢复和推广;1978 年以后即在立法中明确将合同作为执行国家计划的工具。有的学者认为这种(经济)合同的计划性决定了其实际为行政契约,但亦有学者提出反对。我认为,不能完全否定上述合同中所具有的行政性,也不能人为地割裂历史,否则就无法理解目前由计划性合同演变而来的国家订货合同应属于行政契约范畴了。关于计划性合同是否为行政契约的争论,详见应松年主编:《行政行为法——中国行政法制建设的理论与实践》,591 页,北京,人民出版社,1993。

② 于立琛:《通过实务发现和发展行政合同制度》,载《当代法学》,2008(6)。

dynamic and experimentation, on the other, of tension and uncertainty)”[①] 这里的“实验”与“紧张”所表达出来的意味是深远的，耐人寻味的。因为契约观念在公共领域的运用，甚至已经完全超越了契约法上那种能够通过法院强制执行的完全法律意义上的契约(contract in the full sense of an agreement enforceable in the courts)，出现了既要达到对双方的约束(intending to be binding)，但又不具有上述完全法律意义的协议形式。[②]作为结构与管理整合(structural and managerial re-ordering)所必需的适当的法律手段，契约以及半契约关系(contractual and semi-contractual relations)在公共管理中起到核心的作用，也是在这一点上，“契约文化”(contract culture)被应用到这种新的关系之上。[③]

行政契约之所以倍受青睐，这与其所具有的、同具体行政行为所不可比拟的功能有关。这反过来又自证了行政契约在行政法中存在的合理性。这些功能可以概况为：

第一，扩大行政参与、实现行政民主化。在行政契约中，对行政目标实现方式以及内容的选择，由行政机关和相对人协商确定，并将相对人是否同意作为行政契约能否发生法律效力的条件，这就在行政政策的形成以及推行过程中最大限度地融入了相对人的意见，将相对人参与行政管理的程度提升到一个相当高的水平，积极地推进了行政民主化的实现。

第二，弥补立法不足、替代立法规制。政府通过缔结行政法上契约方式，能够在法律没有规定或者规定不具体的领域与相对人通过合意形成其所预期的行政法上权利义务关系，或者实施比法律规定更加严格的政策，以达到行政规制目的，并能灵活地根据时势需要不断地调整政策姿态，进行政策选择，从而弥补立法不足、达到替代立法规制的效果，这也是行政契约作为行政手段所具有的突出的功能，也是其弹性与机动性之所在，这种弹性和

---

① Cf. Carol Harlow & Rechard Rawlings, *Law and Administration*, Butterworths, 1997, p. 207.

② Cf. Carol Harlow & Rechard Rawlings, *op. Cit.*, p. 139.

③ Cf. N. Flynn, *Public Sector Management*, London: Harvester Wheatsheaf, 1993. Cited from Carol Harlow & Rechard Rawlings, *op. Cit.*, p. 139.

机动性对于特殊、非常态行政案件的处理尤其具有价值。[①]这有助于对政策选择的短期尝试和避免所必需的立法授权。[②]

第三，搞活国有企业、提高国有资产使用效率、促进国有资产的增值、推进经济体制改革。西方国家有些学者认为，对于某些公共管理事业，如果由行政机关来实施，可能会导致较低的生产效率、不计较成本、忽视竞争所带来的新观念和新技术，而改善这种状态的最佳途径是通过和相对人签订契约将该事务转包出去。[③]在我国，行政契约是在经济体制改革的社会背景下被引入行政管理之中的，而经济体制改革所面临的主要问题就是如何搞活国有企业，提高国有资产的使用效率，促进国有资产增值。在实践上，以农村土地承包为契机，在国有企业经营、国有土地利用、公共工程建设等诸多领域中逐渐引入了行政契约的管理观念与手段。行政契约作为一种程序设施或工具设备，为行政主体和相对一方，甚至受合同影响的第三人，提供了理想的协调各方利益的场所和较广的选择可能性，使彼此约定的条款内容能够满足各种不同利害关系人的不同要求，使各自的利益均达到最大化，由此产生的结果方案容易得到相对一方的协力，并能有效地防止法律纷争的发生。在契约的执行中，合同当事人出于追求自身利益的最大化，在使用国有资产时，会努力降低成本，提高效率。而对于国家而言，能够取得国有资产增值的效果。

第四，弥补公共服务竞争不足、带动内部制度建设、强化行政组织运行管理、提供良好公共服务。从满足人们对良好的公共秩序和管理的需求看，行政管理也是一种社会服务。然而，在公共领域，公共服务的消费者(公民)和提供者(政府)之间基本上是卖方市场，缺少着基本的市场竞争。“但基于各种各样的理由，我们还必须保持这种公共机构所拥有的垄断，(与此同时)，我们也应该寻找能够与竞争产生同样法则的其他方法。”[④]从我国摸索的经验看，退而求诸己身，通过对外承诺服务，提出较高服务标准，加重提供

① 许宗力:《行政契约法概要》，载《行政程序法之研究》，295页，台北，“台湾行政院经建会健全经社法规工作小组”出版，1990。

② Cf. P. P. Craig, *Administrative Law*, Sweet & Maxwell, 1994, p. 698.

③ Cf. P. P. Craig, op. Cit., pp. 108～109.

④ Cited from Carol Harlow & Richard Rawlings, op. Cit., pp. 146～147.

者的责任，是能够对内产生一定有益的压力，拉动公共组织内部的制度建设和运行的严格管理，提高公共服务的质量。这个过程可以通过与特定相对人签订承诺契约来实现。比如，湖北省鄂州杨叶派出所推行治安承诺责任协议，就成为提高公安工作服务质量和水平、转变服务方式的转换点。[①]

第五，使纠纷处理和法律救济简单化、明确化。行政契约中双方当事人对彼此权利义务的明确约定，在一定程度上能够有效地防止以后在契约执行上的纷争。退一步说，即使发生纷争，也能比较容易地判断是非曲直。目前在实践部门中普遍偏好签订各类“责任书”，比如“治安责任书”，“强化单位内部防范，综合整治盗抢汽车、摩托车、自行车犯罪活动责任书”，“娱乐场所管理责任书”，等等，其中一个主要目的就是明确行政机关和相对人的各自责任，出了问题也好解决。更何况在行政契约中通常都明定了纠纷的处理方式，以及损害发生时责任方须负的赔偿责任，所有这些规定，都使得行政契约纠纷的处理更加迅捷。

2. 契约自由与依法行政

在依法行政的理念下，行政机关对于行政权的行使要受到来自法律方面的约束，是不自由的，那么，这种状态能不能与契约概念中所具有的自由性相调和？怎么调和？

在我看来，在特别强调对行政权随意性约束的传统依法行政理念基础上，推导出依法行政与契约自由是无法调和的结论，是很正常的。但是，随着政府由消极行政走向积极行政，传统的单纯强调约束行政权随意性的依法行政理念，也相应地向实现既约束行政权随意性又维护行政权灵活性之间平衡方向转化。行政机关享有了较大的裁量权，可以根据时势需要以及考量行政目的，选择适当的行政手段。而且，在不与法律相抵触的情况下，政府可以直接根据组织法规定的权限，主动追求行政目标的实现。这就为行政契约留出了一定的法律空间。

首先，不要求行政机关必须在有具体法律授权时才能缔结行政契约，只要是在组织法上可以找到根据，没有越权或者为法律的目的和意义所禁止，

---

① 余凌云：《从行政契约视角对“杨叶模式”的个案分析》，载《中国人民公安大学学报》，2000(4)。

契约的内容不与法律相冲突,就可以缔结行政契约。更何况在有些情况下,法律还特别授予政府签订行政契约权力。这些都为政府签订行政契约提供了权力基础。

其次,在缔结契约以及形成契约内容等环节,行政机关与相对方可以自由合意、商谈合作。但是,由于行政契约是作为推行行政政策以实现行政目的的手段,一般都存在着法律或事实上的强制性规定,而且,在依法行政原则的支配下,行政机关行使行政契约权要受到诸多限制,因此,契约自由原则在行政契约中适用的程度与民事合同不同。民事合同中,双方当事人只要不违反有关公共秩序和善良风俗的法律,就享有绝对的自由。但在行政契约中,双方当事人就不能享有同样的自由和自治(autonomy),否则就会有使公务商业化的危险(a danger of commercialization of administrative services),使行政契约沦为纯粹是在对价互惠(reciprocal benefits)问题上的讨价还价。[①]行政契约中的契约自由的边际,是由合行政目的性原则与依法行政理念划定的,因而双方当事人的合意空间是有限的。

因此,有必要加强对行政契约行为规范与程序规范的立法,在尊重双方合意、保证交易安全的前提下,尽量将行政契约的实践纳入依法行政理念的支配与控制之下,同时通过将行政契约纠纷纳入司法审查范围,以保证行政契约符合法治主义的要求。

三、行政契约中的权利义务

1. 我们要追求平等化的趋势吗?

我国行政契约理论在形成之初,深受法国传统模式的影响,很多理论直接汲取自王名扬先生对法国行政法的引介,形成了以法国模式为格调,掺杂若干德国法色彩的混合体。对于行政契约的设计基调,我们没有接受德国行政契约的平等原则,而是全盘接受了法国行政契约中行政机关应当享有特权、公共利益优先的思想,并认为这是行政契约有别于民事合同的最醒目标示。

然而,近年来,一些西方国家,包括法国在内,市场规范、社会信用体系

---

① Cf. Mahendra P. Singh, *op. Cit.*, p. 51.

已臻于完善。于是，在民主思想的鼓噪下，出现了行政契约趋于平等化的思潮。在我国，也有学者奔走呼吁，要求变革。但是，这并未在学界引起共鸣，对实践中的契约也没多少影响。

根本原因就是，迄今，行政机关仍然是将行政契约作为传统行政命令、计划或指令的替代手段，契约追求的公共利益与行政机关职责密切相关。由于相对人易受利益驱动，遵守契约义务观念相对淡漠，市场机制尚不健全，民法规范不够有力，而行政机关在契约缔结和履行中的任何闪失，又可能招致行政内部严厉的考评、责任追究，以及媒体公众的关注与批评，所以，在这样的生态下，很难下决心淡化行政契约中的特权，采取更加平等化、市场化的处理方式。

所以，通说认为，为有效监管行政契约，在行政契约中行政机关当然应享有主导性权利，而且，这还不是唯一手段。很多立法还允许行政机关对违约相对人直接采取行政上的制裁措施。这构成了我国行政契约理论的一个鲜明特色。这种责任的基础显然不是契约约定责任，而是法律从行政管理角度为保障契约义务必须履行而施加相对人的法定责任。[①]当然，在具体个案中怎样配置主导性权利或者行政制裁措施，多少为宜，完全取决于行政目标实现的需要，同时又要符合比例原则、合理性原则的要求。

诚如骆梅英博士指出的，"契约式治理充分体现了行政合同作为实现行政目的的手段性，但不是唯一手段，从过程论的角度来看，政府对企业履行普遍服务义务的监管，是以契约为基础，同时运用强制信息公开、标准制定、操作规程的报备、紧急接管乃至市场准入的禁止、行政处罚等各种手段的一个综合的、持续的控制过程，公权力干预的强度取决于行政合同目的的'公益性强度'。"[②]

---

① 比如，在治安管理处罚担保合同的履行中，担保人不履行担保义务，致使被担保人逃避行政拘留处罚执行的，公安机关可以对担保人处以三千元以下罚款，并对被担保人恢复执行行政拘留。担保人履行了担保义务，但被担保人仍逃避行政拘留处罚执行的，或者被处罚人逃跑后，担保人积极帮助公安机关抓获被处罚人的，可以从轻或者不予处罚。(《公安机关办理行政案件程序规定》(2006年)第180条第2款)。

② 骆梅英：《通过合同的治理——论公用事业特许契约中的普遍服务义务》，收录在清华大学法学院公法研究中心于2009年10月24日举办的"全球时代下的行政契约"国际研讨会的会议论文集之中。

2. 权利义务配置的机理

在我国,行政契约作为行政法上的手段,是为政府推行行政政策、实现行政目的服务的。因此,我们对权利义务配置模式的考虑,应将基点确定为:既能有效地促成行政契约所预期的特定行政目的的实现,同时又以实现特定行政目的之必需为限度,禁止在权利义务上的不合理连结。而特定行政目的能否顺利实现,涉及双方当事人对契约履行的态度及行动。为促成行政目标的完成,就必须赋予行政机关在契约中适度的主导性权利,同时积极发挥相对一方对行政机关履行义务的监督作用。

但是,保证特定行政目的优先实现,并不等于否定,在契约当事人之间具有反向性目的追求的行政契约中,还应该存在以保证相对一方参与契约所预期的利益实现为目的的权利义务配置,比如相对人要求报酬权等。

基于上述认识,我们可以将以确保特定行政目的优先实现的权利义务配置作为第一层次,而将保证相对一方利益实现的权利义务配置作为第二层次。这种层次的划分,只是我们在制度设计上考虑问题的先后顺序,以及在这两种权利义务配置所代表的公共利益与私人利益发生冲突时的价值选择趋向,并不意味着后者无关紧要。

3. 行政优益权

在行政契约中,必须引入一些非民事合同所有、不符合民事原理的特别约定与内容。比较多见的是赋予行政机关行政优益权,以及适用超越民法、合同法的特殊规则,从而形成了行政法上的权利义务关系。这是因为,首先,就行政协议欲实现的行政目的看,完全援用民事合同上的所有机制,能否确保履约,行政机关仍有疑虑,唯恐力所不逮。其次,现阶段不很成熟的市场机制、普遍缺失的信用体系,更让行政机关觉得有揉入特殊保障条款的必要。

行政优益权,也称“主导性权利”或者“特权”,在行政契约订立时一般是作为强制性条款规定的,对相对一方来说,要签订契约,就必须接受。当然,签订行政契约可能给契约当事人带来的巨大利益也会促使其接受这样的“对价”。

(1)对契约履行的指导与监督权

赋予行政机关对契约履行的指导与监督权,对于督促相对一方切实履行其所承担的契约义务，减少因履行而产生的纠纷，保证行政契约的执行向着行政机关所预期的方向发展，具有极其重大的意义。而行政契约能否得到实际执行，反过来又会对行政契约的缔结程序产生有意义的影响。

(2)对不履行契约义务的相对一方的直接强制执行权

从行政契约是推行特定行政政策的手段这一认识出发，将保证特定行政目标的实现作为制度模式选择的首要决定因素和必须达到的目标来加以考虑，应当允许行政机关与相对人在缔结行政契约之时，就约定行政机关在相对人无正当理由不履行契约，而且公共利益迫切要求尽快履行行政契约时，行政机关可以享有直接强制执行权。理由是，如果要求行政机关通过诉讼解决，那么会因为诉讼程序的繁杂与费时，阻碍特定行政目标的及时实现，造成对公共利益的损害。当然，如果强制执行发生错误，行政机关应当赔偿当事人因此遭受的损失。

(3)作为制裁手段的直接解除契约权

作为制裁措施的直接解除契约权，应在相对一方严重违约，且具有时间上的急迫性，如不径行解除契约，将对公共利益造成不合比例之重大损害时，才允许使用。比如，在国有土地出让中，土地使用者如未在规定的期限内缴纳土地使用权出让金，政府有权解除合同(《城镇国有土地使用权出让和转让暂行条例》(1990 年)第 14 条)。由于导致采取这种制裁措施的原因是相对人不履行契约义务，因此，相对人要对其违约独自承担这种不利益结果。在这里，经济平衡原则不适用。

(4)在情势变迁情况下单方变更与解除契约的权利

由于整个行政契约理论的核心思想是公共利益居于优越地位(predominance)，如果在缔结行政契约之后遇到情势变迁，且符合比例原则，应当允许行政机关根据公共利益的需要随时变更契约履行标的或内容，或者解除契约。具体的程序是，行政机关可以与相对一方协商改变契约内容或标的，或者解除已完全失去履行可能的契约；如果行政契约的变更解除具有急迫性，为防止或免除公共利益遭受重大损失，也应允许行政机关享有单方变更解除权。但是，为了保障相对人的合法权益，必须要求行政机关书面作出变更解除的理由说明。

行政机关变更或解除行政契约，如果给相对人造成经济上的损失，那么,从平衡相对人利益的角度,应当按照“经济平衡原则”(le principe d’equation financiere),给予相对人充分的、及时的补偿,以便使公共利益和私人利益获得较良好的协调。也就是要为相对人的合法预期提供补偿性保护。

(5)对行政契约的解释权

在行政契约的履行过程中,有可能发生双方对原订契约条款理解分歧或条款规定不明确的问题,这就必须解决对契约解释权的配置问题。基于行政契约是推行行政政策的手段之考量,可以考虑将解释权赋予行政机关,但与此同时,为保障相对人合法权益不致因为行政机关滥用解释权而受到侵害,应允许相对人申请行政救济。对于行政契约中有关条款发生理解歧义的,应当根据职权法定的原则,由有权的行政机关做出解释,其他行政机关,包括形式上的签约一方的行政机关都必须遵从。

4. 其他“行政法上权利义务内容”

对于当事人在协议中形成的行政法律关系或者“行政法上权利义务内容”,以往不少法官、学者都将它解读为行政优益权。其实不然。“行政法上权利义务内容”还包括以下情形:

(1)协议中直接规定了某种行政权力,以及行政法上的义务。最明显的就是纯粹的行政契约形态,比如治安处罚上的担保协议,双方约定的都是如何确保被担保人不逃逸,不串供、不销毁证据,保证随传随到等公法上的事由。

(2)双方在协议中约定了对行政权的未来处分。合同约定了作为当事人一方的行政机关未来必须做出的某种行政行为,或者必须履行的某种行政法上义务。比如,允诺出让国有土地,不同于一般民商法意义上的物的交易,土地出让的审批过程是一个行政权运用过程,不仅受合同效力拘束,也必须遵守依法行政原则,因此,行政机关签订出让合同,实际上是约定了土地管理部门未来办理土地出让的批准、登记等手续,并对这些行政权行使做过事先的合法性审查。所以,在签订行政协议时,一般会根据类型与目的,由负有主要法定职责的行政机关出面代表签约,比如,国有土地使用权出让合同由土地管理部门来签,在合同签订时其可以、也有权对其未来的行政决定作出预先的处分。

(3)行政协议实际上也约定了其他相关行政机关对行政权的未来处分。很多时候,不是协议一方当事人的其他行政机关,在职责上与上述行政法义务有关联,也必须依据协议约定连动地做出相应的配合性、辅助性决定,才能使得合同约定的目标最终实现。比如,当事人按照原先约定的用途开发商品房建设的,只要符合条件,建设部门应当及时颁发有关建设许可证,否则,国有土地使用权出让合同约定的土地用途无法兑现。所以,从某种意义上讲,签订行政协议的行政机关一方,仅具有形式上的意义,是代表政府一方。行政协议在履行过程中,需要政府作为一个整体对外回应。

上述(2)、(3),是以往被忽视的,常被荫掩在民事权利之下。以往,不少学者、法官之所以主张出让合同、承包合同等混合契约为民事合同,在我看来,他们仅关注了权利的民事属性,比如,土地使用权是一种用益物权,而忽视了权利出让(转让)过程的行政性。“在中国,个人或组织所拥有的地权,最终都不是来源于法律或习俗,而是来源于政府的授权,权利的实施也必须依赖于政府的保护”。[①]在出让合同中,“出让”、“有权出租”、“登记手续”等文字,平白质朴,看似与民事无异,却隐含着行政机关对未来行政行为的预先同意与处分,双方约定的实际上是一种行政法上的权利义务关系。因此,在行政协议中,往往存在着双层的约定、双层的不同法律关系以及双层的权力属性。我们不能仅关注第一层次的民事属性,还必须重视第二层次的行政法属性。

上述公法约定不仅要受合同约束,还必须服从依法行政的要求。合同约定只有与依法行政要求相吻合,才能拘束行政权的行使。当两者发生冲突时,在解决问题的次序上,依法行政要求无疑要优于合同约定。行政机关不能拘泥于已有的合同而放弃未来的权力行使,否则,行政机关就变成了立法机关,可以通过合同自我授权。但是,这不等于说,签订行政协议对当事人是不安全的,行政机关对于合同约定不可能弃之如敝屣,行政权力的行使要受到依法行政的严格拘束,因为依法行政而对当事人造成的损失,必须遵循经济平衡原则,给予合理补偿或者采取其他补救措施。

---

① 曹正汉、史晋川:《中国地方政府应对市场化改革的策略:抓住经济发展的主动权》,载《社会学研究》,2009(4)。

四、基本程序与制度

1. 签订契约的基本方式

(1)招标

招标是通过竞标方法,按照一定的标准与政策选择行政契约的相对一方。多适用于具有经济目的的行政契约。比如,政府采购项目多是通过招标来签订采购合同的。平等竞争原则,以及招标等适当的缔结合同方式,对在具有多位竞争者中贯彻机会均等原则,反对"内幕交易"及裙带关系等腐败滋生,具有重要意义。

(2)协商

这是行政契约签订的最主要的方式。也就是通过行政契约双方当事人就合同的内容等问题进行协商,最终达成的一种协议。

2. 基本程序与制度

在我国行政契约制度的构建中,出于保证行政机关所预期的特定行政目标的达成的考虑,在处于隶属关系的当事人间缔结的合同中,需要维持双方的不对等状态,以及赋予行政机关较大的行政优益权,而这在实际操作中又会引发诸多失范。因此,在法律制度的设计和具体运作上,应当考虑借助行政程序来进行规范与控制。

行政程序之所以能够对行政契约起到规范与控制作用,是因为,第一,行政程序作为行政决定的规范流程,能够提供各方交易的理想空间,促进意见疏通,扩大选择范围,调和彼此的利益。第二,能够消除地位不对等的隔阂,使处于弱势的一方能够自由地表达意见,实现合意的自由,从而使行政契约活动从本质上符合契约的根本特性。第三,能够通过课加行政机关程序上的义务和赋予相对一方程序上权利,使行政机关行政优益权、行政权力的行使合乎理性,从而保证由此作出的行政选择是最有效益的。

其中重要的程序与制度有:

(1)书面形式

采取书面缔结方式,能够用来作为防止与解决纠纷的良好的程序设置。因为详细的书面契约能够明确与细化程序参加者的各自要求,预先杜绝彼此可能产生纠纷的根源;且一旦发生纠纷,也便于分清责任,加速调解、裁决的进程。

当然，不分契约的种类、大小，不管情况如何，都要求采取书面形式，而一概排斥采取电传或口头等其他形式，这种僵硬的态度显然也不足取，不符合实际需要以及效益原则。因此，法律应当为行政机关根据实际情况以及成本核算采取其他的缔约形式留有一定的选择余地。

(2)听证或者听取意见

针对不履行契约义务的相对人的直接强制执行权、作为制裁手段的单方直接解除契约权、在情势变迁情况下的单方变更权等行政优益权，虽然是在双方约定基础上产生的，但从这些权利行使的方式和效果上看，更接近单方行政行为。而且，行政契约也存在着对未来行政权力行使的约定与处分。因此，应构建听证或者听取意见等制度来控制这些权力的行使，加强理性选择。听证或听取意见的实质是行政机关与相对人就行政优益权、行政权力行使而疏通意见，通过赋予相对一方的反论权，排除恣意，将决定建立在坚实的事实基础上。为保证行政机关能考量公共利益，及时行使行政优益权、行政权力，要尽量避免行政程序上的过分牵制，仅在涉及相对人重大利益时，要求行政机关必须举行听证。在其他情况下则由行政机关自由斟酌是举行听证，听取意见，还是用说明理由方式来替代。

(3)说明理由

说明理由是行政机关在存在多名符合资格的竞争者中间进行利益的分配时，对最终决定所作的依据解释，或者对行政优益权、行政权力行使的理由进行书面的阐述。要求行政机关承担这种义务，能够使行政机关在作出决定时更加审慎，同时也便于对决定的正确性进行事后的审查和判断。

(4)对第三人的保护

在行政契约触犯第三人利益时，应当以该第三人书面同意作为契约生效的必要条件。这能够事先保护第三人的利益，避免事后引起第三人对行政契约的异议与诉讼，降低行政成本。

五、法律救济

1. 司法外救济途径

从西方国家的经验看，针对政府合同提起的诉讼比较少，多是通过司法外途径(协商、仲裁或行政机关内部裁决)来解决，而且一般解决得都比较成功。比如,在英国,尽管《王权诉讼法》(the Crown Proceedings Act 1947)确立了更加简化和现代化的诉讼程序,使所有涉及中央政府合同责任的诉讼,均可循该法确定的标准诉讼程序,以适格的政府部门或者检察总长(Attorney-General)为被告提起,[①]但在实际运作中,因政府合同引起的纠纷几乎很少诉诸法院,通常是由政府和当事人通过非正式谈判(informal negotiation)或者仲裁(arbitration)解决。[②]又比如,美国对政府合同纠纷处理的运作机制中,行政机关内设立的合同申诉委员会(a board of contract appeals)也起到很大的作用。[③]

究其原因,主要是,契约当事人之间的关系以及对这种关系的维系愿望起到很大作用,“谁都不愿咬哺育自己的手”。比如,特滨(Turpin)就观察到,政府合同当事人和政府一般都乐意通过协商或仲裁来解决他们之间的争议,这比诉讼经济,而且争议得到解决之后也有助于他们之间重新修复关系。[④]彼得·坎恩(Peter Cane)也指出,政府与相对人间多为互利的长期合作关系,而非一次性商业交易,如果诉诸法院常被视为不适当且易产生付效应。[⑤]

正因为司法外救济与行政契约特性之间有着某种契合,我国在解决行政契约纠纷的法律制度的建设中,也同样比较强调通过协商、仲裁与行政机关内部裁决等方式解决争议。

---

① 英国政府合同救济制度有一个历史演变过程。早先,中央政府(the Crown,也有人译成“英王”)的违约责任是通过古老的权利请愿程序(procedure of petition of right)解决的,此外,在一些特别情况下,成文法还提供其他的救济方式,比如,1919 年《运输部法》(the Ministry of transport Act)明确规定了运输大臣的合同责任,允许当事人诉诸普通诉讼。但 1947 年《王权诉讼法》废除了上述救济,规定了统一的救济程序。Cf. H. W. R. Wade & C. F. Forsyth, *Administrative Law*, Clarendon Press, Oxford, 1994, p. 832.

② 纠纷处理的资料来源于 Turpin, *Government Procurement and Contracts*, 221 - 226. Cited from Peter Cane, *An Introduction to Administrative Law*, Clarendon Press, Oxford, 1992, pp. 263~264. Also see Brian Thompson, *Constitutional & Administrative Law*, Blackstone Press Ltd., 1993, p. 401.

③ 在美国,政府合同纠纷通常由行政机关部门一位特别合同执行官员(a special contracting officer)来裁决,对该裁决不服,可向行政机关内的合同申诉委员会(a board of contract appeals)或者赔偿法院(the Claims Court)(限于金钱赔偿诉讼(a suit for monetary damages))申诉,如仍不满意,可向联邦巡回上诉法院(the Court of Appeals for the Federal Circuit)上诉。Cf. Peter L. Strauss, *An Introduction to Administrative Justice in the United States*, Carolina Academic Press, 1989, p. 285.

④ Cf. A. C. L. Davies, *op. Cit.*, p. 12.

⑤ Peter Cane 的分析, See Peter Cane, *op. Cit.*, pp. 263, 264.

(1)协商或者由政府出面调处

由双方当事人通过非正式的谈判与意见交流,消弭彼此对契约条款理解的差异以及有关纷争,是诸种解决方法中成本最低且效益最高的解决方式,在我国传统文化背景下,对于处理当事人彼此间存在隶属关系的契约争议极具价值。

(2)仲裁

目前为解决特定行政契约纠纷,行政机关在行政体系内部专门设立了仲裁机构,比如,人事部成立了人事仲裁公正厅,受理因履行聘任合同或聘用合同发生的争议。这种模式对于解决行政契约,特别是行政机关之间、行政机关与所属下级行政机构及公务员之间缔结的行政契约的纠纷,具有较强的示范与借鉴作用。

对于行政机关与相对人签订的行政契约是否适用仲裁,存在着肯定与否定两种观点。否定说认为,《仲裁法》(2017 年)第 2 条明确规定,仲裁仅适用于平等主体之间发生的合同纠纷。而在行政契约中双方地位是不平等的。第 3 条也明确排除了“行政争议”。肯定说认为,“不宜简单认为行政协议争议不能申请仲裁。当然,承认仲裁裁决仍应坚持司法最终原则。对经仲裁裁决后,如协议一方能够提出相应的证据证明裁决存在法定撤销情形的,仍可根据《仲裁法》(2017 年)第 58 条等规定,向仲裁委员会所在地的中级人民法院申请撤销仲裁裁决。另一方面,根据既判力理论,对仲裁裁决未予涉及或者处理的事项,或者非基于同一基础法律关系形成的诉讼请求,行政相对人仍可通过提起行政诉讼解决”。①

在我看来,肯定说不具有说服力。假如民间仲裁机构可以否定行政决定的效力,那么,它必然具有凌驾国家意思表示之上的决断权威,这无疑是很难想象的。即便是采用司法审查最终原则,允许通过行政诉讼校正仲裁裁决,让最后的决断权再次回到国家手里,这也不能证成仲裁本身的正当性。但是,不论行政契约的具体形态而一味否定仲裁,也不可取。假契约、纯粹契约因为形成的均为行政法律关系,应该不适用仲裁。混合契约杂糅着行政法律关系和民事法律关系。如果纯粹是其中的民事约定发生争执,

① 耿宝建、殷勤:《行政协议的判定与协议类行政案件的审理理念》,载《法律适用》,2018(17)。

当然可以诉诸仲裁。如果纠纷涉及混合契约中的行政法上权利义务内容,则不能仲裁。如果在一个合同纠纷中交织着行政争议与民事争议,从技术上无法分割处理,也不适宜申请仲裁。

(3)行政复议

尽管在行政实践中也存在运用行政复议解决农村经济承包合同案件的实例,[①]《行政复议法》(1999 年)第 6 条第(六)项中还进一步明确了可以受理因行政机关变更或者废止农业承包合同而引发的争议,但是,《国务院法制办公室对〈交通运输部关于政府特许经营协议等引起的行政协议争议是否属于行政复议受理范围的函〉的复函》(国法秘复函[2017]866 号)中明确指出,"政府特许经营协议等协议争议不属于《中华人民共和国行政复议法》第六条规定的行政复议受案范围。"最高人民法院行政法官对此态度也不一致。一种是认可上述国务院法制办复函。[②]另一种是认为行政协议可以申请复议。[③]

在我看来,行政行为包括单方行为和双方行为。行政复议法一直审查单方行为。行政诉讼法在 2014 年修改之前,也是审查单方行为。行政协议属于双方行为。在 2014 年之前,法院实际上也受理行政协议,只是将双方行为中近

---

① 张志华:《南漳县政府授权政府法制机构严肃查处村级行政组织单方面撕毁经济承包合同案件》,载《行政法制》,1996(3)。

② 在"房安洪、江苏省常州市武进区人民政府再审审查与审判监督行政裁定书"中,最高人民法院行政法官认为,"《中华人民共和国行政复议法》和《中华人民共和国行政复议法实施条例》均未规定行政协议争议系行政复议受理范围。原国务院法制办公室于 2017 年 9 月 13 日作出的《对〈交通运输部关于政府特许经营协议等引起的行政协议争议是否属于行政复议受理范围的函〉的复函》(国法秘复函〔2017〕866 号)明确指出,政府特许经营协议等协议争议不属于《中华人民共和国行政复议法》第六条规定的行政复议受理范围。武进区政府据此认为再审申请人在复议程序中提出的复议申请不属于行政复议受理范围,决定不予受理,并不违反法律规定。"参见中华人民共和国最高人民法院(2019)最高法行申 3290 号行政裁定书。

③ 在"谢忠田等与安徽省淮北市相山区人民政府房屋征收复议纠纷再审案"中,最高人民法院行政法官明确指出,"从行政复议与行政诉讼衔接关系来看,一般情况下,属于行政诉讼受案范围的行政争议,均属于行政复议受理范围。虽然《中华人民共和国行政复议法》和《中华人民共和国行政复议法实施条例》均未明确规定行政协议争议属于行政复议受理范围,但《中华人民共和国行政复议法》第六条第十一项对行政复议的受案范围作出了兜底规定:'有下列情形之一的,公民、法人或者其他组织可以依照本法申请行政复议:……(十一)认为行政机关的其他具体行政行为侵犯其合法权益的。'另外,行政补偿协议仅是征收补偿的一种方式,并没有改变征收补偿的根本性质。故在涉案征收补偿有可能侵犯谢彩侠合法权益的情况下,谢彩侠有权依据上述法律规定向相山区政府申请行政复议。相山区政府受理后进行实体审理并作出行政复议决定,并无不当。"参见中华人民共和国最高人民法院(2019)最高法行申 8145 号行政裁定书。

似单方行为的行政权行使行为拆解出来,按照单方行为的审查方式进行审查。[①]行政复议在未修法之前也可以如法炮制。但是,我认为,这种处理问题的路数,不是将行政契约纠纷作为有机整体来解决,而是将行政契约中类似于行政权力的行政优益权引发的纠纷拆解出来单独解决,因此,是不可取的。

在我看来,在2023年修改行政复议法之前,我国行政复议制度的构造不适合解决行政契约纠纷。之所以如此,是因为在我们所要建立的行政契约制度中,行政机关所享有的行政优益权是以公共利益必需为限度的,因而是有节制的、适度的。在这种制度运作过程中,除行政机关行使行政优益权、行政权等情况下,可以将自己对契约履行的预期与要求通过单方的行为实现外,在一般情况下,契约双方当事人发生纷争,都只能诉请第三方进行裁决。而现行行政复议制度的仅对相对人救济的单向性结构,根本不符合行政契约纠纷解决的要求。因此,制定专门解决行政契约纠纷的特别规则,也就是在行政复议制度原有的单向性救济结构中,建立专门解决行政契约纠纷的双向性救济结构,应当成为行政复议制度改革的题中应有之义。

《行政复议法》(2023年)仿制《行政诉讼法》(2017年)关于行政协议的规定,第11条第(十三)项将行政协议纳入复议范围,第71条规定了对行政协议的特殊决定类型。初步构建了双向审查结构。

2. 司法救济途径

(1)行政诉讼的可得性

西方国家法院对于行政契约引发的纠纷,一般都是放到行政诉讼(司法审查)上来解决,适用特别的规则。如英国,政府合同纠纷统由普通法院审理。但在审理时,适用《王权诉讼法》(the Crown Proceedings Act 1947),并根据行政机关签订合同时所执行的任务是否涉及管理或公共规制的方式,确定是否适用司法审查。[②]在法国行政法上,将行政机关为履行公务(service public)所实施的行政活动视为广义的公共管理行为,为该管理行为所缔结的契约被解为公法上的行政契约(contract administration),[③]由此产生的争讼通过行政诉讼解决。德国法上,作为一般规则(as a general rule),如果行政契约一方当事人不

---

① 余凌云:《论行政协议的司法审查》,载《中国法学》,2020(5),66~67页。

② Cf. P. P. Craig, *Administrative Law*, Sweet & Maxwell, 1994, pp. 567, 568.

③ [日]成田赖明:《行政私法》,载《法律评论》,第60卷第1、2期合刊。

履行契约义务,也是通过向行政法院提起诉讼来解决契约履行问题的。[①]

我国行政法学者研究行政契约司法救济制度的结论,多倾向将其纳入行政诉讼范畴。[②]对此,我亦表示赞同。由行政诉讼统筹解决行政法上纠纷,是因为在我国,首先要区别个案所涉法律关系的性质,然后循不同的救济途径解决争议。行政契约从性质上排斥其他司法救济途径。

然而,法院对此问题的态度却摇摆不定。最高人民法院在 2003 年行政审判工作会议报告中指出,“审理行政合同案件,法律有特别规定的,适用法律的规定,没有规定的可以适用《合同法》的规定。”这表明行政契约在行政审判上已得到认可。2004 年 1 月 14 日,最高人民法院发布《关于规范行政案件案由的通知》,确认了 27 种具体行政行为,其中包括“行政合同”和“行政允诺”,并在例示中指出:不作为案件的案由可以写成“诉××(行政主体)不履行行政合同义务”样式。但有意思的是,对于行政法学者普遍认可的一些行政契约形态,最高人民法院却在一些司法解释中明确规定按照民事合同模式处理,比如,1999 年 6 月 5 日最高人民法院公布的《关于审理农业承包合同纠纷案件若干问题的规定(试行)》,以及 2005 年 6 月 18 日,最高人民法院发布的《关于审理涉及国有土地使用权合同纠纷案件适用法律问题的解释》,分别规定按私法方式审理因农业承包合同、国有土地使用权合同引发的纠纷。而在司法实务中,基层法院又没有完全遵从上述司法解释的规定。[③]

根本的转折点是 2014 年修改《行政诉讼法》,在新法第 12 条第 1 款第(十一)项明确规定,“认为行政机关不依法履行、未按照约定履行或者违法变更、解除政府特许经营协议、土地房屋征收补偿协议等协议的”,属于行政诉讼受案范围。而且,按照很多立法者、法官和学者的解读,其中的“等”是“等外等”,允许最高人民法院通过司法解释、批复、指导性案例、典型案例等逐渐扩充,也不排除法律、法规做进一步的补充规定。而且,随着新法的实施,我们对行政协议的属性、特征、运用规律、审判技巧一定会有更深入的认识。

从上述第 12 条第 1 款第(十一)项规定看,似乎是延续了《行政复议法》

---

① Cf. Mahendra P. Singh, *op. Cit.*, p. 54.

② 这方面的论文与专论较多,如许崇德、皮纯协主编:《新中国行政法学研究综述(1949—1990)》,487 页,北京,法律出版社,1991。

③ 于立琛:《通过实务发现和发展行政合同制度》,载《当代法学》,2008(6)。

(1999年)第6条第(六)项“认为行政机关变更或者废止农业承包合同,侵犯其合法权益的”之规定路数,更像是从公法视角,从行政协议中挑出有关行政权、行政优益权行使,做部分有针对性的处理。对此有两种解读,一种是主张将行政契约作为行政行为的一种类型,而不是“合同的一种”,否则,会“陷入按照民事诉讼法的思维模式、合同纠纷的审查方式、民事诉讼法的裁判规则,去审理和裁判行政协议案件”。[①]另一种是主张,“应结合原告围绕协议的效力、协议的履行、协议的变更解除、协议的责任承担等提出的相应诉讼请求,对上述规定作扩大解释,尽量使其容许于行政诉讼,并防止同一性质的协议争议由行政和民事诉讼途径分别处理,出现行政裁判和民事裁判不一致的情形”。[②]

在我看来,可以将行政协议整体地放入行政诉讼附带民事诉讼的平台上操作处理。对于混合契约,既要解决其中的行政争议,也要解决民事争议,在合同效力、审理依据、判决方式等问题上便会出现行政诉讼法与民事诉讼法、行政法与合同法之间的交织。在规则的适用上,在遇到上述公法因素时,自然优先适用行政法规则,除此之外,一般适用民事规则。于是,在混合契约上,公法与私法便能够很好地统合起来。

(2)审查依据

显然,在行政契约的审查依据和法律适用上,完全摈弃行政法规则,只适用于民法规则,恐怕不太可行。因为首先,行政法的特别原则和规则赖以建立的主要前提就是,政府与其他公共机构只能为公众的利益而存在。据此人们也有理由认为,行政机关只有为进一步推进其合法公共目的才可以签订合同。这种“行政机关/公共利益”之预设前提(“public authority/public benefit” premise),促使我们必须在合同缔结与履行的各个阶段适用行政法标准。[③]其次,假如我们把行政契约的缔结和履行看作是一种公共资源的再次分配(对于有些契约形态的确如此,比如,政府采购合同),或者是通过合意的方式在法律允许的范围内创设一种行政法秩序,形成若干具有行政法

① 郭修江:《行政协议案件审理规则——对〈行政诉讼法〉及其适用解释关于行政协议案件规定的理解》,载《法律适用》,2016(2)。

② 耿宝建、殷勤:《行政协议的判定与协议类行政案件的审理理念》,载《法律适用》,2018(17)。

③ Cf. Carl Emery, *Administrative Law: Legal Challenges to Official Action*, London. Sweet & Maxwell, 1999, p. 236.

意义的权利义务关系,那么,受到行政法规则的约束也很自然,而且必要。

同样,完全否认民法规则的适用性,也不是很科学的态度。行政契约问题之所以近年来备受关注,与公共管理不断受到市场经济理念侵蚀,民法上的契约观念不断向公法领域渗透有关。契约规制实践使得公法与私法二元结构逐渐变得界线模糊,或者更确切地说,这种实践就是生长在公法与私法二元结构的交叉边缘。因此,在解决行政契约纠纷的法律适用问题上,想完全摒弃民法规则,顽强地生发出一套独立的行政法规则,是不太现实的,也是不可能的。毕竟行政契约是借助了一种契约观念和结构,民法上的契约调整规则和原理所体现出来的一些共性东西,在行政契约纠纷的处理上还是应该有适用的可能和余地的。

因此,我认为,在行政契约的审查依据和法律适用上更多的是适用混合规则,其中行政法因素应当适用行政法规则。在行政程序法与司法解释中,应当就行政协议适用的行政法规则作出特别规定,并优先适用。与此同时,不排斥在契约共有规律上适用民法规则。

对于混合契约,纳入行政合同范畴,并不抹杀其部分的民事属性。毋庸置疑,对于行政法律关系争议,行政救济手段最有力;对于民事法律关系纠纷,民事救济方式最恰当。引入行政法规则、行政诉讼结构,仅是解决其中的行政法律关系争议。对于混杂其中的民事法律关系争议,行政诉讼法还专门设有行政诉讼附带民事诉讼制度,能够适用民法、合同法和民事诉讼法一并解决,可以邀请民庭法官加入合议庭共同审理,无需另案处理。

(3)双向性审查结构

行政契约纠纷多是双方行为所致,或者互为因果,相互激荡的结果。因此,法院的审查视点不可能只落在行政机关一方,只关注行政机关的行为是否合法、适当,还必须往返于双方之间,对双方行为进行综合的审视和判断。这种双向性审查显然与具体行政行为的司法审查模式不同。

(4)原告、被告资格

在传统行政诉讼上,由于行政行为公定力的缘故,行政诉讼上的原告与被告具有恒定性的特点。然而,契约纠纷的特点决定了,契约双方当事人之中的任何一方,谁对契约履行产生不满,谁就可以诉诸法院。因此,传统的行政诉讼制度与行政契约的这种诉求不相契合,这种正当诉求在传统行政诉讼结构中得不到应有的回应。我们必然要在传统的行政诉讼之外建立特别规则，允许行政机关就契约纠纷问题提起行政诉讼，成为原告。

(5)举证责任

在我看来，行政诉讼法在举证责任的分配问题上有一个误区，想以公法与私法二元论为依托，极力否认民事诉讼上的“谁主张、谁举证”的普适性。其实，在行政诉讼上表现出来的行政机关举证责任较重，并不是有特别规则潜在运行的结果，而是因为在行政执法阶段通常由行政机关主张权力，这在诉讼阶段的延续与结果必然表现为在更多的场合下由行政机关负举证责任，但是，其实质仍然没有逃脱“谁主张、谁举证”之樊篱。[①]

在行政契约纠纷的解决上，也没有必要制定出另外的、特别的举证责任分配规则。在行政契约缔结和履行中，由于行政机关处于强势地位(比如享有行政优益权)而引发出的争议，必然表现为行政机关在诉讼中承担较大的举证责任。对于与行政权行使交织在一起的争议，对其中行政权行使是否合法的审查，也同样适用在行政诉讼上我们早已娴熟的举证规则。

(6)反诉

以公权力性、单向性和强制性为基本特征的行政行为，进入到行政诉讼之后，根本不需要反诉的功能。对任何新发现或者未解决的问题，完全可以蕴含在行政过程之中，通过行政机关单方意志解决，根本无需借助法院的力量。所以，围绕行政行为建立起来的传统行政诉讼制度之中不需要反诉制度。

但行政契约不然。行政契约不是一种传统行政行为，而是一种双方行为，是合意的产物。这意味着它不能够像传统行政行为那样通过行政机关单方意志来运作。这既是它的优点，具有更强的吸纳相对人意愿的能力；同时也是它的缺点，单方决策能力和强制力不够。在行政契约的运作中，行政机关自身的解决纠纷能力有限，必须依靠法院的力量来推动行政契约纠纷的解决和行政契约的履行。对于与原告诉求主张相反的意见和主张，也需要提交给法院，由后者裁断是非。因此，需要有反诉这样的制度。

(7)判决形式

我国台湾地区学者蔡文斌先生非常敏锐地感觉到了大陆行政诉讼法规

---

① 余凌云、周云川：《对行政诉讼举证责任分配理论的再思考》，载《中国人民大学学报》，2001(4)。

定的判决形式,以及后来通过《最高人民法院关于执行〈中华人民共和国行政诉讼法〉若干问题的解释》(2000 年)中增补的判决形式,在解决行政契约纠纷方面仍然存在着不足。指出:"大陆由于对行政诉权的理论狭隘,以及缺乏司法传统,因此行政诉讼类型单一。"给付诉讼范围狭窄,确认判决与大陆法系讨论的确认诉讼不同,因此,对大陆行政诉讼法能否妥帖适应解决行政契约纠纷的需要存有疑问。①

的确,从德国和我国台湾地区等的经验看,行政诉讼类型多是由民事诉讼类型发展而来,②所以在解决行政契约纠纷上自然得心应手。但是,对于我国大陆地区行政诉讼制度中存在的诉讼类型狭窄,对行政契约纠纷的解决构成制约的问题,在 2014 年《行政诉讼法》修改中似乎还是没有得到根本解决。

《行政诉讼法》(2017 年)第 78 条专门针对行政协议设计了判决方式,包括继续履行判决、采取补救措施判决、赔偿判决、补偿判决。"这一规定直接源于《合同法》(1999 年)第 107 条违约责任的规定,实际上是将合同法的规定转化为了行政诉讼法律规范"。③"这些判决方式都是建立在行政协议已经合法有效订立的基础上"。但是,从实践看,行政协议纠纷大致分为:(1)与行政协议效力有关的纠纷,包括协议有效还是无效、成立还是不成立、合法还是违法。(2)在行政协议有效合法的前提下,与行政协议履行有关的纠纷,包括继续履行、解除,以及在此基础上是否要赔偿、补偿、补救。④因此,仅局限于上述第 78 条规定的判决方式,力有不逮,无法解决所有行政协议纠纷。

那么,能否适用行政诉讼法规定的其他判决方式呢?有的法官认为可以。⑤从以往实践看,"法院也以确认判决、撤销判决、履行判决或驳回判决来应对各类诉请",但是,"这种裁判方式隐含的是审查行政合同关系中行政合同行为的方法"。⑥在我看来,这种拆解方法不可取。对于行政协议纠纷,首先,还是

① 蔡文斌:《评〈对行政法上"假契约"现象的理论思考——以警察法上各类"责任书"为考察对象〉》,收入杨解君编:《行政契约与政府信息公开——2001 年海峡两岸行政法学术研讨会实录》,362～363 页,南京,东南大学出版社,2002。

② 马怀德主编:《行政诉讼原理》,113～114 页,北京,法律出版社,2003。

③ 梁凤云:《行政协议案件适用合同法的问题》,载《中国法律评论》,2017(1)。

④ 程琥:《行政协议案件判决方式研究》,载《行政法学研究》,2018(5)。

⑤ 程琥:《行政协议案件判决方式研究》,载《行政法学研究》,2018(5)。

⑥ 陈无风:《行政协议诉讼:现状与展望》,载《清华法学》,2015(4)。

需要先鉴别争议的民事、行政属性，分别适用民事诉讼或者行政诉讼的解决方式。其次，对于其中的公法争议，也不能简单地援用行政诉讼法上的其他判决方式，还应当根据行政契约的特有性质做适当修正。这个问题十分复杂，还需要进一步观察实践，总结判案经验。

第四节　行政指导

一、概述

1. 行政指导的概念

行政指导原本是学术上的术语，后被制定法采用，而成为一个法律术语。[①]这个概念，最早见于日本1965年前后有关行政法与经济法界限的讨论之中。当时，日本在对外贸易纠纷问题上，首先使用了“行政指导”这个术语和这样的手段，并经由外国的百科辞典登录其中，逐渐为人所知，引起行政法学界的关注。[②]这个术语后来也流入我国，被用来描述在社会生活和行政实践中早已存在的类似现象。[③]英美国家、德国也有类似的行政活动，只不过在英美国家，多称之为“非强制性行政行为”（noncoercive form of administrative action），也有直呼“行政指导”的；[④]在德国多叫“非高权经济指导”（Richthoheitliche Wirtschaftslenkung）。[⑤]但无论具体概念或制度存在

① 日本《行政程序法》（1993年）第三章专门就行政指导做出规定。我国最高人民法院在《关于执行〈中华人民共和国行政诉讼法〉若干问题的解释》（2000年）中的第1条第2款第（四）项解释，明确“不具有强制力的行政指导行为”不属于人民法院行政诉讼的受案范围。上述制定法和司法解释，使得行政指导不再是学术上的概念，而成为有法律意义的概念。

② 纪振清：《日本行政指导之机能与判例趋向》，载《法律评论》，第60卷第11、12期合刊。

③ 包万超教授在他的研究中，发现，尽管在我国，行政指导这个概念是“舶来品”，但是，就这个制度来讲，却是在我国本土上早已有之，有着脉络清晰的发展轨迹。早在1952年的农业合作社运动和资本主义工商业的改造中，政府就广泛地运用了示范、鼓励、帮助和教育训导的“诱导性政策”；到了中共十一届三中全会以后，在对个体经济、国营经济等问题上，也注重政府指导方式的运用。更加详细的介绍，参见包万超：《转型发展中的中国行政指导研究》，载罗豪才主编：《行政法论丛》，北京，法律出版社，1998。

④ Cf. Zaim M. Nedjati & J. E. Trice, *English and Continental Systems of Administrative Law*, North-Holland Publishing Company, 1978, p. 8.

⑤ 莫于川：《行政指导论纲——非权力行政方式及其法治问题研究》，21～22页，重庆，重庆大学出版社，1999。纪振清：《日本行政指导之机能与判例趋向》，载《法律评论》，第60卷第11、12期合刊。

着怎样的不同,行政指导是现代行政法上极具有特色的、并被越来越广泛使用的行政手段,却是在很多国家都已成为共识。

行政指导(administrative guidance)是指行政主体在其职责范围内,采取劝告、建议、鼓励等非权力性的手段,在相对方同意或协助之下,要求其为一定作为或者不作为,以实现行政目的的行政活动。

在多数学者的定义中,认为行政指导的对方仅仅为相对人,不包括行政机关内部上级对下级的指导。①这种观念很可能是建立在行政法主要解决外部行政关系的认识之上。其实,内部行政关系何尝不在行政法关注之列,否则,就不会有"二战"之后对特别权力关系的批判和反省。再者,行政机关上级领导不采取强制命令的方式,而是在有必要尊重下级的自主性时,采用指导方式,也是近来行政管理上逐渐倚重的一种领导方式,或者说是一种行政改革,理应纳入到行政指导范畴之内,予以充分的理论关怀。正是基于这样的理解,在上述定义中,我们没有用行政法上有特定意义的"相对人"的概念,而是改用"相对方"。当然,内部的行政指导在法规范、程序与救济上与外部的行政指导会有所不同。

2. 行政指导的特征

(1)不具有强制性。行政主体在法律上不具有逼迫相对方接受指导的手段,相对方是否服从行政指导听凭自由。法律效果只有在相对方自愿合作、实施完毕之后才能显现。从相对方服从与否角度讲,行政指导也可以理解为是一种任意性,一种选择的自由,是把相对人扮演成类似行政主体的角色。这是行政指导的突出特点,与像行政处罚、行政强制这样的传统行政手段截然不同的地方。

(2)是一种单纯的事实行为,不是对相对人的权利义务做出具有法律效果的处分。在行政指导过程中,实际上是存在着行政主体和相对方之间的合意,但该合意不发生法律效果。相对方对于行政主体做出的指导,如果表示接受,或者接受之后又撤回允诺,原则上都不会发生法律效果或责任问题。因此,行政指导中双方的意思表示与缔结契约的双方当事人的要约和

---

① 比如,刘宗德教授就是持此观点,刘宗德:《试论日本之行政指导》,载《政大法学评论》,第40期(1989年12月)。

承诺不同，正是在这一点上，说清楚了行政指导和行政契约的不同。[①]当然，除了这一点以外，行政指导是行政主体单方主动做出的，与行政契约的双方性不同，也是它们之间区别之处。

(3)具有诱导性。行政主体所预期建立的一定的行政秩序，是采取劝告、建议、指示、希望等方式积极诱导的结果。诱导是丧失强制性之后的自然流向。这是行政指导最突出的特色之一。如果没有诱导性，也就不成其为指导。

二、行政指导的方式与分类

行政指导的具体表现方式是多种多样的，莫于川教授把它归纳为：指导、引导、辅导、帮助；通知、提示、提醒、提议；劝告、规劝、说服；劝戒、告戒、劝阻；建议、意见、主张；商讨、协商、沟通；赞同、表彰、提倡；宣传、推荐、示范、推广；激励、勉励、奖励；周旋、调解、调和、协调；指导性计划；导向性行政政策、纲要行政；发布官方信息、公布实情，等等。[②]

透过这些足以让人晕眩的名称，我们可以按照行政指导的功能或机能，把它们大致分为规制性、抑制性行政指导；调整性、调停性行政指导；促进性、助成性行政指导三类。据此，我们可以更深刻地认识行政指导的特征，全面把握行政指导这一行政法现象，特别是行政指导在行政法领域中运用的广泛性。

1. 规制性、抑制性行政指导

这是为了行政目的，对危害公共利益或妨害公共秩序的行为加以预防、规制或抑制时所进行的行政指导，比如，对青少年进行的法制辅导、交通指导，就具有预防效果；为抑制物价暴涨或违章建筑所采取的提醒、告戒，则具有规制或抑制效果。

2. 调整性、调停性行政指导

这是为了调整相对立当事人之间的利害关系而进行的行政指导，与行

① 纪振清：《日本行政指导之机能与判例趋向》，载《法律评论》，第60卷第11、12期合刊。

② 莫于川：《行政指导论纲——非权力行政方式及其法治问题研究》，140～147页，重庆，重庆大学出版社，1999。

政调解很相似,或者说,在这类事件的解决上两者是同一的,比如,当城市公共汽车公司之间发生利害冲突,又协商不成,并对公交造成影响时,由主管行政机关对其进行的调解、劝告。

3. 促进性、助成性行政指导

这是为了帮助、促进、保护相对方利益而进行的行政指导,比如,为增加农民的收入,乡政府建议、鼓励其播种高产的稻谷,即推广新品种。

三、行政指导的作用

行政指导在现代行政法上的崛起,其原因是多方面的:

其一,随着民主宪政的建立与发展,人权保障意识的深入人心,越发感到传统的行政手段过于生硬,是将相对人放在对抗者的位置上来处理的,比如行政处罚,行政强制尤为显然,不易唤起相对人的协助,执法成本过高。更为重要的是,有些手段侵犯人权过于严厉,比如,直接强制就是因为这个原因,在"二战"后被日本、韩国限制使用。[①]在对传统行政手段批判的同时,人们也在探寻更加符合现代宪政理念的新的手段。行政指导就是因为尊重相对方的意愿,比较柔和,而受到青睐。

其二,国家职能的转变与急剧扩张,以及立法的相对滞后,出现了一些没有法律调整但又急需规范的领域。在法治主义之下,像行政处罚、行政强制这样的权力行政是受到依法行政的严格约束的,没有法律依据,是不得随意实施的。因此,政府就自发地运用行政指导的手段,来调整那些新出现的社会关系,形成其所预期的行政秩序。

其三,日本、韩国和我国对行政指导较为重视,还有一个很重要的原因,因为这些国家都深受中华法系的儒家文化(儒教思想)的影响,百姓对行政机关有唯上意识和尊重行政机关的意识,在这样的本土资源上,行政指导容易奏效。[②]相形之下,在欧美等国家中,这种手段并没有突显出像上述东方国家那样的重要性,在行政法的教科书中也很少介绍,可能就是因为缺少像上述东方国家那样的文化传统和制度背景的缘故。

---

① 余凌云:《行政强制执行理论的再思考》,载《中国人民大学学报》,1998(4)。

② [日]根岸哲:《日本的产业政策与行政指导》,载《法学译丛》,1992(1)。在这篇论文中,对日本之所以在产业领域,甚至所有的行政领域广泛运用行政指导的手段的原因,做了类似的剖析。

行政指导在诸多行政法领域中被广泛运用，已经成为不争之事实。在日本，由迁清明教授主持的行政指导研究会于1981年提出的"关于行政指导之调查研究报告书"中，指出："在日本国内，行政指导非仅为行政手段之一，但却占行政营运之七、八成，是最普遍之常态化之行政手段。"①在我国，在振兴乡镇企业、促进农业技术进步和更新基础设施、鼓励扶贫开发；鼓励和规范投资、出口；国家产业政策；鼓励兼并、改组、促进国有企业强强联合以及设备更新和技术改进等方面，都大量地使用了行政指导。②所有这些，说明行政指导在行政法上具有很大的作用。当然，不同的学者对此归纳的角度和总结的要点也不尽相同，这对于丰富我们对行政指导作用的认识是十分有益的。在本书中，我们把行政指导的作用归纳为以下几个方面：

1. 对紧急行政及时做出反应，弥补立法之不足

在发生没有法律规定的紧急情况下，政府可以运用行政指导的手段，及时地对社会关系进行调整，不需要像行政处罚那样，必须要有具体的法依据才能实施，因此，行政指导具有弥补立法不足的作用。有的学者说行政指导具有应急性，其实说的是同一回事。而且，行政指导还可以被用来进行政策试验，"投石问路"，摸索经验，为以后的立法做准备。

2. 极大提高对方的地位，增进行政民主化

在行政指导中，行政主体所预期的行政目的的实现，完全依赖于相对方的协助和实施，可以说，在该领域的行政秩序的形成，实际上是靠相对方自己来实施的，因此，相对方最充分地参与到行政管理过程中来，也最充分地表达了自己的意愿和利益要求，因而极大地提高了相对方的地位，使行政民主得到极大的实现。从行政法 — 政治分析的角度来看，可以说"提供了民主参与行政过程的便利渠道"这一点，乃是行政指导得以在现代市场经济和民主政治条件下广泛存在和稳健发展并发挥其独特作用的一个关键之处和本质所在，也是行政指导能够成为民主和法治行政机制的一个要素之深层原因。③

---

① 引自，纪振清：《日本行政指导之机能与判例趋向》，载《法律评论》，第60卷第11、12期合刊。

② 包万超：《转型发展中的中国行政指导研究》，载罗豪才主编：《行政法论丛》，北京，法律出版社，1998。

③ 莫于川：《行政指导论纲——非权力行政方式及其法治问题研究》，52～55页，重庆，重庆大学出版社，1999。

3. 作为法律强制手段的先行程序,发挥替代作用

在有些情况下,尽管法律赋予了行政机关强制的手段,但是,并不急于使用,而是先进行行政指导,劝导、教育、警告相对人即刻实施行政法上的义务,只有在行政指导无效时,再实施强制手段。比如,对违章建筑的拆除,并不马上求诸代执行,而是先对义务人进行劝导、教育、警告,让其自动拆除,如果指导无效,再诉诸代执行。一般而言,在有法律强制手段作为担保的情况下,相对人会仔细考虑其行为的后果的,因此,行政指导往往能够奏效。如此一来,既节约执法资源,也避免正面的冲突,以及以后的行政复议或诉讼问题。

4. 协调、促进、疏通相冲突的利益关系

在市场经济下,利益的冲突是难免的,为了使整个经济更加有序地发展,及时疏导矛盾,协调各方相冲突的利益关系,政府也越来越多地依靠行政指导的方式来个别地、有针对性地调和矛盾,以求行政(经济)秩序的良好有序。

5. 预防和抑制作用

有研究表明,在市场经济和自由竞争下,企业会在强烈的利益驱动下,为追求自我利益的最大化,不惜牺牲社会利益,这种倾向也称做"企业的反社会倾向"。[①]行政机关在进行经济规制时,对于企业可能会出现的越轨行为,或者妨害经济秩序和危害社会利益的行为,及时地、事先地、积极地以行政指导的方式进行干预,以便预防和抑制这种危害行为的发生或进一步蔓延。

四、行政指导与法治主义

行政指导是政府的一种活动,一种行政手段,当然要受到法治主义的约束。更为重要的是,尽管从理论上和理想形态上讲,行政指导是不具有强制力的事实行为,但是,事实上在有些情况下,行政指导在实际运用中还是具有一定的担保手段。根据刘宗德教授的研究,[②]这些担保手段有:

(1)公布已为行政指导或不服从行政指导的事实。前者意在寻求舆论的关心和支持,以求顺利实现行政目的。后者目的在于唤起舆论对不服从

---

① 莫于川:《行政指导论纲——非权力行政方式及其法治问题研究》,46 页,重庆,重庆大学出版社,1999。

② 刘宗德:《试论日本之行政指导》,载《政大法学评论》,第 40 期(1989 年 12 月)。

行政指导的相对方的责难，进而发展成所谓的“人民审判”。

(2)进行行政指导之际，保留行政权力不加使用。

(3)利用其他行政权力，对不服从者加以制裁。比如，对不服从减产指导的，削减其外汇配额；对不服从价格指导的，停止银行融资，等等。

上述担保手段的存在，使得行政指导在有的情况下实际上获得了某种事实上的强制效果，这显然在颠覆着前面的“行政指导不具有强制性”之论说。也正因如此，使得我们有必要进一步关注法治主义在行政指导上的适用问题，特别是行政指导的法依据和程序问题。

1. 法依据

由于行政指导对于相对人来说，是可以任意服从的，对于不服从指导，行政主体在法律上也不能施加任何的强制措施或处罚，因此，在法规范的要求上，并不要求行政指导必须事事有具体明确的依据，否则，就否定了前面说的行政指导所具有的弥补立法不足的优点。依照现在的通说，行政指导既可以是在有具体的法律依据下实施，比如，《指导外商投资方向暂行规定》(1995 年)就是一个具体的关于行政指导的法依据；也可以是在组织法的范围内实施。换句话说，就是行政指导并不受法律保留原则的严格约束。

尽管对于行政指导，法依据的要求不高，可以不受法律保留的严格约束，但是，至少要受到以下几点的制约：

(1)行政指导必须在行政主体的职责范围内实施。这意味着，行政指导必须与实施指导的机关的职责权限有着内在的联系，不允许超越其管辖范围进行指导。

(2)行政指导的内容不能违反法律的规定和精神，不能违反法律的一般原则，比如，平等原则；比例原则；合法预期保护原则等。

(3)事实上具有强制效果和制裁性，而且是经常反复使用的行政指导，应当具有具体的法依据。

2. 程序

从历史分析的角度看，行政指导是在实践中自然生成的，缺少法的规范，特别是程序的规范。因此，行政指导的做出往往没有程序的约束，非常简便、随意，而且仅对相关人或组织做出，多采取口头形式。这些行政指导所具有的简便性、隐秘性，曾被当作行政指导的优点加以赞颂。然而，随着法治主义的发展,这些优点遭到了批判,撮其要点,主要是程序的不公开、不透明,使得行政指导的责任无法追究,第三人的利益得不到有效的保护。因此,必须对行政指导的程序做出必要的规范。从日本的经验看,可以从以下方面着手:

(1)行政主体在实施指导时,应告知相对方指导的内容、理由、负责人等。

(2)相对方要求做出行政指导的行政主体提供记载指导内容和事项的书面材料时,行政主体原则上不得拒绝,除非在两种情形下实施的行政指导,可以不提供书面材料:第一种情形是,要求相对方当场就要完成的行为;第二种情形是,要求的内容和已依文书通知相对方的事项内容相同的。

(3)为实现同一行政目的而对符合一定条件的多数人实施行政指导时,行政主体应事先依事件性质订定该等行政指导共通的内容事项,且除行政上有特别困难外,应予公布。

五、行政指导的责任

之所以行政指导会存在责任问题,一方面是因为,行政指导是政府实施的行为,是非常严肃的事,不得儿戏,要受到"合法预期保护原则"和"禁止反言"的约束,也就是对于信赖行政主体的指导而采取相应行为的相对方,应当保护其合法的权益。另一方面是因为,有的行政指导具有事实上的强制效果,相对方不得不服从。如果由此产生了损害,当然应当为其提供相应的救济。但是,事实上,对行政指导能不能追究责任和提供救济,取决于行政指导的定性,以及行政指导的程序规范性程度。这是个很复杂的问题,也是理论上至今争论不休的问题。

1. 在行政复议或行政诉讼上是否可申请(诉)?

在日本行政法上,对这个问题一直是有争论的。日本法院一开始也认为行政指导争议在法院是不可裁决的(nonjusticiable),因为是自愿(voluntary)服从,当事人也无从要求救济。[①]只有当被指导者因不服从指导

① Cf. Michael K. Young, "*Judicial Review of Administrative Guidance: Governmentally Encouraged Consensual Dispute Resolution in Japan*" (1984) *Columbia Law Review* 954.

而被制裁时，才能以该制裁为诉讼对象要求救济，并在救济的同时一并审查行政指导的违法性。其理由是，行政指导本身不具有法律的拘束力和强制力，是否服从行政指导，由相对人任意决定，所以行政指导不具有行政处分的性质，不能作为处分撤销之诉与无效确认之诉的对象。[①]

但是，日本在1971年发生了一起堪称“转折点”的案件。原告是制造和销售塑料尺的厂家，其生产的尺子一直采取多种度量，有厘米、英寸，还有日本传统的度量标准。但是，国际贸易与工业部(the Ministry of International Trade and Industry, MITI)却下了一个通知(notice)，要求一律采用厘米度量，并指示当地行政机关处理此事，将处理结果上报该部。地方行政机关就向原告发出一个停止生产的警示(warning)。原告申请异议无效，便提起诉讼。东京法院受理了该案。法院首先肯定了通知(notice)只是一个内部的指令(internal directive)，没有改变当事人的具体权利义务，但却严重影响当事人的具体权利义务。对于这种基于通知而实施的特定行政处理(administrative disposition)，当事人如果没有其他救济途径，应当允许起诉。[②]自此之后，所有的行政指导行为都纳入了行政诉讼的范畴。

我国《行政复议法》(1999年)第2条明确规定：“公民、法人或者其他组织认为具体行政行为侵犯其合法权益，向行政机关提出行政复议申请，行政机关受理行政复议申请、作出行政复议决定，适用本法。”第6条列举中也没有出现“行政指导”。行政指导作为一种事实行为，似乎不在行政复议范围之内。

同样，在《行政诉讼法》(1989年)第11条、第12条都没有相应规定。而是在《最高人民法院关于执行〈中华人民共和国行政诉讼法〉若干问题的解释》(2000年)第1条第2款第(四)项做出解释，规定“不具有强制力的行政指导行为”不属于人民法院行政诉讼的受案范围。那么，是不是像上述日本情形一样，具有事实上强制力的行政指导就可以受理呢？其实不是。上述司法解释的表述，是考虑到当前基层法院的法官对何为行政指导并不很了

① 刘宗德：《试论日本之行政指导》，载《政大法学评论》，1989(40)。莫于川：《行政指导论纲——非权力行政方式及其法治问题研究》，114页，重庆，重庆大学出版社，1999。

② Cf. Michael K. Young, "*Judicial Review of Administrative Guidance: Governmentally Encouraged Consensual Dispute Resolution in Japan*" (1984) *Columbia Law Review* 958.

解,在行政指导的行为前增加“不具有强制力”的定语,意在进一步说明行政指导的性质。因此,行政指导在我国行政诉讼上不可诉。但是,对于实践中那些以行政指导名义实施的,实质上不是行政指导行为而是具体行政行为的情况,仍然可以提起行政诉讼。[①]《最高人民法院关于适用〈中华人民共和国行政诉讼法〉的解释》(2018 年)第 1 条第 2 款第(三)项为避免误解,更直白地规定,“行政指导行为”不属于人民法院行政诉讼的受案范围。

但在学术上,也存在支持和反对两种观点。一些学者同意行政指导不可诉,认为当事人对行政指导不满,往往是行政机关没有践行行政指导,实施之后的行政行为,比如,以减免税收来诱导投资,却不兑现减免税,因此,当事人可以起诉后一个行政行为。不少学者主张行政指导应当接受司法审查,一种理由是“行政机关的行为是否属于柔性的行政指导,是否对相对人权利义务产生影响,相对人的要求是否合理,只有在法院受理案件并经审查确认该起诉具有一般法律保护需要,从而使案件进入实体审理阶段后,才能由法院通过实体判决得出结论”。从统计数据上看,在适用司法解释相应条款的 44 个案例中,法院对此类案件适用裁定不予受理的比例也仅为 7.3%,也是比较低的。[②]另一种理由是行政指导存在事实上的侵权,对相对人存在着信赖保护的必要性。[③]但这里的关键问题是,是不是所有的行政指导行为都会使相对人产生合法预期?都需要法院提供行政救济呢?我觉得问题决不简单,还需要我们认真去甄别、去思考。

2. 国家赔偿

在日本,最近的学说和判例将《国家赔偿法》中的“行使公权力”做最广义的解释,认为是包涵了“除私经济作用以外的一切行政活动”,因行政指导引起的损害,也就当然有可能要求行政机关承担国家赔偿,并且也出现了一些判例。[④]

---

① 甘文:《行政诉讼法司法解释之评论——理由、观点与问题》,25~26 页,北京,中国法制出版社,2000。

② 谭炜杰:《行政诉讼受案范围否定性列举之反思》,载《行政法学研究》,2015(1)。

③ 包万超:《转型发展中的中国行政指导研究》,收入罗豪才主编:《行政法论丛》,北京,法律出版社,1998。

④ 刘宗德:《试论日本之行政指导》,载《政大法学评论》,1989(40);纪振清:《日本行政指导之机能与判例趋向》,载《法律评论》,第 60 卷第 11、12 期合刊。

比较典型的案件是 *Nakatani Honten Gomei Kaisha v. Tokyo*。在该案中，原告计划建造公寓楼群，根据《建设标准法》（*the Construction Standards Law*）向当地建设部门申请建设许可。建设部门的通常做法是，在符合有关法律硬性规定的条件之外，还在指导纲要（Outline Guidance）中要求申请人要就采光和通风等问题与建筑物周围的居民协商。原告经过与居民的多番商谈，却无法达成协议。当地建设部门因此不对其申请作出决定。原告向东京建设检查委员会（*the Tokyo Construction Inspection Committee*）申诉。还没等委员会作出决定，原告与居民就达成了协议，也因此获得了许可，并且开工。但之后，原告却对当地建设部门非法迟延作出决定提出国家赔偿请求。法院支持了原告的主张。法院认为，原告有权停止继续协商（halt negotiations），要求行政机关对许可作出决定。这是自愿服从行政指导的特性使然。但是，被告却没有理睬。所以，被告应就此后的损害予以赔偿。①

我国《国家赔偿法》（2012 年）第 4 条第（四）项规定："行政机关及其工作人员在行使行政职权时"，有"造成财产损害的其他违法行为"的，受害人有取得赔偿的权利。这里的"行使行政职权"，既可能是一种法律行为，也可能是一种事实行为，只要违法，即构成国家赔偿的归责要件。因此，行政指导尽管是一种纯粹的事实行为，但是，如果行政机关违法实施行政指导，特别是滥用其事实上的强制力逼迫相对方不得不接受的指导，一旦造成损害，应当承担国家赔偿责任。

但是，在我看来，上述从行为的性质入手，解决国家赔偿问题，范围或许过窄，损害认定不易，因而不算是最佳方法。行政指导的赔偿问题很大层面上是因为行政机关辜负了相对人的合法预期，损害了其预期利益，或者造成其事先花费的成本"付之东流"。所以，引入合法预期，能够使有关的赔偿更具有坚实有力的说服力，具有较强的操作性。

---

① Cf. Michael K. Young, "*Judicial Review of Administrative Guidance: Governmentally Encouraged Consensual Dispute Resolution in Japan*" (1984) *Columbia Law Review* 964, 969.

第十一章　行政上实效性确保手段

第一节　结构的重整

一、教科书的变化

如何确保行政法义务得到真正落实？始终是行政法上的一个重要课题。在传统上，一直是行政强制理论独领风骚。但是，"二战"之后，为适应社会变迁，行政手段已完全突破了传统的行政行为范畴，传统手段（如行政处罚）也在实用中不断演绎出新的内涵。对上述课题也呈现出多角度的回应。

"二战"之后，日本和韩国学者对传统行政强制理论做了比较彻底的反思与批判，开始跳出传统的思维禁锢，在传统的行政强制手段之外，寻找新的确保行政法上义务履行的手段，比如，"供给拒否""公表"和"课征金"等手段。但是，严格来说，这些新方法不是对相对人直接地强制行政义务履行的手段，而是对相对人的错误执行制裁的手段。在机能方面，与传统的行政罚相同，可以对相对人间接地强制其履行行政法上的义务。为迎合实践的变化，在理论研究上，以及在教科书的体例上，便重新整合行政法的体系结构，将传统的行政强制、行政罚以及上述新的手段统统归到"行政上实效性确保手段"、"行政上确保义务履行的制度"等标题与章节之下进行研究。[①]

---

① [韩]金南辰：《行政法 I》，491～492 页，首尔，法文出版社，2000。[韩]金东熙：《行政法 I》，赵峰译，北京，中国人民大学出版社，2008，第 3 编"行政的实效性确保手段"。[日]盐野宏：《行政法总论》，扬建顺译，北京，北京大学出版社，2008，第二编、第二部的第一章"行政上确保义务履行的制度"。上述日韩教科书的一个显著差别是，日本学者将即时强制另外单列，而韩国学者则是一并放入。本书中有关韩国资料均由陈钟华先生翻译，在此致谢。

荷兰行政法在这个问题的处理上也颇有些特色,很有启发性,首先,在制裁(sanction)的主题下包含着处罚和强制(coercive action),处罚主要是罚款(penalty payment),强制的手段则比较多,比如,把乱停放的车辆锁住车轮、拆除违章建筑。而所有这些都是为了执行(enforcement),为了实现行政管理的目标与状态。其次,制裁分为修复性制裁(reparatory sanctions)和惩戒性制裁(punitive sanctions)。两者的区别在于是否具有额外的惩戒性(penalize)。比如,对故意逃税者处以罚款,就是一种惩戒性制裁。而将非法停泊在市中心河道上的船只拖到允许停泊的河道,就是一种修复性制裁。①处罚与强制之间不存在前后次序选择问题,完全视行政管理的需要,采取最有效的实现管理目的的手段。荷兰行政法理论也认为,具有不同目的的制裁(sanctions)是可以同时使用的,也就是说,惩戒性制裁和修复性制裁也可以一并使用。②

迄今为止,我国学者似乎尚未感受到上述理论变迁,也没有接受上述发生在日本和韩国的新的理论整合观念,至少是还没有普遍地反映到行政法教材的结构之中。③

二、反思与重构

长期以来,我们是将行政强制与行政处罚并列放入具体行政行为之中讨论,认为行政处罚与行政强制执行有着原则的区别,分属于不同性质的行政行为,行政处罚着眼于对过去违背义务的制裁,而行政强制执行则目的在于原有义务的履行。这种理解,实际上是和德国、日本传统行政法理论一脉相承的。但是,这样的割裂式讨论,很难让我们透视它们彼此之间的内在关联,也很难对它们在行政法上扮演的角色与作用有一个整体的把握。

其实,行政处罚完全可以作为担保行政义务履行的强制手段。日本战后逐渐认识并重视到行政罚对行政义务履行所具有的间接强制机能,在实

---

① Cf. J. G. Brouwer & A. E. Schilder, *A survey of Dutch administrative law*, Ars Aequi Libri, Nijmegen, 1998, pp. 47～48.

② Cf. J. G. Brouwer & A. E. Schilder, *op. Cit.*, p. 57.

③ 但是,在张成福和余凌云主编的 MPA 教材《行政法学》(北京,中央党校出版社出版,2003)中,做了这方面体系结构重新整合的尝试。

践中,也利用行政罚这种反射的效果来弥补代执行的不足。[①]这种对行政罚价值和功能的重新认识与定位,极可能是受到了美国司法执行模式的影响(?)。在美国,刑罚始终是当作强制履行行政义务的担保手段的。[②]

传统上之所以没有承认这一点,是受到民事强制执行理论的影响。对于私人间民事义务的履行,国家只以债权人的协助者地位,凭借强制力来实现债权人的请求权。因此,所采取的强制执行手段只限于原原本本地实现原义务,比如,最典型的就是直接执行、代替执行,原则上不能增加债务人额外的义务。即使是施加给债务人不利益,也仅限于金钱负担(过怠金)。这种理论观念深深地渗入到行政强制执行的理论结构当中,使得后者几乎成为民事强制执行理论的翻版。现在行政强制执行中的各种手段,包括执行罚、代执行、直接强制和强制征收,均可在民事强制执行中找到原型。

但是,如果撇开这种历史渊源的干扰,纯粹从实现行政法上所预期的状态这个功能角度来看,那么我们会发现,执行罚也好,行政处罚也罢,都是(能)对义务人形成心理上的压力,迫使其履行义务,正是从这个角度讲,行政处罚也能当作强制手段来使用。如若不然,我们就无法理解美国的司法执行方式以及日本战后对行政罚认识的转变,我们也将无法理解法国行政机关在遇有拒绝执行的情况时可以诉诸刑事法庭或者直接处以行政处罚的做法。[③]

在实务上也有承认行政处罚作为强制手段的必要。如果从对当事人施加心理恫吓来迫使其履行义务这一角度考虑,行政处罚显然比执行罚更具有威慑力,特别是对于人身专属性或高度个人性(hochstpersonlich)的义务,比如,服兵役,传统的强制执行手段都不能奏效时,更能显示出承认其存在的必要性。[④]而且,对于那些本身不好直接强制执行的行为罚,有些行政处罚

---

① 城仲模:《行政法之基础理论》,台北,三民书局,1983,“行政强制执行序说”与“日本行政代执行法之研究”两文。[日]高田敏:《行政法》,220～221页,东京,有斐阁,1994。

② 城仲模:《行政法之基础理论》,227～228页,台北,三民书局,1983。[日]远藤博也、阿部泰隆:《行政法(总论)》,224页,东京,青林书院新社,1984。

③ 全国人大常委会法制工作委员会、德国技术合作公司:《行政强制的理论与实践》,90～91页,北京,法律出版社,2001。

④ 比如,对拒不履行兵役义务的公民,行政机关根本无法通过直接强制、代执行方法予以强制,而执行罚因制裁力度有限,也不能达到效果,因此,有些省(如福建省)、直辖市(如北京)都在地方性法规中规定了严厉的处罚措施,从执行的情况看,效果较为显著。

却能够起到很好的担保作用。比如,对于拒不执行责令停产停业的,可以对直接责任人员处以拘留,来担保上述行政命令能够得到执行。

正是基于上述分析,我们可以得出行政处罚可以作为强制手段的结论。当然,承认行政处罚可以作为担保行政义务履行的强制手段,这只是揭示其具有与执行罚相同的间接强制效果,并不是要抹杀行政处罚和行政强制执行之间的界线,使两者混同,也不是要让行政处罚荫掩在行政强制执行之下,取消其独立存在。行政处罚作为一种惩罚措施,其个性始终是张扬的。

同理,将违法事实公布于众,也具有间接保证所预期的行政状态的实现之功效,也能够当作强制手段。比如,在我国当前的警务实践中,为了督促有关单位落实安全防范工作,消除火灾隐患,公安机关在有关通知中,总是在强调要定期检查或抽查的同时,不忘提醒一句,如果工作没有落实到位、发生治安、火灾等案件的,将通报批评。上述单位很可能会因为害怕被通报,坏了名声,而按照要求完成布置的任务。倘若拒绝或者仍然不履行的,在通报批评的同时,还会限期整改,或者处以行政处罚。这些可预见的不利益后果,又更进一步增加了强制效果。

如果上面的分析能够成立,那么,我们就应该逐渐摆脱民事强制执行理论的影响,从实现行政法上所预期的行政状态这一功能角度,重构相关的强制理论,建立包括具有间接强制机能的行政处罚、违反事实的公布等制度、传统的即时强制以及行政强制执行在内的确保行政法上义务履行的理论结构。

第二节 行政处罚

一、概念

行政处罚是我国学者研究最为透彻、最为深入的一种行政法现象,仅个人专著就不下 9 部。尤其是随着《行政处罚法》(1996 年)的颁布与实施,很多认识得到了高度的统一。可以说,在诸多行政法领域中,学者对行政处罚理论的观点分歧最小。

学者对行政处罚概念的看法基本一致,没有实质区别,只是行文表述上有些差异，它是指对违反行政法义务的相对人的一种行政制裁，目的既有对违法的惩戒，又有预防与抑制未来违法的效果，也可以作为威吓手段，迫使义务人尽快消除轻微的违法状态。

《行政处罚法》(2021 年)第 2 条通过寻求学术认识的最大公约数，增设了行政处罚定义，"是指行政机关依法对违反行政管理秩序的公民、法人或者其他组织，以减损权益或者增加义务的方式予以惩戒的行为。"从立法上给出了识别行政处罚的判断标准，"不再让大量随意创造发明的带有惩罚意义的措施""游离于《行政处罚法》之外而不受行政处罚基本法的约束"。"特别是'以减损权益或者增加义务的方式予以惩戒'这一'制裁'特性的表述，是 40 年来中国行政法学理论成果、数百本行政法学教科书所没有的。"[①]

对于惩戒、制裁，学理上有"合法权益减损"、"不利益"、"不利负担"、需要功能性考量等解释。[②]立法解释为"减损权益或者增加义务"，其中，"增加义务"一定是额外义务，但权益是否应为合法，尚有争议。一种看法是"制裁的核心是剥夺当事人已有的利益或给予其新的不利益。制裁所针对的利益应当认定为一种事实上的、价值中性的利益，而不去过多考虑其适法性。"[③]另一种认为"'权益'是指合法权利和利益，'增加义务'是指增加新的义务"。[④]但是，责令改正、纠正违法不是行政处罚，而是行政决定或者行政措施，它们都没有课加当事人新义务或者额外义务，是当事人因先前违法行为而产生的积极消除违法状态的义务，是当事人本来就应当履行或者承担的义务，不是新的不利负担。

对于行政违法构成犯罪的，依据现行法，依然有适用行政处罚的余地，行政处罚与刑罚的竞合问题变得十分重要，具体技术有折抵与并罚。[⑤]但是，这并非如陈兴良教授所说，此类犯罪同时并存着行政不法与刑事不法双重不法，[⑥]而是因为现行的刑罚与行政处罚之间在处罚效果上存在着部分不重

---

① 胡建淼：《论"行政处罚"概念的法律定位——兼评〈行政处罚法〉关于"行政处罚"的定义》，载《中外法学》，2021(4)。

② 陈鹏：《界定行政处罚行为的功能性考量路径》，载《法学研究》，2015(2)。

③ 马怀德：《〈行政处罚法〉修改中的几个争议问题》，载《华东政法大学学报》，2020(4)。

④ 黄海华：《新〈行政处罚法〉制度创新的理论解析》，载《行政法学研究》，2021(6)。

⑤ 汪永清主编：《行政处罚运作原理》，64～65 页，北京，中国政法大学出版社，1994。

⑥ 陈兴良：《论行政处罚与刑罚处罚的关系》，载《中国法学》，1992(4)。

叠,主要体现在行为罚或资格罚上,需要行政处罚做必要的填补。比如构成交通肇事罪的,由交警而非法院吊销驾照。因此,在未来刑罚改革中,如果能将资格刑非政治化,增加剥夺从事特定活动能力的内容,比如,吊销许可证或执照,那么,对于构成犯罪的,就根本无需行政处罚。[①]行政处罚也就变得更加纯粹、干净。

二、与刑罚的关系

无论立法者、执法者还是学者,都潜意识地把行政处罚法和治安管理处罚法当成是"小刑法"。的确,在日本行政法上,是将行政刑罚、秩序罚、行政处罚等皆涵射在"行政罚"概念之下,这说明它们之间必然有着相通之处。所以,即便行政处罚法、治安管理处罚法没有规定正当防卫、紧急避险、意外事件,也可以比照刑法的有关规定处理。对于多种行政违法行为,也未必不能按照连续犯、持续犯、吸收犯、想象竞合犯等原理处理,当然不是照单全收。[②]

但在早期理论与制度取向上,就有"违警与犯罪性质无异说"、"违警与犯罪性质全异说"之分,[③] 我国当时采纳了后者,并沿袭至今。对于行政违法,由行政机关而非法院、依照行政程序而非刑事程序,作出完全不同于刑罚的行政处罚。由于行政处罚毕竟有别于刑罚,存在量大、惩处力度低、更加讲求行政效率、必须考虑执法成本等特点,所以,在有些原理上不同于刑法。比如,在行政处罚上,以共同负有行政法义务为适用共犯理论的前提条件,[④]且不论主犯、从犯、教唆犯或帮助犯,全部采取"独立正犯化"的理论。[⑤]又比如,行政处罚一般不区分既遂和未遂,而是按照"重要阶段行为理论"或者"一个整体不法行为理论"来处理,也就是说,可以把不同阶段的行为看作是一个整体的不法行为,参与其中一部分,就构成违法,可以给予处罚。[⑥]再

① 皮纯协、余凌云等著:《行政处罚法原理与运作》,34～38页,北京,科学普及出版社,1996。

② 余凌云主编:《治安管理处罚法的具体适用问题》,1～40页,北京,中国人民公安大学出版社,2006。

③ 李秀清:《〈大清违警律〉移植外国法评析》,载《犯罪研究》,2002(3)。沈岚:《中国近代治安处罚法规的演变——以违警罚法的去刑法化为视角》,载《政法论坛》,2011(4)。

④ 皮纯协、余凌云等著:《行政处罚法原理与运作》,21～22页,北京,科学普及出版社,1996。

⑤ 李慧宗:《行政罚法之理论与案例》,78～79页,台北,元照出版有限公司,2005。

⑥ 吴庚:《行政法之理论与实用》,301～302页,北京,中国人民大学出版社,2005。

比如，行政处罚一般也不区分、甚至不过问故意和过失。

三、行政处罚体制

普通法国家奉行"违警与犯罪性质无异说"，传统上行政机关一直是扮演着调查、收集取证的角色，只有法院才有权作出处罚决定，并认为这是"自己不做自己案件的法官"(no one can be judge in his own case)的基本要求。在 20 世纪初，美国联邦最高法院在 ICC v. Brimson 案中还宣称："在我们的政府体制中，基于正当法律程序，行政机关不能拥有以判处罚款或监禁的方式强迫他人服从其命令的权力。"只是到了近些年来，才稍稍调整了立场，允许行政机关享有十分有限的处罚权。比如，对于违反《清洁空气法》(Clean Air Act)超标排放废弃物的公司，环境保护局(Environmental Protection Agency)有权运用其执行权与裁决权对违法公司处以罚款(civil penalties)或者将该案提交司法部提起刑事检控。①

大陆法传统的国家和地区多主张"违警与犯罪性质全异说"，由行政机关直接作出处罚，比如，德国 1952 年的《违反秩序罚法》、奥地利 1925 年的《行政罚法》、我国台湾地区 2005 年的"行政罚法"。但是，"二战"之后，大陆法系国家也出现了严格限制行政机关享有处罚权的倾向。比如，德国的秩序罚限定只有罚款一种形式，且罚款数额除非法律另有规定，否则不得超过 1000 马克。日本走得更远，已经完全改制为英美模式。②

我国学者近年来受普通法观念的影响，也有呼吁改革行政处罚体制者。但是，考虑到行政处罚案件每年数量极大，洪水般涌入法院，法院恐怕难以承受，且行政处罚案件的调查措施与办案受到严格的期限限制，针对流动人口违法的案件需要及时处理，无论是检查证的申领，还是处罚决定，都交给法院裁决，恐怕不切合实际。因此，《行政处罚法》延续了行政主导的行政处罚体制，只是将原来"由分散型为主、综合型为补充的格局，调整为分散型与综合型并列的格局"，③以适应相对集中处罚权、综合执法的改革方向。与此同时，采取了行政机关内部的调查与决定职能的相对分离，来贯彻无偏见的

① Cf. Willian F. Fox, *Understanding Administrative Law*, Matthew Bender, 1986, p. 63.

② 冯军：《行政处罚法新论》，154 页，北京，中国检察出版社，2003。

③ 黄海华：《新〈行政处罚法〉制度创新的理论解析》，载《行政法学研究》，2021(6)。

要求,[①]并辅以执法考评与责任制,实际效果也不错。当然,未来如果能够过渡到由相对独立的行政裁判所来裁决,就更为理想。

四、行政违法行为的构成

在德国,应受行政罚处罚的违反秩序行为,“其基本要件与刑罚行为并无不同”,只是“为了与刑法上之概念加以区隔,采用了不同之用语”。大致包括成立要件和效果要件,前者指“合乎构成要件”(Tatbestandsmäßigkeit)、违法(Rechtswidrigkeit)以及可受非难性(Vorwerfbarkeit);后者指仅发生罚锾效果。但是,有些区别用语的刻意引入,目的是拉开与刑法的距离,突显彼此的不同。比如,采用“可非难性”,而非刑法上的“责任”,就是为了有意避免“有关社会伦理评价之内涵”。[②]因为即使“构成要件相同”,也“并非在各该构成要件之内涵上,必须完全一致。否则无异于只要一套处罚理论及体系,分由司法机关及行政机关执行即可,根本无须两者并存。因此,在构成要件之内涵要求,两者仍得本于其制裁目的及制裁对象之特性,而有所差别”。[③]

我国学者也在“行政违法责任构成”“行政违法行为的构成要件”或者“受行政处罚行为的构成要件”等名目下讨论相同的问题,却没有追随犯罪构成“三阶层理论”,而是在传统的犯罪构成“四要件说”的结构下展开比对,多认为与犯罪构成基本一致,并检讨彼此内涵的差异。[④]

我不赞成完全采取刑法的“四要件说”。首先,我们一般不谈客体问题,因为客体太虚,对行政处罚的量罚没有很大意义。而且,任何违法都必然会损害某种客体,完全可以将后者涵射其中。其次,很多情况下我们也不谈主观方面,除非法律明确要求。所以,在我看来,违法责任的构成实际上只有两个共同的必备要件,一是主体,也就是处罚对象必须是依法负有行政法义务的个人或者组织,二是客观上违反了行政法义务。对具体义务的描述,由

---

① 曹志同志在《关于〈中华人民共和国行政处罚法(草案)〉的说明》(1996 年 3 月 12 日)中对“办案的与决定处罚的分开”做了特别的解释,“这是根据一些地方、部门的经验规定的,这样做可以加强制约和监督,有利于提高行政处罚的质量,也有利于克服和防止腐败现象。”

② 洪家殷:《行政罚法论》(增订二版),15～16 页,台北,五南图书出版股份有限公司,2006。

③ 洪家殷:《行政罚法论》(增订二版),17 页,台北,五南图书出版股份有限公司,2006。

④ 比如,姜明安:《行政违法行为与行政处罚》,载《中国法学》,1992(6)。叶必丰:《行政处罚概论》,40 页,武汉,武汉大学出版社,1990。杨小君:《行政处罚研究》,152 页,北京,法律出版社,2002。

法律、法规和规章来完成。[①]

1. 主观方面

在是否需要主观要件上，历来就有激烈的争论。我国台湾地区的实践经历了从“故意责任说”“故意与过失等价说”“无过失责任说”到现在的“过失责任说与过失推定说”等不同时期，以迎合晚近奥地利、德国立法例出现的“几乎与刑事罚之责任条件相一致”的发展趋势。现行规定的要点大致如下：第一，非出自故意或者过失，不得处罚。第二，仅须违反禁止规定或作为义务，而不以发生损害或危险为其要件者，推定为有过失，于行为人不能举证证明自己无过失时，即应受处罚。第三，出于过失，不得罚以拘留，并得减轻之。第四，行为人不得以不知晓法律规定作为抗辩理由。[②]

我国大陆学者也多应合“过失推定说”，比如，姜明安教授就指出：“行政执法机关对被指控实施了行政违法行为的人科处行政处罚，则通常无需对被指控人的主观过错负举证责任，只要证明相对人实施了违法行为，就可以认定行为人具有行政违法行为与行政处罚主观过错。被指控人如果认为自己没有主观过错，则应承担举证责任。其如能证明自己的行为确实没有主观过错，其行为即不构成行政违法行为，行政机关不能对之科处行政处罚。反之，则应对之适用行政处罚。”[③]但是，在我看来，首先，“推定过失”本身虚拟成分浓厚，形式意义大于实质意义。其次，行为人不得以不知晓法律规定作为抗辩理由。我实在想不出行为人如何才能有效举证证明其无过失，也不是绝对不可能，至少举证艰巨。而且，完全由行为人证明无过错，也与行政诉讼法规定的行政机关对行政行为承担举证责任之间有龃龉。最后，实

---

① 皮纯协、余凌云等著：《行政处罚法原理与运作》，55～58页，北京，科学普及出版社，1996。

② 我国台湾地区“司法院大法官”第275号解释称：“人民违反法律上之义务而应受行政罚之行为，法律无特别规定时，虽不以出于故意为必要，仍须以过失为其责任条件。但应受行政罚之行为，仅须违反禁止规定或作为义务，而不以发生损害或危险为其要件者，推定为有过失，于行为人不能举证证明自己无过失时，即应受处罚。行政法院六十二年度判字第三〇号判例谓：‘行政罚不以故意或过失为责任条件’，及同年度判字第三五〇号判例谓：‘行政犯行为之成立，不以故意为要件，其所以导致伪报货物品质价值之等级原因为何，应可不问’，其与上开意旨不符部分，与宪法保障人民权利之本旨抵触，应不再援用。”李慧宗：《行政罚法之理论与案例》，60～62页，台北，元照出版有限公司，2005。

③ 姜明安：《行政违法行为与行政处罚》，载《中国法学》，1992(6)。

践对主观要件也经常是“忽略不计”。[①]因此,对此要件的固执,只会是理论上的完美,实践的无效益。

Scholler 和 Schloer 曾直截了当地说,责任之主观要素(故意或过失)在警察及秩序法上并不重要。[②]在我理解起来,可能是基于以下原因:其一,行政违法行为多为秩序犯,且行政处罚的力度较低,道德非难性小,主观状态一般对违法责任构成不起很大作用。[③]其二,面对大量的行政违法案件,如果逐一考虑主观状态,将使行政执法滞碍难行,效率低下,无助于迅速恢复已被破坏的行政管理秩序。

当然,不以主观状态为必要的构成要件,不等于说完全排除主观问题。在以下情形中必须考虑主观问题:(1)有些行为依法必须是故意实施才构成违法,过失不罚。(2)有些法律规定,“明知故犯”是从重处罚的情节。(3)行政机关过错导致的相对人违法,应当不予处罚。(4)当事人有初步证据证明没有主观过错或者主观过错轻微的,经行政机关调查核实,可以不予处罚或者从轻减轻处罚。

据孙秋楠先生对截至于 1991 年底的法律、行政法规的统计,有 223 件具体规定了行政处罚,其中,80% 只要求有违法行为,就可以处罚;4.4% 规定,[④]应具有主观过错,才能处罚,主要集中在有关公共安全和治安等领域,以及一些需要承担民事责任和比行政处罚更重的责任方面;15.2% 规定,应

---

① 杨小军:《行政处罚研究》,153 页,北京,法律出版社,2002。

② [德]Scholler 和 Schloer:《德国警察与秩序法原理》(中译二版),李震山译,261 页,高雄,C. F. Müller、登文书局,1995。

③ 正如林纪东教授所言,“至于行政犯,则与刑事犯大不相同,如撇开国法之规定,其自身并不含有道德上罪恶之要素,非因反道德之故,加以处罚。宁要由于行政上之目的,因其违反国家命令或禁止之故,加以处罚,其处罚之必要,在于求行政目的之确达。”参见,林纪东:《行政法新论》,五南图书出版有限公司 1985 年版,第 264 页。林山田教授分析得更加实在,他说:“违反秩序行为也非不具社会伦理的非难性,有些违反秩序行为,也与犯罪行为同样地具有社会伦理的可责性。一般而论,违反秩序行为缺乏犯罪行为在违犯方式的高可责性,其所侵害之法益有较低的重要性,就伦理非价内容的程度判断,则有较低程度的不法内容。因之,此种不法行为欠缺如犯罪行为的应刑罚性,也即不具刑事政策上的刑罚必要性,无须以刑事刑罚对之作严重的社会伦理的非价判断。所以,立法者故意地回避刑罚,不把它当作犯罪行为,而仅以秩序罚或狭义的行政罚形成一种‘加重的行政命令’。”林山田:《刑罚学》,32 页,台北,台湾商务印书馆,1983。

④ 还有一种说法,据国务院法制局对 400 多件法律、法规和规章的统计,只有 4、5 件规定了某些违法行为的构成必须以故意为要件。袁曙宏:《行政处罚的创设、实施和救济》,79 页,北京,中国法制出版社,1994。

具有一定的情节和后果，才能处罚。只有极少数规定，必须主观有过错，同时客观上造成后果，才受处罚。这种情况主要适用于极少数的管理领域，比如森林防火、国家资产评估管理等有关方面，但现行立法中并不常见。①这个统计结果也与上述理论认识形成呼应。

2. 主体

在责任能力方面，行政法与刑法的规定基本一致。

行政处罚对象的认定，恒以相对人负有行政法上义务，而未尽该项义务为根本的衡量与判断标准。这是因为行政处罚作为行政法上的法律后果，其产生的前提只能是相对人对国家负有义务。特别是在所涉案件中当事人之间存在隶属关系、雇佣关系，或者实施违法行为是假借他人条件的结果，或者在一案中出现行政法律关系和民事法律关系相交织在一起等复杂情形中，尤其要注意义务归属的识别。②

五、处罚种类

从文献中，我们发现，同样性质的行政措施，在法国认可为处罚，在德国却不认可。在英美国家，将带有惩戒效果的措施和处理都泛称为处罚(penalty)。或许，处罚种类取决于行政政策，没有普适的标准。但是，在一个国家之内，应该追求内在统一的政策。

在我国，据统计，法律和行政法规中规定的行政处罚种类有120种之多。当然，据胡建淼教授的研究，其中也不乏“赝品”，是混淆了行政处罚与行政强制措施、行政执行罚、责令纠正违法、具体行政行为的撤回、行政收费、行政行为无效以及民事责任等之间关系的结果。③依照通说，林林总总的行政处罚，大都可以根据其性质归入申诫罚、财产罚、行为罚和人身罚等四大类之中，其严厉程度也是依次上升的。④

---

① 孙秋楠：《受行政处罚行为的构成要件》，载《中国法学》，1992(6)。

② 余凌云：《浅析行政处罚中对被处罚对象的认定》，载《中国经济时报》，1997-08-12。

③ 胡建淼：《“其他行政处罚”若干问题研究》，载《法学研究》，2005(1)。

④ 以下内容参见，皮纯协、余凌云等著：《行政处罚法原理与运作》，79～82页，北京，科学普及出版社，1996。

1. 申诫罚

申诫罚,也称精神罚、名誉罚,是行政机关通过对违法行为人给予精神上或者名誉、信誉方面的惩戒,使其感到羞辱,以后不再犯。申诫罚主要包括警告、通报批评、公开谴责、训诫和责令具结悔过、列入"黑名单"等,适用于情节比较轻微,没有造成多大社会危害的违法行为;既可以用于个人,也可以用于法人或者其他组织。由于财产罚、行为罚和人身罚等其他种类处罚实际上都蕴含着某种精神性制裁,所以,申诫罚只可能单处,不可能与其他种类的处罚并处。[①]

2. 财产罚

财产罚是以财产权为处罚标的,通过迫使违法行为人交纳一定数额的金钱或者剥夺其财产,达到制裁作用,同时对于违法行为所造成的危害后果,可以通过剥夺违法行为人的财产予以一定的补偿。一般包括罚款、没收违法所得或者非法财物等。其适用范围广泛,可以适用于经济的和非经济的、有营利的和无营利的违法行为,可以适用于个人和组织。

我始终觉得,违法所得或者非法财物意味着在个案的情境下当事人对这些所得、财物不具有合法的所有权,比如非法营利、赌资、盗窃物品或者违禁品,对其予以没收,与我们通常所说的通过对合法权利的限制或剥夺的制裁有着根本不同,不能算是行政处罚。[②]没收只是一种从属性措施,与收缴措施同构化。

但是,一些学者却持支持意见。冯军教授认为,"违法所得也是'所得',这种财产利益,在未被没收之前,实际处于违法当事人的控制和支配之下,没收这种利益,即使它是违法所得的,也同样会对当事人产生惩戒的心理和精神效果。因此,没收违法所得以及没收非法财物等在性质上属于行政处罚无疑。"[③]熊樟林教授认为,行政处罚的"制裁性"实际上应该是"不利益性","违法所得"只是一种利益,"没收违法所得尽管不符合'制裁性',但却

---

① 胡锦光:《行政处罚研究》,33页,法律出版社,1998年。杨小君:《行政处罚研究》,180~181页,北京,法律出版社,2002。

② 熊文钊教授也有类似观点。熊文钊:《行政处罚原理》,73页,北京,中国人事出版社,1998。

③ 冯军:《行政处罚法新论》,120页,北京,中国检察出版社,2003。

是符合'不利益性'。"他也承认,行政没收并不都是行政处罚。[①]黄海华也坦承"没收违法所得和责令拆除违法建筑相当程度上不属于新的不利负担",但是,"违法所得和违法建筑涉及当事人现实的、重大的利益,应当允许通过法律拟制的方式,将之视为增加新的不利负担,明确为行政处罚行为。"[②]

在实践中,比较难以把握的是违法所得和非法财物的范围。违法所得,也称非法所得或非法收入,是指从事违法行为而直接获得的收益,以及基于该收益而产生的孳息。[③]与收缴措施相同,行政机关采取没收违法所得措施时,除应注意对善意第三人的保护外,对存在相应的权利请求人的部分应当予以退还,前提是具有退还可能性,比如,哄抬房价,因购房者记录在案,可以退赔,体现民事责任优于行政责任。不同行政领域,违法所得的计算方法或许不同,学术上有"净利说""毛利说"之分,但是,一般"以不扣除成本为计算原则",以增强没收违法所得的惩戒性。[④]由于违法所得有着基于个案的待确定性,有时也难以计算,所以,在立法上应当尽量避免设定以违法所得为基数的处罚。[⑤]非法财物只能是进行非法行为所必需的直接的工具或者违禁品。与非法行为无关的,或者仅是间接的工具,不得没收。[⑥]违法行为人不是该财物所有人的,其所有人如果不存在故意或者重大过失,也不得没收。

3. 行为罚

行为罚,也称能力罚,是对违法行为人所采取的限制或者剥夺其特定行为能力的制裁措施,包括暂扣、吊销营业执照或者许可证、降低资质等级、责

---

① 熊樟林:《行政处罚的概念构造——新〈行政处罚法〉第 2 条解释》,载《中外法学》,2021(5)。

② 黄海华:《新行政处罚法的若干制度发展》,载《中国法律评论》,2021(3)。

③ 比如,在我看来,以下两个解释都是精当的:一是《最高人民法院关于审理生产、销售伪劣产品刑事案件如何认定"违法所得数额"的批复》(法复[1995]3 号)认为,违法所得是指生产、销售伪劣产品获利的数额;二是《国家工商行政管理局关于〈反不正当竞争法〉第 23 条和第 30 条"质次价高"、"滥收费用"、"违法所得"认定问题的答复》(工商公字[1999]第 313 号)中认为,违法所得是指被指定的经营者通过销售质次价高商品或者滥收费用所获取的非法收益,也就是"超出同类商品的通常市场价格销售价格销售商品而多获取的销售收入"与"不应当收费而收取的费用"才算是违法所得。

④ 张晓莹:《行政处罚的理论发展与实践进步——〈行政处罚法〉修改要点评析》,载《经贸法律评论》,2021(3)。

⑤ 叶平、陈昌雄:《行政处罚中的违法所得研究》,载《中国法学》,2006(1)。

⑥ 胡锦光:《行政处罚研究》,38 页,北京,法律出版社,1998。

令停产停业、限制开展生产经营活动、责令关闭、限制从业等。也有学者进一步分为资格罚和行为罚(狭义),吊销许可证照、降低资质等级是资格罚,其他是行为罚(狭义)。[①]行为罚存在的前提是行为人已经合法获得了从事某种特定活动的许可。在这一点上,行为罚有别于取缔。取缔是对未合法获得许可而擅自从事的某种活动的责令停止,属于一种行政措施而非处罚。

责令停产停业只是暂时性停止违法行为人生产经营活动,并不是彻底剥夺其行为资格。它应该附有条件与期限。[②]当行为人在指定期限内满足了条件,经行政机关审核同意之后,应当允许恢复生产经营。暂扣营业执照或许可证显然也是有期限的,而吊销则可以是永久性剥夺当事人行为资格,也可以允许当事人在一定期限之后重新申领。

4. 人身罚

人身罚,主要是行政拘留,是对违法行为人短期限制或剥夺其人身自由的处罚。仅适用于个人,且仅存在于警察法、海警法和国家安全法之中。

六、过罚相当与一事不再罚

《行政处罚法》(1996 年)第 4 条第 2 款规定了过罚相当原则,即“设定和实施行政处罚必须以事实为依据,与违法行为的事实、性质、情节以及社会危害程度相当。”《行政处罚法》(2021 年)调为第 5 条第 2 款,内容不变。它与刑法上的罪刑相当原则具有同构化意义。对行政违法行为的量罚必须在这个系统之中裁量,是对裁量基准技术运用的总体指导与校正。

一事不再罚,据我国台湾地区学者的研究,也称一行为不二罚、一事不二罚或者禁止双重处罚原则(der prinzip des Doppelbestrafungsverbot),源自刑事诉讼法上的“一事不再理原则”,也具有与后者一样的规范意义,一方面,从实体规范看,它属于一种个人的主观防卫权(Subjekitives Abwehrrecht),可以避免因其一个行为而受到国家多次处罚,使其基本权利得以维护。另一方面,作为客观的程序规范(Objektive Verfahrensnorm),该原则也具有阻断效力

---

① 胡建淼:《“其他行政处罚”若干问题研究》,载《法学研究》,2005(1)。

② 胡锦光:《行政处罚研究》,38～39 页,北京,法律出版社,1998。杨小军:《行政处罚研究》,189～193 页,北京,法律出版社,2002。

(Sperrwirkung),可以保护当事人免于再一次成为国家处罚的对象。[①]但大陆学者却很少从刑事诉讼法角度去做类比思考,多认为该原则是《行政处罚法》规定的过罚相当原则的具体运用,或者本身就是一条行政处罚基本原则。

在行政法上,"一事"不是泛指"一案",也不是指一个自然行为,而是更进一步,指一个违法行为。"不再罚"是指不得处以两次以上目的与效果相同的处罚。比如,对同一违法行为,不得处以两次以上的警告、罚款或拘留。对同一违法行为的认定,一般以违法行为构成要件为标准,以触犯行政法义务的性质、种类与数量为计算依据,其中的情形十分复杂,涉及法条竞合问题,也涉及连续犯、持续犯、吸收犯、想象竞合犯等理论的运用问题。[②]还可能涉及法律上的拟制,比如,在非现场执法上,被监控技术设备反复抓拍的违反同一法律规范的行为,如超速、违反限行、违法停放,也可以明确合理的间隔期间,广而告之,将上述处于连续或持续状态的行为在法律上切割为数个违法行为,连续处罚。[③]

原则上,一个违法行为一般仅违反一个法规范。客观上实施的一个自然行为,可能因为同时触犯多个不同的法规范而成为多个违法行为。这些法规范所保护的法益应该不一样,在法效果上不发生重叠。如果不同领域的多个法规范却保护同一法益,出现法效果重叠,那么,仍然构成一个违法行为,而不是多个违法行为。比如,湿地与草原、森林在地理地貌上有一定交叉重合,对于结合部的植被、林木和土壤保护,草原法、森林法、湿地保护法可能都有所规定,保护的法益是相同的,随意开垦行为可能会触犯多个法规范,却是一个违法行为。

我国分散处罚体制,加上不同行政机关之间的管辖事项很难切割干净,这就极易造成多重管辖,对同一违法行为可以分别制定不同的法规范,由不同行政机关分别予以处罚,且各行政机关之间互不沟通,致使违法行为人的合法权益无法得到切实保障。其实,这应该采用法条竞合。法条竞合,西方

① 洪家殷:《行政罚法论》(增订二版),120～122页,台北,五南图书出版股份有限公司,2006。

② 余凌云:《公安机关办理行政案件程序规定若干问题研究》(第二版),152～155页,北京,中国人民公安大学出版社,2007。

③ 余凌云:《交警非现场执法的规范构建》,载《法学研究》,2021(3)。

亦存在。[①]但是,就分散处罚与多重管辖而导致的竞合,却是我国行政法所特有的问题。

同一违法行为触犯多个法规范,而侵犯的法益却相同,为避免重复处罚,原则上应当由最先受理的行政机关做出处罚,或者由行政机关之间通过协商管辖解决。但是,为避免因不同行政机关处罚权大小不一而产生不公正现象,宜择一重者适用之。胡锦光教授认为,可以允许拥有较重处罚权的行政机关再次做出处罚,并实行重罚吸收轻罚。[②]冯军教授认为,受害人或其他利害关系人也可以诉诸法院,法院如发现处罚畸轻,可以将案件发送给对违法行为拥有最大处罚权的行政机关重新处罚,或者由法院经行作出变更判决。[③]上述学者显然采取了与德国、我国台湾地区学者一样的态度,主张竞合主义。

在我看来,相竞合的法律规定的处罚必须相同,比如,都是罚款、责令停产,而数额、期限却不同,才可以从一重者处罚之。行政处罚法仅明确了关于罚款规定的竞合,"同一个违法行为违反多个法律规范应当给予罚款处罚的,按照罚款数额高的规定处罚。"但是,如果相竞合的法律规定的处罚具有不同性质、效果与目的,我们就应采取并罚主义。比如,对于销售伪劣商品,质监部门处以罚款,同时可由工商部门吊销执照。这是因为"行政主体间有不同的行政任务,在法规竞合的情况下贯彻一事不再罚原则容易阻碍不同行政主体间制裁功能的全面实现。为克服此类缺陷,适当允许第二次处罚实有必要。"[④]

因此,依据行政处罚法,一事不再罚是指,一个行为触犯了多个法规范,在法效果上又是重合的,也就会出现多个行政机关管辖,且管辖事由其实也是重叠的。在这种情况下,原则上由其中一个行政机关管辖。发生竞合的多个法规范都规定了罚款,那么,应当择一重者处以罚款。同样,如果发生竞合的多个法规范都规定了相同或者目的效果相似的其他行政处罚,也不

---

① 例如,德国《违反秩序罚法》第 19 条规定,同一行为触犯科处罚锾之数法律,依罚锾最高之法律处罚之,但其他法律有从罚之规定者,仍得宣告之。洪家殷:《行政罚法论》(增订二版),141 页,台北,五南图书出版股份有限公司,2006。

② 胡锦光:《行政处罚研究》,137 页,北京,法律出版社,1998。

③ 冯军:《行政处罚法新论》,165 页,北京,中国检察出版社,2003。

④ 朱新力:《论一事不再罚原则》,载《法学》,2001(11)。

得给予两次以上处罚，也应当择一重者处罚。但是，不影响其他行政机关处以效果与目的不同的其他性质处罚。

七、简易程序与一般程序

《行政处罚法》是我国第一部系统接受西方正当程序洗礼的法律，完整地汲取了正当程序的基本元素，彻底颠覆了国人“重实体、轻程序”的传统观念。程序不应该仅是流程或者手续，它必须蕴含着保障相对人权利的机制，通过它，行政处罚决定变成了双方或者多方的意见交流之后的理性合成。

我们大致可以说，程序的繁简与公正成正比，与效率成反比。我们必须考虑执法成本、便民、效率与公正。于是，行政处罚程序便会因案件而异，有了简易程序和一般程序之分。

1. 适用条件

简易程序更加注重效率与便民，手续简化，只适用于轻微案件。其适用条件有二：

(1)处罚力度低。一般是对个人处以200元以下、对单位处以3000元以下罚款或者警告的行政处罚，适用简易程序。

(2)事实清楚，证据确凿，并有法定依据。一般而言，“事实清楚，证据确凿”，通常表现为有确凿的证据，或者当事人认可自己的违法行为，对执法人员的认定没有异议。所以，在适用简易程序执法时，应当让被处罚人在备案的决定书上签名或者盖章，以确认上述事实认定是确凿的。另外，行政执法时是否恰当履行了表明身份、说明理由和听取当事人辩解等程序要求，也同样可以通过法律文书的格式化、当事人签字认可来解决。

如果被处罚人拒绝签名和盖章，就要区分情况处理：首先，如果有其他证据证明违法事实存在，就可以径行作出处罚决定，对被处罚人拒绝签字的，由执法人员在备案的决定书上注明。其次，如果缺少其他证据，当事人又矢口否认实施了违法事实，这时就要转为一般程序，进一步调查取证。

除可以适用简易程序之外的其他案件，一律适用一般程序。

2. 必须遵守的共同程序要求

《行政处罚法》引入了“最低正当程序保护标准”，适用于所有程序，主要包括：

(1)表明执法身份

行政机关在执法时必须向违法行为人、被调查人员表明执法身份。其中的道理有二:第一,只有向相对人表明执法身份,相对人才会产生一种协助行政机关执行公务的义务。如果相对人妨碍执行公务,行政机关可以依法追究其相应的法律责任。第二,表明执法身份能够取得相对人的合作,避免不必要的误会和反抗。

表明身份的方法,一是着装,二是出示工作证件或者检查证,三是有明显的执法标志。

(2)说明理由

在提出行政处罚意见后,应当告知违法嫌疑人拟作出行政处罚决定的事实、理由及依据。其中的道理有三:第一,能够促使行政机关办案更加谨慎。第二,说明理由是辩解和听证的制度前提与基础。第三,便于事后执法监督、行政复议和行政诉讼的审查,加快解决纠纷的速度。

说明理由必须是实质性的,要言不烦。理由应该与行政行为有关,应该有说服力(intelligible),应该能够支持行政行为。说明理由应当是一个过程,而不能理解成仅仅是一个阶段。目前,不少行政机关在推行说理性行政处罚决定书,[①]以便更好地履行说明理由义务。

(3)听取当事人辩解

行政机关必须充分听取违法行为人的陈述和申辩,对违法行为人提出的事实、理由和证据,行政机关应当进行复核,违法行为人提出的事实、理由或者证据成立的,应当采纳。行政机关不得因违法嫌疑人申辩而加重处罚。其中的道理有三:第一,听取当事人的辩解,能够帮助行政机关全面地弄清案情,正确处罚。第二,听取当事人辩解,也是当事人维护自身合法权益的表现。第三,有助于积极吸纳相对人参与行政,形成行政机关与相对人之间的互动合作关系,能够充分地体现良好行政的要求。

(4)告诉救济的途径与期限

行政机关在作出行政处罚决定时,应当告知被处罚人有申请行政复议、提起行政诉讼等救济权利。这对于当事人及时寻求行政救济、维护自身的

---

① 《说理性行政处罚决定书的实践与推行》,http://www.chinalaw.gov.cn/article/dfxx/dffzxx/zj/200806/20080600039447.shtml。2010年1月2日最后访问。

合法权益具有积极意义，同时也体现了行政机关主动接受内部和外部监督的一种良好姿态。

3. 一般程序中的听证

在《行政处罚法》立法中，听证是作为镶嵌在一般程序之中的一个环节加以引入，“无论是人大立法的工作人员，还是审议该法的人大代表，大多对‘听证程序’寄予了超出该法范围的热望。”[①]但是，对适用听证的案件范围，立法者还是采取了比较审慎的态度，最初仅适用于责令停产停业、吊销许可证或者执照以及较大数额的罚款。[②]谨慎的原因，立法者只强调了“经验不足”，但公共资源稀缺是一个长期存在的客观事实，应该也是一个重要理由。

“审慎的态度”体现在立法技术与实施上，就是采取了渐进式的、开放式的策略。先控制适用案件范围，然后根据公众对权利要求的攀升、行政机关的承受能力等，通过两个路径来逐渐拉张：一是对“较大数额罚款等行政处罚”的逐步扩大解释，二是由法律、法规和规章、司法解释规定更多的案件类型。[③]比如，最高人民法院的司法解释已经明确没收也应该听证。[④]对于行政

① 鲍静：《双面的碑——〈中华人民共和国行政处罚法（草案）〉速写》，载《中国行政管理》，1996(4)。

② 全国人大法工委副主任张世诚在介绍《行政处罚法》立法情况时就说：“考虑到我国实施听证制度还没有经验，各种行政处罚都进入听证程序还不具备条件，根据我国的实际情况，将听证作为一般程序的一种特殊情况，只是对责令停产停业、吊销许可证或者执照以及罚款数额较大的几种行政处罚，并且应当事人的要求，才举行听证，而不是所有的行政处罚都要经过听证程序。”张世诚：《关于〈中华人民共和国行政处罚法〉的主要问题(6)》，载《中国行政管理》，1996(11)。

③ 不少学者认为，只有那些涉及国家安全的决定、紧急情况、行政执行行为、批量行政行为和根据技术标准而为的羁束行政行为等不适用听证程序。章剑生：《公正、公开的行政处罚及其保障——行政处罚听证研讨会综述》，载《行政法学研究》，1997(4)。在英国，也存在一些行政决定不需要听证的，称为无须听证的决定(deciding without hearing)。那么，哪些行政决定不要听证呢？一般取决于三个因素：一是授权法的规定；二是行政职能的种类(the type of function being performed)；三是决定者的性质(the nature of decision-maker)。基于公共健康或安全而采取的紧急行动，比如，将正在销售之中的变质猪肉收缴、销毁，或者命令将传染病人转院，一般是不要经过听证的。另外，在有些非紧急情况下采取的行动，也不需要听证。比如，贸易部门派人对某公司的某些可疑问题进行调查，尽管这可能会对公司的名誉造成损害，但是，事先的听证将不利于调查目的的实现。Cf. P. P. Craig, *Administrative Law*, London. Sweet & Maxwell, 1999, p. 438.

④ 2004年最高人民法院在《关于没收财产是否应进行听证及没收经营药品行为等有关法律问题的答复》中规定：“人民法院经审理认定，行政机关作出没收较大数额财产的行政处罚决定前，未告知当事人有权要求举行听证或者未按规定举行听证的，应当根据《行政处罚法》的有关规定，确认该行政处罚决定违反法定程序。”

拘留决定,能够按照《治安管理处罚法》(2005 年)第 107 条规定的担保人和保证金处理的,可以不听证,否则应当原则上要给被拘留人一个听证机会。[①]《行政处罚法》(2021 年)认可了以往实践,并进一步将听证范围扩大到降低资质等级、责令关闭、限制从业、其他较重的行政处罚以及法律、法规、规章规定的其他情形。并通过"其他较重的行政处罚"为行政拘留留下接口。[②]

《行政处罚法》对听证程序做出专门一节规定。为进一步贯彻落实上述规定,很多部委、地方人大及其常委会、地方人民政府纷纷出台了有关听证的详细规定,有的是专门性立法,有的是在程序规定之中设专章(专节)规定。我们在北大法宝上搜索发现,专门的地方性法规 10 个,部门规章 31 个,地方人民政府规章的数量更大,我们没有做进一步的统计。这种细密化的特点及问题有以下两点:[③]第一,基本上都是按照正式听证(formal hearing)来塑造,对非正式听证(informal hearing)关注不够。第二,模仿法院的庭审程序痕迹明显,对行政程序本身的特征关注不够。在我看来,非正式与正式听证同样重要。就是在像美国和日本等极其推崇听证制度的西方国家,有关的实证研究也表明,行政机关大部分走的都是非正式的听证程序,是简易的听证程序,很少走像法院那样的正式程序。

八、非现场处罚程序

非现场执法,也称电子监控执法,是近年来广泛兴起的一种执法新模式。以交警非现场执法为例,其主要分为两个阶段,第一阶段是通过固定的监控技术设备记录取证,根据软件设计,经由摄像头、感应器自动开启并抓拍违法行为,数据输入系统并自动存储等过程完成调查取证。相关证据也可以通过数据交换,与其他行政机关或者部门共享。[④]第二阶段是实施处罚。

---

① 余凌云:《公安机关办理行政案件程序规定若干问题研究》(第二版),90～92 页,北京,中国人民公安大学出版社,2007。

② 黄海华:《新〈行政处罚法〉制度创新的理论解析》,载《行政法学研究》,2021(6)。

③ 余凌云:《听证理论的本土化实践》,载《清华法学》,2010(1)。

④ 例如,交通运输执法部门可以通过超载非现场执法系统获取违法数据,也能通过数据交换将相关超载信息共享给公安、交管等部门。李昕:《非现场执法系统在公路超限超载治理中的应用》,载《中华建设》,2017(2)。高速公路经营单位设置在高速公路上的监控摄像设备,可摄录视频范围内的动态或静态违法行为。高速交警可在监控中心(应急救援中心)进行远距离调焦,获取违法过程并识别车号。章伟:《高速公路非现场执法取证的现状及发展方向探析》,载《公安学刊》,2008(6)。

处罚适用简易程序或一般程序，相应的作业方式又分为平台操作和人工操作。(1)处以警告、200 元以下罚款的，适用简易程序，主要通过平台操作完成。监控取证后，当事人可以通过下载安装 APP，或者在交通违法自助处理平台上直接操作并缴纳罚款。由于该处罚过程通过人机对话完成，学界一般称其为“自动化行政处罚”。在系统操作过程中，如果当事人对违法事实、行政处罚初步决定等存有异议，可以主动停止操作，此时自动化行政便转回传统执法。(2)处以 200 元(不含)以上罚款、暂扣或者吊销机动车驾驶证的，则要按照一般程序处罚，执法转入传统模式。

针对非现场执法，《道路交通安全法》(2003 年)第 114 条先行作出了创制性规定，其后又有相关部门规章、规范性文件以及技术标准规范出台，形成了较为完善的法规范体系，其主要内容有：(1)规定了电子技术监控设备应当符合标准、设置合理、标志明显，设置地点应当向社会公布。(2)规定了违法信息采集的格式与标准，并要求采集到的违法信息应先经人工审核再录入系统。(3)引入了电子送达与公开查询制度。其后的十余年间，海事、航政、水上交通、互联网监管、市场监管、城市管理、生态环境、危险化学品管理等领域，陆续借镜交警非现场执法的相关经验。其中一些领域也规定有相应的执法规范，但主要是对交警非现场执法规范的临摹。

《行政处罚法》(2021)第 41 条摄取了交警非现场执法规范的核心元素并对其有所发展，在规定了通用规范的同时，还要求非现场执法应“及时告知当事人违法事实”，并采用信息化手段为当事人陈述、申辩提供便利，提出了“不低于传统程序的权利保护标准”。上述规定不仅适用于交警非现场执法，也为互联网、大数据、人工智能等技术手段在行政执法中的广泛运用预留了可观的法律发展空间和接口。

对于非现场执法引发的争议，理论上可以通过技术和法律两条路径解决。对于技术问题及其引发的权利保护上的失衡，可以优先采取技术革新方案，在更高的技术层面上实现行政权与公民自由的平衡。假设这一路径可行，技术的引入丝毫不会妨碍执法在原有的法律结构中运转自如。因技术运用而拉低的权利保护水准，又能够通过技术自身的完善而得以恢复。着眼当下，技术解决路径并非全然可行或暂时不可行。这种情况下，就需要寻求法律路径，引入更多的法律规范并改进理论上的认识，以维持行政权与公民自由的平衡。[①]

九、当场收缴与罚缴分离

1. 当场收缴

当场收缴罚款制度对于降低执行成本、贯彻便民原则十分有益。但是在“低能见度”的执法中,也容易滋生腐败。因此,必须通过限定当场收缴的数额与条件,来抑制个别执法人员可能萌发的腐败念头。

当场收缴的适用范围与条件是:(1)依法当场给予一百元以下的罚款的;(2)对于当场处罚,不当场收缴事后难以执行的;(3)在边远、水上、交通不便地区,当事人向指定的银行缴纳罚款确有困难,而自愿当场缴纳的。执法人员当场收缴,应当出具财政部门统一制发的专用票据,否则,当事人有权拒绝缴纳罚款。

对上述制度设计,可以有以下评价:第一,从执法的实践看,上述规定在收缴的数额上仍然嫌太低,不很便民,可以考虑适当提高当场收缴的数额。第二,试图通过赋予被处罚人的抵抗权来制止乱罚款和腐败问题,实际上能有多大的成效,是很让人怀疑的。

2. 罚缴分离

罚款和收缴相分离制度是针对当场收缴容易滋生腐败而建立起来的。其运行的机理十分简单,就是罚款者不经手钱财,由专门的机构(银行)代收,实行“收支两条线”,禁止罚没款返还,从而在制度上防止因利益驱动而滥用处罚权。

---

① 我也比较认同 Orin Kerr 提出的“平衡调节理论”。该理论用于解释和论成美国第四修正案的结构与内容。它假设在法规范形成之初,既赋予了警察执法的权力,又予以限制,避免滥用权力,实现了警察权的初始均衡,在安全与隐私之间、政府权力与个人权利之间也获得了某种平衡。已有的平衡会因为技术引入而被打破,需要调适规范,重获平衡。这个过程随着技术的日新月异,循环往返,螺旋上升,周而复始。以此来阐释第四修正案如何适用于电话网络、秘密调查、空中监视法等等。Cf. Orin S Kerr,“*An Equilibrium-Adjustment Theory of the Fourth Amendment*”(2011) 125(2) *Harvard Law Review* 476,485. Ric Simmons 也将该理论作为分析工具,认为在智能监控上,执法人员投入使用或者发展了新的技术,打破了已有的警察权与公民自由之间的平衡,就必须调整法律,恢复适当的平衡。Cf. Ric Simmons,*Smart Surveillance*: *How to Interpret the Fourth Amendment in the Twenty-First Century*,Cambridge University Press,2019,p. 5.

但是,这种制度要想真正运转起来,必须具备辅助的制度:一是对违法行为人的信息控制必须是强有力的,行政机关能够准确地掌握被处罚人的工作单位、家庭住址、财产收入甚至银行存款。二是有完善的异地行政机关之间职务协助和委托制度。三是行政机关经费能够得到财政保障。但是,恰好在这些辅助制度上目前存在一些问题,比如,无法掌握流动人口的信息,异地执行成本高,财政无法完全解决行政机关经费、需要行政机关自筹,等等。所以,从实践的情况看,罚款与收缴相分离的制度也遇到了不少的问题。

第三节 行政强制

一、在行政法中的作用与地位

在行政法上,有些行政行为(administrative actions),包括创设性(形成性)行政行为和确认性行政行为,[①]不需要相对人的协助配合,可以根据行政机关的单方意愿,在行为做出的同时或者行为持续状态之下就能够获得执行的效果。比如,警告只要一实施,就会对被警告人达到羞辱、谴责的效果,又比如,拒绝给予利益,只要行政机关的态度没有改变,相对人就始终无法得到其所预期的利益。

但是,对于大部分的行政行为来说,其本身还不足以使行政机关的意愿得以执行,还不得不依靠相对人的协助配合行为,才能取得预期的效果。假如义务人拒绝执行上述义务,而行政法又缺少必要的强制手段的话,那么,任何的行政命令、决定,甚至行政处罚都将成为一纸空文,行政秩序就很有可能随着义务人的意识任意摆布而荡然无存。所以,我们需要一种强制性手段,就像是“达摩克利斯之剑”(sword of Damocles),时时悬在义务人的头顶,迫使其必须履行义务。这是常态下的行政运行模式与规律。但是,在情势急迫之际,根本不容行政机关从容不迫地按照常规办事,必须立即行动起来,即刻获得某种行政状态。在这样的行政秩序的建立过程中,很可能会招

① 全国人大常委会法制工作委员会、德国技术合作公司:《行政强制的理论与实践》,22页,北京,法律出版社,2001。

致相对人的不理解、反对甚至是反抗,可能会出现各种意想不到的妨害,行政机关也得要有一定的强制性手段。所以,在行政行为结构体系之中,行政强制实际上就成为绝大多数行政手段的最终担保手段,是行政机关手中必不可少的一种"利器",对最终实现法律所预期的行政状态发挥着决定性的作用。

综观我国行政实践,青睐、甚至依赖行政强制的偏好,在立法中普遍存在。浙江大学行政强制法课题组以《中华人民共和国法律行政法规部门规章司法解释分卷》为统计依据,新中国成立到1999年,现行有效的法律、行政法规与部门规章共10369件,其中法律314件、行政法规1584件、部门规章8469件。法律中有33件规定了行政强制措施,占10.5%;行政法规中有71件规定了行政强制措施,占4.5%;部门规章中有145件规定了行政强制措施,占1.7%。上述法律、法规和规章规定的行政强制措施有263种之多。据全国人大常委会法工委向十个省、自治区、直辖市发函调查,地方性法规和地方政府规章中也规定了一些行政强制措施,比如,河南省制定和批准329件地方性法规,有65件地方性法规规定有行政强制措施,占19.8%;四川省制定和批准地方性法规155件,有32件规定有行政强制措施,占20.6%;上海市政府颁布的500多件政府规章中,有26件规定了行政强制措施,占5.2%。①

行政强制尽管在行政法上是极其重要的,但是,我们始终应该记住,行政强制并不是总是有成效的。从执行的角度看,能否有成效,不在行政机关(权)一边,而在于支持,在民主一边(from the perspective of enforcement, effectiveness is not on the side of the authority, but on the side of adhesion, that is on the side of democracy)。所以,在作出行政行为时,应该尽可能地寻求相对人的理解和支持。正如有学者指出的,执行行政行为惟一令人满意的方式,决不是强制的,而是自愿的(the only satisfying means of enforcing a decision is that which is not compulsory, but rather is spontaneous)。②因

① 全国人大常委会法制工作委员会、德国技术合作公司:《行政强制的理论与实践》,47~48页,北京,法律出版社,2001。

② Cf. Rene Dussault & Louis Borgeat, *Administrative Law: A Treatise (Volume I)*, Carswell, 1985, p. 287.

此，行政强制在行政法上的运用，永远是第二位的，起补足、威慑与担保作用。如果能够采取其他行政手段实现行政义务与状态，就尽量不诉诸行政强制。

上述精神在《行政强制法》（2011 年）第 5 条、第 16 条第 2 款都得到了完满的体现，也就是，“采用非强制手段可以达到行政管理目的的，不得设定和实施行政强制”，“违法行为情节显著轻微或者没有明显社会危害的，可以不采取行政强制措施。”

二、制度承袭与新近发展

在传统行政强制理论的构建上，可以说，大陆法国家的模式都基本上是因袭德国的制度，像“二战”之前的日本；或者转由日本而间接地因袭了德国法的传统，如韩国、我国大陆以及台湾地区。德国习惯法上认为，行政命令权里面就当然含有行政强制权，学界也支持这种看法，自 1883 年“一般邦行政法”规定行政强制的广泛内容之后，行政强制的一般法也大致成形，[①]其所确立的理论框架至今还没有变，只是由于强调人权保障，对法根据的要求加强了。

上述由德国法建立的传统观念具有稳定的三角形结构之基本特征。（见图 11－1）作为上位概念的行政强制，是指行政主体为了保障行政管理的顺利进行，通过依法采取强制手段，迫使拒不履行义务的相对人履行义务或达到与履行义务相同的状态；或者出于维护社会秩序或保护公民人身健康、安全的需要，对相对人的人身、财产或住宅采取紧急性、即时性强制措施的行政行为的总称。

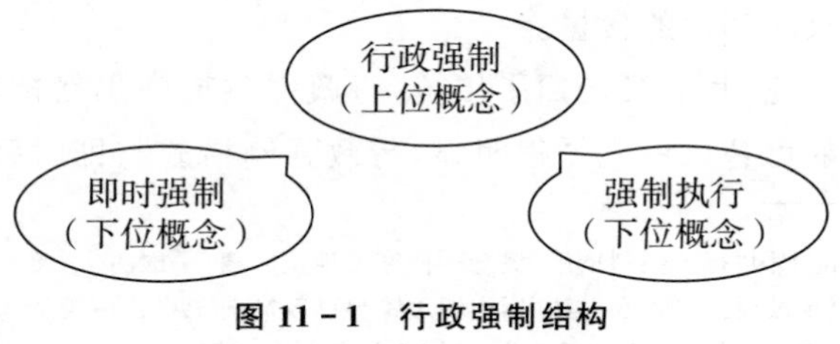

图 11－1　行政强制结构

① ［韩］金南辰：《行政法 I》，490 页，首尔，法文出版社，2000。

在这个概念之中包含了两个下位概念,一个是即时强制,另一个是强制执行,强制执行又由代执行、执行罚、直接强制组成。有的国家,如韩国,另外还加上强制征收。之所以把这两个行政手段合拢到行政强制范畴之内,主要是因为它们具有两个共性:一是强制性,二是实现行政状态。换句话说,就是通过强制力来直接或间接地实现所预期的行政状态。

上述概念与结构在我国行政法理论上一直因袭至今,为学者熟知的一个学术公式。但是,1989 年《行政诉讼法》在受案范围中引入了行政强制措施的概念,用来统合行政强制执行中采取的强制措施、行政调查中采取的强制措施以及传统的即时强制。这种引入是贸然的,不与学术对接,缺少理论论证,所以,该法律术语在转化为学术术语的过程中,引起了巨大的混乱。比如,行政强制措施与传统的行政强制是什么关系?行政强制执行是否可诉?一度成为学者关注的话题。出现了两种代表性观点:一个是认为,行政强制措施是类似于行政强制的上位概念,其下位概念包括即时强制措施和行政强制执行措施。另一个是认为,行政强制措施是和行政强制执行并列的一种具体行政行为,[①]其中有点分歧的是,行政强制措施是否包括即时强制?有持肯定,有持否定。[②]

在我理解起来,立法者之所以突兀地引入行政强制措施,是因为他们潜意识认为行政调查中的强制措施不能纳入传统的行政强制范畴,之前的立法之中也已经使用了这个概念。但其实,在我看来,依据调查目的,行政调查中的强制措施都大致可以进一步分解归类到强制执行和即时强制之中。至于一些现在被标识为强制措施的措施,比如强制戒毒、收容教育,其实质是保安处分,可以暂时搁置一边,留待其他法律来重新整合。所以,行政强制措施是立法者对行政调查的误读,也是行政法理论变迁中的一个误会,根本不能提升行政法知识的含量。

经过一段混沌,我们又走回了传统,行政强制措施仍然被最终涤荡到与即时强制相同的可替代概念,“很明显,行政强制措施与即时强制是相通的,

① 胡建淼:《论中国“行政强制措施”概念的演变及地位》,载《中国法学》,2002(6)。

② 比如,应松年教授指出:“在立法时,中国理论界已较倾向于将这两类行为(即时强制和强制措施)统称为行政强制措施”。李援主任认为,即时强制是行政强制措施之外的概念。全国人大常委会法制工作委员会、德国技术合作公司:《行政强制的理论与实践》,2 页,47 页,北京,法律出版社,2001。

甚至可以说是同一的”。[①]但是,《行政强制法》(2011 年)的颁布,让任何翻案的企图都化为乌有。《行政诉讼法》(2017 年)第 12 条也补上了行政强制执行,与原先的行政强制措施并列。立法的影响是强劲、持久的,给学术留下的印记就是即时强制概念的淡出,被行政强制措施所替代。在本书中,我也是出于对学术史的尊重与依恋,在两者可相互替代的意义上使用即时强制的。

三、行政强制措施

1. 行政强制措施和即时强制

首次使用“即时强制”(Sofortiger Vollzug)词汇的人是德国学者托玛(Richard Thoma),以示其有别于需要履行告戒程序的直接强制。因为从历史沿革看,即时强制其实是从直接强制之中发展而来。至今,在很多大陆法国家或受到大陆法影响的国家和地区,如日本、韩国、我国大陆以及台湾地区,这个词汇早已为人们所熟悉。

即时强制是为了排除目前的紧急危害状态,来不及发布命令、科以相对人义务,或者即使发布命令也难以达到目的,可以不经过预先的告戒等程序,直接对相对人的身体、财产或场所施加强制力的行政行为。这是一种例外的、非常态的实现行政法预期状态的方式。

我国学者对行政强制措施的解释一般是,它是指行政机关为了预防、制止或控制危害社会的行为发生,依法采取的对有关对象的人身、财产和行为自由加以暂时性限制,使其保持一定状态的手段。[②]《行政强制法》(2011 年)第 2 条第 2 款的有关立法解释也与学术看法基本一致。上述定义乍看似乎与即时强制不同,但是,从我国学者的论述中,我们可以得知,行政强制措施也常带有急迫性,其与行政强制执行的区别也主要在于不存在事先的基础性行为。

因此,在我看来,无论是即时强制还是行政强制措施,其核心性内核有二:一是通常比较急迫,二是来不及发布命令、科以相对人义务,或者即使发

---

① 应松年主编:《当代中国行政法》(上卷),920 页,北京,中国方正出版社,2005。

② 全国人大常委会法制工作委员会、德国技术合作公司:《行政强制的理论与实践》,10～11 页,北京,法律出版社,2001。

布命令也难以达到目的。按照这个标准,将根本动摇进一步区分即时强制与强制措施的基础。对财产或罚款的征收过程中存在的中间性、先行的强制措施,比如,对被执行人财产的查封或扣押,以及在行政调查过程中采取的保全措施、收缴等,都可以归拢到即时强制范畴之中加以讨论与规范。无需在即时强制概念之外另设(狭义)行政强制措施或者强制措施。反之,亦然。

2. 与行政强制执行的区分标准

在德国法上,如何有效地在强制执行和即时强制之间划出一道清晰的界限,方法有二:

一是只有在急切地施行强制措施的情况下,才符合"即时"的概念。如果经过长时间的思考或论战之后,实施强制措施,那么,该强制措施不符合"即时"之要求。这是德国著名学者迈耶(Otto Mayer)的主张。①

二是把"即时"的重点不放在急切地施行强制措施,而放在不用提前赋予义务之上,随着时宜实施强制措施。②也就是说,强制执行与即时强制的区别,在于"赋义务的先行行政行为是否存在"。强制执行的前提是在相对人不履行行政机关下达的行政行为所规定的义务,而即时强制的实施则不需要存在先行行政行为。

从德国的立法例看,主要是汲取了后一种观点。德国《联邦行政强制法》第 6 条第 2 项特别用"事先无行政处分"来限定(即时)行政强制(Verwaltungszwang ohne vorausgehenden Verwaltungsakt)。德国《联邦与各邦统一警察法标准草案》第 28 条第 2 项对"即时强制"的规定是,为防止危害所必需,尤其无法或不可能对责任人(肇致危害之人,或应对危害负责之人)即时给予处分或处分无效果,且在警察职权范围内者,得不先经行政处分即执行行政强制。③

我国学者对行政强制措施与行政强制执行的区别也有类似的讨论,提

① [韩]金南辰:《直接强制、直接执行、即时强制》,载《月刊考试》,1987(4)。

② 同上注。

③ 但是,德国有的邦,比如,Rhein land-Pfalz 邦的警察行政法,仍然坚持,在事先无行政处分之存在下,不得为行政上强制。李震山:《论行政管束与人身自由之保障》,载《中央警察大学警政学报》,1984(26)。

出了以下识别标准：(1)以有无待履行的义务的先行存在为标准，行政强制执行以该义务先行存在为前提，行政强制措施则不需要。(2)以有无为相对人确定义务的具体行政行为（行政决定）的先行存在为标准，行政强制执行必须以该具体行政行为的先行存在为条件，而行政强制措施则不需要。(3)以是否可以期待相对人自我履行义务为标准，有自我履行义务的，是强制执行，反之，是行政强制措施。①胡建淼教授在对上述标准进行批判的基础上，引入德国、日本的"基础行为"与"执行行为"的划分理论，认为，"基础行为"与"执行行为"是合一的，就是行政强制措施；而"基础行为"与"执行行为"是分离的，且作为"基础行为"的具体行政行为生效，为执行该"基础行为"的"执行行为"，就是行政强制执行。②

上述讨论，在我看来，都没有实质性差异。从形式上看，即时强制或者行政强制措施一般都是基于概括的、普遍的义务而实施，的确不存在事先的基础性行为以明确具体义务。这是因为事出紧急，无法事先做出基础性行为，或者事先做出基础性行为根本没有效益，甚至起相反作用。但是，不排除以口头、公告等方式讲明有关义务，并希望义务人自觉遵守、履行。只是与实施的间隔过于短暂，义务人即使不满，也无法通过行政复议、诉讼予以阻止。这就是为什么迈耶(Otto Mayer)称之为"法治国家的例外"。行政强制执行则不然。这里所说的基础性行为，不仅仅是行政机关要求相对人履行义务的意思表示，而且应该是按照法律要求的程式完成一个完整的行政行为，以书面决定方式规定义务人必须履行的具体行政法义务，并期待后者自我履行。其间留有足够的时间，义务人可以诉诸行政复议、诉讼来打断行政的运行过程。所以，迈耶(Otto Mayer)认为，强制执行才是"法治国家的常态"。在这一点上划清了行政强制措施与行政强制执行之间的界限。

3. 与其他行政行为、行政措施的区别

《行政强制法》(2011 年)第 2 条的定义和第 9 条的例举又过于简约，很难用来识别之前早已存在立法和实践之中的各类"强制措施"。胡建淼教授认为，行政强制措施具有限权性、暂时性、可复原性、从属性、物理性、合一性

---

① 应松年主编：《当代中国行政法》(上卷)，919 页，北京，中国方正出版社，2005。

② 胡建淼：《"行政强制措施"与"行政强制执行"之间"边界"的划定》，载《现代法学》，2002(4)。胡建淼：《"行政强制措施"与"行政强制执行"的分界》，载《中国法学》，2012(2)。

等特性,可以用六性为标准进行识别。[①]如果用警察法上的对精神病人的保护性约束措施来检测,我们会发现,保护性约束措施不是处分性的,而是限权性的;具有暂时性,目的实现后要立即解除;也符合基础行为和执行行为的合一。但是,对精神病人的保护性约束措施本身就是目的,不从属于其他行为,不具有从属性,而且,物理行为和意思行为的说法有些牵强,或者说,是可以合并到合一性之中。

在我看来,除了第 9 条明确例举的强制措施外,第一,对于符合设定权、冠以"强制"的措施,可以认定为强制措施。第二,符合设定权,却没有"强制"表述的,而实践上又历来视为强制措施的,则要从法定程序和目的,以及有关行政审判看,当行政执法人员采取该项措施遇到相对人体力上的抗拒阻挠时,是否可以直接借助合理的物理手段和体力予以排除,如果允许,就属于强制措施。这才是一个百试不爽的、试金石般的基准(the golden metwand)。

4. 种类

在学术上通常是根据强制的对象,把行政强制措施分为三类:(1)对人身的强制。例如,《人民警察法》(2012 年)第 9 条规定的盘查、留置;第 14 条规定的对精神病人的行政管束;第 15 条规定的交通管制,第 17 条规定的现场管制和强制驱散等;《海关法》(2017 年)第 6 条规定的扣留;《集会游行示威法》(1989 年)第 33 条规定的强行遣送。(2)对财产的强制。例如,《人民警察法》(2012 年)第 13 条规定的强制征用。(3)对住宅、工作场所等的强制。例如,警察为打击卖淫嫖娼,在治安耳目提供线索的情况下,对违法场所实施的突击性查房查铺;在暂住人口管理中,对不办理暂住证的人员的居住或工作场所实施的突击检查等。

《行政强制法》(2011 年)第 9 条例举了行政强制措施的种类,包括:(1)限制公民人身自由;(2)查封场所、设施或者财物;(3)扣押财物;(4)冻结存款、汇款;(5)其他行政强制措施。显然,这不是按照标准的分类,而是对实践和立法中已有的强制措施的凝练性总结。如果用上述学术标准重新梳

① 胡建淼:《关于〈行政强制法〉意义上的"行政强制措施"之认定——对 20 种特殊行为是否属于"行政强制措施"的评判和甄别》,载《政治与法律》,2012(12)。

理一下，会发现立法上丢掉了对“场所”的强制进入，所以，不得不用对“财产”的扩大解释来圆场。

5. 法根据

以前，按照一般紧急权理论，即使不存在具体的法律规定，也可以实施即时强制。其理由是，当对社会安定和公共利益发生了急迫的危害时，国家就已取得了自然法上的权力或者义务，去排除危害和维护社会秩序，所以不需要具体的法依据。[①]但是，现在这个理论受到了批判，认为即时强制是侵害人民权利和自由的典型形态，必须要有具体的法根据。[②]

在我看来，无论是即时强制还是行政强制措施，对公民权利自由的干预力度较大，特别是其实施过程的合成性、不间断性使得任何事中的救济都不太可能，只能等待损害事实发生之后，再寻求国家赔偿。因此，要以积极方式保障人权，立法是唯一可抓的救命稻草。

《行政强制法》(2011 年)第 10 条、第 11 条显然收紧了强制措施的设定权，原则上由法律规定，除非法律有授权，或者法律、行政法规没有规定，且属于“国务院行政管理职权事项的”、“属于地方性事务的”，行政法规、地方性法规可以有限度的设定。第 14 条、第 15 条还规定，设定之前要听证、说明理由，实施之后要评价。

6. 执行方法

无论即时强制或者行政强制措施，都不是行政强制执行的强制手段或方法之一，而是一种采取强制方法的特别形态，其具体的实施手段除了强制金不能适用外，原则上可以视情况采取代执行或者直接强制的方法实施。[③]比如，警察法上规定的盘查措施，只能由警察自己直接实施。在被盘查人不配合、反抗的情况下，可以使用合理的强制力。

7. 程序

《行政强制法》(2011 年)专设一章规定了实施程序。其中重要规定如下：

---

① [韩]金南辰：《行政法 I》，514 页，首尔，法文出版社，2000。

② 同上注。

③ 蔡震荣：《警察之即时强制》，载《警学丛刊》，2001(4)。

(1)批准程序。有些强制措施必须经过有关行政首长批准才能实施或继续实施,比如,对疫区或高速公路的封锁。有的情况下来不及批准的,也可以直接实施,但要立即向行政机关负责人报告,并补办批准手续。行政机关负责人认为不应当采取行政强制措施的,应当立即解除。

(2)表明身份。尽管是在紧急情况下实施,原则上表明身份的程序不能省略,可以在动作进行的同时表明身份。

(3)告知、说明理由。实施强制措施时,应当当场告知当事人采取行政强制措施的理由、依据以及当事人依法享有的权利、救济途径。采取限制人身自由的强制措施,应当立即通知当事人家属实施行政强制措施的行政机关、地点和期限。说明理由的方式是多样的,可以是口头,也可以用通告、设卡、标识等,比如,对因下雪结冰、容易发生交通事故的路段暂时封锁,应在封锁路口设卡,通告来往车辆。但是,由于强制措施在实施上具有紧迫、快捷、不容许间断的特点,如果无法当场说明理由的,可以在事后,当事人要求说明理由时,再说明理由。比如,对醉酒人采取保护性约束措施。

(4)听取当事人的陈述和辩解。视实际可能性,在事前或事后实施。

(5)通知当事人、见证人到场。当事人当场,是为了见证、监督和及时核实、回复询问,以免偏差、日后纷争。当事人不到场的,邀请见证人到场。无论哪种情况,都得制作现场笔录。

8. *法律救济*

即时强制或者强制措施是下令、确定与选择强制方法以及执行融为一体的合成性行政行为,因此,任何事中的通过行政复议或诉讼方式阻止实际损害发生的救济方式在这里都是不太可行的。对于因违法即时强制造成的损害,只能靠要求国家赔偿这个最后的救济手段来弥补。

但这并不是说,行政复议和行政诉讼对于其没有任何意义,形同虚设。其意义表现在,如果实施强制措施的行政机关拒不承认其行为违法的话,可以通过行政复议或诉讼确认该措施违法,之后,再要求国家赔偿。当然,在程序上是在提出确认强制措施违法的行政复议或诉讼的同时,要求国家赔偿。

对于合法实施的强制措施所造成的相对人损失,如果属于其社会义务范围,那么,相对人负有忍受的义务。比如,因道路结冻,为防止发生交通事故而封锁易发事故路段，相对人被迫绕道而多付出的费用，就属于其社会义务范围。但是，如果超过了正常的、合理的社会义务范围，变成是一种特别的牺牲，或者"特别损失"，那么，国家就应该给予适当的补偿。比如，消防上为制止火势蔓延，拆除相对人未燃烧的建筑物，就属于一种特别的牺牲。[①]

四、行政强制执行

在行政强制执行制度成文化过程中，其深受民事强制执行理论的影响，[②]因而在强制手段上也表现出与民事强制执行手段的类似性。[③]

1. 强制执行体制

行政法上的强制执行体制，历来就有借助法院的介入的司法执行模式，以及承认行政机关自力救济的行政执行模式之分，但这两种体制并不是相互排斥的，而是各国因权力分立、法律传统以及行政法理论的不同而在制度的构建上有所侧重。

(1)行政机关自力执行模式

德国早在普鲁士时代就逐渐形成了由行政机关自行强制执行的习惯法。在他们看来，行政处分和司法判决一样具有"外型之等位性"以及同样经过"具体化过程"，所以行政处分本身也和司法判决一样都能够作为强制执行的根据。[④]也就是承认行政处分本身具有执行力，可以作为执行的名义。法院只能监督执行过程中的强制方式和程序的合法性，但却不能审查已获得确定力的行政行为的合法性。由于这一法律传统的缘故，德国采取行政

---

① 蔡震荣：《行政执行法》，215～216 页，台北，元照出版公司，2001。

② 德国在普鲁士法制时期，习惯法上就确立了单一的强制执行制度，来执行国家机关的判决和命令。在这个共同的基础上，后来随着司法和行政的分化，才出现了行政强制执行和民事强制执行的分歧。在行政强制执行理论的形成过程中，受到了民事强制执行理论的影响。德国的这种理论演变对日本法制也产生了影响。[日]远藤博也、阿部泰隆：《行政法（总论）》，222 页，东京，青林书院新社，1984。我国在《行政诉讼法》颁布之前，行政机关申请法院强制执行，法院则依据《民事诉讼法》有关强制执行规定执行，由此也可以看到行政强制执行和民事强制执行之间的深厚的历史渊源。

③ 行政强制执行上的强制手段，包括执行罚、代执行、直接强制和强制征收，都可以在民事强制执行上找到相类似的强制手段。[日]远藤博也、阿部泰隆：《行政法（总论）》，221～222 页，东京，青林书院新社，1984。

④ 城仲模：《行政法之基础理论》，205 页，台北，三民书局，1983。

执行体制(regime adminstratrif)。[①]日本自明治宪法起就深受德国法制的影响,也实行行政执行体制。

日本学者盐野宏在分析这种体制的合理性时指出:在行政执行时必须进行行政上的判断,如将此任务委托给法院,不但费时,而且存在法院负担过重的问题,另外,实力行使是基于维护社会秩序以及增进公共福祉,因而有其正当性之根据。[②]德国学者鲍尔认为,它"可以从根本上简化实现权利的过程","避免了国家机关的多重负担,减少了他们的工作量,并因此相应减少了费用而为节约国家资源作出了贡献"。[③]

(2)司法执行模式

美国以三权分立以及由此延伸出的"法律支配"(rule of law)为行政法上的基本观念,传统上就将行政命令和执行置于法院的司法控制或司法审查之下。行政上义务的实现,除极少情况下是由行政机关来执行外,原则上都是通过司法执行方式来进行,也就是侧重于司法执行体制(regime judiciaire)。[④]在(强制)执行中,司法职能的核心就是确定合法性(The core of judicial function where emformation is in question is the determination of legality),[⑤]而不是具体的执行。

法国的情况也大致相同。一般是通过对违反行政义务行为处以刑罚,或者在刑事判决的附带判决上命令恢复原状来担保义务的履行。例外情况下,如果在法律有规定以及紧急情况下,不存在刑罚、民事诉讼或其他行政手段,且满足其他一定的条件,判例理论上也承认行政的职务执行。[⑥]只是与

---

① 城仲模:《行政强制执行序说》,载《行政法之基础理论》,193～199 页台北,三民书局,1983。全国人大常委会法制工作委员会、德国技术合作公司:《行政强制的理论与实践》,59、62 页,北京,法律出版社,2001。

② [日]盐野宏:《行政法》,187 页,东京,有斐阁,1994。

③ 全国人大常委会法制工作委员会、德国技术合作公司:《行政强制的理论与实践》,15 页,北京,法律出版社,2001。

④ Cf. William F. Fox,Jr. ,*op. Cit.*,p. 62. [日]盐野宏:《行政法》,184 页,东京,有斐阁,1994。城仲模:《行政法之基础理论》,227～228 页,台北,三民书局,1983。

⑤ Cf. Louise L. Jaffe, *Judicial Control of Administrative Action*, Little, Brown and Company,1965,p. 262.

⑥ [日]远藤博也、阿部泰隆:《行政法(总论)》,224 页,东京,青林书院新社,1984。城仲模:《行政法之基础理论》,228～230 页,台北,三民书局,1983。

普通法国家相比，可能享有更大一些的强制执行权。[①]

加拿大因为受普通法关于国家与公民关系之理念的根深蒂固的影响，强调，国家和公民一样要服从法官，也必须像后者那样，请求法院来维护其权力(利)(the State is subordinate to the judge on the same conditions as the citizens and,like them,must apply initially to the courts in order to uphold its rights)。所以，行政机关决定的内在法律价值(intrinsic legal value)是一回事，其强制执行的可能性则是另一回事。前者决不意味着当相对人拒绝执行行政决定时，行政机关就可以根据自己的单方意愿强制执行。有效的、可执行的行政机关决定的本身，并不构成强制执行的权力。在具体制度的构建上，加拿大很可能是因为受法国殖民统治的结果，极其类似法国。[②]

总体来看，采取司法执行体制的理由，除上述源于传统、权力分立等历史或政治原因外，更为重要的是，法院在强制执行时要对行政机关的行政决定的合法性进行审查，同时，相对人进入法院程序后，可以行使"防御救济(defensive remedies)方法"或"被动的救济(passive remedies)手段"来维护自身的合法权益，这些措施能够有效地防止行政机关滥用职权。[③]在这一点上优于行政执行体制。[④]

我国目前行政法上的强制执行体制也侧重司法执行模式，[⑤]仅在涉及专

---

① Cf. Rene Dussault & Louis Borgeat,*op. Cit.*,p. 279,especially note 249.

② 最常用的方法之一就是向法院提起刑事诉讼(criminal action)。与此同时，还可以向法院申请暂时禁令(interlocutory injunction),命令违法者立即停止实施违法行为，直至最后的判决下达，目的是阻止"公民用付罚款的方法来买回对法律的不遵守(之既成事实)"(prevents the citizen from buying his or her disobedience of the law by paying the fine)。另一个方法是对义务人不支付金钱，或者不实施某种行为，提起民事诉讼(civil action)。再有就是所谓的确认或类似确认的程序(homologation or other analogous procedures),其目的有二，一是将行政决定转换成类似法院判决那样可以强制执行的性质；二是给法院一个监督和控制行政行为合法性的机会。Cf. Rene Dussault & Louis Borgeat,*op. Cit.*,pp. 279～287,and note 250.

③ 王名扬：《美国行政法》(上卷),531 页，北京，中国法制出版社，1995。城仲模：《行政法之基础理论》,228 页，台北，三民书局，1983。

④ 在德国，在行政执行程序中，并不考虑基础性行政行为是否有错误。违法但却有效的基础性行政行为对执行的行政机关有约束力。全国人大常委会法制工作委员会、德国技术合作公司：《行政强制的理论与实践》,23～24 页，北京，法律出版社，2001。

⑤ 这也可以从《行政诉讼法》(2017 年)第 97 条规定中得到印证。该条规定，行政机关可以申请法院强制执行，或者依法强制执行。这实际上隐含着行政机关自行的强制执行必须要有法律上的明确授权，在法律未作规定的情况下，一律推定为必须由法院来强制执行。

业性、技术性较强等情况且有明确法律依据时,才承认行政机关有自行强制执行的权力。《行政强制法》(2011 年)第 13 条也明确把行政机关的自行强制执行权严格限缩在法律(狭义)授权之内,法律没有规定行政机关强制执行的,作出行政决定的行政机关应当申请人民法院强制执行。

由行政机关自行强制执行的,如果义务人超过行政机关在行政决定中规定其履行义务的期限而无正当理由不履行的,行政机关可以经过催告、听取当事人的陈述和申辩之后,决定是否执行,或者达成执行和解协议。但是,不得对居民生活采取停止供水、供电、供热、供燃气等方式。除紧急情况外,行政机关不得在夜间或者法定节假日实施行政强制执行。

行政机关申请法院强制执行的,原则上要耐心地等到行政复议和行政诉讼的申请期限届满,使行政决定获得形式上的确定力之后。除非因情况紧急,为保障公共安全,行政机关才可以申请人民法院立即执行。

但是,我国的司法执行模式与美国和法国不尽相同。美国和法国是通过诉讼裁决方式来确认执行的根据。在我国,行政机关申请法院强制执行的案件,在法院是作为非诉讼行政案件来处理的,法院对行政决定的审查,一般不采用正式的诉讼程序。从《行政强制法》(2011 年)第 57 条、第 58 条规定看,法院原则上采取书面审。但是,如果法院发现以下情形,可以采取简约的、近似听证的开庭审:(1)明显超越职权;[①](2)明显缺乏事实根据的;(3)明显缺乏法律、法规依据的;(4)其他明显违法并损害被执行人合法权益的。其中,"明显"的要求渗透出法院审查的标准,不应该是无效行政行为,也就是"重大且明显违法",也不能是《行政诉讼法》(2017 年)第 70 条规定的审查标准,而应当是职业上的审慎标准,只要行政决定达到足以撤销的违法程度,法院就应当裁定不予执行。行政决定也随之失效。对于程序明显违法,即便重新来过,也不可能改变实体决定,法院在指出程序违法之后,可以考虑裁定执行。行政机关提出执行申请之后又要求撤回,"理论上,法院对此也应当负有审查的责任。如果具体行政行为不存在明显违法情形,应当

① 《最高人民法院关于适用〈中华人民共和国行政诉讼法〉的解释》(法释〔2018〕1 号)第 161 条第(一)项规定的是"实施主体不具有行政主体资格的",这显然取自无效标准,与其后胪列的"三明显"不在一个尺度上,因而不妥。

不准予撤回。对于准予撤回申请的案件，则应当结案。”[①]

然而，从实践中反馈回来的情况看，我国的这种司法执行模式的实际运转效果不太理想。从现象上看，似乎是法院对行政机关申请的非诉讼行政执行案件的处理不力，或者说，交由法院执行成本太高，行政机关对行政决定长期得不到执行、进而有损行政机关执法权威的现状也表示出不满。前一阵出现的司法权与行政权趋于合一的法院执行室，以及行政机关越权强制执行的泛滥，[②]可以说，都是在现有执行体制运转不很理想的情况下产生的规避法律现象，或者说，自行追求成本较低的措施。

其实，问题的症结，在我看来，主要是现行制度要求法院既负责审查又负责具体执行，实行裁执合一。为有效解决上述实践问题，我主张将审查和执行职能在法院和行政机关之间进行分配，法院就只负责对行政决定合法性等内容的审查，还要附带对执行的内容和范围进行确定，具体执行则完全交由行政机关负责。[③]最高人民法院也开始探索“裁执分离”，“由法院审查、政府组织实施的模式，以更好地发挥党委、政府的政治、资源和手段优势”。[④]

2. 强制执行的方法

行政强制执行在行政法上的基本作用就是确保所预期的行政状态的实现，或者说，是在义务人不履行行政法上义务时，通过强制手段能够实现与已履行义务同样的状态。而这种所预期的行政状态的实现，在传统行政强制执行理论中，既可以通过行政机关直接对义务人的身体或财产施加物理上实力来完成（直接强制），也可以委托第三人代为履行（代执行），或者通过施加心理强制来实现（执行罚）。

代执行、执行罚和直接强制等传统的强制执行手段，根源于德国，是和民事上的强制手段一起从共同的强制执行制度中分化、发展而来，其概念框架的形成受到民事强制执行的影响，而且从历史上看，其主要适用于警察行

---

① 黄学贤：《非诉行政执行制度若干问题探讨》，载《行政法学研究》，2014(4)。

② 关于这方面问题的介绍，详见，钢剑：《适应市场经济需要加快行政程序改革 — 市场经济与行政程序课题调查报告》，载《中国法学》，1995(3)。

③ 余凌云：《行政强制执行理论的再思考》，载《中国人民大学学报》，1998(4)。

④ 最高人民法院 2011 年 9 月 9 日发布的《关于坚决防止土地征收、房屋拆迁强制执行引发恶性事件的紧急通知》，以及 2014 年 7 月 22 日发布的《关于在征收拆迁案件中进一步严格规范司法行为积极推进“裁执分离”的通知》(法〔2014〕191 号)。

政领域。[①]

(1)执行罚

①概念:恰到好处的名称改换

执行罚是指行政机关对拒不履行金钱给付义务的相对人处以一定数额的罚款或滞纳金,以促使其履行义务。《行政处罚法》(2021 年)第 71 条第(一)项将执行罚普遍地授予所有行政机关,来强制执行罚款决定。该项规定是,到期不缴纳罚款的,(行政机关)可以每日按罚款数额的百分之三加处罚款。加处罚款的数额不得超出罚款的数额。[②]《行政强制法》(2011 年)第 45 条第 1 款做了更普遍、贴切的规定,行政机关依法作出金钱给付义务的行政决定,当事人逾期不履行的,行政机关可以依法加处罚款或者滞纳金。加处罚款或者滞纳金的标准应当告知当事人。

执行罚作为督促义务人履行义务的辅助性手段,其力度不能超过其应承担的金钱给付义务,否则,不合比例。因此,《行政强制法》(2011 年)第 45 条第 2 款强调,加处罚款或者滞纳金的数额不得超出金钱给付义务的数额。

值得注意的是,在概念名称上,德国早就改用"履行强制金"来代替"执行罚"这个用词,以便澄清在实践中经常容易被混淆的"行政罚"和"执行罚"这两个不同的法概念,也贴近其辅助的金钱给付义务。韩国现在在立法上也开始使用"履行强制金"的概念了(如《建筑法》第 83 条)。[③]这一动向值得我们关注和借鉴。

②实效性

执行罚的原理是,通过课加财产上的额外义务,对义务人心理施加强制,迫使其尽快履行义务。一般而言,如果义务人的财产能够被有效地控制在行政机关的手里,比如,义务人拥有不动产,执行罚往往容易奏效。因为

---

① [日]远藤博也、阿部泰隆:《行政法(总论)》,240 页,东京,青林书院新社,1984。

② 在美国行政法上也开始有了类似于大陆法的执行罚。比如,1959 年以后,对于拒不执行贸易委员会(*the Trade Commission*)的命令,可以对每一个违法行为(each separate offense)处以不超过$5000 的民事制裁(civil penalty)。不执行上述命令的,每一日视为一个新的违法行为(each day of failure to obey an order being a separate offense)。Cf. Louis L. Jaffe,*op. Cit.*,p. 315.

③ 我国台湾地区学者也有类似的看法,就是认为执行罚和秩序罚都叫罚锾,容易混淆,最好将执行罚中的罚锾改为怠金。蔡震荣:《行政执行法》,29 页,台北,元照出版公司,2001。

如果义务人仍然拒不履行义务，行政机关可以直接对其财产进行强制。这种可预见的后果能够进一步增加义务人的心理负担和强制效果。但是，如果义务人没有财产可供直接强制，或者义务人能够将财产隐匿、转移，行政机关又无法控制这种财产流动，那么，执行罚到底能有多大的成效，值得怀疑。义务人连罚款都敢不交，还在乎区区的执行罚？这应了那句老话“死猪不怕开水烫”。

③替代方案：用行政处罚，还是用转换制度？

“二战”以后，日本和韩国对执行罚的实效性进行批判的结论是，执行罚的实效性不够显著，更多情况下，还不如用行政罚来替代。从结果上讲，上述做法可能制裁过于严厉。所以，我们也可以考虑另外一种替代制度，即转换制度。如果对义务人无法执行金钱给付义务，那么，可以按照一定的比例换算公式转换成拘留来执行。对人身罚的执行，不会受到财产等因素的限制，比较容易执行。

这种转换制度实际上在行政法中已经存在，主要是在与刑罚连接的领域，而且是在对人身自由的限制措施之间的换算、转换，比如，行政拘留日期可以折抵刑期(1988 年 2 月 23 日作出的《最高人民法院研究室关于行政拘留日期折抵刑期问题的电话答复》、1981 年 9 月 17 日作出的《最高人民法院关于罪犯在判刑前被公安机关收容审查、行政拘留的日期仍应折抵刑期的复函》)。但是，迄今为止，尚未出现金钱给付义务(如罚款)与拘留之间可不可以折抵，以及如何折抵的规定或解释。我比较赞成构建这种转换制度，这不仅可以使上述“执行难”问题迎刃而解，还能够衍生出其他的制度效应，比如，为完善治安拘留上的担保人和担保金制度提供制度性基础。[①]

(2)代履行

①代履行的涵义

代履行，亦为代执行，只不过在一些学者、立法者读来，代履行味道更正，反映了第三人和义务人之间的平权关系，而执行似乎有着行政色彩，第三人仿佛是在替代行政机关执行一般，所以，《行政强制法》舍弃代执行、择

---

① 假如有了转换制度，比如，拘留一日，可以折抵罚款 500 元，保金就可以按照转换的比例来确定和交纳。假如当事人逃逸，拘留决定也照样可以转换成罚款来执行。对逃逸行为，待嫌疑人归案之后，另外以妨碍公务行为惩处。

取代履行。这实际上是文字游戏而已。

从各国的立法例和行政法理论上看,代履行存在着广、狭两种涵义。广义上的代履行,是指在义务人不履行"可代替的作为义务"的情况之下,行政机关自己实行义务人的作为义务(自己执行),或者行政机关让第三人实施义务人的作为义务(第三人执行),并向义务人征收有关执行的费用。与此对应,立法类型也有两种:一个是"自己执行",另外一个是"第三人执行"。这也是目前韩国行政法上的通说。狭义上的代执行,仅指行政机关让第三人实施义务人的作为义务这么一种情况。德国行政法上就是采用这样的定义。

《行政强制法》(2011 年)第 50 条采纳的是广义上的代履行。这可能是受以往个别领域的立法和实践的影响,也可能是顾虑一时找不到合适的第三人而延误执行。[①]但是,我以为,由于"自己执行"与直接强制的区别不太明确,从有利于区分概念的角度来看,还是把"自己执行"识别为直接强制为好。而且,允许行政机关自己代履行并收费,恐怕容易诱发滥用权力。

当然,法律已有定论,学者的固执也于事无补,莫不如划清"自己执行"的边际。在我看来,行政权运行的物质基础是税收,行政机关不得滥用"自己执行"来再次收费。但是,如果执行的费用过高,或者完全归咎于义务人的过错,就不能用全体纳税人的钱买单,要用代履行,向义务人征收费用,否则,违反了公共负担平等原则。比如,企业违法排污,只能由其承担治理费用,不能转嫁给社会。行政机关可以视实际需要与可能,裁量是"自己执行"还是"第三人执行"。如果代履行的内容具有复杂的专业性、技术性要求,超出了行政机关的能力,就必须由"第三人执行"。比如,建筑物违法建设的部分牵扯整栋建筑的安全,必须专业建筑公司才能安全拆除。

②法根据

除其他法律规定的代履行之外,《行政强制法》(2011 年)第 50 条、第 52 条做了有限制条件的普遍授权,代履行不再需要具体法律的特别授权,只要符合上述条款规定的条件,行政机关就可以采取。代履行分为一般代履行

① 胡建淼、骆思慧:《论行政强制执行中的代履行》,载《国家行政学院学报》,2013(3)。

和立即代履行两种。

一般代履行必须符合以下条件：第一，行政机关依法作出要求当事人履行排除妨碍、恢复原状等义务的行政决定。也就是说，上述行政决定必须有着其他具体法律的依据，决定的形态不限于排除妨碍、恢复原状，具有同质性、同等效果的其他决定也包括在内。第二，当事人经催告仍然无正当理由拒不履行。第三，其后果已经或者将危害交通安全、造成环境污染或者破坏自然资源。

立即代履行必须符合以下条件：第一，具有急迫性，必须立即清除。第二，代履行的内容是清除道路、河道、航道或者公共场所的遗洒物、障碍物或者污染物。第三，当事人不能清除或者不在场。

③形成的法律关系

“自己执行”的一切过程是公法作用，其法律关系也是公法关系。这与后面讲的直接强制没有什么区别。

“第三人执行”的法律关系有两种：第一，行政机关与第三人之间关系；第二，第三人与义务人之间关系。这两种法律关系是否均为公法关系？

在韩国行政法上，是将代执行的适用分为两种情形：一种是，平常情况；另一种是，非常情况。[①]分别讨论各自发生的法律关系属性。这种认识比较细致入微，比较有实用价值。遗憾的是，我国迄今尚未引入这样的区分与理论。

“非常情况下的代执行”，无论是“自己执行”，还是“第三人执行”，都属于公法关系。换句话说，在非常情况之下，无论第三人同意不同意，行政机关都能让第三人实施义务人的义务。比如，依据概括授权条款，警察官可以让非责任者防止警察危害。在这种情况之下，“第三人执行”的实质相当于“自己执行”。

“平常情况下的第三人执行”与“非常情况下的第三人执行”根本不同。虽然法律规定可以让第三人履行义务人的义务，但是，如果第三人不同意，行政机关不能强迫命令。只能另外寻找其他愿意实施的相对人。因为与德

① 韩国《行政代执行法》第3条规定：“代执行之前，应以文件对相对人实施告戒和以代执行令状进行通知。”但是，“非常时或存在眼前的、急迫的危险，要求迅速执行，在这种情况之下，如果没有时间履行上述手续，则可以省略上述手续而直接进行代执行。”

国通说的立场一样,韩国行政法也认为,在平常情况下,行政机关与第三人之间的法律关系是通过契约而产生的私法关系。

一般而言,第三人与义务人之间不存在直接的法律关系,义务人却必须负担因代履行而产生的忍受义务(见图 11-2)。如果义务人抗拒第三人的代履行行为,仍然构成妨碍执行公务。正因为第三人与义务人之间不存在直接的契约关系,所以,第三人也不能直接向义务人请求支付代履行的费用,他只能向行政机关请求报酬。[①]

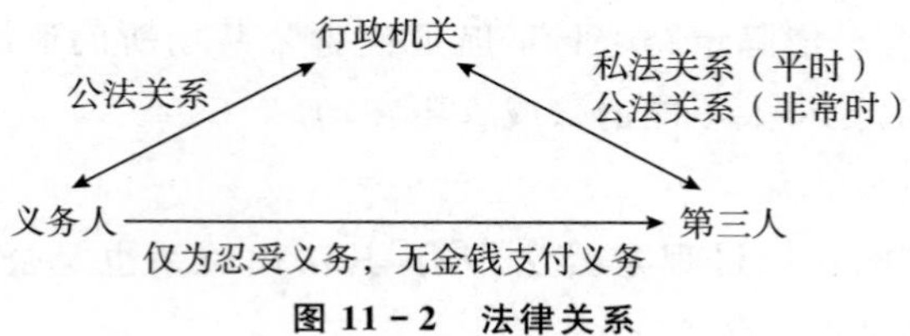

图 11-2 法律关系

④代履行的对象

代履行的对象是义务人不履行的、可代替的作为义务。但是,要特别注意以下几个问题:[②]

第一,作为义务要求高度技术。虽然某种义务属于作为义务,但惟有义务人才能履行,这种要求高度专门技术的作为义务就不能作为代履行的对象。

第二,义务履行方法存在两种以上。义务的技术性较高,而且存在两种以上的履行方法,这种义务仍然可以继续维持其可代替性。行政机关可以进行代履行,但与此同时,应当采取合理的方法,要符合比例的要求。

第三,代履行需要更多的金钱。如果由第三人替义务人履行义务比义务人自己履行要花费更多的金钱,只要是合理的,也不影响该义务可以作为代履行的对象。

第四,履行程度不完全。义务人尽管履行了义务,但只是履行了其中的一部分义务,或者履行的程度不完全,这也同样应视为未履行,对未履行的

---

① [韩]金南辰:《行政代执行》,载《月刊考试》,1990(9)。

② [韩]朴尚熙:《行政代执行的法律问题》,载《韩国海洋大学人文社会科学论文》,1999(12)。[韩]朴钦炘:《行政代执行的对象与程序》,载《警察考试》,1983(8)。

那部分义务仍然可以作为代履行的对象。

⑤费用的征收

由第三人代履行,行政机关与第三人之间形成的关系属于私法上的契约关系。第三人代为履行义务的,比如,拆除违章建筑,会发生有关的费用支付问题。必须向第三人支付有关的费用或报酬。支付的次序是由行政机关支付第三人,实际支付的费用由行政机关向义务人征收。由行政机关自己代履行的,可以直接征收费用。

行政机关向义务人征收费用,可以在实施代履行之前(事先征收),也可以在代履行实施完毕之后(事后征收)。两种方式各有利弊,应根据个案情况灵活把握。

事先征收的优点在于,可以试探义务人到底有无支付能力,不至于使行政机关因为最后征收不上来费用而陷于自行承担的尴尬境地。更为重要的是,能够对义务人进一步施加心理强制,迫使其因痛惜额外支付而尽早主动履行义务,收到"不战而屈人之兵"的效果。其缺点是,可能因为事先对费用估算不准,而发生二次征收的问题。

事后征收的优点在于,由于实际支付情况已经了然,一次征收就能完成。缺点是,如果义务人无财产可供征收,或者将财产转移、隐匿,可能会出现征收不上来的问题。

⑥实效性

"二战"以后,日本行政法学界曾对传统行政强制执行诸种手段的实效性进行过认真的反思和批判,得出的基本结论之一就是,代执行在传统执行手段中最具有价值、最有效果。这是因为从效果上看,代执行能够真正获得与义务人自己履行一样的行政状态,这从实现行政目的来说,无疑是最干净、彻底的。另外,由于是通过第三人来执行,不存在采用实力强制义务人的问题,也在一定程度上避免发生与义务人的直接对抗。

正是出于这种认识,日本废除了战前的《行政执行法》,专门制定了《行政代执行法》。韩国也紧随其后,于 1954 年 3 月 18 日制定了《行政代执行法》,确立了代执行在整个行政强制执行制度中的核心地位,其在制度构建上基本仿效了德国的代执行制度,但是,也存在与德国不同的地方。所有这些就足以促使我们必须认真地对待代履行,必须深刻体察其中的细微精妙之处。

但是,与此同时,我们也必须清楚地了解该手段的"射程范围"。代履行只适用于可以替代的作为义务,对于不可替代的作为义务、忍受义务、不作为义务,则不适用。而且,在代履行过程中,可能会因为行政命令损害了义务人的切身利益,比如,责令拆除违反消防法的建筑物,会造成义务人财产的不可恢复性损害,因此,即便没有对义务人进行身体或财产上的直接强制,也有可能遭到义务人的激烈抗拒。为此,就必须事先做好充分的应对准备。

(3)直接强制

①涵义

直接强制是由行政机关对义务人的人身或财产直接施加物理上的强制力,实现行政法所预期的义务履行状态。直接强制只是一个学术术语,是对诸多具有上述效果的手段的概括性总称。

②具体种类

包括:第一,对人身强制,比如,公安机关对违反治安管理的行为人实施的强制传唤。又比如,对严重危害社会治安秩序的突发事件,实行现场管制之后,如果仍然有人拒不服从,警察可以强行驱散,强行带离现场。再比如,对聚众拦截列车或者聚众冲击铁路行车调度机构,不听制止的,公安人员现场负责人有权命令解散;拒不解散的,公安人员现场负责人有权依照国家有关规定决定采取必要手段强行驱散,并对拒不服从的人员强行带离现场。第二,对财产的强制,比如,划拨、拍卖、强制铲除。

③执行顺序

直接强制是一种强制执行方法,它与其他行政强制执行方法之间的执行顺序是什么样的呢?法律上一般没有说明。但是,在理论上,考虑到直接强制对义务人的权利侵害最为严厉,而且,容易引起与义务人之间的正面直接对抗,因此,应该优先考虑代执行和执行罚这些较为柔和的间接强制方法,只有在上述方法无效或者明显感到无效时,才考虑采用直接强制。

所以,从考虑选择方法的思维顺序看,是先代执行,然后执行罚,最后直接强制这么一种递进关系。当然,其中如果还有新的、比使用直接强制更好的手段,也可以优先考虑适用。总之,直接强制应该是、也只能是最后不得已的手段。

④实效性，以及废除直接强制可能带来的问题

日本"二战"之后，对传统行政强制理论进行反思之后得出的另外一个基本结论是，直接强制"过于苛酷而与尊重人权保障自由之新宪法精神不符"，只能作为最后的行政手段，而不宜广泛适用。

受日本理论的影响，韩国基本上废除了直接强制。除了金钱给付义务以外，其他义务（作为义务、不作为义务和忍受义务）的强制方法只有《行政代执行法》规定的代执行。从人权保护的立场上说，韩国上述做法无疑是值得喝彩。但实际上，却造成了很多问题。近年来，韩国政府也意识到了直接强制的必要，在《公众卫生法》和《食品卫生法》等新颁布的法律中，规定了包括"闭锁措施"在内的直接强制。[①]韩国的上述经验说明，完全取消直接强制恐怕未必可行，适度地保留直接强制，作为最后、最严厉的手段，仍然是有必要的。

3. 强制执行的程序

根据《行政强制法》（2011年）第四章第一节的规定，从时间的顺序与流程上看，行政强制执行的程序表现为事先催告、听取当事人的陈述与辩解、作出强制执行决定与告诫、送达决定以及实施等步骤。在申请法院强制执行时，还必须首先经过法院对行政决定的非诉讼审查程序。

我们在这里不准备对具体的步骤进行详细的论述，[②]而主要试图揭示强制执行程序所蕴含的基本精神及原理，因为它构成了整个程序的灵魂，决定着每个具体程序和环节的设计与构建。

如前所述，行政强制执行要解决的根本问题，是在义务人不履行义务时，如何实现行政法上所预期的行政状态。但就强制手段的选择而言，无论从保障人权，还是从降低行政成本角度考虑，最好是采取间接强制的方法来迫使义务人自行履行义务。正是从这一点出发，决定了构建强制执行程序的两个基本原则，一个是尽量发挥心理强制的原则；另一个是"随机应变之

① ［韩］金南辰：《直接强制、直接执行、即时强制》，载《月刊考试》，1987(4)。

② 对于具体步骤中要注意的问题，请参阅，城仲模：《行政法之基础理论》，222页以下，台北，三民书局，1983。应松年主编：《行政行为法——中国行政法制建设的理论与实践》，556～559页，北京，人民出版社，1993。

原则"(opportunitatsprinzip)。

(1)尽量发挥心理强制的原则

在整个行政强制执行程序中,催告与告诫居于核心的地位(Das Kernstuck des ganzen Zwangsverfahrens)。[①]这是因为它充分体现了强化对义务人的心理压力、迫使其自动履行义务的思想。对于主要依靠心理强制的间接强制手段来说,无论是传统的执行罚,还是现代出现的具有强制机能的行政处罚、违法事实的公布等手段,催告与告诫制度构成了"其立法精神唯一所寄之重心";即使是直接强制,现在理论上也否定以往的"合成的行政处分"(Die zusammengesetzte Verfugungen)的拟制理论,[②]而要求在直接强制之前要独立地实施催告与告诫程序。也就是说,在直接强制实施之前,也不排斥通过催告与告诫对义务人形成心理上的压力,来迫使其在行政机关采取直接强制之前自动地履行义务。

在尽量发挥心理强制的原则的指导下,在催告(告诫)程序中,行政机关应采取书面形式将强制手段的种类、执行对象和范围、实施的期限、代履行的费用估算或者执行罚的金额比率等强制的内容尽量详细地告知义务人,既起提醒作用,又能对其形成直接、具体的心理压力。而且,在必要时,也就是在行政效率允许时,也可以反复地进行催告(告诫)。结合我国在行政强制执行实施中的经验,在催告(告诫)的同时辅以法制及思想教育,往往能够取得较好的效果。

《行政强制法》(2011年)第35条、第37条、第51条基本上体现了上述理论。

(2)"随机应变之原则"

行政强制执行以实现行政法上所预期的行政状态为根本目的,这就要求在实施强制手段时应随机应变。比如,在强制执行之前一刻,义务人因惧怕强制执行而表示愿意自动履行义务,或者强制执行行政决定已不具有价值,或者可以通过其他方法达到行政目的,行政机关都可以作出中止、停止

---

① 城仲模:《行政强制执行序说》,收入《行政法之基础理论》,222页,台北,三民书局,1983。

② 这种理论认为,伴随直接强制的行政处分,在作出该处分决定时,其本身就已包含了告诫,因而可以直接实施直接强制而不需要另行告诫。城仲模:《行政强制执行序说》,收入《行政法之基础理论》,223页,特别是该页的脚注,台北,三民书局,1983。

执行的决定。

上述情形可以放到《行政强制法》(2011年)第39条(四)"行政机关认为需要中止执行的其他情形"、第40条第(五)项"行政机关认为需要终结执行的其他情形"中去操作。当然,第42条第1款的执行和解以及"减免加处的罚款或者滞纳金"、第51条第(二)项"当事人履行的,停止代履行",也体现了上述精神。对于从间接强制角度使用行政处罚以及公布违法事实等强制手段,也应遵循同样的精神和原则。

4. 警察协助执行义务

从警察权的变迁看,经历了两次质的飞越,出现了二次脱警察化,从而实现了从国家行政到内务行政再到组织法意义的警察权的渐次发展。脱警察化,也就是去暴力性。随着与警察权同构化的政府权力不断分解、分化出去,转移到一般行政机关之中,不适用传统的警察强制力,伴随着的是去强制化。一般行政机关在执行公务中为排除妨碍,确有需要警察手段,可以请求警察协助。这构成了一般行政机关运行的基本权力结构模式,也突显了警察协助义务的重要性。[①]警察协助其他机关实施行政强制的行为,在学术上称为执行协助(Vollzugshilf),在警察法上特别引起关注。[②]

从目前行政强制法立法调研反映出的问题看,在实践中,没有强制权的行政机关常邀请公安机关一起采取强制措施,[③]或者协助执行,比如农村的催粮催款、各种摊派等,致使公民闹不清究竟是哪家作出的强制措施,无从寻求救济,而且也影响了警察的形象。因此,公安部下文严禁各地公安机关随意参加此类活动。但是,从警察的任务上看,因为警察是所有行政机关中最具有强制力的公共机构,因此,的确存在着协助执行的辅助任务。那么,如何去规范这种活动呢?

第一,警察协助执行的前提是,遇有非警察协助不足以排除的障碍,或者因这些障碍对安宁秩序有妨害,比如,当事人采取暴力等手段阻止强制执行的,或者需要警察维持现场秩序、疏散围观群众。因此,无论是在代履行

---

① 余凌云:《警察权的"脱警察化"规律分析》,载《中外法学》,2018(2)。

② 李震山:《行政法导论》,341页,台北,三民书局,1998。

③ 李援:《中国行政强制法律制度的构想》,收入全国人大常委会法制工作委员会、德国技术合作公司编:《行政强制的理论与实践》,48页,北京,法律出版社,2001。

或者直接强制的情况下,当然,前提是由其他行政机关或法院负责执行的,都可能存在警察协助执行的问题。正是基于这样的理解,德国《行政强制执行法》(1953年)第15条第2款规定,"义务人在代执行或直接强制过程反抗时,可对其采取强力。根据执行机关的请求,警察须提供职务协助。"

第二,警察协助执行的内容,必须符合《人民警察法》规定的警察职责范围。比如,维护社会治安秩序,制止危害社会治安秩序的行为,或者维护交通秩序等。不能超越警察权限,实施不属于警察职责的行为。

第三,对于其他机关,包括法院的协助执行要求,如果公安机关不能满足的话,应当以书面的方式答复。其中冲突与矛盾的解决,应当考虑建立有效的协调制度。

第四,由警察单独实施的协助执行行为,如果发生争议,比如,当事人不愿离开违章建筑,并以暴力相威胁,警察遂强行将其驱离,当事人对警察上述措施不服的,应该以公安机关为被申请人或被告,提起行政复议或诉讼。如果警察协助执行行为是与其他行政机关共同实施的,那么,就以上述机关为共同被申请人或共同被告,提起行政复议或诉讼。

5. 法律救济

在传统行政法理论上曾经一度认为,行政强制执行只是将作为执行依据的行政行为完全实现的助成性措施,没有对相对人的权益做出新的处分,所以,即使相对人有不满,也只能针对作为执行依据的行政行为提起行政复议或诉讼,而不发生对执行行为的复议或诉讼问题。当然,现在看来,上述观点显然是有问题的。因为虽然强制执行只是行政行为的助成性、执行性行为,但是,在执行手段的选择上是否合法?是否符合比例原则的要求?在执行的范围上有没有越权?等等,都有可能对义务人的权益造成新的损害,进而引起针对执行行为的争议,因此,即便是作为执行依据的行政行为本身没有问题,也有必要针对执行行为提供必要的行政救济。

《行政强制法》(2011年)第8条彻底、妥帖地解决了行政机关实施行政强制措施和依法强制执行的救济问题,"公民、法人或者其他组织对行政机关实施行政强制,享有陈述权、申辩权;有权依法申请行政复议或者提起行政诉讼;因行政机关违法实施行政强制受到损害的,有权依法要求赔偿"。但是,对于申请法院强制执行的,第56条、第58条只规定了行政机关不服法院不予受理和不予执行的复议，对于相对人不服的，却没有涉及，仅规定了“公民、法人或者其他组织因人民法院在强制执行中有违法行为或者扩大强制执行范围受到损害的，有权依法要求赔偿”(第8条第2款)。这略显消极。

如果我们继续坚持现行体制，由法院来做出强制执行决定，并且具体实施强制执行，那么，要想积极地去救济相对人，的确有一定的难度，至少可以断定，肯定不能借助已有的行政诉讼法来解决。就像有学者已经注意到的，因为法院是司法机关，对行政机关申请执行的案件是按照非诉讼程序进行审查，属于司法性质的行为，相对人对此不服，是不能够提起行政复议或诉讼的。[①]只能另辟蹊径，专门制定一个特别的规则来解决其中的纠纷。

或许，如果按照前面我们提出的决定与执行分离的方案，会使问题解决起来更加简化、成本更低(?)。也就是说，在法院的决定阶段上，我们可以把法院的非诉讼程序看作是一种特殊形态的审查(判)程序，是一种近似于行政诉讼、但又是简化了的诉讼过程。假如被执行人对法院的强制执行决定不服，可以视为类似于不服行政诉讼的一审判决，可以允许依据行政诉讼法之规定向上一级法院提起上诉。在行政机关组织实施阶段，行政机关的执行行为如果扩大执行范围、存在执行对象错误等，当事人也可以提起行政诉讼。[②]

那么，就法院的执行决定提起上诉，在救济期间要不要暂时停止强制执行呢？在德国，只要提起申诉(appeal)或反对(objection)，就应该暂时停止执行。当然，在这原则之下也有例外，比如，立即执行有着更为重要的公共利益的需求时，也可以不顾及上述原则之约束。但是，最终的决定权掌握在法院手中。[③]这种处理问题的思路值得借鉴。我以为，这方面的制度建设，可以仿造民事诉讼上的先予执行制度。所不同的是，停止执行是行政救济的必然附带效果，但是，要不要继续强制执行则需要行政机关申请法院来定夺，以防止被执行人用上诉来当作拖延执行的战术。上述制度的最大效益

---

① 张国强、刘恒：《一宗行政强制执行案件的法律思考》(向中国行政法研究会2000年青岛年会上提交的论文)，转自，朱新力、项新：《中国法学会行政法研究会2000年年会行政强制部分综述》，载《行政法学研究》，2001(2)。

② 也有学者认为，法院实施的强制执行总体是司法行为，不可能从中分离出行政行为性质的实施行为。沈福俊：《非诉行政执行裁执分离模式的法律规制》，载《法学》，2015(5)。

③ Cf. Werner F. Ebke & Matthew W. Finkin, *Introduction to German Law*, Kluwer Law International, 1996, p. 100.

是可以避免因错误强制执行而造成对被执行人的不可回复性损害,进而可以避免不必要的国家赔偿问题。

退一步讲,假如已经强制执行了,而且,经过法院上诉审之审查,强制执行又是错误的、违法的,那么,对由此造成的被执行人的损失,怎么赔偿?那就应该由负责强制执行的行政机关和做出强制执行决定的法院共同承担连带赔偿责任。其合理性是,对于强制执行的实施,法院负有不可推卸的失察之责。行政机关是强制执行的申请者和具体实施者,所以,也必须负连带责任。至于法院与行政机关之间的责任分担,则按照各自的责任大小来决定。当然,如果强制执行决定没有问题,仅仅是在强制执行过程之中发生了实施上的错误,比如,强制执行的范围被任意扩大了,或者在实际执行上发生对象错误,那么,就应该由负责具体执行的行政机关来承担责任。

第四节 其他新型手段

一、日本"二战"后的理论革新

日本"二战"后对上述传统的强制执行手段的实效性进行了深刻的批判,认为直接强制"过于苛酷而与尊重人权保障自由之新宪法精神不符",只能作为最后的行政手段,而不宜广泛适用;执行罚又"效果低微,且往往可以行政罚之方式代之",因而主张建立以代执行为核心的强制执行制度,与此同时,通过强化行政罚来弥补代执行的不足。①

然而,随着现代行政的发展,行政领域逐渐扩大,行政现象日益复杂,为实现所预期的行政状态,完全依靠传统的强制执行手段在有的时候未必见得有效,因此,针对不同行政管理的特点和需要,就有必要采取多样化的强制手段。日本近年来发现受益行政行为的撤回、违反事实的公布、给付的拒绝以及课征金等均能有效地起到间接强制的作用,因而在理论上认可它们

① 城仲模:《行政法之基础理论》,《行政强制执行序说》和《日本行政代执行法之研究》两文,237页,285页,台北,三民书局,1983。

为新的强制手段。[①]

在日本行政法上，受益行政行为的撤回，是指经许可、认可从事经营等活动的人员违反有关法令时，行政厅通过撤回或取消许认可予以制裁，这种方式能够起到间接强制义务人履行行政法上义务的效果。有意思的是，在美国的强制执行制度中也存在着与此类似的手段。比如，当事人正在向联邦通讯委员会(Federal Communications Commission)申请广播许可时，如其拒不执行委员会作出的制裁决定，委员会可以通过拒绝许可，来执行其所作出的制裁决定。[②]

日本所说的违反事实的公布，在美国称为“作为制裁的信息披露”(use of information as a sanction)，[③]在德国属于非正式行政活动的“警告”，[④]是指将不遵守行政法律的当事人的违法行为通过一定的媒介向社会公开，依靠社会的非难来间接强制当事人履行义务。

而在目前为日本法学界所关注且争议较大的给付的拒绝，则是指随着现代行政的发展，公民的生活越来越多地依赖于行政，行政机关便可以通过保留拒绝提供电气、自来水等生活必需的服务的手段，来规制私人的活动。对于拒绝给予义务人一定的利益这种强制手段，有关争议主要集中在施加的不利益要不要与原义务有着内在的关联性？什么情况叫做有合理的关联性？尤其重要的是，用侵害基本权利的方法来换取义务的履行本身是否妥当？就很值得怀疑。

在日本，对违法者处以课征金的情况也比较多，比如，对于销售特定品种的物资的销售者，如果其销售的价格超过了特定标准价格，主管大臣就可命令其缴纳课征金，课征金的数额相当于上述两个价格的差额乘以已销售物资的数量所得的数额，让其无违法收益可得。

---

① [日]远藤博也、阿部泰隆：《行政法(总论)》，240～243页，东京，青林书院新社，1984。[日]盐野宏：《行政法》，198～204页，东京，有斐阁，1994。[日]高田敏：《行政法》，220～224页，东京，有斐阁，1994。

② Cf. William F. Fox, Jr., *op. Cit.*, p. 62.

③ Cf. William F. Fox, Jr., *op. Cit.*, pp. 84, 85.

④ 在德国，对这种公开的基础有不同认识与判例，比如，认为是政府发布公报的义务，或者国家的保护义务，或者警察法上的一般授权。[日]大桥洋一：《行政法学的结构性变革》，吕艳滨译，35－36页，北京，中国人民大学出版社，2008。

上述出现在日本的强制手段的多样化,代表着强制理论发展的一种倾向,从人权保障的基本观念出发,尽量抑制直接强制的适用,循着间接强制的方向跳出传统间接强制措施之外去寻求其他的有效手段,这使得在实现所预期的行政状态的方式选择上更加生动活泼。与此同时,行政法上有关理论的结构也随之发生变化,对于确保所预期的行政状态实现的行政作用的探讨,不再限于传统的行政强制执行,而是将也同样具有这方面功能的行政罚以及违反事实的公布等制度一并放到"确保行政义务履行的制度"的总体框架之内进行研究,在很多日本学者撰写的教科书中也都反映了这一理论的变化。[①]

二、加拿大的自愿执行方法(means of voluntary execution)

在加拿大,随着经济规制的扩大,也深感诉诸单方行政处罚和传统的强制执行之不足。所以,近年来,也出现了一些所谓的自愿措施(voluntary measures),作为一种可考虑的选择,来鼓励相对人遵守法律。

(1)预防性的措施,比如,教育计划(education programs);

(2)刺激性措施,比如,给予优惠或者辅助金等经济刺激(economic stimulants);奖励制度(reward systems);增加竞争;沟通信息,避免因不知法而违法(the diffusion of information so as to avoid offences arising from ignorance of the law);创制财产权利(the creation of property rights),如将发展权转化成一种权利(transferability of development rights);记分制(merits systems);检查,并通报发现的问题(inspection which includes the risk of the citizen being subject to negative publicity);罚款,等等。

然而,成问题的是,尽管上述措施在实践中多有运用,但却因缺少法律规范,实际上要由行政机关来确定这些措施的概念、执行以及适用于何种目的。所以,在执行上就"五花八门",不统一,也危及相对人的权利。

因此,联邦司法部(the federal Department of Justice)也在致力于做一些统一规范的工作,主要内容包括:第一,能够确保公民得到足够的公正和

---

① 比如,盐野宏在《行政法》中就认为,日本确保行政上义务履行的特别的制度包括:行政强制执行制度,公布制度等新出现的制度以及行政罚制度。[日]盐野宏:《行政法》,185页,东京,有斐阁,1994。

公平之保障的方法；第二，决定新的自愿措施；第三，在立法上使之协调。第四，相关的程序。[①]

三、对我国实践的思考

我国实践较普遍存在的“执行难”“执行不了”等状况虽是多种因素造成的，但使用单一的强制执行手段却是其中的一个重要原因。我不以为像有的学者提出的，增加行政机关在行政调查过程中的强制措施权限，比如，查封、冻结财产等权力，就能够解决问题。在我看来，通过这种过分强化行政权的方法来解决问题，未必是妥当的。这里问题的症结实际上是强制手段的单一。

因此，如何针对行政领域和行政对象的不同状况与特点，采取灵活多样的行政措施，来实现所预期的行政状态，是我们面临的一个极其重要的课题。而上述日本、加拿大行政法的这种理论动向，对于开阔我们的视野，完善我们的理论构建，应该说是有一定的启发和借鉴意义的。

其实，我国的实践也在不断探索着新的强制方法，同时也给我们留下了很多慎思的素材。

(1)对于不履行义务，情节严重的，引入信用联合惩戒方式，“一处失信、处处受限，一时失信、长期受限”。根据国务院发布的《关于建立完善守信联合激励和失信联合惩戒制度加快推进社会诚信建设的指导意见》(国发〔2016〕33号)，对于“拒不履行法定义务”，“有履行能力但拒不履行、逃避执行”的，实行联合惩戒。措施包括行政性、市场性、行业性、社会性四大类，比如，降低信用等级，在行业内公开，面向社会公开，依法依规限制行政许可，限制市场准入，限制新增项目审批核准，等等。这些措施在文件上称之为“行政性约束和惩戒”，其实，本质上都属于行政处罚，但是，又似乎没有完全体现出比例原则的要求。

(2)采取断水、断电等釜底抽薪方式，使违法行为事实上必须停止。《行政强制法》(2011年)第43条禁止对“居民生活”采取这一手段。对于法人和其他组织，有学者认为，“行政机关依然可以采取停止供水、供电、供热、供燃

---

① Cf. Rene Dussault & Louis Borgeat, *op. Cit.*, pp. 285～287.

气的方式督促其履行义务”。[①]“断电、断水等对促使义务履行的强制力度和执行效率十分明显”,而且,“与查封生产或营业场所、拍卖财物相比,对义务人权益的损害要轻微得多”。[②]在实践上也不乏其例,比如,根据《浙江省水污染防治条例》(2013年)第51条规定,“排污单位拒不履行县级以上人民政府或者环境保护主管部门作出的责令停产、停业、关闭或者停产整顿决定,继续违法生产的,县级以上人民政府可以作出停止或者限制向排污单位供水、供电的决定”。

夏雨博士在肯定了“在水污染防治领域中适用‘断水、断电’具有一定的正当性”之后,对上述浙江省立法也提出批评,指出“医院更难适用‘断水、断电’”。[③]李大勇副教授认为,断水、断电“在正当性上仍存在不足,不能通过扩大性解释而获得合法性”。[④]董保城教授从一般意义上指出,“就国家对人民生活照顾义务,以及衍生公共安全与公民健康的潜在危险来看,‘断水、断电’的规定与生存权、工作权之宪法保障恐有抵触”。[⑤]

(3)通过公布违法事实,诉诸市场机制和公众舆论,达到督促改正之目的。比如,根据《价格违法行为行政处罚规定》(2010年)第22条规定,“任何单位和个人有本规定所列价格违法行为,情节严重,拒不改正的,政府价格主管部门除依照本规定给予处罚外,可以公告其价格违法行为,直至其改正”。但是,公布违法事实在实践中的形态比较复杂,有的仅具有制裁效果,与督促履行义务无关。[⑥]

(4)在行政程序的流程上,采取行政机关之间的密切协作,下游行政机关是否做出行政行为,以当事人是否履行上游行政机关科予的义务为前提。比如,根据《机动车登记规定》(公安部令第102号,2012年)第49条第2款,申请机动车检测之前,要求“机动车所有人应当将涉及该车的道路交通安全

---

① 乔晓阳主编:《中华人民共和国行政强制法解读》,143页,北京,中国法制出版社,2012。

② 叶必丰、许炎、谭剑:《强制执行的方式及强制执行权的分配——行政强制法草案修改意见》,载《浙江社会科学》,2003(5)。

③ 夏雨:《论“断水、断电”作为行政强制执行方式的正当性》,载《中南大学学报》(社会科学版),2011(1)。

④ 李大勇:《作为行政强制执行手段的断水、断电》,载《行政法学研究》,2013(3)。

⑤ 董保城:《建筑物违规使用“断水”“断电”法理及实务》,收入杨小君,王周户主编:《行政强制与行政程序研究》,178页,北京,中国政法大学出版社,2000。

⑥ 章志远:《作为行政强制执行手段的公布违法事实》,载《法学家》,2012(1)。

违法行为和交通事故处理完毕”。

对于上述“给车检增加前置条件”的合法性，最高人民法院在《关于公安交警部门能否以交通违章行为未处理为由不予核发机动车检验合格标志问题的答复》(〔2007〕行他字第20号)中予以明确否定，认为“法律的规定是清楚的，应当依照法律的规定执行”，“任何单位不得附加其他条件”。在理论上，杨建顺教授给予适度的理解，他也不否认，从形式法治主义来看，这与《道路交通安全法》(2011年)第13条第1款抵触，构成违法。但是，这“并未增设车辆驾驶人的义务，也未减损其合法权益，而不过是将其本来应当履行的义务用于间接强制的手段而已”。“从实质法治主义来看，通过验车而要求机动车驾驶人首先去履行既有的法定义务，间接地实施强制”，“是确保法律实施实效性的必要手段”。[①]在我看来，上述第13条第1款规定的“任何单位不得附加其他条件”可以做严格解释，是指附加了新的许可条件，进而增设了相对人义务。但是，拒绝车检是作为督促当事人尽快履行先前已有义务的方法，并非增加许可条件。

这方面的争论还在继续。但不管怎么说，从人权保障的角度考虑，上述强制手段还是应该受到严格的控制。

---

① 杨建顺：《“不交罚款就不验车”必要且正当》，载《检察日报》，2014-11-05。

第十二章　政府信息公开

第一节　概述

一、信息公开的意义

在一个民主社会中，信息自由是极其重要的。如果说，“言论自由是民主的血液”(freedom of speech is the lifeblood of democracy)，[①]信息自由就是言论自由的筋骨。言论自由必定蕴含着信息自由，没有充分的信息公开，言论自由不免是海市蜃楼。Abid Hussain 甚至说，“如果人们不能获得信息，那么，自由的一切有效性将荡然无存。获得信息是生活的民主方式的基础”(Freedom will be bereft of all effectiveness if the people have no access to information. Access to information is basic to the democratic way of life)。[②] David Banisar 也说，“信息自由法能够提升其他许多经济和政治权利的行使”(FOI laws can improve the enforcement of many other economic and political rights)。[③] 所以，“信息自由是基本人权”(Freedom of

---

① Cf. Stephen Sedley, "*Information as Human Rights*", collected in Jack Beatson & Yvonne Cripps (eds.), *Freedom of Expression and Freedom of Information*, Oxford University Press, 2000, p. 240.

② Cf. Toby Mendel, *Freedom of Information as an Internationally Protected Human Right*, http://www.docin.com/p-649806839.html. 2013 年 1 月 1 日最后访问。

③ Cf. David Banisar, *Freedom of Information around the World* 2006: *A Global Survey of Access to Government Information Laws*, p. 7. http://www.freedominfo.org/documents/global_survey2006.pdf. 2013 年 1 月 1 日最后访问。

information is fundamental human right)。

公众已通过赋税等方式支付了政府信息收集所耗费的成本,信息理应属于公众所有。这和政府的桌椅及建筑设施以及其他固定资产为公众所有是类似的。[①]对政府而言,公开信息也就变成了不折不扣的义务。[②]一方面,选民要想评价选任官员的绩效,透视政府运行,个人想要有效行使民主权利,公开透明的政府(open government)就是必要的。[③]另一方面,消弭不必要的纷争,抑制腐败,与公众有效沟通对话,也需要政府主动公开信息。

信息不公开的坏处,斯蒂格利茨说得透彻,"信息保密培育了滋养特殊利益集团的肥沃土壤;增加了管理租金,加大了交易成本;使民主过程中的公众参与大打折扣;使得媒体舆论无法形成对政府滥用职权的监督制衡机制","很难保证决策质量",[④]也无助于提高执法规范化水准。

二、立法历程

信息自由,也常被称为知的权利、知情权(right to know)。但这种权利的宪法依据是不清晰的。有的学者流露出不满和遗憾,有的学者从《宪法》(1982 年)第 2 条、第 27 条、第 35 条、第 41 条之中推导出知情权"在我国是有其宪法性基础的"。[⑤]我却不以为这十分重要。从村务公开、政务公开到政府信息公开,有关立法与实践早已事实上创设出、认可了公民的知情权。这比写入宪法更为重要,它使知情权跨过了书面权利,变成一项弥足珍贵的现实权利。尤其是 2007 年《政府信息公开条例》,是一个重要的立法标杆。它

---

① [美]斯蒂格利茨:《自由、知情权和公共话语——透明化在公共生活中的作用》,宋华琳译,载《环球法律评论》,2002(3)。

② 关于信息公开的好处,学者有不同阐述,大同小异。David Banisar 归纳了四个方面:(1)民主参与理解(Democratic Participation and Understanding);(2)保护其他权利(Protecting Other Rights);(3)使公共机构更好地工作(Making Government Bodies Work Better);(4)对以往损害的救济(Redressing Past Harms)。Cf. David Banisar, *op. Cit.*, pp. 6～8.

③ Cf. Toby Mendel, *Freedom of Information as an Internationally Protected Human Right*, http://www.docin.com/p-649806839.html. 2013 年 1 月 1 日最后访问。

④ [美]斯蒂格利茨:《自由、知情权和公共话语——透明化在公共生活中的作用》,宋华琳译,载《环球法律评论》,2002(3)。

⑤ 刘莘、吕艳滨:《政府信息公开研究》,载《政法论坛》,2003(2)。

赶上了信息公开立法的第三次世界浪潮(the third wave),[①]还把前前后后的地方立法和部委立法都渐渐归拢、整理成一个自洽的体系。

我们以“北大法宝—中国法律检索系统”中收录的规范文本作为检索对象,分别以“政府信息公开”“政务公开”“村务公开”“党务公开”为标题关键词逐一检索,获得“政府信息公开”部分 412 项,“政务公开”部分 623 项,“村务公开”部分 62 项,“党务公开”部分 41 项,总计 1138 项(见表 12-1)。

表 12-1

规范层级 事项	法律	法规	规章	规范性文件	司法解释	党的文件	小计
政府信息公开	0	1	36	374	1	0	412
政务公开	0	2	10	546	0	65	623
村务公开	0	8	5	25	0	24	62
党务公开	0	0	0	0	0	41	41
小计	0	11	51	948	1	127	1138

我们把上述规范文本按照时间顺序,分别绘制出来(见图 12-1)。[②]结合有关文献,不难发现:

第一,信息公开始于 20 世纪 90 年代的村务公开,[③]并推及政务公开,到 2006 年,当年公布的政务公开规范文本达到高峰,多达 127 件。而政府信息公开的规范文本却明显较少,2004 年至 2006 年分别是 15 件、17 件、13 件。可见,当时全国普遍关注与积极推动的是“政务公开”。阅读有关文本,不难

① Robert Hazell、David Busfield-Birch 把信息立法分为三次浪潮,第一次以瑞典、美国为代表,分别在 1766、1966 立法,算是最早的先驱。第二次浪潮包括澳大利亚、新西兰、加拿大,都是 1982 年立法,引入了美国的模式。英国属于第三次浪潮,2000 年立法。Cf. Robert Hazell & David Busfield-Birch,“*Opening the Cabinet Door: Freedom of Information and Government Policy Making*”(2011) *Public Law* 261. 按照上述划分,我国是 2007 年立法,当属第三次浪潮。

② 其中,无法查询《国务院机关事务管理局政府信息公开暂行办法》公布时间,所以没有绘制在内。

③ 1991 年,中共中央与国务院在有关农业和农村工作的决定中提出建立村务公开制度。胡仙芝:《历史回顾与未来展望:中国政务公开与政府治理》,载《政治学研究》,2008(6)。

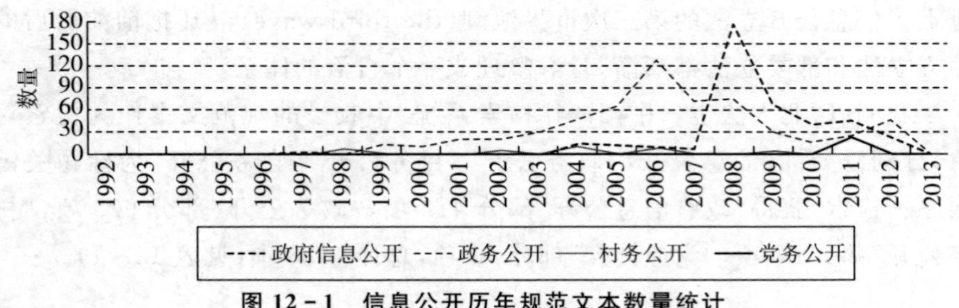

图 12-1　信息公开历年规范文本数量统计

发现,整个制度的发端,源自政府改善治理的愿望,"'公开'强调的是政府机关的主动义务",[①]客观效果却使公民获取了知情权。

第二,浏览有关规范文本,我们发现,其实,无论是主体还是内容,"政务公开"多是指政府信息公开,只是术语不同。所以,在国务院信息化办公室草拟有关立法时,名称与范围在"政务公开""政府信息公开"之间踌躇不定,也属自然。只不过在文本、[②]学理上对"政务公开"还有广义理解,包括"党务、检务、审务、行政事务、社会公共事务等都要向社会和群众公开"。[③]考虑到行政法规为国务院制定,为避免歧义和越权,所以,最终选择了"政府信息公开"。

第三,政府信息公开的立法最先从地方立法开始,2002 年《广州市政府信息公开规定》是最早的一个。2007 年通过《政府信息公开条例》之后,2008 年有关规范文本数量达到高峰,共 176 件,主要是制定配套规定,修改已有地方立法。这是下位法不与上位法抵触,法律要通过执行性立法来实施所决定的。之后,规范文本数量锐减,2009 年至 2012 年分别为 69 件、41 件、46 件、23 件。通病是,因《政府信息公开条例》(2007 年)实施尚未几年,问题沉淀不够,有关规范文本的针对性也难免不强。

《政府信息公开条例》在实施了 11 年有余,2019 年又重新修订。

① 周汉华:《起草〈政府信息公开条例〉(专家建议稿)的基本考虑》,载《法学研究》,2002(6)。

② 比如,《中共金华市委、金华市人民政府关于实行政务公开制度的若干规定》(1998 年)规定,"政务公开是指负有管理党、国家和社会事务职能的组织将权力运行过程和结果予以公开,以保证公民参与民主管理和监督的制度"。

③ 胡仙芝:《历史回顾与未来展望:中国政务公开与政府治理》,载《政治学研究》,2008(6)。

第二节 什么是政府信息？

一、概念解构

《政府信息公开条例》(2007 年)第 2 条对“政府信息”下了一个定义，“本条例所称政府信息，是指行政机关在履行职责过程中制作或者获取的，以一定形式记录、保存的信息。”《政府信息公开条例》(2019 年)第 2 条将“履行职责”进一步澄清为“在履行行政管理职能过程中”。对于其中“履行行政管理职能”“制作或者获取”等几个核心且不确定的概念，结合有关案件的判决，可以做如下建构性解释。

1. *如何理解“履行行政管理职能”？*

第一，“履行行政管理职责”无疑要具有公法意义，但是，采取的手段显然可以是多样的，既可以是公法上的手段，也可以是私法上的手段。比如，在“丁某某与上海市黄浦区建设和交通委员会政府信息公开决定纠纷上诉案”中，法院刻意做了限定，以拆迁人与被拆迁人是“民事法律关系”，用手段的私法性来否定安置房的公法性。[①]这显然是不妥的。

第二，应当是履行“行政”职责。[②]在 2019 年《政府信息公开条例》对此作出明确澄清之前，实践上主要是根据《政府信息公开条例》(2007 年)第 1 条规定的立法目的所做的推定。比如，在“邱某某与上海市公安局政府信息公开决定纠纷上诉案”中，[③]上诉法院就是如此推论，认为政府信息“是指行政

① 在该案中，法院认为，“上诉人要求获取的‘南车站路某号丁某某(户)安置用房符合国家质量标准的检测报告’的信息，是被上诉人基于其拆迁人身份而取得的。被上诉人虽然是行政机关，但其作为拆迁人，与被拆迁人之间是平等的民事法律关系，实施的拆迁行为也是民事法律行为，故被上诉人在房屋拆迁过程中取得的信息不是其履行行政职责过程中制作或获取的信息。”参见上海市第二中级人民法院(2010)沪二中行终字第 22 号行政判决书。

② 后向东博士持广义的观点，认为，“信息公开法不区分履行何种职责所形成的信息，只要行政机关持有的信息，都属于政府信息”。刑事侦查活动所形成的信息，还有行政机关向人大机关提交的信息、行政机关向法院提交的涉诉信息，以及行政机关制定规章行为所形成的相关信息，如果不宜公开，“应当通过信息公开法的明文规定来豁免”。后向东:《我国政府信息公开制度与实践中十大重要观点辨析》，载《中国法律评论》，2018(1)。

③ 参见上海市第二中级人民法院 (2010)沪二中行终字第 123 号行政判决书。

机关在履行行政职责过程中所形成的信息”。判定,“上诉人申请公开的《关于轻微刑事案件审查逮捕适用条件的若干意见》,系被上诉人(市公安局)与上海市人民检察院联合制定的,内容涉及刑事司法范畴,并非被上诉人在履行行政管理职责中制定的政府信息”。又如,在“曹某诉上海市浦东新区审计局政府信息公开纠纷案”中,[①]法院之所以认定“被告作出的离任审计报告属于党务信息,不属政府信息”,理由主要是,根据《党政主要领导干部和国有企业领导人员经济责任审计规定》(2010年)第13条之规定,“领导干部的离任经济责任审计是由党委组织部门提出委托建议”,“审计后的结果即离任经济责任审计要报给组织部”。

第三,履行行政管理职责过程中制作或者获取的信息,包括法定要求的与非法定要求的两种。前者是指根据有关法律规定,在履行行政管理职责过程中应当、也必须制作或者获取这些信息,否则构成程序瑕疵,或者不履行法定职责。后者是指虽不是法定要求的,但却是在履行职责过程中实际制作或者获取的信息。比如,在“王某与上海市某区住房保障和房屋管理局政府信息公开申请答复行政行为纠纷上诉案”中,[②]法院就明显是从上述两个路径去审查的。它在判决中指出,“被上诉人已当庭确认上诉人所申请的信息并非其在履行职责过程中应当制作或者获取的,以一定形式记录保存的信息。上诉人亦未能提供充分有效的证据和依据证明被上诉人具有制作或获取上诉人所申请的动迁人员核对表的职责,也不能证明被上诉人实际制作或获取过上诉人所申请的信息。”

2. 如何理解“制作或获得”呢?

应当是发生在履行职责过程之中,是基于职责、程序的要求,信息的制作或获得是一种程序运作的结果,或者是程序继续运作下去的基础。比如,在“王某与上海市某区住房保障和房屋管理局政府信息公开申请答复行政行为纠纷案”中,[③]被告认为,《上海市住宅物业管理规定》(2011年)第25条规定的保管行为“是事实代管行为,不属于法律意义上获取政府信息的方

① 参见上海市黄浦区人民法院(2012)浦行初字第101号行政判决书。

② 参见上海市第一中级人民法院(2012)沪一中行终字第54号行政判决书。

③ 参见上海市第一中级人民法院(2012)沪一中行终字第112号行政判决书。

式”。法院在判决中也分析了该第 25 条规定，[①]认定“某区房管局下属房管办系依规定而代为临时保管上述材料，上述材料非由某区房管局制作，此临时保管行为亦不属法律意义上的获取，因此，上述材料不属于某区房管局的政府信息”。也就是说，保管行为不是行政职责履行过程中的一个环节或程序要求。

3. 如何理解信息的“准确”与“完整”？

有两种理解与态度。一种是以行政机关存有的原始状态的信息为准，即便与行政机关给出的正式文本有出入，或者不符合规范要求，存在笔误，也不足以否认其“真实”“准确”。[②]另一种是多不是以行政机关制作或获取时的原始文件为准，而是以实际情况为准，从而赋予了行政机关进一步调查核实的职责。在“俞霞金等诉宁波市鄞州区人民政府政府信息公开行政诉讼案”中，[③]法院就凭据上诉人提供的一个证据，因“俞彩定不在被上诉人所公开的 128 户名单中”，“认定被上诉人政府信息公开的内容不真实、不完整”，即便被上诉人提供的户数源自“宁波市国土资源局鄞州分局”的原始统计。

我觉得，《政府信息公开条例》(2019 年)本身就充斥了混杂与矛盾，从本意上看，行政机关有义务公开的只是原始信息，原汁原味的，无需加工、再制作，但是，从第 11 条规定的政府信息公开协调机制看，行政机关又被附加了

---

① 《上海市住宅物业管理规定》(2011 年)第 25 条规定，“业主委员会应当自换届改选小组成立之日起十日内，将其保管的有关财务凭证、业主清册、会议纪要等档案资料、印章及其他属于业主大会所有的财物移交物业所在地房管办事处保管。业主大会、业主委员会依法需要使用上述物品的，物业所在地房管办事处应当及时提供。”

② 比如，在“杨某诉某人力资源和社会保障局政府信息公开答复纠纷案”中，原告提出质疑，“杨某系征地撤队之后办理社保手续和农转非手续的征地人员之一，但被告提供的泯东 1 队 2003 年、2004 年办理社保手续和户籍农转非手续的人员花名册中没有杨某的名单，故被告提供的材料内容虚假”。但是，法院却认为，“原告庭审中主张的被告所提供的信息内容虚假不属本案信息公开审查范畴，故原告的主张，本院不予支持”。参见上海市崇明县人民法院(2009)崇行初字第 23 号行政判决书。又如，在“乔某等与上海市某新区建设和交通委员会政府信息公开申请答复行政行为纠纷案”中，法院认定，“被上诉人在审理中当庭确认其提供给上诉人的系争评估报告和送达回证是相关房屋拆迁裁决档案卷宗内调取复印的，与档案里保存的完全一致”。至于上诉人提出的“该评估报告不符合《上海市城市房屋拆迁评估技术规范》规定的形式要件与内容要求”，进而质疑信息的真实性，法院认为，这“与本案政府信息公开答复行政行为不属同一法律关系，不属本案审理范围”。参见上海市第一中级人民法院(2012)沪一中行终字第 99 号行政判决书。

③ 参见浙江省宁波市中级人民法院(2009)浙甬行终字第 44 号判决书。

进一步调查核实、校正纠错的义务。在我看来,后者只是特定情境下的一个例外。一般而言,政府信息公开止于原始信息。如果原始信息有误、不全,那是通过要求更正、要求履行法定调查职责等其他途径来解决的。

二、若干相关概念

文献和判案中还出现一些相关概念以及相应讨论,比如,“内部规范性文件”“内部文件”“会议纪要”“过程性信息”“工作秘密”“执法信息”等,它们有交织重合的,也有不一致的,所以,需要逐一思考。

1. 内部规范性文件

内部规范性文件也被归入内部事务信息。那些纯粹内部的、与公众无关的、只规定内部管理或者人事规则等事项的文件不予公开,比如,人事管理、后勤管理、内部工作流程等方面的信息。但是,那些与公众有关、规范行政权力行使、构建裁量结构的文件,不管是指南、手册、裁量基准还是其他,一般应当公开。①

比如,在“练育强与上海市公安局交通警察总队政府信息公开纠纷上诉案”中,②《关于审理人身损害赔偿案件适用法律若干问题的参考意见》是根据“有关法律法规的内容归纳提炼”汇集的资料,《2004 年道路交通事故损害赔偿参照表》是根据“统计局公开的职工平均工资,城镇、农村居民收入,及农、林、牧、渔业、制造业等各行业 2003 年平均收入等内容汇编的表格资料”,都是“上海市公安局交通警察总队便于下属民警处理交通事故的调解工作而整合成的一份资料”,具有汇编性质,以及内部指导意义,但却对相对人权益有关,规范着调解权的运行,因此,我不同意法院、行政机关的判断,它们应当属于政府信息,应当公开。

2. 内部文件

所谓行政机构的内部文件,就是对机构外部不产生直接约束力的普遍政策阐述,或对个案的非终极性意见,比如,内部公文、工作方案、指导意见、法律意见书等,有些也可归入内部事务信息,与内部规范性文件、过程性信

---

① 余凌云:《现代行政法上的指南、手册与裁量基准》,载《中国法学》,2012(4)。

② 参见上海市第二中级人民法院(2005)沪二中行终字第 165 号行政判决书。

息有交叉，似乎外延又广些。这仍然是一种政府信息。在“乐甲诉上海市静安区人民政府政府信息公开答复纠纷案”[①]“魏某某诉上海市静安区人民政府政府信息公开决定纠纷案”中，[②]行政机关和法院断然否定法制办出具的《法律意见书》是政府信息，这是有问题的。

之所以要免除内部文件的公开，目的是保护机构内部或不同机构之间的交流，从而使官员能够畅所欲言，毫无顾忌地表达自己的真实想法。这类文件的披露虽然可以增进政府的公开化与透明度，但也有可能使政府官员不能坦率地讨论法律与政策问题，从而降低政府效率。[③]

从有关判案看，比如，在“魏某某诉上海市静安区人民政府政府信息公开决定纠纷案”中，[④]原告要求获取“静安区政府法制办对新闸路653弄某号魏某某(户)实施行政强制执行时出具《法律意见书》(静60号地块)”，被告之所以拒绝，是认为该信息“是静安区政府法制办向被告提出的参考性意见，属于内部信息，不直接对原告的权利义务产生影响”。这种观点值得商榷。信息公开是为了满足公民的知情权，与信息是否对公民的权利义务产生影响没有关系。在我看来，内部文件不是完全不能公开，也不是尽皆公开，衡量的尺度就是是否符合不予公开的条件。

3. 会议纪要

会议纪要属于内部文件、内部信息，也算一类政府信息。至于能否公开，存在争议。一种意见认为，政府的会议纪要，是行政机关内部议事材料，不具有对外的行政职能，不应公开；另一种意见认为，应根据具体会议纪要的作用来决定是否公开。会议纪要直接设定具体公民、法人或者其他组织权利义务，对相对人直接产生影响的，以政府的名义出现而不再落实具体的职能部门，也不再以另一个载体对外发生效力的，该信息可以依法申请公开；反

① 参见上海市第二中级人民法院(2010)沪二中行初字第36号行政判决书。

② 参见上海市第二中级人民法院(2010)沪二中行初字第34号行政判决书。

③ 浙江省高级人民法院课题组:《政府信息公开行政诉讼案件疑难问题研究——以浙江法院审理的行政案件为实证样本》，载《行政法学研究》，2009(4)。

④ 参见上海市第二中级人民法院(2010)沪二中行初字第34号行政判决书。

之,还需落实到具体职能部门,以新的对外发生效力的载体出现的,则不应公开。[①]我倾向后一种意见。

4. 过程性信息

《国务院办公厅关于做好政府信息依申请公开工作意见的通知》(国办发〔2010〕5 号)中明确载明:行政机关内部管理信息以及处于讨论、研究或者审查中的过程性信息,[②]一般不属于依申请公开的范围。这条解释尽管在合法性上受到诟病,[③]但依然变为了实践。

对于过程性信息可以有动态和静态两种理解,前者仅限行政决定或决策尚在形成之中,后者则不论决定、决策是否已然完成,只看信息形成的特定阶段。在“孟某诉上海市虹口区城市规划管理局信息公开答复行政纠纷案”中,[④]法院的理解显然是静态的,法院认为,“这里所称的‘调查、讨论、处理过程中’的信息,是指政府机关为完成行政行为或作出行政决策而进行调查、讨论、处理过程中的信息,而不论政府行为是否已经完成、政府决策是否已经作出”。也不因公开了后续有关联的信息而改变前一信息的性质。我也赞同这种理解。

过程性信息免于公开的机理是,“自由和坦率的内部讨论有益于政府的决策”,“也可以保护公众避免因未成定论的想法而造成的思想混乱”。[⑤]从我国有关案例看,法院还认可的理由包括:“没有对原告产生终局性的结果”,[⑥]“对外

① 浙江省高级人民法院课题组:《政府信息公开行政诉讼案件疑难问题研究——以浙江法院审理的行政案件为实证样本》,载《行政法学研究》,2009(4)。

② 《南京市政府信息公开规定》(2008 年)还并列增加了一项“管理状况不够稳定的”。

③ 依据《行政法规制定程序条例》(2002 年)第 31 条关于“行政法规条文本身需要进一步明确界限或者做出补充规定的,由国务院解释”的规定,国务院办公厅不应越权代为解释。

④ 参见上海市虹桥区人民法院(2008)虹行初字第 42 号行政判决书。

⑤ [美]贺诗礼:《关于政府信息免予公开典型条款的几点思考》,载《政治与法律》,2009(3)。

⑥ 在“魏某诉上海市静安区人民政府政府信息公开决定纠纷案”中,原告申请公开的强制执行法律意见书,是在申请强制拆迁过程中,区政府法制部门制作的内部文件,被告又添加了一个不公开的理由是“没有对原告产生终局性的结果”。参见上海市第二中级人民法院(2010)沪二中行初字第 13 号行政判决书。

不产生实际影响”,[①]“属于不确定的内容,且部分内容并未获得批准”。[②]有的地方立法,比如上海,给出的解释是“因其内容不确定,公开后可能影响国家安全、公共安全、经济安全或者社会稳定”。

从有关判案和研究看,过程性信息包括内部的请示、交换意见的往来公文(信件、邮件、传真等)、初步处理意见、法律意见书、风险评估报告、专家论证意见、备忘录等。它们发生在决策、决定做出之前,是做出决策、决定的基础。只要“过程”没有外化,有关信息就是内部信息。

可以肯定的是,过程性信息不是绝对免于公开。但是,从我们收集的案例中还无法归纳出其中的标准与边际。我们只能从有关文献中提炼出判断可以公开的标准包括:(1)不会严重影响决策、决定的有效做出;(2)不会阻碍内部的坦诚、自由地交换意见和讨论;(3)有助于公众更好地理解和接受有关的决策、决定。[③]

5. 工作秘密

“工作秘密”见于《公务员法》(2006 年)第 12 条、第 15 条,要求公务员在保守国家秘密之外,还得“保守工作秘密”“不得泄露工作秘密”。《行政机关公务员处分条例》(2007 年)第 26 条规定了对泄露“工作秘密”的行政处分。

但是,在周汉华教授看来,这颇成问题,一是“在其他国家基本没有类似的对应概念”;二是“内容太宽泛,没有任何确定程序,没有任何边界”。[④]《政府信息公开条例》(2007 年,2019 年)也没有“工作秘密”的表述,但在我看

---

① 在“王某某与宁波市江东区人民政府房屋拆迁政府信息公开纠纷上诉案”中,法院在判决中认定,东政发〔2001〕33 号《请示》“是被上诉人江东区政府就江东区实施旧村改造相关办法向宁波市人民政府提出的请示性文件,文件内容属并不直接对外产生实际影响的内部管理信息”。算是认可了被上诉人的辩解,该文“只在上下级行政机关内部运转,对外不产生实际影响”。参见浙江省宁波市中级人民法院(2012)浙甬行终字第 189 号行政判决书。

② “王炳庭诉上海市虹口区人民政府政府信息公开申请纠纷案”做了进一步的补注。原告申请公开的虹旧改办字(2001)第 7 号文,是虹口区旧区改造领导小组办公室向原上海市房屋土地资源管理局的请示。原告申请之时,“被拆迁地块的房屋拆迁许可证已颁发,且已建造好商住楼。”被告却反对,认为拆迁虽已完成,但第 7 号文“属于不确定的内容,且请示中的部分内容并未获得批准”。法院也认同,判决“不公开,并无不当”,却没有做论理阐述。参见上海市第二中级人民法院(2009)沪二中行初字第 1 号行政判决书。

③ [美]贺诗礼:《关于政府信息免予公开典型条款的几点思考》,载《政治与法律》,2009(3)。

④ 周汉华:《起草〈政府信息公开条例〉(专家建议稿)的基本考虑》,载《法学研究》,2002(6)。

来,这不是抛弃、否定,而是荫掩在除国家秘密之外的其他不予公开的事由(包括"三安全、一稳定"、商业秘密和个人隐私)之下,不是替代,而是通过后者来进一步阐释工作秘密的内涵。

6. 执法信息

执法信息是与执法活动有关,"为执法目的编撰的记录或信息"。[①]可能是工作秘密、过程性信息,调查取证中获得的不宜公开的记录或信息,或者高度敏感的处理信息。记载在行政执法案卷上的信息,也称为"行政执法案卷信息"。

从有关立法和判案给出的不公开理由看,主要是,(1)公开后可能会影响检查、调查、取证等行政执法活动;(2)会威胁个人生命安全;[②](3)暴露情报(举报)来源;[③](4)政治上比较敏感;[④](5)个人信息保护。[⑤]

美国《信息自由法案》从可能的危害角度规定了不公开的执法信息,包括:(1)干预执法程序;(2)剥夺某人受公正审判或公平审理的权利;(3)暴露秘密情报源的身份;(4)暴露执法技术和程序;(5)对可能危及某人生命或实体安全的合理担心。[⑥]

英国在介绍信息自由法的白皮书(White Paper)中也指出,"信息自由不应削弱对犯罪的调查、起诉或预防,或者有损于公共机构提起民事或刑事诉讼。对犯罪的调查和起诉涉及一些必要条件,包括避免对有效执法的偏见、

---

① [美]贺诗礼:《关于政府信息免予公开典型条款的几点思考》,载《政治与法律》,2009(3)。

② 比如,《杭州市政府信息公开规定》(2008 年修订)第 17 条,《宁波市政府信息公开规定》(2008 年修订)第 14 条。

③ 《公安机关办理行政案件程序规定》(2012 年)第 49 条规定,"报案人不愿意公开自己的姓名和报案行为的,公安机关应当在受案登记时注明,并为其保密"。

④ 在"杨某诉崇明县城桥镇人民政府政府信息公开决定案"中,原告要求获取"崇明县城桥镇人民政府就'维稳对象'杨某 2010 年'两会'期间'维稳经费'的发放或者使用的相关指示、批复等"的政府信息,这类信息或许存在,却很敏感。被告抓住原告不了解财政列支,紧扣字眼,答复"不存在'维稳经费'这一类型的信息"。法院也不深究,便表示同意。参见上海市第二中级人民法院(2011)沪二中行终字第 25 号行政判决书。

⑤ 比如,在英国的 *Devon and Cornwall Constabulary* 案中,当事人涉嫌猥亵儿童(child abuse)而被调查,因缺少证据没被起诉。当事人要求公开有关调查的信息,包括是谁检举他的,谁调查他的,信息官员援引了个人信息豁免(the personal information exemption)和调查豁免(the investigations exemption),不予公开。

⑥ [美]贺诗礼:《关于政府信息免予公开典型条款的几点思考》,载《政治与法律》,2009(3)。

保护证人和举报人、维护司法和起诉过程的独立、保证刑事法院作为审判犯罪的唯一法庭。"([Freedom of information] should not undermine the investigation,prosecution or prevention of crime,or the bringing of civil or criminal proceedings by public bodies. The investigation and prosecution of crime involve a number of essential requirements. These include the need to avoid prejudicing effective law enforcement,the need to protect witnesses and informers,the need to maintain the independence of the judicial and prosecution processes,and the need to preserve the criminal court as the sole forum for determining guilt.) ①

第三节　公开的主体

一、与行政主体理论的关系

从《政府信息公开条例》(2007 年)对公开信息的义务主体的表述看,主要有"行政机关""人民政府及其部门",与其他法律法规的表述无异。《政府信息公开条例》(2007 年)第 17 条还进一步对具体的公开主体做了规定。稍微有点行政法知识的人,很容易把它和行政主体连在一起。

从有关案件看,也多与行政主体理论暗合。有的法院还依此校准被告。②第 17 条说的"谁制作",被行政机关的很多同志严格地界定为是在法律上有权批准、公布的机关,是信息的完成机关。这主要是考虑责任问题,谁有权对该信息的真实性、准确性负责,谁才是"制作机关"。

但也有个别案件不是,比如,在"袁某与安徽省人民政府不履行政府信

---

① Cf. Maeve McDonagh & Moira Paterson,"*Freedom of Information*: *Taking Account of The Circumstances of Individual Applicants*"(2010)*Public Law* 515.

② 在"张某某诉杭州市萧山区某某镇人民政府其他政府信息公开纠纷案"中,法院在判决中还特意套用了行政主体理论,指出,"某某镇信息公开办公室是被告某某镇政府的内设机构,该办公室在没有法律、法规或者规章授权的情况下,即以自己名义作出被诉答复行为,原告张某某对该答复不服提起行政诉讼,应当以某某镇政府作为本案的被告"。参见杭州市萧山区人民法院(2012)杭萧行初字第 8 号行政判决书。

息公开法定职责纠纷上诉案”中,[①]法院就没有按照行政主体理论来认定信息公开的主体,而是认为,“省政府法制办是办理复议案件的机构”,尽管属于内设机构,但是,“复议材料也由其保管,一般情况下省政府法制办可以是政府信息公开的主体”。

我赞同这个结论,却不认可法院的推理。上述第17条也完全可以涵摄到行政主体理论之中去解释,就像以内设机构所隶属的机关为被告一样。或许,法院很可能是默许了实践,不把简单问题复杂化。实践中,承担信息公开义务的单位都不讲究是否为内设机构或者执法主体,而是以事实上是否制作或保管有关信息为标准。所以,在认定被告上也没有必要过于固执,非得行政主体。

其实,在我看来,信息公开主体之所以可以游离开行政主体理论,主要是因为行政主体理论是秩序行政的产物,秩序的维护要以限制公民权利为代价,要特别强调主体的资格以及权力的来源。而信息公开属于服务行政范畴,是授益和提供信息服务的,所以,没有必要受行政主体理论桎梏。如果这个观点是可以成立的,那么,有关信息公开的案件中,行政复议的被申请人和行政诉讼的被告就可以舍弃行政主体理论,由实际承担信息公开的主体来担当。

二、以往实践上对“谁制作、谁公开”的理解

《政府信息公开条例》(2007年)第17条之所以坚持由制作的行政机关负责公开,很可能是为了确保信息的原始性和准确性。实践中,因捆绑上了过错追究和行政问责,非制作的行政机关即使持有信息,也不愿公开,宁可把当事人呼来唤去,也不愿“蹚浑水”、沾惹是非。

在我看来,第17条不尽合理。第一,制作机关制作的原件有可能已送达给相对人、其他机关,没有留存,或者留存的底稿等信息与原件有一定出入。

① 参见安徽省高级人民法院(2008)皖行终字第0136号行政判决书。

有的行政机关主动提供了相关的信息，反倒吃了官司。[①]第二，不便民，徒增成本。因为相对人不熟悉复杂的行政过程，很难准确识别制作信息的行政机关，难免误打乱撞，不得要领。非制作的行政机关即使持有原件，也矫情，不给相对人。

“陈某某与上海市黄浦区绿化和市容管理局政府信息公开答复上诉案”就很典型。[②] 上诉人申请公开的沪黄房地拆许延字〔2002〕第 18 号房屋拆迁期延长许可通知，“制作机关为本市房屋土地管理部门”，并非被上诉人。但是，被上诉人是该房屋拆迁期延长许可通知的被许可人，保存有原件。法院也是按照上述第 17 条做出判决，“被上诉人不是上述信息公开的义务机关”。但是，作为行政机关的被上诉人明明持有原件，为什么就不能提供给上诉人呢？更有讽刺意味的是，“上诉人提起诉讼后，被上诉人却将该上述材料作为证据提供给上诉人”。这起案件充分说明了第 17 条的不理性。

其实，从有关案件看，行政机关、法院也并没有坚持“谁制作、谁公开”原则，其中不乏灵活机变。我们至少发现了四种情形：

一是不转由制作机关，而是自己直接提供了。比如，在“吴某某与上海市城乡建设和交通委员会政府信息公开决定纠纷上诉案”中，[③]被上诉人查明，上诉人所申请公开的信息是“由其下属机构上海市建筑业管理办公室制作”的，但“本着公开、便民的原则”，被上诉人直接向上诉人提供了该信息。又如，在“詹某与上海市某新区规划和土地管理局政府信息公开答复行政行为纠纷案”中，[④]上诉法院在判决中指出，“被上诉人虽非‘南府土〔2003〕116 号文’的制作机关，但其在履行职责过程中已获取该政府信息，其向上诉人

---

① 比如，在“陈某某与上海市黄浦区规划和土地管理局政府信息公开答复上诉案”中，黄浦区规土局在古城公园《地名使用批准书》已依法送达给申报单位上海市黄浦区绿化管理局，且原件具有唯一性，所以，当上诉人陈某某申请公开该信息时，只能采取变通方式，向其提供了古城公园《地名命名、更名申报表》。后考虑到上诉人的需要，方便上诉人，被上诉人又从申报单位处复印了《地名使用批准书》，并将该复印件提供给上诉人。上诉人不买账，遂起纠纷。参见上海市第二中级人民法院(2011)沪二中行终字第 258 号行政判决书。又如，在“陈某与上海市规划和国土资源管理局政府信息公开决定纠纷上诉案”中，建设项目选址意见书正本已颁发给建设单位，提供给上诉人的底稿与正本记载的内容一致，只是有些笔误。却吃了官司。参见上海市第二中级人民法院(2012)沪二中行终字第 91 号行政判决书。

② 参见上海市第二中级人民法院(2011)沪二中行终字第 267 号行政判决书。

③ 参见上海市第二中级人民法院(2011)沪二中行终字第 222 号行政判决书。

④ 参见上海市第一中级人民法院(2012)沪一中行终字第 42 号行政判决书。

公开并无不当。"

二是指示下级行政机关回复。比如,在"史丽江诉江苏省国土资源厅不履行土地信息公开法定职责案"中,[①]原告申请公开的相关征地批准文件及与其相对应的"一书三方案",属于阶段性行政行为,需要经过层层批准、审核,最终由被告完成。但是,被告按照"就近、便民的原则",直接"通知无锡市国土资源局"向原告提供,并在答复函中告知原告。无锡市国土资源局也及时提供了有关信息。原告获得的信息或许不完整(缺少上级审批印章),但就信息内容而言,却是一致的,能够满足原告的实质要求。这样的处理,原告在诉讼中也提出质疑,"被告无权通过自设文件的方式将其应当履行的职责免除或转移至其他行政机关",被告的回复"不是《政府信息公开条例》所规范的回复","不能因为其采用了回复这种文书形式就认为其实质上履行了信息公开的职责"。但是,法院不以为然。

三是信息已移送档案馆的,也随之"移交"了公开义务。比如,在"赵某某与上海市某某管理局政府信息公开申请纠纷上诉案",[②]以及"朱文铭与上海市杨浦区发展和改革委员会政府信息公开纠纷上诉案"中,[③]当事人申请公开的信息,尽管是行政机关制作,但已向城建档案馆移交了档案,因此,建议当事人向档案馆咨询。

四是将制作权委托给了其他行政机关。比如,在"王景清等与福州市人民政府信息公开决定纠纷上诉案"中,[④]被告曾发布《关于启用"福州市人民政府土地审批专用章"的通知》(榕政综[1986]741号),授权福州市国土部门制作并保存有关土地批复文书。法院因此认定,有关土地批复文书"虽以福州市人民政府名义作出,但系福州市人民政府授权福州市国土资源管理局制作,并加盖被告福州市人民政府土地审批专用章,因此该政府信息的制作机关实际是福州市国土资源管理局"。

在我看来,上述第一、二种处理颇便民,第三种因与《档案法》交织,较折腾当事人,第四种却悖扭法理,市政府的"授权"实质上是委托,从法律上看,

① 参见江苏省高级人民法院(2011)苏行终字第0066号行政判决书。

② 参见上海市第二中级人民法院(2009)沪二中行终字第229号行政判决书。

③ 参见上海市第二中级人民法院(2009)沪二中行终字第165号行政判决书。

④ 参见福建省高级人民法院(2012)闽行终字第125号行政判决书。

制作机关仍然应当是市政府。

一些地方立法也没有完全亦步亦趋。比如,《浙江省政府信息公开暂行办法》(省政府令 2012 年 302 号)第 6 条第 2 款规定,"行政机关保存的属于其他行政机关制作的政府信息,作为其行政管理依据的,根据公民、法人和其他组织的申请,在其掌握的范围内依法公开"。

其实,行政机关制作的信息,会因行政程序、行政过程而合法地流向其他行政机关或者公共机构,为后者所保存。有的是作为后者做出决定的基础,有的是作为行政管理的依据。从有关讼争看,不少当事人也期望能够从这个过程的环节上直接获取信息。

比如,在"蔡某与上海市徐汇区房屋土地管理局政府信息公开答复纠纷上诉案"中①,当事人上诉的理由之一就是被上诉人"掌握"政府信息,就应当公开该信息。又比如,在"张永汉诉广东省人民政府作出的政府信息公开行为纠纷案"中②,原告之所以坚持要被告提供"案涉行政处罚决定书",是因为,该信息"虽非被告制作",却是它在履行"行政复议职责过程中","从其他法人处获取、保存并认定的信息",是作出复议决定的唯一依据。

综上,我建议,第一,第 17 条规定的"谁制作"可以解释为"具体承办制作信息的机构",无须行政主体。第二,不是信息制作机关的行政机关做出的决定,是以上述信息为基础和依据的,只要不涉及不公开的情形,也由该行政机关负责公开。如果无法一目了然做出可否公开的判断,交由原制作的行政机关决断,并告知申请人。申请人质疑信息的真实性、完整性,可以直接向原制作机关申请。第三,给申请人增加一个备选方案,接受信息公开申请的行政机关没有该信息,可以帮助申请人从制作机关调取,并收取合理费用。

三、立法修改的取向

然而,《政府信息公开条例》(2019 年)第 10 条似乎并没有迎合实践的进取尝试,而是趋向保守,第一,公开主体应当是行政主体。比如规定,"行政机关设立的派出机构、内设机构依照法律、法规对外以自己名义履行行政管

① 参见上海市第一中级人民法院(2009)沪一中行终字第 31 号行政判决书。

② 参见广东省广州市中级人民法院(2010)穗中法行初字第 53 号行政判决书。

理职能的,可以由该派出机构、内设机构负责与所履行行政管理职能有关的政府信息公开工作”。又比如,第 27 条规定,依申请公开的,“向地方各级人民政府、对外以自己名义履行行政管理职能的县级以上人民政府部门”提出申请。第二,对于行政机关共享的信息,或者说,“行政机关获取的其他行政机关的政府信息”,还是要求“由制作或者最初获取该政府信息的行政机关负责公开”,除非法律、法规另有规定。

第四节　主动公开与依申请公开之关系

一、指向的信息

无论是主动公开还是依申请公开,只是公开的方式不同,它们指向的对象都是可公开的信息,在这一点上却是共通的。在“薛某与青岛市黄岛区人民政府不履行政府信息公开义务纠纷上诉案”中[①],一审法院刻意区分主动公开与依申请公开的信息,视为两类不同的信息,显然是误读了法律。一些地方政府也误以为“依申请公开只能适用于主动公开的信息之外的信息”。[②]

所以,即便是主动公开的信息,当事人不知晓,或者行政机关没有主动公开的,当事人也可以依申请公开。在“张某诉兴安县湘漓镇人民政府政府信息公开案”中[③],原告要求公开《磨石江建设小康文明示范村规划图》等磨石江新农村文明示范点的相关信息,就属于应主动公开的政府信息,但是,湘漓镇人民政府却因种种原因没有主动公开,法院肯定了原告有权依申请公开。

对于已主动公开的信息,行政机关可以告知当事人获取的方法与途径,如果不增加额外成本,也可以直接提供有关信息。在“张艳琴与郑州市国土资源局政府信息公开纠纷上诉案”中[④],行政机关已告知当事人获取的方式,

---

① 参见山东省青岛市中级人民法院(2009)青行终字第 107 号行政判决书。

② 中国社会科学院法学研究所法治国情调研组:《中国政府透明度年度报告(2010)——以政府网站信息公开为视角》,收入中国社会科学院法学研究所编:《中国法治发展报告》(2011),226 页,北京,社会科学文献出版社,2011。

③ 参见广西壮族自治区桂林市兴安县人民法院(2009)行字第 2 号行政判决书。

④ 参见河南省郑州市中级人民法院 2010)郑行终字第 129 号行政判决书。

之所以会发生争执，是因为其中一个信息要“到市土地储备中心查阅”，而当事人“到土地储备中心查阅相关资料要求复印时，遭到拒绝”。

按照《国务院办公厅关于做好政府信息依申请公开工作的意见》（国办发〔2010〕5号）的有关规定，行政机关向申请人提供的政府信息，应当是正式、准确、完整的且是现有的，一般不需要行政机关汇总、加工或重新制作（作区分处理的除外）。在“张某某与某某市交通运输局政府信息公开纠纷上诉案”中[①]，被上诉人认为，“张某某的申请事项信息涵盖量大，涉及的原始资料较多，部分信息需要对原始资料进行处理加工，部分信息不存在或有的信息中存在其他信息”，无法按照张某某要求的纸张形式提供。因此，“根据相关原始资料的内容，按张某某的申请汇总、加工制作了一份答复”。法院判决指出，被上诉人“没有依照法规的规定，按张某某要求的形式提供，或采取其他适当形式提供与张某某有关的政府信息，而是按照相关原始资料的内容，在加工、汇总、整理的基础上，于2011年5月13日对张某某作出了《复函》，且没有告知张某某不能按其要求提供的理由”。

二、两者关系

之所以要划分主动公开和依申请公开，首先，是考虑“需求程度高”的信息要主动公开，这也能减少回复公众经常申请的行政成本（reduce the administrative burden of answering routine requests），提高效率。[②]而“需求程度低”的信息，为节约公开的成本，依申请公开。[③]其次，还因为先前的地方实践已经屡经试错，积攒了经验，形成了较为固定的这两种公开范式。

因此，我始终认为，当前政府信息公开的着力点应当是做好依申请公开。理由是：第一，依申请公开的信息都是相对人迫切需要的，对其生产、生活与研究有着重要意义。从公开的成本与效益上看应该是最高的，不像主动公开，常流于形式，成本大，又多不为相对人所关心，效益不彰显。第二，是因为迄今我们都无法自信地说，我们已经完全认识和掌握了所有信息的种类和性质，不会因为现代科学和信息分析技术，从看似片段、没有问题的

---

① 参见湖北省汉江中级人民法院(2012)鄂汉江中行终字第00008号行政判决书。

② Cf. David Banisar, *op. Cit.*, p. 25.

③ 程洁：《政府信息公开的法律适用问题研究》，载《政治与法律》，2009(3)。

多个信息之中分析、提炼出有损公共利益的信息,所以,我们需要通过依申请公开来挨个试错。如果公开的片段信息没有产生问题,且需求较大,当然可以转为主动公开。主动公开的信息,也可以"因为时效或需求量小等原因"转为依申请公开。[①]第三,主动公开的信息毕竟量少,大量的信息是通过依申请公开,纠纷也频发于此。

《政府信息公开条例》(2019 年)第 44 条做出了积极回应,"多个申请人就相同政府信息向同一行政机关提出公开申请,且该政府信息属于可以公开的,行政机关可以纳入主动公开的范围"。"对行政机关依申请公开的政府信息,申请人认为涉及公众利益调整、需要公众广泛知晓或者需要公众参与决策的,可以建议行政机关将该信息纳入主动公开的范围。行政机关经审核认为属于主动公开范围的,应当及时主动公开。"

第五节 依申请公开

一、受理

受理具有浓烈的外部意义,表明了行政机关的诚恳与气度,所以,不论申请人的申请方式是否妥帖,申请对象是否适格,申请格式是否规范,申请内容是否清晰,申请的信息应否公开,行政机关都应当不假思索地接受、登记,给予回执。[②]至于刚才的那些问题可以留待以后的回复、补正、答复中慢慢解决。

行政机关不得随意限定申请方式。比如,在"陈某某诉浙江省人民政府履行土地政府信息公开法定职责纠纷案"中[③],被告退回了原告"以邮政特快

① 程洁:《政府信息公开的法律适用问题研究》,载《政治与法律》,2009(3)。

② 比如,在"胡国江诉重庆市南川区人民政府不履行信息公开法定职责纠纷案"中,胡国江以国内特快专递(EMS)向重庆市南川区人民政府区长邮寄信息公开申请。在诉讼中,被告欲否定该申请的有效性,却不为法院接受。法院认为,"从邮件注明的内品不难看出,该信件并非私人信件,而是与南川区政府公共职责有关的申请","不能以胡国江邮寄申请时将政府首长作为收件人,就否认其向南川区政府提出过涉案申请"。参见重庆市第三中级人民法院(2011)渝三中法行初字第 91 号行政判决书。

③ 参见浙江省杭州市中级人民法院(2011)浙杭行初字第 85 号行政判决书。

专递的方式向浙江省人民政府提交《信息公开申请书》”，理由是，被告“对受理方式进行公开告知，明确浙江省人民政府办公厅目前仅受理申请人的现场书面申请”。法院判决被告构成不履行法定职责。

二、规范的回复

实践上时常见到，申请人以咨询的口吻提出信息公开申请，内容表述用疑问句、询问句，与咨询无异，表达方式有的符合信息申请的格式，有的不符合。恰好在这一点上，考校出行政机关对《政府信息公开条例》掌握得不够娴熟、精到，具体表现在：没能和当事人一道把询问拉回到咨询的样式，并以咨询方式对话沟通；也没有采用更改、补正，将询问引入信息申请的范式，没有围绕着信息是否存在、是否可以公开做出中规中矩的答复。[①]

比如，在“陈某某与上海市静安区绿化和市容管理局政府信息公开决定纠纷上诉案”中[②]，当事人要求公开“‘静安寺交通枢纽及商业开发’建设项目中绿化率指标没有达到国家规定标准的原因”，正如一审法院觉察的，该申请“对政府信息的描述不明确”，上诉法院也指出，“申请的内容应当是确定的，属于已生成的信息，而不是对某一事项所进行的咨询”。对于这样近似咨询、不甚明确的申请，行政机关照理应当按照《政府信息公开条例》(2007 年)第 21 条规定，“申请内容不明确的，应当告知申请人作出更改、补充”。但有意思的是，行政机关却是“基于曾向上诉人公开过两份绿化审核意见单，故被上诉人根据自己的理解，本着方便当事人的原则，向上诉人提供了作出绿化审核意见单的法律依据”。这种应对显然没有遵守政府信息公开的范式，属于重大的程序违法。遗憾的是，二级法院都没有对此做出正确的判决。

同样，在“王某某与上海市人力资源和社会保障局政府信息公开决定纠

---

① 在“高光荣与上海市南汇区安全生产监督管理局政府信息公开纠纷上诉案”中，上诉人要求获取“尤秀兰在劳动过程中意外死亡的有关调查报告及相关政府信息”，被上诉人在政府信息公开过程中，仅从履行法定职责的角度告知上诉人，尤秀兰死亡事件不属于其调查范围。法院判决道：被上诉人未针对上诉人的申请适用《政府信息公开条例》和《上海市政府信息公开规定》的有关规定作出答复，尚不规范，本院予以指正。参见上海市第一中级人民法院(2009)沪一中行终字第 5 号行政判决书。

② 参见上海市第二中级人民法院(2010)沪二中行终字第 223 号行政判决书。

纷案"中[①],上诉法院在判决中已经发现,"上诉人在政府信息公开申请书中询问被上诉人'我的工龄是多少年?',该申请并未明确指向要求获取的信息名称、文号等",但仍然认为,"被上诉人依据当时客观存在的养老金核定表等材料的记载,告知其全部工作年限为29年零2个月,并无不当"。其实,在我看来,被上诉人多走了一步,变成十足的咨询,而不是信息公开。因为即便被上诉人理解了上诉人指向的信息,为了便民,免去补正,也只需提供那些记载或者足以获知当事人工龄的文件,包括被上诉人"从本市社会保险经办机构获取了记录上诉人工龄是多少年的养老金核定表等材料",以及"上诉人原工作单位申报的汇缴清册"。

三、补正

由于相对人不熟悉行政过程、文书制作,申请内容难免不精准。面对浩如烟海的信息、文档,这又会增加行政机关查询的成本,且不易及时满足相对人的要求。行政机关也不应揣测申请人的意图,敷衍了事。[②]因此,行政机关应当告知申请人作出更改、补充,这是程序上的义务。当然,我觉得,也不排斥行政机关通过与当事人非正式的沟通,弄清申请内容。

在这个过程中,行政机关应当处于主导,其中的道理,正如"何仁良诉上海市金山区规划和土地管理局政府信息公开案"中[③],法院在判决中指出的,

---

① 参见上海市第二中级人民法院(2011)沪二中行终字第53号行政判决书。

② 比如,在"A与甲单位政府信息公开案"中,当事人"申请时在信息名称中写了错别字",也"未上传附件提供更多线索",行政机关便直接检索、答复。对此,一审法院提出批评,行政机关"存在处理方式简单化的现象,今后应予改进"。参见上海市第一中级人民法院(2011)沪一中行终字第128号行政判决书。又比如,在"杨某诉崇明县人民政府信息公开决定纠纷案"中,原告要求公开"崇明县人民政府对杨某某(户)实施房屋拆迁行政强制执行过程中,被执行人的物品被搬入安置房后,执行人所制作的强制执行情况笔录"。法院在判决中敏锐地指出,"原告在政府信息公开申请中所提到的'执行人',不是房屋拆迁强制执行相关法规、规章中予以明确规定的法律概念;对'执行人'的具体含义,原告在申请时亦未作出说明"。这一发现足以让敏感的法官觉察到被告的失误,被告没有按照《政府信息公开条例》第21条规定来处理原告的申请。但有意思的是,在后续的判文中,法院显然在开脱被告的责任,认为,"结合原告对信息内容描述的上下文以及相关规定,被告认为其不是具体实施房屋拆迁强制执行的行政机关",因此,"告知原告其申请获取的信息不属于被告公开职责权限范围,建议原告向崇明县住房保障和房屋管理局、公安机关等有关部门咨询,并无不当。"参见上海市第二中级人民法院(2010)沪二中行初字第9号行政判决书。

③ 参见上海市金山区人民法院(〔2011〕金行初字第8号)行政判决书。

“作为土地行政主管机关，被告对于自身的法定职责具有更加准确和专业的认识，理应在原告提出申请时及时沟通和释明，以利于原告选择适合的获取信息的途径”。

在我看来，对于无法从其他途径获知“文件名称”“文件号”的当事人，如果行政机关在要求补正时，不依据其掌握的信息情况主动做一些提示、限缩，纯粹让当事人“更改、补充”，无异于猜谜，容易变成不公开的借口。[①]因此，行政机关应当给予指导和释明。如果申请内容已明确，或者行政机关已能准确理解，还三番两次地要求补正，就有刁难之嫌。[②]

补正以多少次为限？法律没有规定。在“陈A与上海市黄浦区住房保障和房屋管理局政府信息公开纠纷案”中[③]，被上诉人认为，上诉人的申请不明确，两次要求上诉人补正，但仍觉不明确，“不能指向特定的政府信息，无法对申请事项进行相应的检索，从而确定特定信息”。法院认为这种处理并无不当，“被上诉人曾两次给予上诉人补正的权利，上诉人补正的内容却与申请时的描述基本相似，上诉人现认为被上诉人限制其补正权利，缺乏依据”。

四、“三需要”

《政府信息公开条例》(2007年)第13条引入了“根据自身生产、生活、科研等需要”(以下简称“三需要”)可以申请获取有关政府信息。国务院办公厅在《关于施行〈中华人民共和国政府信息公开条例〉若干问题的意见》

---

① 比如，在“张某与上海市规划和国土资源管理局政府信息公开纠纷上诉案”中，张某等二十七人(其中一人在本案受理前已死亡)要求公开“松江出口加工区B区项目土地征收审批文件”，行政机关认为，“加工区是一个产业概念，土地征收是按照具体的项目来实施的，纯粹以松江加工区B区的‘四至范围’是没有办法确定上诉人要求公开的土地征收文件信息”，要求当事人提供特定的文号、名称。当事人认为这个补正要求过于苛刻，“被上诉人对该项目信息的知悉程度远远超过上诉人，也完全有条件、有能力根据上诉人的申请内容作出具体的答复。”参见上海市第二中级人民法院(2010)沪二中行终字第224号行政判决书。

② 比如，在“浙江高院判决朱红兴等诉浙江省政府信息公开行政复议案”中，浙江省政府作出浙政复决[2012]11号驳回行政复议申请决定认为，朱红兴等13人申请公开“收回、注销江干区彭埠镇新风村农村集体土地承包经营权证以及经承包人认证情况”的信息内容是“明确的”，“杭州市人民政府(以下简称杭州市政府)两次要求朱红兴等13人补充、更正所需信息内容的准确描述后再行申请，显属不当，予以指正”。另，“告知朱红兴等13人如认为杭州市政府未依法履行信息公开职责，可以依据《中华人民共和国政府信息公开条例》第三十三条第二款的规定申请行政复议”。法院肯定了这种复议决定。参见浙江省高级人民法院(2012)浙行终字第98号行政判决书。

③ 参见上海市第二中级人民法院(〔2012〕沪二中行终字第35号)行政判决书。

(2008年4月29日)做了进一步的解读,“行政机关对申请人申请公开与本人生产、生活、科研等特殊需要无关的政府信息,可以不予提供”。现有研究已反复论证了,这是一种误读,且流弊甚广。不少案件以及对网上申请的调查报告显示,行政机关、甚至法官都把“三需要”设定为申请资格条件,要求申请人必须予以证明。

其实,“三需要”不是用来限制申请资格(或者原告资格)的,因为,《政府信息公开条例》(2007年)第20条第2款没有要求,而且,“就一般意义而言,当申请人自身‘生产、生活、科研等特殊需要’可解释到最大化时,条例中信息公开的申请人,可以是任何人。因为每个人都有选择职业、生活方式和从事科学研究的自由,在法律上无法将生产、生活、科研从特定的社会成员所享有的自由中予以排除”。[①]因此,对于“三需要”,行政机关不得随意搭附,不得限缩解释,进而刁难、推诿。

大多数国家现在都允许任何人来申请信息,不论其是否有着法律利益、是否为公民或者是否为居民(A majority of countries now allow anyone to ask for information regardless of legal interest, citizenship or residency.)。[②]比如澳大利亚,在决定信息公开时,原则上不要求申请人给出用途说明和申请目的。正如Maeve McDonagh和Moira Paterson指出的,“个人要求获得文件,只是作为权利,无需给出索取的理由或者正当性,如何使用这些文件也不受限制。一般而言,在作出决定时考虑申请人的身份或动机是不适当的”(Individuals are able to request access to documents as of right and cannot be required to justify or provide reasons for seeking access to documents and they are not subject to any restrictions on what they can do with any documents provided to them. It follows therefore that it is generally inappropriate to consider an applicant's identity or motives in making access decisions.)。[③]

从澳大利亚有关判例看,申请目的,以及申请人对信息有限使用的承诺,这些也不是绝对不考虑。法官、行政机关考虑它们,只是用来决断涉及

① 朱芒:《公共企事业单位应如何信息公开》,载《中国法学》,2013(2)。

② Cf. David Banisar, *op. Cit.*, p. 22.

③ Cf. Maeve McDonagh & Moira Paterson, "*Freedom of Information: Taking Account of The Circumstances of Individual Applicants*"(2010) *Public Law* 505.

隐私的信息是否可以公开。比如，在 *Victoria Police v Marke* 案中，当事人被指控有恋童癖(paedophilia)，其要求公开控告者和警察的有关谈话笔录，但行政机关和裁判所均以"向当事人公开这些文件就是对世公开这些文件"(any release of the documents to the applicant was a release to the world)为由拒绝公开，最高法院法官 Hansen J. 却认为，裁判所没有考虑申请人已保证其获得上述文件后不会泄露有关信息(he applicant's assurance that he would not disseminate the information if it were provided to him)，要求裁判所重新裁决。[①]

在我看来，"三需要"的意义仅体现在举证责任，而且仅在过度申请、涉嫌滥用申请权时才显现。在我看来，这种限制的妥当性只与申请公开的信息数量有关，并通过说明理由的程度来实现。申请人申请的信息数量愈大，意味着占用的公共资源愈多，就负有更多的说明理由义务。如果申请人给出的理由不足以说服行政机关，行政机关可以引用上述第 13 条规定予以拒绝。

但是，由于实践的误入歧途、积重难返，《政府信息公开条例》(2019 年)干脆删除了"三需要"之规定。

五、公开方式

《政府信息公开条例》(2007 年)第 26 条规定："行政机关依申请公开政府信息，应当按照申请人要求的形式予以提供；无法按照申请人要求的形式提供的，可以通过安排申请人查阅相关资料、提供复制件或者其他适当形式提供。"第 21 条第 2 项规定，"对申请公开的政府信息，属于公开范围的，应当告知申请人获取该政府信息的方式和途径"。《政府信息公开条例》(2019 年)第 36 条、第 37 条、第 38 条、第 39 条和第 40 条基本延续了上述规定，并予以细化。

从有关判案看，告知获取方式、途径或者安排查阅，都应当暗含着有效、实际获得的要求。比如，在"宣某某诉诸暨市某某政府信息公开行政复议纠纷案"中[②]，安华镇政府对原告要求公开有关宅基地的信息"属政府信息且属于公开范围并无异议"，却告知原告"可直接到蔡家畈村经联社、村委会有关

① Cf. Maeve McDonagh & Moira Paterson, "*Freedom of Information: Taking Account of The Circumstances of Individual Applicants*"(2010) *Public Law* 523 - 526.

② 参见浙江省绍兴市中级人民法院(2011)浙绍行初字第 3 号行政判决书。

负责人处获取”。这种答复似乎很难与信息不存在的答复相区分,因为后者在告知信息不存在的同时,也可以建议当事人到有关机关咨询或申请。所以,从判决表述与推理看,法院认为,“安排申请人查阅相关资料、提供复制件或者其他适当形式提供”,都必须体现在安华镇政府的亲力亲为上,否则,就“属不正确履行政府信息公开法定职责”。又比如,在“北京市海淀区住房和城乡建设委员会与野某政府信息公开行政纠纷上诉案”中①,法院认为,“虽然海淀住建委在被诉答复中告知了其查询信息的网址,但该网址是北京市住房和城乡建设委员会网站的首页,野某通过该网址无法直接获取其所申请公开的政府信息”,因此,判决撤销被诉答复。

六、信息不存在

实践中,行政机关答复“信息不存在”时有混搭现象,比如“已经移交,则本机关不存在相关信息”,“申请的信息本机关无制作职责,故本机关不存在上述信息”。其实,这些答复不规范,因为严格地讲,不排除信息是存在的。答复上的混搭,问题出在法规范上。只有《上海市政府信息公开规定》(2010年)第23第(四)项明确规定“属于本机关职责权限范围,但本机关未制作或者获取的”,答复“该政府信息不存在”,其余省市的法律文件中都没有如此清晰精确的界定。

在我梳理的案件中,行政机关经检索、查找,答复“信息不存在”的案件多达95起,占全部案件的30%。法院审查的重点多是行政机关检索方法是否适当,②是否尽到“谨慎审查、全面(合理)搜索、如实答复的义务”,③并要求当事人举证,做相应的核查。《政府信息公开条例》(2019年)第36条第(四)

① 参见北京市第一中级人民法院(〔2013〕一中行终字第199号)行政判决书。

② 比如,在“周某与上海市某新区建设和交通委员会政府信息公开答复案”中,一审法院认为,“某建交委在接到周某的申请后,以人工查询档案方式进行检索,可以认为检索方法妥当”。参见上海市第一中级人民法院(2011)沪一中行终字第224号行政判决书。又如,在“方某与上海市某新区建设和交通委员会政府信息公开申请答复行政行为纠纷案”中,一审法院认为,“以人工查询档案方式进行检索,可以认为检索方法妥当。但今后,应制作工作记录等方式证明已尽查询义务。”参见上海市第一中级人民法院(2012)沪一中行终字第22号行政判决书。

③ 比如,在“张某某诉上海市住房保障和房屋管理局政府信息公开决定纠纷案”中,法院指出,“被告在处理政府信息公开事项过程中已尽到了谨慎审查、全面搜索的义务”。参见上海市黄浦区人民法院(2011)黄行初字第89号行政判决书。

项也持同样态度，“经检索没有所申请公开信息的，告知申请人该政府信息不存在”。

从绝大多数案件看，原告（上诉人）的举证都不被法院采纳。在法院看来，要么只是猜测，①要么不足以证明该信息存在。法院却很少结合法律对执法过程和职责要求的具体规定，去审查、判断行政机关是否应当具有该信息。只有极少数例外。②在我看来，这种审查是必不可少的，职责分析和过程分析有着递进关系，后者更为重要。③

比如，在“叶某某与上海市虹口区规划和土地管理局政府信息公开决定纠纷上诉案”中④，上诉人提出，第一，97 号地块国有土地使用单位上海耀兴房地产开发有限公司按照划拨程序向被上诉人申请《建设用地选址意见书》、《建设用地规划许可证》，在《建设用地规划许可证》上明确载有“准予办理征用划拨土地手续”的内容，故 97 号地块属于划拨地块。第二，根据法律规定，划拨土地的供地方案批准后，应向建设单位颁发《建设用地批准书》，划拨使用土地的，向土地使用者核发《国有土地划拨决定书》。因此，被上诉人称“国有土地划拨决定书不存在”，是不成立的。在我看来，上诉人的举证是强有力的。但是，法院却轻描淡写地回应道：“上诉人未能提供其他相应

---

① 比如，在“黄某等与崇明县人民政府政府信息公开行政纠纷上诉案”中，在该案中，当事人凭据行政机关最初答复“不属于政府信息”，推测应该有此信息，“只是不属于法律规定的政府信息”。之后，行政复议决定认为“《情况报告》是非结论性意见”，在当事人看来，“如果信息不存在，复议决定就应该表述为该政府信息不存在，而不应表述为非结论性意见”。提起诉讼后，法院判决撤销了行政机关的答复，理由是“适用法律错误”，但在当事人看来，法院之所以会判决撤销，就“说明申请公开的政府信息是存在的”。参见上海市高级人民法院（2010）沪高行终字第 23 号行政判决书。

② 比如，在“俞某与上海市某新区规划和土地管理局政府信息公开申请答复行政行为纠纷案”中，上诉人举证，“根据相关法律规定，未通过用地预审的建设项目，土地行政主管部门不予受理建设用地申请”，因此，要求被上诉人公开建设项目用地预审报告。被上诉人认可上述法律规定，只是承认没有制作过。法院判决，首先，确认信息是不存在的，因而被上诉人的答复并无不妥。其次，“涉及相关建设用地审批行政行为的合法性问题，与本案政府信息公开答复行政行为不属同一法律关系，不属本案审理范围”。参见上海市第一中级人民法院（2012）沪一中行终字第 70 号行政判决书。

③ 在“A 与甲单位政府信息公开案”中，法院清晰地认识到，“上诉人 A 所申请公开的信息涉及房屋拆迁补偿安置资金情况，而被上诉人系主管浦东新区环境保护、水务、园林绿化、市容环境卫生、市政设施的政府组成部门，并无房屋拆迁管理的相应职责”。但是，仅停留在职责分析层面，就无法说服当事人，因为“乙单位上级主管机关被撤销，因浦东新区政府要求，由被上诉人临时代管”，那么，代管期间，从行政过程看，是否应该从乙单位获得过上述信息呢？参见上海市第一中级人民法院（2011）沪一中行终字第 98 号行政判决书。

④ 参见上海市第二中级人民法院（2010）沪二中行终字第 145 号行政判决书。

证据或线索予以证明”,既没有分析有关划拨程序,也没有辨明被上诉人是否有核发《国有土地划拨决定书》的义务。如果是应发而未发,法院不在判决中指出,或者确认违法,恐怕也无助于促进依法行政。

从实践看,“信息不存在”也不排除以下原因:一是与行政机关执法规范化程度有关。不少纠纷源自行政机关没有保存所收集的证据,没有按照要求建档、归档,没有及时入卷,以致散失,查找不到有关信息。比如,在“张某与上海市规划和国土资源管理局政府信息公开纠纷案”中[①],原告显然是举报了某一违法建设,被告也在双方当事人之间做了“调解式”处理,却仅是面谈、短信交流,没有受理登记,也没有询问笔录、处理记录,故而没有留下任何信息。二是信息制作粗糙、甚至不合法,所以不愿公开。三是文件管理方法陈旧,电子化不够,大量纸质文件,缺乏科学的编目和检索技术,多靠人工查找,在浩如烟海的故纸堆里难免找不到。

七、涉嫌滥用申请权问题

在案件梳理中,我们还是嗅出了申请权被滥用的味道。比如,杨某在2009年6、7月份连续向崇明岛行政机关提出四个申请,又分别都经过了行政复议,尔后进入诉讼,甚至上诉。[②]杨某的刁难之意在其中一起案件中表现得尤为张扬。在“杨某诉崇明县人民政府信息公开决定纠纷案”中[③],杨某要求获取“崇明县人民政府对杨某某(户)实施房屋拆迁行政强制执行过程中,参与执行的人员佩戴的强制执行工作证的样式”,并且特意标明“是在对杨某某户进行房屋拆迁强制执行这一特定过程中所产生的”,未参加执行的其他人员佩戴的,即便是同一样式,也一概不接受。

那么,什么是涉嫌滥用申请权呢?一般挟有恶意,比如报复、捣乱、找茬、干扰等,客观表现为申请的信息数量过大,或者过于频繁。比如,在“陆红霞诉南通市发展和改革委员会政府信息公开答复案”中,法院认为,当事

---

① 参见上海市第二中级人民法院(2011)沪二中行终字第76号行政判决书。

② “杨某诉崇明县人民政府信息公开决定纠纷案”,参见上海市第二中级人民法院(2010)沪二中行初字第8号行政判决书、上海市第二中级人民法院(2010)沪二中行初字第9号行政判决书、上海市第二中级人民法院(2010)沪二中行初字第10号行政判决书、上海市第二中级人民法院(2010)沪二中行终字第68号行政判决书。

③ 参见上海市第二中级人民法院(2010)沪二中行初字第10号行政判决书。

人“真实目的并非为了获取和了解所申请的信息，而是借此表达不满情绪，并向政府及其相关部门施加答复、行政复议和诉讼的压力，以实现拆迁补偿安置利益的最大化”。[①]之所以要抑制这种行为，是因为它占用过多的公共资源，却无实际用途（意义），又影响行政机关的正常业务。滥用申请权，一旦被拒，很可能衍生为滥用诉权。

行政机关和法院的应对，也可从出现频率最高（多达19起）的上海顺泰创强实业有限公司案中，察觉一斑。其中，在2009年至2010年间涉案13起，包括诉讼或上诉，[②]都是围绕着“静安区愚园路某号基地土地使用者上海天顺公司闲置土地十年后”，并不断变换提要，试图获取有关政府信息。每次，行政机关都要求补正，“在审查原告的申请书及补正申请书后，不能确认原告申请所具体指向的文件名称、文件号以及其他特征描述，无法根据原告的申请进行搜索”，拒绝公开。法院也随之附和，认为，“该申请内容未指明所需政府信息的名称、文号，虽有一定的特征描述，但该描述不明确、指向不特定，不足以确定相应的政府信息，被告据此认定原告的申请不符合上述规章的规定，并无不当。”十份判决读起来，单调、雷同。很显然，行政机关与法院之间有着某种默契，用“补正”来应对原告（上诉人）似乎无休止的“纠缠”。

上述应对，在我看来，不够妥帖。从国外瞥见的，学者能够想到的比较适当的应对包括：(1)直接拒绝。(2)收费。收费的合理性在于信息公开涉及公共资源的占用。申请次数越多、信息数量越大，耗费的公共资源也越大。超出合理申请的次数和数量的，甚至可以按几何基数征收费用，以抑制

---

① 载《最高人民法院公报》，2015(11)（总第229期）。

② “上海顺泰创强实业有限公司诉上海市静安区人民政府政府信息公开决定纠纷案”，参见上海市第二中级人民法院(2010)沪二中行初字第26号行政判决书、上海市第二中级人民法院(2010)沪二中行初字第27号行政判决书、上海市第二中级人民法院(2010)沪二中行初字第28号行政判决书、上海市第二中级人民法院(2010)沪二中行初字第29号行政判决书、上海市第二中级人民法院(2010)沪二中行初字第30号行政判决书、上海市第二中级人民法院(2010)沪二中行初字第31号行政判决书、上海市第二中级人民法院(2010)沪二中行初字第38号行政判决书、上海市第二中级人民法院(2010)沪二中行初字第39号行政判决书、上海市第二中级人民法院(2010)沪二中行初字第40号行政判决书、上海市高级人民法院(2010)沪高行终字第47号行政判决书、上海市高级人民法院(2010)沪高行终字第48号行政判决书、上海市高级人民法院(2010)沪高行终字第49号行政判决书。

当事人的好奇冲动和权利滥用。(2)限制每次的申请数量,意在消耗滥用权利者的时间和精力。

但是,这三种方法都不太可能根本解决问题。因为滥用者或许有的是时间、精力,甚至金钱。申请信息数量大,不见得都是滥用。而信息公开又要尽量避免收费,不得利用收费"吓跑申请者"。[①]用收费来抑制滥用,效果恐怕不彰显。[②]行政机关直接拒绝,又会将举证责任全部揽到自己身上,增加行政机关的负担。

《政府信息公开条例》(2019年)尽管没有出现"滥用申请权"的字眼,没有明示其为违法行为,却在第35条、第42条做了实质性回应,一是要求说明理由。"申请人申请公开政府信息的数量、频次明显超过合理范围,行政机关可以要求申请人说明理由","行政机关认为申请理由不合理的,告知申请人不予处理"。二是迟延答复。"行政机关认为申请理由合理,但是无法在规定期限内答复申请人的,可以确定延迟答复的合理期限并告知申请人。"三是收费。"申请人申请公开政府信息的数量、频次明显超过合理范围的,行政机关可以收取信息处理费。"

第六节 不予(免予)公开

一、不予公开事项

从我们浏览的有关地方立法和司法解释看,在2019年《政府信息公开条例》修订之前,对不予(免于)公开事项的表述高度重复,在具体事项的列举上略有出入,大致包括"三安全、一稳定"、"国家秘密、商业秘密和个人隐私"、过程性信息、影响国家利益或公共利益(社会公共利益)、执法信息和内

① 吕艳滨、Megan Patrica Carter:《中欧政府信息公开制度比较研究》,4页,北京,法律出版社,2008。

② 爱尔兰和英国也曾有过激烈讨论,最后意见是"要用另外的方式(而不是收费)来限制对法律的滥用"。吕艳滨、Megan Patrica Carter:《中欧政府信息公开制度比较研究》,34页,北京,法律出版社,2008。

部公开事项、工作秘密等。[①]其中很多事项的内涵、判断标准，立法与司法解释都没有做进一步阐释。我们将其中涉及事项较多、较为典型的文本梳理、统计如下（表 12－2）：

表 12－2　立法中政府信息免于公开事项统计表

文件名称	"三安全、一稳定"	国家秘密，商业秘密，个人隐私	过程性信息	国家利益、公共利益	执法信息	内部公开事项
《政府信息公开条例》(2007 年)	√	√				
《广州市政府信息公开规定》(2003 年)		√	√	√		
《湖北省政府信息公开规定》(2004 年)		√		√	√	
《武汉市政府信息公开暂行规定》(2004 年)		√		√	√	
《郑州市政府信息公开规定》(2005 年)		√	√		√	
《海南省政府信息公开办法》(2005 年)		√	√		√	
《苏州市政府信息公开规定》(2006 年)		√	√		√	
《黑龙江省政府信息公开规定》(2006 年)		√（工作秘密）	√	√		√
《本溪市人民政府信息公开暂行办法》(2006 年)		√	√		√	

① 从世界范围看，所有的信息公开法无一例外都规定了不予公开的情形，较一致的包括国家安全和国际关系，个人隐私，商业秘密，执法和公共秩序，秘密获取的信息，内部讨论（These include the protection of national security and international relations, personal privacy, commercial confidentiality, law enforcement and public order, information received in confidence, and internal discussions.）。Cf. David Banisar, *op. Cit.*, p. 22.

续表

文件名称	“三安全、一稳定”	国家秘密,商业秘密,个人隐私	过程性信息	国家利益、公共利益	执法信息	内部公开事项
《深圳市政府信息公开规定》(2006年)		√			√	
《南京市政府信息公开规定》(2008年)	√	√	√	√		
《宁波市政府信息公开规定》(2008年)	√	√	√	√	√	
《杭州市政府信息公开规定》(2008年)		√	√		√	
《山东省政府信息公开办法》(2010年)		√	√		√	
《上海市政府信息公开规定》(2010年)	√	√	√		√	
《最高人民法院关于审理政府信息公开行政案件若干问题的规定》(2011年)		√				

有学者否认“三安全、一稳定”是“一个独立的例外情况”,甚至认为其“已包含在‘涉及国家秘密’题中了”。[①]我以为,假如“三安全、一稳定”只是《政府信息公开体例》(2007年)第14条的脚注,没有独特的、广袤的内涵,那它纯属多余,也难以称为原则。而且,从法规范分析看,也难以凭据《政府信息公开体例》(2007年)第8条不在第二章第14条之内,就得出其不是规定例外情况的结论。况且,从实践看,也并非如此。在我看来,“三安全、一稳定”是一个独立的例外情况,它也的确与国家秘密有交叉,却不重叠,外延更大,它还囊括了其他也不宜公开的情形。比如,它就与《公务员法》(2006年)第12条、第15条规定的工作秘密有着某种呼应。

① 李广宇:《政府信息公开司法解释读本》,258～259页,北京,法律出版社,2011。

由于《政府信息公开条例》(2007 年)仅承认两类不公开事项,即“三安全、一稳定”“国家秘密、商业秘密和个人隐私”,因此,对于地方立法规定的其他事项,除了应当证成其免于公开的正当性外(已如前述),还必须将其融入上述两个法定事由之中。在我看来,或许,“三安全、一稳定”是更佳的吸纳这些事项的场域。①

即便是涉及“三安全、一稳定”“国家秘密、商业秘密和个人隐私”的信息,也不是绝对不公开。首先,如果存在“可分的、依法应公开”的部分信息,可以将其从不公开的信息中切割出来,予以公开。②其次,涉及第三方商业秘密或个人隐私的信息,基于公共利益的考量,也可以公开。但行政机关应当将公开的内容和理由告知第三方。

《政府信息公开条例》(2019 年)第 14 条、第 15 条、第 16 条对不公开的事由又重新归拢了一下,第一,保留了“国家秘密”、“商业秘密”和“个人隐私”,与原先规定一样,“依法确定为国家秘密的”,绝对不公开。涉及“商业秘密”和“个人隐私”的,相对不公开。第二,实质上保留了“三安全、一稳定”。“公开后可能危及国家安全、公共安全、经济安全、社会稳定的政府信息,不予公开。”第三,增加了“法律、行政法规禁止公开的政府信息”。“禁止公开”是指不得向社会公开。工作秘密是对内部公务人员的要求。工作秘密能否对外公开,还要依据公开标准做进一步的判断。第四,分别胪列了“内部事务信息”、“过程性信息”和“行政执法案卷信息”。“行政机关的内部事务信息,包括人事管理、后勤管理、内部工作流程等方面的信息,可以不予公开。”“行政机关在履行行政管理职能过程中形成的讨论记录、过程稿、磋商信函、请示报告等过程性信息以及行政执法案卷信息,可以不予公开。”但是,“法律、法规、规章规定上述信息应当公开的,从其规定”。

---

① 比如,《上海市政府信息公开规定》(2010 年)第 10 条就明确规定,不公开“属于调查、讨论、处理过程中的政府信息”(包含了过程性信息和执法信息),是“因其内容不确定,公开后可能影响国家安全、公共安全、经济安全或者社会稳定”。

② 叶必丰:《具体行政行为框架下的政府信息公开——基于已有争议的观察》,载《中国法学》,2009(5)。比如,在“张甲与上海市人力资源和社会保障局政府信息公开决定纠纷案”中,“上诉人申请获取的社会保险登记变更核定表上记载的项目中,单位缴费卡的账号、开户银行账号等内容涉及该单位的商业秘密,法定代表人或负责人的身份证号、电话涉及个人隐私,因权利人未表示同意公开,被上诉人遂对社会保险登记变更核定表信息作区分处理,隐去涉及商业秘密、个人隐私的信息后,向上诉人予以公开”。参见上海市第二中级人民法院(2011)沪二中行终字第 182 号行政判决书。

二、“三安全、一稳定”

多数案件在论及“三安全、一稳定”时,无论是法庭辩论还是判决也都只是给出结论,不加分析。“周某诉上海市人力资源和社会保障局政府信息公开案”①却是少有的例外。

在该案中,原告、被告和法院在“公开相关高评委专家名单是否危及社会稳定”上展开了较深入的对话。被告认为,可能危及社会稳定,把这种潜在的“危及”具体描述为“影响评审公正公平,以及评委正常生活、工作”。原告反对,但理由贫乏。法院在判决中做了细腻的辨析,在法院看来,第一,“与公开随之而来的不正之风、打击报复等并非评委面临独有的职业风险。抵制不正之风,不畏打击报复乃系对我国较多行业从业者提出的基本职业要求。我国逐步完善的行政处罚、刑罚体系已将上述职业风险降到最低”。第二,“由于评委个人的评审意见及投票情况职称申报者并不知晓,被告持有的职称申报者对评委个人可能会实施扰乱工作、生活行为,以及打击报复的假设缺乏合理的根据”。因此,法院认为,被告的上述理由“并不能充分地推导出公开相关高评委专家名单可能危及社会稳定的结论”。

在“上海某某资产经营有限公司诉建德市人民政府信息公开申请纠纷案”中②,法院开始寻求更加客观的判断标准,认为,“在省、市均制定了评估办法”,“对重大事项社会稳定风险评估的范围、原则、内容、责任主体、评估程序等都作了具体规定”,行政机关如果认为公开有可能危及社会稳定,应按照有关规定,“对可能存在的社会稳定风险进行评估,根据评估结论作出信息公开答复”。

三、国家秘密

“国家秘密是关系国家安全和利益,依照法定程序确定,在一定时间内只限一定范围的人员知悉的事项。”《保守国家秘密法》(2010 年)第 9 条、《保守国家秘密法实施办法》(1990 年)第 4 条列举了涉密的具体事项与判断标准,但是,“保密审查所依据的标准极为宽泛,而且缺乏明确性”。《政府信息

① 参见上海市黄浦区人民法院(2010)黄行初字第 31 号行政判决书。

② 参见浙江省杭州市中级人民法院(2011)浙杭行初字第 82 号行政判决书。

公开条例》(2019 年)第 17 条还规定了是否涉密的事前审查程序,无法确定的,应“报有关主管部门或者同级保密工作部门确定”。浓郁的保密气息弥漫在《政府信息公开条例》之中,这种立法趣味本身就透露出对国家秘密的极度敬畏,几乎不敢触碰。王锡锌教授断言,“当前的信息公开仍是《保密法》控制下的信息公开”。[①]

这在我们阅读的案件中也有例证。比如,在“郑某与上海市住房保障和房屋管理局政府信息公开决定纠纷上诉案”中[②],尽管上诉人辩解,“房产的登记变更、购买出售的资料从未有作为国家机密的情况,根据《物权法》的规定,权利人、利害关系人可以申请查询、复制登记资料,登记机构应当提供。且上诉人家的房屋不涉及政治、经济等事项,其作为落实政策问题由来已久。被上诉人系自己将公房登记资料列为保密资料,法院不能据此来审查行政行为的合法性”,但是,上诉法院还是认为,“根据被上诉人提供的证据可以认定,上诉人申请的内容系国家秘密”。我实在看不出“公房登记资料”有保密的必要。这种简单化的判断、无条件的依从,从某种意义上讲,揭示了法院功能的某种缺失。

浏览一些国家的经验,对国家秘密的判断标准,规定都很原则。也没见到哪个国家真正解释清楚其中的不确定法律概念,实质性挤压了行政机关定秘的裁量权。法院的审查也会因高度政治敏感而无法深入。这说明,通过这两条路径来为信息公开释放出更大的空间,实际上很困难,收效也很有限。在我看来,或许,提高定秘的层级,将这项权力收归省级以上,可以避免不少弊端,收到一些实效。更为重要的是,应当尽快在省级以上保密行政管理部门内部建立相对独立的信息公开委员会,判断信息是否属于国家秘密,是否允许公开,用团体主义来降低个人判断的政治风险。

四、商业秘密

“商业秘密”(trade secret)最早见于《民事诉讼法》(1991 年)。1992 年最高人民法院发布《关于适用〈中华人民共和国民事诉讼法〉若干问题的意见》(法发(92)22 号),将“商业秘密”界定为“主要是指技术秘密、商

---

① 王锡锌:《政府信息公开法律问题研究》,载《政治与法律》,2009(3)。

② 参见上海市第二中级人民法院(2009)沪二中行终字第 71 号行政判决书。

业情报及信息等,如生产工艺、配方、贸易联系、购销渠道等当事人不愿公开的工商业秘密”。对这个列举式的规定,最高人民法院行政庭李广宇副庭长的评价是,“操作性较强,但在揭示商业秘密的本质特征方面稍嫌不足”。[①]

当下引用更多的是《反不正当竞争法》(1993年)第10条第2款的定义,“本条所称的商业秘密,是指不为公众所知悉、能为权利人带来经济利益、具有实用性并经权利人采取保密措施的技术信息和经营信息”。《关于禁止侵犯商业秘密行为的若干规定》(1995年11月23日国家工商行政管理局令第41号公布,1998年12月3日国家工商行政管理局令第86号修订),进一步解释其中的不确定法律概念,“不为公众所知悉,是指该信息是不能从公开渠道直接获取的”;“能为权利人带来经济利益、具有实用性,是指该信息具有确定的可应用性,能为权利人带来现实的或者潜在的经济利益或者竞争优势”;“权利人采取保密措施,包括订立保密协议,建立保密制度及采取其他合理的保密措施”。

在我所阅读的案件中,法院极少阐释“商业秘密”,即便有,也是重复上述《反不正当竞争法》的上述规定。比如,在“孟某诉上海市虹口区房屋土地管理局信息公开答复纠纷案”中[②],法院对“商业秘密”做了阐释,“是指不为公众所知悉、能为权利人带来经济利益、具有实用性并经权利人采取保密措施的经营信息”。

是否为商业秘密,可否公开,第三人必须举证、明示态度。但这并不免除行政机关的审查义务,行政机关也必须对是否属于商业秘密做出判断,而且,即便是第三人明确拒绝公开或者消极不回复,行政机关也必须权衡利益,斟酌利害,决定是否公开。这个过程不止于内心活动,也不能简单顺从第三人判断,[③]必须

① 李广宇:《反信息公开行政诉讼问题研究》,载《法律适用》,2007(8)。

② 参见上海市虹桥区人民法院(2008)虹行初字第39号行政判决书。

③ 在“北京北方国讯通讯有限责任公司诉北京市海淀区人民政府政府信息公开不予公开告知行政纠纷案”中,法院认为,对于涉及商业秘密的信息,“行政机关在不作审查的情况下,径行征求第三方意见,并以第三方不同意公开作为信息不予公开的理由,于法无据”。参见北京市第一中级人民法院(2010)一中行初字第1225号行政判决书。

详细说明理由，[①]或者邀请专家论证。

五、个人隐私

迄今，法律没有对个人隐私下过定义，也没有做过解释。但是，法官却无法拒绝裁判。所以，我们从判案中发现了法官的判断标准，一是不向公众公开的、不愿公众知悉；二是公开后是否会对权利人生产、生活造成明显不当影响。

在“吴某诉上海市虹口区国家税务局信息公开申请答复案”中[②]，法院对个人隐私下了一个定义，“至于个人隐私，一般是指公民个人生活中不向公众公开的、不愿公众知悉的、与公共利益无关的个人信息”。并结合本案涉及的“个人印鉴”是否为个人隐私问题做了进一步的分析。法院认为，“个人印鉴为个人进行意思表示的一种确认形式，同签名一样，通过出示发挥其基础作用，具有对外性，不符合个人隐私不向公众所公开、不愿公众所知悉的特征，不属于个人隐私”。

在“俞某等诉宁波市鄞州区人民政府政府信息公开行政诉讼案”中[③]，一审法院提出了判断“个人隐私”的一个标准，即“政府信息公开中的‘个人隐私’，应根据公开后是否会对权利人生产、生活造成明显不当影响来判断，不能将所有涉及个人的资料都列入‘个人隐私’的范畴”。因此，认为，要求公开“芝山村村民提出建房申请时的年龄”，虽对权利人有一定影响，但达不到明显程度。被告应当公开。

---

① 比如，在“李甲与上海市黄浦区发展和改革委员会政府信息公开纠纷上诉案”中，被上诉人之所以认定信息涉及商业秘密，一是其内容“反映了黄浦置地集团在项目建设中重要的资金安排，能够为该企业带来经济利益”，二是“黄浦置地集团亦采取了相关保密措施”。法院也认可，只是变换了表述，一审法院认为该信息“反映出其自身一系列重要经营运行模式和信息，不仅能增加企业的竞争优势，且能为企业带来经济利益”，二审法院认为“内容涉及黄浦置地集团对资金的具体安排和使用计划等重要经营信息”。参见上海市第二中级人民法院(2010)沪二中行终字第410号行政判决书。又比如，在“吴文其诉上海市虹口区国家税务局信息公开申请答复案”中，对涉及的“财务印鉴、企业印鉴和公司电话号码”是否为商业秘密，法院分析道，“公司电话号码作为联系方式是公司开展经营活动的条件之一，财务印鉴、企业印鉴是公司在经营活动中进行意思表示的一种确认形式，三者通过对外公开或出示，发挥其基础作用，不符合商业秘密不为公众所知悉的特征，不属于商业秘密”。参见上海市虹桥区人民法院(2011)虹行初字第33号行政判决书。

② 参见上海市虹桥区人民法院(2011)虹行初字第33号行政判决书。

③ 参见浙江省宁波市中级人民法院(2009)浙甬行终字第44号判决书。

对于的确涉及个人隐私的信息,比如第三人与政府签订的拆迁补偿协议,从有关案件看,是否公开往往取决于第三人意愿。第三人不同意的,行政机关就不公开,法院也认可。或许,这些案件都是个人提出的信息公开申请,不涉及公共利益,所以,行政机关也不会援引《政府信息公开条例》(2019年)第15条,进一步判断“不公开是否可能对公共利益造成重大影响”。在我们阅读的这些案件中也没有出现一起案件,强制公开,“并将决定公开的政府信息内容和理由书面通知第三方”。

法院在判决中都一致强调,第三人的同意必须是明示的。正如“杨某与崇明县住房保障和房屋管理局政府信息公开决定纠纷上诉案”[①]“郑某与上海市住房保障和房屋管理局政府信息公开决定纠纷案”中[②],行政机关和法院一致认为,“权利人对是否同意公开的意见征询未向行政机关作答复的,视为不同意公开”。

六、利益衡量

已确定是商业秘密、个人隐私的信息,即便第三人不同意公开,也不是绝对不予公开的。行政机关还必须衡量公开的公共利益是否大于不公开的私人利益。行政机关决意公开时,不能不给第三人第二层次的保护。

有学者主张,“不能绝对排除在征求意见阶段提起诉讼,如果起诉人有较充分的证据证明政府信息即将被公开,即可满足启动事前救济的要件”。或者在通知决定公开与实施公开行为之间设定必要的“犹豫期”。[③]在我看来,前一种方法给起诉人的举证责任过重,后一种则不太符合行政行为生效的原理。

我以为,最合理的,就是把公开决定设计成“附期限的行政行为”。先将公开决定送达给申请人与第三人,但是,申请人须得等待一段期限之后才能获得有关信息。这就为第三人留出了足够的寻求救济的时间,使得“预防性行政诉讼”才有意义。但期限也不必太长,因为第三人无论是提起行政复议还是行政诉讼,都可以援用“救济不停止执行”中的例外规定,说服复议机

① 参见上海市第二中级人民法院(2010)沪二中行终字第287号行政判决书。

② 参见上海市第二中级人民法院(2011)沪二中行终字第63号行政判决书。

③ 李广宇:《政府信息公开司法解释读本》,336页,北京,法律出版社,2011。

关、法院先行做出停止执行公开决定的裁定。

七、法院的审查

法院对是否涉及国家秘密、"三安全、一稳定"的审查一般只做程序性审查,不做实质性审查。因为国家秘密的定秘、"三安全、一稳定"关涉公共利益,政治敏感性高,超出了法院的宪法能力(constitutional competence)与制度能力(institutional competence),法院不具备判断的专业知识和能力,也无力、不愿承担相应的政治责任。所以,法院原则上不接触该政府信息,无泄密之虞。"只要被告能够提供书面证据材料,证明其拒绝公开的政府信息已经依照法定程序确定为国家秘密,或者能够提供有关主管部门、同级保密工作部门出具的政府信息公开保密审查结论"。[①]

但是当下,保密之风已成为传统,已成为思维定式,上述审查方式就显得过于消极保守。尤其是法院也无保留地认可有关主管部门、同级保密工作部门(事后)出具保密结论,显然对请求人不利。[②]因此,要求法院予以适度的单方"秘密审查",也实有必要。

对是否涉及商业秘密和个人隐私的审查,除程序性审查外,还应当做实体性审查。因为商业秘密和个人隐私只不过是个体的利益,法院直接接触并审查有关信息,就不会有多少顾忌。在判断是否是合理公开(the reasonableness of disclosure)上,可以考虑以下因素:(1)申请人获取信息的利益(the interest that the applicant has in the information in question),包括对信息的使用,以及之后可能的披露[the use (including possibly subsequent dissemination) of the information];(2)将被公开的信息的性质(the nature of the information that would be disclosed);(3)获取信息的情境(the circumstances in which the information was obtained);(4)是否是未经第三人同意不得公开的信息(the likelihood of the information being information that the person concerned would not wish to have disclosed

---

① 江必新、李广宇:《政府信息公开行政诉讼若干问题探讨》,载《政治与法律》,2009(3)。

② 比如,在"郑某与上海市住房保障和房屋管理局政府信息公开决定上诉案"中,正如上诉人所说,"区、市乃至全国私改文件都已解密",行政机关仍然"根据建设部的文件等规定",将公房档案资料列为国家机密,不合时宜。参见上海市第二中级人民法院(2010)沪二中行终字第10号行政判决书。

without consent);(5)信息是否有当前的相关性(whether the information has any current relevance)。[①]

程序性审查主要体现在要求行政机关说明理由上。说明理由的范围和详尽程度,“应当包括以下几方面:作出决定的法律依据,作出决定的事实根据,需要行使裁量权的情形,对公共利益和私人利益进行衡量的过程。如果行政机关给出的理由非常笼统、抽象,仅仅简单地套用法条上的语句,例如‘不公开可能对公共利益造成重大影响’,等于没有说明理由。没有实质说明所考虑的因素的,亦属违法”。[②]

第七节　公共企事业单位的信息公开

涉及《政府信息公开条例》(2007 年)第 37 条的判案极少,从我们对上述案件的统计看,仅有 3 起。这意味着有关问题还未充分展开,可供我们深入研究的素材实在太少。从这 3 起案件看,最集中的争议就是,涉案单位是否属于第 37 条的调整对象,是否落入公共企事业单位范畴。

《政府信息公开条例》(2007 年)第 37 条所列举的“教育、医疗卫生、计划生育、供水、供电、供气、供热、环保、公共交通等”公共企事业单位,显然是开放式的不完全列举。[③]有关规定对其他企事业单位的“公共”属性已有定论的,自然就应当属于公共企事业单位范畴。[④]如果没有,就必须有识别标准。

---

① Cf. Maeve McDonagh & Moira Paterson,“*Freedom of Information: Taking Account of The Circumstances of Individual Applicants*”(2010)*Public Law* 524.

② 李广宇:《反信息公开行政诉讼问题研究》,载《法律适用》,2007(8)。

③ 比如,在“朱 A 与上海市黄浦区绿化和市容管理局政府信息公开纠纷案”中,朱 A 申请获取的内容“是原上海市黄浦区绿化管理局作为建设单位在申请建设用地许可过程中产生的文件,并非其在履行行政管理职责过程中制作或者获取的信息”,因此,无论是被上诉人还是法院都认为,“这不属于黄浦绿容局的政府信息公开职责范围”。参见上海市第二中级人民法院(2012)沪二中行终字第 96 号行政判决书。但是,在我看来,因为原上海市黄浦区绿化管理局(现更名为“上海市黄浦区绿化管理所”),是上海市黄浦区绿化和市容管理局的下属事业单位,“系上海城墙绿地建设项目的建设方”,完全应该适用上述第 37 条。

④ 在“中国联合网络通信有限公司南阳分公司与王聚才不履行信息公开答复职责纠纷上诉案”中,一审法院根据国家工商总局《关于禁止公用企业限制竞争行为的若干规定》“已界定邮政、电讯等行业经营者属于公用企业”,直接认定中国联合网络通信有限公司南阳市分公司是《政府信息公开条例》第 37 条调整的对象,是行政诉讼上适格的被告。参见河南省南阳市中级人民法院(2011)南行终字第 78 号行政判决书。

对公共企事业单位的识别，不能完全采用行政主体理论，因为行政主体理论是建立在国家行政之上的，在林林总总的公共企事业单位中，或许在某种组织形态上、具体行为模式之中夹杂着法律、法规、规章授权的组织，但又不完全是，它们更多的可能是涉及社会行政、给付行政范畴，是与传统行政主体很不一样的组织形态。

在我看来，之所以让公共企事业单位背负上比一般企事业单位更重的信息公开义务，一种公法上的义务，主要是因为，第一，它们的资金全部或者部分来自公共财政，或者允许行政性（或类似行政性）收费，是纳税人的钱。那么，这些资金是如何收取或使用的，以及以此为物质基础而提供的社会公共服务，要受到公法规范。所以，丹麦、日本都将"主要以公费为经营费用的"、"政府出资"为识别标准。[①]第二，它们提供的社会公共服务，在本质上属于公共行政，更多的是给付行政的内容，或者是其"拥有替代国家或地方公共团体进行决定的权限"，[②]或者是行使着政府职能（government function）、公共权力（public authority）。[③]换个角度看，这两个理由也就构成了识别公共企事业单位的标准。要求其公开的信息一般是在公共行政的过程中，或者是在执行行政机关决定的过程中发生的。

比如，在"张某诉某区房屋土地经营管理中心政府信息公开行为案"中[④]，某区房屋土地经营管理中心应当属于公共企事业单位，第一，它是"经区委、区政府研究决定设立的专门负责直管公房的事业单位"，"由财政直接拨款"。第二，原告申请公开的腾退安置协议是因"重修道观"、需要"搬迁腾退"而签订的，是在执行政府批准的文保项目过程当中发生的，显然具有"公"的因素。因此，即便像被告所说，"这是被告作为房屋产权人与承租人签订的协议，属于民事行为，是被告在开展自身业务时所形成的信息"，也应当依申请公开。

上述看法似乎已突破、扩展了以往流行的只从形式和内容两个标准（主

① 朱芒：《公共企事业单位应如何信息公开》，载《中国法学》，2013(2)。

② 同上注。

③ Cf. David Banisar, *op. Cit.*, p. 20.

④ 参见北京市西城区人民法院(2010)西行初字第329号行政判决书。

体类同和职能类同)来识别的观念。[①]细细体察,我们还会发现,上述第37条规定的"公共企事业单位"完全可以对接行政法上说的社会行政,尤其是具有公共管理职能的第三部门,比如,行业协会也应当履行信息公开的公法义务。

《政府信息公开条例》(2019年)第54条、第55条对公共企事业单位的规定有比较大的修订,第一,严格区分法律、法规、规章授权和社会行政。如果是履行法律、法规、规章授权的职责,完全适用政府信息公开的有关要求。如果属于社会行政范畴,"依照相关法律、法规和国务院有关主管部门或者机构的规定"公开信息。第二,社会行政中的信息公开纠纷,通过"向有关主管部门或者机构申诉"解决。

第八节　与《保守国家秘密法》《档案法》的关系

政府信息本身是一种客观存在,不因定秘或归档而改变。但是,因为有着不同立法,被定秘、归档的政府信息在公开上似乎就呈现出了特殊性,就有了特别研究的必要。《政府信息公开条例》(2019年)是国务院制定的行政法规,法律位阶不如《保守国家秘密法》(2010年)和《档案法》(1996年)。至少有两三篇作品,[②]花费大量笔墨描述它们之间的冲突,以及对信息公开的掣肘。

在阅读以往有关案件过程中,我发现,不少是行政机关形成信息之后,按照有关档案规定移送到档案馆,根据《政府信息公开条例》(2007年)第17条"法律、法规对政府信息公开的权限另有规定的,从其规定",[③]要求当事人到档案馆查询。然而,从制作或获取的行政机关转手到"另有规定的"其他

---

① 周汉华、朱芒等教授都认为,除依据国家行政机关的形式标准外,某些情况下还要依据是否行使行政管理职能或者提供公共服务的标准,只要具备行使行政管理职能或者提供公共服务两个标准中任何一个,都足以构成适用政府信息公开的条件。周汉华:《政府信息公开条例专家建议稿》,63页,北京,中国法制出版社,2003。朱芒:《公共企事业单位应如何信息公开》,载《中国法学》,2013(2)。

② 比如,刘飞宇:《从档案公开看政府信息公开制度的完善——以行政公开第一案为契机》,载《法学评论》2005(3)。郑春燕:《政府信息公开与国家秘密保护》,载《中国法学》,2014(1)。

③ 《政府信息公开条例》(2019年)调为第10条第1款。

机关，给人隔断感，执行起来也不那么顺畅。

因此，发生这些案件的争执，也不奇怪。比如，在“朱文铭与上海市杨浦区发展和改革委员会政府信息公开纠纷上诉案”中[①]，是因为当事人不愿去档案馆查询，坚持要行政机关提供。在“深圳市花半里花园业主委员会诉深圳市规划局龙岗分局不履行信息公开法定职责案”中[②]，却是行政机关认可当事人查询的要求被档案馆无理的部分拒绝。在“魏某诉上海市静安区人民政府政府信息公开决定纠纷案”中[③]，当事人按照行政机关建议前往档案馆要求查阅有关文件，“却被告知该文件定有密级，作为公民个人是不能阅看的”。

这是立法已有规定，在衔接上却给相对人带来了不必要的麻烦。至于实践中出现的一些误读与偏差，比如，将较为保守的同位阶或位阶更低的法规范作为特别法规范优先适用，或者以“不予公开的规定优先”为标准，[④]更是要不得的。

目前对上述各法之间的冲突与化解多以秩序行政的原理来解释，在我看来，这在根本上就选错了路径。信息公开应算是授益行政，偏向服务行政，是向相对人提供信息的公共服务。这类活动在法规范的规制上呈现出来的特点，不同于秩序行政。

秩序行政中，良好秩序的形成，常通过侵害或限制公民权利的方式来实现，在人民主权和代议制民主下，下位法就不得与上位法抵触，最终将对公民权利的法律处分权归于法律，这才符合主权在民的思想。而在授益行政中，要充分发挥地方政府的能力，只要财政力所能及，就应最大限度地满足公众诉求，所以，上位法一般规定的是最低限度必须满足的标准，不妨碍下位法提出更高更多的授益目标。

因此，在法律适用上，当这些法律与《政府信息公开条例》规定不一致时，不适用“上位法优于下位法”，而是适用“最有利于当事人原则”。这就将所有定秘或者归档的信息都归拢到《政府信息公开条例》的调整范畴，只有

① 参见上海市第二中级人民法院（2009）沪二中行终字第165号行政判决书。

② 参见广东省深圳市中级人民法院（2009）深中法行终字第318号行政判决书。

③ 参见上海市第二中级人民法院（2010）沪二中行初字第2号行政判决书。

④ 程洁：《政府信息公开的法律适用问题研究》，载《政治与法律》，2009（3）。

符合条例规定的不予公开情形,才免于公开。

这尽管不能解决定秘上过宽、过泛、过于随意,但至少可以将洋溢在《政府信息公开条例》之中的便民思想波荡开来,删减不必要的衔接手续,让相对人更便捷地穿梭在这几个法律当中。当然,如果能够尽快制定《信息自由法》,扫清与《保守国家秘密法》、《档案法》之间的龃龉,便会少费许多口舌,根治问题。

第九节 救济

一项早期的问卷调查显示,当问及"如果行政机关坚决拒绝提供必要的信息而使您受到利益损害,您会怎样做"时,9.2%的公民申请行政复议,23%选择提起行政诉讼,20.6%向该机关领导反映,12.7%到信访办寻求帮助,19.2%向新闻媒介披露。行政官员相应的反应是,34%的人坦言应告知复议或诉讼的权利,51.2%的人采取查找依据解释原因的做法,力图内部解决矛盾。[①]

比较上述比例,可以看出,双方解决纠纷的意愿还是偏好行政机关内部的行政调解、行政复议和行政诉讼。行政机关内部的行政调解一定是很简约的、弱程式化、非正式的,但对于快捷地解决纷争,也是有助益的。相形之下,行政复议和行政诉讼是比较正式的解决纠纷方式。

我很想知道行政复议对信息公开能起多大作用?还有多大比例的案件会流向行政诉讼?David Banisar 对信息公开的内部审查(internal review)并不看好,他的评价是:"它是一种成本低、快捷的审查决定方式。但是,很多国家的经验表明,这种内部机制倾向于维持原来的拒绝申请决定,结果是迟延救济,而非促进公开。2005 年,在英国,向全国性机构申请内部审查的申请中,77%都被完全拒绝。"(It can be an inexpensive and quick way to review decisions. However, the experience in many countries is that the internal system tends to uphold the denials and results in more delays rather than enhanced access. In the UK, 77 percent of requests for internal

① 李傲、许炎:《关于行政公开认知度的调查报告》,载《法学评论》,2002(2)。

reviews to national bodies were denied in full in 2005.)[①]

我们找不到全国数据,只统计了2004年至2012年上海市政府信息公开工作年度报告中的有关数据,其中有些数据还不全。2004年、2005年不服复议决定而起诉的案件约占全部审结案件的30%,2004年至2012年行政复议的纠错率多在20%之内(见表12-3),也就是说,约80%的复议案件,当事人的申请是被拒绝的。这个比例超过了英国。在我看来,行政复议对信息公开的作用,不太可能超出当下的总体表现,进一步的改善还有赖于行政复议制度的整体完善。一旦建立起相对独立的复议委员会,它也能发挥出近似西方学者普遍认同的独立信息委员会(an independent Information Commission)的作用。

表12-3 上海市行政复议案件情况(2004—2012年)

	2004	2005	2006	2007	2008	2009	2010	2011	2012
行政复议受理数量	38	145	124	332	365	878	648	622	1218
行政复议审结数量	13	57	79	221	350	379	396	334	508
行政复议纠错数量	4	12	18	25	28	43	28	29	22
行政复议纠错率	46.2%	21%	17.2%	11.3%	8%	11.3%	7.1%	14.6%	4.3%
行政诉讼数量	6	29	35	30	258	199	280	406	583
不服行政复议而提起的行政诉讼数量	5	18							

信息公开复议是一个全新的复议,信息公开诉讼也是一个全新的诉讼,它们的创新之处近似。以诉讼为例,做一梳理。

第一,信息公开诉讼拓展了行政诉讼受案范围,且有着《行政诉讼法》(1989年)第11条第2款的扩展依据。《行政诉讼法》(2017年)第82条又将其列入了简易程序。它要保护的是公民的知情权,是一种崭新的权利。尽管知情权的背后有时会关联着人身权、财产权,但绝不是说,“在受案范围上

① Cf. David Banisar, *op. Cit.*, p. 23.

不能突破《行政诉讼法》对行政相对人‘人身权、财产权’的保护范畴”。[①]

第二,在原告资格上,突破了传统行政诉讼上要求的“侵犯其合法权益”“有法律上利害关系”。因为,一直以来,我们都认为,诉讼资源的有限性决定了原告必须要有诉的利益。也就是说,必须是其自身权益受到侵害,与行政行为有直接利害关系,才可以起诉。但是,信息公开不然。相对人索要信息,可能是“为了保护自身的权益”,但也可能不是。[②]

其中的道理,大概有以下两种解释:一是“假设具有利益”。“关于公文书的阅览,一般具有利益这种假设之上,认为赋予了这些人作为个别的具体权利的阅览请求权,承认了诉的利益。”[③]二是身份中立原则(the identity neutrality principles)。“信息公开法不讲究申请人与申请动机。它是向公众公开的,是为公共利益公开的。它不是为特定人或者私人公开的”(FOIA is ... applicant and motive blind. It is about disclosure to the public, and public interests. It is not about specified individuals or private individuals.)。这并不必然意味着申请人在特定文件的内容上要有着个人利益或者关隘,要比其他公众更大一些,也不需要比别人更有权利获得这些文件(they carry no necessary implication that an applicant having a personal stake or involvement in the subject matter of particular documents, which is greater that other members of the public, has no greater right to obtain them than anyone else.)。[④]也就是说,个人前来申请的信息,原本就是可以向公众公开的信息。所以,“无须以保护自身的权益为前提要件”,无须特别说明理由。

第三,从这一点上看,行政机关有关信息公开的处理行为是一种非典型

---

① 浙江省高级人民法院课题组:《政府信息公开行政诉讼案件疑难问题研究——以浙江法院审理的行政案件为实证样本》,载《行政法学研究》,2009(4)。

② 所以,有的法院简单套用行政诉讼法上原告资格。比如,“林鸣与上海市司法局政府信息公开申请纠纷上诉案”,上诉法院认同一审法院的裁判,指出,“上诉人申请被上诉人公开其在履行职责过程中制作或获取的司法行政工作中国家秘密及密级具体范围的规定纸质文件之信息,该信息内容与上诉人不具有法律上的利害关系,因此上诉人无原告诉讼主体资格。”参见上海市第一中级人民法院(2009)沪一中行终字第111号行政判决书。这显然是有问题的。

③ 江必新、李广宇:《政府信息公开行政诉讼若干问题探讨》,载《政治与法律》,2009(3)。

④ Cf. Maeve McDonagh & Moira Paterson, "*Freedom of Information: Taking Account of The Circumstances of Individual Applicants*" (2010) *Public Law* 509, 516.

的具体行政行为。有学者认为，它是一种事实行为，不产生法律拘束力。[①] 但是，如果我们对"侵犯其合法权益""法律上的利害关系"做广义的理解，是指侵犯了请求人的知情权或者蕴含在表达自由之中的知情权，或者具体形态化的"浏览权"，仍然是可以将行政机关有关信息公开的处理行为装入具体行政行为范畴，认为它是对请求人的知情权的一种法律上处分。

第四，在被告认定上，从《政府信息公开条例》(2007 年)的实施情况看，实际上是突破了行政主体范畴。这虽与最高人民法院《关于执行〈中华人民共和国行政诉讼法〉若干问题的解释》(2000 年)第 20 条"不尽一致，但在实际操作层面是不乏合理性的"。[②]但是，《政府信息公开条例》(2019 年)对公开主体的规定又回到了行政主体，在行政诉讼被告上的特殊性也随之消失，趋于统一。

---

① 江必新、李广宇：《政府信息公开行政诉讼若干问题探讨》，载《政治与法律》，2009(3)。

② 李广宇：《政府信息公开司法解释读本》，156 页，北京，法律出版社，2011。

第十三章　行政问责制

第一节　问责的缘起

一、制度探源

近年来，行政问责（executive accountability，administrative accountability）已成为中国推进法治的一条重要进路，衬托出政府主导的鲜明特色，迸发出西方学者难以想象的制度功效。它给行政执法人员带来的激励、督促、压力乃至惶恐，远甚于行政诉讼、正当程序和公众参与等其他任何一种依法行政进路。它在实践上生机盎然，在学术上却乱象丛生，一直被行政法教科书所忽视。

行政问责萌发于对重大责任事故的追究，可以追溯到1979年"渤海二号"钻井船翻沉和1988年昆明开往上海的80次特快列车侧翻。在这两起事件中，媒体介入和回应社会，都依稀可见。之后的实践由零散慢慢变得疏朗，迄今依然是最活跃的主线。在我们收集的自1979年以来截至2013年86起重大问责事件（案件）中，重大责任事故问责就有52起，占60.47%。在政治生活、媒体舆论、学术研究中，行政问责成为耳熟能详的术语，在实践领域的铺开，却是2003年"非典"之后的事。

耐人寻味的是，这恰好是在香港特别行政区正式实施"高官问责制"（accountability system for principal officials）（2002年7月1日）之后一年。香港实行"行政主导"（executive-led government），立法机关制约政府的能力有限，对政府的构成不起什么作用，行政首长和主要官员不由普选，也不经立法机关批准或核准,为“解决政府官员负有政治使命却在实践中不向代议机关承担政治责任和道德责任的问题”,[①]行政问责就变得至关重要了。[②]内地也有着类似的政治情境,受香港的启发也很自然。内地却走得更远。但是,从有关文献中,无论香港还是内地,我们都没有发现问责实践在开初就有着外国法的渊源。独特的政治情境孕育了独特的问责制度,它应该是很中国化的产物。

2003 年是一个重要界点。“非典”疫情之所以会催生出轰轰烈烈的行政问责,牵扯上百官员,“人数之多、范围之广、力度之大是非常罕见的”,是因为,第一,通过问责,“目的是增强各级领导干部的责任意识”,[③]“4 月 20 日是一个重要转折点。从这天开始,随着卫生部与北京市两位主管官员的去职,中国各地的疫情公布做到了公开、准确、全面和及时,防治 SARS 进入了全线动员的新阶段”。[④]第二,那些被问责的官员向公众透露的疫情控制信息,与现实形成了巨大的反差;他们的隐瞒不报和处置不利,造成了巨大的经济损失,[⑤]给患者及其家庭带来的痛楚。[⑥]由此产生的政府与社会、公众之间的隔阂,对公信力的疑虑,经久难消。因此,不问责,就不能给社会公众一个交代。

二、制度化的原因

当然,把行政问责仅仅归因于一两起事件的触发、促动,便成燎原之势,显然太过肤浅。这只是一个契子。同样,简单地把行政问责看作是传统计划经济下形成的全能政府的路径依赖与延续,也过于浅薄。从深层次讲,行

---

① 曹鎏:《行政官员问责的法治化研究》(中国政法大学法学院博士学位论文,2009 年答辩)。

② Cf. John P. Burns, *Government Capacity and the Hong Kong Civil Service*, Oxford University Press, 2004, p. 160.

③ 卫生部常务副部长高强语。http://news.xinhuanet.com/newscenter/2004-07/08/content_1583343.htm。2012 年 6 月 3 日最后访问。

④ 《2003 SARS 与问责风暴》,http://epaper.oeeee.com/A/html/2008-12/23/content_665741.htm。2012 年 6 月 3 日最后访问。

⑤ 据亚洲开发银行(ADB)统计,因受 SARS 影响,中国内地经济的总损失额为 179 亿元,占中国 GDP 的 1.3%。清华大学胡鞍钢教授指出,中国农民纯收入在 SARS 中受到较大的影响,相比较 7.9%的第一季度农民纯收入增长率,第二季度农民纯收入出现 3.3%的负增长,损失达到 600 亿元人民币,平均每人损失 76 元。SARS 对中国经济增长率的影响在 0.6%~0.7%。http://news.hexun.com/2008-10-08/109566370.html。2012 年 6 月 3 日最后访问。

⑥ 全国报告的“非典”后遗症病例是 5000 多例,死亡 300 多人。北京登记有非典后遗症患者约 300 人;民间调查显示 80%因病离岗,60%家庭变故。更多调查数据,见,http://www.hudong.com/wiki/非典后遗症。2012 年 6 月 4 日最后访问。

政问责在21世纪初兴盛，是改革开放之后，长期致力于法治政府的宣传与建设、民主的动员与积累的必然结果；经过实践，发现它是“维护政治体系合法性”行之有效的工具。[①]首先，行政问责可以在“不触及现有政治架构的前提下”，有效消弭公众的不满，减少对执政党、政治体系和政治共同体的冲击，提升对政治体系合法性的认同。其次，能够满足公众参与政治的诉求，扩大公众的政治话语权。最后，能够加大中央对地方、上级对下级、行政首长对公务员的管控，保证上令下达，政令畅通。

透过行政问责，激活了长期沉寂、蛰伏的政治责任、法律责任和行政责任，又添加了新的内容。通过它，岗位职责趋于明确，执行决策更加谨严。凭借它，政府渡过了一次次的政治危机，平息了一次次的社会不满。借助现代发达的媒介、网络，这种效应被不断地放大。正是在这一层意义上，它脱颖而出，为世人所关注。

这种别致，也让它不同于以往我们所熟知的责任形式。不少地方立法也就很自然地把行政问责作为已有责任形式的上位概念。学者也多认为“行政问责制是由多种内在逻辑各异的类型所组成的问责体系”。[②]但是，我意识到，这其中多少有些误读。因为在唤醒已有责任的同时，似乎又荫掩了行政问责的独有价值，让我们有点看不清它的独特价值了。

问责实践的发展已形成自己的格局、特征甚至基本走向。所以，对它的思考与批判，对制度的搭建都不是也不可能在一张白纸上落墨，随性而行。在本文中，我通过梳理和分析规范文本，尽量勾勒、复述实践的面相。然后，通过比对、分析，捕捉有益动向，注入我们的价值判断，轻轻撬动实践，让它朝着我们期望的方向发展。

第二节　规范文本

一、规范文本的梳理

从规范文本看，标题有“问责”二字的，主要有行政首长问责和行政问责

① 魏云：《压力型体制下的行政问责模式研究》（复旦大学博士学位论文，2011年答辩）。

② 陈国栋：《重大事故行政问责制研究》，载《政治与法律》，2011(12)。

两种。但是,勾勒制度沿革的脉络,不少问责规定还散落在很多地方,比如重大事故责任、执法责任制、执法过错追究、过错责任、党内问责等,彼此有交叉,可以相互借力。

通过北大法宝“中国法律检索系统”数据库进行分项检索,分别以“行政执法责任”“执法责任”“过错责任”“行政问责”为标题关键词;“事故责任”部分以“事故+责任追究”为标题关键词;“党内问责”部分先后以“党+问责”和“中共+问责”为标题关键词进行两次检索;“其他”部分先后以“行政效能+责任”和“安全生产责任制”为标题关键词进行两次检索。初步检索结果共计1291条。其中,“行政执法责任”部分537条,“执法责任”部分49条,“过错责任”部分224条,“事故责任”部分117条,“行政问责”部分199条,“党内问责”90条,“其他”部分115条。截止日期为2012年7月25日。

对检索结果逐一阅读核查,剔除了其中的重复项、不相关项和错误项。同时,也参考了沈岿教授的课题组整理出来的有关中央和地方行政问责制的规范文本汇编,以及曹鎏博士学位论文附件中的问责规范目录表。经过一番比对、印证、增删,遗落的应该不算多。最终检索结果共计1179条。其中,“行政执法责任”部分463条,“执法责任”部分44条,“过错责任”部分208条,“事故责任”部分101条,“行政问责”部分198条,“党内问责”62条,“其他”部分103条见表13-1。

表13-1 问责规范文本分项统计结果

	法律	法规	规章	规范性文件	小计
行政执法责任	0	7	51	405	463
执法责任	0	11	5	28	44
行政过错责任	0	2	36	170	208
事故责任	0	1	33	67	101
行政问责	0	0	10	188	198
党内问责					62
其他	12	8	10	73	103
总计	12	29	145	931	1179

表 13－2　行政问责规范文本分项统计

	名称（发布时间）	案件来源	问责主体	问责对象	问责事由	责任形式	免责	问责程序	救济	人大作用	公众参与、媒体	复出
1	《长沙市人民政府行政问责制暂行办法》（2003 年）①	广泛	政府	行政首长	政绩不彰、执行违法	对内、将问责方式作为行政处分的上位概念		调查核实、作出决定	复核	启动问责	提供问责线索	
2	《天津市人民政府行政责任问责制试行》（2004 年）②		政府	行政主要负责人	政绩不彰、决策失误、执行违法、廉政问题	对内、将问责方式作为行政处分的上位概念		启动、调查核实、决定、送达（仅适用于行政处分）	复核（仅适用于行政处分）		报告或举报行政问责对象不履行或者不正确履行法定职责的情况	
3	《重庆市政府部门行政首长问责暂行办法》（2004 年）③	广泛	政府	行政首长	决策失误，执行违法不力，政绩不彰或低下，个人操守不当	对内、对外		启动问责、调查核实、提交市常务会议审议、提取辩解、市长决定、送达及告知救济权利。	复核、复查	备案	提供问责线索，接受道歉	

① 我国第一部对行政问责作出系统规定的立法性文件。

② 我国第一部专门对行政问责作出系统规定的省级立法性文件。

③ 我国第一部行政首长问责办法。

续表

	名称（发布时间）	案件来源	问责主体	问责对象	问责事由	责任形式	免责	问责程序	救济	人大作用	公众参与、媒体	复出
4	《大连市政府部门行政首长问责暂行办法》(2004年)	广泛	政府	行政首长	执行不力、政绩不彰或低下、个人操守不当	对内、对外		启动问责、听取被问责人汇报、调查核实、提交市政府常务会议讨论、市长决定、通知被问责人并告知救济权利	复核、复查		提供问责线索	
5	《海口市行政首长问责暂行规定》(2005年)	广泛	政府	行政首长	决策失误、执行违法或不力、政绩不彰、廉政问题	对内、对外		启动问责、调查核实、召开市政府常务会议或者市长办公会议讨论，市长决定、送达	申诉、复查		提供问责线索	
6	《贵阳市行政机关行政首长问责办法(试行)》(2005年)		政府	行政首长	决策失误、执行不力、政绩不彰、个人操守不当	对内、对外		受理举报、投诉、审查、调查、告知被问责人调查结果，以及陈述、申辩权、提交市政府集体讨论、市长决定、告知、备案	复核、复查	报本级人大常委会或者有关机关备案	提供线索、接受道歉	
7	《太原市国家行政机关及其工作人员行政不作为问责办法(试行)》(2005年)		行政监察机关	行政机关的主要负责人员、工作人员	行政机关的行政不作为、行政机关工作人员的不作为	对内		投诉、接待、登记与核实、决定	复核、复查、申诉		投诉、获知处理结果。有权异议，获知解释或答复	

续表

	名称（发布时间）	案件来源	问责主体	问责对象	问责事由	责任形式	免责	问责程序	救济	人大作用	公众参与、媒体	复出
8	《汕头市人民政府所属工作部门行政首长问责暂行规定》（2007年）		政府	行政首长	决策失误、执行不力、个人操守不当、廉政问题	对内、对外		启动调查、行政首长当面汇报情况、调查核实、提交市政府常务会议讨论、作出问责决定	复核、复查			
9	《江西省贯彻落实〈关于实行党政领导干部问责的暂行规定〉的实施办法》（2009年）①	广泛	政府和党委；各级人大及其常委会	党委、政府领导成员	决策失误、执行违法	对内、对外		启动问责程序；调查，并提出问责建议；听取陈述和申辩；集体讨论作出问责决定；送达本人及所在单位、向社会公开；执行；归档、备案、回复建议机关	申诉	提供问责线索、履行手续	提供问责线索、问责决定向社会公开	时限、条件与程序
10	《工业和信息化部党政领导干部问责暂行办法》（2009年）②	较广泛	部党组为问责的决定机关，部人事教育司、驻部纪检组监察局为执行单位	领导干部、班子成员	决策失误、执行违法或不力	对内、对外		听取部干部监督联席会议意见，以及被问责干部的陈述和申辩；提出问责建议；部党组集体讨论，作出问责决定，并按相关规定报中央组织部备案；送达、执行；归档，回复问责建议机关，报告执行情况；以适当方式向社会公开	申诉		提供问责线索、问责决定向社会公开	时限、条件、程序

① 我国第一部配套中央制定的《问责暂行规定》的地方实施性规定。

② 我国第一部配套中央制定的《问责暂行规定》的国务院部委实施性立法文件。

续表

	名称（发布时间）	案件来源	问责主体	问责对象	问责事由	责任形式	免责	问责程序	救济	人大作用	公众参与、媒体	复出
11	《关于实行党政领导干部问责的暂行规定》(2009年)	较广泛	政府和党委；各级人大及其常委会	领导成员	决策失误、执行违法或不力	对内、对外		调查，并提出问责建议；听取陈述和申辩；集体讨论作出问责决定；送达、向社会公开；执行；归档、备案、回复建议机关	申诉	履行手续	提供问责线索、问责决定一般应当向社会公开	时限、条件、程序
12	《北京市行政问责办法》(2011年)	广泛	政府	行政机关工作人员和从事公务的人员	执行违法（不履行职责）	对内、对外。行政问责方式不能与行政处分相互替代	“情节轻微，经过批评教育后改正的”，“在紧急情况下，尽到合理注意义务的”，对上级决定提出异议，但要求执行的	初步核实、调查，并形成调查报告、提出拟处理意见、行政机关领导成员集体讨论与决定、送达，向社会公开	复核、申诉	提供问责线索、履行手续	提供问责材料、告知或公开处理结果	
13	《哈尔滨市行政问责规定》(2012年)	广泛	政府	行政机关工作人员	（领导）决策失误、执行违法	对内、对外		启动问责、调查、集体讨论、决定、送达，并向社会公开	复核、申诉	提供问责线索	提供问责线索、公开处理结果	

文本众多，都作分析，工作量实在太大，也无必要。所以，我只遴选有"问责"字样的作为分析样本，其中，党政领导问责暂行规定1部，中央部委和地方第一次制定的问责规范或者配套性规范5部，其他以"政府令"发布的地方人民政府规章7部。[①]理由是，第一，行政问责的林林总总，都将汇入专门的立法之中。第二，执法责任制、执法过错、重大事故责任等规范文本中蕴含的问责规定，即便有一些特色规定，如果在问责立法中寻不到踪迹，也只能算作是制度沿革中出现的枝枝杈杈，不代表主流。

二、基本印象

阅读、分析上述文本及分项，大致可以得到以下印象：

(1)问责对象多元，分三类：一是行政机关行政首长(包括正副职)；二是行政机关工作人员(从事公务的人员)；三是党政领导干部。每种文本都有，迄今有效，形成三种颇具特色的样式。第一种是对行政首长的问责，近似香港，却范围偏广，问责事由和形式多样。第二种是对工作人员的问责，力求超越行政处分，意在加重。第三种是对党政领导干部的问责，以党内问责为特色。

(2)不同文本在问责的种类与表述上略有出入。第一，有的包括行政处分。更多的不包括也不能替代行政处分、党纪处分、刑事责任。概念不统一，可见一斑。第二，努力摆脱与已有责任形式的纠葛，另辟蹊径，是众多文本的共同趋向。单独设立的问责方式分为对内和对外两种。对内的居多，包括行政性的、经济性的。[②]有的文本仅有对内的责任形式。对外形式为"通过主要新闻媒体向社会公开道歉"或者"责令赔礼道歉"("责令道歉")。党内问责文本要求"问责决定向社会公开"，是一个突破，让对内责任也染上了

---

① 《规章制定程序条例》(2002年)第29条规定："本部门首长或者省长、自治区主席、市长签署命令予以公布。"第30条规定："公布规章的命令应当载明该规章的制定机关、序号、规章名称、通过日期、施行日期、部门首长或者省长、自治区主席、市长署名以及公布日期。"我们严格以上述形式要件为规章的识别标准，以"政府令"形式颁布，由行政首长署名的，属于规章。以政府办公厅(室)转发，或者以"政发"文号发布的，属于规范性文件。

② 包括"取消当年评优、评先资格""限期整改""诫勉""通报批评""扣发当年工作目标奖金""责令在市政府常务会议上作出书面检查""停职反省(停职检查)""劝其引咎辞职"等。除"扣发奖金"属于经济惩处性质，其他都是行政性的。

外部性。

(3)问责案件来源广泛,罗列了几乎所有可以想到的问责线索。

(4)问责事由均采取列举方式,表述不一,较杂乱,很难归类。大致分为决策失误、执行违法或不力、政绩不彰或低劣、廉政问题和个人操守不当。[①]这样切割,虽不很干净,也足以让我们梳理出一些规律。首先,对行政机关工作人员(从事公务的人员)追究的层面一般限于执行违法或不力。其次,行政首长、部门领导承担着所有层面的责任。

(5)问责程序属行政程序,一般包括启动问责、调查核实、听取汇报或辩解、集体讨论、作出决定、送达、执行、归档、复核等环节。不同文本或多或少、或详或略。共性问题是,第一,允许申辩、辩解,但缺少听证、说明理由。第二,不是由相对中立的委员会听审并提出处理意见,而是提交政府常务会议讨论,实行民主集中制,行政首长意志起决定性作用。第三,救济采取内部复核、审查,有多少成效,不无疑问。第四,要求向社会公开的只是问责决定,似乎是为了撇清干系、独自成林,不要求公开其他的处理决定,比如已移交司法机关追究刑事责任,已追究党纪责任等。

(6)对引咎辞职、责令辞职、免职的党政领导干部的复出规定,见于党内问责文本,是对以往政策的复述与重申。[②]第一,时限为一年,之后有些变化。[③]第二,条件是"根据工作需要以及本人一贯表现、特长等情况"。程序是"除应当按照干部管理权限履行审批手续外,还应当征求上一级党委组织部门的意见"。但从实践看,上述简陋的条件、传统的内部程序很难让复出决定获得正当性,引发诟病颇多。

---

① 决策失误指"违反依法决策、科学决策和民主决策要求,发生决策失误"。执行违法或不力指具体行政行为的实体和程序违法。政绩不彰或低劣主要指"能力低""不能完成人大和上级确定的工作任务""所在部门工作效率、服务质量和水平低下,群众反映强烈的""效能低下""政令不畅通""治政不严""管理监督不力"等。廉政问题主要指"执行廉政规定不力"、以权谋私等。个人操守不当主要包括"在公开场合发表有损政府形象的言论,或行为失于检点,举止不端,有损公务员形象,在社会上造成不良影响的"。

② 比如,《党政领导干部选拔任用工作条例》(2002 年)第 62 条、《党政领导干部辞职暂行规定》(2004 年)第 29 条规定。

③ 作为地方性配套规定,《江西省贯彻落实〈关于实行党政领导干部问责的暂行规定〉的实施办法》(2009 年)增加了一个规定,"情节特别严重、影响特别恶劣的","两年内不得重新担任与其原任职务相当的领导职务"。但是,党内法规是否适用"下位法不得与上位法抵触",尚不清楚。2010 年 1 月 1 日出台的《党政领导干部选拔任用工作责任追究办法(试行)》第 16 条规定,"两年内不得提拔"。

第三节　问责制度的构建

勾勒实践与立法，是为了更好地反思和批判，进一步完善制度。但是，制度变革，切忌跌宕。总结上述立法与实践，有两点，我作为前提接受了。第一，行政问责可以作为新旧行政责任机制的上位概念，包含对内对外责任形式。因为要打破这一点，需要改动不少立法，涤荡已形成的观念，动静实在太大，收益却不彰显。第二，行政问责是回应社会诉求的基本方式。这是问责缘起的初衷，也是制度功效的魂魄，是我们重新整理的基础与凭据。

一、问责事由

立法机关的质询、罢免、不信任案，通常无需费神去详定事由，全交给民主程序（政治程序）去动议、表决。能够拨动立法机关神经的，一定是抽象的、政治性的领导责任意义上的失误。但是，由行政主导的行政问责是通过领导权和行政程序来追究的，如果不在立法上事先详定问责事由，就缺乏正当性、合法性来源，不符合依法行政原理。

从上述规范文本对问责事由的种种表述，大致可归为执行、决策、政绩、廉政和操守。视问责对象的不同，匹配也恰当。第一，对公务员问的是执行，都与违反了具体的法定职责权限和明确的行为规范有关。第二，对行政首长的问责事由可以涵盖上述方方面面，也颇符合行政首长负责制。

但是，对行政首长决策的问责，却不太爱去区分决策失误的性质，也不区分政务类和业务类公务员，变得有些粗糙。[①]决策失误实际上包括违法决策、决策结果不佳。业务类公务员中的领导只能对违法决策负责。决策结果不佳，"造成重大损失或者恶劣影响的"，引起公众不满的，应当由政务类

① 在我国香港地区，受英国影响，一般认为，文官是公务员，不对立法机关负责，也不会因政策失误（policy blunder）而去职。1999 年的一项调查显示，多数高级官员，占被调查人数的 51.4%，认为被问责不意味着被免职，不意味着要为政策失误负责。Cf. John P. Burns, *op. Cit.*, p. 162.

公务员(领导)负责。[①]

文本中还有一种划分,就是“直接责任”和“领导责任”。“直接责任”是执行意义上的,而“领导责任”有直接参与执行、决策意义上的,也有与两者都不沾边的抽象意义上的,更偏向对政绩、对监督管理的负责。在紧凑的行政部门内,有着实在的内部审批机制和明确的监督职责,追究“领导责任”,其合理性很容易得到解释和认同。但是,随着科层制的逐渐上移,要以“领导责任”来追究上一级或者再上一级行政机关领导的责任,应当要有明确的事由和明显的因果关系,否则,似乎容易失之随意,不那么让人信服。

二、问责对象

从上述规范文本和重大问责事件看,所涉猎的对象是一致的。(1)对行政首长、对行政部门正副职领导追责,是行政问责的重点。[②](2)对执法人员也要问责。(3)对各级党委领导也要问责。

循着决策路径,追究党委领导的决策失误,也颇符合我国公权力运行的现实。它突破了以往党内问责的从属性、附带性和加重性,让依法行政走向了依法执政,实现了跨越式的进步。但是,严格地讲,对行政官员追究行政责任的同时,附带撤销其担任的党内职务,已是行政问责的延伸。一旦跨出了行政机关,纯粹依循党内路径,追究党委机构、党委领导的党内决策责任,更是迈出了行政问责的范畴,变成党内问责,应当按照《中国共产党问责条例》(2016 年)追责。

《监察法》(2018 年)将包括行政机关在内的所有公职人员都纳入监察范围。第 11 条规定了监察委员会依法对“履行职责不力、失职失责的领导人员”(包括行政机关领导)进行问责。但是,从第 45 条规定看,“对不履行或者

---

① 香港的行政问责制也是为了改变这种状况,在“高官”和公务员彼此责任之间划出一条清晰的界限,仅让“高官”(political appointee)就政策结果(policy outcome)向公众负责。“高级公务员的作用与职责是为高官提供最好的行政支持,但却是由高官来面对和化解政治压力”(It is the role and responsibility of senior civil servants to provide principal officials with the best administrative support,but it is for principal officials to face the political pressure and to defuse such pressure)。Cf. Constitutional Affairs Bureau,“*Twelve-Month Report on Implementation of the Accountability System for Principal Officials*”(21 July 2003),p. 18,Cited from John P. Burns,*op. Cit.*,p. 178.

② “县局级行政副职、县局级行政正职和厅市级行政副职三个级别职务”,在我国官员问责实践中居于前三位。宋涛:《中国官员问责发展实证研究》,载《中国行政管理》,2008(1)。

不正确履行职责负有责任的领导人员”，监察委员会要按照“管理权限”才可“直接作出问责决定”，如果没有管理权限，就应当建议由有权作出问责决定的机关作出问责决定。那么，监察问责和行政问责之间是什么关系？怎么划分权限？还要等待进一步的解释。但不论怎样，随着监察问责的出现，问责形态已经发生了向“异体问责”的移动。

对执法人员是否也要问责，在理论上较有争议。从现有研究看，不少学者主张，执法人员无需纳入行政问责范畴。理由是，第一，公众对执法过程与结果的质疑，通过行政内部调查清楚，由所在部门而不是执法人员本人负责对外解释、回应。第二，“公开道歉应当是行政首长代表政府道歉，而不是行政机关工作人员个人道歉”。[①]第三，如果纳入问责范围，让立法者纠结的是，是否包含对公务员的处分，[②]要是另辟蹊径，如何做得别致干净？

但是，在我看来，首先，对执法人员追责，无论是行政处分决定，还是问责决定，只要通过对外通报、新闻发布会等形式公开，就是回应社会压力的恰当方式。其次，对负有直接责任的执法人员最终如何处理，也绝不是当事人、公众和媒体能够轻易放过的。真是执法人员错了，让他公开道歉又有何妨？最后，新劈的问责方式和行政处分根植于同样的执法责任要求，彼此却可以切割干净，并行不悖。《北京市行政问责办法》就是一例。

三、问责方式

正如香港经验所显，做公开道歉(making public apologies)和接受正式的批评(accepting formal criticism)是问责制的核心，是对公众压力的恰当回应。[③]浏览规范文本的分项统计，多数文本做到了。重大问责事件中也不乏实例。

除此之外，所有文本都创设了很多其他对内的“问责方式”，繁简不一。

---

① 《〈北京市行政问责办法(草案)〉法律专家审核意见》，北京市政府法制办秘书处编印《内部情况通报》，2011(7)(总第136期)。

② 执法责任制和考评丰富充实了执法责任要求、权力运行规则、执法考评标准，《公务员法》、《行政监察法》、《行政机关公务员处分条例》已将处分事由、程序和救济构建得妥帖周全，让行政(纪律)责任明朗干净，不存疑义。随着《监察法》(2018年)的实施，《公务员法》(2019年)将“行政处分”改为“对公务员的处分”，或者简称“处分”。

③ Cf. John P. Burns, *op. Cit.*, p. 179.

早期的文本里有的包含对公务员的处分,之后鲜见。或许,立法者想突出行政问责是个新生事物,与行政处分不同。但是,这些责任形式多与行政科层制、岗位职责有关,多少有点追摹行政处分的机理。

不是说,不可以新添这些纯粹对内的问责形式。如果说,对公务员的处分存在着力所不逮,新增这些问责方式便有着正当性。否则,就是叠床架屋,纯属多余。"政府主导型"法治进路看重内在的驱动力,在对公务员的处分之外另辟形形色色的对内问责方式,无非是为了不断加重公务员、行政机关的责任。但是,无论是"取消评先"、诫勉,还是"扣发奖金",它们都是内敛的,没有一丝回应社会的味道,与行政问责去趣甚远。只有将它们向社会公开,才算是对社会诉求的真正回应,否则,只是内敛的闭门思过。从上述文本分项统计情况看,只有5个文本要求问责决定要公开。

但是,近年来,适用"引咎辞职"、"责令辞职"和"免职"太过频繁,①甚至失之随意,应当节制、慎用。否则,我们无法涤荡复出的是是非非。

四、问责程序

从规范文本看,问责程序大致统一,都不是议会民主的议决程序,而是诉诸科层制的行政程序。用它来处理法律责任,尤其是行政纪律和行政处分,称得上得心应手、游刃有余。当然,为了更加公正,还可以再加入一些现代元素,略加改造,包括:第一,建立相对中立的调查委员会,负责审议和提出初步处理意见。第二,引入公众评议、听证和说明理由。第三,公开问责决定(包括对内对外责任)和处理结果(党纪处分、刑事制裁等)。

但是,对于具有政治责任意味的领导责任的追究,要求"引咎辞职"、"责令辞职"和"免职",在行政首长负责制的氛围之中,采用行政程序,必然会遇到一些棘手难解的问题。首先,如果不能说清楚被问责对象的职责与事件(案件)之间的因果关系,不能合理解释被问责的层次和事件之间的关联性,很容易失之武断,变成长官意志。其次,对于问责决定,无论申诉、复核还是

---

① 宋涛教授以2003—2006年《人民日报》和《中国青年报》报道的问责事件为样本,发现,40%的厅市级官员、44%的县局级官员、23%的部级官员被"引咎辞职"、"责令辞职"和"免职"。宋涛:《中国官员问责发展实证研究》,载《中国行政管理》,2008(1)。过为严厉的问责,收效一时,却给后来的"快速复出""带病复出""悄然复出""曲线复出"之争埋下了伏笔。

复议,只要是在行政系统内部运行,都很难真正起到救济作用。最后,问责之后的复出也很难获得正当性基础。

这些在代议制民主下都不成其为问题。无论是质询、罢免还是不信任案,从动议、审议到表决,都需要达到法定的人数。在议会中,获得多数人支持是不容易的,但一旦多数人同意,无论是罢免还是(重新)当选都获得了正当性。

那么,对于"引咎辞职"、"责令辞职"和"免职",如何做到慎之又慎,避免滥滥呢?在我看来,首先,如何怎么努力,尽力严格适用条件,也无法将裁量权挤压到决定容易得到认可的程度。其次,问责波及的行政层级,距离被问责事由越近,对于问责决定的裁量合理性,解释起来相对容易些;越远,越难。

所以,我认为,第一,较近的,涉及的多为直接责任和非选举产生的官员,容易解释决定合理性的,可以实体与程序并用,加以克制。包括进一步严格适用条件(比如具有故意或者重大过失,且情节或后果严重),并引入"一定范围的公众评议"。[①]第二,越远的,多为人大选举的政府官员和抽象的领导责任,除非有合理的解释,否则,最好交给权力机关通过民主(政治)的程序去决断。因为人大问责浓郁的政治色彩,充满政治性氛围的议决程序,解决具有政治责任意味的领导责任追究、复出等敏感问题,显得游刃有余。

五、免责事由

绝大多数的文本忽略了免责。有的规定了从轻、减轻处理,但这不是免责。只有《北京市行政问责办法》有所涉猎。浏览未被列入样本的文本,大致可以整理出以下情形,包括,"情节轻微,经过批评教育后改正的";"在紧急情况下,尽到合理注意义务的";对上级决定提出异议,但要求执行的;"由于行政管理相对人弄虚作假以及出现不可抗力等因素导致的";"责任人主动发现并及时纠正错误、未造成严重后果的";[②]"严肃查处并积极挽回影响、

① 沈岿:《问责官员复出规范化及其瓶颈》,载《人民论坛》,2010(5)。沈岿教授只是指出问责官员的复出要有"一定范围的公众评议"。在我看来,问责官员的去留也可以加入这样的机制。

② 《湘潭市行政问责暂行办法》(2004年)第23条。

损失的”,[①]可以不追究责任。

在我看来,行政问责是激励官员趋向公共性,积极行政,当断则断,而不是偏好自利性,不求有功、但求无过。正如西方学者指出的,过度的问责会导致程序化,严重影响行政效率;会导致次优或无效的决策,无法提高绩效。[②]所以,在问责文本中应当补上免责规定。

首先,突发事件与一般常态下的决策不同,需要果敢,当机立断,很难通过从容不迫的程序来做抉择。所以,对结果的不理想也要有更多的包容。要追责的反而是迟疑不决、当断不断。其次,不可归咎于行政执法人员的责任,可以免除。比如,协调机制不好导致的责任,法律规定的手段不足导致的责任,公共资源稀缺导致的责任,事先不可认识的错误,当事人弄虚作假,保留意见、执行上级决定,权力运行规则不清晰,等等。再次,对于多中心的决策,即便程序适当,与受影响的利益群体有过很好的沟通,还得要从诸多冲突矛盾的利害关系中去判断,要在犬齿交错的利益分歧中去抉择。对于效果不佳,应视为制度风险,尽量宽容。因此,多中心决策中,已妥当履行有关程序的,可以免责。最后,对于改革中的失误,不应过分苛责。

六、立法机关

从有关重大问责事件(案件)的梳理看,立法机关沉寂、消极,出现在为数不多的案件中,也只是照章办事、履行手续而已。规范文本之中的规定也是如此。从消极面讲,这是“党管干部”体制下的必然结果。从积极面讲,行政问责原本就是在社会转型时期,政府、执政党主动回应社会诉求的姿态。无论引咎辞职、责令辞职,都是人大罢免所追求的效果,只不过前移了,也让人大问责显得多余。

在很多人的研究结论中认为,“异体问责”优于“同体问责”,既符合正当程序要求,也能够提升问责成效,因此,鼓吹从“行政问责”过渡到“人大问责”。在我看来,第一,不要低估了政府回应社会关注的决心与自觉。在行

① 《公安机关追究领导责任暂行规定》(1997年)第9条。

② 郑华卿:《中国突发事件行政问责功能异化研究》(华中科技大学博士学位论文,2011年答辩)。

政公开与媒体发达的今天，行政问责也足能平息公众对决策失误、执行不力的不满。第二，对于人大选举产生的政府官员，如果存在重大过失，必须去职的，可以由政府直接问责。如果只存在一般过失或者没有过失的，但舆论激愤、要求去职的，应当由人大议决去留。在这一点上嫁接行政问责和人大问责，最为妥当。

七、通过媒体的公众参与

行政问责是回应社会诉求的产物，与公众参与机制的嫁接也很自然。发达的网络和活跃的媒体成为公众参与的便捷、有效的路径，也成为政府沟通公众、回应质疑、平息不满的绝好平台。

从香港经验看，高官问责制中，媒体发挥着积极作用，曝光官员的过失，公开调查，迫使政府作出解释。[①]从有关重大问责事件（案件）的阅读中，我们也发现了同样的趣味、磅礴的实践，不少问责都是在媒体公开调查和督促下落实的。但从规范文本的分析看，却没有为实践留下足够的空间，都只是将相对人投诉、公众检举控告和媒体披露作为案件线索，不注意在问责过程中搭建政府与公众、媒体沟通的途径，不要求政府去说明、解释公众、媒体的质问，没有新闻发布会、向媒体通报等制度设计，不鼓励媒体的独立（或配合）调查。实践与文本存在着某种脱节。

其实，公众、媒体和网络，及其与政府的交流、对话，搭建了行政问责的前段，形成了不可或缺的回应（answerability）结构，一是提供问责案件的线索；二是穷追不舍的质疑，逼迫政府不断回应；三是评判着政府的回应；四是搭建政府与公众对话的平台。这也为之后的制裁（sanction）做着必要的铺陈。但有时媒体报道的偏激，也让政府不得不作出过度的反应、过分的问责决定。[②]这是需要我们警惕的。

---

① Cf. John P. Burns, *op. Cit.*, p. 180.

② “有的时候，舆论的聚集毕竟有瞬间性、一时性、情绪性、易变性、复杂性等特点，不见得能够形成较为冷静、理性的思考和观点。若一味顺从舆论，也会导致‘为了阻抑舆论’而问责，不仅问责官员感觉委屈，也容易导致作为补偿的快速复出。”沈岿：《问责官员复出规范化及其瓶颈》，载《人民论坛》，2010(5)。

第四节 行政问责:一个新样式

一、概念

问责(accountability)是“要求就其行为的某种权限承担责任的过程”(a process of being called to account to some authority for one's actions),涉及回应(answerability)和承担责任(taking responsibility)两个方面。[①]问责主体有权要求被问责对象解释和纠正某种行为,后者必须回应(respond),并就其失误接受制裁(acceptance of sanction)。

不少学者也注意到了这一点,[②]并作为行政问责的概念框架。但是,从有关重大问责事件和规范文本分析看,立法、实践和理论之间还存在着不小距离。广义的观点是把问责作为所有责任形式的上位概念,不管问责的主体和程序属性,只要追究责任了,哪怕就是其中一种,也是问责。浏览有关问责的规范文本,不少都主动对行政问责下了定义,基本不采用广义观点,而是从组织形态出发,挖除了非行政机关的其他主体的问责。细细品咋,文本中的行政问责实际上存在着中义和狭义之分。前者包括对公务员的处分,后者不包括。当然,所有责任形式都属于行政责任。但是,无论是定义,还是制度设计,一个共同的问题就是追责有余,回应不足。

在我看来,行政问责就是行政机关及其执法人员有义务及时回应社会公众对其权力行使过程和结果的质疑,作出解释、说明,并根据政府或上级行政机关决定,及时纠正错误,承担有关行政责任。这个意义上的行政问责,有着严格的行政组织形态上的限定。

首先,行政机关有着积极回应社会公众责问的义务。回应(answerability)至少包括两层涵义:一是行政机关对来自公众的质疑作出解

---

① Cf. John P. Burns, *op. Cit.*, p. 157.

② 世界银行专家组认为,“行政问责是一个具有前瞻性的过程,通过它,政府官员要就其行政决策、行政行为和行政结果进行解释和正确性的辩护,并据此接受失责的惩罚”。世界银行专家组:《公共部门的社会问责》,13页,北京,中国人民大学出版社,2007。不少博士学位论文中也都注意到了这一点。比如,王一星的《中国共产党党内问责制研究》(中共中央党校博士学位论文,2009年答辩)、田侠的《行政问责机制研究》(中共中央党校博士学位论文,2009年答辩)。

释、说明；二是公开问责决定，包括内外行政责任，尤其是公开向社会公众道歉。

其次，行政机关有追究责任的义务。从有关规范文本看，责任形式多为基于行政科层制与管理而产生的行政责任，也有专为回应社会的行政责任形式；有针对公务员个人的，也有针对行政机关的；有传统意义上的对公务员的处分，也有新增的对内对外的责任样式。

当然，从实践看，公开行政问责决定的同时，还一并公开其他有关处理结果，比如，是否已将案件移送司法机关，是否撤销党内职务，人大是否启动了罢免程序，等等。但这只是附带性的公开义务，是与行政组织之外的问责形态交接。通过彼此之间的互动，不断放大问责效应。

二、一个新样式

在我国，行政问责之所以被看重，与“政府主导型”的法治进路有着密切关系，是政府“对民意的一个尊重和交代”，[①]却又撇开了议会的中介。这反过来，又推波助澜，进一步强化了政府主导的趋势。从这个意义上说，行政问责又是对传统民主宪政制度的一个突破，实现了宪政结构中行政机关“经由议会向人民负责”向“对人民直接负责”的转变，以及科层制内的“对上级负责”向“对公众负责”的转变。[②]顺着这一点去思索，我们也会有两点顿悟。

首先，“同体问责”和“异体问责”之争是毫无意义的，因为行政问责的勃兴本身就是行政机关跟进时代的推陈出新，就是依托行政科层制，自内而外、自上而下，整体性地回应社会压力的诉求。它是在人大监督、司法控制、社会监督、党内监督之外的一个新事物。它能够促动后者，打破沉寂，延伸我们的思考。但是，把后者都并入行政问责之中，显然是对实践的误读。同样，让行政问责转入后者，或者抑此扬彼，都是对实践的反动。所以，行政问责一定是行政性的，是行政主导的，是政府所为的。

其次，如果我们抛开“回应”，只注重“追责”，那么，行政问责更多的只是唤醒并激发已有责任的落实，或者临摹对公务员的处分之机理，多添几样责

---

① 《非典以来最大问责风暴》，http://www.ldkxb.cn/n551c27.aspx，2012 年 6 月 8 日最后访问。

② 魏云：《压力型体制下的行政问责模式研究》(复旦大学博士学位论文，2011 年答辩)。

任形式。那将是一个非常庞杂的体系,盘根错节,枝枝杈杈,几乎无法梳理干净。这个意义上的问责,几乎不会有什么知识增量,只是动员与总结,或者叠床架屋,是一个泛泛而谈的空洞术语。所以,"回应性"成就了行政问责的独特性,让它能够揽入对公务员的处分,又超越其间,泾渭分明;又可以随时将对公务员的处分推出,而不伤经脉。当然,对公务员的处分要不要放入行政问责,还可斟酌。抠去,更纯正。

三、对传统理论的突破

传统理论沉潜的观念是,议会监督是强化政府回应公众的有力管道。"公务员对部长负责,部长对议会负责,并经由议会对人民负责"(civil servants are responsible to ministers, and ministers are responsible to Parliament and through Parliament to the people)。[①]让非选任的官员直接回应公众、对公众负责不合选举制的韵律。

John P. Burns 也固执这一理念,批评香港让高官公开致歉行为(public acts of contrition)的意义有限,因为高官的任命不经由普选,也用不着寻求选民的支持。[②]但是,这个观念放在当下社会,不免古板,不合时宜。

英国人无情地批评了议会问责(parliament accountability)的无力。认为部长责任制(minister responsibility)无助于责任政府(accountable government)建构,相反,会留下逃避责任的黑洞。为了都不承担责任,公务员可能会怂恿、支持和协助部长,对议会尽量隐瞒不报。而且,部长责任制将部门的关注点集中于部长的政治需求,而不顾消费者传递来的需求。它形成的等级结构导致了一个官僚主义体制,为官僚习气缠绕,其结果是缺少回应性(the hierarchical structure it engenders results in a system that is bureaucratic and bound by red tape, and, as a consequence, unresponsive)。[③]

英国人对传统的不理会,体现在众议院财政与公务委员会(the House of Commons Treasury and Civil Service Committee)1994 年一份关于公务

① Cf. Dawn Oliver & Gavin Dreway, *Public Service Reform: Accountability and Public Law*, Pinter, 1996, p. 4.

② Cf. John P. Burns, *op. Cit.*, p. 179.

③ Cf. Diana Woodhouse, *In Pursuit of Good Administration*, Oxford. Clarendon Press, 1997, pp. 37 – 38.

作用(the Role of Civil Service)的报告里。它指出,“我们不认为,部长因为有权干预机关的行为与决定,就得为本该由机关首长负责的上述行为和决定承担问责。责任的委托就应当伴随着相当的问责委托”(We do not believe that Ministerial power to intervene in the actions and decision of Agencies justifies the retention of Ministerial accountability for the actions and decisions of Agencies for which the Chief Executives are responsible The delegation of responsibility should be accompanied by a commensurate delegation of accountability)。[①]只不过,英国人想做的是,要让机关首长(高级官员)个人直接向议会的选任委员会(Select Committees)负责。对后者的询问,不再经由部长,而是自己出席并提供证据。[②]这是在传统路径上迈进了一小步。而我国的行政问责却是彻底颠覆传统,让行政机关及其工作人员直接向公众负责。

在中国,行政问责的活跃,也反衬出人大监督的失落。在我们统计的1979年以来重大问责事件(案件)中,只有13起夹杂出现了人大问责,但都不是质询、回应、解释、申辩、惩罚的场域,只是履行手续。也就是说,行政问责已经在某种程度上取代了人大问责。那么,怎么解释这个现象呢?如何论证其正当性呢?

对于行政问责理论基础,泛论的东西实在太多了。[③]在我看来,第一,为行政问责寻求正当性基础,必定要与行政问责范畴有关,宽则泛矣,窄则狭矣。第二,要解释清楚的不是政府为什么可以问责,议会的质询、罢免或不信任案早已说透了这一点。我们要论证的是,为什么可以绕过传统的议会路径,让政府和公务员直接向公众负责。不然,不免不着边际、离题万里。

首先,在中国宪政情境下,“党管干部”的人事任免与管理制度让人大很

---

① Cf. Dawn Oliver & Gavin Dreway, *op. Cit.*, p. 6.

② Cf. Diana Woodhouse, *op. Cit.*, p. 30.

③ 关于行政问责的理论基础,众说纷纭。周亚越概括为民主政治理论、委托—代理理论、交易成本理论、公共选择理论和善治理论(周亚越:《行政问责制研究》,48~80页,北京,中国检察出版社,2006);陈党归纳为人民主权理论、责任政治理论、权力制约理论、人民监督理论、政府法治理论等(陈党:《问责法律制度研究》,北京,知识产权出版社,2008);李军鹏归纳为人民主权理论、社会契约理论、代议制政府理论、法治政府理论和分权制衡理论等(李军鹏:《责任政府与政府问责制》,北京,人民出版社,2009)。沈岿主持的北京市政府法制办课题《行政问责研究报告》(2011年)中归纳为民主理论、责任政府理论、科层制理论和善治理论。

难充分发挥出类似西方议会那样的功能。而“政府的一切权力都是人民赋予的,必须对人民负责,为人民谋利益,接受人民监督”的政治理念,又突破了西方仅要求政务类公务员向选民和议会承担政治责任的常规,变成了从中央到地方、从政府到党委、从行政首长到普通公务员全面向公众承担政治责任。行政问责于是成为了政府积极回应社会诉求的重要场域,从一定意义上讲,也成为议会监督的某种功能替代物。

其次,从新制度经济学观点看,“政府是一种提供保护和公正而收取税金作为回报的组织”。[①]公民交纳税金之后,对政府提供的公共产品,自然有权评头论足。对品质低劣或不满意的,也有权质询,直至追究责任。[②]

再次,从现代民主理论看,在现代社会,公民直接参与管理的参与式民主已逐渐成为一种重要模式,可与传统的代议制民主相媲美,[③]更有其高超之处。这为公众直接质询、要求政府回应并承担责任扫清了理论障碍,在代议制民主的问责机制之外开辟了新的路径。

总之,在我国推行行政问责,对于推进民主宪政、推动公众参与,意义重大。它发挥着近似于人大问责的作用,甚至在某种程度上替代、超越了后者。它是中国政治制度的一大创举。

长期的问责实践已形成基本的样式,凝练在大量的中央与地方立法之中,无需推倒重来。但是,流动在行政问责之中的设计理念,似乎仍然有点混沌,需要我们因势利导,进一步疏朗、明确。

行政问责产生于政府内发的一种自觉,应当成为“回应社会诉求的基本方式”。从有关重大问责事件和规范文本看,立法者、执法者已然形成的认识是,追责是为了给公众一个交代。但太多的文本却忘记了公开。对社会压力的回应,应当超越单纯的责任追究,还需积极回复公众的质疑,及时公开有关政府信息,作出必要的解释,告知处理的结果,向社会公开道歉。从这个意义上去整理行政问责,它将是公众舆论监督与行政内部追责相结合,以对外回应性的责任方式为主导的一种机制。

---

① Cf. North D. C. & Thomal Robert P., *The Rise of the Western World: A New Economic History*, Cambridge University Press, 1973, p. 7. 转引自,田侠:《行政问责机制研究》(中共中央党校博士学位论文,2009 年答辩)。

② 田侠:《行政问责机制研究》(中共中央党校博士学位论文,2009 年答辩)。

③ 周亚越:《行政问责制研究》,54 页,北京,中国检察出版社,2006。

行政问责要想发挥出预期的效益，不可或缺的前提是合理的行政管理体制、适当的权责配置、明确的法律职责以及清晰的权力运行规则。这是时下很多问责文本未曾强调或强调不够的。这些前提有欠缺，哪怕是些微欠缺，行政问责的结果就很可能会事与愿违，被问责人感到委屈，知情者觉得不公道。激起的实践反弹多半会是，多请示、多汇报，将责任上移，或者少揽事、不做事。

第十四章　行政复议

第一节　概述

我国行政复议始于民国，称作“诉愿”，这一术语在我国台湾地区一直沿袭。改革开放之后，大陆重新拾起行政复议，并不断推动，逐渐由术语的凌乱凝练为一致，由制度的零碎发展到统一，由行政诉讼的“配套”制度发展到与行政诉讼的相对分离。但是，专业复核始终游离在行政复议范畴之外。

其中，经历了四次重要立法。1990 年 12 月《行政复议条例》的公布，标志着我国统一的行政复议制度开始形成。1999 年 4 月《行政复议法》的公布，标志着我国行政复议、行政诉讼的二元行政救济体系正式确立。2007 年 5 月《行政复议法实施条例》的公布，使行政复议制度解决行政争议的功能得到了进一步完善和强化。①为了发挥行政复议化解行政争议的主渠道作用，2023 年《行政复议法》做了全面修改。

据统计，2000 年至 2013 年间，每年复议案件数量呈上升趋势，年度平均申请量前七年为 80285 件、后七年为 93561 件，年平均增长率为 3.90％。但是，都略低于同期行政诉讼案件，更比不上节节攀升的信访案件数。从复议效果看，2000 年至 2013 年间，做出维持决定的结案数量占年度结案总量的比例相当高，一直保持在 52％～63％之间。行政复议的直接纠错率总体呈

---

① 郜风涛：《加强行政复议理论研究不断创新和完善行政复议制度——在“行政复议论坛（浙江）”开幕式上的讲话》，http://www.chinalaw.gov.cn/article/jgzn/bld/gft/xgwz/201006/20100600256645.shtml，2012 年 10 月 25 日最后访问。

下降趋势，从 2000 年的 25.5%跌落到 2013 年的 8.28%。经复议之后起诉的，占当年行政诉讼案件受案总量的 30%左右，被法院直接纠错的案件占此类案件结案总数的 10%～25%。[①]从当事人抉择看，2018 年发生的行政诉讼案件中，有 68.4%的案件当事人没有选择行政复议，直接寻求司法救济，当年办结的行政复议案件中，有 34%又进入了行政诉讼程序。[②]所以，行政复议还谈不上是“解决纠纷的主渠道”。

如何提高行政复议的使用率呢？复议前置未必是一剂良方。如果相对人对行政复议缺乏信任和信心，复议前置且不说延误救济，大量案件还是会“流入诉讼和信访”，[③]也不能体现“对当事人自主选择程序救济机制的尊重”。[④]行政复议要成为化解纠纷的主渠道，除了要提高公众知晓率、加强监督指导之外，[⑤]根本之道是提升行政复议的公正性、亲和力，又保持快捷、经济和专业。那么，怎么实现这个目标呢？特别是《行政诉讼法》（2014 年）第 26 条第 2 款对复议机关当被告的出乎意料的修改之后，行政复议法的发展方向何去何从呢？我将结合 2023 年修改的《行政复议法》，围绕一些关键问题，系统地整理一下我的思考。[⑥]

第二节　制度定位

一、层级监督还是裁决机制

对行政复议的制度定位，争议从未停息过。从官方或准官方的态度看，也有着一个游移。一种观点认为，行政复议是层级监督，是“行政机关内部自我纠正错误的一种监督制度”，是一种行政活动，“不宜、也不必搬用司法

---

① 李月军：《国家与社会关系视角下的行政复议》，载《政治学研究》，2014(3)。

② 《新闻办就 2018 年全国行政复议、行政应诉总体情况举行发布会》，http://www.gov.cn/xinwen/2019-03/26/content_5376998.htm，2021 年 10 月 31 日最后访问。

③ 蒋安杰：《聚焦〈行政复议法〉修改，改革完善行政复议制度》，载《法制日报》，2012-02-29。

④ 曹鎏：《五国行政复议制度的启示与借鉴》，载《行政法学研究》，2017(5)。

⑤ 杨海坤、朱恒顺：《行政复议的理念调整与制度完善——事关我国〈行政复议法〉及相关法律的重要修改》，载《法学评论》，2014(4)。

⑥ 2010 年 9 月，受国务院法制办行政复议司委托，应松年教授主持《行政复议法》修改课题组，成员包括刘莘、沈岿、莫于川、王万华、杨伟东、王敬波、余凌云等。专家试拟稿已经提交国务院法制办。

机关办案的程序,使行政复议'司法'化"。[①]这奠定了立法的基调。另一种观点主张,行政复议是一种行政司法行为或"准司法行为",兼具行政性和司法性(或救济性)。它是"以行政机关为主导进行的","是一种行政行为",却按照司法性的程序实施。[②]再有一种观点认为,行政复议是救济本位,"只有使行政复议实现从内部监督、自我纠错为主向救济权利、化解争议为主的根本转变,才能明确和把握行政复议制度完善的方向"。[③]这代表着当前实践的改革趋向与最新认识。上述观点恰好是随着时间推移,依次展开的,由立法到实践。始终不变的是,行政复议是行政机关过滤纠纷的机制。彼此的分歧是,行政复议的根本目的是层级监督,还是权利救济?

行政和准司法之争、层级监督和救济之争,都只是面相。从某种意义上说,层级监督也可以是一种救济,贴近"纠纷解决的管理型模式"(managerial model of dispute resolution),或者 Mashaw 说的"官僚正义模式"(model of bureaucratic justice),注重成本效益,在行政体制内解决争议。[④]从正当程序入手,它也会搬来一些"司法元素"。所以,争来争去,也触碰不到问题的实质。其实,层级监督是用"二次决定"来实现的,救济追求的是裁决的机理。只有看透这一层,才能把问题说清楚。

可以说,当前行政复议就是定位为"层级监督",强调行政机关自我纠错,也就是由上级行政机关重新审视,做出二次决定。那么,第一,发生法律效力的应当是二次决定。即使是维持,原决定也自然丧失效力,其内容经由二次决定复述、认可,吸附到二次决定的效力之中。第二,可以诉至法院的,只能是二次决定。诉一个已失去效力的原决定是没有意义的。被告只能是复议机关,而不是原行政机关。第三,作为二次决定的物质基础,上级行政机关有全面的行政调查权。实行职权调查主义,复议机关不但要审查原行

---

① 1998 年 10 月 27 日第九届全国人大常委会第五次会议上,时任国务院法制办主任杨景宇所作的《关于〈中华人民共和国行政复议法(草案)〉的说明》。

② 张春生、童卫东:《我国行政复议制度的发展和完善》,载《中国法学》,1999(4)。

③ 郜风涛:《加强行政复议理论研究不断创新和完善行政复议制度——在"行政复议论坛(浙江)"开幕式上的讲话》,http://www.chinalaw.gov.cn/article/jgzn/bld/gft/xgwz/201006/20100600256645.shtml,2012 年 10 月 25 日最后访问。

④ Cf. Carol Harlow & Richard Rawlings, *Law and Administration*, Cambridge University Press, 2009, p. 488.

政行为是否合法,事实是否清楚,还要审查当事人是否违法。至于个案中调查的范围与程度,复议机关有裁量余地。第四,像行政决定一样,复议决定要经过层层批准,符合行政决定的流程与范式。第五,对复议决定,行政首长有权实质干预,这与行政首长负责制并不违扭。

但是,这些年实践反映出的问题恰好也在这里。首先,复议机关普遍不愿做被告,因为招惹官司的原决定不是出自复议机关,复议机关也不愿因后来的介入而被诉至法庭,或者败诉,影响了其执法考评成绩。所以,维持率长年在50%以上,居高不下。其次,行政复议的长处在广泛的合理性审查,并通过变更权散发出来。但因复议机关不愿做被告,实际上变更率极低,几乎可以忽略不计。[①]再次,复议机关不够中立,易受行政干预,"严重妨碍了行政复议效率和公信力的提高"。[②]最后,"行政复议文书被当作一般的行政公文处理",层层审批,程序烦琐,[③]过分牵扯领导精力,也使复议有时超期。

"二次决定"原理走的是行政的路数,荫掩在行政范式之中。这些年,为了解决行政行为的合法性、合理性,我们也探索出了一些行之有效的办法。《行政复议法实施条例》(2007年)为提高复议决定的质量,也自觉地引入这些办法,构建了一系列的辅助制度,包括行政复议工作责任制、重大复议案件备案制、定期报告制、专项检查、行政复议人员培训制和表彰奖励制,将行政复议工作纳入各级政府的考核体系等。但是,所有这些,对于上述深藏在复议体制内的问题,似乎收效不明显。

如果我们转向裁决机理,上述问题便不成为问题。首先,复议机关中立了,不再与复议结果发生利害关系,不当被告,所以,触碰政策问题、合理性问题,行使变更权,也就不再有什么顾忌了。其次,还会有额外的收获。受案范围上不再强调行政上的领导关系,能够尝试着把更多的公法纠纷,尤其

---

① 比如,2011年,上海市各级行政复议机关共审结复议案件2086件,变更的只有1件,仅占0.04%。《二〇一一年度上海全市行政复议与行政应诉工作相关情况》,载《上海政府法治简报》,2012(12)(总第174期),http://www.chinalaw.gov.cn/article/xzfy/gzdt/201210/20121000377202.shtml,2012年11月7日最后访问。

② 郜风涛:《认真贯彻胡锦涛总书记重要讲话精神 把行政复议打造成为化解行政争议的主渠道——在2011年行政复议年度工作会议上的讲话》,http://www.chinalaw.gov.cn/article/xzfy/wjjjh/ldjh/201201/20120100359445.shtml,2012年10月30日最后访问。

③ 青锋、张越:《当前行政复议工作存在的问题》,载《行政法学研究》,2002(3)。

是行使公共权力、担负公共职责的第三部门纳入。

用裁决机理重构行政复议，一定是混合型的，介于司法和行政之间，首先，是在行政系统内寻求和实现裁决机构的相对超脱和中立。其次，复议程序仍以行政程序的效率为底色，适度地汲取司法程序的公正。程序设计是寻求在公正和效率之间的适度平衡，更偏重效率。

二、回归行政司法

问题是，行政复议是裁决吗？是什么性质的裁决？在我看来，“行政复议居中化解行政争议的定位”，这不是学术上的行政裁决行为，而是回归了传统上早已有之、却被遗忘的行政司法。行政裁决行为，是一种非典型的行政行为，是行政机关运用行政权对民事争议的裁决。行政司法是行政裁决行为的上位概念，是指行政机关对行政争议、民事争议的居中裁决，包括了行政调解、行政仲裁、行政裁决和行政复议。

1. 行政司法的流变

据说，行政调解在革命根据地时期就已有之，“行政裁决、行政复议、行政仲裁也是从新中国成立之初就事实上已经开始。”将它们一起统合到行政司法范畴之中加以研究，则是在改革开放之后。[①]大约是在20世纪80年代，行政法学刚刚起步之时，还没有正式的行政复议和行政诉讼制度之前，学界就开始讨论行政司法。当时的行政法教科书一般都对行政司法做专门介绍。[②]行政司法，“顾名思义就是行政机关行使司法权能”，也称“准司法”“半司法”。[③]

已坦然接受行政立法的行政法学者，对行政司法也不会格格不纳。理由基本上差不多。首先，是对分权理论的反思，认为分权不是绝对的，司法与行政也不可能泾渭分明。“这种政府职能的严格分离被证明是不可行的”。进入20世纪后，“越来越多的行政机关开始制定规章、裁决争议，行使

---

① 文正邦、薛佐文、王斌：《市场经济与行政司法制度的建设和改革》，载《现代法学》，1996(4)。

② 比如，皮纯协主编：《中国行政法教程》，北京，中国政法大学出版社，1988。应松年主编：《行政法学教程》，北京，中国政法大学出版社，1988。罗豪才主编：《行政法学》，北京，中国政法大学出版社，1989。张焕光、胡建淼：《行政法学原理》，北京，劳动人事出版社，1989。

③ 林新森：《略论行政司法》，载《福建论坛》(经济社会版)，1988(4)。

了部分立法、司法权,以处理社会、经济纠纷为主要职责的英国裁判所、美国独立管制机构的迅速兴起即是明证。"[①]在欧洲大多数政府中,"行政与司法职能的分离也得到了修正"。[②]其次,究其原因,"行政事务日益增多,行政争议案件也大量出现,且门类繁杂,专业性又强,司法权都由司法机关来行使已经不可能,于是行政机关不得不扮演司法的角色,而取得部分的司法权能。"[③] 这些机构"在行使这种准司法职能(quasi-judicial functions)时,经常利用司法机制和审判形式(judicial forms of trial),传递和处理那些由它们负责的法律执行过程中产生的争议。"[④]

最初估计是受到英国的行政司法(行政裁判所)、[⑤]意大利、法国行政法院等不同影响,[⑥]在概念外延上理解不一。广义还包括建立在行政系统内的行政法院的诉讼。将行政案件的处理分为两个阶段,"前一个阶段叫行政裁判,后一个阶段叫行政诉讼。"建议赋予政府法制部门"行政裁判的职能"。[⑦]狭义仅指由行政机关依法对民事争议、行政争议的裁决,包括行政调解、行政仲裁、行政裁决和行政复议。[⑧]此为通说。

当时,很多行政法学者认同的行政裁决,外延较大,是指"行政机关作为第三方解决民事、行政争议的活动"。[⑨] 行政复议是其下位概念。直至行政

---

① 马怀德:《行政裁判辨析》,载《法学研究》,1990(6)。

② Cf. Warren H. Pillsbury,"*Administrative Tribunals*" (1923)36 *Harvard Law Review* 405.

③ 林新森:《略论行政司法》,载《福建论坛》(经济社会版),1988(4)。

④ Cf. Warren H. Pillsbury,"*Administrative Tribunals*" (1923)36 *Harvard Law Review* 406.

⑤ 英国"'行政司法制'的原因系国会鉴于普通法院案件的拥挤,法官专门智识的缺失,及诉讼手续的繁杂,故将审理某项案件的职权移交特别的法院去"。"这种特别法院,大约可分为三种",(一)各部的部长;(二)各部部长所指派的审判机关;(三)特别的审判机关,由法律去组织,或系已经存在但没有司法权的机关。陈之迈:《英国宪法上的两大变迁——"委任立法制"及"行政司法制"》,载《清华学报》,1934(4)。

⑥ 意大利的行政司法包括行政机构内部的审查和司法审查。徐步衡:《意大利的行政司法》,载《政治与法律》,1987(1)。行政司法是"行政司法机关依法处理和裁决有关争议的活动"。行政司法体制分为部内制和部外制。胡建淼:《国外行政司法体制》,载《法学研究》,1989(4)。关于法国行政法院的介绍,王名扬:《法国行政法》,471~474页,北京,北京大学出版社,2007。

⑦ 林新森:《略论行政司法》,载《福建论坛》(经济社会版),1988(4)。

⑧ 马怀德:《行政裁判辨析》,载《法学研究》,1990(6)。

⑨ 也有的学者认为,行政司法是"对行政机关的行政行为进行合法性乃至合理性的审查并作出相应的评价和裁决"。袁吉亮、赵军:《建立健全我国行政司法制度刍议》,载《政治学研究》,1987(1)。

复议已然建立，行政诉讼也投入运行之后，行政裁决才和行政复议各走各路，成为同位概念，专指行政机关对民事争议的裁决。“行政复议只适用解决行政争议；行政仲裁适用解决民事争议；行政调解既适用民事争议，也适用行政争议。”[①] 随着社会主义市场经济的建立以及法治的发展，对合同的行政仲裁，“违背了仲裁的民间性这一本质特性，表明了计划经济对行政司法的深重影响”，《仲裁法》最重大的改革就是“改行政仲裁为民间仲裁”。“仲裁从行政司法中分离出去”。[②]经此一番改革，行政司法发生变化，一般认为是包含了行政调解、行政裁决和行政复议。

行政司法“既具有行政性质，又不同于普通行政；既具有司法性质，又不同于普通司法。”其中，“行政性”体现为行政机关实施的一种行政活动，有别于行政立法、行政执法，“行政司法虽也是行政行为的一种类型，但它是一种实施行政裁决权的行为。”[③]行政司法的“司法性”，不仅是在行政程序上攫取了司法元素，还采取了“类似法院的司法裁决行为”的“第三人裁决”方式。“行政司法行为是一种三方关系，行政机关作为‘中立’的第三者充当了争议裁决人。”[④] 或者说，“行政机关充当了争议裁决人，起了‘法官’的作用。”[⑤]

2. 理论突变

20世纪90年代伊始，上述“类似法院的司法裁决行为”的“第三人裁决说”迎来了一波批判，行政司法的构造也随之坍塌。以往，基于“第三人裁决说”，对民事争议的裁决，“行政机关作为第三方公断人解决纠纷具有仲裁性质，当事人不服裁决不能以裁决机关为被告向法院提起行政诉讼，只能以原争议对方为被告向法院提起民事诉讼。”这个看似已成定论的观点却招致颠覆性的批判。无论是对民事争议还是行政争议做出的裁决，“都代表了行政机关独立的管理意志，是行使行政裁决权的表现。被裁决人不服裁决向法院起诉，也只能针对行政裁决，而不是其他客体。裁决机关显然是这类诉讼的被告，因此这类

① 林广华：《行政司法刍议》，载《法学》，1995(3)。

② 文正邦、薛佐文、王斌：《市场经济与行政司法制度的建设和改革》，载《现代法学》，1996(4)。但是，劳动争议和农业承包合同纠纷的仲裁是否是行政仲裁，在学术上尚有争议。

③ 朱经纬：《行政司法浅议》，载《现代法学》，1989(1)。

④ 党宪中：《当事人不服环境行政机关居间处理的诉讼性质——也谈“环保局是否应为被告”》，载《中国环境管理》，1990(6)。

⑤ 林广华：《行政司法刍议》，载《法学》，1995(3)。

诉讼性质应当是行政的,而非民事的。以行政裁决机关为被告,并不增加诉讼的复杂性,相反,它会加强司法机关对行政行为合法性的监督。"[①]"行政复议具有特殊性,在行政复议中复议机关具有裁决者和行政机关的双重身份,不是完全'中立'的第三者,它所作的裁决,实质上仍是一种'行政处理行为'(或称'二次行政行为'),因而对这种'行政处理行为'是可以提起行政诉讼的。"[②]亦即,行政复议决定是"行政机关的单方意思表示而无需相对人的同意即可成立","是通过做出行政处理决定来解决纠纷",[③] 从而否认复议机关作为"第三人"的中立性,以复议机关为诉讼被告也理所当然。当时的理论甚至认为,行政处罚、行政许可等在程序上也应该攫取司法元素,这些也是行政司法(化)的表征,它们与行政复议决定从本质上趋同。这些发表在 1990 年前后的理论观点应和了当时行政诉讼与行政复议实践。

彼时的行政诉讼实践也走向了行政裁决机关可做被告。《行政诉讼法》(1989 年)第 25 条第 2 款规定,"复议机关改变原具体行政行为的,复议机关是被告。"与之匹配,《行政复议条例》(1990 年)第 4 条对复议机关定义似乎与前述裁决理论相差无几,[④]但是,在第七章"审查与决定"中,复议机关做出的决断不称为"裁决",而是"决定"。这实际上已经开始将行政复议定位在层级监督,是用"二次决定"来实现内部监督以及权利救济。立法实践在解决纠纷的机理上,没有完全采纳理论上的"类似法院的司法裁决行为"的"第三方裁决"或者"第三方公断人"。仅就行政复议决定中的一类情形——复议机关改变行政行为,视之为替代了原行政行为的"第二次行政行为"。如果当事人欣然接受,纠纷消弭。否则,就只能以复议机关为被告,提起行政诉讼。《行政诉讼法》(2014 年)第 26 条第 2 款将层级监督和"二次决定"推向了极致,当事人对行政复议决定不服,一律以复议机关为被告或共同被告,概莫能外。

可以说,从行政诉讼和行政复议制度正式建立之后,对于行政司法,虽然还有零星的研究文献,但是,作为一个概念与整体理论开始逐渐淡出学者们的

---

① 马怀德:《行政裁判辨析》,载《法学研究》,1990(6)。

② 党宪中:《当事人不服环境行政机关居间处理的诉讼性质——也谈"环保局是否应为被告"》,载《中国环境管理》,1990(6)。

③ 文正邦、薛佐文、王斌:《市场经济与行政司法制度的建设和改革》,载《现代法学》,1996(4)。

④ 《行政复议条例》(1990 年)第 4 条规定:"本条例所称复议机关,是指受理复议申请,依法对具体行政行为进行审查并作出裁决的行政机关。"

视野，也从行政法教科书中声销迹灭，变成对行政调解、行政仲裁、行政裁决和行政复议等具体形态研究。在中国知网上再也查找不到对行政司法的后续跟进研究。究其原因，很可能是"类似法院的司法裁决行为"的"第三人裁决说"不再是它们的共同表征，我们也很难从它们那里另外抽取提炼出其他有意义的共性。因为，对民事争议的行政调解、行政仲裁不服，可以诉诸法院，通过民事诉讼解决，行政机关作为调解人或者仲裁委员会不做民事诉讼被告。而对复议决定不服，复议机关却要做行政诉讼被告。行政复议的层级监督和"二次决定"理论，完全游离出了传统行政司法范畴。同样，在行政诉讼上受理的行政裁决行为，也被视为行政机关单方意思表示的行政处理行为，当事人不服，以行政机关为被告。行政裁决实际上也背离了"第三人裁决说"。

3. 重新拾回

在修改行政复议法之际，一些学者、官员又开始不断强调，在行政系统中，行政复议适用居中裁决的方式解决纠纷，带有准司法性质，属于行政司法。①"复议解决的是公民和行政机关之间产生的争议，复议机关是在行政争议中居中裁决的机关。""带有司法性"②，"居中"意味着扮演第三人，而非当事人。所以，当事人对行政复议决定不服，争议双方只能就原行政争议提交法院裁判。③否则，如果以复议机关为被告，复议机关就与案件处理结果有利害关系，就事实上变成了当事人，也与"居中"(第三人)定位相龃龉。

行政复议之所以应当与行政诉讼相衔接，是因为，"行政复议以行政争议为处理对象，行政复议机关往往由行政主体的上级行政组织担任，因此，从某种意义上说，行政组织作了自己的'法官'"，"行政复议与行政诉讼相衔接保证了复议的公正性，从而保障了行政司法的公正性。"④ 这也是坚持司法最终原则的意义之所在。

---

① 青峰、张水海：《行政复议机关在行政诉讼中作被告问题的反思》，载《行政法学研究》，2013(1)。赵德关：《新时期行政复议制度的定位与展望》，载《行政法学研究》，2016(5)。曹鎏：《作为化解行政争议主渠道的行政复议：功能反思及路径优化》，载《中国法学》，2020(2)。陈富智：《关于行政复议法修改的几点思考》，https://m.thepaper.cn/baijiahao_4819953，2021年1月23日最后访问。徐运凯：《论新时代行政复议的功能定位及其评价体系》，载《行政法学研究》，2019(6)。

② 应松年：《对〈行政复议法〉修改的意见》，载《行政法学研究》，2019(2)。

③ 余凌云：《论行政复议法的修改》，载《清华法学》，2013(4)。

④ 林广华：《行政司法刍议》，载《法学》，1995(3)。

“行政组织作了自己的‘法官’”,看似“中立性”受损,却不否认,它还是作为第三方的裁决者。而这种“第三人裁决”,又是“类似法院的司法裁判行为”,是对司法裁判的仿写。所以,接着描摹下去,就像上诉法院对待初审法院一样,对行政复议决定不服,诉至法院,不以复议机关为被告,也不意味着法院就可以不审查行政复议决定。法院应当既要对行政复议决定做出评判,又要实质回应当事人的诉讼请求。

但是,《行政复议法》(2023 年)对行政复议的定位与属性依然保持沉默,没有作出学者所期待的应有回应。

第三节　复议机关要不要当被告

《行政诉讼法》(1989 年)第 25 条第 2 款规定,“经复议的案件,复议机关决定维持原具体行政行为的,作出原具体行政行为的行政机关是被告;复议机关改变原具体行政行为的,复议机关是被告。”据应松年教授介绍,这完全是行政考量的结果。一律由作出具体行政行为的行政机关当被告,负担过重,复议机关改变了原具体行政行为,洞悉其中的原委,可以分担这部分的诉讼。对于维持决定,原行政机关对作出原行政行为的“事实证据与法律依据应该最清楚”,由其作被告,方便举证。[①]

但是,这在理论上很难说得通。第一,按照“二次决定”理论,复议决定一经作出,无论变更、撤销还是维持,发生法律效力的都是它。当事人如果不服,也应该以复议机关为被告诉至法院。告原行政机关,诉已失去效力的原行政行为,毫无意义,就像是对空气说话。第二,举证的便利也不会因变更或维持而有多少差别,维持也应该是复议机关明察秋毫之后的决定,况且,拉上下级行政机关一起出庭应诉,对于复议机关来讲,只需一纸公函、一个命令。

在近期的行政复议法修改讨论中,对于复议机关要不要当被告,争议最为激烈。一种激进的观点是,要彻底贯彻“二次决定”理论,一律由复议机关当被告,使其无法投机,抑制其“自利倾向”。另一种观点是复议机关不当被告。“把行政复议看作是司法的初审,即一个审理案件的层次”,“对复议决定不服诉诸法院就是

---

① 黎军:《行政复议与行政诉讼之关系范畴研究》,载《法学评论》,2004(3)。

上诉而非起诉，当然告的就不是复议机关，而是原来决定的作出机关”。[①]

在我看来，当不当被告及其利弊，不能孤立地看，必须结合复议制度的定位。如果我们坚持“二次决定”理论，让复议机关一律作被告，就更加贴切，理论上更顺。但却让复议机关恒定为与相对人对抗的一方，彻底丧失了中立性。如果采取裁判原理，复议机关就断不能成为被告。这为继续探寻复议机关的中立留下了制度空间。

但是，《行政诉讼法》(2014 年)却沿着原先的“层级监督”与“二次决定”思路进一步规定，复议机关决定维持的，与原行政机关一起做共同被告。这主要是考虑，第一，目前改革的方向是行政复议权向政府集中，地方政府部门不承担复议职责，由政府作共同被告，对所属部门的行政行为承担责任，有利于加强政府对部门的监督。[②]第二，希望通过“倒逼”，“消解复议机关不愿意当被告的心理，进而提高行政复议的纠错率”。[③]这似乎对以往的“裁决”还是“监督”之争议做了一个了断，却也给行政复议法的修改方向带来了更大的难题。从 2015 年到 2019 年统计看，除 2015 年和 2017 年复议机关审理案件略微超过应诉案件外，“其余 3 个年份应诉案件的数量均超过了审理案件的数量，并且差距还呈现出扩大的趋势。”[④]复议机关疲于应诉，“不是在应诉的法庭上，就是在去应诉的路上”。[⑤]“双被告制度实施后，国家层面的平均维持率下降后又反弹，纠错率提高后又下降。”[⑥]也催生了一些失之偏颇的做法，比如，在复议决定之前召开以征求一审、二审法院行政法官意见为目的的论证会、座谈会，聘任行政法官为行政复议非常任委员。“复议机关倾向于参考法院的审查标准和判例来处理复议案件，复议制度的特点以及专业、便捷、高效的优势难以充分发挥。”[⑦]

《行政复议法》(2023 年)完全回避了复议机关当不当被告问题，认为这应该通过行政诉讼法修改来解决，但与此同时，立法机关又没有同步修改

---

① 何海波、刘莘：《复议机关“不管事”能否当被告》，载《法治周末》，2010－07－15，http://www.calaw.cn/article/default.asp? id＝5364，2012 年 12 月 7 日最后访问。

② 童卫东：《进步与妥协：〈行政诉讼法〉修改回顾》，载《行政法学研究》，2015(4)。

③ 俞琪：《复议机关作共同被告制度实效考》，载《中国法学》，2018(6)。

④ 练育强：《功能与结构视野下的行政复议制度变革》，载《法学》，2021(6)。

⑤ 张维：《行政复议法修订草案年底前提请审议 在全面依法治国大局中科学确立行政复议功能定位》，载《法制日报》，2020－07－10。

⑥ 曹鎏：《作为化解行政争议主渠道的行政复议：功能反思及路径优化》，载《中国法学》，2020(2)。

⑦ 许安标：《行政复议法实施二十周年回顾与展望》，载《中国法律评论》，2019(5)。

《行政诉讼法》有关规定。因此,有关现状与争议还会持续下去。

第四节 “相对集中复议权”与复议委员会

行政复议是建立在行政领导关系之上。除了垂直领导之外,行政机关一般实行“条块结合”的双重领导。除法律另有规定外,对于垂直领导的,由上一级主管部门处理行政复议申请;对于双重领导的,在管辖上将“条条管辖”的专业性和“块块管辖”的便利性结合起来,[①]允许申请人有条件的选择,既可以向上一级主管部门,也可以向本级人民政府申请复议。

由于是在行政体系内寻求救济,行政复议上备受诟病的就是复议机关的中立性,尤其是条条管辖占大部分,上下级行政部门之间容易滋生部门保护主义,实践中“官官相护”“能推就推”“该撤不撤”等似乎都与此有关。在边远地区也很不便民。[②]复议资源过于分散,难以形成合力,“无人办案”“无案可办”兼而有之。[③]

为解决上述问题,2008 年以来,国务院法制办在部分地方组织开展了“相对集中复议权”与行政复议委员会的试点。一方面,实行“相对集中复议权”,除垂直领导外,对于实行双重领导的行政机关,将上一级主管部门的复议权集中到同级人民政府。比如,义乌市在人民政府法制办建立专门的行政复议局,“实行一个窗口对外,集中行使行政复议职权,方便群众寻求救济”。[④]另一方面,设立行政复议委员会,广泛吸收专家学者参与复议工作,成效明显,[⑤]形成了以哈尔滨、北京为代表的两种模式。这是在行政系统内部重新整合复议资

---

① 马怀德:《论我国行政复议管辖体制的完善——〈行政复议法(征求意见稿)〉第 30 - 34 条评析》,载《法学》,2021(5)。

② 青锋:《中国行政复议制度的发展、现状和展望》,载《法治论丛》,2006(1)(第 21 卷)。

③ 练育强:《功能与结构视野下的行政复议制度变革》,载《法学》,2021(6)。

④ 方宜圣、陈枭窈:《行政复议体制改革“义乌模式”思考》,载《行政法学研究》,2016(5)。

⑤ 中山市人民政府行政复议委员会在 2010 年 1—5 月共收行政复议申请 114 宗,同比 2009 年增加 278%,并首次超过同期市人民法院新收行政诉讼案件,比全市两个基层人民法院同期的总数超出约 9%,而 2009 年同期,行政复议案仅是行政诉讼案的一半。与此同时,中山市信访局的信访案件比去年同期下降约 10%,行政复议的救济主渠道作用得以充分发挥。沈福俊、徐涛、吕奕成:《行政复议制度改革研究》,载《上海政府法制研究》,2011(6)(总第 226 期)。刘莘、陈悦:《行政复议制度改革成效与进路分析——行政复议制度调研报告》,载《行政法学研究》,2016(5)。

源、实现机构相对独立的过程,能够更加便民,并提高公众对复议的认知。[①]从全国试点工作看,已经初步形成了全部集中、部分集中和合议委员会三种基本模式。从黑龙江等一些地方的试点情况看,全部或者部分集中模式是主流模式,代表着行政复议制度未来发展方向。[②]从中,我们可以解读出以下三个实践重点:

第一,除垂直领导关系的行政机关维持格局不变外,将上一级主管部门的复议权集中到本级人民政府,实行"相对集中复议权",让当事人少了很多的路途颠簸,无需孤履远行,跑到地处省会、市里的主管部门。行政机关与其上一级主管部门之间就行政行为如何作出的意见交换、请示、汇报、批复等行政惯例,也不再会给复议带来什么负面影响。

第二,在人民政府法制部门内建立行政复议委员会。这种构思受我国台湾地区影响极深,而且,新中国成立之初也有过类似实践。[③]行政复议委员会通过"掺沙子",邀请专家、学者、律师参与复议工作,改变复议人员成分结构,采取票决制,能够提升中立性。

第三,从实践看,复议委员会的议决意见多属于咨询性质,对行政首长没有拘束力。这类委员会也称咨询型复议委员会。中立性的实现很大程度上取决于行政首长的开明豁达。比如北京。哈尔滨的改革试图用烦琐的程序来抑制行政首长干预的冲动,[④]保证复议委员会议决就是最终决定,成效也较显著。这类委员会被称为议决型复议委员会。

---

① 刘莘、陈悦:《行政复议制度改革成效与进路分析——行政复议制度调研报告》,载《行政法学研究》,2016(5)。

② 郜风涛:《认真贯彻胡锦涛总书记重要讲话精神　把行政复议打造成为化解行政争议的主渠道——在2011年行政复议年度工作会议上的讲话》,http://www.chinalaw.gov.cn/article/xzfy/wjjjh/ldjh/201201/20120100359445.shtml,2012年10月30日最后访问。

③ 1950年12月15日,政务院政务会议通过了《税务复议委员会组织通则》。该通则规定,各大城市可以设立税务复议委员会,受理税务行政争议事项。该委员会受当地人民政府的领导。税务复议委员会的委员除了当地财政经济委员会、税务机关等机关的代表为当然委员外,还包括由当地人民政府聘请的公正人士或有关专家若干人充任,其任期为1年。复议委员会作出的决议,须经半数委员的同意。施立栋:《纠纷的中立评估与行政复议委员会的变革》,载《政治与法律》,2018(3)。

④ 《哈尔滨市行政复议规定》(2008年)第55条规定,行政复议委员会主任对复议委员会的议决意见有异议,应另外组织案件议决会议或委员会会议,"采取少数服从多数原则,以表决方式议决"。如果仍然有异议,要"报请本级人民政府常务会议集体研究做出决定"。

专家学者、律师、专业人士的参与,弥补了条条管辖取消之后的专业不足,尤其是专家学者、专业人士更通晓立法背后的政策考量,也更能应付政策敏感的行政纠纷。通过相对中立的复议委员会和公正程序认定的事实,尤其是涉及专业性的事实,除非有明显反证,法院一般会给予高度尊重。通讯的发达、视频会议的普及以及高铁的便捷,使得从更广泛的地域范围乃至全国去遴选上述人员成为可能。

但是,要想在行政体系内实现复议委员会的中立,还需要实质性构建。在我看来,至少有四个关键:一是专家学者、律师、专业人士在复议委员以及案审会的构成上不少于1/2。二是实行票决制,少数服从多数。三是实行审裁合一,复议委员会有权以自己的名义独立作出复议决定。或者至少像韩国那样,法律明确规定,复议机关只能按委员会决议的内容做出裁决,不得予以修改,也不能要求再次进行讨论和做出决议。[①]四是复议委员的任命和任职要有法律保障。

《行政复议法》(2023年)认可了复议委员会,却没有迈出更大步伐,第52条、第61条第3款规定,行政复议委员会除了参与研究行政复议重大事项和共性问题外,仅对行政复议机构提交的重大、复杂、疑难案件提供咨询意见,行政复议机构应当记录行政复议委员会的咨询意见,并将咨询意见作为作出行政复议决定的重要参考依据。在实践中,第一,复议决定没有完全采纳咨询意见的,应当在复议决定中就未采纳部分说明理由。第二,在送达复议决定书时一并附上咨询意见。

2018年3月,中共中央印发了《深化党和国家机构改革方案》。其中提出,在国务院机构改革上,"将司法部和国务院法制办公室的职责整合,重新组建司法部,作为国务院组成部门"。在地方,也做相应机构调整。由此产生一个新问题,由政府法制部门承担的复议工作怎么办?政府法制部门合并到司法机关之后,对司法机关做出的行政行为不服,怎么办?在我看来,可以考虑的方案是,将政府法制部门中的复议职能仍归同级人民政府,实行集中复议,建立行政复议局,可以设立在司法机关内,[②]也可以归同

① 吕艳滨:《日本、韩国的行政复议制度——行政复议司法化的若干实例》,载《环球法律评论》,2004年春季号。

② 耿宝建:《行政复议法修改的几个基本问题》,载《山东法院培训学院学报》,2018(5)。

级人民政府直管。这个方案基本不动现有格局，人民政府是复议机关，行政复议局是复议机构，复议机关成立复议委员会，与复议机构合署办公，具体从事案件审裁工作。我倾向行政复议局由同级人民政府设立并直管。这可以保证复议机构和复议工作的权威性。但是，法制部门转制之后，如果行政复议局只能随之孤悬在外，设立在司法机关之内，那么，对于司法机关在行政管理中做出的行政行为不服的，应当申请上一级司法机关复议。《行政复议法》(2023 年)第 28 条对上述问题的回应是，交由当事人选择，“对履行行政复议机构职责的地方人民政府司法行政部门的行政行为不服的，可以向本级人民政府申请行政复议，也可以向上一级司法行政部门申请行政复议。”

第五节　扩大受案范围

我国近年来，行政复议案件差不多仅有行政诉讼案件的一半，更比不上以几何基数攀升的信访案件，其中一个主要原因恐怕是受案范围太窄。1990 年《行政复议条例》只是行政诉讼法的配套立法，受案范围的表述、格式基本仿制行政诉讼法。1999 年《行政复议法》力求与行政诉讼法相分离，增加了一些行政诉讼法不受理的案件，但是，随着行政诉讼实践的发展，司法解释又增补了这些案件，使两法的范围又大体相同了。2023 年《行政复议法》在形式上增扩了范围，实质上与行政诉讼受案范围大同小异。

其实，相对于行政诉讼，行政复议的范围要广，审查程度要深。首先，行政复议不但审合法(legality)，也审优劣(merits)。优劣不是实质合法，而是宽泛的合理，涉及评价政策或者决定的好坏、质量高低，或者专业技术判断的准确性。行政诉讼对合理性的审查是对实质合法性的审查。行政复议的合理性审查要广泛得多。对实质合法的审查不服，可以诉诸行政诉讼；对优劣审查不服，不得诉至法院。其次，从理论上讲，所有行政争议都没有理由不可以进入复议。行政处分、人事处理决定以及行政机关对民事纠纷作出的调解，似乎也不应该例外。更有那些政策强、政治敏感、专业技术性强或者其他法官不宜介入的领域，通过复议委员会的组成结构和协调程序，应当也可以解决。[1]法院可以受理的行政案件,都可以申请行政复议,但是,可以复议的案件不见得都能进入行政诉讼。

这可以用 Peter Cane 的"决定等级"(decision -making hierarchies)来解释。行政复议建立在行政机关上下级领导关系之上。行政机关上下级之间构成了一个决定等级。在这一等级序列里面,上级可以撤销、变更下级的决定。因为它们都行使着近似的权能(function),有着相同的资质(qualifications)、经验(experience)和能力(competences)。[2]它们同样享有裁量的自治内核,可以左右政策的形成和走向,担当着政治责任。在这方面,上级的责任重于下级,能力高于下级,意愿优于下级。但是,法院是在这个等级序列之外,有着分权的约束,又不替代行政机关向议会、选民承担政治责任,所以,手就不能伸得太长。只能触碰行政自由裁量的自治内核的合法性外缘,不能探入其中。

这样的解释,如果改用我们熟悉的"行政主体"(或执法主体)理论,似乎很难说得通为什么同级人民政府有权撤销、变更职能部门的决定。因为"行政主体"理论从法律授权出发,将决定等级做了更严格的限缩。只有"上一级主管部门"有着同样的法律授权,比如公安机关上下级,是同样的执法主体,处在同样的等级序列之中。同级人民政府对职能部门决定的撤销、变更,只能借助组织法上的概括授权来解释(《宪法》(1982 年)第 109 条,《地方各级人民代表大会和地方各级人民政府组织法》(2015 年)第 59 条、第 66 条)。所以,与"行政主体"(执法主体)理论相比,"决定等级"的解释力要更强些,也更贴切。

但是,无论是"决定等级"还是"执法主体",都桎梏了行政复议受案范围的进一步伸展。首先,只能围绕着行政权力、行政行为,中规中矩。行政复议法与行政诉讼法都采用了(具体)行政行为,作为行政复议和行政诉讼的审查对象。在一个法律体系内,很难想象同一个术语在两法之中会有不同

---

① "对政治性、政策性强,难以单纯通过行政复议解决的案件,要尽可能通过当地党委、政府统一协调解决。"郜风涛:《认真贯彻胡锦涛总书记重要讲话精神 把行政复议打造成为化解行政争议的主渠道——在 2011 年行政复议年度工作会议上的讲话》,http://www.chinalaw.gov.cn/article/xzfy/wjjh/ldjh/201201/20120100359445.shtml,2012 年 10 月 30 日最后访问。

② Cf. Peter Leyland & Terry Woods (eds.), *Administrative Law Facing the Future: Old Constraints & New Horizons*, Blackstone Press Limited, 1997, pp. 246~247.

涵义。以行政行为来拓展比行政诉讼还要广的复议范围，无异于缘木求鱼。可以考虑引入外延更广的行政争议概念，行政行为引发的争议仅为其中一种情形，还包括不属于行政行为、行政诉讼也不受理的一些行政争议，以及一并解决民事争议。"由行使公权力的行政机关同时担负起解决因其自身行为所产生的争议，进而将一些与社会政策相关的民事纠纷也一并解决，使社会经济稳定，就成为必然的发展趋势。解决行政争议和行政相关的民事纠纷，已成为行政机关职能的重要一部分。"①其次，当前规定也显然不适应现代社会和公共行政的发展，因为漏掉了一大块内容，也就是属于公共行政范畴的社会行政。如此一来，就可能将很多本可复议的案件全都挤压到信访上去了。然而，如果以裁决原理重新设计复议制度，在受案范围上就能够摆脱行政机关上下级之间的领导关系，可以将行政机关有监督关系的领域发生的公法争议，尤其是具有公共职能、行使公共权力的第三部门、自治组织，全都纳入复议范围。

由行政权力到公共权力，由国家行政到社会行政，情形变得复杂。政府多援用"公私合作"、"外包"、行政契约等手段，公法与私法关系混杂，无法借用原来的行政行为概念体系作为识别标准。所以，在不断扩张复议范围之际，为避免争议，可以缓步拾阶，先解决容易识别的公法纠纷，包括：(1)在行政改革过程中，将政府"管不了"或"管不好"的职能转移给了行业协会、自治组织，后者在履行上述职能时发生的争议。(2)构成行政行为前置性条件的由行业协会、自治组织承担的审核、认证等管理性活动。(3)采取"要不是法则"(but for test)。"如果没有该组织履行这一职能，政府是否将持续性地承担这一职能"，如果是，引发的争议可以进入复议。

第六节　程序增构

《行政复议条例》(1990 年)仅用寥寥几条，按照行政程序范式，搭建了简约的复议程序。《行政复议法》(1999 年)、《行政复议法实施条例》(2007 年)用更多的条文，对程序做了较大的改进，包括期限、查阅、举证、证据等。②虽

---

① 应松年：《对〈行政复议法〉修改的意见》，载《行政法学研究》，2019(2)。

② 马怀德：《行政监督与救济制度的新突破——〈行政复议法〉评介》，载《政法论坛》，1999(4)。

然照顾了复议特点,贴近了正当程序,但还没有完全体现出裁决的原理。《行政复议法》(2023年)引入了简易程序、普通程序以及听证。

裁决的品格就是公正。公正与程序息息相关。在我看来,应当强调和补充的是,以当面审理为主,引入交叉询问、辩驳;除涉及国家秘密、商业秘密和个人隐私外,一律公开审理,在政府网站上公开案件情况与审理结果;规定听证笔录的效力;允许申请人及其律师查阅、复制案卷材料;[①]对复议决定一般要说明理由;提供法律援助。

从某种意义上讲,程序的繁简,与效率成反比,与公正成正比。行政复议应当具有专业优势、程序简便、使用方便。在效率和公正两端之间,复议程序的设计应当踩在略偏效率一端,兼顾公正。当我们也将司法元素迁入复议时,怎样免蹈覆辙,不出现周汉华教授所担心的,“不但不能使行政复议制度摆脱目前所面临的困境,反而还会使行政复议制度丧失其固有的效率优势”呢?[②]在我看来,第一,加强实地调查,能够提高审查效率。第二,即便引入那些近似法院程序的要求,也应当更加灵活、简便,不能像法院程序那样复杂、严格和正式。第三,解决“当下程序单一,因单调而影响效率”的弊端,引入简易程序,构建简易程序和普通程序二元结构。首先,简易程序和普通程序在案件受理上有一定分工。其次,经简易程序调解,不能达成和解的,可直接审裁。这样的程序设计,可以在司法化过程中始终保持复议的快捷、灵活、经济的品性。

一、简易程序和调解

从理论上说,除了有重大影响或者复杂的案件、附带要求审查规范性文件外,只要双方当事人同意,都可以从简易程序开始,原则上都可以调解。这与英国倡导的“相称的纠纷解决方式”(Proportionate Dispute Resolution)相仿,能够提供量体裁衣式的解决方案(provides tailored solutions),尽可能快捷、低成本。[③]

---

① 章剑生:《论作为权利救济制度的行政复议》,载《法学》,2021(5)。

② 周汉华:《行政复议制度司法化改革及其作用》,载《国家行政学院学报》,2005(2)。

③ Cf. White Paper on Transforming Public Services: Compliant, Redress and tribunals, Cm6243. http://webarchive. nationalarchives. gov. uk/+/http:/www. dca. gov. uk/pubs/adminjust/transformfull. pdf,2012年10月30日最后访问。

《行政复议法》(2023年)第53条引入了简易程序,对于事实清楚、权利义务关系明确、争议不大的特定案件,比如当场处罚、政府信息公开,或者经由双方同意的案件,可以采用简易程序裁决。第5条、第73条规定了调解,有四个要点:一是双方自愿。二是必须合法,也就是有着依法行政的要求,不得损害国家利益、社会公共利益和他人合法权益,不得违反法律、法规的强制性规定。三是适用的范围,包括涉及行政自由裁量的案件、赔偿或补偿案件。四是调解的形式与效力。双方应当签订行政复议调解书。调解未达成协议或者调解书生效前一方反悔的,行政复议机关应当及时作出行政复议决定。

在我看来,上述规定已基本充裕,还需强调以下几点:第一,不必刻意禁止私下接触。第二,调解以一次为限。第三,实行调决分离。"基本考虑是防止调解不成功,程序进入到了行政复议案件审理阶段,行政复议人员受到调解过程中先入为主印象的影响不能保持中立客观的态度来看待案情。"①所以,要另外组建一支专门的调解员队伍。审理裁决程序不受调解不成的影响。第四,可以考虑引入早期中立评估(early neutral evaluation),打消当事人不切合实际的要求(help moderate a party's unrealistic claims)。②

二、普通程序

通过普通程序审理的案件有三类:一是除适用简易程序的案件之外,对当事人权益具有较大影响的案件,疑难复杂的案件,或者附带申请对规范性文件审查的案件。二是经过双方同意采用简易程序,因分歧较大,调解不成,其中一方或者双方不同意继续采用简易程序审裁的。三是适用简易程序审理的行政复议案件,行政复议机构认为不宜适用简易程序的,经行政复

① 沈福俊、徐涛、吕奕成:《行政复议制度改革研究》,载《上海政府法制研究》,2011(6)(总第226期)。

② 早期的中立评估是英国替代性纠纷解决机制(alternative dispute resolution (ADR))中的一种,如果双方当事人同意,可以由独立第三人对双方诉求进行评估,包括:(1)法院或裁判所可能做出的结果(the likely outcome in court or tribunal);(2)公正的结果(a fair outcome);(3)某一技术或法律点(a technical or legal point)。这些评估意见不具有拘束力,供当事人在谈判中使用。Cf. White Paper on Transforming Public Services: Compliant, Redress and tribunals, Cm6243. http://webarchive. nationalarchives. gov. uk/+/http:/www. dca. gov. uk/pubs/adminjust/transformfull. pdf, 2012年10月30日最后访问。

议机构的负责人批准,可以转为普通程序审理。

首先,复议机关开始审理(正式听证)之前,先由行政复议机构进行实地调查,核实证据,整理双方的争议点及其依据,也可以调解一次。其次,审理过程近似法院庭审,却大可不必完全仿制庭审,可以通过圆桌会谈形式缓和对抗情绪。

第七节　审查方式与复议决定

1. 审查方式

在我国,《行政复议法》(1999 年)第 22 条沿袭了《行政复议条例》(1990 年)第 37 条的规定,"原则上采取书面审查的办法"。立法的原意是为了追求效率,书面审查简便易行。复议机关只需"审查申请书及所附证据、法律依据的书面材料,答复书及所附的当初作出具体行政行为的证据、依据和其他有关书面材料,第三人提供的有关书面意见及书面材料,等等","就可以作出行政复议决定,了结复议程序"。[①]这贴近层级监督的范式。但立法者却忽略了两点:

第一,书面审适于事实清楚、仅在法律适用上存疑。复议机关作为上级机关,对法律、政策的把握略胜一筹。通过阅卷,就足以作出决断。但是,复议案件多半在事实上就存有争议,或者因为执法不规范、卷宗不齐全,仅凭阅卷很难辨清事实,所以,要求"原则上"适用书面审,不免无的放矢,不切合实际。

第二,书面审把申请人"关在门外",缺少面对面的交流、对质与辩论,复议又在行政系统内部运作,容易让申请人心生疑窦,不信任、不接受复议决定。

上述第一点已被近期的复议改革实践所关注。目前的认识是,"对事实清楚、争议不大的案件,要运用简易程序或者书面审查的办法解决;对事实不清、争议较大的案件,可以进行实地调查,通过当面审理的方式向双方当

① 杨小军:《对行政复议书面审查方式的异议》,载《法律科学》,2005(4)。

事人调查核实;对重大复杂、社会关注的案件,可以通过公开听证的方式解决。"[①]这是对上述第22条的变革性诠释。但是,在我看来,不单"事实不清、争议较大的案件",即便是可以通过书面方式审查清楚的,只要是当事人申请当面审理的,都要当面审理。否则,我们无法回应上述第二点,这也是中国情境下才有的问题,超出了英国人的理解。

但我们理解的当面审理比较单调,近似法院的开庭。而英国的口头听证却形态多样,还包括通过视频连线、电话或者其他双向性即时电子沟通(other means of instantaneous two-way electronic communication)等形式。这是我们迄今很少使用过的。当然,我相信,随着电子政务和信息化的发展,这些形式也渐渐会多起来。

当面审理应当采取什么样式呢?从英国的传统上看,口头听证一般是对抗性的,这被多数人视为程序公正的黄金标准(The adversarial oral hearing has been regarded by many as the gold standard of procedural fairness)。[②]近年来,为提高效率,在创新的名义下,开始引入了究问式(inquisitorial)。澳大利亚的行政上诉裁判所(the Commonwealth Administrative Appeal Tribunal)近似我国的体制,它属于行政范畴,采取的审查方式是究问式的。[③]当面审查也不完全是直接言词原则,从我亲身参与北京市的几起复议案件的审理看,我们无论在理论上或者实践上一般都不刻意区分对抗式或究问式,而是混杂使用,为凝练争议点和提高审查效率,似乎究问的成分多些。

在我看来,究问式更契合行政复议的快捷、经济、专业等特点,第一,不受当事人的论点与主张拘束,有利于彻底解决纠纷。第二,可以主导审查进程,提高审查效率。第三,也能够解释复议委员会为什么可以加强实地调查。

当面审理要求申请人和被申请人同时到场,各自陈述,互相辩驳,凝练认识,明确主要事实、法律问题以及争议点,裁决者在听取双方意见的基础

---

① 郜风涛:《狠抓落实,开拓创新,全面推进新形势下市县政府行政复议工作——在全国市县政府行政复议工作座谈会上的讲话》,http://www.chinalaw.gov.cn/article/xzfy/wjjjh/ldjh/200811/20081100066699.shtml,2012年11月4日最后访问。

② Cf. Genevra Richardson & Hazel Genn,"*Tribunals in Transition: Resolution or Adjudication?*" (2007) *Public Law* 126.

③ Cf. Robert Carnwath,"*Tribunal Justice—A New Start*"(2009) *Public Law* 55.

上做出判断。为此,就应允许律师介入,允许申请人事先查阅卷宗、证据和有关依据,被申请人也负有相应的告知、公布义务。复议决定只能基于经过双方质辩的材料、证据,实行案卷排他主义。

对于上述意见,《行政复议法》(2023 年)做了积极回应。第 49 条、第 50 条规定以听取意见、听证为原则,书面审查为例外。听取意见的方式也非常灵活,可以当面听取,也可以通过互联网、电话等方式听取当事人意见。对于重大、疑难、复杂案件,应当听证。行政复议机构认为有必要,或者申请人请求听证的,也可以组织听证。被申请人的负责人应当参加听证。

2. 复议决定

《行政复议法》(2023 年)为了更加契合行政复议是建立在行政领导关系之上,第一,与法院相比,复议机关的审查要更深入、力度更大,舍弃"明显不当",第 63 条第 1 款第(一)项采用"内容不适当",进一步降低了审查门槛。第二,构建了"以变更决定为中心的行政复议决定体系,强化变更和责令履行等实质性改变决定形式",[①]充分发挥复议机关的领导作用,实质化解纠纷,避免程序空转。

第一,优先考虑变更,撤销责令重做是例外。对于事实清楚或者经过审查能够查明事实,程序合法,但是,裁量失当、适用依据错误的,一般应当决定变更。[②] 第二,只有复议机关发现事实不清,且行政机关更有条件进一步查清事实,或者复议机关查明程序违法,需要行政机关重新履行程序义务,或者必须由行政机关处理的事项,复议机关无法或不宜越俎代庖、亲力亲为,复议机关才可以考虑决定撤销,并责令重做。第三,履行决定不仅要限定一定期限,而且应当进一步明确行政机关履职的具体内容。[③] 第四,还要做到"应赔尽赔"。申请人申请复议时没有一并提出赔偿请求,复议机关认为可以一并请求的,可以主动指导其增加赔偿请求。复议机关在作出复议决定时,发现违法行政行为造成了申请人损失,即便申请人没有一并提出赔偿请求,复议机关也应当同时依法作出赔偿决定。

---

① 徐运凯:《行政复议法修改对实质性解决行政争议的回应》,载《法学》,2021(6)。

② 徐运凯:《行政复议法修改对实质性解决行政争议的回应》,载《法学》,2021(6)。

③ 王万华:《"化解行政争议的主渠道"定位与行政复议制度完善》,载《法商研究》,2021(5)。

第十五章　行政诉讼

第一节　解决纠纷的机理

新中国的行政诉讼制度发端于民事诉讼。根据当时一些单行法的规定,比如,《海上交通安全法》(1983 年)第 45 条之规定,行政争议依托民事诉讼程序解决。1982 年《民事诉讼法(试行)》第 3 条第 2 款是一个标志性规定,尝试采用民事诉讼审理行政案件。1989 年通过《行政诉讼法》,行政诉讼与民事诉讼从此分离、各走各路。该法实施二十五年有余,迎来首次大修。[①] 2014 年 11 月 1 日第十二届全国人民代表大会常务委员会第十一次会议通过了《关于修改〈中华人民共和国行政诉讼法〉的决定》。2017 年 6 月 27 日第十二届全国人民代表大会常务委员会第二十八次会议通过了《关于修改〈中华人民共和国民事诉讼法〉和〈中华人民共和国行政诉讼法〉的决定》,在第 25 条增加第 4 款,专门规定了行政公益诉讼。

---

① 本文为了深入探讨有关行政诉讼修改问题,遴选了两份当时提交立法机关、有附带说明的专家建议稿,包括:(1)清华大学法学院提交的"理想的行政诉讼法"(2014 年 4 月,以下简称"清华版");(2)中国人民大学法学院宪政与行政法治研究中心中国行政法研究所提交的"《行政诉讼法修正案(草案)》专家意见书"和修改建议稿(2014 年 1 月 20 日,以下简称"人大版"),以及两份针对《行政诉讼法修正案(草案)》,正式提出的修改意见,包括:(1)北京大学宪法与行政法研究中心"关于《行政诉讼法修正案(草案)》的修改意见"(2014 年 1 月 24 日,以下简称"北大意见");(2)中国行政法学会"关于《行政诉讼法》修正案草案的意见"(2014 年 1 月 21 日,以下简称"行政法学会意见"),作为分析样本。何海波、沈岿、王敬波、莫于川、童卫东、黄海华等同志提供了有关建议稿和意见,在此致谢。

一、传统原理

行政诉讼虽从民事诉讼之中脱胎而来，但从开初的设计上就与民事诉讼不同。在私法上，是“对双方当事人之间发生的事实上的纠纷加以法律构成，对如此构成的法律纠纷以符合其形态的准则加以处理”。就私法而言，“虽然它同时也是调整当事人行动的规范，但就其主要性格而言”，“是纠纷解决规范”。“私法秩序的保障被压倒性地作为法院的任务，法院被视为最适于解决纠纷的中立机关”。[①]而行政诉讼“于历史沿革上并非因‘纷争解决’此一前法律性格之要求而生，而系基于对行政之适法性控制与对贯彻人民权利保护之要求而生”。[②]

因此，《行政诉讼法》(1989 年)是以审查单方行为为对象而构建起来的，专为解决行政行为的合法性审查而设计。《最高人民法院关于贯彻执行〈中华人民共和国行政诉讼法〉若干问题的意见(试行)》(1991 年)对“具体行政行为”还特意做出解释，强调单方性。[③]也就是，行政行为是指行政机关单方意思表示就能发生法律效果的权力行使行为，这是传统的、现在看来属于狭义的行政行为概念。《行政诉讼法》(1989 年)第 11 条列的行政行为形态也无一例外，都是单方行为。

行政诉讼解决纠纷的机理是，如果行政行为违法，并对相对人的合法权益产生妨害，相对人可以诉诸法院。法院只要通过对行政行为的合法性审查，撤销违法的行政行为，那么，加诸其合法权益上的妨害就能够排除，权利状态便能够恢复原状，纠纷也随之化解。“法院所依据的规范一般就是与纠纷的存在的存否无关地拘束着作出行政行为之行政机关的行政秩序规范本身”。[④]所以，主观之诉是表象，行政诉讼本质上是客观之诉，是为了维护客观法秩序。诉的利益与主观公权仅是因为法院资源有限而不得不构筑的限制

---

① [日]小早川光郎：《行政诉讼的构造分析》，王天华译，33 页，北京，中国政法大学出版社，2014。

② 翁岳生主编：《行政法》，1311 页，北京，中国法制出版社，2002。

③ 在该司法解释中，“具体行政行为”是指“国家行政机关和行政机关工作人员、法律法规授权的组织、行政机关委托的组织或者个人在行政管理活动中行使行政职权，针对特定的公民、法人或者其他组织，就特定的具体事项，作出的有关该公民、法人或者其他组织权利义务的单方行为”。

④ [日]小早川光郎：《行政诉讼的构造分析》，王天华译，34 页，北京，中国政法大学出版社，2014。

性措施,从而将主观之诉与客观之诉统合成一体两面。《行政诉讼法》(1989年)的总体设计也大致符合上述诉讼原理。

二、非典型行政行为和一并解决民事争议

然而,之后的实践,由于法院锐意进取,不断拉张行政诉讼范围,一些非典型的行政行为也进入了法官的视野。大致可以分为,一是责任认定,比如道路交通事故责任认定、火灾原因及火灾事故责任认定、工伤认定、地质灾害责任认定等,这类行为都没有对当事人的权利义务做出法律上的处分。二是行政确认,包括发放结婚证、房产证等,其法律效果在私法上已经发生,行政机关只是用国家公信力确认已有的法律状态。三是行政裁决,比如行政机关对专利侵权、房屋拆迁安置补偿、滩涂水源林木权属等民事纠纷的居中裁决,有关民事争议只能适用私法解决。上述非典型的行政行为在法律效果上与传统行政行为不同,但至少在公权力性和单方性上却是一致的。为适应上述变化,《最高人民法院关于执行〈中华人民共和国行政诉讼法〉若干问题的解释》(2000 年)第 1 条干脆删除了"具体",改为"行政行为"。这意味着已经从传统行政行为上发生了移动,拉张了概念外延。

对于上述非典型的行政行为,比如责任认定,还勉强可以通过判决撤销、重新作出责任认定来解决。但是,对于行政确认、行政裁决,通过上述行政诉讼结构就无法妥帖应对,因为仅是撤销违法的行政确认、行政裁决,民事争议犹在,并不能真正解决纠纷。要想实质性化解纠纷,就必须加入新的诉讼机制。《最高人民法院关于执行〈中华人民共和国行政诉讼法〉若干问题的解释》(2000 年)第 61 条增加规定了民行交叉,"被告对平等主体之间民事争议所作的裁决违法,民事争议当事人要求人民法院一并解决相关民事争议的,人民法院可以一并审理"。《行政诉讼法》(2014 年)第 61 条继续扩大了民行交叉的范围,规定"在涉及行政许可、登记、征收、征用和行政机关对民事争议所作的裁决的行政诉讼中,当事人申请一并解决相关民事争议的,人民法院可以一并审理"。与此同时,作为制度操作的平台,行政诉讼附带民事诉讼的创制性平台也孕育而生。

三、行政协议与双向性审查

同样,在行政诉讼初创之际,行政契约因为实践不普遍,理论不成熟,未

引起立法者的兴趣与关注。随着行政契约实践的不断深入，运用领域的逐渐拓展，面对频发的纠纷，便有了诉讼需求。但是，由于《行政诉讼法》长期不改，只能以行政行为为审查对象。欲将行政契约纳入行政诉讼，也必须将其塞入行政行为范畴之中。所以，不少学者和法官主张，行政契约属于“双方行政行为”，是行政行为的一个亚种。这是继“具体行政行为”脱变为“行政行为”之后的又一次实质性拉伸，行政行为由单方扩展到双方。

立法者、法官和学者都清醒地意识到行政协议不同于传统行政行为，也与上述非典型行政行为迥异，是双方合意行为，是一种全新的行为类型。应当“建立专门适用于解决行政契约纠纷的双向性构造的诉讼结构”，包括双向性审查结构、允许行政机关起诉的条件、反诉权、举证责任、确认契约效力以及对违约责任处理的判决形式等。[①]《行政诉讼法》(2014 年)除了第 12 条受案范围、第 61 条民行交叉外，还专为行政协议量身定制了第 78 条。《最高人民法院关于审理行政协议案件若干问题的规定》(2019 年)在认可双向性审查、公法与私法混搭的法律适用、双方举证以及引入单方变更的行政法理上取得了不小的进步，使法院的审理操作更贴近双方行为的特征。

第二节　行政审判体制与管辖

一、几种改革方案及其评价

在 20 世纪末，经过一番讨论、实践之后，《行政诉讼法》(1989 年)采纳了最简洁、经济的办法，在现有的四级法院之中设立行政审判庭，仿效民事诉讼上的便民原则，行政案件一般从基层法院打起，实行二审终审。却没想到，该制度一铺开实施，基层法院立刻遭遇了民事诉讼所没有遇到过的行政干预。

“立案难、审不动”始终困扰着行政诉讼，时轻时重。[②]它们互为表里，审不动，就不受理、假受理。但是，在讨论如何解决之前必须明确，“立案难”，

---

① 余凌云:《论行政契约的救济制度》，载《法学研究》，1998(2)。余凌云:《论对行政契约的司法审查》，载《浙江学刊》，2006(1)。

② 据估算，原告起诉的案件大约只有三分之一被法院受理，大量案件被拒之门外。已经受理的，相当比例的案件又被驳回起诉(最高年份达到 15.2%)；甚至到了二审，还有不少被驳回起诉(最高年份达到 17.4%)。

只是部分案件被挡在法院门外,"审不动",也只是部分案件受干扰大,绝非全部。否则,就是历史虚无主义,无视市县法院是能够解决一些行政纠纷的事实。要知道,在最初的几年,全国法院一审案件中原告的胜诉率已经达到了三分之一强,[①]就是不乐观的估计,近几年也是在17%上下波动。[②]

对于"立案难",从《行政诉讼法》(2014年)第3条第2款、第51条、第52条规定看,治理的思路是实行立案登记制,包括四个方面,第一,行政机关及其工作人员不得干预、阻碍人民法院受理行政案件。第二,不得拒收起诉状。符合起诉条件的,应当登记立案。不能及时判明的,应在七日内决定。不予立案的,要说明理由。第三,存在立案上的不作为的,当事人可以向上一级人民法院起诉。符合起诉条件的,由上一级人民法院管辖,或者指定管辖。第四,不接收起诉状的,会招致处分。

从立案登记的实施情况看,"立案难"的问题迎刃而解。从1990年到2014年,每年全国各级法院受理的一审行政诉讼案件总量不超过15万件。[③]而2015年,全国法院一审行政案件受案数为220398件,同比上升60%左右。"不立案、不收材料、不出裁定"的"三不"现象明显减少。[④]法院除了关注对起诉条件是否要适度的实质审查,以及如何解决当事人滥诉之外,依然挠头的还有"立案容易,审理难"。

在我看来,以往不受理,本质是因为审不动。硬审,会处境尴尬,招来不利益后果。假审、偏审,又觉虚伪,过意不去。索性不受理。所以,如果不能解决"审不动"问题,即便受案率上去了,驳回起诉也会增多。《行政诉讼法》(2014年)总则里面的宣誓性规定,无论是"行政机关不得干预",还是"法院

---

① 1990年10月1日行政诉讼法开始实施,至1995年6月,全国各级法院共受理各类一审行政案件141949件。案件涉及土地、公安、城建、工商、环保、物价、金融、海关、林业、矿产、税务、技术监督等40多个行政管理领域。各级人民法院审结的一审行政案件136000件,原告胜诉率占37.73%,达到51362件。其中判决撤销或部分撤销违法具体行政行为的24933件;占结案总数18.36%,判决变更显失公正具体行政行为的2149件,占结案总数1.58%;被告在诉讼过程中改变违法的具体行政行为,原告因此申请撤诉,人民法院裁定准予撤诉的24220件,占结案数的17.79%。马怀德、刘莘:《中国法治的里程碑——行政诉讼法实施以来取得的成就与存在的问题》,http://www.110.com/ziliao/article-25241.html,2014年4月11日最后访问。

② 何海波:《行政诉讼法》,23页,北京,法律出版社,2011。

③ 陈刚良:《新〈行政诉讼法〉实施对行政审判工作的影响》,载《中国法律评论》,2016(3)。

④ 耿宝建:《新〈行政诉讼法〉实施一年回顾与展望》,载《法律适用》,2016(8)。

必须受理”，都无济于事。从内部纪律处分、监督角度的挤压，只会逼迫法院做形式上的受理。说明理由有一定效果，但不要忘了，法院有时总是可以找到冠冕堂皇的合法的理由来掩饰非法目的。由上一级法院处理，可以解决一部分问题，但不是全部。

因此，对于“审不动”的难题，学者更多的是从行政审判体制与管辖改革上入手，提出的对策主要有：(1)打破行政区划，设立跨地市的、相对独立的行政法院；(2)维持目前的行政庭体制，实行提级管辖，基层法院不审行政案件；(3)维持四级行政庭体制，实行“异地管辖”或者“集中管辖”；(4)维持现有审判体制，由高级法院统一立案、分级审理。其中，在(3)、(4)种方案基础上，还可以考虑实行三审终审(行政法学会意见)。从讨论情况看，(1)、(2)比较占上风，尤其是学者更青睐(2)。

“提级管辖”，一审案件均由中级人民法院管辖，好处是“司法体制变动较小、成本较低，也比较容易收到成效”(北大意见、清华版)。但在我看来，也有两个问题：一个是要让“秋菊”们跑得更远的市里去打官司，还要费心安置从区县法院行政庭裁撤下来的法官，尤其是庭长、副庭长。当然，这个问题相对好解决，也有变通办法，就是设计巡回法庭，或者将现有的区县法院行政庭并入执行机构、主要负责审查非讼执行案件(清华版)，或者把他们都收编到中级人民法院行政庭。另外一个就是，仍然无法根治“立案难、审不动”的问题，例如，行政机关做出的决定实际上是执行市委、市政府的决议，或者行政机关事先向市委、市政府请示过、得到认可同意，以及市县法院受到的其他有形、无形干预。也有学者也认识到这一点，指出，“提高一审法院的审级对法院来讲会增加中级法院的负担，而且也不能完全摆脱地方化的弊端”(人大版)。司法实践也反复证明，上提一级管辖只能解决基层政府对基层法院的干预问题，对地市以上政府干预不起作用。[①]

对于行政法院方案，意见也不统一。有的学者认可，认为这“符合十八届三中全会关于‘探索建立与行政区划适当分离的司法管辖制度’的精神”，“是一种低成本、易操作的解决行政诉讼面临的‘三难’问题的方案”，也“不需要修改《宪法》、《法院组织法》”(行政法学会意见)。“但是，《行政诉讼法》

---

① 江必新：《中国行政审判体制改革研究——兼论我国行政法院体系构建的基础、依据与设想》，载《行政法学研究》，2013(4)。

的修改若采行这一方案,不能只是简单地在《行政诉讼法》之中提及行政法院的设置,而应该配套制定《行政法院组织法》"(北大意见)。有的学者质疑,"固然能够最大程度地保障独立审判,集约审判资源,但制度变动较大,诉讼成本较高,并不一定可行"(清华版)。我觉得,动静虽大,也有法国地方行政法院的样本可循,但究竟能否彻底解决上述问题,我依旧怀疑。

在我国的社会传统和社会结构之下,法院的人事权、财权独立,不见得法官就能独立行使审判权。首先,还有两个重要制度也会对法院审判工作产生影响,一个是"党管干部原则"决定了法院院长必须服从同级党委领导,另一个是建立在"议行合一"原则之上的人民代表大会制度通过法院院长的选举、年度报告制度也会对法院审判工作产生影响。因此,为了实现宪法规定的"人民法院依照法律规定独立行使审判权",行政法院的设立还必须与"党管干部原则""议行合一"原则结合起来一并考虑。其次,在熟人社会和差序格局之下,行政法院可以不睬辐射的县市,但对坐落的地方,还不敢不睬。法院大楼要扩建,法官子女要上学,法院车辆要出入,这就会与当地行政机关产生千丝万缕的联系。这仍然是权力结构之中的相互作用。这些联系就可能编织成一张笼住法院的蜘蛛网,让行政法院在审理牵涉这些行政机关的案件时,投鼠忌器,束手束脚。这又回到了当下问题的原点。

《行政诉讼法》(2014 年)在管辖上做了两处增补,一是第 18 条第 2 款规定了"集中管辖",经最高人民法院批准,由高级人民法院选定若干人民法院,跨行政区域管辖行政案件。这也为行政法院的设立预留了法律空间。二是第 15 条第(一)项规定了"提级管辖",对县级以上地方人民政府所作的行政行为提起诉讼的案件,由中级人民法院管辖。

在我看来,上述第一点的集中管辖,以及进一步发展而成的行政法院,还有第二点的提级管辖,都能够让法院挣脱行政机关的权力干扰,[①]但是,都不可能河落海干。上述对可能影响法院审判工作的因素分析,让我们有理由担心,必定还会有一些"不好审"的案子,可能让当事人要么白白浪费一次

① 随着提级管辖相关规定的实施,相当一部分原由基层法院管辖的一审案件流向中级法院,进而导致中级法院、高级法院案件大幅提升。"一定程度上冲击了四级法院的职能定位"。但是,"审判公正性总体变化不大,但审判效率下降明显。"崔胜东、田洋洋:《以县级人民政府为被告的行政案件提级管辖反思与微调——基于法院级别管辖实证样本的考察》,载《中国应用法学》,2021(4)。

救济机会，要么“逃不出如来佛的手心”。[①]

二、我的建议

在我看来，解决问题的关键是修改好管辖。公正的管辖决定了公正的判决。只要能够让当事人选到一个他信服的管辖法院，就容易接受法院判决，案了事了。司法也能够对行政机关产生真正的压力，促进依法行政。疏浚了这个关隘，其他即使不改，也是一个巨大胜利。于是，在中国情境下，行政审判体制与管辖这两个原本不同的范畴却发生了密切的勾连。

从法院系统试验“交叉管辖”“异地管辖”“集中管辖”的经验，以及最近关于行政审判体制改革的讨论看，人们已经形成一个共识：管辖法院与纠纷发生地“错位”，可以摆脱地方干预，审动原先“审不动”的案件。行政法院方案、“交叉管辖”、“异地管辖”、“集中管辖”以及我下面建议的选择管辖都具有这样的共性。如何抉择呢？我们还需要尽快形成另外一个共识，地域错位，应当挣脱相互依存（依赖）的权力结构关系，让行政机关无法对法院施加权力性压制。

我不看好现在的指定管辖，是因为那是法院主导的，有着巨大的裁量余地，不是必然发生的。尤其对于那些地方党委、政府关注的案件，地方法院基本不会依据《行政诉讼法》（2014 年）第 23 条第 1 款规定请求“上级人民法院指定管辖”。

我也不看好“异地管辖”“集中管辖”，不是因为它们“长期效果有限，审判资源仍然分散”（清华版），而是与我提出的选择管辖相比，地域错位不够，行政机关仍然有机会施加权力性压制，法院抵抗干预的能力依然有限。[②]“变二审终审制为三审终审制”（行政法学会意见），涉及修改宪法，动静更大。

---

① 何海波：《行政审判体制改革刍议》，载《中国法律评论》，2014（创刊号）。

② 以台州中院为例，该院试行异地管辖初期，行政机关败诉率曾经达到 50%，排除干扰效果十分明显，但由于行政机关天然的隶属关系等原因，时间一长，新的干预、拐弯说情又会出现，行政机关败诉率回潮至 6%，甚至远远低于全省行政案件平均败诉率的水平。集中管辖改革实施一段时间之后，“‘试行效应’逐渐递减，甚至出现了试行法院指标低于非试行法院的反常情况。究其原因，相对集中管辖这种方式无法避免行政机关相互之间帮忙打招呼的问题”。而且，“加剧了案件执行的难度”。“由于管辖法院案件压力太大，不愿意受理案件的问题更加突出”。江必新：《中国行政审判体制改革研究——兼论我国行政法院体系构建的基础、依据与设想》，载《行政法学研究》，2013（4）。

我觉得,要解决“立案难、审不动”的问题,不用大动干戈,只需赋予相对人选择法院的权利,就能实现地域的彻底错位。对相对人而言,这是一种程序上的权利,它必然能够撬动管辖调整。对法院而言,这实质上是一种指定管辖,但必定会发生管辖改变。

也有学者意识到“应尊重原告的选择权”,却不是我所说的意义上的选择。他们主张,“一审法院仍然设在基层法院,但是,为达到司法公正、真正摆脱地方的行政干扰,增加管辖权确定的连接点,赋予相对人在起诉时的最大选择权,打破原有的地域限制。同时,设计了一种备选方案,也即取消原有的、上级法院的、当然的二审权力,专门设立直接隶属于最高法院的上诉行政法院,作为各地行政案件的终审法院,它们专门审理不服一审法院判决的上诉案件,级别类似于高级人民法院”(人大版)。这种改革的成本也高。

我也关注到,早在2008年《最高人民法院关于行政案件管辖若干问题的规定》(法释(2008)1号)第2条规定中,就开始允许当事人以“案件重大复杂”或者“基层人民法院不宜行使管辖权”为由,请求中级人民法院改变管辖。这也被《最高人民法院关于适用〈中华人民共和国行政诉讼法〉的解释》(法释(2018)1号)第6条原封不动照抄下来。但是,在我看来,改革力度还不够。

我的设想是,第一,行政诉讼管辖保持现有格局不动,因为有些行政案件在区县法院是可以解决的,当事人也接受,无需增加当事人的诉讼成本。第二,应当增加规定当事人在特定情况下的选择权。如果当事人有初步证据证明,行政机关是奉市委市政府、县委县政府之命行事,或者的确存在干扰公正审判的因素,就应当允许其径至省高院,要求改变管辖。省高院必须在法定期限内做出调整管辖的决定,裁量权仅限于要么自己管辖,要么指定到地域不比邻、当事人也接受的其他中级法院管辖。如果省高院推诿不决,或者当事人对重新指定的管辖不满,可以向最高人民法院申诉。第三,涉及直辖市、省会市的“审不动”的案件,当事人可以请求最高人民法院指定到其他直辖市、省会市的中级人民法院管辖。

这样选定的法院,在地理上远离了案发地,法院的业务和法官的生活也摆脱了牵扯,审起案来就能心无旁骛,落下法槌也掷地有声,法官的心思就可以专注于法律问题，也就没有什么受不进、审不动的案件了。

当然，我也注意到这个方案会引起诉讼成本的上升。但是，现在摆在立法机关桌前讨论的方案，“提级管辖”“跨地区的行政法院”“异地管辖”“集中管辖”等，哪个不会增加诉讼成本？不像这些方案，我的方案不会使所有案件都增加成本，只是部分审不动的案件会增加。或许，比起当事人渴求的公正，诉讼成本的增加已不算是问题。更重要的是，在我的方案里，是否愿意承担更多的诉讼成本，决定权握在当事人手里。为防止当事人是法律知识欠缺者，法院应当有告知其有选择权的义务。

第三节　扩大受案范围

一、不轻易改弦易张

学术史已经见证了行政诉讼法引入具体行政行为的不慎，最高人民法院又用行政行为掏空了它的诉讼内涵，虽然装进了法官想要受理的公法行为，却使得行政行为变得空洞无物，更像一个符号，一个象征。法官也越来越离不开立法和司法解释对受案范围的详细列举，丢开这把拐杖，法官已无法凭借空灵的行政行为概念判断是否应当受理了。

因此，在修法过程中，学者开始批判具体行政行为，“由于行政法学理和司法实务对‘具体行政行为’的界定可谓仁者见仁、智者见智，这一概念无形之中成了法院拒绝受理有争议案件的理由”（北大意见），提出要用“公法争议”“行政争议”（行政法学会意见）取而代之，或者干脆删除《行政诉讼法》（1989 年）第 2 条的具体行政行为（北大意见）。并且，对受案范围的立法模式也展开批判，认为，“由于肯定列举和否定排除之间存在大量的模糊地带，肯定列举更多地成为法院拒绝受理案件的依据，成为‘立案难’的主因之一”，主张“采用‘负面清单’（即概括条款加排除）的方式规定受案范围”（北大意见、人大版）。

上述批评，在我看来，也同样可以用来批评上述建议，所以，这些建议注定都不可能被采纳。我不主张轻易变动已形成的受案模式、概念与审查技术，尽管肯定列举与否定剔除的立法模式在逻辑上是不完美的，有着内在缺陷,还有很多改进的空间,但是,经过长期的审判实践,通过大量的司法解释、批复、判案与研讨,我们早已熟悉了这套话语体系,积攒了经验,构建了概念结构,法官、律师、学者和相对人已能够在有关含义、识别标准、判断技术等方面展开有效的对话。

如果我们轻易改变、抛弃这套话语体系与模式,改弦易张,那么,一方面,我们必须付出很大的精力,经过漫长的过程,才能重新构建好新的概念的精细结构。比如,什么是行政争议?就是采用"负面清单",有时还离不开原先列举的概念。比如,关于行政指导的纠纷什么情况下不受理?另一方面,要让法官、律师、学者和相对人改变早已熟悉的思维方式、识别标准,在崭新的概念上进行共同的对话,还得花费更多的精力、时间,需要名繁数众的请示、批复和解释,更离不开声势浩大的宣传、培训和教育。过渡期必定有着一段混乱、不适、迷惑,这是可以想象得到的。

二、外加的策略

所以,《行政诉讼法》(2014 年)第 12 条坚持了正面列举的传统,采取外加的方式,"将可提起诉讼的情形由现行的 8 种增加到 12 种"。除了修葺表述,将《行政复议法》(1999 年)第 6 条规定的、行政审判实践也处理的情形纳入外,也有突破,外加了几点:一是有关"土地、矿藏、水流、森林、山岭、草原、荒地、滩涂、海域等自然资源的所有权或者使用权"的行政争议。二是征收、征用或对征收、征用的补偿行为。三是行政机关滥用行政权力排除或者限制竞争的。四是行政机关不依法履行、未按照约定履行或者违法变更、解除政府特许经营协议、土地房屋征收补偿协议等协议的,可以受理。另外,将兜底条款修改为"侵犯其他人身权、财产权等合法权益的",容纳了近年来已经审理的有关劳动权、受教育权、知情权等行政案件。

但是,这种"小步慢走"的扩大显然不是学者所期望的。在我看来,一审行政案件的数量之所以少,据说 2002 年之后的几年,全国的数量徘徊在 10 万件左右,平均每个基层法院约 30 件,占法院办理各类案件的 1.8%,[①]这与受案范围不够宽,有些案件不敢受理等有关。因此,把受案范围尽可能规定

① 何海波:《行政诉讼法》,25 页,北京,法律出版社,2011。

得很大、很广，有助于解决上述问题。甚至可以说，即使拉张到极限，“天也不会塌下来”。在中国社会的文化传统和社会现实下，行政案件不会如洪水般“暴涨”，法院也不会应接不暇。1990年《行政诉讼法》实施时的经历已经印证了这一点。[①]

我支持外加，不断地外加。但是，外加也要有清晰的谋划，不是杂乱无章的实用主义。由于行政行为已丧失诉讼上的识别价值，我们就必须在这个空泛的上位概念之下重新构筑起新的诉讼识别标准。在我看来，至少要有三个路径：

一是回归迈耶(Otto Mayer)创设的狭义的行政行为概念，具有公权力、单方性、法律效果三大特征。这是行政救济的传统领域，法官应毫不犹豫地予以受理。已类型化的行政行为多在《行政诉讼法》罗列之中，剩余的，用上述特征衡量，也极易辨析。

可以说，行政诉讼法已基本覆盖了外部的行政行为，学者的目光开始转向了具有同样法律效果的行政机关内部决定，包括公务员的招录、开除、辞退，建议这些涉及公务员身份的取得和丧失的决定都可诉。其中的公务员招录行为，目前已经开始进入行政诉讼(清华版)。“因为行政机关内部行为不可诉是传统行政法特别权力关系理论的产物，已经与现代行政法的发展不相适应。”(行政法学会意见)

二是现代行政法上出现的新手段，需要救济，又无法涵摄到狭义的行政行为之中，比如行政契约(合同)、行政指导。

在修法的讨论中，行政契约应否纳入，也有过激烈的争执。在全国人大常委会分组审议中，不少委员呼吁，行政契约“在现实生活中大量存在，已经成为了新的、重要的行政管理方式，具有鲜明的公权力属性，应当可诉”。“在司法实践中，大量行政合同案件已经起诉到人民法院，但是人民法院对于是否受理的做法各不相同，审理的规则和裁判也不一致，亟须规范”。[②]《行政诉讼法》(2014年)第12条第(十一)项确认了行政契约可诉，只是改称“行

① 何海波:《行政诉讼法》，23页，北京，法律出版社，2011。

② 《期望修法步伐能够迈得更大——全国人大常委会分组审议行政诉讼法修正案草案》，http://www.npc.gov.cn/npc/xinwen/lfgz/2013-12/26/content_1820735.htm，2014年3月15日最后访问。

政协议"。这无疑是一个巨大的进步。

行政指导能否纳入,也不无争议。不受理的理由不限于传统所说的不具有单方性和法律效果,而是可以起诉后续的行政行为,比如,政府在招商引资中承诺减免税,税务机关却做出拒绝减免税的决定。《最高人民法院关于适用〈中华人民共和国行政诉讼法〉的解释》(法释〔2018〕1 号)第 1 条第 2 款第(三)项也基于上述理由明确规定不受理"行政指导行为"。但是,我不以为然。行政指导之后并不必定接续着一个行政行为,但行政指导产生了当事人的合法预期,就有法律保护的必要。退一步说,即使有后续的行政行为,对已产生合法预期的行政指导,也有单独起诉的价值。所以,行政指导可以单独作为一类,并引入合法预期,才说得清受理的条件。

三是社会组织行使公共行政职能的,比如村民自治组织、事业单位、行业协会等,也可诉。[①]委员的见识和学者不谋而合。社会行政的发展已无法荫掩在法律、法规、规章授权的组织理论之下,需要独立出来,受理的标准可以与行政复议法的修改一并考虑。[②]有些学者建议,社会行政参照行政诉讼法(清华版、行政法学会意见)。但遗憾的是,《最高人民法院关于适用〈中华人民共和国行政诉讼法〉的解释》(法释〔2018〕1 号)第 24 条仍旧是援用法律、法规、规章授权的组织以及行政委托的路子做了适当的延伸。这还是没有跳出国家行政范畴。

在我看来,采取外加的进路,要清醒地认识到,加入的新类型纠纷,比如,行政契约、社会行政,与狭义行政行为的不同,要针对新类型纠纷的特点,在行政诉讼上打上相应的补丁,量体裁衣地解决这些纠纷。比如,为解决行政契约纠纷,要引入允许行政机关当原告、反诉、对引起纠纷的双方行为同时审查、适用混合规则等制度;[③]解决社会行政领域的纠纷,允许"参照该自治组织的章程"(行政法学会意见)。

---

① 《期望修法步伐能够迈得更大——全国人大常委会分组审议行政诉讼法修正案草案》,http://www.npc.gov.cn/npc/xinwen/lfgz/2013-12/26/content_1820735.htm,2014 年 3 月 15 日最后访问。

② 余凌云:《论行政复议法的修改》,载《清华法学》,2013(4)。

③ 余凌云:《行政契约论》(第二版),139~178 页,北京,中国人民大学出版社,2006。

第四节　对规范性文件的附带审查

一、规范性文件的可诉性

有着行政复议的先例，包括立法与实践，以及学界的持续研究，规范性文件的司法审查(judicial review)应当纳入行政诉讼法修正案中已不成悬念。

从历史上看，《行政诉讼法》(1989 年)第 12 条规定了不受理，当事人无权直接起诉规范性文件，但是，在案件的审理过程中，尤其是当事人以规范性文件违法为理由，法院能否审查呢？《行政诉讼法》(1989 年)里只字未提。《最高人民法院关于执行〈中华人民共和国行政诉讼法〉若干问题的解释》(法释〔2000〕8 号)第 62 条中规定，“人民法院审理行政案件，可以在裁判文书中引用合法有效的规章及其他规范性文件”。最高人民法院在《关于审理行政案件适用法律规范问题的座谈会纪要》(2004 年)中指出，“人民法院经审查认为被诉具体行政行为依据的具体应用解释和其他规范性文件合法、有效并合理、适当的，在认定被诉具体行政行为合法性时应承认其效力；人民法院可以在裁判理由中对具体应用解释和其他规范性文件是否合法、有效、合理或适当进行评述”。这意味着，第一，法院有权直接判断涉案的规范性文件是否合法有效。第二，合法有效的规范性文件，可以在裁判文书中“引用”，充实裁判理由与论证。第三，违法的规范性文件，只能默默地、消极地搁置，不“引用”之，却不能在裁判文书中宣布其违法。因此，即便在修法之前，法官也并非对规范性文件没有审查权，只不过是隐形的，遮遮掩掩的。

法官一般不会刻意地主动审查规范性文件的合法性。究其原因，这固然可能是，“与‘政策实施型’制度逻辑相一致的过度科层化的法院权力组织结构、司法权的行政化以及与此相应的法官行为逻辑，导致了法院对行政规范性文件实施司法审查能力的不足。”“放弃对行政规范性文件的司法审查并不会遭致判决被推翻的风险。”[①]其实，也与诉讼效率和成本以及审查的必

---

① 余军、张文：《行政规范性文件司法审查权的实效性考察》，载《法学研究》，2016(2)。

要性不无关系。比如,很难想象,当事人没有任何异议,法官却要彻底查清规范性文件制定程序是否违法。在审理案件过程中,法官发现了行政行为所依据的规范性文件违法,或者当事人提出了有关质疑和理由,且法官也觉得有审查必要的,法官还是会审查规范性文件的合法性。这涉及判断是否存在"法律、法规适用错误"。"如果法院没有审查而导致规范性文件合法性认定错误,该判决在二审乃至再审仍然可能被撤销。"①法官对规范性文件的审查义务不是普遍性的,只是例外。这就解释了有关审查比例相对较低的原因。②

《行政诉讼法》(2014 年)第 53 条、第 64 条规定从隐形走向显形,是对已有实践的总结。第一,允许当事人起诉时附带一并请求审查。第二,是否合法,法院有权直接判断,无需假借第三方的手,报送有权机关去认定。但是,"文件制定机关类似于与行政案件处理结果有利害关系的第三人",③"应当听取规范性文件制定机关的意见",也允许其出庭陈述意见。第三,对规范性文件的审查,是对法律适用的判断,决定规范性文件是否具有审判基准规范效力,能否作为行政行为的依据。与行政行为的审查目的不同,不完全适用《行政诉讼法》(2017 年)第 70 条审查标准。《最高人民法院关于适用〈中华人民共和国行政诉讼法〉的解释》(法释(2018)1 号)第 148 条另起炉灶,量身定制了审查标准,一是判断规范性文件本身是否合法有效,包括制定机关是否越权、是否严重违反制定程序,以及与涉案行政行为的相关性、可适用性。二是行政行为所依据的条款是否违法,包括违反上位法规定,与上位法相抵触,违法减损权利、增设义务,以及其他违法。但是,不能审查政策选择的优劣好坏,只有政策明显不当,已经构成实质违法,法院才可以认定违法。第四,不合法的,"不作为认定行政行为合法的依据,并向制定机关提出处理建议"。合法的,可以作为支撑行政行为合法的理由说明。《最高人民法院

---

① 何海波:《论法院对规范性文件的附带审查》,载《中国法学》,2021(3)。

② 王庆廷对上海部分行政诉讼案件的统计,30 个案例 54 个其他规范性文件中,原告在 7 个案例中提出异议,涉及 8 个(14.8%)文件。而法院在 8 个案例中予以了审查(其中 7 个系原告有异议,还有一个是原告在行政复议中有异议,法院认可了复议结果),对 9 个(16.7%)文件作出了效力认定,认定结果均与原告异议相反。对其余 45 个(83.3%)文件则回避审查,没有评判。王庆廷:《隐形的"法律"——行政诉讼中其他规范性文件的异化及其矫正》,载《现代法学》,2011(2)。

③ 何海波:《论法院对规范性文件的附带审查》,载《中国法学》,2021(3)。

关于适用〈中华人民共和国行政诉讼法〉的解释》(法释〔2018〕1 号)第 149 条规定,法院仅"在裁判理由中予以阐明",不能在判决主文中直接判决规范性文件违法、无效或者撤销。这意味着规范性文件不具有可诉性。附带审查要求仅是一个特殊的诉讼请求,"不是作为一个诉讼案件提出"。[①]第五,不作为依据的效力只是自本案向后发生,不溯及至规范性文件公布之时,也就不会产生多米洛效应。[②]如若不然,规范性文件都无法附带审查。

在这一点上,不是"并没有实质性的进步"(行政法学会意见),而是有质的飞跃,让法院具有了对规范性文件完全的司法审查权。但有关条款不够直率,在我看来,既然当事人请求一并审查,法院就必须回应当事人的诉请,在裁判文书中明确判断涉案规范性文件(或其中的有关规定)是否合法。所以,应将上述第 64 条改为"人民法院在审理行政案件中,发现上述规范性文件不合法的,应当判决违法,不作为认定行政行为合法的依据,并应当通报有权机关。"

唯一让学者有点担心的是,"不同法院就同一个抽象行政行为可能作出矛盾的判决",因此,建议,"可以通过明确相关法院的管辖权解决,确定为特定级别的法院统一管辖这类案件可以避免这类矛盾发生。"(行政法学会意见)。我觉得,莫不如法院在判决之前报送最高人民法院备案,最高人民法院发现上述问题,可以及时协调解决。《最高人民法院关于适用〈中华人民共和国行政诉讼法〉的解释》(法释〔2018〕1 号)第 149 条、第 150 条是采取抄送、备案方式解决,包括"抄送制定机关的同级人民政府、上一级行政机关、监察机关以及规范性文件的备案机关","报送上一级人民法院进行备案","涉及国务院部门、省级行政机关制定的规范性文件,司法建议还应当分别层报最高人民法院、高级人民法院备案"。

但是,学者尤不满足,希望更进一步,"创设独立的行政规范性文件审查

---

① 程琥:《新〈行政诉讼法〉中规范性文件附带审查制度研究》,载《法律适用》,2015(7)。

② 在"安徽华源医药股份有限公司诉国家工商行政管理总局商标局、嵊州市易心堂大药房连锁股份有限公司等商标行政纠纷案"中,北京市高级人民法院就是因为担心,"由于《新增服务商标的通知》发布于 2012 年 12 月,商标行政主管机关根据该文件受理了 7000 余件商标的注册申请,其中 1000 余件商标的注册申请已经处理完毕。如果本案《同日申请协商通知书》被撤销,势必形成连锁反应,破坏基于《新增服务商标的通知》所形成的社会秩序,为数众多的商标申请人的信赖利益亦将受到严重损害,进而影响社会秩序的稳定。"因此,判决确认违法。参见北京市高级人民法院(2016)京行终 2345 号行政判决书。

之诉”(北大意见),“可以对该规范性文件单独提出审查请求”(行政法学会意见),“把规范性文件纳入法院的受案范围(而不是目前的附带审查)”(清华版),理由是,“在某些特别情况下,违法的规范性文件不通过具体行政行为也可能侵犯行政相对人的合法权益”(北大意见)。我亦认同。附带审查毕竟过于消极。

二、规章也可诉吗?

学者还提出,“规章也可诉”,应当审查规章。因为《行政诉讼法》(1989年)“在适用法律时已有间接的审查”(北大意见)。但是,仔细体会,对规章的间接审查还是有别于对规范性文件的审查。

《行政诉讼法》(1989 年)第 53 条规定,法院参照规章。那么,什么是参照呢?最高人民法院在《关于审理行政案件适用法律规范问题的座谈会纪要》(2004 年)中指出,“在参照规章时,应当对规章的规定是否合法有效进行判断,对于合法有效的规章应当适用”。《最高人民法院关于执行〈中华人民共和国行政诉讼法〉若干问题的解释》(法释〔2000〕8 号)第 62 条第 2 款规定,“人民法院审理行政案件,可以在裁判文书中引用合法有效的规章及其他规范性文件”。因此,参照必然意味着要审查和判断规章规定的合法性,但却不能在判决中宣判其违法,而且,判断权也不完全归法院。一目了然的违法,由法院直接做出判断。较复杂或有争议的,送请有权机关判断。

一目了然的要求,可以在“鲁潍(福建)盐业进出口有限公司苏州分公司诉江苏省苏州市盐务管理局盐业行政处罚案”中得到印证。① 该案是最高人民法院发布的第二批指导性案例(最高人民法院审判委员会讨论通过,2012年 4 月 9 日发布),其中的指导案例 5 号,该案的裁判要旨指出,第一,法律及《盐业管理条例》没有设定工业盐准运证这一行政许可,地方政府规章不能设定工业盐准运证制度。第二,盐业管理的法律、行政法规对盐业公司之外的其他企业经营盐的批发业务没有设定行政处罚,地方政府规章不能对该行为设定行政处罚。第三,地方政府规章违反法律规定设定许可、处罚的,人民法院在行政审判中不予适用。

① 参见江苏省苏州市金阊区人民法院(2009)金行初字第 2007 号行政判决书。

如果不能一目了然，就必须送请有权机关判断。《行政诉讼法》(1989年)第53条第2款规定，规章不一致的，由最高人民法院送请国务院作出解释或者裁决。最高人民法院在《关于审理行政案件适用法律规范问题的座谈会纪要》(2004年)中指出，"冲突规范所涉及的事项比较重大、有关机关对是否存在冲突有不同意见、应当优先适用的法律规范的合法有效性尚有疑问或者按照法律适用规则不能确定如何适用时，依据立法法规定的程序逐级送请有权机关裁决"。但是，据说，这个程序"从来没有实际操作过"。①所以，新行政诉讼法删除了这个规定。

从中可以读出，对判断权的限制，是法院的自我克制，对属于立法范畴的规章表示出极大的尊重。或许，在法院看来，规章涉及的政策敏感性、政策取向要大于规范性文件，法官要尽量谦让，让行政机关自己按照科层制的领导关系来解决。但实质上，我觉得，这是法院的不自信，不愿过分触犯部门立法的利益。在人民代表大会制度下，法院与行政机关之间建立对规章立法的司法控制，在理论上没有障碍。因此，规章可诉，不是一个理论问题，而是法院有没有胆量接，敢不敢迈出一步的问题。

第五节　原告、被告和第三人

一、原告

《行政诉讼法》(1989年)第24条第1款规定，"依照本法提起诉讼的公民、法人或者其他组织是原告"。这等于什么也没有说，无法读出原告的资格。倒是第2条、第41条第(一)项似乎规定了原告的资格，"具体行政行为侵犯其合法权益"。

但是，实践的解读出现了分歧。早先是狭义的"直接侵害说"，"将行政诉讼原告仅理解为具体行政行为针对的相对人，排除了其他利害关系人"。但是，一个行政行为往往会与多个主体发生关联，形成多重法律关系，涉及多个利益的冲突。如果只把救济锁定在行政行为直接指向的对象，这显然

① 张越:《〈行政诉讼法〉修订的得失与期许》，载《中国法律评论》，2016(3)。

极大地限缩了行政诉讼的救济功能,也极不合理。法院立即关注到了这种偏差,《最高人民法院关于执行〈中华人民共和国行政诉讼法〉若干问题的解释》(2000年)第12条"借用第三人的概念"构建了"法律上利害关系说",[①]在表述上与《行政诉讼法》(1989年)第27条对第三人资格的表述不尽一致,用"法律上"利害关系做限定。也就是说,不是所有第三人都具有原告资格,只有其中一部分与行政行为有"法律上利害关系"的第三人才可以当原告。但是,什么是"法律上利害关系"?"是法律明确规定保护的利益,还是法律应当保护的利益,是直接利益还是包括反射利益,学理和实践中仍有不同的理解"。[②]

因此,《行政诉讼法》(2014年)第25条规定了"利害关系说","行政行为的相对人以及其他与行政行为有利害关系的公民、法人或者其他组织,有权提起诉讼"。这意味着,在行政诉讼上,原告范围的伸展边际,是将属于相对人范畴、同被诉具体行政行为有利害关系的第三人包罗进来,后者具有了诉权,只不过是诉不诉的问题。诉,就是原告,不诉,就是第三人。在我看来,这是值得称道的扩展,我们不必担心闸门拉开之后诉讼案件会潮水般涌来,也不至于出现太多的滥诉。[③]

但是,有一个难题没有解决,就是如何理解"与行政行为有利害关系",这决定了第三人的原告资格。[④]有的法官主张,应当解释为"行政机关的行政行为对公民、法人和其他组织的权利义务已经或将会产生实际影响"。[⑤]"实际影响"是指"行政行为实际上处分了公民、法人或者其他组织的权利义务,包括行政行为增加义务、剥夺权利或者变更权利义务,以及对权利义务进行确认等"。这种"实际影响""包括因行政行为产生的实际影响,也包括因事实行为产生的实际影响"。[⑥]但是,在我看来,依然不清晰。还有一些学者引

---

① 甘文:《行政诉讼法司法解释之评论——理由、观点与问题》,62页,北京,中国法制出版社,2000。

② 童卫东:《进步与妥协:〈行政诉讼法〉修改回顾》,载《行政法学研究》,2015(4)。

③ Cf. Tom Zwart, "*Comparing Standing Regimes From A Separation of Powers Perspective*"2002 (53) *Northern Ireland Legal Quarterly* 391,391~392,394,394,395,396~397,396~397,403.

④ 柳砚涛:《论行政诉讼中的利害关系——以原告与第三人资格界分为中心》,载《政法论丛》,2015(2)。

⑤ 江必新主编:《新行政诉讼法专题讲座》,111页,北京,中国法制出版社,2015。

⑥ 程琥:《行政法上请求权与行政诉讼原告资格判定》,载《法律适用》,2018(11)。

入德国的保护规范理论来进一步解构"利害关系"。该理论的基本观点是，"当与行政行为相关的实体法或程序法规范包含了维护行政行为相关人之个人利益的意旨，而非纯粹以公共利益为目的指向时，该相关人便可被视作适格的原告"。[①]最高人民法院行政法官进一步阐述为，应当"以行政机关作出行政行为时所依据的行政实体法和所适用的行政实体法律规范体系，是否要求行政机关考虑、尊重和保护原告诉请保护的权利或法律上的利益，作为判断是否存在公法上利害关系的重要标准。"[②]为防止"文意解释局限性可能影响法院作出正确的裁判"，应当"引入体系解释方法""目的性扩张解释方法"，"从'上下文脉络'中确定法规范的旨意。"[③]但是，我国法治处于逐渐完善过程中，在立法上有的考虑到对第三人的保护，有的却没有。又"因公法（相对于民法）少有人民公法上权利的直接规定，加上行政的公益特质与行政法的公益规范取向，人民因公法规范而获取的利益，多属众人均沾的'反射利益'，致使公法上权利之存否隐晦难辩。"[④]一味迷信该理论，很可能会不适当地剥夺一些第三人的原告资格。

其实，从《最高人民法院关于适用〈中华人民共和国行政诉讼法〉的解释》（法释〔2018〕1 号）第 12 条第（一）项基于保护相邻权、公平竞争权的原告资格、第 13 条债权人的原告资格看，隐含着两种考虑。第一，民事诉讼应当优先于行政诉讼，能够通过民事诉讼获得保护的，就不赋予第三人行政诉讼原告资格。第二，行政救济是否能够比民事救济更加快捷、及时、有效地实现对当事人的权利保护。比如，规划许可侵犯相邻权的，通过民事诉讼无法获得实质救济，只能通过撤销规划许可。

二、被告

从学术史上看，为确认行政诉讼上的被告，催生了行政主体理论。当

---

① 陈鹏：《行政诉讼原告资格的多层次构造》，载《中外法学》，2017（5）。赵宏：《保护规范理论在举报投诉人原告资格中的适用》，载《北京航空航天大学学报（社会科学版）》，2018（5）。

② "刘广明诉张家港市人民政府行政复议案"，参见最高人民法院（2017）最高法行申 169 号行政裁定书。

③ 章剑生：《行政诉讼原告资格中"利害关系"的判断结构》，载《中国法学》，2019（4）。

④ 李建良：《保护规范理论之思维与应用——行政法院裁判若干问题举隅》，载黄丞仪主编：《20102 行政管制与行政争讼》，255 页，台北，新学林出版股份有限公司，2011。

时,行政诉讼法的目光主要盯在秩序行政上,行政主体理论也按照秩序行政原理打造,基本满足了诉讼上识别适格被告的要求。

备受争议的当属复议机关做不做被告。在讨论中,对于《行政诉讼法》(1989年)第25条第2款的实施成效,基本上都不满意。有些学者批评道,"《行政诉讼法》(1989年)第25条第2款关于复议机关维持行政行为不当被告、改变行政行为才做被告的规定,助长了复议机关当'维持会'的心理";"目前的行政复议案件中,复议机关决定维持的超过七成,决定改变的不足一成";"草案并未从根本上改变这一格局"(北大意见)。这个评价是很中肯的。

那么,如何破解?学者的意见是分歧的。有的主张,"由复议机关当被告。这样规定,一是考虑到我国的行政复议制度具有行政监督性质,二是有助于激励复议机关公正、及时行使复议权力,三是便于行政机关应诉。特别是当复议机关改变原行政行为,如果由作出原行政行为的机关去应诉,于理不通,于事不便。"(清华版)。有的建议,"经复议的案件,作出原具体行政行为的行政机关为被告;起诉复议机关不作为的,复议机关是被告"(北大意见)。有的认为,"行政复议后究竟由哪个行政机关当被告,不宜作硬性规定,应该由原告决定诉决定机关或者复议机关,抑或两者均诉"(行政法学会意见)。

我认为,这个问题的解决,要与行政复议法的修改,尤其是行政复议的定位一并考虑。如果改造的依据是司法体系之外的裁决原理,复议机关一律不做被告。[①]即便是复议前置,复议机关不作为的,[②]也无需以复议机关为被告,不如由法院直接接手,进行实质审查。

但是,《行政诉讼法》(2014年)第26条第2款却出人意料地规定,"经复议的案件,复议机关决定维持原行政行为的,作出原行政行为的行政机关和复议机关是共同被告;复议机关改变原行政行为的,复议机关是被告"。这显然会决定着行政复议法的未来修改方向。但是,在很多学者看来,这偏离

---

① 余凌云:《论行政复议法的修改》,载《清华法学》,2013(4)。

② 《行政诉讼法》(2014年)第26条第3款增加规定,"复议机关在法定期限内未作出复议决定,公民、法人或者其他组织起诉原行政行为的,作出原行政行为的行政机关是被告;起诉复议机关不作为的,复议机关是被告"。起诉复议机关不作为,或许,这更多是考虑复议为法定前置的特殊情形。

了行政复议的走向以及学者的期许，是一种倒退。

三、第三人

《行政诉讼法》(2014 年)第 29 条第 1 款最大限度地拉张了第三人的范围，从原先的“同被诉具体行政行为有利害关系但没有提起诉讼”的第三人，扩大到包括“同被诉行政行为有利害关系但没有提起诉讼，或者同案件处理结果有利害关系的”，都“可以作为第三人申请参加诉讼，或者由人民法院通知参加诉讼”。这种拉张是有实质意义的，一方面，便于查清案情，辨明是非；另一方面，可以案结事了。

因此，第三人可以分为两种类型，一种是具有原告资格、但没有起诉的第三人，他们是案中之人，他们的利害关系需要在判决中一并了断。另一种是仅与案件处理结果有利害关系的第三人，他们参加到诉讼中来，一般是为了辅助审判，沟通了解，其权益也可能受到判决影响。比如，应当追加被告而原告不同意追加的，只能作第三人。

正如姜明安教授指出的，“与被诉具体行政行为有利害关系”的人通常同时“与诉讼结果有利害关系”，但是“与诉讼结果有利害关系的人”不一定都“与被诉具体行政行为有利害关系”。[①]因此，从“与被诉行政行为有利害关系”到“与诉讼结果有利害关系”，也可以理解为从有原告资格扩张到只有纯粹第三人的资格，这不仅把第三人资格，也把原告资格拉张到了极限。但是，很难说清楚，却又必须阐释的是，“有利害关系”的因果链条运行到哪里才彻底告别“被诉具体行政行为”，只“与诉讼结果”发生关系？这决定了原告资格能够走多远。

可以肯定的是，“人民法院判决承担义务的第三人，有权依法提起上诉”。但是，也有学者提出异议，认为“第三人未必总是被判决承担义务，有的时候行政诉讼中作出不利于第三人的判决，但是未判他承担义务。这种情况下，第三人没有上诉权是不合理的”(行政法学会意见)。因此，《行政诉讼法》(2014 年)第 29 条第 2 款规定，“人民法院判决第三人承担义务或者减损第三人权益的，第三人有权依法提起上诉”。

---

① 姜明安：《行政诉讼法》(第二版)，127 页，北京，法律出版社，2007。

第六节　行政机关负责人出庭

行政机关负责人出庭是很有中国特色的一项制度。在《行政诉讼法》(1989年)实施过程中,依托第29条规定,有些地方就开始尝试这种做法,其中,江苏海安做到了100%出庭率,成为最高人民法院宣传中的“海安样本”。[①]国务院在2008年《关于加强县市政府依法行政的决定》中开始“鼓励、倡导行政机关负责人出庭应诉”,《国务院关于加强法治政府建设的意见》(国发〔2010〕33号)中也要求,“对重大行政诉讼案件,行政机关负责人要主动出庭应诉”。截至2013年,全国范围内大约公布了180个关于行政首长出庭的地方政府规章和规范性文件,其中,省级6个,市级78个,区县级(包括县级市)94个,乡镇级1个。[②]以政府(政府办公室/厅)单独发文的居多,以法院单独或者法院、政府法制办以及依法行政领导小组联合发文的较少。[③]但是,从实施看,“各地行政首长出庭应诉的情况表现出非常的不平衡”,“总体偏低”。[④]

在行政诉讼法修改过程中,对于应否规定这项制度,支持者认为,第一,“民告官”,当事人就应当见到行政机关负责人,后者又有权拍板决定。这也吸纳了信访的某些长处,能够及时化解纠纷。“如果只是由行政机关的一般工作人员出庭,往往也会给人以‘当家的不理事,理事的不当家’之印象。”第二,行政机关负责人通过出庭,能够“及时发现和改进行政执法中的问题”,[⑤]重视法治政府建设和依法行政。第三,能够“为实现行政诉讼中当事人地位平等创造条件”,[⑥]“真正体现官和民之间形式意义上的平等”。[⑦]反对者认为,第一,一些行政机关涉诉较多,会使得负责人疲于应付,无法专心本职工作。

---

① 章志远:《行政诉讼中的行政首长出庭应诉制度研究》,载《法学杂志》,2013(3)。

② 梁风云:《行政诉讼法司法解释讲义》,315页,北京,人民法院出版社,2018。

③ 俞少如:《功能主义视阈下的行政机关负责人出庭应诉制度》,载《法学评论》,2016(5)。

④ 黄学贤:《行政首长出庭应诉的机理分析与机制构建》,载《法治研究》,2012(10)。

⑤ 何海波:《一次修法能有多少进步——2014年〈中华人民共和国行政诉讼法〉修改回顾》,载《清华大学学报》(哲学社会科学版),2018(3)。

⑥ 黄学贤:《行政首长出庭应诉的机理分析与机制构建》,载《法治研究》,2012(10)。

⑦ 章志远:《行政机关负责人出庭应诉制度的法治意义解读》,载《中国法律评论》,2014(4)。

第二,行政机关负责人出庭徒具形式,“还可能给法院带来不必要的压力和麻烦”。[①]

《行政诉讼法》(2014 年)第 3 条第 3 款采纳了肯定意见,要求“被诉行政机关负责人应当出庭应诉。不能出庭的,应当委托行政机关相应的工作人员出庭”。为适应行政机关领导体制,行政机关负责人包括“正职、副职负责人和其他参与分管的负责人”。但是,出庭应诉的副职或其他分管领导,应当是涉案事项的主管领导。行政机关负责人不能出庭的,出于对法院的尊重,应当说明理由。但是,法院不得审查该理由是否成立,也不能规定允许不出庭的正当事由,更不能“强制要求行政机关负责人出庭”。该项制度作为行政诉讼上的一项技术性规范,却在很大程度上必须通过行政系统内部规范与考评机制来落实。[②]

第七节 证据规则

《行政诉讼法》(1989 年)对证据的规定十分简略,只用了 6 条规定了证据的种类(第 31 条)、行政机关负举证责任(第 32 条)、禁止被告在诉讼中补证(第 33 条)、法院调取证据(第 34 条)、鉴定(第 35 条)和证据保全(第 36 条)。对证据规则的丰富,实际上是通过两个重要的司法解释实现的。一个是《最高人民法院关于执行〈中华人民共和国行政诉讼法〉若干问题的解释》(法释〔2000〕8 号)。另一个是《最高人民法院关于行政诉讼证据若干问题的规定》(法释〔2002〕21 号)。从 2014 年《行政诉讼法》的修改看,基本上是重申与认可了上述两个司法解释中最重要的规定,包括被告逾期不举证的后果、允许被告补充证据的情形、原告举证、法院调取证据以及证据适用规则。

一、被告的举证责任

自《行政诉讼法》(1989 年)第 32 条一出,要求“被告对作出的具体行政

① 何海波:《一次修法能有多少进步——2014 年〈中华人民共和国行政诉讼法〉修改回顾》,载《清华大学学报(哲学社会科学版)》,2018(3)。

② 何海波:《一次修法能有多少进步——2014 年〈中华人民共和国行政诉讼法〉修改回顾》,载《清华大学学报(哲学社会科学版)》,2018(3)。

行为负有举证责任”,立刻被誉为行政诉讼法的一大成就,别具特色,有别于民事诉讼举证规定。但是,随着理论研究的深入,人们渐渐发现,行政诉讼上的举证分配还是没有跳出“谁主张,谁举证”的藩篱,只不过,第一,除行政协议之外,行政机关和原告就各自主张的举证程度不同,原则上,行政机关要承担说服责任,原告仅为推进责任。第二,举证责任与行政程序上的证明责任有着内在的关联,是后者在诉讼上的情景重现。

行政程序上的证明模式,又区分依职权行为和依申请行为而不同。依职权行为是行政机关在主张权力,在诉讼上也由它来举证,证明行政行为的合法性;依申请行为是相对人在主张权利,在诉讼上也应由他来举证,证明其请求是符合法律规定的。行政机关对拒绝申请决定更要拿出足以说服法官的证据和理由。[①]这澄清了一个长期的误解。在诉讼上之所以行政机关要负较多的举证责任,这不是诉讼的缘故,也不是行政诉讼的特性使然,而是因为行政上多为依职权行为。

行政诉讼上的举证过程实际上就是行政程序上的证明过程的回放,所以,被告也没有理由迟迟不给出有关证据和依据。上述两个司法解释和修订的行政诉讼法都规定,被告不提供或者无正当理由逾期提供证据,视为没有相应证据。而且,从理论上讲,无论原告、被告原则上都不能在诉讼过程中添加新的证据、理由和依据。但是,为了更好地、一次性解决纠纷,《最高人民法院关于执行〈中华人民共和国行政诉讼法〉若干问题的解释》(法释〔2000〕8 号)第 28 条规定,原告或者第三人提出了其在行政处理程序中没有提出的理由或者证据的,允许被告补充调查取证。《行政诉讼法》(2014 年)第 36 条也予以认可,规定了两种例外情况,第一,“被告在作出行政行为时已经收集了证据,但因不可抗力等正当事由不能提供的,经人民法院准许,可以延期提供。”第二,考虑到“如果第三人依赖于行政机关但行政机关怠于履行举证责任时,第三人权益就难以实现”,[②]对于被诉行政行为涉及第三人合法权益的,被告逾期不提供或无法提供证据,允许第三人提供证据。

长期以来,执法人员不必出庭,当事人也不能要求执法人员出庭说明。

---

① 余凌云、周云川:《对行政诉讼举证责任分配理论的再思考》,载《中国人民大学学报》,2001(4)。

② 李大勇:《行政诉讼证明责任分配:从被告举证到多元主体分担》,载《证据科学》,2018(3)。

行政行为虽为执法人员实施，法律责任却归于行政机关。当事人有关质疑，可由行政机关向执法人员询问查清之后，统一回复。但是，《最高人民法院关于行政诉讼证据若干问题的规定》（法释〔2002〕21号）第44条规定了原告或第三人可以就某些特定问题要求执法人员出庭说明，《最高人民法院关于适用〈中华人民共和国行政诉讼法〉的解释》（法释〔2018〕1号）第41条继续沿用。执法人员出庭说明，应当是“特殊的证人”，不能作为证人证言对待。“因为这时执法人员更接近于一个当事人的地位。如果执法人员承认某个事实，应是一种自认，不承认某个事实，则应是一个需要加以证明的问题，不宜作为证人证言使用。”[①]

从证明过程去透视举证过程，会发现行政法的支架性结构还不完善。行政上的简易程序，只要行政机关的指控和当事人的认可一致，无需笔录，也不要旁证，就完成了证明。在诉讼上，只要行政机关将当事人签字的决定书呈送法庭，至少可以证明认定的事实清楚和执法的程序合法，剩下的就是要辩论法律的适用问题了。在行政诉讼法中要特别地指出像这样的特殊举证规则。

二、原告的举证责任

在行政诉讼法实施之初，一度认为，被告行为的合法性，都由被告来举证，原告似乎只是袖手旁观。但是，诉讼是一来二往的对质、辩驳，原告不能无所作为。《最高人民法院关于执行〈中华人民共和国行政诉讼法〉若干问题的解释》（法释〔2000〕8号）第27条规定了原告举证责任，在《最高人民法院关于行政诉讼证据若干问题的规定》（法释〔2002〕21号）第4条、第5条做了重申和细化。《行政诉讼法》（2014年）第37条做了总体规定，原告可以提供证明行政行为违法的证据。原告提供的证据不成立的，不免除被告的举证责任。

《行政诉讼法》（2014年）第38条剔除了原告对符合起诉条件的证明责任，或许，这是要证明，却不是诉讼中的举证。只保留了两种情形：一是“在起诉被告不履行法定职责的案件中，原告应当提供其向被告提出申请的证

① 江必新：《适用〈关于行政诉讼证据若干问题的规定〉应当注意的问题》，载《法律适用》，2003(10)。

据”。二是“在行政赔偿、补偿的案件中,原告应当对行政行为造成的损害提供证据”。增加规定,“因被告的原因导致原告无法举证的,由被告承担举证责任”。这与《国家赔偿法》(2012 年)第 15 条、第 26 条一脉相承。

三、法院调取证据

《行政诉讼法》(1989 年)第 34 条没有规定法院调取证据的条件和程序,最高人民法院显然不愿意破坏当事人之间的抗辩结构,不愿离开“不告不理”,所以,不鼓励法院调查的职权主义,潜在地抑制了法院的全面审。《最高人民法院关于执行〈中华人民共和国行政诉讼法〉若干问题的解释》(法释〔2000〕8 号)第 29 条对条件做了有限度的补充规定,《最高人民法院关于行政诉讼证据若干问题的规定》(法释〔2002〕21 号)第 23 条、第 24 条、第 25 条、第 26 条做了进一步的规定,清楚地描述了适用条件的边际,但主要侧重在程序规定上。

《行政诉讼法》(2014 年)第 41 条整合了上述规定,指出,“与本案有关的下列证据,原告或者第三人不能自行收集的,可以申请人民法院调取,一是由国家机关保存而须由人民法院调取的证据;二是涉及国家秘密、商业秘密和个人隐私的证据;三是确因客观原因不能自行收集的其他证据”。并非没有证据,而是当事人力有不逮,“当事人要提供确切的线索。”但该规定没有涉及程序。或许,是因为具体程序是法院自己就可以确定的,这类琐碎的事完全可以留待司法解释来解决。“如果有正当理由需要法院调取的,法院不能以没有法律依据而不予调取。”①

四、证明标准

证明标准就是对举证的要求程度,也就是要证明到何种地步,主张才算成立。“行政诉讼证明标准主要是被告或者类似被告的第三人履行说服责任以证明被诉具体行政行为合法的标准,这一证明标准同时是法庭审查被诉具体行政行为是否合法的标准。”②

---

① 江必新:《适用〈关于行政诉讼证据若干问题的规定〉应当注意的问题》,载《法律适用》,2003(10)。

② 梁凤云、武楠:《关于行政诉讼证据证明标准的几个问题》,载《法律适用》,2002(8)。

“行政诉讼的证明标准比较复杂，一般采取清楚而明了的证明标准，或者称之为高度盖然性证明标准；涉及当事人人身权和重大财产权益的行政行为时，采用排除合理怀疑证明标准；对民事纠纷作出处理的行政裁决案件适用优势证明标准。”[①]排除合理怀疑标准是刑事诉讼上的证明标准，对行政机关举证要求较为严苛，适用于制裁效果近似刑罚的行政行为，比如限制人身自由的处罚或强制措施，数额巨大的罚没。“存在合理怀疑时，法庭应当作出有利于行政相对人的认定结论。”优势证明标准是民事诉讼上的证明标准，“因为行政裁决的客体是民事纠纷而非行政纠纷，所以在民事诉讼中采用的优势证明标准在行政裁决案件中具有充分的可行性。”[②]对于行政执法要求的证明标准实际上多是介于上述两者之间，也就是清楚而明了的证明标准。

第八节　简易程序

《行政诉讼法》(1989 年)没有规定简易程序。修法之中应当引入简易程序，立法者和学者的看法高度一致。好处是“有利于提高审判效率，降低诉讼成本”，方便原告，尽快满足其诉求。

《行政诉讼法》(2014 年)通过第 82 条、第 83 条、第 84 条增加规定：简易程序适用于事实清楚、权利义务关系明确、争议不大的第一审行政案件，包括三种情形：一是被诉行政行为是依法当场作出的；二是案件涉及款额二千元以下的；三是政府信息公开案件。但是，发回重审、按照审判监督程序再审的案件不适用。实行独审制，由审判员一人独任审理，并应当在立案之日起四十五日内审结。

从行政法的支架性结构看，行政程序上的简易程序引发的纠纷，在诉讼上当然可以适用简易诉讼。当然，诉讼上的简易程序不限于此。只要事实清楚，或者事实容易澄清、达成共识，只是法律适用上有争议，都不排斥可以通过简易程序来解决。但是，程序的简略，意味着保障公正性的设计也比较

① 郭修江：《以行政行为为中心的行政诉讼制度——人民法院审理行政案件的基本思路》，载《法律适用》，2020(17)。

② 梁凤云、武楠：《关于行政诉讼证据证明标准的几个问题》，载《法律适用》，2002(8)。

简约。简易程序更多偏好的是效率,是便民。这决定了它的适用范围是有限的,当事人各方的事先同意也显得十分必要。

第九节　民事争议和行政争议交叉的处理

民事争议和行政争议的交叉是一个客观存在,两种争议的内容具有关联性,处理结果互为因果、互为条件甚至可能互不影响。[①]《行政诉讼法》(1989 年)却回避了这个问题。《最高人民法院关于执行〈中华人民共和国行政诉讼法〉若干问题的解释》(法释〔2000〕8 号)第 61 条做了有限度的突破,仿效刑事诉讼附带民事诉讼,对行政裁决不服提起行政诉讼,经当事人要求,法院可以一并审理相关民事争议。最高人民法院在 2009 年发布的《关于当前形势下做好行政审判工作的若干意见》中,鼓励在行政裁决、行政确权、行政处理、颁发权属证书等中一并解决民事争议。在《最高人民法院关于审理行政许可案件若干问题的意见》(2010 年)中又推广适用到行政许可案件。《行政诉讼法》(2014 年)第 61 条第 1 款认可了上述规定,并进一步扩大规定,"在涉及行政许可、登记、征收、征用和行政机关对民事争议所做的裁决的行政诉讼中,当事人申请一并解决相关民事争议的,人民法院可以一并审理"。但是,在我看来,民事争议与行政争议交叉、需要一并审理的情形恐怕还不止这些,比如,行政协议纠纷,以及公安机关出具户籍证明引发民事争议的。

从制度层面看,上述规定的意义是建立了行政附带民事诉讼,也称行政诉讼附带民事诉讼,其潜藏的、更为重要的意义是,第一,它可以避免以往在程序上必须"先民后行""先行后民"的次序选择难题,也不再出现因不同法院分别审理行政案件和民事案件所带来的司法判断差异,以及在民事诉讼上将有关行政行为仅当作证据而与行政行为效力之间出现的龃龉。第二,法院实际上承认了管辖是法院自己的事。法院内部的行政审判庭和民事审判庭的区分,只是形式,有关民事案件是可以调整到行政庭,和行政案件一并审理,只不过要根据法律关系的不同而适用不同的诉讼程序与规则。行

① 杨建顺:《行政、民事争议交叉案件审理机制的困境与对策》,载《法律适用》,2009(5)。

政附带民事诉讼，可以“尽可能减少人、财、物的浪费，缩短诉讼过程”，“避免在相互关联的问题上作出相互矛盾的判决”。[①]

改变民事案件的管辖，必须当事人同意并提出申请。法院也应积极教示、释明。但是，以下情形，不得一并审理，第一，法律规定必须由行政机关先行处理的，比如，对土地权属民事争议，地方政府拒不做出行政裁决，当事人不服，起诉政府不作为的同时不得要求一并审查土地权属民事争议。这是为了尊重行政机关“第一次”判断权。第二，“如果审理行政案件的人民法院对相关民事争议不具有法定或者约定管辖权，则人民法院不应准许一并审理民行争议。”[②]比如，违反民事诉讼专属管辖，或者民事双方当事人对民事案件管辖已有协议约定，另一方当事人不同意改变管辖的，或者当事人已经提起仲裁或者民事诉讼的。

在行政诉讼中，对于一并要求解决的民事争议，(1)原则上单独立案，行政裁决因为裁决对象就是民事争议，对两者的审查高度重合，无需另行立案；(2)行政争议与民事争议一起并案审理，但“并非是对所有纠纷都进行同时审理，而是要根据两类纠纷之间的联系紧密程度、性质、处理的复杂程度等，决定适用具体的审理模式”，[③]按照“先行后民”或“先民后行”分别审理，一同分别裁判；(3)民事部分按照民事案件收取诉讼费用；(4)对民事争议的审理，适用民事法律规范。也就是说，相关民事争议是放到行政诉讼上一并审理，但仍作为民事案件审理，适用民法和民事诉讼法。

一并审理之后的上诉问题，有的学者担心不好处理(行政法学会意见)，我却乐观，只要法院坚持管辖是自己的事，就完全可以循着行政诉讼的上诉路径来解决，只不过要看当事人是对行政判决不服还是民事判决不服，选择不同的法律和审理规则来解决。况且，“一并审理民行争议案件民事争议是基础，只要当事人对民事部分不服提出上诉，多数情况下会对行政案件判决结果产生影响。反之亦然，当事人对行政案件提出上诉，如果二审对一审行政判决作出改判，多数情况同样会动摇民事判决的结果。”“二审人民法院实

---

① 梁风云：《行政诉讼法司法解释讲义》，377页，北京，人民法院出版社，2018。

② 郭修江：《一并审理民行争议案件的审判规则——对修改后〈行政诉讼法〉第六十一条的理解》，载《法律适用》，2016(1)。

③ 北京市第二中级人民法院课题组：《行政诉讼一并审理民事争议研究》，载《中国应用法学》，2019(1)。

质上应当是全案审理,不受当事人上诉范围的限制。”[①]

另外,对于无法合并审理,或者当事人不同意一并审理民事争议的,且行政争议与民事争议有着先后解决次序的,《行政诉讼法》(2014 年)第 61 条第 2 款规定,“在行政诉讼中,人民法院认为该行政案件审理需以民事诉讼的裁判为依据的,可以裁定中止行政诉讼”。这与学者的研究结论是一致的。同样,民事案件的审理要以行政诉讼的裁判为前提的,民事诉讼也应该裁定中止。

第十节　检察机关的法律监督

检察机关在行政诉讼上的法律监督主要包括诉讼监督、行政公益诉讼。前者是检察机关对法院诉讼活动实行法律监督,后者是通过诉的形式对行政机关违法行使职权或不作为实行法律监督。

一、诉讼监督

《行政诉讼法》(1989 年)第 10 条、第 64 条分别规定了检察机关的法律监督地位和抗诉权,却十分简约。《行政诉讼法》(2014 年)第 93 条将检察机关的法律监督方式进一步建构为抗诉与检察建议,第一,最高人民检察院对各级人民法院已经发生法律效力的判决、裁定,上级人民检察院对下级人民法院已经发生法律效力的判决、裁定,发现存在再审法定情形的,应当提出抗诉。第二,地方各级人民检察院对同级人民法院已经发生法律效力的判决、裁定,发现存在再审法定情形的,可以向同级人民法院提出检察建议,并报上级人民检察院备案;也可以提请上级人民检察院向同级人民法院提出抗诉。第三,地方各级人民检察院对审判监督程序以外的其他审判程序中审判人员的违法行为,有权向同级人民法院提出检察建议。第四,《人民检察院组织法》(2018 年)第 20 条第(六)项扩展规定,对行政判决、裁定等生效法律文书的执行工作实行法律监督。也包含“对人民法院行使行政非诉执

① 郭修江:《一并审理民行争议案件的审判规则——对修改后〈行政诉讼法〉第六十一条的理解》,载《法律适用》,2016(1)。

行职能活动的监督”。检察监督的手段就是可以提出检察建议。[①]

上述第一、第二是在细化《行政诉讼法》(1989 年)第 64 条的抗诉路径与结构,与目前刑事诉讼法、民事诉讼法上的抗诉模式别无二致。检察机关是否应当享有抗诉权,历来就有争议。反对者认为,“检察院行使抗诉权与行政诉讼的基本理论是相冲突的”,[②]片面增强了原告的诉讼能力,破坏了行政诉讼的两造格局,又不承担败诉的责任。支持者认为,相对人多了一条救济途径,行政机关和法院也多了一层顾忌。我原本支持前者,近年来深感行政诉讼的不易,也觉得多给相对人一条路总归是好的。

上述第一、第二、第三都是仿效《民事诉讼法》(2012 年)第 208 条。其中,增加的检察建议,在民事诉讼上就备受争议,尤其是具有怎样的效力。如果只是提请法院注意,不必然引发法定程序,那么,不痛不痒,没有意思。如果法院必须遵行,又何来“建议”?但是,在实际操作中,将检察建议作为提起抗诉的前置程序,还是可以起到督促法院审慎考虑自行启动再审程序的积极作用。未来若能做这样的制度设计,才能彰显检察建议的意义。

二、行政公益诉讼

行政公益诉讼是学者呼吁多年,最高人民检察院做过长期的调研和试点,也存在较大理论分歧。一些学者担心,“人民检察院依照法律规定独立行使检察权”还没有保障,即使授权检察机关提起公益诉讼,“几年也提不了几个”。[③]多数学者还是倾向公益诉讼,但在提起主体上有分歧。有的学者建议,“提起公益诉讼的原告,暂时考虑限于‘依法成立的社会组织’;检察机关对社会组织提起的行政公益诉讼,可以予以支持”(清华版)。也有学者建议,应当由“检察机关提起公益行政诉讼”,因为“个人提起公益诉讼非常难,中介组织的发展程度在当前难以担当此任,而检察机关作为国家法律监督机关具备相应的条件和能力”(行政法学会意见)。

---

① 姜明安:《论新时代中国特色行政检察》,载《国家检察官学院学报》,2020(4)。

② 甘文:《行政诉讼法司法解释之评论——理由、观点与问题》,198 页,北京,中国法制出版社,2000。

③ 何海波:《一次修法能有多少进步——2014 年〈中华人民共和国行政诉讼法〉修改回顾》,载《清华大学学报(哲学社会科学版)》,2018(3)。

《行政诉讼法》(2017年)第25条第4款对有关争执做了了断,没有照搬民事公益诉讼,只允许检察机关提起行政公益诉讼,这是为了防止滥诉、过度诉讼给行政机关带来困扰,以及担忧法院恐怕无法承受过多案件。未来是否可以扩大到允许公益组织或者个人提起行政公益诉讼,还有待观察。如果允许个人或者公益组织提起行政公益诉讼,考虑到其与诉争没有利害关系,要特别关注其参与诉讼的内在驱动力,要采取措施防止原告无故中途退出诉讼。比如,将该行为公之于众。

在理论上,检察机关提起行政公益诉讼的角色定位是"公益诉讼人""公诉人""公益代表人",还是公益原告,有关文献汗牛充栋,各抒己见,分歧极大。[①]大致有两种观点:一种是主张借镜西方的检察公益代表人理论。另一种是主张兼有原告和法律监督说,实际上取之于刑事诉讼的公诉人理论。

行政公益诉讼是嵌入的一个纯粹客观诉讼。与主观诉讼不同,行政公益诉讼不是为了权利救济,而是完全为了纠正行政机关的违法行为,维护客观法秩序,进而实现和保护公共利益。检察机关提起行政公益诉讼,不存在"法律上的争讼",被诉行政行为也不涉及检察机关自身利益。检察机关和行政机关之间不存在主观诉讼中原告被告两造之间的利益对抗关系,而是为了更好地维护公共利益这一客观目的。[②]根据诉讼法上的诉讼担当、诉讼信托理论,程序原告和实体原告可以分离。"公益代表人"理论借此解释了检察官可以提起公益诉讼。在我国,检察机关的地位却极其特殊,存在双重身份,"公益代表人"理论不能体现检察机关法律监督的职能特点。[③]

检察机关的角色不能、也不宜类比刑事诉讼中的公诉人。行政诉讼脱胎于民事诉讼,都是两造诉讼结构,这与刑事诉讼迥异。行政公益诉讼也是嵌入两造诉讼结构之中。仿照公诉人理论,可能会下意识地不断模仿刑事诉讼结构,使检察机关实际上处于与行使审判权的法院平等的法律地位,会

---

① 李洪雷:《检察机关提起行政公益诉讼的法治化路径》,载《行政法学研究》,2017(5)。刘飞、徐咏和:《检察机关在行政公益诉讼中的公诉人地位及其制度构建》,载《浙江社会科学》,2020(1)。

② 王万华:《完善检察机关提起行政公益诉讼制度的若干问题》,载《法学杂志》,2018(1)。

③ 徐全兵:《检察机关提起行政公益诉讼的职能定位与制度构建》,载《行政法学研究》,2017(5)。

出现角色混同、职权过大和诉讼结构不平衡等问题。[①]

最高人民法院、最高人民检察院在《关于检察公益诉讼案件适用法律若干问题的解释》(法释〔2018〕6 号)第 4 条中明确检察机关为"公益诉讼起诉人"。检察机关的诉讼资格是由法律特别授予的,只要发现"行政机关违法行使职权或者不作为,致使国家利益或者社会公共利益受到侵害的",就可以提起公益诉讼。检察机关有权提起民事公益诉讼和行政公益诉讼,是对 1954 年宪法确立的法律监督机关职责的回归,增设了一种新的机制,通过法律监督权和审判权协调配合,制衡过于强大的行政权。[②]检察机关提起公益诉讼,就是以诉讼形式履行法律监督职责,它们是一体两面,并行不悖。诉讼是监督手段,监督通过诉讼方式实现,[③]监督权可以转化为起诉权的根据,法律监督和诉讼之间存在着内在联系,两者都具有维护法制的作用。[④]

检察机关对行政机关提起公益诉讼,以及检察机关对法院的诉讼监督,两者之间应当相安无事、互不抵牾。第一,提起公益诉讼和诉讼监督,监督对象不同,分别为行政机关、法院,且作用于行政公益诉讼的不同阶段,各司其职,各安其所。第二,诉讼监督不会破坏两造平等地位,也不会影响人民法院依法独立审判权。检察机关不得以诉讼监督为手段不适当地干预法院审判,检察机关也就不会具有超越原告的特权,也不享有比原告更高的诉讼地位。第三,对于诉讼过程中发现的违法审判行为,由检察长另行指派检察官依照程序进行诉讼监督,出庭检察官不得当庭行使诉讼监督权。[⑤]对此,检察机关内部有着严格的纪律约束、审批程序以及职能分工。检察官的行政监督和诉讼监督行为又由监察委员会实行全方位监察。因此,对法院的诉讼监督,不会不恰当地带入公益诉讼之中,变相提升检察机关的诉讼实力,对行政机关施加过度的、不当的监督。

检察公益诉讼是一种法律监督,这不意味着它不再是一种诉讼,而是近似会商、磋商的制度,法院、检察院和行政机关坐在一起就如何维护公共利

---

① 石娟:《人民检察院提起行政公益诉讼的基本问题研究》,载《海峡法学》,2015(2)。姜涛:《检察机关提起行政公益诉讼制度:一个中国问题的思考》,载《政法论坛》,2015(6)。

② 刘艺:《检察公益诉讼的司法实践与理论探索》,载《国家检察官学院学报》,2017(2)。

③ 孙谦:《设置行政公益诉讼的价值目标与制度构想》,载《中国社会科学》,2011(1)。

④ 王桂五:《试论检察机关在民事诉讼中的法律地位》,载《政法论坛》,1989(3)。

⑤ 张雪樵:《检察公益诉讼比较研究》,载《国家检察官学院学报》,2019(1)。

益谈出一个方案。它依然是一种诉讼,嵌入并运行在行政诉讼的两造结构之上,检察机关、行政机关作为原被告双方,主张各异,相互质辩,由法院居中裁判,只不过法院、检察机关和行政机关之间追求的目标是一致的,都是维护公共利益和实现客观法秩序。"与对抗性诉讼不同,公益诉讼是涉及法院、起诉人和政府或行政机关之间的一种合作和协作诉讼,它们在实现对社会正义、法治、善政和基本人权的法定或宪法承诺方面是一致的。"(Unlike the Adversary litigation, Public Interest Litigation is a kind of cooperative and collaborative litigation involving the court, the petitioner and the government or a public authority, and each of them share in common the realization of a statutory or constitutional commitment to social justice, the rule of law, good governance and basic human rights.)[①]

作为公益诉讼的参与者,检察机关、法院、行政机关既博弈又合作,首先,不止于回归客观法秩序,这只是第一层次的目标,也是行政公益诉讼的基本目的。其次,公益诉讼更应当关注如何最好实现公益目标,不计一城一池得失,追求一劳永逸。这是公益诉讼必须孜孜以求的第二层次目标。行政诉讼司法建议有"权宜性治理"功能。[②]法院作出判决后,可以就个案审理中发现的行政执法问题与疏漏、应诉之不足以及需要进一步做好善后或维稳工作的,向行政机关提出司法建议;就行政决策和行政管理活动中的共性问题,向当地党委、人大和政府提出司法建议。公益诉讼更应当推进常态化治理。从诉前检察建议、诉讼过程到判决执行不同阶段,通过检察建议、司法建议及回复,监督谈判、审议过程、协调和解以及提醒与回访机制,在对执法效果透明化评估基础上,在当地党委、人大、政府参与下,督促行政机关不断自我反省、自我修正,从制度层面查缺补漏,建章立制,包括但不限于改进工作机制、规范行政执法、优化执法程序、调整公共政策、及时修改规范性文件、建立部门间有效沟通协调机制,从而避免再次发生类似公益侵害。公益诉讼也就从个案处理走向长效机制。这近似于美国公益诉讼那种从命令和控制的禁止性监管转向实验主义干预(a shift away from command-and-

---

① Cf. Hari Bansh Tripathi, "*Public Interest Litigation in Comparative Perspective*" (2007) 1 *NJA Law Journal* 71.

② 卢超:《行政诉讼司法建议制度的功能衍化》,载《法学研究》,2015(3)。

control injunctive regulation toward experimentalist intervention)。[①]

行政公益诉讼的特色不足以全盘否定行政诉讼法的可适用性。在西方,认可公益诉讼是一种新型诉讼,不等于说它不能在原来的诉讼结构中运行。在我国,通过对行政诉讼法的解释,应该可以解决公益诉讼实践上的基本问题,或者说,绝大多数问题。比如,行政公益诉讼应当适用行政诉讼时效。起诉时效从检察机关知道违法行政行为之日起计算。但是,检察建议发出后,整改可能需要行政机关跨部门协调、其他行政机关配合,需要较长时间,可以适用期限扣除,整治时间不计算在内。只有实在无法解释的,才需要例外构建一些特别规则。

第一,检察机关提起行政公益诉讼是其职责,仍属司法范畴,因此,检察机关不宜对行政机关的执法活动进行主动检察。[②]案件线索应当是其"履行职责中"发现的,这可以做扩大解释,不仅包括检察机关在公诉、批捕、自侦等活动中获取的,也可以是监察委员会、人大、政协等移送的,个人和组织也可以提供案件线索或者要求检察机关起诉。相对人对检察机关拒绝起诉的,可以向上一级检察机关申诉,后者应建立类似行政复议委员会的机制予

---

① 命令和控制的禁止性监管具有三大特征,第一,努力预测和表达所有关键性指令,以在单一、综合和难以改变的法令中诱导遵守(an effort to anticipate and express all the key directives needed to induce compliance in a single, comprehensive, and hard-to-change decree)。第二,"评估被告是否遵守法令中的详细行为规定。这些规定往往是将行为作为实现目标的手段的过程规范,而不是直接强制和衡量目标实现情况的执行规范"(assessment of compliance in terms of the defendant's conformity to detailed prescriptions of conduct in the decree. These prescriptions tend to be process norms that dictate conduct as a means to the attainment of goals, rather than performance norms that directly mandate and measure goal achievement)。第三,在补救规范的形成中,法院或特别主管具有强有力的指导作用(a strong directive role for the court or a special master in the formulation of the remedial norms)。实验主义方法强调利益相关者不断商谈,不断修订执行措施,以及透明化(the experimentalist approach emphasizes ongoing stakeholder negotiation, continuously revised performance measures, and transparency)。在新公法诉讼的典型模式中,责任的认定或让步会引发当事人和其他利益相关者之间的监督谈判和审议过程。这一过程的特点是形成了滚动或临时规则制度,根据对其实施情况的透明评估,对其进行了定期修订(in the typical pattern of the new public law suit, a finding or concession of liability triggers a process of supervised negotiation and deliberation among the parties and other stakeholders. The characteristic result of this process is a regime of rolling or provisional rules that are periodically revised in light of transparent evaluations of their implementation)。Cf. Charles F. Sabel and William H. Simon, "*Destabilization Rights: How Public Law Litigation Succeeds*" (2004) 117(4) *Harvard Law Review* 1016, 1021 - 1022, 1062.

② 李洪雷:《检察机关提起行政公益诉讼的法治化路径》,载《行政法学研究》,2017(5)。

以裁定。

第二,检察机关在诉讼中的权利义务不完全等同于一般原告。比如,对检察机关,应当采用通知而非传票。检察机关派员出庭是履行职责,无需具体授权委托书。检察机关不交诉讼费用。又比如,诉前先提检察建议的要求,也是一般原告所不曾有的义务。所有这些,都是基于法律监督。但不是说,在诉讼中,检察院的诉讼权利比原告多,恰恰相反,相对还要少些,且以职权法定为基础。[①]

第三,检察机关比一般原告承担更大的举证责任,也拥有与之相应的适度的调查取证权力。至于举证责任多大,尚有分歧,至少已达成的共识是,检察机关不仅应当举证行政违法事实存在,还要证明该违法事实致使国家利益或者社会公共利益受到侵害,它们之间具有因果关系。在提起行政公益诉讼时,必须进一步证明,经过诉前检察建议,被告却拒不纠正违法行为、依旧不作为的事实。[②]但是,首先,这依然是镶嵌在行政诉讼的举证责任分配之中,行政机关应当对其行政行为的合法性负举证责任,不因检察机关不能充分证明而免除行政机关的举证义务。这种举证要求也可延用于作为公益诉讼诉前程序的检察建议。检察机关不必大费周折,定要对行政机关违法事实查个水落石出。[③]其次,在行政法上判断是否存在公共利益,一个简单方法就是,对于涉案利益引发的争议,法律是否设定了行政机关的行政权力与行政职责。“普遍的规制和公共机构的主动实施,通常就足以解决群体性争议。”[④]行政机关没有依法行使相关行政权力、履行相关行政职责,就是对公共利益的侵害。从这个意义上说,公益性审查又回归了合法性审查。公益诉讼只要不以实际损害为要件,行政诉讼法规定的公益受侵害,只不过是公益诉讼特征的描述,不一定非要采用检验、检测、鉴定等手段确认,通过合法性审查亦可证明。这完全契合行政公益诉讼就是客观诉讼的基本判断。因此,检察建议、公益诉讼判决可以对公益损害浅尝辄止。行政诉讼也大可不必为公益诉讼特意抬高举证门槛。

① 张雪樵:《检察公益诉讼比较研究》,载《国家检察官学院学报》,2019(1)。

② 黄学贤:《行政公益诉讼回顾与展望——基于“一决定三解释”及试点期间相关案例和〈行政诉讼法〉修正案的分析》,载《苏州大学学报》(哲学社会科学版),2018(2)。

③ 王春业:《行政公益诉讼“诉前程序”检视》,载《社会科学》,2018(6)。

④ 肖建国:《民事公益诉讼的基本模式研究》,载《中国法学》,2007(5)。

第四,“检察一体”可以有效排除地方政府干扰。无论是对接法院的提级管辖、跨行政区划管辖,还是一般管辖,都可以由与管辖法院同级的检察机关提起公益诉讼、检察建议。上级检察机关应当加强对下级检察机关提起公益诉讼的支持、指导和督办,必要时,可以直接办理。[①]检察机关办案程序上的逐级审批、交办制度也在一定程度上回避了地方政府干预。

第五,检察机关对一审判决不服,应当向上一级法院提出上诉。[②]在具体制度设计上,应当一并考虑对法院的诉讼监督。检察机关一般是对同级人民法院及其下级人民法院实行法律监督,不可能对上一级人民法院实行法律监督。基于检察机关之间的上下级一体化领导关系,检察机关对一审法院判决不服,应当提请上一级检察机关对同级人民法院提出上诉,而不应该由检察机关像一般原告那样直接向上一级人民法院提出上诉。这可以化繁就简,避免在上诉阶段上下级检察机关一拥而上,七言八语。[③]否则,上诉审阶段的法律关系就会变得错综复杂,检察机关提起上诉之后,其上一级检察机关也必须出马,对同级法院(二审法院)实行诉讼监督。同样,一审被告不服,提起上诉,也由上一级检察机关出庭应诉。

行政公益诉讼从程序上分为“两阶段”,一是诉前程序。二是提起公益诉讼。彼此呈现递进关系,一柔一刚,功能相同,均为督促行政机关依法行政。检察建议是公益诉讼的先行程序,类似复议前置,而非起诉条件,公益诉讼是检察建议的依托与担保。实践上形成了以诉前检察建议为中心的格局。行政公益诉讼镶嵌并运行在行政诉讼之中,检察机关无论是提起行政公益诉讼,还是提出诉前检察建议,这些监督方式的实现都依托于法院判

---

① 余凌云、高刘阳:《检察机关提起行政公益诉讼的现实困境与出路》,载《人民司法(应用)》,2017(13)。

② 以往研究,对于检察机关一审败诉,应当上诉还是抗诉,颇为纠结。上诉与抗诉在诉讼效果上相差无几,但机理不同。上诉一般基于诉讼当事人资格,抗诉却出于法律监督职能。主张上诉的观点,是认为检察机关的角色实质上是原告。主张抗诉、反对上诉的观点,更多是受到刑事诉讼的公诉理论影响。但是,检察机关以诉讼方式践行法律监督,起诉、出庭、参与法庭辩论、上诉都是法律监督的应有之义。这是一种创新,无法邯郸学步,必须另辟蹊径。

③ 《最高人民法院、最高人民检察院关于检察公益诉讼案件适用法律若干问题的解释》(2020年)第10条、第11条规定,由提起公益诉讼的人民检察院提起上诉,并派员出庭,上一级人民检察院也可以派员参加。“上级院同时出庭的设计初衷是为了加强上级院对下级院的指导把关,补强检方的庭审能力。上级院的出庭绝不是履行诉讼监督的职责。”张雪樵:《检察公益诉讼比较研究》,载《国家检察官学院学报》,2019(1)。

决,也不可能具有超越法院判决的监督能力。

检察建议是检察机关提起行政公益诉讼的诉前程序,也是诉讼程序,通过合法性审查,查明有关行政机关负有法定职责,却不履行或没有完全履行,以检察建议方式,督促有关行政机关尽快履行义务或者主动纠正违法行政,这体现了"在公共利益保护方面,政府执法优先于最终的司法救济",能够及时有效地维护或恢复客观秩序,[①]也契合法律监督的目的。但是,在检察建议中,检察机关不必,也不能代替行政机关行使裁量权,应当由行政机关自己来决定如何适当履行法定职责,检察机关不能用自己的判断代替行政机关的判断。行政机关应当在规定期限内书面回复履行义务或者纠正情况。从理论上看,诉前程序还包括,当事人不愿或者不敢起诉的,检察机关也应当采取劝告、指导等措施,支持当事人起诉。

经过检察建议,行政机关仍然不依法履行职责的,检察机关可以提起行政公益诉讼。"不依法履行职责"是指没有全面适当及时地回应检察建议的要求,依然存在不作为或乱作为问题。实践看上多表现为拒绝履行、不完全履行、不适当履行和拖延履行等情形。检察机关要重点审查:第一,行政机关是否及时履职。比如,是否有迹象表明,行政机关在诉前程序顾虑履行职责的时间过长,或者以冗长的程序为掩护,避免履行明确的法定职责。[②]第二,行政机关是否已经穷尽了法律手段,是否已经推进到法定过程终端。[③]但是,不包括生效行政决定的执行问题。[④]第三,整改事项涉及包括被告在内的多个行政机关的相关法定职权,需要多个行政机关联合执法的,是否已经通

---

① 刘艺:《构建行政公益诉讼的客观诉讼机制》,载《法学研究》,2018(3)。从最高人民检察院公布的公益诉讼试点工作看,截至 2016 年 12 月底,试点地区检察机关办理行政公益诉讼案件的总数 3763 件,通过诉前程序,共督促行政机关主动纠正行政违法行为或者依法履行职责 2838 件,有效率就达到了 75.4%,占所有立案案件的四分之三。胡卫列、迟晓燕:《从试点情况看行政公益诉讼诉前程序》,载《国家检察官学院学报》,2017(2)。

② 崔瑜:《行政公益诉讼履行判决研究》,载《行政法学研究》,2019(2)。

③ 比如,在"襄阳市樊城区环境保护局环境保护行政管理(环保)二审行政判决书"中,法院指出,"虽然樊城区环保局在接到樊城检察院的检察建议书后,着手实施调查取证、责令改正违法行为、行政处罚等一定的措施,但未能采取实质性、有效性的进一步治理处置措施,当地环境污染仍未消除,国家、社会公共利益持续处于受侵害状态。"对于不能整改的,环保局可以依法予以关停转迁,却没有行使这项权力。参见湖北省襄阳市中级人民法院 (2019)鄂 06 行终 95 号行政判决书。

④ 张旭勇:《行政公益诉讼中"不依法履行职责"的认定》,载《浙江社会科学》,2020(1)。

过多部门协调执法。[①]按照整体政府理念，行政机关不能以政府内部职能分工，己方已完全履职为由，不与其他有关部门协同履职。通过上述审查，也基本上可以断定是否依然存在违法，以及国家和社会公共利益是否“仍然处于受到侵害状态或者处于受到侵害的潜在威胁状态”。[②]不必执拗于公益是否恢复及其程度的事实认定。

第十一节 判决形式

《行政诉讼法》(1989 年)第 54 条规定了维持判决、撤销判决、履行判决和变更判决等四类判决形式。《最高人民法院关于执行〈中华人民共和国行政诉讼法〉若干问题的解释》(法释〔2000〕8 号)第 56 条、第 50 条、第 57 条、第 58 条引入了驳回诉讼请求判决、确认判决。《行政诉讼法》在 2014 年的修改中做了加减法，加上了给付判决，减去维持判决。

维持判决是“中国特色”，是在特定历史阶段上对行政诉讼功能的误读。其实，没过多久，法官、学者就意识到了，只是苦于司法解释的能力有限，不可能更改法律，只好引入具有近似功能，却运用更为广泛的驳回诉讼请求判决。对维持判决的批判主要是，第一，它是《行政诉讼法》(1989 年)第 1 条“维护……行政机关依法行使行政职权”的制度体现，却是对行政诉讼目的的反动，“是凭空想出的一个‘支持’行政机关依法行政的判决形式”。[③]第二，维持判决必须从行政行为的合法要件去逐一审查，成本太高。第三，它“限制了行政机关根据条件的变化和行政管理的需要作出应变的主动性”。[④]

所以，《行政诉讼法》(2014 年)没有任何悬念地废除了这种判决形式，以驳回诉讼请求判决取而代之。第 69 条规定，“行政行为证据确凿，适用法律、

---

① 比如，“福州市仓山区人民检察院诉福州市仓山区农林水局案件”，参见福建省福州市仓山区人民法院 (2017) 闽 0104 行初字第 24 号行政判决书。

② 沈开举、邢昕：《检察机关提起行政公益诉讼诉前程序实证研究》，载《行政法学研究》，2017(5)。

③ 甘文：《行政诉讼法司法解释之评论——理由、观点与问题》，160 页，北京，中国法制出版社，2000。

④ 甘文：《行政诉讼法司法解释之评论——理由、观点与问题》，159 页，北京，中国法制出版社，2000。

法规正确,符合法定程序的,或者原告要求被告履行职责或者给付义务理由不成立的,人民法院判决驳回原告的诉讼请求”。这仍是维持判决的审查路数,“驳回原告诉讼请求,必须符合被诉行政行为完全合法”。[①]“不能将审查重点转为对原告诉讼请求和提出的证据,也不宜以原告诉讼请求和所提出的证据不成立为由直接驳回原告诉讼请求”。[②]据说,这是为了校正司法解释之后出现的“审原告不审被告”之偏差,将法院审查的注意力从原告的诉讼请求拉回到对行政行为合法性的审查。[③]但是,在我看来,与司法解释相比,这一趋于严格的规定似乎是一种倒退,禁锢了驳回诉讼请求的灵动。比如,行政行为合法却不尽合理,不合理仅为一般情理上的不妥当,远不够实质违法程度,或者行政程序仅有极轻微瑕疵,简直可以忽略不计,却不能适用驳回诉讼请求判决了。所以,我建议在未来的修改中可以表述为,“原告诉讼请求不成立,且未发现行政行为或行政程序违法的,人民法院判决驳回原告的诉讼请求”。

与民事诉讼不同,行政诉讼上的确认判决不是判断当事人之间的某种法律关系存在与否,而是针对行政行为合法性的判决。这是由行政行为合法性审查原则决定的。[④]《行政诉讼法》(2014 年)对确认判决的表述,分为确认违法判决和确认无效判决,基本上是对《最高人民法院关于执行〈中华人民共和国行政诉讼法〉若干问题的解释》(法释〔2000〕8 号)第 50 条、第 57 条、第 58 条的总结,只是增加了一种情形,“行政行为程序轻微违法,但对原告权利不产生实际影响的”。我也认为,程序的轻微瑕疵没有必要撤销,可以补正或治愈,但也必须同时做出确认违法判决,以表明法院的态度。[⑤]对无效做了更明确的规定,包括“实施主体不具有行政主体资格、没有法律依据、行政行为内容根本无法实施等重大且明显违法情形”。但是,在我看来,对于无效与违法,如果没有起诉期限的差别,也就没有必要刻意区分确认无效

① 郭修江:《行政诉讼判决方式的类型化——行政诉讼判决方式内在关系及适用条件分析》,载《法律适用》,2018(11)。

② 江必新主编:《中华人民共和国行政诉讼法理解适用与实务指南》,323 页,北京,中国法制出版社,2015。

③ 梁凤云:《不断迈向类型化的行政诉讼判决》,载《中国法律评论》,2014(4)。

④ 蔡小雪:《行政确认判决的适用》,载《人民司法》,2001(11)。

⑤ 余凌云:《行政自由裁量论》(第三版),174 页,北京,中国人民公安大学出版社,2013。

与确认违法。[①]

《行政诉讼法》(2014年)审慎地扩大了变更判决范围,第一,从"行政处罚显失公正"扩及"其他行政行为涉及对款额的确定、认定确有错误的",人民法院可以判决变更。第二,将"显失公正"改为"明显不当",试图降低审查标准,更好地处理涉法涉诉中合法却不合理的案件。也是为了澄清法官对合法性审查的僵硬认识,以为"不算违法",法院就不好干预,不敢适用"滥用职权"。[②]第三,引入了禁止不利益变更原则,也就是,人民法院判决变更,不得加重原告的义务或者减损原告的权益。但利害关系人同为原告,且诉讼请求相反的除外。但是,我对变更判决持彻底否定态度,认为是法院僭越了行政权,把诉讼变成了复议。[③]而且,法院实际运用变更判决也极少,在2010年全国法院审结的近13万一审行政案件中,变更判决只有137件,其中行政处罚44件,[④]几乎可以忽略不计。

《行政诉讼法》(2014年)最大的变化是增加了给付判决。"人民法院经过审理,查明被告依法负有给付义务的,判决被告履行给付义务"。但这与履行判决有怎样的不同呢?似乎不清晰。大致有两种看法,一种是认为履行判决(课以义务判决)是给付判决的亚类型,[⑤]另一种是将给付判决视为履行判决的一种特殊形态。我持后一种观点。在我看来,只针对行政机关不履行特定义务,主要指返还财物、支付抚恤金、最低生活保障待遇或者社会保险待遇等给付义务的,法院应做出给付判决,且应当判决"给付的具体数额"、返还的特定财物,"不能简单判决限期履行给付义务"。[⑥]

至于上述几种判决之间的关系,有学者认为,确认判决是撤销判决、履

---

① 以日本的经验看,对无效行政行为也允许提起撤销诉讼,但因起诉期限、复议前置等原因不能采用撤销诉讼的,可以提起确认无效诉讼。"在这一意义上,确认无效诉讼被定位于撤销诉讼的补充"。这种补充性的成立就是建立在前者不受起诉期限的限制。王贵松:《论我国行政诉讼确认判决的定位》,载《政治与法律》,2018(9)。

② 童卫东:《进步与妥协:〈行政诉讼法〉修改回顾》,载《行政法学研究》,2015(4)。姜明安:《论新〈行政诉讼法〉的若干制度创新》,载《行政法学研究》,2015(4)。

③ 余凌云:《行政诉讼上的显失公正与变更判决——对行政诉讼法第54条(四)的批判性思考》,载《法商研究》,2005(5)。

④ 何海波:《困顿的行政诉讼》,载《华东政法大学学报》,2012(3)。

⑤ 梁风云:《不断迈向类型化的行政诉讼判决》,载《中国法律评论》,2014(4)。

⑥ 郭修江:《行政诉讼判决方式的类型化——行政诉讼判决方式内在关系及适用条件分析》,载《法律适用》,2018(11)。

行判决的补充和衍生品。撤销判决、履行判决不仅具有确认违法的功能,还能施以直接有效的救济。[①]在我看来,确认判决应当是法院救济的初始形态,是其他判决均具有的基本救济效果。如果救济还可以进一步拓展,比如,撤销行政行为或者责令行政机关履行义务对原告依然有意义,法院就应当进一步判决撤销、责令履行(给付)。变更是撤销的延伸。

第十二节　保证判决执行的措施

控制行政权之难,就像西西佛斯(Sisyphus)和巨石。在起草《行政诉讼法》之初,立法者也料定行政机关可能不服帖,会不执行法院判决,所以,在《行政诉讼法》(1989 年)第 65 条中规定,法院可以采取一些措施,包括划拨应当归还的罚款或者赔偿金、对行政机关按日处以罚款、提出司法建议、追究刑事责任。

但时至今日,立法者依然觉得这个问题"仍较为突出",在《行政诉讼法》(2014 年)第 86 条中主要增加了两项措施,一是将行政机关拒绝履行判决、裁定、调解书的情况予以公告。二是拒不履行判决、裁定、调解书,社会影响恶劣的,可以对该行政机关直接负责的主管人员和其他直接责任人员予以拘留。

我隐约感觉,行政机关之所以敢于挑战法院的权威,当然也可能因为行政机关"囊中羞涩""履行不能",以及法院判决确有问题。[②]但更可能是因为它有着藐视法院的资本或资源,以及对上级机关不会干预的自信。或许,这还与上述"案件受不进来、审不动"的原因有一定干系,也会随着管辖改革而得到彻底缓解。

在行政诉讼法修改过程中,有的学者建言,首先,应删除拘留措施。因为"实践中这类条款很容易成为仅有宣示作用、无实质执行效果的条款,这会损害法律的严肃性和权威性","也不易找到合适的执行部门"(行政法学会意见)。"行政诉讼与民事诉讼、刑事诉讼不同,是公法意义上的诉讼。败

---

① 王贵松:《论我国行政诉讼确认判决的定位》,载《政治与法律》,2018(9)。

② 马怀德、解志勇:《行政诉讼案件执行难的现状及对策——兼论建立行政法院的必要性与可行性》,载《法商研究》,1999(6)。

诉的行政机关若不履行相应的法院裁判，除了涉及财产支付义务、可采取相应强制措施以外，对于其他的履行义务，应该通过让行政机关或其直接负责的主管人员和其他直接责任人员承担政治责任的方式，督促其履行。对行政机关施以罚款、对主管人员和其他直接责任人员施以拘留，看似在立法上加强了执行力度，但既缺乏现实可行性，又与公法原理相悖”（北大意见）。其次，“完善对于被告财产强制执行的规定”，“对应当支付赔偿款、补偿款不予支付，且银行账户内无款项可划拨的，可查封、扣押不影响其执行公务的财产，并予以拍卖”（北大意见）。

在我看来，拘留看似严厉，其实很难实施。一方面，会打断公务的连续性；另一方面，拘留之后是否不得担任公职呢？公告是诉诸社会的、公众的舆论压力。在当下的自媒体网络时代，行政机关的傲慢会激起公愤，网络舆论是上级机关捂都捂不住的。因此，公告的规定得到了学者的一致认可（行政法学会意见）。我认为，如果能够将行政机关拒绝履行判决、裁定、调解书，社会影响恶劣的，列入行政问责的事由，恐怕会更有成效，其效果可以覆盖司法建议、罚款和拘留，使得后者多余而可以全部删除。所以，可以考虑建立以公告、行政问责和适度的财产强制执行为内容的执行体系。

第十三节　行政赔偿和行政补偿

一、概念

行政赔偿是指行政机关及其工作人员违法执行行政职务，造成相对人损失，依法承担的法律责任。行政补偿是行政机关及其工作人员合法执行行政职务，造成相对人损失，依法承担的法律责任。

从形式上看，行政赔偿和行政补偿的区别主要在于原因行为的合法与否，可以简述为“违法赔偿”和“合法补偿”。[①]但其实，它们本质相同。根据公共负担平等原则（the principle of equality in bearing public burdens）和社会保险理论，国家权力运行具有巨大风险。“国家行为是代表整个社会的利益

---

① 马怀德主编：《完善国家赔偿立法基本问题研究》，59页，北京，北京大学出版社，2008。

的,社会成员中的一部分人不应当承担比其他人更重的负担。”[①]社会整体获益,特定相对人却付出特别牺牲,国家就有义务填补其损失,支付保险金。因此,无论赔偿还是补偿,都是回复或弥补私人利益的损失,以合理、充分为度。行政赔偿也仅此而已,不注重惩戒,实则近似补偿。[②]危险责任、无过错责任的引入,不问违法与否,是否存在过失,以结果追责,更是模糊了两者界线。[③]

《行政诉讼法》(1989 年)第 67 条、第 68 条初创了有别于民事赔偿的行政赔偿。《国家赔偿法》(1994 年)分别规定了行政赔偿、刑事赔偿(也称冤狱赔偿),以及特殊赔偿(也称非刑事赔偿),也就是“人民法院在民事诉讼、行政诉讼过程中,违法采取对妨害诉讼的强制措施、保全措施或者对判决、裁定及其他生效法律文书执行错误,造成损害的,要给予赔偿”。[④]《最高人民法院关于审理行政赔偿案件若干问题的规定》(法释〔2022〕1 号)做了更细致的解释。行政补偿迄今尚无统一规范,散见于单行法和政策之中。

二、在行政救济中的地位与功能

行政赔偿在行政救济上具有独特价值。“当公民面对既成事实时,依法行政原则和公民要求撤销违法行政行为的权利几乎没有什么价值,在这种情况下,撤销之所以几乎没有价值,是因为,要么没有什么行为可以撤销,要

---

① Cited from J. F. Garner & L. N. Brown, *French Administrative Law*, Butterworths, 1983, p. 121.

② Peter Cane 指出,我们不能因为政府支付赔偿的事实,就将政府视为普通被告,而应该这么看,它是为其非有意逾越由越权原则界定的范围所致损害而支付的保险金。Cf. Peter Cane, *An Introduction to Administrative Law*, Oxford University Press, 1986, p. 184. Peter L. Strauss 也认为惩罚性赔偿金不适用于行政机关。Cf. Peter L. Strauss, *An Introduction to Administrative Justice in the United States*, Carolina Academic Press, 1989, p. 274.

③ 城仲模先生认为,“设若更换立场从结果责任去论究,现代国家行政权力的强化及其作用的量与质的增繁多涉,其行为处处具有危险性,其行为纵然未有故意或过失,但国民已首当其冲,遭受损害时,吾人乃不得不再从无过失赔偿责任论或危险责任论去正视问题的本质及其补救方法,甚至试图以结果责任之理论为基础,以寻觅行政法上损失补偿与损害赔偿合流之可能途径。”城仲模:《行政法之基础理论》,553~554 页,台北,三民书局,1983。

④ 《保障公民依法取得国家赔偿的权利(全国人大常委会法制工作委员会负责人就国家赔偿法答本报记者问)》,https://www-pkulaw-com-s. qh. yitlink. com:8444/chl/b940eacdbe310e10bdfb. html? keyword=国家赔偿,2022 年 6 月 15 日最后访问。

么行政机关作出的决定已发生法律效力并对公民造成损害,唯一救济方法就是取得对损害的赔偿。”[①]也就是说,撤销、责令履行判决是行政诉讼一种最基本的强有力救济手段,应当优先考虑使用。只有撤销或变更之诉、责令履行之诉已无法充分弥补受害人损失,恢复原状,才诉诸行政赔偿。因此,我们可以把行政赔偿理解是弥补行政复议、行政诉讼射程不足的最后手段,具有补充性,是处于第二位的救济方式。

行政补偿的功能可以从两个角度去理解:一种是“公共负担平等”(equality before public burdens)。这是法国人所提倡的一种理论。由于深受集体主义(collectivist)或者社会主义(socialist)观念的影响,法国允许行政机关为追求其所认为的更大的利益而改变行政行为,法院也不轻易去拘束行政机关的自由,但是,对于相对人作出的特别牺牲(special sacrifice),也就是非正常的(abnormal)、特别的损失,行政机关要给予补偿(compensation)。另一种是通过补偿换取行政的自由。这实际上是把补偿理解为一种交易、一种“对价”,行政机关就可以合法的“食言”,换取其本不该有的权力。持这种理论的,比如英国。英国尽管没有类似于法国的公共负担平等原则,法院也回避发展风险或者平等责任,但是,却允许由行政机关自己根据个案(*ad hoc*)来作出对等(优惠)的补偿(equitable (*ex gratia*) compensation),以减少行政实施的困难。[②]尽管实际补偿的事例在英国实践中还是比较少见,但是,这中间似乎已经透露出某种交换的意味。

因为充分的赔偿或补偿,意味着政府行使权力必须支付比较大的成本,这反过来,能构成一种对权力的制约,从经济成本上让政府知难而返,使政府更加理性地决断。所以,尽管英国、法国还有欧共体都认为,行政责任的主要目的是通过赔偿(补偿)实际损失来对行政错误进行救济,但是,与此同时,也都不否认,其具有一个很重要的从属(ancillary)的目的,就是阻止行政

---

① Cf. J. F. Garner & L. N. Brown, *French Administrative Law*, Butterworths, 1983, p. 114.

② 很有意思的是,在英国,法律一般不规定对合法撤回的补偿问题,但是,对于撤回规划许可(planning permission),法律却明确规定对因信赖许可而产生的损失(expenses incurred in reliance on the permission)必须予以补偿,这似乎是英国现行成文法中仅有的一个例外。Cf. Soren J. Schonberg, *Legitimate Expectations in Administrative Law*, Oxford University Press, 2000, p. 172, 174.

机关和个人固执己见、一意孤行。[①]

三、追偿权

在西方,早在国家主权豁免论盛行之际,公务员对外承担个人行政侵权责任即已存在。戴雪甚至认为:“政府雇员对其不法行为承担个人责任,伴以国王的责任豁免,是法律面前人人平等原则的有力佐证。”[②]但是,不分青红皂白,一味由公务员个人对外承担行政侵权责任,会产生以下两个消极后果:一是公务员的持续责任很可能导致其过分小心与消极,从而影响行政效率;二是公务员个人财力有限,往往不能及时、充分满足受害人的赔偿要求。鉴此,西方国家,比如美国、英国、法国,有关立法及司法判例就逐渐要求,由国家来对公务员违法行为承担替代责任,也称“代位责任”,进而发展为直接责任,也称“自己责任”。但是,如果侵权行为掺杂了过多的个人因素,与公务的距离较远,仍然应当由公务员个人对外承担行政侵权责任,以惩戒公务员,督促其恪尽职守、依法行政。从而逐渐演变为目前的行政机关行政侵权责任与公务员个人行政侵权责任并存的格局。大致有三种形式,“一是由国家先予赔偿,而后对在法定情形下需要负责的公务人员进行追偿或求偿;二是在一些法定情形下由公务人员直接承担公务侵权赔偿责任;三是在一些法定情形下由国家和公务人员向受害人承担连带责任。”[③]

其实,由公务员个人对外承担侵权责任,尽管本质与效果与追偿相同,但实际上还不是追偿。追偿一定是实行国家直接责任,先由国家对外承担赔偿责任,之后再转向内部,追究有故意或重大过失的公务员,要求其支付国家已经承担的有关赔偿费用,可以是部分,也可以是全部费用。我国《行政诉讼法》(1989 年)第 68 条第 2 款、《国家赔偿法》(2012 年)第 16 条第 1 款规定了对有故意或重大过失的工作人员、受委托的组织或个人的追偿权。追偿的性质是对公务员的经济惩戒。

---

① Cf. Soren J. Schonberg, *Legitimate Expectations in Administrative Law*, Oxford University Press, 2000, p. 172.

② Cited from S. D. Hotop, *Principles of Australian Administrative Law*, North Ryde, N. S. W. : Law Book Co. Ltd. 1985, p. 464.

③ 沈岿:《国家赔偿:代位责任还是自己责任》,载《中国法学》,2008(1)。

四、行政赔偿归责原则

行政赔偿的归责原则(criterion of liability)为从法律价值上判断行政机关应否承担法律责任提供了最根本的依据和标准，它对于确定行政赔偿责任的构成及免责条件，举证责任的负担以及承担责任的程度都具有重大意义，因而，构成了行政赔偿的理论基础。

从比较法角度看，行政赔偿归责原则体系在不同国家还存在着很大的结构差异。比较有代表性的有三种：一是法国采用的以公务过错理论为主，危险责任原则为辅的归责原则体系。所谓公务过错，指公务活动欠缺正常的标准。[①]二是德、日、英、美等国实行的以过错原则(主观过错)为归责原则的体系，但近年来危险责任原则之适用也渐显端倪。三是瑞士独树一帜的违法原则体系。但不论归责原则体系结构如何，归责原则的种类不外乎过错原则、危险责任原则与违法原则三种。

在我国，《行政诉讼法》(1989 年)第 67 条、第 68 条用词是"具体行政行为侵犯造成损害的"。究竟采用哪种归责，语焉不详。在《国家赔偿法》草拟过程中，尽管学者对行政赔偿归责原则众说纷纭，但主导性意见是采用违法原则，[②]该意见也为《国家赔偿法》(1994 年)第 2 条所采纳。"以是否违背法律规定，作为是否承担责任的标准，只要是违反法律规定的，不管主观上有无过错，都要承担赔偿责任。"[③]究其原因，第一，"违法归责原则较为客观，有利于保护赔偿请求人的利益"。[④]第二，行政赔偿多与行政诉讼一并提起，应当与行政诉讼的合法性审查一致。第三，当初没有及时捕捉民事侵权中的

---

① 王名扬:《法国行政法》,698 页,北京,中国政法大学出版社,1989。

② 有的主张实行过错原则。如,张辉:《建立我国行政损害赔偿制度的几个问题》,载《法律科学》,1990(1)。陈曾侠等:《当前我国国家赔偿立法需要研究的几个问题》,载《法学评论》,1993(3)。有的主张采用违法原则,如,应松年、马怀德:《国家赔偿立法探索》,载《中国法学》,1991(5)。有的主张实行违法与明显不当责任原则,如,罗豪才、袁曙宏:《论我国国家赔偿的原则》,载《中国法学》,1991(2)。还有主张采取无过错责任原则,混合责任原则(即过错兼采无过错责任原则)等等。如,许崇德、皮纯协主编:《新中国行政法学研究综述》,552～556 页,北京,法律出版社,1991。皮纯协、冯军主编:《国家赔偿法释论》,69～70 页,北京,中国法制出版社,1994。

③ 顾昂然:《国家赔偿法制定情况和主要问题》,载《中国法学》,1995(2)。

④ 马怀德、孔祥稳:《我国国家赔偿制度的发展历程、现状与未来》,载《北京行政学院学报》,2018(6)。

过错已经发生变化,“从主观过失到过失的客观化”,出现了过失推定以及违法视为过失,[①]而是将过错原则误读为仅指主观过错。选择违法而非过错,是出于对主观过错的批判。根据主观过错理论,受害人要追究行政侵权责任,必须首先确定具体的过错行为人,即指出过错出自何人。但在集体决策、程序复杂不公开或者公务员行为系执行上级命令或经上级批准等情况下,很难做到这点。就证明责任而言,对于法官和受害人都是沉重的负担。以过错之有无作为行政侵权责任成立与否的根本衡量标准,在不法行政但无过错的情况下,会导致救济的不周延。[②]在我看来,行政侵权和民事侵权的归责原则应当一致,因为公法与私法在侵权领域高度交织重合,仅限违法归责,责任范围恐怕过窄。

五、行政赔偿责任构成要件

我们虽然有了判断责任构成的“最后界点”(endpunkt)的归责原则,但是,单凭归责原则,法官无法合理、全面地判断出行政机关实施的行为是否构成赔偿责任,“这就需要有较之于归责原则更加具体明确的责任构成要件”。[③]

1. 职务行为主体

职务行为主体指行政机关及其工作人员。“工作人员”除了应包括法律法规已经首肯的公务员,法律、法规、规章授权的组织成员,受行政机关委托执行公务的人员外,还应当包括事实上协助执行公务的人员。例如某公民自愿主动地协助消防队员灭火、打通防火道。

2. 职务违法行为

职务违法行为是行政赔偿责任中最根本的构成要件,它说明了国家承担赔偿责任的最根本的原因。所谓职务违法行为是指违法执行职务的

---

① 程啸、张发靖:《现代侵权行为法中过错责任原则的发展》,载《当代法学》,2006(1)。

② 英国行政法全面审查委员会报告中指出,显然,需要进行改革,以便向那些因不法行政但不涉及过错所致损害的当事人提供救济。Cf. *Administrative Justice-Some Necessary Reforms* (*Report of the Committee of the Justice—All Souls Review of Administrative Law in the United Kingdom*), Oxford Clarendon Press, 1988, p. 331.

③ 王利明:《侵权行为法归责原则研究》,33页,北京,中国政法大学出版社,1992。

行为。

“执行职务”的认定标准，理论上有主观说与客观说两种。英国与美国似更倾向于主观说，即以雇佣人的意思为判断标准，执行职务的范围也仅限于雇佣人命令受雇佣人办理的事项范围。德国与日本均采用客观说，即以行为之外观为准，只要行为从外观上可认为属于社会观念上执行职务的范畴即可。[①]在我看来，客观说用外观认识将侵权行为与应然执行职务行为（或行使公权力行为）联系起来，从而大大延展职务违法行为发生的领域，更加有利于保障相对人的合法利益，因而较为可取。

在解决执行职务范围上，最基本的考虑是，尽量扩张国家赔偿的射程，理由是，第一，对于受害人来讲，国家是最大的财团，向国家提出赔偿要求比向工作人员要求赔偿，更加容易得到及时、充分的满足。第二，由国家承担赔偿，有利于保护工作人员工作的能动性和积极性，不会因为惧怕犯错误而缩手缩脚。

属于执行职务范围的行为大致有：(1)构成职务行为本身的行为，例如，违法扣留财物。这类行为的特点是，其本身就是行政机关实施的职务行为，是行政诉讼法上可诉的行政行为。(2)与职务行为有关联而不可分的行为。这类行为的特点是其本身不是职务行为，而是事实行为，但却与职务内容密切相关。包括：第一，为执行职务而采取不法手段的行为，例如，采取刑讯逼供。第二，利用职务之便，为个人的目的所为的行为。第三，于执行职务时间或处所内实施的行为，例如，某工作人员前往某地执行公务，途中违反交通规则将第三人撞伤。

3. 损害

确立行政赔偿责任的结果是对受害人进行赔偿，因此，损害(damage)的发生是行政赔偿责任产生的前提条件。行政法上的损害与民法损害基本相同，指对受侵权人合法权益造成的不利益，包括人身损害与财产损害、物质损害与精神损害、直接损害与间接损害等。但行政法损害毕竟是公法上的损害，其还包括民法损害所不具有的范围，即对宪法规定的非财产性的基本权利（如受教育权、选举权等）的侵害。

---

① 曹竞辉：《国家赔偿法之理论与实务》，43、228、229、246页，台北，新丰文出版公司，1981。

第一,对于人身损害,可以按照规定标准支付赔偿金。

第二,对于财产损失,优先考虑返还财产、恢复原状,只有无法返还、恢复,才考虑支付赔偿金和利息。在赔偿的程度上,只赔偿直接损失,也就是实际损失。至于间接损失,按照西方国家的经验,可以赔偿,但是,应当由受害人充分举证证明,如果没有行政机关的侵权行为,其间接损失是可以避免的,或者说,这些间接利益是一定能够获得的。而要证明这一点,实际上很困难。因此,在西方国家的行政审判中,能够获得间接损失赔偿的比较罕见。

第三,对于精神损害,《国家赔偿法》(1994 年)仅规定了消除影响,恢复名誉,赔礼道歉,没有规定抚慰金。究其原因,第一,当时社会诉求并不迫切。第二,用金钱方式来赔偿精神损害,缺乏可操作性的客观衡量标准。[①]第三,立法者可能当时误判,国家赔偿法付诸实施,赔偿案件会大幅攀升,国家财政恐怕难以负担,对赔偿不得不有所限制。“麻旦旦诉咸阳市公安局确认行政行为违法及赔偿纠纷上诉案”之后,[②]《国家赔偿法》(2010 年)引入了抚慰金。从实践看,不少案件超过了《最高人民法院关于人民法院赔偿委员会审理国家赔偿案件适用精神损害赔偿若干问题的意见》(2014 年)规定抚慰金原则上不超过人身自由赔偿金、生命健康赔偿金总额的 35%,有的“甚至接近了 1∶1”。[③]

行政赔偿允许调解,意味着在国家赔偿法规定的赔偿项目、计算标准具有开放性,有关赔偿项目、标准、数额、方式、期限等都可以协商。协商不成,由法官裁定。

4. 因果关系

因果关系是连结责任主体与损害的纽带,是责任主体对损害承担法律责任的基础与前提,从一定程度上决定了承担责任的大小。如果缺少这种因果关系,行为人就没有义务对损害负责。

---

① 在有关国家赔偿的权威著作中只提到这一个理由。应松年主编:《国家赔偿法研究》,85 页,北京,法律出版社,1995。

② https://www-pkulaw-com-s.qh.yitlink.com:8444/pfnl/a25051f3312b07f37d919f0d0e1d98e3419bdc39cfe32221bdfb.html?keyword=麻旦旦,2022 年 6 月 16 日最后访问。

③ 马怀德、孔祥稳:《我国国家赔偿制度的发展历程、现状与未来》,载《北京行政学院学报》,2018(6)。

那么,我国行政赔偿责任构成要件中的因果关系应当采用什么样的因果关系呢?尽管理论上歧见纷纭,但最具代表性的观点是采用直接因果关系。[①]从这些年的实践看,对因果关系的理解应当宽松一些,并不要求行为与结果之间存在着逻辑上、必然的、直接的关系,特别是其中行为并不要求是结果的必然或根本原因,而仅仅是导致结果发生的一个较近的原因,至于其间关联性紧密程度,则完全要由法官在审理具体案件时予以把握。《最高人民法院关于公安机关不履行法定行政职责是否承担行政赔偿责任问题的批复》(2001 年 7 月 17 日)也基本上采取了这种态度。[②]

六、责任例外

责任例外,也称责任限制,指国家不承担行政赔偿责任的情况。根据不承担责任的原因,它又可以分为三类情形:一是根据责任构成要件,国家本应承担赔偿责任,但因出于保障公共利益的考虑而不承担。这种情形也称责任豁免。二是侵权行为本身不符合责任构成要件要求,不构成行政赔偿责任。也称因责任构成要件欠缺而不承担责任的情形。三是适用民法抗辩事由来减免行政赔偿责任的情况,也称民法抗辩事由在行政法中的援用。

1. 责任豁免

在现代国家运行机制中,有些行政权力是与政治,国家安全等密切相关的,行使这些权力,要么无先例可循,需要发挥决策者高度的主观能动性,从而使权力行使本身具有高度的机密性、风险性、影响面广的特点,例如,战争决策、外交政策、制定投资政策等;要么需要高度的统一、权威与有序,以保证行政效率,如内部行政行为。因此,为了保证这些行政权力能够正常行使,对其予以适当法律保障实属必要而有益,否则,如果对这些权力行使行为进行司法审查,进而追究侵权责任,既不利于鼓励决策者竞业精神,影响行政效率,还可能泄露国家机密、损害国家利益,扰乱政府正常工作秩序,甚

① 罗豪才主编:《行政法学》,273 页,北京,中国政法大学出版社,1989。

② 该批复的全文如下:“由于公安机关不履行法定行政职责,致使公民、法人和其他组织的合法权益遭受损害的,应当承担行政赔偿责任,在确定赔偿的数额时,应当考虑该不履行法定职责的行为在损害发生过程和结果中所起的作用等因素。”

至引起社会动荡。这些事项大致包括行政立法行为、国家行为、内部行政行为,不属于人民法院行政赔偿诉讼的受案范围。

2. 因责任构成要件欠缺而不承担责任的情形

这主要是从责任构成要件出发的。包括:(1)行政机关工作人员与行使职权无关的个人行为。(2)军事行为。对军事行为所致损害不予赔偿,是避免受害人获得双重利益。"盖以被害人凡因军事行动遭受损害者,通常可领取抚恤金。若再准其经诉讼程序获得损害赔偿,则形成不当得利。"[①]

3. 民法抗辩事由在行政法中的援用

行政赔偿责任理论是从民事侵权理论发展演进而来的。民事侵权赔偿责任中,作为免除或减轻责任的抗辩事由(不可抗力、紧急避险、意外事件、受害人过错、第三人过错、正当防卫等),是否能够适用到行政赔偿责任中呢?我国国家赔偿法除明确规定"受害人故意行为导致的损害不赔",对其他抗辩事由未置可否。但是,根据行政法理论,并参酌西方国家规定,我认为,除个别事由有所限制外,其他事由皆可适用。[②]

七、行政赔偿程序

受害人获得行政赔偿有两条途径:一是单独就赔偿问题须先向行政机关提出,如果不服,可以申请行政复议,或者向人民法院诉讼,即单独提起程序或称单方处理程序。[③] 单独提起行政复议或者行政赔偿诉讼的前提是行政行为违法已被确认,只是对不予赔偿决定或者赔偿决定不服。二是在行政复议和行政诉讼中一并提起。

在行政赔偿创设伊始,就是在行政复议、行政诉讼中一并提出。迄今,这也是要求行政赔偿的主要程序方式。与行政复议、行政诉讼一并提出行政赔偿,具有"同进同退"特点,第一,实行"主诉裁驳从诉一并裁驳规则",[④] 公民、法人或者其他组织一并提起行政赔偿诉讼,复议机关、人民法院经审

① 曹竞辉:《国家赔偿法之理论与实务》,232页,台北,新丰文出版公司,1981。

② 余凌云:《关于行政赔偿责任限制的探讨》,载《法学家》,1994(6)。

③ 杨寅:《我国行政赔偿制度的演变与新近发展》,载《法学评论》,2013(1)。

④ 于厚森、郭修江、杨科雄、牛延佳:《〈最高人民法院关于审理行政赔偿案件若干问题的规定〉的理解与适用》,载《法律适用》,2022(4)。

查认为行政诉讼不符合申请、起诉条件的，对一并提起的行政赔偿申请、诉讼，一同裁定不予受理、不予立案；已经立案的，一起裁定驳回。第二，一并审理，一起裁决。

八、行政补偿范围、程序、方式和标准

行政补偿"缘于公用征收"，为了公共利益的需要，可以依法征收、征用私有财产，并给予补偿。比如，《国有土地上房屋征收与补偿条例》(2011 年)规定的房屋征收补偿、《行政许可法》(2003 年)第 8 条依法变更、撤回行政许可的补偿、《蓄滞洪区运用补偿暂行办法》(2000 年)对因蓄滞洪遭受损失的补偿、《大中型水利水电工程建设征地补偿和移民安置条例》(2013 年)对移民补偿等。由于缺少统一立法，行政补偿的"发展速度和体系化程度远远不及"行政赔偿，[①]理论研究也欠发达，但对于土地征收补偿，有关判案却趋于细腻成熟，相关学术研究也较深入。

第一，行政补偿范围原则上依据单行法和政策规定。即使没有依据，不补偿实在有失公允的，也可以给予适度补偿。第二，行政补偿程序必须符合正当程序要求，应当听取受补偿人意见，与受补偿人充分协商。必须及时公正补偿。[②]行政机关"既可以是签订补偿协议，也可以是作出补偿决定"。[③]第三，行政补偿方式不限于金钱，可以多种多样，较为灵活，只要合法、公平，且受补偿人同意接受。可以实行直接补偿和间接补偿相结合、货币补偿和非货币补偿相结合。[④]比如，土地征收补偿上可以置换土地，安置多余劳动力就业，户口可以农转非。[⑤]第四，行政补偿标准一般也是合理、充分补偿实际损失，但是，行政机关为了鼓励相对人配合，比如搬迁、移民，可以采取激励性补偿。对于损失范围与程度，可以由双方同意的第三方评估。第五，对于行

---

① 张梓太、吴卫星：《行政补偿理论分析》，载《法学》，2003(8)。

② 在"山西省安业集团有限公司诉山西省太原市人民政府收 回国有土地使用权决定案的再审判决"中，最高人民法院行政法官指出，"必须对被征收人给予及时公平补偿，而不能只征收不补偿，也不能迟迟不予补偿。""补偿问题未依法定程序解决前，被征收人有权拒绝交出房屋和土地。"载《最高人民法院公报》，2017(1)。

③ 耿宝建：《国有土地上房屋征收与补偿的十个具体问题——从三个公报案例谈起》，载《法律适用》，2017(9)。

④ 王兴运：《土地征收补偿制度研究》，载《中国法学》，2005(3)。

⑤ 李傲、夏军：《试论我国行政补偿制度》，载《法学评论》，1997(1)。

政补偿纠纷,可以调解。行政补偿具体事项、方式、标准、数额和期限等,允许行政机关与受补偿人双方协商。受补偿人对补偿决定、不予补偿决定或者拖延补偿不服,也可以申请行政复议、行政诉讼。[①]“行政补偿诉讼一般适用行政诉讼程序,但有关行政补偿的法律、法规可补充规定某些特别程序。”[②]

① 在“山西省安业集团有限公司诉山西省太原市人民政府收 回国有土地使用权决定案的再审判决”中,最高人民法院行政法官指出,“被征收人对征收补偿决定或者征收补偿协议所确定的补偿金额和其他内容有异议的,可以依法提起行政诉讼。”载《最高人民法院公报》,2017(1)。

② 姜明安:《行政补偿制度研究》,载《法学杂志》,2001(5)。

第十六章　数字政府的法治建构

第一节　既定的数字建设要求

数字政府从早先的信息化建设、电子政务发展而来，不是电子政务概念上的拉长，[①]而是一个全新的概念，实现了“从以职能为中心到以公众为中心，从技术驱动到需求驱动”的飞跃。[②]这个概念风行于2017年之后。党中央文件首次提及“数字政府”，是2019年10月31日十九届四中全会通过的《关于坚持和完善中国特色社会主义制度 推进国家治理体系和治理能力现代化若干重大问题的决定》。[③]对它的描述尽管视角多元、不尽相同，大致是指一种新的治理模式，政府通过数据化转型，重塑施政理念、方式与流程，以安全和隐私得到保护的前提下，通过数据共享促进业务协同，通过数据开放

① 西方一些学者认为，“从电子政务到数字政府的治理发展过程可以划分为五个阶段：存在、互动、交易、转化和数字政府，其中前四个阶段属于电子政务的范畴，只有第五个阶段才是真正通过双向互动为所有公众或企业提供高质量服务的数字政府阶段，在这个阶段最终会实现技术与服务的高度融合。”蒋敏娟、黄璜：《数字政府：概念界说、价值蕴含与治理框架——基于西方国家的文献与经验》，载《当代世界与社会主义》，2020(3)。也有学者认为，数字政府与电子政务没有区别，数字政府只是电子政务的一个发展阶段而已，是从业务上网到服务上网。翟云：《改革开放40年来中国电子政务发展的理论演化与实践探索——从业务上网到服务上网》，载《电子政务》，2018(12)。

② 张悦昕：《电子政府概念的演进：从虚拟政府到智慧政府》，载《上海行政学院学报》，2016(6)。

③ 北京大学课题组：《平台驱动的数字政府：能力、转型与现代化》，载《电子政务》，2020(7)。

促进创新，不断提升政府治理体系和治理能力现代化。[①]

政府的数字化转型从地方开始先行先试，其中的佼佼者是广东、浙江和贵州。2017 年 12 月，广东率先提出并部署数字政府建设。来年，广东下发了《广东省人民政府关于印发广东省“数字政府”建设总体规划(2018 — 2020 年)的通知》(粤府〔2018〕105 号)、《广东省人民政府办公厅关于印发广东省“数字政府”建设总体规划(2018 — 2020 年)实施方案的通知》(粤府办〔2018〕48 号)，“借助系统性思维从管理、业务和技术三个层面对数字政府的构建进行顶层设计，从全方位对政府数字化改革进行保障。”[②]就数字平台建设、数字技术应用以及创新政务服务等作出安排。2016 年，浙江省委经济工作会议首次公开提出“最多跑一次”改革。2018 年 7 月发布了《浙江省数字化转型标准化建设方案(2018—2020)》(浙政办发〔2018〕70 号)，主要就政府数字化转型的标准化工作体系、工作机制作出安排。贵州省政府也在 2018 年先后下发《促进大数据云计算人工智能创新发展加快建设数字贵州的意见》和《推进“一云一网一平台”建设工作方案》，全力推动互联网、大数据、云计算、人工智能和政府治理、民生服务深度融合。

上述文件都是关于数字政府建设的行政性作业，自上而下、由里而外发力，就组织实施、工作重点、监督考核作出具体要求，要求各级地方政府、政府部门恪遵功令，主要包括：一是政务服务方面，“利用互联网、大数据等现代信息技术，推进集约化平台的建设和应用，对外实现政务服务质量提升，对内实现跨部门协同办公。”二是数据治理方面，打破信息孤岛，加强数据开放。三是政府职能创新方面，“利用大数据技术提升政府在市场监管、社会治理、生态保护、公共服务等领域的职能履行。”[③]

中央层面明确对数字政府建设提出具体要求的是以下“一规划、一纲要、一意见”。2021 年 3 月 11 日，十三届全国人大四次会议通过的《中华人

---

① 黄璜：《数字政府：政策、特征与概念》，载《治理研究》，2020(3)。蒋敏娟、黄璜：《数字政府：概念界说、价值蕴含与治理框架——基于西方国家的文献与经验》，载《当代世界与社会主义》，2020(3)。

② 蒋敏娟：《地方数字政府建设模式比较——以广东、浙江、贵州三省为例》，载《行政管理改革》，2021(6)。

③ 蒋敏娟：《地方数字政府建设模式比较——以广东、浙江、贵州三省为例》，载《行政管理改革》，2021(6)。

民共和国国民经济和社会发展第十四个五年规划和2035年远景目标纲要》专用一章,2021年8月,中共中央、国务院印发的《法治政府建设实施纲要(2021—2025年)》也突破了以往有关法治政府建设文件的行文结构,专设一条,提出了数字政府建设的基本要求。"平台、系统建设,实现有序共享,互联网全覆盖是基础,执法方式更新、流程再造、公共服务精准优化等是运用。"《国务院关于加强数字政府建设的指导意见》(国发〔2022〕14号)做了总体工作部署。

(1)打通数据孤岛,建设统一平台。统筹规划、建设政府信息平台、政务服务平台,优化整合各类数据、网络平台,防止重复建设。"构建统一的国家公共数据开放平台和开发利用端口","完善国家电子政务网络,集约建设政务云平台和数据中心体系,推进政务信息系统云迁移。"

(2)推动数据信息共享与开放,确保数据安全,加强数据整合。一是政府及各部门之间共享。"推进数据跨部门、跨层级、跨地区汇聚融合和深度利用。""深化国家人口、法人、空间地理等基础信息资源共享利用。"二是向社会开放。"扩大基础公共信息数据安全有序开放","优先推动企业登记监管、卫生、交通、气象等高价值数据集向社会开放。""优先推动民生保障、公共服务、市场监管等领域政府数据向社会有序开放。"

(3)以互联网为基础,全面推进政府运行方式、业务流程和服务模式数字化智能化。一是广泛运用"互联网+监管",探索推行以远程监管、移动监管、预警防控为特征的非现场监管、非现场执法。二是大力推行"互联网+公共服务",加快推进政务服务向移动端延伸,实现更多政务服务事项"掌上办"。优化公共服务流程,提高公众体验感。三是利用数字技术辅助政府决策、行政立法、行政执法,加强与公众的便捷有效交流,提高基于高频大数据精准动态监测预测预警水平。

除全国人大通过的规划外,无论是地方政府还是国务院下发的文件都是规范性文件。从内容看,属于内部行政法上的内部规则,符合内部行政法的基本特征。[①]首先,是向各级政府、行政部门发文,没有相对人参与其中。其次,是对各级行政机关的工作要求,不涉及对相对人权利义务的法律上直

① 章剑生:《作为担保行政行为合法性的内部行政法》,载《法学家》,2018(6)。

接处分。再次，仅产生对内的拘束效力，不直接产生外部效力。最后，仅关注行政机关系统的管理目标、任务、运行效率以及组织保障。可以说，政府的数字化转型是内在驱动型，政府自上而下、由内而外发力推动。

人大规划、政府规范性文件都是数字技术的应用，不是规范要求。都没有提及现行规范能否满足政府数字化转型要求，是否需要立改废，几乎不涉及有关立法规划，更没有具体明确的法规范要求。从有关浙江、广东、贵州数字政府的实证研究看，也没有提及在现行法律结构下是否存在运行不适，以及如何调适规范。《法治政府建设实施纲要（2021—2025 年）》仅是提出“建立健全运用互联网、大数据、人工智能等技术手段进行行政管理的制度规则”。《国务院关于加强数字政府建设的指导意见》（国发〔2022〕14 号）对“完善法律法规制度”“健全标准规范”提出要求。《国务院关于加快推进“互联网＋政务服务”工作的指导意见》（国发〔2016〕55 号）、《国务院办公厅关于促进电子政务协调发展的指导意见》（国办发〔2014〕66 号）也是明确“建立健全制度标准规范”的几个方面要求。[①]这些本身都不是规范，而是对构建规范的指示。这些文件仍旧主要“是一种基于内部视角的制度、体制和机制建构，以及推动相关制度、体制和机制建构得以落实的实施过程。”[②]通过颁布文件，能够“协调内部各种行政关系，整合全部行政资源，强化行政一体性”，制定回应公众诉求的公共政策并加以落实。[③]

当然，也并非完全没有有关立法。公共数据是数字化转型的基本元素。公共数据的收集、存储、使用，以及共享和开放都亟待规范，尤其是数据安全和隐私保护，构成了数字政府建设的重中之重。地方政府也逐渐加大了公

① 《国务院关于加快推进“互联网＋政务服务”工作的指导意见》（国发〔2016〕55 号）指出，“加快清理修订不适应‘互联网＋政务服务’的法律法规和有关规定，制定完善相关管理制度和服务规范，明确电子证照、电子公文、电子签章等的法律效力，着力解决‘服务流程合法依规、群众办事困难重重’等问题。国务院办公厅组织编制国家‘互联网＋政务服务’技术体系建设指南，明确平台架构，以及电子证照、统一身份认证、政务云、大数据应用等标准规范。”《国务院办公厅关于促进电子政务协调发展的指导意见》（国办发〔2014〕66 号）规定，“完善法律法规和标准规范。研究制定政府信息资源管理办法，及时总结经验，建立信息共享制度，为持续稳步推进信息共享提供制度保障；研究制定政务活动中使用电子签名的具体办法，积极推动电子证照、电子文件、电子印章、电子档案等在政务工作中的应用；加强现有成熟标准规范在电子政务中的运用，研究制定网络、安全、应用、信息资源等方面的技术和业务标准规范，促进电子政务健康持续发展。”

② 刘国乾：《法治政府建设：一种内部行政法的制度实践探索》，载《治理研究》，2021(3)。

③ 章剑生：《作为担保行政行为合法性的内部行政法》，载《法学家》，2018(6)。

共数据和电子政务规范建设。2017年,浙江省制定《浙江省公共数据和电子政务管理办法》(省政府令354号),这是全国第一部公共数据和电子政务政府规章。[①]广东、上海、武汉、济南、宁波、无锡、成都等政府陆续就公共数据管理、开放、一网通办等颁布地方政府规章。在中央层面,没有直接针对数字政府建设、公共数据、电子政务等立法。比较重要的相关立法是,《数据安全法》(2021年)对政务数据明确规定,对"在履行职责中知悉的个人隐私、个人信息、商业秘密、保密商务信息等数据应当依法予以保密","要求受托处理政务数据的,应当依照法律、法规的规定和合同约定履行数据安全保护义务",在支持利用数据提升公共服务的智能化水平的同时,要避免给老年人、残疾人生活造成障碍。《个人信息保护法》(2021年)明确了行政机关在处理个人信息的权利义务边界。《网络安全法》(2016年)只是原则性规定"促进公共数据资源开放",对公共服务、电子政务等领域的网络安全实行重点保护。因此,可以说,我们对数字政府的建立,总体上仍然处于技术先行,规范建设是局部的、零散的,还远没有深入到全面系统地明确规则、引入规范。

第二节　法规范建构的基本路径

党的十九届四中全会要求"建立健全运用互联网、大数据、人工智能等技术手段进行行政管理的制度规则"。数字技术、数字经济、数字平台的发展,给法治政府建设带来了内外两方面任务,无论哪一项任务都是宏大巨制,森罗万象。一个是如何规制电子平台、电商等新业态活动,有效调控和促进数字经济的发展。这是行政法规范行政机关与相对人之间关系的新增长点。另一个是如何规范数字政府的流程、权力运行与模式再造,将它们纳入法治的框架之内。这又可以按照数字化转型内在驱动的发展进路,分为内部行政关系与外部行政关系,分别由内部行政法与外部行政法调整,对法规范的要求不完全一样。

---

① 刘淑春:《数字政府战略意蕴、技术构架与路径设计——基于浙江改革的实践与探索》,载《中国行政管理》,2018(9)。

一、内部行政

内在驱动的数字政府建设遇到的问题，首当其冲，就出现在内部行政。这也是公共管理、电子政务、大数据等领域学者主要关注之所在。首先，“各地电子政务‘野蛮生长’，加上缺乏‘顶层设计’”，标准化严重空缺，没有统一的技术标准、数据标准、接口标准，政府部门内部存在着大量非结构化数据。其次，部门之间数据占有存在差异，“无论是横向上部门间的资源共享，还是条块上的数据对接，都难以使部门内生出数据共享的驱动力。”再次，流程再造会“打散过去既有的利益格局”，“这无疑会面对来自政府内部的强力反弹。”“自上而下的流程再造极有可能受到自下而上的有效抵制。”①

内部行政是建立在科层制基础上，存在上下领导关系，由内部行政法调整。简而言之，其基本意涵与特征是，“内部行政法将行政机关作为其唯一的来源、对象和受众”(internal administrative law has the agency as its sole source, object, and audience.)。“内部行政法包括行政机关运作的措施，这些措施是由行政机关或行政部门制定的，主要针对政府工作人员。”(internal administrative law consists of measures governing agency functioning that are created within the agency or the executive branch and that speak primarily to government personnel.)“行政机关的科层制和监督架构奠定了内部行政法的效力”(agencies′ hierarchical and supervisory structures ground the force of internal administrative law.)。②对于内部行政关系的调整，下发规范性文件就能够产生对内的拘束效力，对法规范的依赖性不强。“通常由政策关注和政治需要所驱使的内部措施，应该排除法律之外”(internal measures, often driven by policy concerns and political imperatives, should be excluded from the legal side of the ledger)。③

对于内部行政上出现的上述问题，可以找出对策，制定有针对性的规范

---

① 周雅颂：《数字政府建设：现状、困境与对策——以“云上贵州”政务数据平台为例》，载《云南行政学院学报》，2019(2)。

② Cf. Gillian E. Metzger and Kevin M. Stack, "*Internal Administrative Law*" (2017) 115 *Michigan Law Review* 1251－1252, 1258.

③ Cf. Gillian E. Metzger and Kevin M. Stack, "*Internal Administrative Law*" (2017) 115 *Michigan Law Review* 1244.

性文件,强化有关数字政府建设举措的贯彻落实,要求各部门、各领域不仅必须令行禁止、不得违误,还必须上下联动、左右协同。也就是说,无论是中央对地方数字政府的顶层设计,还是以省政府为单位的"块数据"建设,提出的标准化要求,推行跨层级、跨地域、跨系统、跨部门、跨业务的数据互联融合与共享,以及再造流程,等等,都是上级政府对行政系统内下达的要求与指令。下级部门必须上令下行、令行禁止。

但是,也不是一概而论,不是说,解决内部行政上的问题,都不涉及法规范。因为"行政行为的内外维度已经紧密相连,常常难以分开"(the internal and external dimensions of administrative action are closely linked and often hard to separate.)。[①]首先,不少内部措施的设定,是为了支配行政权力的运行,指导、告知和控制行政机关如何运作,并很可能会产生外溢的法律效果。立法机关近来也有着将此类重要的内部措施转为法律规定的趋势。其次,有些内部行政本身就已法治化,比如行政组织法。数字化转型需要优化组织架构、重塑体制机制、再造流程,突破组织法已有规定,就不能对改革与立法之间的抵牾置之不理,一味讲求改革容错,应当同步修改行政组织法相关规定,或者依据《立法法》(2015 年)第 13 条"暂停法律适用"处理。

二、外部行政

政府由内而外地持续推动数字技术、云计算、物联网、人工智能等运用,给外部行政关系带来了新的变化,也带来了一些新问题,需要我们从法律上认真对待。比如公共管理学者发现,"一些地方为了抢抓大数据的机遇,按照投入多、政策好、范围广、影响大的思路部署大数据战略,使政务数据平台的建设出现了以盈利为目的的目标偏离和领域发展最大化的思路偏离。""政务数据平台成为放大精英群体声音、导致政策绑架的通道。""现阶段政府所掌握的信息安全技术,并不能清晰地将公共数据、个人数据以及可能涉及公共问题的个人隐私数据进行明确划分。"等等。[②]

---

① Cf. Gillian E. Metzger and Kevin M. Stack, "*Internal Administrative Law*" (2017) 115 *Michigan Law Review* 1241.

② 周雅颂:《数字政府建设:现状、困境与对策——以"云上贵州"政务数据平台为例》,载《云南行政学院学报》,2019(2)。

外部行政法(external administrative law)调整行政机关与相对人之间的关系，通过控制和规范行政权力的行使，实现对基本权利的保障。它是从秩序行政、侵害行政起步，拓展到给付行政、福利行政，原则上坚持“无法律、无行政”，没有法律、法规依据，行政机关不得做出任何减损权利或者增设义务的决定。在政府数字化转型之初，暂且可以“采取包容审慎原则，以弹性思维、底线思维对待数字政府建设所引发的法律不适性考验。”但这并非长久之计，我们还应当“依照数字世界的逻辑与原理，在立法思维、立法内容上快速做出必要调整，尽快构建一个有利于数字政府建设的权责配置与行权法律环境。”[①]

1. 对引进技术的审慎态度

对于数字技术、云计算、人工智能等引入行政运行，行政机关始终持审慎态度。出于责任机制，行政机关会仔细评估上述技术的成熟度、可接受性，决定其在行政运行中的恰当定位与功能。引进完全自动化系统直接实现人机对话，比如“遥测警务”(telemetric policing)，也限于事项简单、无裁量的、线性决定，更重要的是要行政机关承担的责任不高。

一些有关自动化行政的研究也超前地预设了一些“虚拟的情境”，机器系统达到完全智能化，能够深度学习、恰当裁量。在虚构的法律空间与问题意识里，任意驰骋，出现不少“法学的童话”。这些在行政实践上却尚无实例，也无法应验。未来是否可能，也难以预测。因为“机器学习仍然基于规则(rule-based)”。“法律规则不仅常常是矛盾的、循环的、模棱两可的或故意模糊的或有争议的，而且它们依赖于社会情境和人为解释，不能直接应用于原始事实。依靠逻辑的计算机可以操作法律规则，但是，对例外情况的解释和识别，通常需要人通过对整个文本的理解来认定规则的目的。”[②]它们之间如何转换，不仅考验法学理论，也是极大的技术难题。但是，可以肯定，行政机关绝不会将决定权一股脑地托付给自动化行政系统，只要行为结果仍然

---

① 何圣东、杨大鹏:《数字政府建设的内涵及路径——基于浙江“最多跑一次”的经验分析》，载《浙江学刊》，2018(5)。

② Cf. Lyria Bennett Moses and Janet Chan, "*Using Big Data for Legal and Law Enforcement Decisions: Testing the New Tools*" (2014) 37 *University of New South Wales Law Journal* 649, 657.

要由行政机关负责,后者就不可能将身家性命全都交由机器左右。因此,数字技术的应用一定是渐进的、可控的、适度的。

德国行政程序法规定的"全自动具体行政行为",也是严格限定"适用场景是标准化的规模程序"(das standardisierte Massenverfahren),"在法律保留的前提下且不存在不确定法律概念和裁量情形时,具体行政行为方可由全自动设备作出。"限于羁束行为,"完全排除了全自动裁量的可能"。[①]"首要原因还是基于根深蒂固的信念,即裁量对个案正义的要求只能通过人类的意志活动来满足,个人在具体情形中的判断才是可靠的。""在裁量全自动化的情形下,无论是'确定型算法'还是'学习型算法'都是对过往的大数据进行分析、建模、测试、运行,是面向过去的关联性统计和运算行为,而不是面向未来的因果性判断,法律逻辑三段论也并不是单向的线性思维,而是目光流连式地构造理解过程,在此意义上,裁量全自动化也必然意味着行政机关未对个案行使裁量权,只是基于过去的关联性自动得出了一个线性结论。"[②]

Lyria Bennett Moses、Janet Chan 认为,大数据技术(big data technology)对法律和司法决定的潜在、可能的影响和适用性(suitability)可以从三个维度来评估,也就是技术(technical)、社会(social)和规范(normative)。技术维度主要"考虑技术的功能和有效",社会维度意在"分析那些对大数据分析的吸收和渗透可能产生影响的社会文化政治因素",规范维度是"调查新技术在多大程度上符合用户和社会(the general community)的道德或价值观"。[③]

这些考虑可以归结为三个主要的评价标准:(1)"有效性"(effectiveness),大数据技术能否成功应用,使法律和司法决定取得更好的结果。(2)"可接受性"(acceptability),某些应用是否符合法律和司法人员等潜在使用者的技术框架。(3)"适宜性"(appropriateness),它的使用方式是否符合专业人士和

---

① 德国《税务条例》第 155 条第 4 款授权税务机关可让设备全自动化地确定税种和计算税额,相对人也"被赋予了从全自动程序转为普通程序的选择权"。查云飞:《人工智能时代全自动具体行政行为研究》,载《比较法研究》,2018(5)。

② 查云飞:《行政裁量自动化的学理基础与功能定位》,载《行政法学研究》,2021(3)。

③ Cf. Lyria Bennett Moses and Janet Chan,"*Using Big Data for Legal and Law Enforcement Decisions*: *Testing the New Tools*"(2014) 37 *University of New South Wales Law Journal* 653.

更大社会群体的价值观。[①]

“一项技术是否符合用户和社会的伦理和价值观，是评价的一项重要标准。虽然社会可以从采用某项技术中获益，但他们不愿为了技术进步而牺牲某些根深蒂固的价值观。同样，无论一项新技术多么成熟，如果法律和司法人员感到他们的职业主义在这一过程中打了折扣，他们也不乐意依赖这项技术。专业人员和社会都深谙的价值观，与民主法治基本前提有关，包括合法性、问责制（accountability）和透明度（transparency）”。“决定者要对其决定负责。”“在评估一个用于辅助决定的工具时，很重要的是，要考虑它对决定者对其决定负责的不同方式的潜在影响”（In evaluating a tool used to assist in making decisions，it is important to consider its potential effects on the different ways in which the decision-maker is accountable for his or her decisions.）。[②]

2. 技术应用与规范调适

数字技术的引进，不见得必然会对法规范产生冲击。相反，数字技术的应用反而可能会让传统上一些法律规范瞬间变为过往。比如，人面识别技术在盘查中的应用，[③]《人民警察法》（2012 年）第 9 条第 1 款第（三）项“有作案嫌疑身份不明的” 规定已无必要。又比如，随着电子驾驶证的推广，[④]《道

---

① Cf. Lyria Bennett Moses and Janet Chan，“*Using Big Data for Legal and Law Enforcement Decisions*：*Testing the New Tools*”（2014） 37 *University of New South Wales Law Journal* 656.

② Cf. Lyria Bennett Moses and Janet Chan，“*Using Big Data for Legal and Law Enforcement Decisions*：*Testing the New Tools*”（2014） 37 *University of New South Wales Law Journal* 654.

③ 2016 年，广州天河警方自主开发，在全国区县一级公安机关中首建“盘查管理平台”，引用“互联网＋”思维，在警务手机上安装自主开发的“天河公安核查通 APP”。通过移动警务终端对被盘查人员进行人面识别，实现对可疑人像、车牌、护照等工作对象的一站式核查，110 警情的及时推送，以及后台数据的量级积累。《“公安网＋盘查”平台 手机刷脸识别嫌疑人》，http://m.news.cn/2017-04/28/c_1120887928.htm，2021 年 11 月 24 日最后访问。

④ 为进一步深化公安交管“放管服”改革，经部分省市试点推行，2021 年 9 月 1 日起，北京、长春、南宁等 28 个城市开始推广应用机动车驾驶证电子化。2022 年全面推行。电子驾驶证式样全国统一，与纸质驾驶证具有同等法律效力。电子驾驶证通过全国公安交管电子证照系统生成，方便实时查询、实时出示、实时核验。驾驶人可出示电子驾驶证办理车驾管、处理交通违法、处理交通事故等交管业务，无需再提交纸质驾驶证。《2022 年全面推行电子驾照 试点城市已有 195 万余人申领电子驾照》，https://baijiahao.baidu.com/s?id＝1708400383851067614&wfr＝spider&for＝pc，2021 年 11 月 24 日最后访问。《电子驾照来了！9 月 1 日起将在全国 28 个城市推行》，https://baijiahao.baidu.com/s?id＝1709385670883170987&wfr＝spider&for＝pc，2021 年 11 月 24 日最后访问。

路交通安全法》(2021 年)第 95 条第 1 款规定的“未随车携带行驶证、驾驶证的”即将成为历史。

数字技术给法律规则带来的冲击,应当优先考虑采用技术的方法解决。“对于技术问题及其引发的权利保护上的失衡,可以优先采取技术革新方案,在更高的技术层面上实现警察权与公民自由的平衡。假设这一路径可行,技术的引入丝毫不会妨碍执法在原有的法律结构中运转自如。因技术运用而拉低的权利保护水准,又能够通过技术自身的完善而得以恢复。”[①]比如,视频监控、人面识别技术等广泛收集、存储个人信息,可以通过严格授权登录、查询留痕等控制使用,抑制行政机关滥用使用权,防止个人信息外泄。

要是当下技术暂时无法解决,就必须调适法规范。平台建设、政务服务、数字治理、数字共享与开放都可能涉及规则调适。从规则性质上,可分为程序与实体。从调整对象上可以分为行政机关与相对人之间的关系规范以及对行政权力的规范,前者主要是数字经济、数字化运用、互联网、物联网等带来社会关系的新发展、新变化,行政机关应当如何规范。后者是在数字化环境下行政权力如何运行。无论从上述哪种分类或者进路去研究,涉及规范的范围、种类,以及因不同具体问题而做适应性调适方案,都不免宏大、庞杂且琐碎。要逐案研究,因事而论。

但是,在我看来,无论怎么调适规范,其中,因应数字技术而生,有别于以往立法,构成核心且必不可少的内容是技术性正当程序、技术与规范双重意义的标准化以及不得低于传统保护标准的价值取向。

第一,针对数字技术,产生了技术性正当程序(technological due process)。有的学者认为,“只要国家采取的行动是基于预测性或者不透明的技术,就要符合正当程序或自然公正的要求。”有关建议包括:将预测性分析运用到影响个人的决定的,要事先告知(a requirement for notice that predictive analytics will be used in a decision affecting a person),当事人有权要求听证,要提高预测方法的透明度(transparency in the methods used to make predictions),定期审核预测的准确性(regular audits of the accuracy of the predictions made),有权检查计算的准确性(a right to check the

① 余凌云:《交警非现场执法的规范建构》,载《法学研究》,2021(3)。

accuracy of calculations)，以及对过度依赖数据的质疑，有权要求公正的裁决(the right to an impartial adjudicator on questions around undue reliance on data.)。其中，透明化放在很高的突出位置，“透明化能够发现不准确或者错误的逻辑”(Transparency enables detection of inaccuracy or faulty logics)。[①]也有的学者认为，“自动化系统危及正当程序观念”(Automated systems jeopardize due process norms)。要构建技术性正当程序，“增强自动化决策系统中嵌入的规则的透明度、问责制和准确性”(enhancing the transparency，accountability，and accuracy of rules embedded in automated decision-making systems.)。[②]无论上述哪种观点，都已经不是将传统的正当程序简单套入数字技术的运行之中，而是在正当程序基础上，针对数字技术、自动化行政系统、视频监控设备等技术性特征，对其应用的正当性提出了新的规范要求。大致可以分为两类，一是证明数字技术、系统和设备可靠性、准确性的义务，二是应用的透明化，对数字技术的具体应用、功能与后果，要广而告之，允许公众查询、提出意见，行政机关有解释和回应义务。

第二，技术标准化规范大有可观。长期被行政法学者看低和忽视的技术标准、标准体系及其立法，在政府的数字化转型中，反而变得举足轻重、不可或缺。技术标准不仅有着技术特性，作为法规范的效力也日益凸显。“标准是‘法’。”强制性标准就是“技术法规”。[③]“政务数据标准化建设是顶层设计的重点。”[④]应当以国家层面的强制性标准形式推动。通过技术标准、接口标准、数据标准，比如，按照统一的技术标准和规范采集、核准和提供公共数据，制定人面识别、人工智能等新技术、新应用中的个人信息保护规则、标准等，不仅可以降低数据跨区域、跨部门、跨行业的集聚融合成本，避免系统之间不匹配，有利于共享与开放，也便于执法与监管。

---

① Cf. Lyria Bennett Moses and Janet Chan，“*Using Big Data for Legal and Law Enforcement Decisions：Testing the New Tools*”(2014) 37 *University of New South Wales Law Journal* 655，676.

② Cf. Danielle Keats Citron，“*Technological Due Process*”(2007) 85 *Washington University Law Review* 1249 - 1250.

③ 以往在行政法理论上，“将技术标准排除于法律规范之外”。宋华琳：《论技术标准的法律性质——从行政法规范体系角度的定位》，载《行政法学研究》，2008(3)。

④ 周雅颂：《数字政府建设：现状、困境与对策——以“云上贵州”政务数据平台为例》，载《云南行政学院学报》，2019(2)。

第三，不低于传统执法保护标准，是有关法规范构建正当性的衡量尺度。为适用数字技术的应用而调适有关规范，在保护相对人权利上都不能低于传统人工执法的水准，反而应该更加促进相对人权利的实现，扩大相对人的自由。不能因为数字技术、云计算、人工智能带来的便捷、高效、经济，而牺牲相对人更多的权益保障。

总之，政府在数据化转型过程中，内在驱动，从内部关系到外部关系，从内部行政法到外部行政法。这种发展路径从根本上解释了技术何以先于规则。但是，随着权力运行、流程再造、治理模式与数据化、智能化进一步融合，进入外部关系，就应当实行技术与规则的齐驱并进，运用互联网、大数据、人工智能等技术手段促进依法行政。

新公共管理(new public management)的改革浪潮已经基本停滞或逆转，取而代之的是“数字时代治理”(digital-era governance)。[①]数字政府是对新公共管理运动的超越。当初为回应新公共管理运动而构建的行政法体系，为了因应数字政府建设的要求，是否会发生颠覆性的变革，这有待观望。至少从当下看还没有必要，通过打补丁就可以调适数字技术发展与法规范之间的失衡。

① Cf. P. Dunleavy, H. Margetts and S. Bastow, et al., "*New Public Management Is Dead: Long Live Digital-Era Governance*" (2006) 3 *Journal of Public Administration Research and Theory* 467.

主要参考文献

一

1. 蔡小雪:《行政行为的合法性审查》,北京,中国民主法制出版社,2020。
2. 蔡小雪、甘文:《行政诉讼实务指引》,北京,人民法院出版社,2014。
3. 陈党:《问责法律制度研究》,北京,知识产权出版社,2008。
4. 陈新民:《德国公法学基础理论(上册)》,济南,山东人民出版社,2001。
5. 董皞:《司法解释论》,北京,中国政法大学出版社,1999。
6. 范扬:《行政法总论》,上海,商务印书馆,1937。
7. 冯军:《行政处罚法新论》,北京,中国检察出版社,2003。
8. 甘文:《行政诉讼法司法解释之评论——理由、观点与问题》,北京,中国法制出版社,2000。
9. 管欧:《行政法各论》,上海,商务印书馆,1939。
10. 何海波:《行政诉讼法》,北京,法律出版社,2011。
11. 何海波:《实质法治——寻求行政判决的合法性》,北京,法律出版社,2009。
12. 胡建淼:《行政法学》,北京,法律出版社,2003。
13. 胡锦光:《行政处罚研究》,北京,法律出版社,1998。
14. 季卫东:《法治秩序的建构》,北京,中国政法大学出版社,1999。
15. 贾西津、沈恒超、胡文安等:《转型时期的行业协会——角色、功能与管理体制》,北京,社会科学文献出版社,2004。
16. 江必新:《行政诉讼法——疑难问题探讨》,北京,北京师范学院出版社,1991。
17. 江必新:《行政诉讼问题研究》,北京,中国人民公安大学出版社,1989。
18. 姜明安:《行政法与行政诉讼》,北京,中国卓越出版公司,1990。

19. 姜明安:《行政法与行政诉讼法》,北京,北京大学出版社、高等教育出版社,1999。
20. 姜明安:《行政诉讼法学》,北京,北京大学出版社,1993。
21. 姜明安:《行政诉讼法》,北京,法律出版社,2007。
22. 黎军:《行业组织的行政法问题研究》,北京,北京大学出版社,2002。
23. 李广宇:《政府信息公开司法解释读本》,北京,法律出版社,2011。
24. 李军鹏:《责任政府与政府问责制》,北京,人民出版社,2009。
25. 梁凤云:《行政诉讼法司法解释讲义》,北京,人民法院出版社,2018。
26. 刘春萍:《俄罗斯联邦行政法理论基础的变迁》,北京,法律出版社,2006。
27. 刘春萍:《转型期的俄罗斯联邦行政法》,北京,法律出版社,2005。
28. 罗豪才等:《软法与公共治理》,北京,北京大学出版社,2006。
29. 罗豪才等:《软法与协商民主》,北京,北京大学出版社,2007。
30. 罗豪才等:《现代行政法的平衡理论(第二辑)》,北京,北京大学出版社,2003。
31. 吕艳滨、Megan Patrica Carter:《中欧政府信息公开制度比较研究》,北京,法律出版社,2008。
32. 马骏驹:《法人制度通论》,武汉,武汉大学出版社,1988。
33. 马颜昕等:《数字政府:变革与法治》,北京,中国人民大学出版社,2021。
34. 莫于川:《行政指导论纲——非权力行政方式及其法治问题研究》,重庆,重庆大学出版社,1999。
35. 皮纯协、余凌云等:《行政处罚法原理与运作》,北京,科学普及出版社,1996。
36. 全国人大常委会法制工作委员会、德国技术合作公司:《行政强制的理论与实践》,北京,法律出版社,2001。
37. 石佑启:《论公共行政与行政法学范式转换》,北京,北京大学出版社,2003。
38. 宋功德:《聚焦行政处理》,北京,北京大学出版社,2007。
39. 田勇军:《论行政法上的意思表示——兼论行政行为构成中的意识要件》,北京,法律出版社,2017。
40. 王丛虎:《行政主体问题研究》,北京,北京大学出版社,2007。
41. 王贵松:《行政裁量的构造与审查》,北京,中国人民大学出版社,2016。
42. 王贵松:《行政信赖保护论》,济南,山东人民出版社,2007。
43. 王建芹:《第三种力量——中国后市场经济论》,北京,中国政法大学出版社,2003。
44. 王利明:《侵权行为法归责原则研究》,北京,中国政法大学出版社,1992。
45. 王名扬:《法国行政法》,北京,中国政法大学出版社,1989。
46. 王名扬:《法国行政法》,北京,北京大学出版社,2007。
47. 王名扬:《美国行政法》,北京,中国法制出版社,1995。
48. 王振清:《行政诉讼前沿实务问题研究》,北京,中国方正出版社,2004。
49. 吴庚:《行政法之理论与实用》,北京,中国人民大学出版社,2005。
50. 熊文钊:《行政处罚原理》,北京,中国人事出版社,1998。
51. 徐晨:《权力竞争:控制行政裁量权的制度选择》,北京,中国人民大学出版社,2007。

52. 杨海坤、章志远:《中国特色政府法治论研究》,北京,法律出版社,2008。
53. 杨建顺:《日本行政法通论》,北京,中国法制出版社,1998。
54. 杨小军:《行政处罚研究》,北京,法律出版社,2002。
55. 叶必丰:《行政处罚概论》,武汉,武汉大学出版社,1990。
56. 叶必丰:《行政法的人文精神》,北京,北京大学出版社,2005。
57. 叶必丰:《行政法学》,武汉,武汉大学出版社,1996。
58. 叶必丰:《行政法与行政诉讼法》,北京,高等教育出版社,2007。
59. 叶必丰:《行政行为的效力研究》,北京,中国人民大学出版社,2002。
60. 余凌云:《公安机关办理行政案件程序规定若干问题研究》,北京,中国人民公安大学出版社,2007。
61. 余凌云:《行政法案例分析和研究方法》,北京,中国人民大学出版社,2008。
62. 余凌云:《行政契约论》,北京,中国人民大学出版社,2006。
63. 余凌云:《行政自由裁量论》,北京,中国人民公安大学出版社,2013。
64. 余凌云:《警察行政强制的理论与实践》,北京,中国人民公安大学出版社,2007。
65. 袁曙宏:《行政处罚的创设、实施和救济》,北京,中国法制出版社,1994。
66. 张焕光、胡建淼:《行政法学原理》,北京,劳动人事出版社,1989。
67. 张兴祥:《行政法合法预期保护原则研究》,北京,北京大学出版社,2006。
68. 章志远:《行政行为效力论》,北京,中国人事出版社,2003。
69. 赵宏:《法治国下的行政行为存续力》,北京,法律出版社,2007。
70. 周汉华:《政府信息公开条例专家建议稿》,北京,中国法制出版社,2003。
71. 周亚越:《行政问责制研究》,北京,中国检察出版社,2006。
72. 周佑勇:《行政裁量治理研究——一种功能主义的立场》,北京,法律出版社,2008。
73. 周佑勇:《行政法基本原则研究》,武汉,武汉大学出版社,2005。
74. 朱新力:《行政违法研究》,杭州,杭州大学出版社,1999。
75. 曹康泰主编:《中华人民共和国行政复议法释义》,北京,中国法制出版社,1999。
76. 崔卓兰主编:《行政法学》,长春,吉林大学出版社,2000。
77. 胡康生主编:《行政诉讼法释义》,北京,北京师范学院出版社,1989。
78. 黄杰主编:《行政诉讼法贯彻意见析解》,北京,中国人民公安大学出版社,1992。
79. 江必新主编:《新行政诉讼法专题讲座》,北京,中国法制出版社,2015。
80. 江必新主编:《中国行政诉讼制度的完善——行政诉讼法修改问题实务研究》,北京,法律出版社,2005。
81. 江必新主编:《中华人民共和国行政诉讼法理解适用与实务指南》,北京,中国法制出版社,2015。
82. 江平主编:《法人制度论》,北京,中国政法大学出版社,1994。
83. 姜明安主编:《行政法与行政诉讼法》,北京,北京大学出版社、高等教育出版社,2007。
84. 李健和主编:《新编治安行政管理学总论》,北京,中国人民公安大学出版社,1998。
85. 林准主编:《行政案例选编》,北京,法律出版社,1995。

86. 刘莘主编:《诚信政府研究》,北京,北京大学出版社,2007。
87. 罗豪才主编:《行政法学》,北京,中国政法大学出版社,1996。
88. 罗豪才主编:《行政审判问题研究》,北京,北京大学出版社,1990。
89. 罗豪才主编:《现代行政法的平衡理论》,北京,北京大学出版社,1997。
90. 罗豪才主编:《中国司法审查制度》,北京,北京大学出版社,1993。
91. 马怀德主编:《行政诉讼原理》,北京,法律出版社,2003。
92. 马怀德主编:《完善国家赔偿立法基本问题研究》,北京,北京大学出版社,2008。
93. 马怀德主编:《新编〈中华人民共和国行政诉讼法〉释义》,北京,中国法制出版社,2014。
94. 马原主编:《中国行政诉讼法讲义》,北京,人民法院出版社,1990。
95. 皮纯协主编:《中国行政法教程》,北京,中国政法大学出版社,1988。
96. 皮纯协主编:《行政程序法比较研究》,北京,中国人民公安大学出版社,2000。
97. 皮纯协、冯军主编:《国家赔偿法释论》,北京,中国法制出版社,1994。
98. 乔晓阳主编:《中华人民共和国行政强制法解读》,北京,中国法制出版社,2012。
99. 全国人大常委会法制工作委员会行政法室主编:《〈中华人民共和国行政诉讼法〉解读与适用》,北京,法律出版社,2015。
100. 沈岿主编:《谁还在行使权力——准政府组织个案研究》,北京,清华大学出版社,2003。
101. 汪永清主编:《行政处罚运作原理》,北京,中国政法大学出版社,1994。
102. 王连昌主编:《行政法学》,北京,中国政法大学出版社,1994。
103. 王珉灿主编:《行政法概要》,北京,法律出版社,1983。
104. 翁岳生编:《行政法》,北京,中国法制出版社,2002。
105. 信春鹰主编:《中华人民共和国行政诉讼法释义》,北京,法律出版社,2014。
106. 许崇德、皮纯协主编:《新中国行政法学研究综述(1949—1990)》,北京,法律出版社,1991。
107. 薛刚凌主编:《行政主体的理论与实践——以公共行政改革为视角》,北京,中国方正出版社,2009。
108. 杨解君、孟红主编:《特别行政法问题研究》,北京,北京大学出版社,2005。
109. 杨小君主编:《行政法基础理论研究》,西安,西安交通大学出版社,2000。
110. 应松年主编:《当代中国行政法》,北京,中国方正出版社,2005。
111. 应松年主编:《行政法学教程》,北京,中国政法大学出版社,1988。
112. 应松年主编:《行政法与行政诉讼法》,北京,中国法制出版社,2009。
113. 应松年主编:《行政行为法——中国行政法制建设的理论与实践》,北京,人民出版社,1993。
114. 应松年主编:《行政诉讼法学》,北京,中国政法大学出版社,1999。
115. 应松年主编:《四国行政法》,北京,中国政法大学出版社,2005。
116. 应松年主编:《依法行政读本》,北京,人民出版社,2001。

117. 应松年主编:《中国行政法学观点综述》,北京,中国政法大学出版社,2006。
118. 应松年主编:《国家赔偿法研究》,北京,法律出版社,1995。
119. 于安编著:《德国行政法》,北京,清华大学出版社,1999。
120. 余凌云主编:《全球时代下的行政契约》,北京,清华大学出版社,2010。
121. 余凌云主编:《治安管理处罚法的具体适用问题》,北京,中国人民公安大学出版社,2006。
122. 袁杰主编:《中华人民共和国行政诉讼法解读》,北京,中国法制出版社,2014。
123. 张成福、余凌云主编:《行政法学》,北京,中共中央党校出版社,2003。
124. 张春生主编:《中华人民共和国行政复议法释义》,北京,法律出版社,1999。
125. 张尚主编:《走出低谷的中国行政法学》,北京,中国政法大学出版社,1991。
126. 张树义主编:《行政法学新论》,北京,时事出版社,1991。
127. 张正钊、李元起主编:《部门行政法》,北京,中国人民大学出版社,2000。
128. 最高人民法院中国应用法学研究所编:《人民法院案例选(行政卷)》,北京,人民法院出版社,1997。
129. 最高人民法院中国应用法学研究所编:《人民法院案例选》,北京,人民法院出版社,2003。
130. 陈清秀:《税法总论》,作者自版,2001。
131. 蔡震荣:《行政执行法》,台北,元照出版公司,2001。
132. 曹竞辉:《国家赔偿法之理论与实务》,台北,新文丰出版公司,1981。
133. 陈敏:《行政法总论》,台北,三民书局,1998。
134. 陈新民:《行政法学总论》,台北,三民书局,2000。
135. 陈新民:《宪法基本权利之基本理论》,台北,三民书局,1996。
136. 城仲模:《行政法之基础理论》,台北,三民书局,1994。
137. 洪家殷:《行政罚法论》,台北,五南图书出版股份有限公司,2006。
138. 李惠宗:《行政罚法之理论与案例》,台北,元照出版有限公司,2005。
139. 李震山:《行政法导论》,台北,三民书局,1998。
140. 林纪东:《行政法》,台北,三民书局,1984。
141. 林纪东:《行政法新论》,台北,五南图书出版有限公司,1985。
142. 林山田:《刑罚学》,台北,台湾商务印书馆,1983。
143. 刘宗德:《行政法基本原理》,台北,学林文化事业有限公司,1998。
144. 涂怀莹:《行政法原理》,台北,台北五南图书出版公司,1990。
145. 王和雄:《论行政不作为之权利保障》,台北,三民书局,1994。
146. 吴庚:《行政法之理论与实用》,台北,三民书局,1996。
147. 吴庚:《行政法之理论与实用》,台北,三民书局,2004。
148. "台湾行政院发展考核委员会"编印:《行政检查之研究》,1996。
149. 翁岳生:《行政法与现代法治国家》,台湾大学法学丛书编辑委员会,1979。
150. 吴庚:《行政法之理论与实用》,台北,三民书局,2004。

151. 许宗力:《法与国家权力》,台北,月旦出版社,1993。
152. 张润书:《行政学》,台北,三民书局,1998。
153. [日]美浓部达吉:《公法与私法》,台北,台湾商务印书馆,1963。
154. [日]大桥洋一:《行政法学的结构性变革》,吕艳滨译,北京,中国人民大学出版社,2008。
155. [日]和田英夫:《现代行政法》,倪健民、潘世圣译,北京,中国广播电视出版社,1993。
156. [日]铃木义男等:《行政法学方法论之变迁》,陈汝德等译,北京,中国政法大学出版社,2004。
157. [日]室井力:《日本现代行政法》,吴微译,北京,中国政法大学出版社,1995。
158. [日]田村悦一:《自由裁量及其界限》,李哲范译,北京,中国政法大学出版社,2016。
159. [日]小早川光郎:《行政诉讼的构造分析》,王天华译,北京,中国政法大学出版社,2014。
160. [日]盐野宏:《行政法》,杨建顺译,北京,法律出版社,1999。
161. [日]盐野宏:《行政法总论》,杨建顺译,北京,北京大学出版社,2008。
162. [德]Scholler、Schloer:《德国警察与秩序法原理》,李震山译,高雄,登文书局,1995。
163. [德]佛里德赫尔穆·胡芬:《行政诉讼法》,莫光华译,北京,法律出版社,2003。
164. [德]哈特穆特·毛雷尔:《行政法学总论》,高家伟译,北京,法律出版社,2000。
165. [德]汉斯·J. 沃尔夫、奥托·巴霍夫、罗尔夫·施托贝夫:《行政法》,高家伟译,北京,商务印书馆,2002。
166. [德]平特纳:《德国普通行政法》,朱林译,北京,中国政法大学出版社,1999。
167. [韩]金东熙:《行政法 I》,赵峰译,北京,中国人民大学出版社,2008。
168. [美]E. S. 萨瓦斯:《民营化与公私部门的伙伴关系》,周志忍等译,北京,中国人民大学出版社,2002。
169. [美]菲利克斯·A. 尼格罗、劳埃德·G. 尼格罗:《公共行政学简明教程》,郭晓平等译,北京,中共中央党校出版社,1997。
170. [美]格伦顿、戈登、奥萨魁:《比较法律传统》,米健、贺卫方、高鸿钧译,北京,中国政法大学出版社,1993。
171. [美]肯尼思·F. 沃伦:《政治体制中的行政法》,王丛虎等译,北京,中国人民大学出版社,2005。
172. [美]斯图尔特:《美国行政法的重构》,沈岿译,北京,商务印书馆,2002。
173. [英]威廉·韦德:《行政法》,徐炳等译,北京,中国大百科全书出版社,1997。
174. [新西兰]迈克尔塔格特编:《行政法的范围》,金自宁译,北京,中国人民大学出版社,2006。
175. [苏]П. T. 瓦西林科夫主编:《苏维埃行政法总论》,姜明安、武树臣译,北京,北京大学出版社,1985。

二

176. 包国宪、张蕊:《基于整体政府的中国行政审批制度改革研究》,载《中国行政管理》,2018(5)。

177. 鲍静:《双面的碑——〈中华人民共和国行政处罚法(草案)〉速写》,载《中国行政管理》,1996(4)。

178. 北京大学课题组:《平台驱动的数字政府:能力、转型与现代化》,载《电子政务》,2020(7)。

179. 北京市第二中级人民法院课题组:《行政诉讼一并审理民事争议研究》,载《中国应用法学》,2019(1)。

180. 蔡维专:《对行政诉讼法中明显不当标准的思考》,载《人民司法》,2016(16)。

181. 曹国利:《信息不对称:政府规制的经济理由》,载《财经研究》,1998(6)。

182. 曹鎏:《五国行政复议制度的启示与借鉴》,载《行政法学研究》,2017(5)。

183. 曹鎏:《作为化解行政争议主渠道的行政复议:功能反思及路径优化》,载《中国法学》,2020(2)。

184. 曹士兵:《最高人民法院裁判、司法解释的法律地位》,载《中国法学》,2006(3)。

185. 曹正汉、史晋川:《中国地方政府应对市场化改革的策略:抓住经济发展的主动权》,《社会学研究》,2009(4)。

186. 查云飞:《行政裁量自动化的学理基础与功能定位》,载《行政法学研究》,2021(3)。

187. 查云飞:《健康码:个人疫情风险的自动化评级与利用》,载《浙江学刊》,2020(3)。

188. 查云飞:《人工智能时代全自动具体行政行为研究》,载《比较法研究》,2018(5)。

189. 陈曾侠等:《当前我国国家赔偿立法需要研究的几个问题》,载《法学评论》,1993(3)。

190. 陈端洪:《对峙——从行政诉讼看中国的宪政出路载》,载《中外法学》,1995(4)。

191. 陈端洪:《行政许可与个人自由》,载《法学研究》,2004(5)。

192. 陈刚良:《新〈行政诉讼法〉实施对行政审判工作的影响》,载《中国法律评论》,2016(3)。

193. 陈国栋:《重大事故行政问责制研究》,载《政治与法律》,2011(12)。

194. 陈海萍:《论对行政相对人合法预期利益损害的救济》,载《政治与法律》,2009(6)。

195. 陈军梅、童健华:《从"网上登记"到"人工智能+机器人"——广州市全程电子化商事登记的探索与实践》,载《中国市场监管研究》,2018(5)。

196. 陈鹏:《行政诉讼原告资格的多层次构造》,载《中外法学》,2017(5)。

197. 陈鹏:《界定行政处罚行为的功能性考量路径》,载《法学研究》,2015(2)。

198. 陈泉生:《论现代行政法学的理论基础》,载《法制与社会发展》,1995(5)。

199. 陈少琼:《我国行政诉讼应确立合理性审查原则》,载《行政法学研究》,2004(4)。

200. 陈涛、冉龙亚、明承瀚:《政务服务的人工智能运用研究》,载《电子政务》,2018(3)。

201. 陈天昊:《行政诉讼中"滥用职权"条款之法教义学解读》,载《西南科技大学学报(哲学社会科学版)》,2011(6)。
202. 陈无风:《行政协议诉讼:现状与展望》,载《清华法学》,2015(4)。
203. 陈无风:《司法审查图景中行政协议主体的适格》,载《中国法学》,2018(2)。
204. 陈兴良:《论行政处罚与刑罚处罚的关系》,载《中国法学》,1992(4)。
205. 陈越峰:《中国行政法(释义)学的本土生成——以“行政行为”概念为中心的考察》,载《清华法学》,2015(1)。
206. 陈振明:《从公共行政学、新公共行政学到公共管理学——西方政府管理研究领域的“范式”变化》,载《政治学研究》,1999(1)。
207. 陈之迈:《英国宪法上的两大变迁——“委任立法制”及“行政司法制”》,载《清华学报》,1934(4)。
208. 陈子君:《论行政诉讼合法性审查原则的完善——以“明显不当”为视角》,载《山西大同大学学报(社会科学版)》,2021(4)。
209. 陈自忠:《行政机关的法律地位与行政法人制度》,载《法学》,1988(4)。
210. 程琥:《行政法上请求权与行政诉讼原告资格判定》,载《法律适用》,2018(11)。
211. 程琥:《行政协议案件判决方式研究》,载《行政法学研究》,2018(5)。
212. 程琥:《新〈行政诉讼法〉中规范性文件附带审查制度研究》,载《法律适用》,2015(7)。
213. 程洁:《政府信息公开的法律适用问题研究》,载《政治与法律》,2009(3)。
214. 程啸、张发靖:《现代侵权行为法中过错责任原则的发展》,载《当代法学》,2006(1)。
215. 储槐植、杨书文:《滥用职权罪的行为结构》,载《法学杂志》,1999(3)。
216. 崔瑜:《行政公益诉讼履行判决研究》,载《行政法学研究》,2019(2)。
217. 崔卓兰:《试论非强制行政行为》,载《吉林大学社会科学学报》,1998(5)。
218. 党宪中:《当事人不服环境行政机关居间处理的诉讼性质——也谈“环保局是否应为被告”》,载《中国环境管理》,1990(6)。
219. 范剑红:《欧盟与德国的比例原则——内涵、渊源、适用与在中国的借鉴》,载《浙江大学学报(人文社会科学版)》,2000(5)。
220. 方世荣:《具体行政行为几个疑难问题的识别研究》,载《中国法学》,1996(1)。
221. 方宜圣、陈枭窈:《行政复议体制改革“义乌模式”思考》,载《行政法学研究》,2016(5)。
222. 冯军、刘翠霄:《行政法学研究述评》,载《法学研究》,2001(1)。
223. 钢剑:《适应市场经济需要加快行政程序改革——市场经济与行政程序课题调查报告》,载《中国法学》,1995(3)。
224. 高丙中:《社会团体的合法性问题》,载《中国社会科学》,2000(2)。
225. 高鸿、殷勤:《论明显不当标准对行政裁量权的控制》,载《人民司法(应用)》,2017(19)。
226. 高家伟、张玉录:《论“黑哨”中的行政法问题》,载《政法论坛》,2002(6)。
227. 高秦伟:《行政法学方法论的回顾与反思》,载《浙江学刊》,2005(6)。
228. 高秦伟:《行政法学教学的现状与课题》,载《行政法学研究》,2008(4)。

229. 葛云松:《法人与行政主体理论的再探讨》,载《中国法学》,2007(3)。
230. 耿宝建、殷勤:《行政协议的判定与协议类行政案件的审理理念》,载《法律适用》,2018(17)。
231. 耿宝建:《国有土地上房屋征收与补偿的十个具体问题——从三个公报案例谈起》,载《法律适用》,2017(9)。
232. 耿宝建:《行政复议法修改的几个基本问题》,载《山东法院培训学院学报》,2018(5)。
233. 耿宝建:《新〈行政诉讼法〉实施一年回顾与展望》,载《法律适用》,2016(8)。
234. 顾昂然:《国家赔偿法制定情况和主要问题》,载《中国法学》,1995(2)。
235. 顾平安:《"互联网+政务服务"流程再造的路径》,载《中国行政管理》,2017(9)。
236. 关保英:《论行政滥用职权》,载《中国法学》,2005(2)。
237. 郭修江:《行政诉讼判决方式的类型化——行政诉讼判决方式内在关系及适用条件分析》,载《法律适用》,2018(11)。
238. 郭修江:《行政协议案件审理规则——对〈行政诉讼法〉及其适用解释关于行政协议案件规定的理解》,载《法律适用》,2016(2)。
239. 郭修江:《一并审理民行争议案件的审判规则——对修改后〈行政诉讼法〉第六十一条的理解》,载《法律适用》,2016(1)。
240. 郭修江:《以行政行为为中心的行政诉讼制度——人民法院审理行政案件的基本思路》,载《法律适用》,2020(17)。
241. 何秉松:《单位(法人)犯罪的概念及其理论根据——兼评刑事连带责任论》,载《法学研究》,1998(2)。
242. 何海波:《行政行为的合法要件——兼议行政行为司法审查根据的重构》,载《中国法学》,2009(4)。
243. 何海波:《行政行为对民事审判的拘束力》,载《中国法学》,2008(2)。
244. 何海波:《行政审判体制改革刍议》,载《中国法律评论》,2014(1)。
245. 何海波:《困顿的行政诉讼》,载《华东政法大学学报》,2012(3)。
246. 何海波:《论法院对规范性文件的附带审查》,载《中国法学》,2021(3)。
247. 何海波:《论行政行为"明显不当"》,载《法学研究》,2016(3)。
248. 何海波:《司法审判中的正当程序》,载《法学研究》,2009(1)。
249. 何海波:《一次修法能有多少进步——2014年〈中华人民共和国行政诉讼法〉修改回顾》,载《清华大学学报(哲学社会科学版)》,2018(3)。
250. 何海波:《中国行政法学的外国法渊源》,载《比较法研究》,2007(6)。
251. 何勤华:《中国近代行政法学的诞生与成长》,载《政治与法律》,2004(2)。
252. 何圣东、杨大鹏:《数字政府建设的内涵及路径——基于浙江"最多跑一次"的经验分析》,载《浙江学刊》,2018(5)。
253. 贺诗礼:《关于政府信息免予公开典型条款的几点思考》,载《政治与法律》,2009(3)。
254. 贺晓丽:《行政审批智能化探究》,载《行政与法》,2021(10)。
255. 后向东:《我国政府信息公开制度与实践中十大重要观点辨析》,载《中国法律评论》,

2018(1)。
256. 胡建淼、骆思慧:《论行政强制执行中的代履行》,载《国家行政学院学报》,2013(3)。
257. 胡建淼:《"行政强制措施"与"行政强制执行"的分界》,载《中国法学》,2012(2)。
258. 胡建淼:《"行政强制措施"与"行政强制执行"之间"边界"的划定》,载《现代法学》,2002(4)。
259. 胡建淼:《"其他行政处罚"若干问题研究》,载《法学研究》,2005(1)。
260. 胡建淼:《关于〈行政强制法〉意义上的"行政强制措施"之认定——对 20 种特殊行为是否属于"行政强制措施"的评判和甄别》,载《政治与法律》,2012(12)。
261. 胡建淼:《国外行政司法体制》,载《法学研究》,1989(4)。
262. 胡建淼:《论"行政处罚"概念的法律定位——兼评〈行政处罚法〉关于"行政处罚"的定义》,载《中外法学》,2021(4)。
263. 胡建淼:《论中国"行政强制措施"概念的演变及地位》,载《中国法学》,2002(6)。
264. 胡建淼:《有关行政滥用职权的内涵及其表现的学理探讨》,载《法学研究》,1992(3)。
265. 胡敏洁:《福利行政调查权与受益人权利保障》,载《当代法学》,2008(2)。
266. 胡敏洁:《论自动化行政中的瑕疵指令及其救济》,载《北京行政学院学报》,2021(4)。
267. 胡敏洁:《自动化行政的法律控制》,载《行政法学研究》,2019(2)。
268. 胡若溟:《合法预期在中国法中的命途与反思——以最高人民法院公布的典型案件为例的检讨》,载《上海交通大学学报(哲学社会科学版)》,2021(2)。
269. 胡卫列、迟晓燕:《从试点情况看行政公益诉讼诉前程序》,载《国家检察官学院学报》,2017(2)。
270. 胡仙芝:《历史回顾与未来展望:中国政务公开与政府治理》,载《政治学研究》,2008(6)。
271. 黄海华:《新〈行政处罚法〉制度创新的理论解析》,载《行政法学研究》,2021(6)。
272. 黄海华:《新行政处罚法的若干制度发展》,载《中国法律评论》,2021(3)。
273. 黄璜:《数字政府:政策、特征与概念》,载《治理研究》,2020(3)。
274. 黄涛涛:《中国近代比较行政法研究考》,载《云南行政学院学报》,2013(3)。
275. 黄学贤、杨红:《行政诉讼中滥用职权标准理论研究与实践的学术梳理》,载《上海政法学院学报(法治论丛)》,2017(4)。
276. 黄学贤:《非诉行政执行制度若干问题探讨》,载《行政法学研究》,2014(4)。
277. 黄学贤:《行政法中的比例原则简论》,载《苏州大学学报(哲学社会科学版)》,2001(1)。
278. 黄学贤:《行政法中的信赖保护原则研究》,载《法学》,2002(5)。
279. 黄学贤:《行政公益诉讼回顾与展望——基于"一决定三解释"及试点期间相关案例和〈行政诉讼法〉修正案的分析》,载《苏州大学学报(哲学社会科学版)》,2018(2)。
280. 黄学贤:《行政首长出庭应诉的机理分析与机制构建》,载《法治研究》,2012(10)。
281. 季卫东:《程序比较论》,载《比较法研究》,1993(1)。
282. 江必新、李广宇:《政府信息公开行政诉讼若干问题探讨》,载《政治与法律》,

2009(3)。
283. 江必新:《适用〈关于行政诉讼证据若干问题的规定〉应当注意的问题》,载《法律适用》,2003(10)。
284. 江必新:《中国行政审判体制改革研究——兼论我国行政法院体系构建的基础、依据与设想》,载《行政法学研究》,2013(4)。
285. 姜明安:《行政补偿制度研究》,载《法学杂志》,2001(5)。
286. 姜明安:《行政的"疆域"与行政法的功能》,载《求是学刊》,2002(2)。
287. 姜明安:《行政违法行为与行政处罚》,载《中国法学》,1992(6)。
288. 姜明安:《论行政自由裁量权及其法律控制》,载《法学研究》,1993(1)。
289. 姜明安:《论新〈行政诉讼法〉的若干制度创新》,载《行政法学研究》,2015(4)。
290. 姜明安:《论新时代中国特色行政检察》,载《国家检察官学院学报》,2020(4)。
291. 姜涛:《检察机关提起行政公益诉讼制度:一个中国问题的思考》,载《政法论坛》,2015(6)。
292. 姜野:《由静态到动态:人面识别信息保护中的"同意"重构》,载《河北法学》,2022(8)。
293. 蒋敏娟、黄璜:《数字政府:概念界说、价值蕴含与治理框架——基于西方国家的文献与经验》,载《当代世界与社会主义》,2020(3)。
294. 金伯中:《公安现代化之路的浙江实践与展望》,载《公安学刊》,2021(1)。
295. 金国坤:《党政机构统筹改革与行政法理论的发展》,载《行政法学研究》,2018(5)。
296. 金太军:《新公共管理:当代西方公共行政的新趋势》,载《国外社会科学》,1997(5)。
297. 金自宁:《论行政调查的法律控制》,载《行政法学研究》,2007(2)。
298. 黎军:《行政复议与行政诉讼之关系范畴研究》,载《法学评论》,2004(3)。
299. 李傲、夏军:《试论我国行政补偿制度》,载《法学评论》,1997(1)。
300. 李傲、许炎:《关于行政公开认知度的调查报告》,载《法学评论》,2002(2)。
301. 李春燕:《欧洲良好行政行为法》,载《行政法学研究》,2007(3)。
302. 李大勇:《行政诉讼证明责任分配:从被告举证到多元主体分担》,载《证据科学》,2018(3)。
303. 李大勇:《作为行政强制执行手段的断水、断电》,载《行政法学研究》,2013(3)。
304. 李广宇:《反信息公开行政诉讼问题研究》,载《法律适用》,2007(8)。
305. 李洪雷:《检察机关提起行政公益诉讼的法治化路径》,载《行政法学研究》,2017(5)。
306. 李洪雷:《论行政法上的信赖保护原则》,载《公法研究》,2005(2)。
307. 李继亮:《行政处罚中行政自由裁量权的滥用及其控制》,载《山东法学》,1997(2)。
308. 李晴:《行政行为明显不当的判断》,载《山东行政学院学报》,2017(1)。
309. 李希慧、逄锦温:《滥用职权罪主观罪过评析》,载《法学家》,2001(2)。
310. 李晓方、王友奎、孟庆国:《政务服务智能化:典型场景、价值质询和治理回应》,载《电子政务》,2020(2)。
311. 李昕:《非现场执法系统在公路超限超载治理中的应用》,载《中华建设》,2017(2)。

312. 李昕:《中外行政主体理论之比较分析》,载《行政法学研究》,1999(1)。
313. 李秀清:《〈大清违警律〉移植外国法评析》,载《犯罪研究》,2002(3)。
314. 李迎宾:《试论村民自治组织的行政主体地位》,载《行政法学研究》,2000(4)。
315. 李月军:《国家与社会关系视角下的行政复议》,载《政治学研究》,2014(3)。
316. 李战良:《略论行政不作为违法的司法救济》,载《行政法学研究》,1999(4)。
317. 李哲范:《论行政裁量权的司法控制——〈行政诉讼法〉第5条、第54条之解读》,载《法制与社会发展》,2012(6)。
318. 练育强:《功能与结构视野下的行政复议制度变革》,载《法学》,2021(6)。
319. 梁凤云:《不断迈向类型化的行政诉讼判决》,载《中国法律评论》,2014(4)。
320. 梁凤云、武楠:《关于行政诉讼证据证明标准的几个问题》,载《法律适用》,2002(8)。
321. 梁凤云:《行政协议案件适用合同法的问题》,载《中国法律评论》,2017(1)。
322. 梁君瑜:《行政行为瑕疵的补救》,载《法学》,2022(3)。
323. 梁君瑜:《行政诉讼变更判决的适用范围及限度》,载《法学家》,2021(4)。
324. 林广华:《行政司法刍议》,载《法学》,1995(3)。
325. 林鸿潮:《党政机构融合与行政法的回应》,载《当代法学》,2019(4)。
326. 林龙:《城管综合执法艰难前行》,载《浙江人大》,2007(Z1)。
327. 林新森:《略论行政司法》,载《福建论坛(经济社会版)》,1988(4)。
328. 刘丹:《论行政法上的诚实信用原则》,载《中国法学》,2004(1)。
329. 刘冬亮:《技术性正当程序:人工智能时代程序法与算法的双重变奏》,载《比较法研究》,2020(5)。
330. 刘飞、徐咏和:《检察机关在行政公益诉讼中的公诉人地位及其制度构建》,载《浙江社会科学》,2020(1)。
331. 刘飞:《行政法中信赖保护原则的适用要件——以授益行为的撤销与废止为基点的考察》,载《比较法研究》,2022(4)。
332. 刘飞:《信赖保护原则的行政法意义——以授益行为的撤销与废止为基点的考察》,载《法学研究》,2010(6)。
333. 刘飞宇:《从档案公开看政府信息公开制度的完善——以行政公开第一案为契机》,载《法学评论》,2005(3)。
334. 刘国乾:《法治政府建设:一种内部行政法的制度实践探索》,载《治理研究》,2021(3)。
335. 刘锦、张三保:《行政许可与企业腐败——来自世界银行中国企业调查的经验证据》,载《经济社会体制比较》,2019(2)。
336. 刘静文:《综合执法的合法性与实效性之质疑》,载《检察实践》,2003(6)。
337. 刘权:《党政机关合署办公的反思与完善》,载《行政法学研究》,2018(5)。
338. 刘莘、陈悦:《行政复议制度改革成效与进路分析——行政复议制度调研报告》,载《行政法学研究》,2016(5)。
339. 刘莘、吕艳滨:《政府信息公开研究》,载《政法论坛》,2003(2)。

340. 刘淑春:《数字政府战略意蕴、技术构架与路径设计——基于浙江改革的实践与探索》,载《中国行政管理》,2018(9)。
341. 刘晓洋:《人工智能重塑政务服务流程的认知逻辑与技术路径》,载《电子政务》,2019(11)。
342. 刘艺:《构建行政公益诉讼的客观诉讼机制》,载《法学研究》,2018(3)。
343. 刘艺:《检察公益诉讼的司法实践与理论探索》,载《国家检察官学院学报》,2017(2)。
344. 柳砚涛:《论行政诉讼中的利害关系——以原告与第三人资格界分为中心》,载《政法论丛》,2015(2)。
345. 卢超:《行政诉讼司法建议制度的功能衍化》,载《法学研究》,2015(3)。
346. 卢超:《行政许可承诺制:程序再造与规制创新》,载《中国法学》,2021(6)。
347. 陆俊:《智能官僚主义的技术规制和动因分析》,载《国家治理》,2020(1)。
348. 逯峰:《广东"数字政府"的实践与探索》,载《行政管理改革》,2018(11)。
349. 罗豪才、甘雯:《行政法的"平衡"及"平衡论"范畴》,载《中国法学》,1996(4)。
350. 罗豪才、宋功德:《公域之治的转型——对公共治理与公法互动关系的一种透视》,载《中国法学》,2005(5)。
351. 罗豪才、宋功德:《行政法的失衡与平衡》,载《中国法学》,2001(2)。
352. 罗豪才、袁曙宏、李文栋:《现代行政法的理论基础——论行政机关与相对一方的权利义务平衡》,载《中国法学》,1993(1)。
353. 罗豪才、袁曙宏:《论我国国家赔偿的原则》,载《中国法学》,1991(2)。
354. 罗豪才:《行政法的核心与理论模式》,载《法学》,2002(8)。
355. 骆梅英:《非行政许可审批的生成与消弭——行政审批制度改革视角中的观察》,载《浙江学刊》,2013(5)。
356. 骆梅英:《行政审批制度改革:从碎片政府到整体政府》,载《中国行政管理》,2013(5)。
357. 骆梅英:《行政许可标准的冲突及解决》,载《法学研究》,2014(2)。
358. 吕艳滨:《日本、韩国的行政复议制度——行政复议司法化的若干实例》,载《环球法律评论》,2004(1)。
359. 马怀德、解志勇:《行政诉讼案件执行难的现状及对策——兼论建立行政法院的必要性与可行性》,载《法商研究》,1999(6)。
360. 马怀德、孔祥稳:《我国国家赔偿制度的发展历程、现状与未来》,载《北京行政学院学报》,2018(6)。
361. 马怀德:《〈行政处罚法〉修改中的几个争议问题》,载《华东政法大学学报》,2020(4)。
362. 马怀德:《行政裁判辨析》,载《法学研究》,1990(6)。
363. 马怀德:《行政监督与救济制度的新突破——〈行政复议法〉评介》,载《政法论坛》,1999(4)。
364. 马怀德:《论我国行政复议管辖体制的完善——〈行政复议法(征求意见稿)〉第30-34条评析》,载《法学》,2021(5)。

365. 马怀德:《运用法治方式推进党和国家机构改革》,载《中国党政干部论坛》,2018(5)。
366. 马骏驹:《法人制度的基本理论与立法问题探讨(上)》,载《法学评论》,2004(4)。
367. 马亮:《数字政府建设:文献述评与研究展望》,载《党政研究》,2021(3)。
368. 马长山:《NGO的民间治理与转型期的法治秩序》,载《法学研究》,2005(4)。
369. 孟鸿志:《论部门行政法的规范和调整对象》,载《中国法学》,2001(5)。
370. 莫于川、林鸿超:《论当代行政法上的信赖保护原则》,载《法商研究》,2004(5)。
371. 倪洪涛:《依申请信息公开诉讼周年年度调查报告——基于透明中国网刊载的40宗涉诉案的考察》,载《行政法学研究》,2009(4)。
372. 潘小娟:《中法中央与地方关系改革比较研究》,载《国家行政学院学报》,2005(4)。
373. 皮纯协、冯军:《关于"平衡论"疏漏问题的几点思想——兼议"平衡论"的完善方向》,载《中国法学》,1997(2)。
374. 皮宗泰、李庶成:《行政审判中作为撤销根据的超越职权和滥用职权》,载《现代法学》,1990(6)。
375. 青峰、张水海:《行政复议机关在行政诉讼中作被告问题的反思》,载《行政法学研究》,2013(1)。
376. 青锋、张越:《当前行政复议工作存在的问题》,载《行政法学研究》,2002(3)。
377. 青锋:《行政执法体制改革的图景与理论分析》,载《法治论丛》,2007(1)。
378. 青锋:《中国行政复议制度的发展、现状和展望》,载《法治论丛》,2006(1)。
379. 沈福俊、徐涛、吕奕成:《行政复议制度改革研究》,载《上海政府法制研究》,2011(6)。
380. 沈福俊:《非诉行政执行裁执分离模式的法律规制》,载《法学》,2015(5)。
381. 沈开举、邢昕:《检察机关提起行政公益诉讼诉前程序实证研究》,载《行政法学研究》,2017(5)。
382. 沈岿、王锡锌、李娟:《传统行政法控权理念及其现代意义》,载《中外法学》,1999(1)。
383. 沈岿:《法治和良知自由——行政行为无效理论及其实践之探索》,载《中外法学》,2001(4)。
384. 沈岿:《国家赔偿:代位责任还是自己责任》,载《中国法学》,2008(1)。
385. 沈岿:《行政法理论基础回眸——一个整体观的变迁》,载《中国政法大学学报》,2008(6)。
386. 沈岿:《行政诉讼确立"裁量明显不当"标准之议》,载《法商研究》,2004(4)。
387. 沈岿:《问责官员复出规范化及其瓶颈》,载《人民论坛》,2010(5)。
388. 沈岿:《重构行政主体范式的尝试》,载《法律科学》,2000(6)。
389. 沈岚:《中国近代治安处罚法规的演变——以违警罚法的去刑法化为视角》,载《政法论坛》,2011(4)。
390. 施立栋:《被滥用的"滥用职权"——行政判决中滥用职权审查标准的语义扩张及其成因》,载《政治与法律》,2015(1)。
391. 施立栋:《纠纷的中立评估与行政复议委员会的变革》,载《政治与法律》,2018(3)。
392. 施立栋:《自动化行政中的人工干预机制:以公安领域为例》,载《中国社会科学院大学学报》,2022(6)。
393. 石娟:《人民检察院提起行政公益诉讼的基本问题研究》,载《海峡法学》,2015(2)。
394. 石佑启:《论公共行政之发展与行政主体多元化》,载《法学评论》,2003(4)。
395. 宋功德:《行政裁量控制的模式选择——硬法控制模式的失灵催生混合法控制模式》,载《清华法学》,2009(3)。
396. 宋华琳、邵蓉:《部门行政法研究初探》,载《浙江省政法干部管理学院学报》,2000(2)。
397. 宋华琳:《部门行政法与行政法总论的改革——以药品领域为例证》,载《当代法学》,2010(2)。
398. 宋华琳:《电子政务背景下行政许可程序的革新》,载《现代法学》,2020(1)。
399. 宋华琳:《论技术标准的法律性质——从行政法规范体系角度的定位》,载《行政法学研究》,2008(3)。
400. 宋涛:《中国官员问责发展实证研究》,载《中国行政管理》,2008(1)。
401. 苏苗罕:《〈政府信息公开条例〉实施现状及其展望》,载《电子政务》,2009(4)。
402. 孙波:《地方立法"不抵触"原则探析——兼论日本"法律先占"理论》,载《政治与法律》,2013(6)。
403. 孙启福、张建平:《行政滥用职权司法审查的检讨与重构——以法官的规避倾向为视角》,载《法律适用》,2011(3)。
404. 孙谦:《设置行政公益诉讼的价值目标与制度构想》,载《中国社会科学》,2011(1)。
405. 孙秋楠:《受行政处罚行为的构成要件》,载《中国法学》,1992(6)。
406. 谭炜杰:《行政诉讼受案范围否定性列举之反思》,载《行政法学研究》,2015(1)。
407. 谭宗泽、张民军:《中国行政主体理论的重构——行政体制与 WTO 规制的双重视角》,载《南京社会科学》,2007(3)。
408. 唐曼:《自动化行政许可审查的法律控制》,载《现代法学》,2022(6)。
409. 腾亚为、康勇:《论行政诉讼变更判决的适用范围——兼评新〈行政诉讼法〉第 70 条》,载《重庆理工大学学报(社会科学)》,2015(10)。
410. 童卫东:《进步与妥协:〈行政诉讼法〉修改回顾》,载《行政法学研究》,2015(4)。
411. 王春业:《行政公益诉讼"诉前程序"检视》,载《社会科学》,2018(6)。
412. 王贵松:《行政裁量的内在构造》,载《法学家》,2009(2)。
413. 王贵松:《行政行为无效的认定》,载《法学研究》,2018(6)。
414. 王贵松:《论我国行政诉讼确认判决的定位》,载《政治与法律》,2018(9)。
415. 王桂五:《试论检察机关在民事诉讼中的法律地位》,载《政法论坛》,1989(3)。
416. 王锴:《行政诉讼中变更判决的适用条件》,载《政治与法律》,2018(9)。
417. 王克稳:《我国行政审批与行政许可关系的重新梳理与规范》,载《中国法学》,2007(4)。
418. 王乐夫:《论公共行政与公共管理的区别与互动》,载《管理世界》,2002(12)。
419. 王庆廷:《隐形的"法律"——行政诉讼中其他规范性文件的异化及其矫正》,载《现代法学》,2011(2)。
420. 王世杰:《论行政行为的构成要件效力》,载《政治与法律》,2019(9)。
421. 王天华:《司法实践中的行政裁量基准》,载《中外法学》,2018(4)。
422. 王万华:《"化解行政争议的主渠道"定位与行政复议制度完善》,载《法商研究》,2021(5)。
423. 王万华:《完善检察机关提起行政公益诉讼制度的若干问题》,载《法学杂志》,2018(1)。
424. 王伟玲:《加快实施数字政府战略:现实困境与破解路径》,载《电子政务》,2019(12)。
425. 王锡锌、沈岿:《行政法理论基础再探讨——与杨解君同志商榷》,载《中国法学》,1996(4)。
426. 王锡锌:《行政机关处理个人信息活动的合法性分析框架》,载《比较法研究》,2022(3)。
427. 王锡锌:《依法行政的合法化逻辑及其现实情境》,载《中国法学》,2008(5)。
428. 王锡锌:《政府信息公开法律问题研究》,载《政治与法律》,2009(3)。
429. 王锡锌:《自由裁量权基准:技术的创新还是误用》,载《法学研究》,2008(5)。
430. 王兴运:《土地征收补偿制度研究》,载《中国法学》,2005(3)。
431. 王学辉:《行政何以协议——一个概念的检讨与澄清》,载《求索》,2017(12)。
432. 王振宇、郑成良:《对自由裁量行政行为进行司法审查的原则和标准》,载《法制与社会发展》,2000(3)。
433. 王正鑫:《机器何以裁量:行政处罚裁量自动化及其风险控制》,载《行政法学研究》,2022(2)。
434. 文正邦、薛佐文、王斌:《市场经济与行政司法制度的建设和改革》,载《现代法学》,1996(4)。
435. 吴猛、程刚:《行政诉讼中"滥用职权"审查标准适用问题研究》,载《法律适用》,2021(8)。
436. 夏雨:《论"断水、断电"作为行政强制执行方式的正当性》,载《中南大学学报(社会科学版)》,2011(1)。
437. 肖建国:《民事公益诉讼的基本模式研究》,载《中国法学》,2007(5)。
438. 谢海定:《中国民间组织的合法性困境》,载《法学研究》,2004(2)。
439. 谢红星:《行政主体类型多样化的理论背景分析》,载《河南司法警官职业学院学报》,2004(3)。
440. 邢以群、马隽:《中国"第三部门"起源的经济分析》,载《浙江社会科学》,2005(1)。
441. 熊文钊:《行政法人论》,载《法学》,1988(4)。
442. 熊樟林:《行政处罚的概念构造——新〈行政处罚法〉第 2 条解释》,载《中外法学》,2021(5)。
443. 徐步衡:《意大利的行政司法》,载《政治与法律》,1987(1)。
444. 徐继敏:《数字法治政府建设背景下〈行政许可法〉的修改》,载《河南社会科学》,

2022(11)。
445. 徐全兵:《检察机关提起行政公益诉讼的职能定位与制度构建》,载《行政法学研究》,2017(5)。
446. 徐银华:《关于行政不作为几个问题的探讨》,载《法商研究》,1994(6)。
447. 徐运凯:《行政复议法修改对实质性解决行政争议的回应》,载《法学》,2021(6)。
448. 徐运凯:《论新时代行政复议的功能定位及其评价体系》,载《行政法学研究》,2019(6)。
449. 许安标:《行政复议法实施二十周年回顾与展望》,载《中国法律评论》,2019(5)。
450. 薛刚凌:《多元化背景下行政主体之建构》,载《浙江学刊》,2007(2)。
451. 薛刚凌:《行政主体之再思考》,载《中国法学》,2001(1)。
452. 薛刚凌:《我国行政主体理论之检讨——兼论全面研究行政组织法的必要性》,载《政法论坛》,1998(6)。
453. 严若冰、白利寅:《数字政府背景下的行政许可证据规则研究》,载《河南社会科学》,2022(11)。
454. 杨海坤、陈仪:《在探索中前进还是后退?——与杨解君教授商榷》,载《法学评论》,2000(4)。
455. 杨海坤、郝益山:《关于行政调查的讨论》,载《行政法学研究》,2000(2)。
456. 杨海坤、朱恒顺:《行政复议的理念调整与制度完善——事关我国〈行政复议法〉及相关法律的重要修改》,载《法学评论》,2014(4)。
457. 杨海坤:《当前关于行政法人问题的理论探讨》,载《河北法学》,1991(3)。
458. 杨海坤:《论我国行政法学的理论基础》,载《北京社会科学》,1989(1)。
459. 杨建顺:《关于行政行为理论问题的研究》,载《行政法学研究》,1995(3)。
460. 杨建顺:《行政、民事争议交叉案件审理机制的困境与对策》,载《法律适用》,2009(5)。
461. 杨建顺:《行政裁量的运作及其监督》,载《法学研究》,2004(1)。
462. 杨建顺:《论行政裁量与司法审查——兼及行政自我拘束原则的理论根据》,载《法商研究》,2003(1)。
463. 杨解君:《关于行政法理论基础若干观点的评析》,载《中国法学》,1996(3)。
464. 杨解君:《行政主体及其类型的理论界定与探索》,载《法学评论》,1999(5)。
465. 杨伟东:《基本行政法典的确立、定位与架构》,载《法学研究》,2021(6)。
466. 杨小军:《对行政复议书面审查方式的异议》,载《法律科学》,2005(4)。
467. 杨寅:《我国行政赔偿制度的演变与新近发展》,载《法学评论》,2013(1)。
468. 姚明伟:《结合地方立法实际对不抵触问题的思考》,载《人大研究》,2007(2)。
469. 姚锐敏:《关于行政滥用职权的范围和性质的探讨》,载《华中师范大学学报(人文社会科学版)》,2000(5)。
470. 姚水琼、齐胤植:《美国数字政府建设的实践研究与经验借鉴》,载《治理研究》,2019(6)。

471. 叶必丰:《具体行政行为框架下的政府信息公开——基于已有争议的观察》,载《中国法学》,2009(5)。
472. 叶必丰:《论行政行为的公定力》,载《法学研究》,1997(5)。
473. 叶平、陈昌雄:《行政处罚中的违法所得研究》,载《中国法学》,2006(1)。
474. 尹田:《论法人的权利能力》,载《法制与社会发展》,2003(1)。
475. 应松年、马怀德:《国家赔偿立法探索》,载《中国法学》,1991(5)。
476. 应松年、朱维究、方彦:《行政法学理论基础问题初探》,载《政法论坛》,1983(4)。
477. 应松年:《对〈行政复议法〉修改的意见》,载《行政法学研究》,2019(2)。
478. 于厚森、郭修江、杨科雄、牛延佳:《〈最高人民法院关于审理行政赔偿案件若干问题的规定〉的理解与适用》,载《法律适用》,2022(4)。
479. 于立琛:《通过实务发现和发展行政合同制度》,载《当代法学》,2008(6)。
480. 余军、张文:《行政规范性文件司法审查权的实效性考察》,载《法学研究》,2016(2)。
481. 余凌云、高刘阳:《检察机关提起行政公益诉讼的现实困境与出路》,载《人民司法(应用)》,2017(13)。
482. 余凌云、周云川:《对行政诉讼举证责任分配理论的再思考》,载《中国人民大学学报》,2001(4)。
483. 余凌云:《船舶所有权登记的行政法分析》,载《中国海商法研究》,2021(2)。
484. 余凌云:《从行政契约视角对"杨叶模式"的个案分析》,载《中国人民公安大学学报》,2000(4)。
485. 余凌云:《对〈道路交通安全法〉第 73 条的评论与落实》,载《道路交通管理》,2004(6)。
486. 余凌云:《对行政机关滥用职权的司法审查——从若干判案看法院审理的偏好与问题》,载《中国法学》,2008(1)。
487. 余凌云:《对行政许可法第八条的批判性思考——以九江市丽景湾项目纠纷案为素材》,载《清华法学》,2007(4)。
488. 余凌云:《关于行政赔偿责任限制的探讨》,载《法学家》,1994(6)。
489. 余凌云:《行业协会的自律机制——对中国安全防范产品行业协会的考察》,载《清华法律评论》,2007(2)。
490. 余凌云:《行政法上的假契约现象——以警察法上的各类责任书为考察对象》,载《法学研究》,2001(5)。
491. 余凌云:《行政法上合法预期之保护》,载《中国社会科学》,2003(3)。
492. 余凌云:《行政行为无效与可撤销二元结构质疑》,载《上海政法学院学报(法治论丛)》,2005(4)。
493. 余凌云:《行政强制执行理论的再思考》,载《中国人民大学学报》,1998(4)。
494. 余凌云:《行政诉讼法是行政法发展的一个"分水岭"吗?》,载《清华法学》,2009(1)。
495. 余凌云:《行政诉讼上的显失公正与变更判决——对行政诉讼法第 54 条(四)的批判性思考》,载《法商研究》,2005(5)。

496. 余凌云:《交警非现场执法的规范构建》,载《法学研究》,2021(3)。
497. 余凌云:《警察权的"脱警察化"规律分析》,载《中外法学》,2018(2)。
498. 余凌云:《论行政复议法的修改》,载《清华法学》,2013(4)。
499. 余凌云:《论行政契约的救济制度》,载《法学研究》,1998(2)。
500. 余凌云:《数字政府的法治建构》,载《中国社会科学院大学学报》,2022(1)。
501. 余凌云:《听证理论的本土化实践》,载《清华法学》,2010(1)。
502. 余凌云:《现代行政法上的指南、手册和裁量基准》,载《中国法学》,2012(4)。
503. 俞琪:《复议机关作共同被告制度实效考》,载《中国法学》,2018(6)。
504. 郁建兴、黄飚:《超越政府中心主义治理逻辑如何可能——基于"最多跑一次"改革的经验》,载《政治学研究》,2019(2)。
505. 喻少如、刘文凯:《党政机构合署合设与行政主体理论的发展》,载《南京社会科学》,2019(4)。
506. 喻少如:《功能主义视阈下的行政机关负责人出庭应诉制度》,载《法学评论》,2016(5)。
507. 喻希来:《中国地方自治论》,载《战略与管理》,2002(4)。
508. 袁吉亮、赵军:《建立健全我国行政司法制度刍议》,载《政治学研究》,1987(1)。
509. 袁明圣:《对滥用职权与显失公正行为的司法审查》,载《法律科学》,1996(6)。
510. 袁雪石:《论行政许可名称法定——以"放管服"改革为背景》,载《财经法学》,2017(3)。
511. 翟云:《改革开放40年来中国电子政务发展的理论演化与实践探索——从业务上网到服务上网》,载《电子政务》,2018(12)。
512. 展鹏贺:《德国公法上信赖保护规范基础的变迁——基于法教义学的视角》,载《法学评论》,2018(3)。
513. 展鹏贺:《数字化行政方式的权力正当性检视》,载《中国法学》,2021(3)。
514. 湛中乐:《首次行政法学体系与基本内容研讨会综述》,载《中国法学》,1991(5)。
515. 张春生、童卫东:《我国行政复议制度的发展和完善》,载《中国法学》,1999(4)。
516. 张东煜:《论行政审判中的合理性审查问题》,载《法学评论》,1993(3)。
517. 张辉:《建立我国行政损害赔偿制度的几个问题》,载《法律科学》,1990(1)。
518. 张康之:《行政审批制度改革:政府从管制走向服务》,载《理论与改革》,2003(6)。
519. 张力:《先证后核、消极许可与规制工具试验》,载《中国行政管理》,2019(5)。
520. 张凌寒:《算法自动化决策与行政正当程序制度的冲突与调和》,载《东方法学》,2020(6)。
521. 张吕好:《城市管理综合执法的法理与实践》,载《行政法学研究》,2003(3)。
522. 张锐昕、伏强:《电子行政审批运行保障体系:基本涵义和构成要件》,载《电子政务》,2017(10)。
523. 张世诚:《关于〈中华人民共和国行政处罚法〉的主要问题(6)》,载《中国行政管理》,1996(11)。

524. 张树义:《行政主体研究》,载《中国法学》,2000(2)。
525. 张晓、鲍静:《数字政府即平台——英国政府数字化转型战略研究及其启示》,载《中国行政管理》,2018(3)。
526. 张晓莹:《行政处罚的理论发展与实践进步——〈行政处罚法〉修改要点评析》,载《经贸法律评论》,2021(3)。
527. 张旭勇:《行政公益诉讼中"不依法履行职责"的认定》,载《浙江社会科学》,2020(1)。
528. 张雪樵:《检察公益诉讼比较研究》,载《国家检察官学院学报》,2019(1)。
529. 张怡静、陈越峰:《公正适当裁量中的"相关考虑"——从对中国行政审判案例第71号的讨论切入》,载《法律适用》,2019(4)。
530. 张友渔:《关于中国的地方分权问题》,载《中国法学》,1985(6)。
531. 张悦昕:《电子政府概念的演进:从虚拟政府到智慧政府》,载《上海行政学院学报》,2016(6)。
532. 张越:《〈行政诉讼法〉修订的得失与期许》,载《中国法律评论》,2016(3)。
533. 张志斌:《新公共管理与公共行政》,载《武汉大学学报(哲学社会科学版)》,2004(1)。
534. 张志华:《南漳县政府授权政府法制机构严肃查处村级行政组织单方面撕毁经济承包合同案件》,载《行政法制》,1996(3)。
535. 张梓太、吴卫星:《行政补偿理论分析》,载《法学》,2003(8)。
536. 章剑生:《反思与超越:中国行政主体理论批判》,载《北方法学》,2008(6)。
537. 章剑生:《公正、公开的行政处罚及其保障——行政处罚听证研讨会综述》,载《行政法学研究》,1997(4)。
538. 章剑生:《行政诉讼原告资格中"利害关系"的判断结构》,载《中国法学》,2019(4)。
539. 章剑生:《论作为权利救济制度的行政复议》,载《法学》,2021(5)。
540. 章剑生:《什么是"滥用职权"》,载《中国法律评论》,2016(4)。
541. 章剑生:《作为担保行政行为合法性的内部行政法》,载《法学家》,2018(6)。
542. 章伟:《高速公路非现场执法取证的现状及发展方向探析》,载《公安学刊》,2008(6)。
543. 章志远:《当代中国行政主体理论的生成与变迁》,载《贵州警官职业学院学报》,2007(1)。
544. 章志远:《行政机关负责人出庭应诉制度的法治意义解读》,载《中国法律评论》,2014(4)。
545. 章志远:《行政诉讼中的行政首长出庭应诉制度研究》,载《法学杂志》,2013(3)。
546. 章志远:《行政调查初论》,载《中共长春市委党校学报》,2007(2)。
547. 章志远:《作为行政强制执行手段的公布违法事实》,载《法学家》,2012(1)。
548. 赵德关:《新时期行政复议制度的定位与展望》,载《行政法学研究》,2016(5)。
549. 赵宏:《保护规范理论在举报投诉人原告资格中的适用》,载《北京航空航天大学学报(社会科学版)》,2018(5)。
550. 赵宏:《法律关系取代行政行为的可能与困局》,载《法学家》,2015(3)。
551. 赵宏:《行政法学的体系化建构与均衡》,载《法学家》,2013(5)。

552. 赵宏:《行政行为作为行政法教义学核心的困境与革新——兼论我国行政行为学理的进化》,载《北大法律评论》,2014(2)。
553. 郑春燕:《论"行政裁量理由明显不当"标准——走出行政裁量主观性审查的困境》,载《国家行政学院学报》,2007(4)。
554. 郑春燕:《取决于行政任务的不确定法律概念定性——再问行政裁量概念的界定》,载《浙江大学学报》,2007(3)。
555. 郑春燕:《政府信息公开与国家秘密保护》,载《中国法学》,2014(1)。
556. 郑石明、郑琛、刘哲明:《我国行政服务中心网上联合审批研究——基于整体政府理论的研究》,载《中国行政管理》,2012(9)。
557. 钟开斌:《中国中央与地方关系基本判断:一项研究综述》,载《上海行政学院学报》,2009(5)。
558. 钟伟军:《从"一站式"服务到"最多跑一次"——改革开放以来的地方行政审批改革》,载《电子科技大学学报(社科版)》,2018(5)。
559. 周汉华:《行政复议制度司法化改革及其作用》,载《国家行政学院学报》,2005(2)。
560. 周汉华:《行政许可法:观念创新与实践挑战》,载《法学研究》,2005(2)。
561. 周汉华:《起草〈政府信息公开条例〉(专家建议稿)的基本考虑》,载《法学研究》,2002(6)。
562. 周浩仁:《"行政处罚明显不当"的行政诉讼研究——基于134份行政诉讼裁判文书的分析》,载《西部法学评论》,2019(4)。
563. 周雅颂:《数字政府建设:现状、困境与对策——以"云上贵州"政务数据平台为例》,载《云南行政学院学报》,2019(2)。
564. 周佑勇:《裁量基准的正当性问题研究》,载《中国法学》,2007(6)。
565. 周佑勇:《论行政不作为的救济和责任》,载《法商研究》,1997(4)。
566. 周佑勇:《司法审查中的行政行为"明显不当"标准》,载《环球法律评论》,2021(3)。
567. 周佑勇:《司法审查中的滥用职权标准——以最高人民法院公报案例为观察对象》,载《法学研究》,2020(1)。
568. 周佑勇:《中国行政法学学术体系的构造》,载《中国社会科学》,2022(5)。
569. 朱经纬:《行政司法浅议》,载《现代法学》,1989(1)。
570. 朱芒:《公共企事业单位应如何信息公开》,载《中国法学》,2013(2)。
571. 朱芒:《日本的行政许可——基本理论和制度》,载《中外法学》,1999(4)。
572. 朱思懿:《"滥用职权"的行政法释义建构》,载《政治与法律》,2017(5)。
573. 朱苏力:《当代中国的中央与地方分权——重读毛泽东〈论十大关系〉第五节》,载《中国社会科学》,2004(2)。
574. 朱苏力:《当代中国法律中的习惯——一个制定法的透视》,载《法学评论》,2001(3)。
575. 朱新力、宋华琳:《现代行政法学的建构与政府规制研究的兴起》,载《法律科学》,2005(5)。
576. 朱新力、项新:《中国法学会行政法研究会2000年年会行政强制部分综述》,载《行政法学研究》,2001(2)。
577. 朱新力:《行政处罚显失公正确认标准研究》,载《行政法学研究》,1993(1)。
578. 朱新力:《行政滥用职权的新定义》,载《法学研究》,1994(3)。
579. 朱新力:《论行政不作为违法》,载《法学研究》,1998(2)。
580. 朱新力:《论一事不再罚原则》,载《法学》,2001(11)。
581. 朱旭峰、张友浪:《创新与扩散:新型行政审批制度在中国城市的兴起》,载《管理世界》,2015(10)。
582. 包万超:《转型发展中的中国行政指导研究》,载《行政法论丛》,法律出版社,1998。
583. 崔卓兰、蔡立东:《非强制行政行为——现代行政法的新范畴》,载《行政法论丛》,法律出版社,2005。
584. 高鸿钧:《现代西方法治的冲突和整合》,载《清华法治论衡》第1辑,清华大学出版社,2000。
585. 何海波:《通过村民自治的国家治理》,载沈岿主编:《谁还在行使权力——准政府组织个案研究》,清华大学出版社,2003。
586. 黄少游:《行政法各论研究发凡》,载刁荣华主编:《现代行政法基本论》,汉林出版社,1985。
587. 李援:《中国行政强制法律制度的构想》,载全国人大常委会法制工作委员会、德国技术合作公司编:《行政强制的理论与实践》,法律出版社,2001。
588. 梁慧星:《中国统一合同法的起草》,载《民商法论丛》第9卷,法律出版社,1997。
589. 骆梅英:《通过合同的治理——论公用事业特许契约中的普遍服务义务》,载清华大学法学院公法研究中心于2009年10月24日举办的《全球时代下的行政契约》国际研讨会的会议论文集。
590. 叶必丰:《论行政法的基础——对行政法的法哲学思考》,载罗豪才主编:《现代行政法的平衡理论》,北京大学出版社,1997。
591. 叶必丰:《宪政行为与行政行为》,载《北大法律评论》第4卷第1辑,法律出版社,2001。
592. 应松年、何海波:《我国行政法的渊源:反思与重述》,载《公法研究》第2卷,商务印书馆,2003。
593. 章永乐、杨旭:《村民自治与个体权利救济——论村民委员会在行政诉讼中的被告地位》,载《行政法论丛》第5卷,法律出版社,2002。
594. 朱新力、苏苗罕:《行政计划论》,载《公法研究》第3卷,商务印书馆,2005。
595. 蔡文斌:《评对行政法上"假契约"现象的理论思考——以警察法上各类"责任书"为考察对象》,载杨解君编:《行政契约与政府信息公开——2001年海峡两岸行政法学术研讨会实录》,东南大学出版社,2002。
596. 董保城:《建筑物违规使用"断水""断电"法理及实务》,载杨小君、王周户主编:《行政强制与行政程序研究》,中国政法大学出版社,2000。
597. 蔡秀卿:《行政检查》,载《东吴法律学报》,2006(2)。

598. 蔡允栋:《官僚组织回应的概念建构评析——新治理的观点》,载《中国行政评论》,2001(2)。
599. 蔡震荣:《行政罚裁处程序》,发表于台北市政府法规委员会主办的人权保障暨行政罚法研讨会(2006年6月15日)。
600. 蔡震荣:《警察之即时强制》,载《警学丛刊》,2001(4)。
601. 蔡震荣:《论比例原则与基本人权之保障》,载《警政学报》,1990(17)。
602. 蔡志方:《公法与私法之区别——理论上之探讨》,载蔡志方:《行政救济与行政法学(二)》,台北,三民书局,1993。
603. 蔡宗珍:《公法上之比例原则初论——以德国法的发展为中心》,载《政大法学评论》,1999(62)。
604. 城仲模:《行政强制执行序说》,载《行政法之基础理论》,台北,三民书局,1983。
605. 洪文玲:《行政调查制度——以警察、工商管理、水土保护领域为例》,载台湾行政法学会主编:《当事人协力义务、行政调查、国家赔偿》,台北,元照出版有限公司,2006。
606. 纪振清:《日本行政指导之机能与判例趋向》,载《法律评论》,第60卷第11、12期合刊。
607. 江明修、郑胜分:《公私协力关系中非营利组织公共课责与自主性之探讨》,台北2005年8月26日至27日《非营利组织之评估——绩效与责信》国际研讨会论文。
608. 李建良:《从公共工程弊端谈公平交易委员会之行政调查权》,载《月旦法学杂志》,1997(18)。
609. 李建良:《论公法人在行政组织建制上的地位与功能——以德国公法人概念与法制为借镜》,载《月旦法学杂志》,2002(84)。
610. 李建良:《保护规范理论之思维与应用——行政法院裁判若干问题举隅》,载黄丞仪主编:《2010行政管制与行政争讼》,台北,新学林出版股份有限公司,2011。
611. 李震山:《论行政管束与人身自由之保障》,载《"中央"警察大学警政学报》,1984(26)。
612. 李震山:《西德警察法之比例原则与裁量原则》,载《警政学报》,1986(9)。
613. 林明锵:《行政计划法论》,载《法学论丛》,1994(25)。
614. 林淑馨:《日本规范非营利组织的法制改革之研究》,载《东吴政治学报》,2004(19)。
615. 刘宗德:《日本公益法人、特殊法人及独立行政法人制度之分析——兼论日本独立行政法人之现状及困境》,载《法治与现代行政法学——法治斌教授纪念论文集》,台北,元照出版社,2004。
616. 刘宗德:《日本行政调查制度之研究》,载《政大法学评论》,1994(52)。
617. 刘宗德:《试论日本之行政指导》,载《政大法学评论》,1989(40)。
618. 刘宗德:《现代行政与计划法制》,载《政大法学评论》,1992(45)。
619. 罗明通:《英国行政法上法定权限不作为之国家赔偿责任》,载《宪法体制与法治行政》(城仲模教授六秩华诞祝寿论文集,第二册,行政法总论),台北,三民书局,1998。
620. 吕阿福:《警察使用枪械之正当性研究》,载《法学论丛》,1993(22)。
621. 翁岳生:《论行政处分之概念》,载《行政法与现代法治国家》,台湾大学法学丛书编辑委员会,1990。

622. 谢硕骏:《论行政机关以电子方式作成行政处分:以作成程序之法律问题为中心》,载《台大法学论丛》,2016(4)。

623. 许宗力:《行政契约法概要》,载《行政程序法之研究》,台湾"行政院"经建会健全经社法规工作小组出版,1990。

624. 杨坤锋:《非营利组织概念之检讨与澄清》,载《逢甲合作经济》,2005(6)。

625. [爱尔兰] Colin Scott:《作为规制与治理工具的行政许可》,石肖雪译,载《法学研究》,2014(2)。

626. [法]让-玛丽·蓬蒂埃:《集权或分权:法国的选择与地方分权改革(上)》,朱国斌编译,载《中国行政管理》,1994(5)。

627. [美]卡里·科利亚尼斯:《自动化国家的行政法》,苏苗罕、王梦菲译,载《法治社会》,2022(1)。

628. [美]莱斯特·萨拉蒙:《非营利部门的兴起》,何增科译,载何增科主编:《公民社会与第三部门》,社会科学文献出版社,2000。

629. [美]斯蒂格利茨:《自由、知情权和公共话语——透明化在公共生活中的作用》,宋华琳译,载《环球法律评论》,2002(3)。

630. [日]槙重博:《行政法中的内部法及其法理》,朱可安译,载《公法研究》第20卷,浙江大学出版社,2020。

631. [日]成田赖明:《行政私法》,载《法律评论》,周宗宪译,第60卷第1、2期合刊。

632. [日]根岸哲:《日本的产业政策与行政指导》,鲍荣振译,载《法学译丛》,1992(1)。

三

633. [日]高田敏:《行政法》,东京,有斐阁,1994。

634. [日]盐野宏:《行政法》,东京,有斐阁,1994。

635. [日]原田尚彦:《行政法要论》,东京,学阳书房,1985。

636. [日]远藤博也、阿部泰隆书:《行政法(总论)》,东京,青林书院新社,1984。

637. [韩]金南辰:《行政法 I》,首尔,法文社,2000。

638. [韩]金南辰:《行政代执行》,载《月刊考试》,1990(9)。

639. [韩]金南辰:《直接强制、直接执行、即时强制》,载《月刊考试》,1987(4)。

640. [韩]朴尚熙:《行政代执行的法律问题》,载《韩国海洋大学人文社会科学论文》,1999(12)。

641. [韩]朴钦炘:《行政代执行的对象与程序》,载《警察考试》,1983(8)。

四

642. A. C. L Davies, *Accountability: A Public Analysis of Government by Contract*,

Oxford: Oxford University Press, 2001.

643. A. W. Bradley & Keith Ewing, *Constitutional and Administrative Law*, London: Longman Group UK Ltd, 1993.

644. Alex Carroll, *Constitutional & Administrative Law*, London: Financial Times Professional Limited, 1998.

645. Andrew Le Sueur & Maurice Sunkin, *Public Law*, London and New York: Longman, 1997.

646. Andrew Le Sueur, Javan Herberg & Rosalind English, *Principles of Public Law*, London: Cavendish Publishing Limited, 1999.

647. Bernard Schwartz, *Administrative Law*, Boston: Little, Brown and Company, 1991.

648. Bernard Schwartz, *French Administrative Law and the Common-Law World*, New York: New York University Press, 1954.

649. Brian Thompson, *Constitutional & Administrative Law*, London: Blackstone Press Ltd., 1993.

650. Carl Emery, *Administrative Law: Legal Challenges to Official Action*, London: Sweet & Maxwell, 1999.

651. Carol Harlow & Richard Rawlings, *Law and Administration*, London: Cambridge University Press, 2009.

652. Clive Lewis, *Judicial Remedies in Public Law*, London: Sweet & Maxwell, 2000.

653. D. J. Galligan, *Discretionary Powers: A legal Study of Official Discretion*, Oxford: Clarendon Press, 1986.

654. D. J. Galligan, *Due Process and Fair Procedures: A Study of Administrative Procedures*, Oxford: Clarendon Press, 1996.

655. Dania Woodhouse, *In Pursuit of Good Administration*, Oxford: Clarendon Press, 1997.

656. David Gwynn Morgan & Gerard Hogan, *Administrative Law*, London: Sweet & Maxwell, 1986.

657. Dawn Oliver & Gavin Dreway, *Public Service Reform: Accountability and Public Law*, London: Pinter Pub Ltd., 1996.

658. de Smith, Woolf & Jowell, *Judicial Review of Administrative Action*, London: Sweet & Maxwell, 1995.

659. Diana Woodhouse, *In Pursuit of Good Administration*, Oxford: Clarendon Press, 1997.

660. Edward Jacobs, *Tribunal Practice and Procedure*, London: Legal Action Group, 2011.

661. Espstein L. & Walker T. G., *Constitutional Law for a Changing America: Rights, Liberties and Justice*, Washington: Congressional Quarterly Inc., 2001.

662. G. D. S. Taylor, *Judicial Review: A New Zealand Perspective* (*Supplement to*

the First Edition), London: Butterworths, 1997.

663. H. W. R. Wade & C. F. Forsyth, *Administrative Law*, Oxford: Oxford University Press, 2004.
664. Harry Woolf, Jeffery Jowell, Catherine Donnelly & Ivan Hare, *De Smith's Judicial Review*, London: Sweet & Maxwell, 2018.
665. Hilary Delany, *Judicial Review of Administrative Action—A Comparative Analysis*, Dublin: Round Hall Sweet & Maxwell, 2001.
666. J. B. J. M. ten Berge & A. J. Bok, *Codification of administrative law in the Netherlands*, Utrecht, 1998.
667. J. F. Garner & L. N. Brown, *French Administrative Law*, London: Butterworths, 1983.
668. J. G. Brouwer & A. E. Schilder, *A Survey of Dutch Administrative Law*, Nijmegen: Ars Aequi Libri, 1998.
669. Jack English & Richard Card, *Butterworths Police Law*, London: Butterworths, 1994.
670. Javier Barnes, *Transforming Administrative Procedure*, Sevilla: Global Law Press Editorial Derecho Global, 2015.
671. John P. Burns, *Government Capacity and the Hong Kong Civil Service*, Oxford: Oxford University Press, 2004.
672. Jurgen Schwarze, *European Administrative Law*, London: Sweet & Maxwell, 1992.
673. K. C. Davis, *Discretionary Justice: A Preliminary Inquiry*, New York: Greenwood Press, 1969.
674. K. J. Keith, *A Code of Procedure for Administrative Tribunals*, New Zealand: Legal Research Foundation School of Law Auckland, 1974.
675. Kenneth Culp Davis & Richard J. Pierce, *Administrative Law Treatise*, Boston: Little, Brown and Company, 1994.
676. Kenneth F. Warren, *Administrative Law in the Political System*, New Jersey: Prentice-Hall, Inc., 1996.
677. L. Neville Brown & John S. Bell, *French Administrative Law*, Oxford: Clarendon Press, 1998.
678. Louise L. Jaffe, *Judicial Control of Administrative Action*, Boston: Little, Brown and Company, 1965.
679. M. Molan, *Administrative Law*, London: HLT Publications, 1990.
680. Mahendra P. Singh, *German Administrative Law: in Common Law Perspective*, Berin: Springer-Verlag Berlin Heidelberg, 1985.
681. Mark Aronson & Bruce Dyer, *Judicial Review of Administrative Action*, Sydney: LBC Information Services, 1996.
682. Michael Supperstone QC & James Goudie QC, *Judicial Review*, London: Butterworths, 1997.

683. Nicholas Emiliou, *The Principle of Proportionality in European Law: A Comparative Study*, London: Kluwer Law International, 1996.

684. Hood Phillips & Paul Jackson, *Constitutional and Administrative Law*, London: Sweet & Maxwell, 1987.

685. P. P. Craig, *Administrative Law*, London: Sweet & Maxwell, 2003.

686. Peter Cane, *An Introduction to Administrative Law*, Oxford: Clarendon Press, 1996.

687. Peter L. Strauss, *An Introduction to Administrative Justice in the United States*, Durham: Carolina Academic Press, 1989.

688. Peter Leyland & Terry Woods (eds.), *Administrative Law Facing the Future: Old Constraints & New Horizons*, London: Blackstone Press Ltd., 1997.

689. Rene Dussault & Louis Borgeat, *Administrative Law: A Treatise (Volume I)*, Toronto: Carswell, 1985.

690. Richard J. Pierce, Jr., Sidney A. Shapiro & Paul R. Verkuil, *Administrative Law and Process*, New York: Foundation Press, INC., 1985.

691. Ric Simmons, *Smart Surveillance: How to Interpret the Fourth Amendment in the Twenty-First Century*, Cambridge University Press, 2019.

692. Robert Thomas, *Legitimate Expectations and Proportionality in Administrative Law*, Oxford: Hart Publishing, 2000.

693. S. D. Hotop, *Principles of Australian Administrative Law*, N. S. W.: Law Book Co. Ltd. 1985.

694. Soren J. Schonberg, *Legitimate Expectations in Administrative Law*, Oxford: Oxford University Press, 2000.

695. Stephen G. Breyer & Richard B. Stewart, *Administrative Law and Regulatory Policy*, Boston: Little, Brown, 1985.

696. Werner F. Ebke & Matthew W. Finkin, *Introduction to German Law*, London: Kluwer Law International, 1996.

697. William F. Fox, Jr., *Understanding Administrative Law*, Newark: Matthew Bender, 1986.

698. Zaim M. Nedjati & J. E. Trice, *English and Continental Systems of Administrative Law*, Amsterdam: North-Holland Publishing Company, 1978.

五

699. Anna Huggins, "*Addressing Disconnection: Automated Decision-Making, Administrative Law and Regulatory Reform*" (2021) 44 *University of New South Wales Law Journal* 1048 – 1077.

700. Bernd Gollerand Alexander Schmid, "*Reform of the German Administrative Courts Act*" (1998) 4 *European Public Law* 31 - 44.

701. C. F. Forsyth, "*The Provenance and Protection of Legitimate Expectations*" (1988) 47 *Cambridge Law Journal* 238 - 260.

702. Carol Harlow, "*Export, Import: the Ebb and Flow of English Public Law*" (2000) Summer *Public Law* 240 - 253.

703. Charles F. Sabel and William H. Simon, "*Destabilization Rights: How Public Law Litigation Succeeds*" (2004) 117 *Harvard Law Review* 1016 - 1101.

704. Charles H. Koch, "*Judicial Review of Administrative Discretion*" (1986) 54 *George Washington Law Review* 469 - 511.

705. Chris Hilson, "*Judicial Review, Policies and the Fettering of Discretion*" (2002) Spring *Public Law* 111 - 129.

706. Christopher Forsyth, "'*The Metaphysic of Nullity' Invalidity, Conceptual Reasoning and the Rule of Law*", Collected in Christopher Forsyth & Ivan Hare (eds.), *The Golden Metwand and the Crooked Cord: Essays on Public Law in Honour of Sir William Wade QC*, Oxford: Clarendon Press, 1998.

707. Christopher J. Walker and Rebecca Turnbull, "*Operationalizing Internal Administrative Law*" (2020) 71 *Hastings Law Journal* 1225 - 1248.

708. Christopher S Milligan, "*Facial Recognition Technology, Video Surveillance, and Privacy*" (1999) 9 *Southern California Interdisciplinary Law Journal* 295 - 334.

709. Colin Scott, "*The 'New Public Law'*", Collected in Chris Willett (ed), *Public Sector Reform and the Citizen's Charter*, London: Blackstone Press Ltd., 1996.

710. D. J. Galligan, "*The Nature and Function of Policies Within Discretionary Power*" (1976) *Public Law* 332 - 357.

711. Danielle Keats Citron, "*Technological Due Process*" (2007) 85 *Washington University Law Review* 1249 - 1314.

712. Daphne Barak-Erez, "*The Doctrine of Legitimate Expectations and the Distinction between the Reliance and Expectation Interests*" (2005) 11 *European Public Law* 583 - 602.

713. David Freeman Engstrom and Daniel E. Ho, "*Algorithmic Accountability in the Administrative State*" (2020) 37 *Yale Journal on Regulation* 800 - 854.

714. David Herling, "*Weight in Discretionary Decision-making*" (1999) 19 *Oxford Journal of Legal Studies* 583 - 604.

715. David M. Richardson, "*American Trucking Associations v. EPA: the Phoenix ('Sick Chicken' Rises from the Ashes and the Nondelegation Doctrine is Revived)*" (2000) 49 *Catholic University Law Review* 627 - 662.

716. Eric Biber and J. B. Ruhl, "*The Permit Power Revisited: The Theory and Practice*

of Regulatory Permits in the Administrative State" (2014) 64 *Duke Law Journal* 133 - 234.

717. G. D. S. Taylor, "*Judicial Review of Improper Purposes and Irrelevant Considerations*" (1976) 35 *Cambridge Law Journal* 272 - 291.

718. G. L. Peiris, "*Natural Justice and Degrees of Invalidity of Administrative Action*" (1983) *Public Law* 634 - 655.

719. Genevra Richardson and Hazel Genn, "*Tribunals in Transition: Resolution or Adjudication?*" (2007) Spring *Public Law* 116 - 141.

720. Gillian E. Metzger and Kevin M. Stack, "*Internal Administrative Law*" (2017) 115 *Michigan Law Review* 1239 - 1308.

721. H. Feller, "*Tendencies in Recent German Administrative Law Writing*" (1932—1933) 18 *Iowa Law Review* 144 - 149.

722. H. W. R. Wade, "*Unlawful Administrative Action: Void or Voidable? (Part I)*" (1967) 83 *Law Quarterly Review* 95 - 115.

723. H. W. R. Wade, "*Unlawful Administrative Action: Void or Voidable? (Part II)*" (1968) 84 *Law Quarterly Review* 499 - 526.

724. Hague, Mackenzie and Barkers (ed), *Quangos in Britain*. Cited from A. W. Bradley & Keith Ewing, *Constitutional and Administrative Law*, London: Longman Group UK Ltd, 1993.

725. Hari Bansh Tripathi, "*Public Interest Litigation in Comparative Perspective*" (2007) 1 *NJA Law Journal* 49 - 72.

726. Jennifer Cobbe, "*Administrative Law and the Machines of Government: Judicial Review of Automated Public-Sector Decision-Making*" (2019) 39 *Legal Studies* 636 - 655.

727. Jennifer Mulhern Granholm, "*Video Surveillance on Public Streets: The Constitutionality of Invisible Citizen Searches*" (1987) 64 *University of Detroit Law Review* 686 - 716.

728. Kate Crawford and Jason Schultz, "*Big Data and Due Process: Toward a Framework to Redress Predictive Privacy Harms*" (2014) 55 *Boston College Law Review* 93 - 128.

729. Lord Irvine of Lairy, Q. C., "*Judges and Decision-Makers: the Theory and Practice of Wednesbury Review*" (1966) Spring *Public Law* 59 - 78.

730. Lucie Cluzel-Metayer, "*The Judicial Review of the Automated Administrative Act*" (2020) 1 *European Review of Digital Administration & Law* 101 - 104.

731. Lyria Bennett Moses and Janet Chan, "*Using Big Data for Legal and Law Enforcement Decisions: Testing the New Tools*" (2014) 37 *University of New South Wales Law Journal* 643 - 678.

732. Maeve McDonagh and Moira Paterson, "*Freedom of Information: Taking Account of the Circumstances of Individual Applicants*" (2010) 6 *Public Law* 505 - 529.

733. Makoto Cheng Hong and Choon Kuen Hui, "*Towards a Digital Government: Reflections on Automated Decision-Making and the Principles of Administrative Justice*" (2019) 31 *Singapore Academy of Law Journal* 875 - 906.

734. Mark Elliott, "*The Human Rights Act* 1998 *and the Standard of Substantive Review*" (2001) 2 *Cambridge Law Journal* 301 - 336.

735. Michael K. Young, "*Judicial Review of Administrative Guidance: Governmentally Encouraged Consensual Dispute Resolution in Japan*" (1984) 84 *Columbia Law Review* 923 - 983.

736. Michael Nierhaus, "*Administrative Law*", Collected in Werner F. EBKE & Matthew W. Finkin (ed.), *Introduction to German Law*, Kluwer Law International, 1996.

737. N. Flynn, *Public Sector Management*, London: Harvester Wheatsheaf, 1993. Cited from Carol Harlow & Rechard Rawlings, *Law and Administration*, London: Butterworths, 1997.

738. Orin S Kerr, "*An Equilibrium-Adjustment Theory of the Fourth Amendment*" (2011) 125 *Harvard Law Review* 476 - 543.

739. P. P. Craig, "*Legitimate Expectations: A Conceptual Analysis*" (1992) 108 *Law Quarterly Review* 79 - 98.

740. P. P. Craig, "*Substantive Legitimate Expectations in Domestic and Community Law*" (1996) 55 *Cambridge Law Journal* 298 - 312.

741. P. Dunleavy, H. Margetts and S. Bastow, et al. "*New Public Management Is Dead: Long Live Digital-Era Governance*" (2006) 3 *Journal of Public Administration Research and Theory* 467 - 494.

742. Patrick Elias, "*Legitimate Expectation and Judicial Review*", Collected in J. L. Jowell (ed.), *New Directions in Judicial Review: Current Legal Problems*, London: Stevens & Son, 1988.

743. Paul Craig and Soren Schonberg, "*Substantive Legitimate Expectations after Coughlan*" (2000) Winter *Public Law* 684 - 701.

744. Philip John Bartlett, "*The Consequences of Non-Compliance with Procedural and Formal Rules*" (1975—1977) 8 *Victoria University of Wellington Law Review* 48 - 70.

745. Rabinder Singh, "*Making Legitimate Use of Legitimate Expectation*" (1994) 144 *New Law Journal* 1215 - 1216.

746. Rebecca Williams, "*Rethinking Administrative Law for Algorithmic Decision Making*" (2022) 2 *Oxford Journal of Legal Studies* 468 - 494.

747. Richard J. Pierce, "*Judicial Review of Agency in A Period of Diminishing*

Agency Resources" (1997) 49 *Administrative Law Review* 61 - 94.

748. Robert Carnwath,"*Tribunal Justice-A New Start*" (2009) 1 *Public Law* 48 - 69.

749. Robert Hazelland David Busfield-Birch, "*Opening the Cabinet door: freedom of information and government policy making*" (2011) 4 *Public Law* 260 - 283.

750. Roger Warren Evans, "*French and German Administrative Law: With Some English Comparisons*" (1965) 14 *International and Comparative Law Quarterly* 1104 - 1123.

751. Ryan Calo and Danielle Keats Citron, "*The Automated Administrative State: A Crisis of Legitimacy*" (2021) 70 *Emory Law Journal* 797 - 846.

752. Stephen Rushin, "*The Judicial Response to Mass Police Surveillance*" (2011) 2 *University of Illinois Journal of Law, Technology & Policy* 281 - 328.

753. Stephen Sedley, "*Information as Human Rights*", collected in Jack Beatson & Yvonne Cripps (eds.), *Freedom of Expression and Freedom of Information*, Oxford: Oxford University Press, 2000.

754. Teresa Scassa, "*Administrative Law and the Governance of Automated Decision Making: A Critical Look at Canada's Directive on Automated Decision Making*" (2021) 54 *U. B. C. Law Review* 251 - 298.

755. Tom Zwart, "*Comparing Standing Regimes from A Separation of Powers Perspective*" (2002) 53 *Northern Ireland Legal Quarterly* 391 - 407.

756. Turpin, *Government Procurement and Contracts*. Cited from Peter Cane, *An Introduction to Administrative Law*, Oxford: Clarendon Press, 1992.

757. Warren H. Pillsbury, "*Administrative Tribunals*" (1923) 36 *Harvard Law Review* 405 - 425.

758. Yoav Dotan, "*Why Administrators Should be Bound by their Policies*" (1997) 17 *Oxford Journal of Legal Studies* 23 - 42.